HISTÓRIA DA SOLIDÃO
E DOS SOLITÁRIOS

FUNDAÇÃO EDITORA DA UNESP

Presidente do Conselho Curador
Mário Sérgio Vasconcelos

Diretor-Presidente
Jézio Hernani Bomfim Gutierre

Superintendente Administrativo e Financeiro
William de Souza Agostinho

Conselho Editorial Acadêmico
Danilo Rothberg
Luis Fernando Ayerbe
Marcelo Takeshi Yamashita
Maria Cristina Pereira Lima
Milton Terumitsu Sogabe
Newton La Scala Júnior
Pedro Angelo Pagni
Renata Junqueira de Souza
Sandra Aparecida Ferreira
Valéria dos Santos Guimarães

Editores-Adjuntos
Anderson Nobara
Leandro Rodrigues

Georges Minois

História da Solidão e dos Solitários

Tradução
Maria das Graças de Souza

© 2013 Librairie Arthème Fayard
© 2019 Editora Unesp

Título original: *Histoire de la solitude et des solitaires*

Direitos de publicação reservados à:

Fundação Editora da Unesp (FEU)
Praça da Sé, 108
01001-900 – São Paulo – SP
Tel.: (0xx11) 3242-7171
Fax: (0xx11) 3242-7172
www.editoraunesp.com.br
www.livrariaunesp.com.br
atendimento.editora@unesp.br

Dados Internacionais de Catalogação na Publicação (CIP) de acordo com ISBD
Elaborado por Odilio Hilario Moreira Junior - CRB-8/9949

M666h

Minois, Georges
    História da solidão e dos solitários / Georges Minois; traduzido por Maria das Graças de Souza. – São Paulo: Editora Unesp, 2019.

    Tradução de: *Histoire de la solitude et des solitaires*
    Inclui bibliografia.
    ISBN 978-85-393-0795-1

    1. História. 2. Filosofia. 3. Antropologia. 4. Solidão. 5. Solitários.
I. Souza, Maria das Graças de. II. Título.

2019-775   CDD: 100
                                                                       CDU: 1

Editora afiliada:

Asociación de Editoriales Universitarias
de América Latina y el Caribe

Associação Brasileira de
Editoras Universitárias

"Não se tem outra escolha neste mundo a não ser entre a solidão e a vulgaridade!"

Schopenhauer, *Aforismos*

"Foge, meu amigo, refugia-te na solidão! Vejo-te aturdido pelo tumulto dos grandes homens e atormentado pelos aguilhões dos pequenos [...] Onde cessa a solidão, começa a praça pública, e, onde começa a praça pública, começa também o tumulto dos grandes comediantes e o zumbido das moscas venenosas [...]
Sofrer a solidão, mau sinal: nunca sofri a não ser com a multidão."

Nietzsche, *Assim falava Zaratustra*

SUMÁRIO

INTRODUÇÃO 1

CAPÍTULO 1
ANTIGUIDADE PAGÃ: O HOMEM É UM ANIMAL SOCIAL 5
Deuses e mitos gregos: infelizes sejam os solitários; Uma civilização da sociabilidade; Solidão e misantropia; Platão e Aristóteles: o solitário é um monstro ou um deus; Cícero, ou o horror de ser só; Como se pode ser solitário?; De Horácio a Plínio: os encantos bucólicos do retiro dourado; Sêneca: o retiro estudioso como provação do sábio

CAPÍTULO 2
**OS PADRES DO DESERTO E AS MIRAGENS DA SOLIDÃO
(SÉCULOS III A VI)** 31
O mundo bíblico: "Não é bom que o homem esteja só"; A corrida para o deserto (séculos IV e V); Antônio, ou a solidão impossível; Os Padres do Deserto: solitários que atraem multidões; Os eremitas do Oriente e a busca do cumprimento ascético; Eremitas do Ocidente: prece e ação; O mundo turbulento dos eremitas: fator de desordem; O debate entre cenobitismo e eremitismo (séculos IV e V); São Jerônimo, o solitário falador (347-420); João Cassiano (350-432): deserto reservado aos perfeitos; A acídia, depressão do solitário; Para uma solidão em liberdade vigiada: São Bento

VIII   GEORGES MINOIS

Capítulo 3
EXCLUÍDOS, RECLUSOS E EREMITAS MEDIEVAIS: UMA
SOLIDÃO SOB VIGILÂNCIA 85
*Os excluídos: solitários ou solidários?; A solidariedade familiar: um mito?;
A mulher só: da virgem à pecadora; A solidão: uma situação de risco; Solução: a soli-
dão em comunidade (de São Bernardo a São Tomás); Eremitas arcaicos (século VII a
meados do século XI); Proliferação de eremitas e resistência das autoridades (séculos
XI e XII); A receita dos cartuxos: 90% de solidão, 10% de comunidade (século
XII); As reclusas: comadres ou solitárias?; A solidão não é vista com bons olhos*

Capítulo 4
RENASCENÇA E REFORMA: OS FATORES DE UMA
SOLIDÃO HUMANISTA (SÉCULOS XIV-XVI) 137
*Petrarca (1304-1374), arauto da solidão humanista; Os laços entre estudo e
solidão (séculos XV-XVI); Solitários das cidades e solitários dos campos; Uma
cultura propícia ao isolamento: leitura e individualismo; A ascensão das aspirações individuais na Igreja: o exemplo dos dominicanos; Richard Rolle (1300-
1349): solidão e contemplação; Os místicos, franco-atiradores da fé; A* devotio
moderna: *para uma fé individualizada; O reformado, um homem só; Montaigne e o gosto pela solidão*

Capítulo 5
O HOMEM DE SOCIEDADE E A SOLIDÃO DE BOM-TOM
NO SÉCULO XVII 181
*O debate; O gosto da solidão campestre; O refúgio do cortesão: fracassos, sucesso
e excesso segundo Saint-Simon; Luís XIV, senhor dos retiros; Solidões femininas: sorte ou armadilha?; Madame de Sévigné: a solitária de Rochers; Solidão e
misantropia; Anatomia da solidão por Robert Burton (1576-1640); Descartes:
penso, logo estou só*

Capítulo 6
A ÉPOCA DOS SOLITÁRIOS DE PORT-ROYAL:
RETIRO E ESPIRITUALIDADE NO SÉCULO XVII 231
Prudência das autoridades espirituais; O renascimento do eremitismo;

HISTÓRIA DA SOLIDÃO E DOS SOLITÁRIOS

IX

Desconfiança e exigências; Uma solidão de múltiplas faces; As solidões forçadas: excomungados e embastilhados; A grande solidão dos padres; Jansenismo e solidão; Os senhores de Port-Royal; Reações contrastadas

Capítulo 7

DO MUNDANO AO "CAMINHANTE SOLITÁRIO":
AS LUZES E A SOLIDÃO 269

Individualismo, solipsismo e interesse geral; Alerta sobre o solitário; Uma patologia antissocial; Robinson Crusoé e Cleveland: os contrastes da solidão romanesca; A solidão como jogo ou como sonho mundano; A solidão razoável na espiritualidade das Luzes; As solidões difíceis: velhos, viúvos e viúvas; A solidão feminina: uma possibilidade?; Infelizes os celibatários; Estudo e solidão; Rumo à solidão pré-romântica; Rousseau, o "caminhante solitário"

Capítulo 8

INDIVIDUALISMO E LIBERALISMO: O SÉCULO DO
HOMEM SÓ (1800-1900) 327

O contexto: a afirmação do individualismo; Uma sociedade geradora de isolamento; Solidão e suicídio segundo Durkheim (1897); A solidão do vigário do campo; As solidões celibatárias; As solidões conjugais; O diário íntimo, ou o exibicionismo da solidão masculina: Maine de Biran e Benjamin Constant; Amiel, ou a solidão culpabilizante

Capítulo 9

ROMANTISMO E REALISMO, OU O PRESTÍGIO DA
SOLIDÃO (1800-1900) 365

O romântico alemão, solitário por despeito; O romântico inglês, solitário por orgulho; O romântico francês, solitário por desencantamento; A cada um, sua solidão: Chateaubriand, Lamartine, Vigny, Musset e os outros; Hugo, ou a instrumentalização da solidão; Do herói romântico (Hugo) ao herói realista (Flaubert): as metamorfoses da solidão; Maupassant: "Nunca dois seres se misturam"; A internacional da solidão na era das massas; Schopenhauer e os porcos-espinhos; Stirner e Nietzsche: eu e os outros; O tratado da solidão de Zimmermann

X   GEORGES MINOIS

Capítulo 10
A SOLIDÃO, OBSESSÃO DE INTELECTUAIS? (SÉCULO XX)...... 409
A solidão na era das massas; Uma falsa pista: o individualismo contemporâneo; Freud: a estratégia do eremita e de Narciso; Origens, trunfos e desvantagens do solitário segundo a psicanálise; Elogios da solidão; Cioran: a solidão como gozo do desespero; A galeria dos solitários; De Péguy a Valéry e de Camus a Octavio Paz: as múltiplas facetas da solidão; Solidão literária e solidão artística; Explicação dos filósofos: a impossível união dos sujeitos; Uma solidão biológica?

Capítulo 11
AMANHÃ: 7 BILHÕES DE SOLITÁRIOS CONECTADOS? A SOLIDÃO NA SOCIEDADE DA HIPERCOMUNICAÇÃO.......... 457
Todos contra a solidão; Um fenômeno não quantificável; Os polos de solidão: velhos, prisioneiros, padres; Os "solos" solitários New Look; As novas solidões; Cibersolitário ou cibersolidário?

CONCLUSÃO.. 487
REFERÊNCIAS BIBLIOGRÁFICAS.. 493

INTRODUÇÃO

"Não é bom que o homem esteja só": essa é a reflexão que a Bíblia atribui a Deus depois da criação de Adão. Eis um mau começo. Assim, desde as origens, a solidão tem má reputação. Tudo bem no caso de Adão, que certamente devia se sentir um pouco solitário em seu paraíso. Mas quando, em 2011, em um território que conta com 7 bilhões de habitantes, a "luta contra a solidão" é proclamada pelo governo francês como "uma causa nacional", então começamos a nos questionar.

De início, constatamos que a solidão é uma constante na história da humanidade, ainda presente hoje, o que faz dela um elemento essencial da condição humana. Em seguida, ela nos é apresentada como um elemento temível, uma espécie de doença endêmica contra a qual é preciso lutar. Então nos perguntamos por quê: a solidão é de fato um mal? Foi sempre considerada como tal? Não há vários mal-entendidos a esse respeito? Se aprofundamos um pouco o termo e olhamos para trás, a realidade, com efeito, se torna muito mais complexa.

O termo latino *solitudo* designa, na maioria das vezes, um local: uma solidão é um lugar deserto, hostil mesmo; é o oposto de um lugar humanizado, civilizado, e o *solitarius*, ou *solus*, é aquele que está isolado – posição pouco invejável no contexto cultural de uma civilização urbana. Desde a Antiguidade se estabelece a ambiguidade, em razão do amálgama operado entre a solidão e o isolamento. Essa confusão vai se transmitir para todas as línguas europeias: *seul, solo, solitario, solitary*, assim como o alemão *einsam*, subentendem um isolamento físico, o fato de estar afastado, separado dos outros, o que é considerado uma situação anormal para um ser que, segundo a filosofia grega, é um animal social.

O problema é que o homem é também um animal pensante, e a solidão é para ele um fato de consciência, um sentimento, e pouco a pouco os dois sentidos dessa palavra se confundiram, criando um mal-entendido carregado de subentendidos. A solidão como sentimento não significa necessariamente o fato de viver só. Pode-se ser solitário no meio da família ou da multidão. Esse é, de fato, o caso mais frequente. Viver sozinho e sentir-se só são duas coisas diferentes que o uso comum não distingue, o que gera muitas ambiguidades.

Além disso, o vocabulário tem uma única e mesma palavra para a solidão sofrida, dolorosa, negativa, e para a solidão voluntária, serena, positiva. Ora, o que há em comum entre o velho que vive só em seu pequeno apartamento e o filósofo retirado no campo numa solidão propícia à meditação? Somente a língua inglesa tem dois termos que permitem nuançar o discurso: *lonely* designa mais o estado de alma daquele que se sente dolorosamente só, enquanto *solitary* tem um sentido mais neutro, referindo-se sobretudo ao fato físico e positivo de se encontrar sozinho.

A língua francesa, com uma única palavra para designar o eremita solitário [*solitaire*], o navegador solitário, a viúva solitária, o poeta solitário, se presta a todas as confusões. A solidão não é uma, ela é múltipla, tem faces felizes e outras infelizes, e seria preciso falar *das* solidões. O que significa, por exemplo, querer lutar "contra *a* solidão", numa época em que se admiram os heróis solitários, sejam eles navegadores, aventureiros, policiais, na qual se aspira frequentemente a se encontrar "enfim só"? De que solidão se está falando?

O termo é rico, complexo, ambivalente e carregado de história. De acordo com cada época, ele designa uma situação positiva, desejada, procurada, até mesmo santificada, com os Padres do Deserto, os anacoretas, eremitas e reclusos da Idade Média, os "solitários" de Port-Royal, os poetas românticos, seguindo os passos do "caminhante solitário" de Ermenonville, Jean-Jacques Rousseau; ou uma situação negativa, desprezada, condenada, até mesmo interdita, com as filosofias do homem animal social, estigmatizando o orgulho e a suposta misantropia do solitário, seu caráter selvagem e antissocial, na época do "homem de sociedade" polido, civilizado e de boa companhia, como no século XVIII, ou na época da "convivência" obrigatória e tirânica, a nossa. Não só existe uma sucessão cronológica de períodos favoráveis ou desfavoráveis à solidão, mas também sempre houve confronto entre os que fogem das restrições, convenções e hipocrisias da sociabilidade e os campeões do convívio, do encontro, entre os Voltaire e os Rousseau.

Essa movimentada história da solidão deixou numerosos traços, sobretudo literários. Os solitários costumam ser muito profusos por escrito. Deixaram confidências, defesas, diários íntimos, poemas, cartas. A solidão deu lugar a muitos debates filosóficos, religiosos, literários, pois ela nunca deixou ninguém indiferente: ela fascina, intriga, espanta, atrai ou escandaliza, é admirada ou zombada, considerada um vício ou uma virtude, um refúgio ou um inferno, mas, em todas as épocas, fala-se dela com paixão. Desde o século XIX as ciências humanas se debruçam sobre esse fenômeno: sociólogos, psicólogos, psicanalistas, médicos, filósofos consagram a ele inumeráveis trabalhos. A solidão continua a dividir, conforme seja considerada um flagelo social, componente irredutível da condição humana, anomalia ou plenitude do indivíduo, desespero ou salvação.

A solidão não deixa ninguém neutro ou indiferente. Ela compromete toda a nossa concepção da condição humana. Ou somos contra ou a favor. Isso depende de nossa personalidade, e também do momento. O historiador não escapa de tomar partido. Sua neutralidade é uma ilusão quando ele aborda temas da história cultural e das mentalidades. Decerto, ele se esforça de início para compreender e explicar a evolução das ideias e dos comportamentos em função do contexto socioeconômico global. A solidão é uma flor que brota no campo das relações sociais e das correntes culturais, que a fazem se desenvolver ou murchar. A tarefa do historiador é relatar e interpretar esses mecanismos. Mas não nos deixemos enganar: como ser humano, ele é parte interessada nesses processos; tem uma personalidade que o impele para a solidão ou para a sociabilidade. É isso que torna a história da solidão uma história engajada. Então, sejamos claros: amo a solidão, e esta história, embora se esforce por respeitar as normas da crítica histórica, é animada por uma paixão pela vida solitária.

– 1 –

ANTIGUIDADE PAGÃ: O HOMEM É UM ANIMAL SOCIAL

A solidão é um luxo que apareceu tardiamente na história. Durante centenas de milhares de anos, quando o *Homo sapiens* ainda era uma espécie rara e ameaçada, o indivíduo não podia se separar do grupo, da horda, do clã, da tribo, proteção indispensável diante dos perigos da vida selvagem. Perdido nos espaços imensos e hostis, ele só podia sobreviver em grupo. Tanto intelectual como materialmente, a solidão lhe era estranha. E durante muito tempo ele pôde se pensar apenas como membro de uma comunidade.

A criação dos primeiros Estados organizados, cidades, reinos, impérios, oficializou essa situação, formalizando e multiplicando os laços que ligam o indivíduo a grupos variados: família, grupos profissionais e políticos, associações religiosas e de lazer, confrarias, classes sociais. O homem antigo estava aprisionado numa rede fechada de dependências que não abria espaço para o isolamento nem para a solidão. A civilização greco-romana é uma flagrante ilustração disso.

Mesmo os deuses não são sós. Eles formam uma sociedade organizada, em que cada um tem seu papel e seu lugar e está implicado nas intrigas com os outros. O mundo divino, sempre moldado pelos homens à imagem de sua sociedade, só podia ser um politeísmo, um coletivo de deuses. O deus solitário do monoteísmo será inventado pelos povos nômades do deserto. Para os agrupamentos estáveis e estruturados das cidades gregas, centradas na ágora e nas assembleias deliberativas, era necessário um panteão de deuses falantes e sociáveis, no qual ninguém ficasse à parte. E as relações entre os homens e os deuses eram uma questão coletiva: o culto era familiar e cívico, nunca individual. Colocar-se fora do culto coletivo seria condenar-se ao nada, como mostrou Jean-Pierre Vernant em *Mythe et pensée chez les Grecs* [Mito e pensamento entre os gregos]: "Expulso dos altares domésticos, excluído dos templos da cidade, proibido sobre a terra de sua pátria, o indivíduo se vê cortado do mundo divino. Ao mesmo tempo, perde seu ser social e sua essência religiosa; *ele não é mais nada*. [...] A impiedade", acrescenta ele, "é também ataque ao grupo social, delito contra a cidade".[1]

DEUSES E MITOS GREGOS: INFELIZES SEJAM OS SOLITÁRIOS

A primazia do coletivo é reencontrada, a propósito, com os mitos de origem: desde o começo, o homem está em sociedade. Aqui não há Adão solitário. O primeiro homem, nas lendas de Argos, foi Foroneu, filho do rio Ínaco e da ninfa Mélia, que por sua vez era filha de Oceano. Mas esse "pai dos homens mortais" já tem companheiros, que não sabemos de onde vêm, mas a lógica racional evidentemente não é a marca dos mitos. Outra versão, a dos *Catálogos*, em que são expostos os mitos da Grécia central, é também coletiva: o primeiro homem, Deucalião, filho do titã Prometeu, forma um casal com Pirra. Sobreviventes do dilúvio, eles repovoam a terra jogando pedrinhas para trás dos ombros, o que supõe que havia homens antes deles.[2] Para além das incoerências, retenhamos este traço essencial: o homem nunca esteve só.

---

1 Vernant, *Mythe et pensée chez le grecs*, p.365.
2 Chuvin, *La Mytologie grecque*.

ANTIGUIDADE PAGÃ: O HOMEM É UM ANIMAL SOCIAL

Um caso particular, no entanto, chamou a atenção dos historiadores do mundo grego: o do culto a Dioniso. Por um lado, esse deus ocupa um lugar especial no Olimpo, que fascinou muitos filósofos, e, por outro, seu culto, com manifestações de êxtase, pareceria favorecer uma liberação do indivíduo: "O que o dionisismo oferece – mesmo controlado pelo Estado, como na época clássica –, com efeito, aos fiéis é uma experiência religiosa inversa do culto oficial: não mais a sacralização de uma ordem à qual é necessário se integrar, mas a liberação dessa ordem, a libertação da opressão que de certo modo ela supõe",[3] escreve Jean-Pierre Vernant, que acrescenta que o culto de Dioniso era muito apreciado pelas mulheres, excluídas da vida cívica e confinadas ao gineceu. Dioniso, deus dos solitários? "Essa fusão com o deus é uma comunhão pessoal? Certamente não. Ela não é obtida na solidão, pela meditação, pela oração, pelo diálogo com um deus interior, mas em grupo, no e pelo *thíasos*, graças às técnicas de frenesi coletivo que se utilizam de danças, saltos, cantos e gritos, corridas errantes que mergulham o homem em plena natureza selvagem."[4]

Contudo, seria surpreendente que o gênio grego, que explorou todas as questões fundamentais da condição humana, tivesse ignorado este aspecto crucial que é a solidão. Mas ele a abordou de maneira indireta, sub-reptícia, quase inconsciente, como potencialidade temível e no entanto inelutável da tragédia humana, por meio de mitos que abrem a porta para reflexões sobre a solidão ontológica. Em Narciso, Belerofonte, Dânae ou Hermafrodita, há não ditos cheios de significado, que sugerem que, para os gregos, a solidão é uma espécie de tabu trágico, que forma a trama da existência humana por trás da fachada convencional da sociabilidade e da comunicação.

Isso nunca é dito abertamente, como se se tratasse de um segredo conhecido de todos, mas inconfessável, uma espécie de tara original, de maldição pesando sobre cada homem e que ninguém gostaria de ver. Primeiramente, é a noção de destino inelutável, de fatalidade, que se encontra em toda a literatura grega: que solidão é maior do que a solidão do homem que é levado por um destino implacável, que segue uma via traçada para ele, sem poder se desviar, faça o que fizer, andando ao lado de seus semelhantes, cujos

---

3 Vernant, op. cit., p.257.
4 Ibid., p.358.

caminhos, também rígidos, cruzam o seu e depois se afastam segundo um destino sem apelo? Os heróis, meio humanos, meio deuses, seres híbridos que não pertencem nem à sociedade humana nem à dos deuses, ilustram, por seu trágico destino, essa solidão sem conserto. Manipulados pelos deuses, são marionetes irremediavelmente solitárias. Mas os próprios deuses não são também submetidos ao destino? É o que sugere Homero no canto VIII da *Ilíada*, o que leva Jacqueline de Romilly a dizer que até no Olimpo "se constata o sentimento de uma ordem inelutável".

Entre os mitos, o de Narciso sugere mais fortemente a ideia de solidão fundamental do ser quando toma consciência de si mesmo. Narrado por Ovídio nas *Metamorfoses* e por Virgílio nas *Bucólicas*, esse mito é – como todos os mitos – suscetível de diversas interpretações segundo as intenções e os sentimentos dos leitores. Filho da ninfa Liríope e do deus-rio da Beócia Cefiso, Narciso herda da mãe uma grande beleza, mas o adivinho Tirésias prediz que ele só viverá enquanto não conhecer a própria imagem. Aos 16 anos, ele atrai o amor de todos os jovens e moças, dentre as quais a ninfa Eco, que, vítima de Juno, é privada de palavra pessoal e só consegue repetir o último som da voz dos outros. Narciso, que quer ficar sozinho, a rejeita, e ela vai se esconder no fundo dos bosques e grotas. Outra ninfa desprezada pede a Nêmesis que castigue Narciso: quando vai saciar sua sede numa fonte, ele percebe seu reflexo na água e se apaixona por esse ser esplêndido. A partir daí existem duas versões contraditórias: em uma, ele pensa que o ser aquático é uma náiade; na outra, ele compreende que se trata dele mesmo, o que seria mais coerente com a predição de Tirésias, pois, ao perceber que se trata de sua imagem e que o amor que experimenta por ela é impossível, já que ela se altera tão logo a toca ou quando uma lágrima cai na água, ele se suicida e é metamorfoseado em uma flor amarela e branca.

Evidentemente, não há uma interpretação "oficial" desse mito que não nos informe mais sobre a maneira de pensar dos intérpretes do que sobre uma muito hipotética intenção original do relato. Para uns, trata-se da ilustração das consequências trágicas do excessivo amor de si; para outros, o mito exprime a irremediável solidão do homem, para quem não só a fusão com o outro é impossível, mas também a fusão consigo mesmo. O homem nunca chega a coincidir com a imagem ideal que tem de si mesmo: concepção muito moderna da solidão ontológica.

O mito de Hermafrodite se presta a uma interpretação similar: o filho de Hermes e Afrodite, belo como um deus – isso é óbvio –, com 15 anos, banha-se num lago. A ninfa Salmacis vem, se une a ele e obtém dos deuses a garantia de que nunca será separada dele. E assim Hermafrodito se torna um ser duplo, composto de um e outro sexo, não podendo então contentar nem um nem outro. Mito da insatisfação fundamental do ser humano, sempre à procura da fusão impossível com o outro? Podemos ainda buscar uma interpretação negativa da solidão na história de Belerofonte, contada por Homero. Esse herói, "a quem os deuses deram beleza e uma virilidade sedutora", despreza as investidas de Anteia, mata a Quimera e as amazonas, e finalmente se encontra miserável e solitário: "Quando Belerofonte mereceu a ira de todos os deuses, vagueou sozinho sem rumo pela planície de Ílion, roendo seu coração, evitando os traços dos homens".[5]

Solidão também a de Ulisses em sua odisseia iniciática, que se pode interpretar, como a de Gilgamesh, como uma busca do herói por seu eu, sempre inapreensível. Solidão de Penélope e de Sísifo, confrontados a uma perpétua e desesperançada reconquista de sua plenitude. Solidão de Dânae, encerrada em sua torre; solidão de Héracles, vítima, como os outros, de uma vingança divina. Os heróis são, decididamente, bem sós, o que faz sua grandeza e sua infelicidade. E a solidão não cessa com a morte: não há nenhuma solidariedade no mundo dos defuntos, mundo no qual cada um fica por sua conta, onde se chega sozinho, para sofrer um julgamento individual sem recurso diante do tribunal de Radamanto e de Minos. Ulisses, durante sua visita aos infernos, viu os condenados se despedaçando uns aos outros, e estes ilustres condenados solitários, que são Títio, Íxion, Ascálafo, Tântalo, Sísifo, Prometeu, as Danaides, confinados em seu sofrimento sem esperança. O defunto é um ser solitário, como já exprimia *O livro dos mortos* do Egito: "Só, eu percorro as solidões cósmicas/ um raio de luz emana/ de todo meu ser./ Sou um ser rodeado de muralhas/ no meio de um universo rodeado de muralhas./ Sou um Solitário no meio/ de minha Solidão".

As evocações da solidão nos mitos são fugazes, indiretas, mas sempre trágicas, e esse aspecto sombrio da solidão se encontra no teatro grego. Ser só é uma maldição: é o que sente Hipólito de Eurípedes. Esse filho bastardo

---

5 Homero, *Ilíada*, VI, 202.

de Teseu é um mal-amado. Filho de um pai *bon vivant* e mulherengo, ele é casto, sombrio, desconfiado e vive retirado. Sua única amiga é uma deusa, Ártemis, ela mesma pouco sociável, que o trata como seu protegido, o que provoca nele um sentimento de estar à parte, de ser excepcional. "Só eu entre os mortais tenho o privilégio de viver ao teu lado e de conversar contigo", ele diz à deusa. Orgulho do solitário, que se considera diferente e superior: é por isso que seu pai o censura. E, para complicar as coisas, sua madrasta o persegue com seus ardores. Hipólito, exilado pelo pai, tem o reflexo paradoxal dos solitários: fugir de sua infelicidade refugiando-se numa solidão ainda maior, só consigo mesmo: "Ah, se eu pudesse ficar diante de mim mesmo para chorar por meu próprio sofrimento!". A solidão, refúgio contra a solidão: Eurípedes já sugere a ambivalência dessa noção, ao mesmo tempo maldição e bênção.

Ambivalência igualmente em Sófocles, que encena um teatro de irremediável solidão, ao mesmo tempo a grandeza e o mal dos heróis, dirigidos por um destino implacável. Eles se cruzam sem poder realmente se encontrar, cada um perseguindo uma quimera, animado por uma exigência de absoluto, sem se dar conta de que apenas seguem seu destino. Pois os oráculos dos deuses são sempre obscuros e indecifráveis, o que entretém a ilusão da liberdade. Os heróis são sós; as pessoas que os rodeiam não os compreendem e eles não têm nada a esperar dos outros; solitária é Electra, que pode contar apenas consigo mesma: "Estou aqui, só…". Só também Filoctetes, em sua ilha; só, Dejanira, incompreendida e maldita; só, Antígona: "Ah, riem de mim…"; só, Édipo em Colono, que percebe ter sido apenas o instrumento da fatalidade: "Meus atos, eu os sofri, não os cometi"; sua vida foi uma longa errância solitária: "Eu não cessei de vagar sobre a terra estrangeira, exilado, mendigo"; só também Jocasta, em *Édipo rei*; só, enfim, Ájax, que se sente abandonado tanto pelos deuses quanto pelos homens e decide se suicidar: "Manifestamente os deuses me odeiam. O exército dos gregos me execra; sou odioso a Tróade inteira, mesmo a estas planícies que tenho sob os olhos". Para Jacqueline de Romilly "essa solidão corresponde à própria grandeza do herói. Ele a deve à sua exigência de absoluto; e, em contrapartida, encontra nela a obrigação de elevar-se acima de si mesmo, com uma força nova".[6]

---

6 Romilly, *Précis de Littérature grecque*, p.94.

UMA CIVILIZAÇÃO DA SOCIABILIDADE

A religião, os mitos, a ficção sugerem, pois, na Grécia, a ideia de uma solidão primordial, constitutiva da natureza dos heróis. Uma solidão que só tem aspectos trágicos. Mas ela concerne apenas a esses seres híbridos que são os heróis. E quanto aos humanos? Na cidade, a solidão não existe. É negada, excluída por uma organização coletiva rigorosa que concerne a todos os domínios. Ela simplesmente não faz parte das mentalidades helênicas; é literalmente impensável. O clima geral é "holista", ou seja, a comunidade é organizada à maneira de um "todo", no qual os indivíduos são simplesmente fragmentos de um "nós". Seu comportamento é determinado pelo pertencimento ao grupo, pela interiorização das leis. Os filósofos que analisaram o funcionamento da sociedade grega estão de acordo sobre esse ponto, desde Hegel, que fala da "bela totalidade helênica", até Karl Popper, que escreve: "O holismo de Platão me parece estreitamente aparentado ao coletivismo tribal do qual ele tinha nostalgia. [...] O indivíduo é efêmero, só o coletivo possui permanência e estabilidade. Enfim, o indivíduo deve estar sujeito ao todo, que não é uma simples união de indivíduos, mas uma unidade 'natural' pertencendo a uma ordem superior".[7]

Nesse todo orgânico que é a cidade, não há lugar para a solidão. A cidade é um grupo de homens reunidos pela "pressuposição de vida comum", diz Aristóteles, em que todas as atividades são atividades de grupo. O indivíduo é, antes de tudo, o membro de uma unidade familiar, o *oikos*; ele pertence a uma *fratria*, grupo de famílias com um ancestral comum, ou simplesmente habitante de um mesmo bairro. É casado: o celibato é considerado uma situação anormal, a *agamia*, o que significa "ausência de casamento". Os legisladores, como Licurgo, tomam medidas vexatórias contra os celibatários, e Platão, nas *Leis*, prevê que, numa sociedade ideal, todo mundo será casado (salvo os "guardiães", que praticarão a comunidade das mulheres). Plutarco conta que se censurava Epaminondas por ele ser celibatário.[8] A esse respeito, podemos nos colocar a questão das mulheres. O celibato é exigido para o serviço das deusas virgens, Atena ou Ártemis. São exceções, e as vestais podem

---

7 Popper, *La Société ouverte et ses ennemis*, cap.5.
8 Plutarco, *Vie des hommes ilustres*. "Pelópidas", 3, 6.

se casar após trinta anos de serviço, se ainda puderem encontrar quem as aprecie. Do mesmo modo, a Pítia, as sacerdotisas de Héstia, as sibilas devem abster-se de toda relação sexual, mas com frequência são idosas. Dito isso, a mulher casada não é um pouco só em seu gineceu? "Não nos permitem ver a luz do dia, guardam-nos escondidas em nossos quartos, entregues a nossos sombrios pensamentos",[9] os poetas as fazem dizer. Entretanto, a maioria dos historiadores está de acordo em pensar que servas, escravas, vizinhas, amigas permitem o desenvolvimento de uma sociabilidade feminina paralela à dos homens. A mulher nunca está realmente só; também nunca é independente: está sempre sob tutela, mesmo em caso de viuvez, pois nesse caso ela retorna ao *kyrios*, à autoridade do pai, do irmão, do tio. Em Roma, o celibato é igualmente excepcional e penalizado financeiramente.

Mesmo fora da família e da fratria, o cidadão de uma cidade grega é membro de várias associações profissionais, culturais, caridosas, que o encerram numa rede de solidariedades. Tudo é organizado para favorecer a vida comunitária: refeições comuns, banquetes, festas cívicas e religiosas, jogos esportivos, espetáculos. A ágora, o ginásio, os pórticos, os mercados são lugares de convívio; mesmo as escolas filosóficas são pretexto para agrupamentos: os discípulos de Epicuro vivem juntos na casa do mestre; outros frequentam a Academia, o Liceu, o Pórtico; formam-se grupos em torno dos sofistas. Apenas os cínicos se distinguem por seu desprezo pela vida gregária. As funções políticas são elas mesmas, na maioria das vezes, coletivas ou colegiadas. Em Atenas, tomam-se decisões na Assembleia do povo, a Eclésia. A liberdade, finalmente, consiste em poder escolher entre várias sociabilidades. Uma única escolha está excluída, porque é impensável: a solidão.

Como escreveu Oswyn Murray em *O homem grego*, mesmo os sentimentos *a priori* muito individuais e íntimos, como a amizade e o amor, são socializados: "Está comprovado que as relações pessoais do amor e da amizade são, para os gregos, fenômenos sociais. Aristóteles define a amizade em termos do grupo social, pois 'toda forma de amizade implica associação' [...]. A vida de um homem é constantemente encerrada nos laços de companheirismo, que se exprimem por meio de rituais que com frequência tomam a forma de comensalidade. [...] Em tal sociedade, a liberdade do indivíduo, no sentido

---

9 *Antologia palatina*, 5, 297.

ANTIGUIDADE PAGÃ: O HOMEM É UM ANIMAL SOCIAL

que nós lhe atribuímos, não existe, pois o indivíduo é sempre considerado um animal social: nunca está sozinho diante de si mesmo".[10]

A única forma de solidão considerada na cidade grega é uma sanção, uma punição: a exclusão do delinquente da comunidade, a *atimia*. Se não for executado, o cidadão culpado de roubo, assassinato, subversão, conduta desonrosa, perde suas honras, cargos, dignidades, privilégios jurídicos, e pode ter interditado seu acesso aos lugares públicos, ágora, mercados, santuários. Essa morte cívica, que condena à solidão, é considerada uma pena dificilmente suportável, "porque", diz um orador ateniense, "é bem mais triste viver sem direitos no meio de seus concidadãos do que viver como meteco entre os outros". É por isso que aqueles que são atingidos pela atimia em geral preferem exilar-se, reunindo-se, fora de sua pátria, com as pessoas condenadas ao ostracismo. Esses exilados, que pedem asilo nas cidades estrangeiras, parecem ter sido numerosos: em 427 a.C., Atenas acolhe 2 mil provenientes de Plateias.

SOLIDÃO E MISANTROPIA

Essa visão negativa da solidão, ligada à ideia de sanção na sociedade grega, é encontrada entre os intelectuais, os filósofos, que teorizam sobre as mentalidades de seus concidadãos. De início, ficamos chocados com a raridade do tema da solidão em suas obras. Ele só aparece indiretamente, para reforçar o da sociabilidade, em função da qual se define, como se não tivesse existência própria: o solitário é o associal, assim como o descrente é o ateu. É uma anomalia. Contrastando com a imagem do intelectual humanista que medita na solidão de seu gabinete, o filósofo grego é o homem da praça pública, perorando na ágora, sob os pórticos e nos banquetes. Aliás, isso é revelador do fato de que várias de suas obras se intitulem *O banquete*: filosofar é, em primeiro lugar, ser sociável, dialogar. Não se filosofa sozinho. Aliás, disse Teofrasto, "o sábio nunca pode estar sozinho. Ele tem consigo todos os que são bons ou que sempre o foram, e transporta seu espírito livremente para onde quiser. O que não pode abarcar corporalmente, abarca pelo

---

10 Murray, L'homme grec et ses formes de sociabilité. In: Vernant (org.), *L'Homme grec*, p.306.

pensamento. E se os homens lhe fazem falta, ele fala com Deus. Nunca será menos só do que quando estiver só".[11] Mesmo entre os pré-socráticos, dentre os quais cruzamos com um bom número de originais, o filósofo procura o contato. As exceções são raras e relatadas por tradições que nem sempre são confiáveis. Heráclito, conta Diógenes Laércio, "mergulhou na misantropia e foi viver nas montanhas, alimentando-se de folhas e ervas". Anaxágoras "de certa forma retirou-se e dedicou-se à especulação sobre a natureza sem se preocupar com os negócios públicos"; Míson é um brincalhão solitário um pouco bizarro: "Aristóxenes diz que ele se parecia com Tímon e Apemanto, e que era misantropo. O que é certo é que ele o viu em Esparta, rindo sozinho, num lugar afastado, e quando lhe perguntaram por que ria assim, sozinho, ele respondeu: 'É precisamente porque estou sozinho'".[12] Será que é porque a solidão é risível ou porque ela é fonte de alegria?

Quanto a Demócrito, trata-se de um caso patológico. Ele também é um gozador inveterado, que passa o tempo a zombar da tolice humana e prega a felicidade pelo retorno a si mesmo, rejeitando a sociedade, os negócios públicos, e vivendo na tranquilidade. Em si, não há nada aqui que não seja razoável, a não ser que Demócrito, para obter essa tranquilidade, está pronto para eliminar tudo que se move, todos os inoportunos, homens e animais: "É preciso matar, acima de tudo, todos os animais que nos causam mal e nos prejudicam. Ao fazer isso, receberemos como partilha uma melhor porção de felicidade, de justiça, de firmeza e de propriedade em todas as sociedades bem ordenadas. [...] O que indiquei com relação às bestas e às serpentes, que nos são hostis, deve, na minha opinião, ser aplicado igualmente aos homens. Em toda sociedade bem ordenada dever-se-ia, segundo as leis ancestrais, matar o inimigo, a menos que a lei o proíba, pois cada país tem seus tabus particulares, seus tratados e seus juramentos".[13] Tendo assim limpado o terreno, pode-se enfim, sozinho, usufruir da existência com tranquilidade, cultivando-se, pensando nos infelizes, "e se julgando bem-aventurado ao pensar nos males deles, em comparação aos quais tuas ações e tua vida são muito melhores. Se tu te deténs nessas reflexões, viverás mais feliz, e tua vida estará

---

11 Teofrasto, *Caractères*, I, 47.
12 Diógenes Laércio, *Vies, doctrines et sentences des philosophes ilustres*, "Les sept sages. Myson", t.I, p.90.
13 Estobeu, *Florilège*, IV, II, 16-17.

ao abrigo de muitos embaraços dos quais surgem a inveja, o ciúme e o ressentimento".[14] Para evitar os males gerados pela presença dos outros, ele até teria se tornado cego, fechando-se desse modo na solidão completa, com o olhar voltado para o interior de si mesmo: "Assim, para sua felicidade, não seria mais testemunha da maldade de seus concidadãos".[15] E Estobeu conclui: "Ele chama a felicidade de tranquilidade, o bem-estar de harmonia, assim como congruência e ataraxia".

Demócrito é, sob muitos aspectos, uma anomalia. A maior parte dos outros filósofos limitam a procura da tranquilidade ao celibato. Tales teria rejeitado o prazo fatal por meio de uma tática dilatória: "Dizem que, à sua mãe, que o pressionava para que se casasse, respondeu: 'Ainda não é tempo'. E que em seguida, passada sua juventude, como sua mãe insistisse, ele disse: 'Não é mais tempo'".[16] Bias aconselha igualmente a abstenção do casamento, pois "ou te casas com uma bela ou com uma feia; se for bela, te enganará; se for feia, te punirá". Para Demócrito, trata-se evidentemente de uma precaução elementar: "Seria expor-se a muitas questões frívolas que nos desviariam das mais necessárias [...]. Na minha opinião, não se deve ter filhos, pois observo no fato de ter filhos muitos riscos consideráveis e muitas preocupações, para um retorno frágil, sem consistência e sem valor".[17] É assim que Zenão, Platão, Epicuro, Diógenes e Apolônio permanecem celibatários, e, segundo Teofrasto, se a maioria dos homens se casa, é justamente por causa do medo da solidão, o que confirma a imagem muito negativa desta última na sociedade grega: prefere-se o risco do casamento a permanecer sozinho.

Certamente há outros motivos: manter o culto dos ancestrais, transmitir o patrimônio, não ser vítima de leis discriminatórias contra os celibatários, mas, para o cidadão comum, é inegável que o medo da solidão precisa ser levado em conta. No limite, considera-se que o gosto pela solidão é uma doença que precisa ser tratada. É o mal dos melancólicos, como diz o Pseudo-Hipócrates: "Acontecem sempre com os melancólicos coisas deste gênero: às vezes são taciturnos, solitários, ávidos por lugares isolados; afastam-se dos homens, consideram seus semelhantes estranhos; mas também não é

---

14 Ibid., III, I, 210.
15 Aulo Gélio, *Nuits attiques*, X, 17.
16 Diógenes Laércio, op. cit., p.52.
17 Estobeu, op. cit., IV, XXIV, 31.

mais raro, nos que se consagram ao saber, que sua disposição para a sabedoria os incite a esquecer qualquer outra preocupação". A noção de solidão patológica será transmitida no mundo greco-romano até uma época tardia. No século III, um tratado falsamente atribuído a Sorano de Éfeso associa melancolia e misantropia. Para Arquígenes de Apameia, é um início de loucura, uma doença maníaca que conduz à misantropia. Para Arateu, "o melancólico de isola", tem medo dos outros. A ligação entre solidão e misantropia aparece solidamente estabelecida na mentalidade grega: aquele que foge da sociedade só pode ser um inimigo dos homens. O famoso Tímon de Atenas era uma ilustração disso, "fugindo e execrando qualquer companhia e comunicação com os outros homens", conta Plutarco, que acrescenta que, desse modo, "ele é ridicularizado e considerado mau e inimigo do gênero humano".[18]

Entretanto, a maioria dos filósofos gregos afirma que o sábio não tem necessidade de ninguém. Sócrates está de acordo nesse ponto com Górgias, que se diz feliz por nunca ter se preocupado com a opinião dos outros. É verdade, confirma Isócrates: além disso, "ele não se casou, não teve filhos, e portanto ficou livre dessa carga incessante e nociva".[19] Quanto ao inenarrável Diógenes, o cínico, solitário em seu barril, ele proclama que mais feliz é aquele "que se basta a si mesmo". No meio da multidão, ele se comporta como se estivesse sozinho no mundo: "Eu me esforço para fazer, em minha vida, o contrário de todo mundo", o que é um modo de afirmar sua solidão, ele que, com uma lanterna na mão, procura em vão um homem.

A autossuficiência é o que busca também Epicuro. É preciso evitar todo laço passional, de tipo amoroso, pois isso nos torna dependentes do outro, enquanto toda fusão com ele ou ela é impossível. Atitude de fuga, que só confirma o medo instintivo do sábio grego diante da irremediável solidão do ser: refugiar-se em si mesmo para escapar do sentimento da solidão. É também o que é recomendado por Lucrécio, discípulo de Epicuro: retirar-se de todos os negócios públicos para ficar diante de si mesmo. Mas mesmo essa solidão interior é fonte de mal-estar, pois "o homem é, para si mesmo, um companheiro inseparável ao qual ele permanece ligado ao mesmo tempo

---

18 Plutarco, op. cit., "Antoine", XCI.
19 Isócrates, *Sur l'Échange*, 155-6.

ANTIGUIDADE PAGÃ: O HOMEM É UM ANIMAL SOCIAL

que o detesta".[20] Entre os concorrentes estoicos, não se foge dos negócios públicos, não se procura o isolamento, mas espera-se conciliar a autonomia da pessoa e a solidariedade com todos os outros homens. Ideal bem difícil de atingir, pois ele nos tornaria semelhantes aos deuses. É o que supõe Epiteto quando escreve: "Do mesmo modo que Zeus, *só* consigo mesmo, reflete em paz sobre a maneira de governar o universo, e vive de seus próprios pensamentos, também nós devemos conseguir nos entreter com nós mesmos, sem ter necessidade de outrem e sem ficar desocupado, refletindo sobre a legislação dos deuses e sobre nosso lugar no mundo".[21] Isso não significa dizer que a solidão é inumana? Epiteto, decerto, se diz feliz em sua cabana, só e sem medo de ladrões, pois não possui nada. "Vai passear sozinho, conversa contigo mesmo", ele recomenda. Mas será que a solidão é que o torna feliz ou é o sentimento de viver em harmonia com o mundo natural divino? O que conta, diz Marco Aurélio, não é viver isolado, mas saber se retirar em si mesmo: "Procuram-se refúgios no campo, nas praias, nas montanhas. E tu mesmo tens o costume de desejar ardentemente esses lugares de isolamento. Mas tudo isso é da mais vulgar opinião, já que podes, na hora que quiseres, te retirar em ti mesmo. Com efeito, em nenhum lugar o homem se sente mais tranquilo e mais calmo do que em sua alma".[22]

PLATÃO E ARISTÓTELES: O SOLITÁRIO É UM MONSTRO OU UM DEUS

A desconfiança, para não dizer a hostilidade, em relação à solidão foi expressa por dois pilares do pensamento grego clássico: Platão e Aristóteles. O segundo se coloca no plano da antropologia e da política, e seu discurso não tem ambiguidade: o homem é um animal social, e a solidão, portanto, não é humana; aquele que vive como solitário é um monstro ou um deus, não é um homem. Eis o que é claro e vigorosamente expressado: "É manifesto que a cidade faz parte das coisas naturais, e que o homem é por natureza

---

20 Lucrécio, *De rerum natura*. Paris: Garnier-Flamarion, 1964. III, p.113.
21 Epiteto, *Entretiens*, parágr. 7.
22 Marco Aurélio, *Pensées pour moi-même*, IV, 3.

um animal político, e que aquele que está fora da cidade, naturalmente bem seguro e não por acaso das circunstâncias, é um ser degradado ou um ser sobre-humano. [...] Pois tal homem é ao mesmo tempo naturalmente apaixonado pela guerra, sendo como um peão isolado num jogo de tabuleiro. Por isso é evidente que o homem é um animal político mais do que qualquer abelha e qualquer animal gregário. Pois, como dizemos, a natureza não faz nada em vão; ora, entre os animais, só o homem tem uma linguagem".[23] E, se o homem tem uma linguagem, é porque ele é destinado a se comunicar, não a se isolar. O homem não só deve viver e agir na e para a comunidade cívica, mas também tem necessidade de amizade: "Sem amigos, ninguém gostaria de viver, mesmo sendo cumulado de todos os outros bens".[24] A amizade permite dar e receber, devotar-se, "por isso os homens felizes não podem ficar sem pessoas a quem se dedicar [...]. É, pois, absurdo imaginar o homem perfeitamente feliz como um solitário, pois ninguém gostaria de possuir todos os bens do mundo se fosse sob a condição de usufruir deles sozinho".[25] É isso "que torna tão pesada a vida solitária". Não há lugar para a solidão em Aristóteles.

Platão é mais sinuoso, mas, ao se situar no plano moral e filosófico, chega de modo geral às mesmas conclusões. É certo que "o sábio não tem necessidade de ninguém", mas essa é uma simples observação formal. Cada um procura a sua metade, em função do mito extravagante do ser primordial cortado em dois, que é desenvolvido por Aristófanes em *O banquete*, porque, de maneira concreta, a vida solitária seria insuportável. É o que Platão faz Sócrates dizer no *Fedro*: viver só no campo, à sombra dos plátanos, dos perfumes de flores e do borbulhar das fontes, não me convém absolutamente. Sou urbano; preciso de pessoas em torno de mim, pois "amo aprender, como sabes. Ora, os campos e as árvores não aceitam me ensinar nada, enquanto é isso que fazem os homens que estão na cidade".[26] Sócrates é um homem de comunicação. Para ele, o solitário é um ignorante e, além disso, um orgulhoso, porque não pensa em agradar a ninguém a não ser a si mesmo. Sócrates é voltado para o exterior. Se a fuga do mundo é recomendada para

---

23 Aristóteles, *Les Politiques*, I, 2.
24 Aristóteles, *Éthique à Nicomaque*, VIII, I.
25 Ibid., IX, 9.
26 Platão, *Phèdre*, 230.

praticar a contemplação, "essa fuga [...] não consiste em deixar a terra, mas em permanecer nela, e viver na justiça e na santidade, acompanhadas da prudência",[27] segundo a expressão do platônico Plotino, nas *Enéadas*. Quanto à famosa fórmula "Conhece-te a ti mesmo", em vez de supor um isolamento introspectivo do sujeito, ela necessita da presença, do contato com os outros: é por eles, pelo diálogo, que se dá à luz o conhecimento de si. De resto, o método socrático não parece funcionar bem: ao praticá-lo, Alcibíades aprende, sobretudo de Sócrates, o que ele não é, mais do que aquilo que ele é.[28] Mas isso é outra história. Definitivamente, Píndaro talvez seja mais sábio, ao lembrar aos vencedores dos jogos píticos sua fragilidade: "Seres efêmeros! O que é cada um de nós, o que não é? O homem é o sonho de uma sombra".[29] Sozinho ele não é nada.

CÍCERO, OU O HORROR DE SER SÓ

O mundo latino tem uma visão igualmente negativa da solidão, que considera ser uma situação insuportável para um homem normal. A solidão é a condenação, o exílio, o castigo, a morte. A vida é a cidade, a *urbanitas*, a multidão, o circo, as termas, o fórum, o Senado, o teatro, o tribunal, o mercado, as orgias, as visitas, os templos. Ouçamos Cícero: "Não vejo que haja um só estado, uma só posição na vida em que seja possível se abster dos outros homens; diferentes necessidades nos ligam a eles: a primeira é a de falar, de dizer o que se sente e o que se pensa";[30] "ninguém gostaria de passar a vida numa total solidão, mesmo que ela fosse infinitamente fértil em prazeres"; "nascemos para nos unir e formar com a sociedade uma comunidade natural".[31] O solitário é um desnaturado.

E, como Cícero não é um desnaturado, ele tem horror a estar só. Homem da palavra, falador por profissão, como senador e advogado, ele admite no *De officiis* sua incapacidade para suportar a solidão. Exilado em sua

---

27 Plotino, *Énneades*, I, 8. 6.
28 Platão, *Alcibiade*, 128-35.
29 Píndaro, *Pytiques*, VIII.
30 Cícero, *De officiis*, II, 11.
31 Id., *De finibus*, XX, 65.

cidade de Túsculo pelo triunvirato Antonio-Otávio-Lépido, ele relata seu calvário. Gostaria muito de ser como Cipião, que dizia que "nunca era menos só do que quando não estava com ninguém". Isso estava além de suas forças: "Assim, o repouso e a solidão, que nos lançam quase todos à letargia e parecem dissolver as faculdades de nossa alma, fortificavam sua ciência [a de Cipião] e a tornavam mais ativa. Eu gostaria de merecer o mesmo elogio; mas, se essa vantagem está acima de minhas forças, pelo menos devo desejá-la; minha situação precisaria disso. Pois, arrancado da administração dos negócios pelos sediciosos que pegaram em armas contra a pátria, reduzido a não mais aparecer no Senado nem na tribuna, não passo de um homem privado; por isso me afasto da cidade o máximo possível; confino-me nos campos, para onde fujo muitas vezes abandonado a mim mesmo".[32] Tenho uma desculpa, continua Cícero: a solidão de Cipião era voluntária, a minha é forçada: "Não sou eu que busco o repouso: se não ajo, é que sou inútil [...] A infelicidade dos tempos me condenou a um retiro involuntário". Pelo menos ele o aproveita para escrever: "Como não tenho força suficiente para vencer o tormento da solidão apenas com o pensamento, voltei-me para o lado da composição, e faço dela minha ocupação principal".[33]

Por seu ilustre exemplo, Cícero não faz senão exprimir a recusa da solidão no mundo romano, onde, assim como na Grécia, toda a organização política é orientada para a sociabilidade. Segundo Eugen Cizek, há em Roma "um sistema de relações em que os indivíduos estão inseridos, sistema feito de diferentes restrições, cujos principais elementos de influência não são conscientes [...]. Chegou-se aí a um verdadeiro diálogo entre a Cidade e o cidadão, entre os órgãos de governo e as instituições".[34] Os laços que unem os indivíduos uns aos outros são ao mesmo tempo verticais, sob a República, e horizontais, sob o Império: "Na formação das mentalidades, a contribuição mais significativa remete à solidariedade cívica, ao sentimento de pertencimento à comunidade dos cidadãos, cujos limites cada um podia apreender, pelo menos aos olhos do espírito. Mas esse sentimento enfraqueceu no século I a.C. e no século I d.C., tornando assim mais fácil o surgimento de

---

32 Cícero, *De officiis*, III, 1.
33 Ibid.
34 Cizek, *Mentalités et institutions romaines*, p.17, p.21.

microunidades sociais. Elas eram mais antigas, mas foi somente no século I a.C. que começaram a se manifestar de maneira mais marcante.

"As microunidades sociais reuniam, por afinidades, as pessoas que sentiam necessidade de estreitar os laços de seu grupo. Nas condições em que mais dificilmente se tomava consciência dos laços indissolúveis com a cidade, o número e a importância das microunidades sociais aumentavam sensivelmente. Elas prolongavam as associações de natureza clientelista e, ao mesmo tempo, prefiguravam de algum modo as corporações medievais, os clubes e os cenáculos modernos. Distinguiam-se muitas categorias de microunidades: algumas eram formadas espontaneamente, na falta de uma organização precisa, e outras, ao contrário, eram claramente estruturadas como 'sodalícios', como associações de camaradas, de *sodais*."[35]

COMO SE PODE SER SOLITÁRIO?

Não faltam sinais dessa sociabilidade. É difícil para nós, hoje em dia, imaginar que em cada cidade as pessoas de renome tinham como ponto de honra conhecer pelo nome todos os cidadãos com os quais cruzavam no fórum. Com o crescimento urbano, e o esforço de memória se tornando muito grande, os ricos, a partir do século I, se fazem acompanhar por um escravo-memória, o *nomenclator*, um repertório ambulante encarregado de soprar para seu proprietário os nomes que ele poderia esquecer. O princípio é que, no fórum, não há nenhum desconhecido, logo, não há ninguém isolado. Com os laços familiares e as alianças matrimoniais reduzidos pela frequência dos novos casamentos, a clientela tece uma rede complexa e densa da qual se considera que ninguém pode escapar. A plebe mesmo tem suas redes e se apresenta no fórum para se divertir ou ouvir os tribunos. No campo, é certo que há mais dispersão, mas tudo é pretexto para a aproximação e a conversa: assim, Catão devia pedir aos camponeses que limitassem os convites e as visitas aos vizinhos dos outros domínios. Para Pierre Grimal, "o primeiro prazer dos romanos é o de se encontrar com os amigos no fórum, no Campo de Marte, sob os pórticos das praças públicas, nas termas e em sua casa, se

---

35 Ibid., p.28.

for rico, e à noite é pode se entregar a jantares intermináveis a que se seguem bebedeiras que avançam noite adentro; se, ao contrário, suas condições proíbem o luxo, pelo menos se oferece alguma coisa no cabaré".[36]

Assim, a solidão forçada é particularmente insuportável para o romano e só é considerada como sanção: é o *exilium*. Sob a República, o cidadão pode escapar do castigo deixando a cidade antes que seja pronunciado o veredito. Esse *ius exilii*, direito ao exílio, se transforma, durante o Império, numa pena de deportação, principalmente para alguma ilha. Tácito menciona numerosos casos sob o reino de Tibério: Rufus, acusado de corrupção no ano 25; Catus, culpado de falso testemunho no mesmo ano; em 22, Silanus é condenado ao exílio na ilha de Gyaros, mas, "considerando que Gyaros era uma ilha deserta e desolada [...] permitem que ele se retire para a ilha de Cythnos".[37] O exílio na Sardenha ou na Córsega também é corrente: Sêneca viverá nesta última durante oito anos a experiência de solidão, o que nos valerá interessantes considerações sobre o assunto. Ovídio é outro exilado notável, vítima da *relegatio*: o condenado não perde seus direitos cívicos, mas é enviado para um território perdido, na costa da atual Romênia, em Tomes, no ano 8. As penas de banimento são muito mal suportadas por esses personagens habituados à sociabilidade romana. Mas não é sem interesse constatar que mesmo entre os bárbaros o exílio solitário é temido e infamante. Para eles, o exílio é qualificado como *wargus*, forma latinizada do germânico *varg, vargr, vearg*, que se tonará mais tarde *wolf*; o solitário é um animal selvagem, um lobo.[38]

A questão da solidão será mesmo, no Baixo Império, motivo de incompreensão dos romanos com relação aos cristãos. A fuga dos anacoretas do século IV para o deserto é considerada pelos pagãos uma aberração, uma conduta demente, contra a natureza. Como um homem, animal social, pode procurar a solidão? Para o imperador Juliano, esse enigma só pode ser explicado pelo caráter misantropo e desnaturado do cristianismo, pois "há pessoas que deixam as cidades para se refugiar nos desertos, embora por sua natureza o homem seja um animal social e civilizado. Mas os espíritos perversos aos quais elas se abandonaram os empurram para essa misantropia".[39] Em 416,

---

36 Grimal, *La Civilisation romaine*, p.272.
37 Tácito, *Annales*, III, 67.
38 Zaremska, *Les Bannis au Moyen Âge*.
39 Juliano, o Apóstata, *Memoirs of My Life*, p.157.

o galo-romano Rutílio Claudio Namatiano, que exerceu funções importantes em Roma, volta para a Gália de barco. Passando ao largo da Ilha Caprera, entre a Córsega e Elba, fica sabendo que ela é habitada por um bando de misantropos que são chamados de *monachos* (do grego *monos*, só), "porque vivem sós, sem testemunhas". Ele manifesta sua incompreensão: essa gente é louca, sofre de um excesso de bílis negra, como Belerofonte, pois "quem se tornaria miserável para evitar a miséria?". Um pouco mais tarde, na Ilha de Gorgon, há outro desses lunáticos, um cidadão romano de bom nascimento que fugiu do casamento e de uma boa situação para se refugiar nesse "esconderijo horrível": "Essa escola de pensamento não é pior do que as poções de Circe: antes, eram os corpos que mudavam; agora são os espíritos".[40]

Ao final do século III e início do IV, o debate epistolar entre o poeta galo-romano Ausônio e seu discípulo Paulino ilustra essa incompreensão cultural a respeito da solidão. Os dois homens são, contudo, cristãos, mas Ausônio é impregnado da cultura latina pagã. Por essa razão, quando Paulino decide se retirar do mundo para viver numa região deserta da Espanha, depois em Nola, em Campânia, seu velho mestre fica indignado: mudaste, lhe disse, tu quebras os laços de amizade, rompes com o mundo civilizado; só um deficiente mental (*mentis inops*) poderia fazer tal coisa. E àquele que te levou a fazer isso desejo que erre pelo deserto, "longe da sociedade e de todo traço humano". Em suas cartas, Ausônio se refere também à figura mitológica que encarna a miserável solidão: "tu és um Belerofonte".[41]

Em suas cartas, Paulino rejeita essas acusações de *anxia bellerophontis*. Se escolheu, diz ele, "residir em lugares desertos", foi para procurar Deus. Aliás, muitos filósofos e intelectuais pagãos louvaram os encantos do prazer no retiro, o *otium*; o retiro cristão acrescenta somente a austeridade da vida, o abandono dos laços familiares e da carreira profissional. De resto, ele não está entre os selvagens nem no deserto, mas forma uma pequena comunidade com outros nobres que adotaram a vida religiosa.

Ao referir-se ao *otium*, Paulino tenta encontrar um precedente pagão para o retiro cristão do mundo. Mas, na realidade, as duas práticas não têm nada em comum. Pode-se chamar de solidão a estadia de verão do rico

---

40 Apud Webb, *Privacy and Solitude in the Middle Ages*, p.1.
41 Haseldine (Ed.), *Friendship in Medieval Europe*.

romano em sua *villa* de campo, rodeado de escravos e serviçais, recebendo amigos e visitando seus domínios?

DE HORÁCIO A PLÍNIO: OS ENCANTOS BUCÓLICOS DO RETIRO DOURADO

Contudo, para Plínio, o Jovem, esta é a única solidão válida: "Dou-me conta disso quando estou em Laurentium [uma das *villas* perto de Óstia], lendo, escrevendo, tendo tempo de fazer exercícios, que estimulam meu espírito", ele escreve a Minutius Fundatus. "Não fico sobrecarregado de esperanças nem de medos, não desperdiço meu tempo em conversas inúteis; só partilho meus pensamentos com meus livros. É uma vida agradável e autêntica, uma solidão feliz e honrosa, mais proveitosa do que qualquer negócio [...]. Deveríeis aproveitar a primeira ocasião para fugir do barulho, da agitação fútil e das ocupações inúteis da cidade, e vos dedicar à literatura e ao lazer. E nosso amigo Atílio tinha muita razão de dizer que é melhor não ter nada para fazer do que trabalhar para não fazer nada."[42] É também o conselho que ele dá a outro amigo, Caninius Rufus: "Já não é tempo para vós de abandonar todas essas pequenas tarefas fastidiosas e de vos isolar com vossos livros em um retiro calmo e confortável?". Ele possui "uma *villa* magnífica fora da cidade, com uma colunata, onde se acreditaria estar sempre na primavera, plátanos que oferecem sombra, um riacho cujas águas trêmulas da cor de esmeralda desembocam num lago no plano mais baixo, uma alameda de grama macia, banhos ensolarados o dia todo, salas de jantar grandes e pequenas, quartos para a noite e outros para a sesta [...]. Se estais lá, tendes a sorte de ser tão feliz...".[43]

Domício Apolinário, que se inquietava porque Plínio queria passar o verão afastado, "só", numa das *villas* da Toscana, acaba por se tranquilizar. A paisagem é magnífica; o tempo, esplêndido. O próprio Plínio fez os planos de sua *villa*, e tem orgulho disso. Seguem cinco páginas de descrição desse lugar encantador, verdadeiro palácio de mármore com colunatas, piscinas,

---

42 Plínio, o Jovem, *Lettres*, I, 9.
43 Ibid., I, 3.

ANTIGUIDADE PAGÃ: O HOMEM É UM ANIMAL SOCIAL

jardins, seus múltiplos cômodos. Plínio ama a solidão: "Aqui, gozo de uma paz profunda, de um conforto maior, e tenho menos preocupações; não preciso usar roupas da cidade; ninguém me atrapalha; em todo lugar reinam a paz e a calma, que se acrescentam ao céu claro e ao ar puro que tornam os lugares sadios. Estou com a melhor saúde, mental e física, e exercito meu espírito com o trabalho e meu corpo com a caça".[44] Além disso, "o simples fato de estar sozinho no fundo dos bosques, no silêncio necessário à caça, estimula o pensamento".[45] Plínio cita também o exemplo de seu amigo Espurina, de 77 anos, em excelente saúde, que vive num retiro dourado, com um emprego regular do tempo, composto de passeios, conversações, leituras, escrita. "O resultado é que Espurina passou de seus 77 anos, sua vista e sua audição estão intactas, conservou sua agilidade e sua energia, a velhice só lhe trouxe sabedoria. Eis o gênero de vida que espero levar um dia, desde que o número de meus anos me permita considerar possível o retiro."[46]

Outros intelectuais romanos exprimiram esse gosto pela solidão bucólica, sobretudo na segunda metade do século I antes de nossa era, época em que floresce o gênero poético elegíaco: Tibulo, que vive em sua propriedade em Pedum, entre Tibur e Preneste; Propércio, que renuncia a seu ofício de advogado pela poesia; Virgílio, cantor da vida rural nas *Pastorais* e nas *Geórgicas*: "Levai-me para algum lugar solitário/ e escondei meu retiro da terra inteira". Emprestando sua voz ao apaixonado abandonado, ele o faz suspirar pelos "lugares selvagens e desertos [...]: lá eu cantarei, sozinho e abandonado, rochedos e cavernas farão eco a meus soluços".

Quanto a Horácio, se acreditarmos em suas *Epístolas*, ele aprecia a vida retirada no campo e afirma mesmo que gostaria de morar numa aldeia perdida na Ásia Menor: "Conheces muito bem Lebedos", escreve a Bulatius: "um buraco mais deserto que Gabia ou Fidenes. Contudo, é lá que eu gostaria de viver, esquecendo os outros, esquecido deles; é lá que eu gostaria de contemplar a orla do mar em furor [...]. A felicidade, ela está lá, está mesmo em Ulubes, se nossa alma for bem equilibrada". Ulubres é uma aldeia deserta do Lácio. Horácio, que se diz ainda "amigo do campo", numa carta a Fuscus

---

44 Ibid., V, 6.
45 Ibid., I, 6.
46 Ibid., III, 1.

Aristius, gostaria pois de nos fazer crer que ele ama a solidão. De fato, escreve François Richard, "no campo, ele lamentava Roma; em Roma, só pensava no momento em que poderia voltar ao campo [...]. Ele não é camponês por gosto e por educação, como seu amigo Virgílio. Desde muito cedo viveu em Roma; só a deixou por alguns anos para ir para Atenas [...]. É por reflexão que ele prefere o campo à cidade".[47] Em todo caso, não é a solidão que ele procura; o deserto não é realmente um lugar propício ao *carpe diem*.

É francamente um inferno, acrescenta seu contemporâneo Ovídio, poeta mundano e erótico, autor das *Heroides*, dos *Amores*, da *Arte de amar*, das *Metamorfoses*, que se enlanguesce em seu exílio à beira do Mar Negro: ninguém, ele escreve em *Os tristes*, ninguém aqui para escutar meus versos! Para que escrever nesta solidão? "E, contudo, o que fazer a mais estando solitário, como passar meu tempo livre estéril, como matar o tempo?" Quanto a Marcial, ele não está em exílio, mas de volta à sua pequena cidade natal de Bilbilis, na Espanha; após 34 anos passados em Roma, ele se diz incapaz de suportar a solidão nessa região longínqua. Os raros casos de romanos ilustres que procuraram a solidão são citados como exceções, no limite da normalidade: Públio Cipião, com o qual Cícero, dois séculos mais tarde, se espantava de que tivesse desejado a vida solitária; Diocleciano, que acabou por se retirar em seu palácio da costa dálmata; ou então são figuras meio legendárias, como Numa, nas origens de Roma, que, após a morte da mulher, vai viver sozinho em lugares desertos, onde se diz feliz em companhia da ninfa Egéria.

SÊNECA: O RETIRO ESTUDIOSO COMO PROVAÇÃO DO SÁBIO

Único intelectual latino a refletir sobre a questão da solidão, Sêneca enxergou sua ambivalência, sua complexidade e os mal-entendidos que dela podiam decorrer. Sua constatação de base é a mesma que a de Aristóteles: o homem é um animal social, que não consegue ficar sem os outros. O isolamento lhe é insuportável. É por essa razão, escreve ele no tratado *Da tranquilidade da alma*, que aquele que, após uma infelicidade ou uma desgraça,

---

47 Richard, Introduction aux *Œuvres* d'Horace, p.14-5.

ANTIGUIDADE PAGÃ: O HOMEM É UM ANIMAL SOCIAL   27

"vendo-se privado das distrações que os próprios negócios oferecem às pessoas ocupadas, não pode suportar sua casa, sua solidão, seu interior; e a alma, abandonada a si mesma, não pode ser examinada. Daí vem esse tédio, esse descontentamento de si mesmo, essa agitação de uma alma que não repousa sobre nada; enfim, a tristeza e a impaciência da inação à qual ela está condenada [...]. Daí vêm a melancolia, os abatimentos e mil flutuações de uma alma indecisa, sempre em dúvida sobre o que fazer e descontente com o que fez; daí vem essa infeliz disposição para maldizer o repouso, de queixar-se de não ter nada para fazer, e ver, com uma inveja rancorosa, o sucesso dos outros [...]. Daí as viagens que se faz sem objetivo; esses litorais que se percorre, e é ora ao mar, ora à terra, que se confia essa inconstância sempre inimiga dos objetos presentes. Agora precisamos ir para Campânia. Logo essa estadia deliciosa nos desagrada: vamos ver países incultos; vamos percorrer os bosques do Brutium e da Lucânia; procuremos, nos desertos, algum lugar agradável para que nossos olhos, ávidos de impressões voluptuosas, tenham um pouco de distração com o aspecto de lugares áridos [...]. Mas de que serve fugir, se não se consegue escapar? Não seguimos sempre a nós mesmos? Não somos para nós mesmos um companheiro sempre inoportuno?".[48] O homem, entregue brutalmente à solidão, se vê confrontado consigo mesmo e procura fugir desse duplo embaraçoso, e então só faz aumentar sua miséria e sua solidão; ao fugir de si, foge de todos os outros. Ora, "se cortamos todas as comunicações exteriores, se renunciamos a todo o gênero humano, e se vivemos unicamente concentrados em nós mesmos, o resultado desse isolamento, dessa indiferença para com todas as coisas logo será uma ausência completa de ocupação. Então nos pomos a construir, a abater, a invadir o mar com nossas construções, a elevar águas a despeito da dificuldade dos lugares e a gastar mal o tempo que a natureza nos deu para dele fazer bom uso".[49]

Essa é a visão muito negativa e muito romana da solidão. Contudo, no tratado *Sobre o repouso e o retiro do sábio*, Sêneca parece dizer o contrário: "isolados, seremos melhores", ele afirma. Então prevê as objeções: "Vós me direis: 'O que fazes, Sêneca? Desertas de teu partido. Certamente os estoicos de vossa escola dizem: até o último termo da vida estaremos em ação,

---

48 Sêneca, *De la Tranquilité de l'âme*. In: *Œuvres complètes de Sénèque*, t.I, p.327-31.
49 Ibid., p. 335.

não cessaremos de trabalhar para o bem público [...]. O que é que vens dizer sobre as recomendações de Epicuro, no próprio campo de Zenão? Por que não tens a coragem, se renuncias a teu partido, de te transformar em trânsfuga, mais do que em traidor?'".[50] Com efeito, Sêneca invoca Zenão e o estoicismo, que pedia que cada um ficasse em seu posto a serviço da comunidade, enquanto os epicuristas celebram o retiro, favorável ao estudo e à contemplação. Mas Sêneca quer mostrar que os dois pontos de vista podem se conciliar, na medida em que o solitário que estuda pode servir aos homens em seu retiro. Uma solidão estudiosa é o contrário da misantropia. Ela assegura o vínculo entre os solitários e toda a humanidade.

É esse ponto de vista que ele desenvolve nas *Cartas a Lucílio*. É bom isolar-se, ele escreve, fugir da multidão e se retirar em si mesmo, pois o contato com a multidão leva à depravação: "O que devo evitar mais?, me dizeis. – A multidão. Com efeito, haveria ainda perigo em vos expor [...]. Retirai-vos em vós mesmo o quanto puderdes".[51] Então ficareis face a face com vós mesmo. Mas, se sois um homem de bem, não tendes nada a temer, estareis em boa companhia. São os fracos, os aflitos ou os maus que não devem ser deixados sós, como dizia Crates: "Crates, vendo um jovem passear isolado, lhe perguntou o que fazia tão sozinho. – Falo comigo mesmo, ele disse. – Tomai cuidado, respondeu o filósofo, poderíeis estar conversando com um homem mau. Vigiamos as pessoas aflitas ou medrosas, pois tememos que abusem da solidão; nenhum desses espíritos perdidos deve ser abandonado a si mesmo".[52]

Logo, "sim, Lucílio, persisto na minha opinião; fugi das assembleias, fugi dos pequenos comitês, fugi do face a face. Não vejo ninguém com quem eu vos permita o comércio: julgai minha estima por vós, ouso vos confiar a vós mesmo". E não somente "escondei-vos no retiro, mas, ao mesmo tempo, escondei vosso retiro [...], atribuí-o à má saúde, à fraqueza, à indolência". Apagai os rastros: se dizeis que vos retirais para filosofar, atraireis os curiosos: "o melhor partido é pois não exibir vosso retiro; ora, é uma espécie de jactância se esconder demais e se afastar inteiramente da vista dos homens. Um se escondeu em Tarento; outro se confinou em Nápoles; outro, durante vários

---

50 Sêneca, *Du Repos du sage*. In: *Œuvres complètes de Sénèque*, op. cit., t.III, p.397.
51 Sêneca, *Lettres à Lucilius*. In: *Œuvres complètes de Sénèque*, op. cit., t.V, carta 7, p.27-31.
52 Ibid., t.V, carta 10, p.53.

ANTIGUIDADE PAGÃ: O HOMEM É UM ANIMAL SOCIAL

anos, não ultrapassou o limite de sua porta. Chamou a multidão para falar de seu recolhimento".[53] São os orgulhosos que se retiram na solidão com ostentação, para que se diga: "Oh, o grande homem! Ele desprezou tudo e fugiu do mundo cujas paixões condenava". É bem isso que se poderá censurar aos Padres do Deserto, esses eremitas espetaculosos que atraem multidões.

Uma vez sozinho, o que fazer? "Uma vez em vossa solidão, deveis fazer de modo que o mundo não se ocupe de vós, e que vos entretenhais com vós mesmo. Que direis a vós mesmo? O que os homens dizem facilmente dos outros; tende má opinião de vós mesmo; assim tereis o hábito de dizer a verdade e de ouvi-la. São vossas fraquezas sobretudo que devem exigir vossa atenção." Deve-se utilizar a solidão para se examinar, se conhecer, melhorar, tornar-se filósofo, em suma: "O repouso sem as letras é uma verdadeira morte; é a sepultura de um homem vivo. Para que serve então o retiro? As causas de nossas inquietações não nos perseguem para além dos mares? Há algum lugar sagrado onde o medo da morte não penetra? Há um lugar de repouso bem fortificado, situado bem alto, para que a dor não venha lançar o pânico? Não importa onde vos escondais, as misérias humanas vos ameaçarão. Por fora somos rodeados de inimigos que procuram nos surpreender ou nos esmagar; por dentro são as paixões que fermentam no silêncio da solidão. É preciso pois construir uma muralha com a filosofia".[54]

Mas a solidão não deve servir somente para nos aperfeiçoarmos a nós mesmos. Ela deve constituir um meio de se ser útil ao mundo: "O objetivo de meu retiro, de meu isolamento voluntário, é poder ser útil a mais gente. Nenhum de meus dias se passou no repouso; consagro ao trabalho uma parte de minhas noites; não me entrego ao sono, sucumbo a ele, e fixo meus olhos cansados da vigília e quase apagados sobre minha obra. Afastei-me dos homens; afastei-me mesmo dos negócios, a começar pelos meus. Estou nos negócios da posteridade; procuro servi-la com meus escritos; é para ela que insiro em minhas obras advertências salutares".[55] Assim, são conciliados os preceitos estoicos e epicuristas: estar a serviço do mundo estando ao mesmo tempo retirado.

---

53 Ibid., t.V, carta 68, p.125.
54 Ibid., t.VI, carta 82, p.309.
55 Ibid., t.V, carta 8, p.35.

A verdadeira solidão, entretanto, não é o isolamento físico, é a capacidade de se isolar em si mesmo estando no meio dos outros: "É no meio da multidão que deveis entrar em vós mesmo, se sois virtuoso, moderado, sem paixão; se não, procurai na multidão um asilo contra vós mesmo; sozinho, estais muito perto do homem mau".[56] Com efeito, o retiro voluntário é, para Sêneca, apenas uma espécie de provação temporária que permite se fortalecer pelo estudo e pela meditação, a fim de ser capaz, em seguida, de afrontar as agressões do mundo com um coração firme, dotar-se de uma blindagem contra a agitação, o ruído, as paixões, as injustiças e as maldades da sociedade. Assim, o sábio, tendo ganhado sua autonomia na solidão, poderá agir de modo mais eficaz para o bem da humanidade. Não se trata de cultivar a solidão por ela mesma; ela pode ser perigosa para os seres fracos e fúteis. Ela é uma disciplina para os fortes e virtuosos. O homem, animal social, não deve se separar do mundo a não ser para voltar melhor a ele e servi-lo. A solidão não é uma virtude em si mesma: essa é a lição da sabedoria pagã antiga.

---

56 Ibid., t.V, carta 26, p.173.

– 2 –

OS PADRES DO DESERTO E AS MIRAGENS DA SOLIDÃO (SÉCULOS III A VI)

Antes mesmo da queda do mundo romano, a partir do fim do século III, produz-se, primeiro no Oriente e depois no Ocidente, um fato importante da civilização: a fuga maciça de muitos milhares de indivíduos para o deserto, à procura da solidão. Movimento insólito que, no século IV, assume uma amplitude tal que o poder político é levado a intervir em razão das perturbações sociais provocadas por esse êxodo. A corrida para o deserto provoca ainda um debate de fundo sobre os motivos, as vantagens e os perigos da vida solitária.

Todas essas pessoas, homens e mulheres que fogem da sociedade, são adeptas da nova religião em ascensão, o cristianismo. Há, pois, uma ruptura cultural profunda entre paganismo e cristianismo a respeito da vida solitária: os pagãos fogem dela, os cristãos parecem se precipitar nela. De fato, o contraste é muito menos notável do que parece à primeira vista, pois a solidão que os candidatos ao eremitismo procuram não tem muito a ver com aquela que é buscada pelos intelectuais antigos.

O MUNDO BÍBLICO: "NÃO É BOM QUE O HOMEM ESTEJA SÓ"

Para compreender essa estranha atração pelo retiro que se difunde nos meios cristãos, é preciso de início examinar os textos fundadores da nova religião e, em primeiro lugar, a Bíblia. Ora, ela oferece uma imagem inteiramente negativa da solidão. Logo depois de ter criado Adão, diz o Gênesis, Deus constata: "Não é bom que o homem esteja só" (Gênesis 2,18). E ele cria Eva. A solidão a dois já é melhor. Tobias pensará nisso e lembrará Javé dessas palavras na ocasião de seu casamento (8,6). Os livros de sabedoria retornam com frequência a esta constatação: "Infeliz aquele que está só", diz o Coélet (4,10), que dá justificações muito prosaicas: "Se ele cai, não há um outro para levantá-lo. Além disso, se eles se deitam a dois, se aquecem, mas aquele que está só, como se aquecerá? E, se alguém vier dar fim àquele que está sozinho, dois poderão enfrentá-lo!" (4,10-12). Jó, abandonado por todos, lamenta-se por ter se tornado um pária: "Meus próximos desapareceram, meus familiares me esqueceram, todos os meus íntimos me têm horror" (20,13-20). O solitário é "como um morto, apagado das memórias", dizem os Salmos (30,13), sem ajuda e sem consolação. Além do mais, "o homem solitário segue apenas seus desejos", segundo os Provérbios (18,1): sem vigilância, sem conselhos e sem reconforto, ele se abandona a suas paixões. Moralmente, fisicamente e psicologicamente, a solidão é desastrosa. Para os hebreus, seminômades da época arcaica, confrontados a um meio geográfico desolado, árido, hostil, o deserto é um lugar temível, onde não se pode sobreviver sozinho. A solidariedade do grupo é indispensável. Lugar de desolação, "o deserto" é "uma solidão", e os dois termos designam um castigo divino: é para lá que Deus envia seu povo para puni-lo: "Farei do país uma solidão desolada, o orgulho de tua força desaparecerá; as montanhas de Israel serão desertas, porque ninguém passará por elas" (Ezequiel 33,28); "Não hesito em te transformar em deserto" (Jeremias 22,6).

Mas, ao mesmo tempo, a "solidão", no sentido de lugar físico, de deserto, é um meio privilegiado para o desenvolvimento dos sentimentos religiosos. No deserto, o homem, consciente de sua fragilidade, à mercê dos perigos de uma natureza hostil, sujeito às alucinações, ao desespero, se volta para hipotéticas forças sobrenaturais que seriam capazes de salvá-lo. Isso é válido mesmo para todo o povo: nada é mais favorável ao fortalecimento

OS PADRES DO DESERTO E AS MIRAGENS DA SOLIDÃO

do sentimento religioso do que o deserto. Os padres sabem bem disso, e os que redigem o Deuteronômio escrevem que Javé "encontra seu povo no país do deserto, nas solidões cheias de rugidos selvagens: ele o cinge, o instrui, cuida dele como se fosse a menina de seus olhos" (32,10). O isolamento protege da contaminação dos cultos idólatras; reforça a dependência do deus "verdadeiro". Além disso, o deserto, a solidão entretêm o mistério, o segredo que deve envolver todo contato com a divindade, e permite manter a crença num personagem que ninguém viu e cuja existência é mais do que hipotética, mas muito útil para a manipulação do povo. Todos os "encontros" com Deus são entrevistas privadas, ao abrigo dos olhares, na solidão. Quando convoca Moisés no Sinai, como contam os padres autores do Êxodo, Javé faz questão de precisar que ele deve ir sozinho e se assegurar de que não será seguido: "Ninguém subirá contigo, e que não se veja nenhuma pessoa em toda a montanha" (34,3). E mais tarde ele envia Jeremias para a solidão para firmar sua vocação, proibindo-lhe todo contato com seus próximos: "Eles morrerão torturados pela fome, não terão funeral nem sepultura, tornar-se-ão adubo para o solo. Perecerão pela espada e pela fome: seus cadáveres virarão pasto para os pássaros do céu e para os animais da terra" (16,1-4). Em suma, ele será o profeta solitário, sem laços humanos, arauto da vingança divina. Do mesmo modo, Judas Macabeu se retira na solidão para preparar sua missão de combatente e libertador do povo contra o ocupante helenístico: "Judas, o Macabeu, que se encontrava junto de uma dezena de outros, retirou-se para o deserto, vivendo como selvagens, nas montanhas, com seus companheiros, comendo somente ervas, para não contrair nenhuma impureza" (2 Macabeus 5,27). Enfim, outros personagens bíblicos, sem se retirar para o deserto, vivem fora da sociedade para conservar seus laços privilegiados com Deus, como Judite, que, tendo ficado viúva, renuncia a se casar de novo e se retira na solidão de sua casa, onde leva uma vida ascética.

Desses poucos exemplos dados pela literatura bíblica resulta uma imagem muito ambígua da solidão. A regra geral é que "o homem não é feito para ser só" e, consequentemente, a solidão é uma situação de sofrimento, "contra a natureza", que pode ser interpretada como uma punição divina. Até aqui, não há diferença em relação à concepção pagã. Mas a solidão pode também, em certos casos, ser imposta como sinal de eleição de uma pessoa a quem Deus terá confiado uma missão particular, que exige uma ruptura com todos os laços humanos, familiares, afetivos, para se consagrar unicamente à sua tarefa providencial. No primeiro caso, o solitário é o excluído, o banido; no segundo, é o eleito, o escolhido. Em um caso lhe é imposta uma situação que o faz sofrer; no outro, ele reivindica uma escolha que o coloca fora de um mundo que considera mau.

Um verdadeiro debate se inicia, no fim do século I a.C., nos meios judeus, a respeito da solidão. Na diáspora, Fílon de Alexandria (13 a.C.-54 d.C.), contemporâneo de Jesus, elabora um pensamento sincretista, misturando neoplatonismo e hebraísmo, que reflete suas hesitações. Ele exprime sua admiração pelos solitários que vivem voluntariamente no jejum e na abstinência, membros de seitas judaicas como os terapeutas e os essênios.[1] O mundo, diz ele, com suas preocupações fúteis, cobre de bruma nosso cérebro, como uma fumaça sufocante, e é preciso fugir dele para contemplar o divino. Mas sua experiência pessoal o deixa perplexo: "Sempre que deixei os parentes, os amigos e a pátria, e fui ao deserto para refletir sobre algum objeto digno de meditação, não ganhei nada com isso. Minha inteligência, dispersa ou mordida pela paixão, se voltava para os objetos contrários. Por outro lado, algumas vezes, numa multidão de milhares de homens, fico tranquilo pelo pensamento: Deus expulsou a horda de minha alma e me ensinou que não são as diferenças de lugar que produzem uma boa ou má disposição, mas o próprio Deus que move e leva para onde quer a biga da alma".[2] A verdadeira e salutar solidão não coincide pois necessariamente com a fuga para o deserto. É uma solidão interior, como já dizia Sêneca. Ela pode, contudo, mostrar-se necessária: "Quando as percepções são obstáculo para a visão exata do ideal, os contemplativos têm a tarefa de suprimir sua incursão; eles fecham os olhos e tampam os ouvidos, suspendem os impulsos dos outros sentidos, pedem para passar um tempo na solidão e na sombra, a fim de que nenhuma impressão sensual ponha um véu sobre os olhos da alma, que Deus nos deu para olhar as coisas do espírito".[3]

---

1 Fílon de Alexandria, *De vita contemplativa*.
2 Id., *Legum allegoriae*, 2, 85.
3 Id., *De migratione Abrahami*, 191.

As seitas apocalípticas da Palestina fizeram sua escolha: fugir do mundo, um mundo que se aproxima do fim e com o qual é preciso cortar todos os laços. "Que eles se afastem da cidade dos homens de iniquidade para ir ao deserto, a fim de desbravar o caminho para Ele", diz a *Regra da comunidade* essênia de Qumram.[4] Recusa do casamento, vida ascética: os filhos da luz se separam dos filhos das trevas às vésperas da grande conflagração. E alguns se isolam no deserto para lá clamar sua mensagem. A escolha pode parecer estranha, mas de fato esses solitários nunca estão sós, tal como João Batista, seguido por "multidões que vinham se fazer batizar por ele" (Lucas 3,7). O Evangelho segundo São Marcos diz mesmo que "todo o país da Judeia e todos os habitantes de Jerusalém se dirigiam para junto dele" (1,5). O homem é pitoresco, protótipo do eremita descabelado e exaltado, tema favorito para gerações de pintores: "João se vestia com peles de camelo, com um cinto de couro em volta dos rins; alimentava-se de gafanhotos e de mel selvagem" (1,6). Esse homem que "grita no deserto" será, durante séculos, a imagem da solidão inspirada.

Seu discípulo Jesus é também atraído pelo deserto: faz lá uma estadia de quarenta dias, durante os quais é tentado por Satã (Marcos 1,12-13); retira-se frequentemente para a montanha para rezar; "ficava fora, em lugares desertos" (Marcos 1,45). Atrai a multidão e foge dela, esquivando-se discretamente depois de seus sermões. Quando reza, está sempre sozinho: "Ficai aqui, enquanto eu oro", diz aos discípulos em Gethsemani, o que não impede o Evangelho de contar as palavras que supostamente ele dirigiu sem testemunhas a seu pai. Para além dessa incoerência, o relato evangélico sugere que Jesus também sofre sua solidão, um pouco como os heróis mitológicos: ele se sente muito sozinho e incompreendido. Deixou a família, não é casado, exprime-se de maneira enigmática a companheiros que não podem compreendê-lo e que estão prontos para traí-lo, enquanto seu Pai celeste permanece silencioso: "Por que me abandonaste?".

Nenhuma instrução relativa à solidão é dada aos membros das primeiras comunidades cristãs. O cristianismo nasceu num meio sectário separado da sociedade ambiente e proclamando a fuga do mundo. Jesus chegou, segundo os Evangelhos, a aconselhar seus fiéis a deixar pai, mãe, esposa,

---

4 *Règle de la communauté*, I, qs 8, 13. In: Vermès, *Les Manuscrits du désert de Juda*, p.149.

filhos, para seguirem seu exemplo.[5] Esse conselho, contudo, só podia ser seguido enquanto os cristãos constituíam um ínfimo grupo marginal que se acreditava às vésperas do fim do mundo. Ele se torna totalmente irrealista a partir do momento em que as conversões se multiplicam a atingem todos os meios num mundo que parece querer se eternizar. Já São Paulo levava em conta que o melhor para cada convertido, como disse aos Coríntios, é "permanecer no estado em que seu chamado o encontrou" (I Coríntios 7,24). É inútil recorrer ao deserto. Pode-se preparar a salvação mesmo estando em meio aos outros. Nem todo mundo tem a vocação da solidão. Evidentemente, "eu gostaria que todos fossem como eu, mas cada um recebe de Deus seu dom particular; um este, outro aquele" (I Coríntios 7,7).

A CORRIDA PARA O DESERTO (SÉCULOS IV E V)

Durante séculos, portanto, os cristãos não privilegiam de maneira alguma a procura da solidão. Como minoria frequentemente perseguida, eles são solitários de fato, vivendo no mundo e estando ao mesmo tempo fora dele, expostos à desconfiança, aos sarcasmos, às ameaças. Fugir fisicamente da sociedade não lhes trazia nenhum suplemento de solidão. Durante esse período heroico, os apologistas pregam certamente o desprezo ao mundo, o desapego dos bens terrestres, mas não a fuga. Justino, Atenágoras, Taciano recomendam a noção estoica da "autarquia da virtude".[6] Tertuliano é o único que vai mais longe: deve-se não somente, diz ele, praticar um "desapego afetivo" pelo mundo, mas também renunciar a ter um papel neste mundo, uma função, ter filhos, e finalmente aceitar com alegria a prisão: "Não fiqueis aborrecidos de serem separados do mundo. Se considerardes que o mundo é uma verdadeira prisão, compreendereis que vós saístes da prisão, e não que entrastes nela".[7] Quanto a Cipriano, ele reúne um dossiê bíblico para sustentar que o cristão deve se separar pelo menos afetivamente da sociedade.

---

5 Marcos 10,29-30; Mateus 19,28-29; Lucas 18,29-30.
6 Spanneut, *Le Stoïcisme des Pères de l'Église*, p.243-4.
7 Tertuliano, *Ad Martyras*, 2.

OS PADRES DO DESERTO E AS MIRAGENS DA SOLIDÃO

Todavia, são exceções. É pouco antes do ano 300 que a mudança do contexto sociocultural começa a modificar os comportamentos. As condições de vida no império tornam-se mais difíceis. O Estado é mais autoritário, mais exigente, mais inquisidor; as necessidades do exército e de uma administração em expansão aumentam a pressão e restringem a liberdade de uma população confrontada a dificuldades econômicas crescentes; a carga fiscal torna-se insuportável. Nessas condições, o deserto aparece, se não como um paraíso, pelo menos como um refúgio, um lugar de liberdade onde reinam a justiça, a fraternidade, a concórdia; nele não há impostos nem exércitos. Entre as belezas do deserto, Atanásio menciona a "ausência do coletor de impostos".

Além do mais, para os cristãos, essas solidões têm outro atrativo: como o cristianismo já foi banalizado, o único meio para as almas ardentes se distinguirem é fugir literalmente do mundo, reconstituir no deserto uma elite de escolhidos, longe das tentações da vida em sociedade. "Todos para o deserto!": essa parece ser a palavra de ordem dos cristãos mais fanáticos a partir do fim do século III. O movimento é espetacular e se amplifica, no século IV, de duas maneiras: o cenobitismo e o eremitismo. O cenobitismo, termo saído do latim *coenobium*, este vindo do grego *koinobium*, que significa "vida em comum", designa agrupamentos mais ou menos frouxos e organizados de solitários vivendo em comum, o que pode parecer contraditório, mas que permite aos indivíduos beneficiar-se de uma grande autonomia, ao mesmo tempo que facilita a vida material. O eremitismo, ou anacoretismo, do grego *eremos*, "lugar deserto", e *anachoresis*, "retiro", aplica-se a indivíduos, eremitas e anacoretas, verdadeiramente solitários. Entre essas duas formas de isolamento, relativo ou integral, todas as nuances são possíveis, mas rapidamente se instaura um debate sobre os méritos e os inconvenientes de uns e de outros.

É no Oriente que começa a corrida para a solidão. Lá, o deserto nunca está longe, e algumas zonas tornam-se verdadeiras colônias de eremitas e cenobitas. No alto Egito, a região de Tebaida, ao norte de Tebas, com centros como Tabenese, Atripeia, Aqhim, é uma das mais frequentadas. Cada região tem suas particularidades. Segundo a *Historia monachorum*, obra anônima que relata uma viagem efetuada em 394-395 e traduzida em 404 por Rufino, haveria ali mais de 10 mil monges no total. Em Tabenese, eles são 3 mil, vivendo juntos, por necessidade, mas usando um capuz para não se verem e para não mostrarem aos outros os sacrifícios que fazem: "Eles cobrem a cabeça com um capuz, sobretudo quando vão comer, e escondem também o rosto para evitar que se surpreendam uns aos outros mastigando seu alimento. De resto, mesmo quando comem, guardam um silêncio absoluto, de tal modo que se acreditaria que o lugar onde estão sentados está totalmente vazio. Vivem todos juntos, na multidão, como se estivessem na solidão, pois a abstinência de cada um é tão bem escondida que ninguém mais pode percebê-la".[8] Há mil outros no monastério de Isidoro, vivendo num vasto espaço rodeado de um muro do qual nunca saem.

Descendo o Nilo, passa-se perto do centro de Oxirrinco, onde se encontram mais de 20 mil monges. No baixo Egito, a oeste do delta, a uma centena de quilômetros ao sul de Alexandria, encontra-se o deserto de Nitria, ou Sceté, um deserto muito povoado: mais de 5 mil monges vivendo sozinhos ou com vários outros, em pequenas cabanas isoladas. Quanto mais profundamente se penetra no deserto, mais as cabanas são afastadas umas das outras. Nesse "deserto de celas" encontram-se os campeões da solidão, os que ultrapassaram o estágio cenobítico: "É nesse lugar que se retiram os que foram formados lá e que querem abandonar as observâncias elementares para levar uma vida mais separada. Com efeito, encontra-se aí o grande deserto, e as celas são tão apartadas umas das outras que não se pode, de uma, nem ver nenhuma outra, nem ouvir uma voz que saia da outra.[9] Todavia, eles conservam laços entre si, reúnem-se no fim de semana para assistir aos ofícios, percorrendo às vezes dez quilômetros pela areia para chegar lá. Se há um ausente, seus "vizinhos" vão verificar se ele não está morto e ajudam-no: "Cada um permanece em sua cela. O silêncio é grande, a tranquilidade é grande. Somente no sábado e no domingo eles se reúnem na igreja e se veem uns aos outros como se tivessem ido ao céu. Se falta alguém na assembleia, logo compreendem que alguma complicação de saúde o impede de vir, e vão todos vê-lo, não todos juntos, contudo, mas em momentos diferentes, e cada um leva o que tem nas mãos e que possa agradar ao doente". Essa vida sadia lhes assegura, aliás, uma notável longevidade: o autor da *Historia* afirma ter visto vários octogenários e nonagenários, assim como dois monges que tinham 110 anos.

---

8 *Historia monachorum*, I, 3.
9 Ibid., 22,2.

OS PADRES DO DESERTO E AS MIRAGENS DA SOLIDÃO

Eles são muito felizes, diz o texto, ao mesmo tempo solitários e unidos entre si. Têm a tranquilidade da solidão e as vantagens da solidariedade. Como estão longe uns dos outros, não podem comparar as façanhas ascéticas, o que evita o orgulho, e por seus méritos estão ligados ao resto da humanidade: "É por mérito deles que o mundo ainda subsiste [...]. Permanecem, pois, dispersos pelo deserto em celas separadas, mas unidos pela caridade. Se cada um habita à parte, é para que nenhuma voz, nenhum encontro, nenhuma palavra inútil perturbem sua quietude silenciosa e o esforço de sua alma em busca de Deus [...]. São, pois, ornados de virtudes, calmos, doces, tranquilos e afeiçoados uns aos outros, como o são os irmãos, pelos laços da caridade".[10]

Nas zonas mais próximas das cidades, a densidade de anacoretas pode tornar-se tão grande que é necessário operar agrupamentos em comunidades: é assim que, em Nitria, o eremita de Ôr decide criar um centro, perto de lugares habitados, que logo agrupa uma multidão de monges. Apolônio faz o mesmo.

Há também inúmeros anacoretas que vivem no deserto do Sinai, no de Neguev, e depois, mais ao norte, na Síria. Aqui, o principal testemunho é o de Teodoreto de Cyr, cujo relato, junto com o de outros autores dos séculos V e VI, forma as *Vidas dos Padres do Deserto*, obra coletada em 1628 pelo bolandista Rosweyde e traduzida para o francês em 1653 por Arnaud d'Andilly, outro "solitário", numa época em que o jansenismo atualizava a solidão.[11] Graças a essa série de biografias hagiográficas, pode-se ter uma vaga ideia da psicologia desses estranhos personagens.

A grande maioria deles é composta de grosseiros iletrados, brutos que fogem de condições de vida muito duras, desertores, até bandidos fugitivos da justiça, indivíduos primários habituados a trabalhos penosos, capazes de sofrer privações rigorosas e persuadidos de que a vida no deserto lhes valerá imediatamente o paraíso. Em todo caso, "esses anacoretas não eram coroinhas", escreve A. Hamman. "Eram cheios de vigor, homens do povo vindos de toda parte, de instintos violentos, de costumes sem refinamento."[12] As

---

10 Ibid., Prologue.
11 *Les Vies des Pères des déserts et de quelques saints écrits par les Pères de l'Église et autres anciens auteurs ecclésiastiques*, 1653. Utilizamos o texto da edição Grasset, *Vies des Pères du désert*, 1961.
12 Hamman, A. Introduction aux *Vies des Pères du désert*, op. cit., p.14.

tentações que os assaltam são edificantes, se é que se pode dizer assim: dez mulheres no cio não poderiam apaziguar meu desejo, diz um deles. Aliás, muitos não conseguem se controlar e se lançam aos bordéis de Alexandria. Todos os historiadores concordam neste ponto: não é necessário ser cultivado para ser eremita. "Essa profissão se acomoda a qualquer grau de ignorância e de tolice", escreve E. Stein.[13] Para A. Piganiol, trata-se de "refratários que recusavam o fardo social", mas os relatos hagiográficos transformaram suas performances de animais de feira em façanhas ascéticas de alto valor espiritual: "sobre essas fundações populares, os intelectuais erigiram prestigiosos edifícios".[14] Decerto há exceções: alguns filhos de notáveis, que frequentemente tomam a frente das comunidades e elevam o nível do conjunto. Há até mesmo alguns casos raros de patrícios, como Arsênio, um amigo da família imperial, que se torna monge no Egito. Habituado ao conforto da corte, ele conserva alguns pequenos luxos em sua cela: vinho, um travesseiro, sandálias, o que surpreende muito um de seus confrades, um ex-pastor, habituado a um gênero de vida mais austero.

Seres rudes, os Padres do Deserto oscilam entre o sublime e, na maioria das vezes, o grotesco. Procurando escapar da condição humana, pensam ganhar o céu e igualar-se aos anjos por meio de proezas ascéticas absurdas, destinados a vencer o corpo e os instintos, triunfando sobre as múltiplas tentações diabólicas que os atormentam. Pois a solidão faz deles alvos privilegiados para o demônio, que se aproveita do enfraquecimento de seu organismo pelos rigores do deserto. A figura emblemática dessas lutas do eremita contra as tentações é Santo Antônio, cujos delírios serão o deleite dos pintores, de Jerônimo Bosh a Otto Dix.

ANTÔNIO, OU A SOLIDÃO IMPOSSÍVEL

A vida de Santo Antônio é típica do itinerário dos monges do deserto no Oriente. O relato foi feito em 356-357 por Santo Atanásio, na ocasião de sua estadia na Tebaida para escapar da perseguição. Essa *Vida de Antônio*,

---

13 Stein, *Histoire du Bas Empire*, 1959. t.I.
14 Piganiol, *L'Empire Chrétien*.

redigida a pedido dos monges, é um texto hagiográfico que mistura história e lenda, elaborando um mito que servirá de modelo e de referência a todos os candidatos ao eremitismo.

Antônio é um egípcio, nascido em 251 de pais nobres e muito afortunados, ao contrário da maioria dos outros monges, que vinham de meios camponeses. Entretanto, não se sabe qual era seu nível de educação, nem mesmo se ele sabia escrever. Sua decisão de levar uma vida solitária, em todo caso, não tem motivação intelectual: por volta dos 20 anos, diz Atanásio, ele decide simplesmente aplicar-se à letra das instruções evangélicas. "Se tu queres ser perfeito, vai, vende tudo que tens e dá aos pobres, e vem, segue-me, e terás um tesouro no céu", e "não vos preocupeis com o amanhã".[15] Mas ele não vai diretamente para o deserto. Num primeiro momento, mistura-se aos ascetas que vivem nas vizinhanças de sua aldeia e aprende com eles os rudimentos da vida eremítica. A ascese, do termo grego *askesis*, significa, com efeito, "exercício", "prática"; trata-se de uma disciplina destinada a dominar o corpo a fim de liberar o espírito, abrindo-o à contemplação. Dominar o corpo é domar os instintos, que são os instrumentos pelos quais o diabo tenta seduzir, e portanto capturar, o espírito. Desde esse momento, Antônio é assaltado por tentações, vê-se ameaçado por animais monstruosos, e sobretudo é tentado pela luxúria: "O diabo lhe sugeria pensamentos obscenos. Antônio os repelia pela prece. O demônio o excitava. Ele, enrubescendo, munia seu corpo pela fé, pelas preces, pelo jejum. O miserável diabo, à noite, tomava o aspecto de uma mulher, imitando seus gestos com o único fim de seduzir Antônio; mas ele, colocando o Cristo em seu coração, meditando sobre a nobreza que vem dele, sobre a espiritualidade da alma, extinguia o tição da trombeta do demônio".[16]

Ao final de algum tempo, Antônio, endurecido pelos combates contra os demônios, afasta-se de sua cidade e vai se instalar numa grande solidão num antigo cemitério, provavelmente num túmulo cavado na rocha: "Ele entrou num desses túmulos, fechou a porta e ficou sozinho lá". Um de seus amigos lhe traz comida de tempos em tempos. O demônio redobra seus ataques: barulhos noturnos, aparições monstruosas: "Os demônios irromperam,

---

15 Mateus 19,21 e 6,34.
16 *Vie d'Antoine*. In: *Vie des Pères du désert*, op. cit., p.27.

metamorfoseados em animais e répteis; o lugar todo ficou cheio de espectros de leões, ursos, leopardos, touros, serpentes, víboras, escorpiões e lobos".[17]

Em 285, segundo Atanásio, Antônio, tendo superado essas provações e se tornado um "atleta" da ascese, passou para outra etapa, sempre mais longe, cada vez mais sozinho: ele se dirige para a montanha e se estabelece num antigo forte em ruínas, infestado de serpentes, que imediatamente abandonam o lugar. "Antônio fechou a entrada. Havia trazido pão para seis meses [os tebanos fazem pães que podem ser guardados por todo o ano]. Como havia água no interior, ele não saía, não via aqueles que vinham."[18] Com efeito, a despeito das aparências, sua solidão é toda relativa: o paradoxo do eremita é que, quanto mais procura a solidão, mais ele atrai a multidão, como se a solidão fosse destinada a se autodestruir. Antônio fica vinte anos enclausurado em seu forte. Mas seus admiradores acampam em volta, cada vez mais numerosos. Eles lhe passam alimentos por cima da paliçada, olham pelas fendas, escutam ruídos bizarros ou um barulho insuportável quando o eremita se bate contra seus demônios. Ao final de vinte anos, eles não aguentam mais: "Seus amigos vieram, quebraram e arrombaram a porta. Então, pela primeira vez, os que vieram o viram", e ficaram estupefatos: "Seu aspecto continuava o mesmo; não estava nem gordo pela falta de exercício físico nem descarnado pelos jejuns e pela luta contra os demônios, mas permanecia tal como o haviam conhecido antes de seu retiro".

O atleta, pois, havia conservado sua forma. Tem agora 55 anos e diz que decididamente nunca se pode ficar só. A pedido de seus admiradores, aceita ir a Alexandria, a várias centenas de quilômetros, para apoiar os cristãos perseguidos. Os eremitas do deserto egípcio estão sempre divididos entre o amor pela solidão e o dever de caridade. Constantemente assediados por discípulos e admiradores que pedem favores, milagres, ajuda, conselhos, eles se esforçam por ser agradáveis e por apresentar uma aparência amável. Os redatores de *Vidas dos Padres do Deserto* insistem neste fato: o eremita é o contrário de um misantropo. Ele está constantemente ligado ao mundo, tanto pela prece quanto pelos contatos humanos reais. O eremita Antônio certamente encontrou mais pessoas que a maior parte dos urbanos de sua época.

---

17 Ibid., p.31.
18 Ibid., p.33.

Sua solidão é uma miragem. Pois acorrem em multidão para ver e ouvir o solitário.

Ele decide então ir ainda mais longe: "Vendo-se incomodado pela multidão, impedido de viver no retiro segundo sua ideia e sua vontade, temendo se orgulhar das obras que o Senhor fazia por ele ou tornar-se objeto de comentários, deliberou e decidiu partir para a alta Tebaida, onde ninguém o conhecia".[19] Tendo atravessado o rio, sempre munido de sua provisão de pão (seis meses de consumo representam pelo menos cinquenta quilos, o que é absolutamente inverossímil, mas estamos em plena hagiografia), ele se junta a uma caravana que se dirige para o leste. "Três dias e três noites caminhou com eles e chegou a uma montanha muito alta. Ao pé da montanha corria uma água límpida, doce e fresca. Mais ao longe se estendia um platô onde cresciam palmeiras selvagens." O lugar é ideal. Decide parar aí. Enfim só? É o que ele crê, mas é preciso se render rapidamente à evidência: solidão e celebridade são incompatíveis. Logo que o lugar de sua nova residência se torna conhecido, até mesmo as caravanas fazem um desvio para ir vê-lo, e seu eremitério sobre o monte Qolzoum torna-se, durante cinquenta anos, o lugar mais frequentado do deserto. "De início, provido de pão por seus companheiros, ficou sozinho, absolutamente só na montanha. Considerava o lugar o seu lar. Os próprios sarracenos, admirando seu zelo, passavam de propósito por lá e com alegria lhe levavam pão."[20] Antônio então se resigna. Decide até mesmo cultivar alguns legumes para ter alguma coisa para oferecer a seus visitantes. Quanto a ele, permanece fiel a seu regime de baixa caloria à base de pão, que ele fabrica cultivando alguns cereais. Regime frugal: uma refeição por dia, composta de um pedaço de pão, com um pouco de água e sal, sempre após o pôr do sol, porque comer é "um ato das trevas". Essa frugalidade lhe permite viver até 105 anos, protegido por uma carapaça de sujeira: durante meio século, sujeito aos ardores do sol do Egito, não se lavou nenhuma vez e não trocou seus trapos, escreve Atanásio, admirado: "Ele jejuava todo dia, tendo sobre o corpo uma roupa de pele, que conservou até o fim. Não se banhava, nem mesmo molhava os pés, não os punha na água a não ser por necessidade". Sujo, barbudo, descabelado, magro, em

---

19 Ibid., p.61.
20 Ibid., p.62.

farrapos: este passa a ser então o aspecto obrigatório de todo eremita que se respeite, de quem Antônio é o protótipo. Segundo Atanásio, ele "era governado pela razão e estabelecido em seu estado natural". Retornava ao modelo do homem original, o homem natural saído das mãos do criador: Adão, o solitário antes da criação de Eva (que talvez o tivesse obrigado se lavar).

Em seu relato, Atanásio se inspira muito na *Vita Pythagorae* de Porfírio, estabelecendo um paralelo implícito entre o sábio pagão e o eremita cristão, próximo do estado de natureza antes da queda. Antônio divide seu tempo entre a jardinagem, o trabalho manual, a prece de contemplação, a luta contra os demônios e a instrução de seus discípulos, cada vez mais numerosos. Pede a eles que pratiquem um exame de consciência cotidiano, que coloquem por escrito seus pensamentos e seus atos: a manutenção de um diário íntimo é, para o solitário, um sucedâneo da comunicação com outrem que reencontraremos com frequência. Isso supõe que eles saibam escrever e que tinham à mão o material necessário. Pede a eles que conservem sempre a alegria, a doçura e a humildade, evitando os excessos: "Nele, nem riso nem tristeza". Testa a paciência dos aprendizes anacoretas impingindo-lhes provas: quando Paulo lhe pede que o inicie, ele testa seu espírito de obediência ordenando que pegue água no poço sem motivo durante um dia, que fique de pé na frente da porta um dia e uma noite sem se mexer, que faça e desfaça cestas e, depois dessas provas, lhe atribui uma cela vizinha à sua, a cinco quilômetros de distância.

De todos os Padres do Deserto, Antônio ficou sendo o mais célebre em razão da hagiografia pitoresca que Atanásio lhe consagrou, a qual permitiu estimular a imaginação de dezenas de pintores cujas obras contribuíram largamente para fazer dele um ícone do eremitismo. Entretanto, todos esses quadros não são Santo Antônio, mas suas tentações, e eles nos mostram um personagem que, longe de ser solitário, é rodeado de uma multidão de seres fantásticos que se agitam em torno do eremita imperturbável. Monstros que se penduram na sua roupa, em Martin Schongauer (*c.* 1490), criaturas improváveis que gesticulam na paisagem em Jerônimo Bosh, que trata duas vezes do assunto: no tríptico de Lisboa e no quadro de Madri (fim do século XV), e ainda monstros no anônimo do Alto Reno (*c.* 1520), em Lucas Cranach (1506), em Otto Dix (1944). Essas representações ilustram na verdade os perigos e a ilusão da solidão: o eremita se crê só, mas é

OS PADRES DO DESERTO E AS MIRAGENS DA SOLIDÃO

assediado por uma multidão de criaturas saídas de seu cérebro, de sua imaginação. Ele povoa o deserto com suas alucinações, mesmo quando consegue o isolamento físico, o que, como vimos, Antônio nunca conseguiu alcançar.

OS PADRES DO DESERTO: SOLITÁRIOS QUE ATRAEM MULTIDÕES

E a observação é válida para todos os outros Padres do Deserto: sua solidão é sempre muito relativa, como constataram todos os testemunhos. Em 384, uma peregrina ocidental, Egéria, que residiu três anos na Terra Santa, volta a Constantinopla e redige para as irmãs o relato do que viu: monges, monges em todo lugar, no Sinai, na Síria, "uns residindo perto dos *martyria*, outros tendo seus eremitérios mais longe da cidade, em lugares mais afastados". Até mesmo as ilhas são ocupadas por grupos de solitários, escreve Santo Ambrósio, em 387, no *Hexameron*: "Enumerarei as ilhas, com as quais [o mar] sempre se enfeita como se fossem suas bijuterias? É nas ilhas que aqueles que renunciam aos atrativos da intemperança secular, em seu firme propósito de continência, escolhem se esconder dos olhares do mundo e evitar as vicissitudes incertas desta vida. Assim, o mar oferece um abrigo para a temperança, um terreno de exercício para a continência, um retiro onde se pode ter seriedade, um lugar tranquilo ao abrigo do século, um porto onde se fica em segurança, uma chance de ficar sóbrio apesar deste mundo. Além disso, para esses homens crentes e religiosos, o mar é um estímulo de religiosidade: quando salmodiam, seu canto se une ao barulho das ondas que se quebram docemente, e as ilhas, ao mesmo tempo que se embalam com o canto tranquilo das vagas, ressoam os hinos dos santos".[21]

Em seus *Pequenos discursos*, traduzidos por Rufino no fim do século IV, Gregório de Nazianze, ele mesmo muito atraído pela solidão, apresentando-se como um homem "do deserto", um imitador de João Batista à procura do "silêncio do deserto", descreve com admiração os anacoretas da Capadócia, que poderíamos considerar fanáticos de espírito demente, mas que para ele encarnam a própria razão: "Até seu aspecto exterior proclama sua virtude: cabeça desgrenhada, cabelos despenteados, embaraçados, cortados curtos;

---

21 Santo Ambrósio, *L'Hexaméron*, III, 23.

pés descalços à maneira dos apóstolos, roupas miseráveis que condenam a arrogância e o orgulho do século; um cinto tanto mais precioso quanto mais for desleixado, que se limita a prender a roupa para não deixá-la flutuar, sem nem mesmo deixar visível o fim dos membros; postura ponderada, olhar contido. Nunca riem, mas sorriem tranquilamente, como para reter e dominar a intemperança do riso; linguagem que traz a marca da razão ou silêncio mais precioso do que a palavra". Certamente.

Não se sabe quem é o mais excêntrico. Há os estilitas sobre sua coluna: quem aguentará mais tempo? Há os dendristas, que vivem nas árvores; os pastadores, que comem ervas no chão mesmo; os reclusos, contorcidos em pequenos redutos; os adamistas, todos nus sob o calor do sol do Oriente. E que não se pense em rir: "O princípio da decadência e da ruína de um solitário é o riso, a impunidade e a licença [...]. O riso e a licença o lançam nas paixões vergonhosas", escreve Santo Efrém (306-373) em seus *Discursos sobre os risos e os divertimentos*. Os demônios sabem bem disso: um solitário que ri está perdido para Deus. É por essa razão, segundo contam as *Vidas dos Padres do Deserto*, que os diabos multiplicam as palhaçadas alucinatórias para desenrugar os ascetas. Eles atacam assim São Pacômio, fazendo surgir esta visão hilariante que supostamente o fará se retorcer de rir: "Algum tempo depois, uma grande multidão de demônios se esforçou para tentar o servo de Deus por meio de uma espécie de ilusão, pois muitos dentre eles, tendo se unido, amarraram, lhe parecia, grossas cordas a uma folha de árvore, e, organizando-se por grupos de um lado e de outro, a puxavam com um esforço extremo e se exortavam mutuamente nessa tarefa, como se fossem mover uma pedra de um peso prodigioso. Esses infelizes espíritos faziam isso a fim de levá-lo a um riso excessivo por causa de uma ação tão ridícula, e em seguida criticá-lo. Pacômio lamentou em seu coração a impudência deles e, depois de ter recorrido a Deus pela prece, como ordinariamente fazia, o poder de Jesus Cristo dissipou essa multidão". Outra tentativa também vã: "Esse santo tinha se acostumado a ir rezar em lugares recuados e muito afastados de seu monastério; e com frequência, quando voltava, os demônios, como se fosse por zombaria, andavam em fila na frente dele, assim como se anda na frente de um magistrado, e se diziam uns aos outros: 'abram passagem para o homem de Deus!'. Mas Pacômio, fortalecido pela confiança que tinha em Jesus Cristo, desprezava todas essas

OS PADRES DO DESERTO E AS MIRAGENS DA SOLIDÃO

ficções ridículas, e não se importava com o que eles faziam, como se estivesse ouvindo cães ladrarem".[22]

Mais difícil é resistir às tentações da carne, e aliás muitos sucumbem às visões que o demônio lhes apresenta, como este monge cuja história é contada por João de Licópolis. Satã "se apresentou a ele, numa noite, sob os traços de uma bela mulher, que, vagando pelo deserto, ao encontrar sua porta aberta, entrou na grota e se lançou a seus joelhos, pedindo para repousar em sua casa, já que a noite a havia pegado de surpresa. Ele teve piedade dela como não devia ter, e lhe perguntou como ela tinha se perdido. Ela se explicou, misturou a seu relato palavras enganosas e aduladoras e fez com que a conversa durasse. Pouco a pouco, ela despertou o amor dele; eles trocaram muitas palavras, risos e sorrisos, ela o seduziu durante a longa conversação, tocando-lhe as mãos, o queixo, o pescoço, tornou-o cativo de seus encantos. Ele disse a si mesmo que a ocasião era favorável e segura, cedeu a seus pensamentos e, tornando-se insensato, apaixonado pela mulher, quis consumar com ela o pecado. Mas ela, de repente, dando um grande grito, desapareceu de seus braços e sumiu feito uma sombra. E ele ouvia no ar os demônios darem gargalhadas, ridicularizando-o por ter se deixado enganar. [...] Ele se levantou, arrastando a tristeza noite afora, passou o dia a se lamentar, perdendo a esperança de se salvar e, o que não devia fazer, voltou para o mundo, pois o esforço do maligno que derrubou alguém é torná-lo louco para impedi-lo de se levantar".[23]

Outros são mais tenazes, como São Macário: tentado pela fornicação, instala-se durante seis meses, completamente nu, no meio de um pântano infestado de mosquitos "que eram grandes como vespas e cujos ferrões podem penetrar na pele de um javali". Quando regressa de lá, ele é um inchaço só: "Era reconhecido apenas pela voz". Essa não é sua única proeza, pois ele é estimulado pelo espírito de competição e não pode suportar ser desclassificado em penitência. É a rivalidade entre solitários: é a oferta do maior lance entre solitários: ao ficar sabendo que os de Tabanese não comiam nada cozido, alimentou-se de ervas cruas durante sete anos. Depois, "ao saber que um solitário só comia uma libra de pão por dia, partiu em pedaços

---

22 *Vie de Saint Pacôme*, 17. In: *Patrologie Latine*, 73, 240.
23 *Vies des Pères du Désert*, op. cit., p.287-8.

o pão que tinha e os colocou numa garrafa, com a decisão de só comer o que podia pegar com os dedos, o que é de uma grande austeridade. E nos dizia com muita satisfação que pegava muitos pedaços, mas a boca da garrafa era tão pequena que ele não conseguia tirá-los de dentro". Outro, para se punir de ter tido vontade de comer pepino, manda que lhe tragam um e fica olhando para ele durante um dia inteiro. Para o redator das *Historiae monachorum*, Teodoreto de Cyr, Macário é uma espécie de super-homem: "O lugar onde Macário habitava se chama Scitium. Encontra-se num deserto imenso, a um dia e uma noite de marcha dos monastérios de Nitria, e sem nenhum caminho nem referência no chão para mostrar a direção e indicá-la; é pelas constelações e pela posição dos astros que se tem a orientação para ir até lá. A água é rara e, quando é encontrada, tem um gosto horrível que lembra o betume, mas se pode bebê-la sem inconveniente. Portanto, são homens de grande perfeição os que moram lá, pois um lugar tão temível só se deixa habitar por pessoas decididas a atingir a perfeição e capazes da maior resistência".[24]

Eis mais um campeão da solidão, João de Licópolis: "Esse homem", conta Teodoreto, "nós o vimos em Tebaida, no deserto vizinho à cidade de Lico, onde ele habitava em cima de um rochedo, no cume de uma montanha abrupta. Subir até lá era coisa difícil. A porta de seu monastério era tão bem obstruída e fechada que, desde os 40 anos até os 90, idade que ele tinha quando nós o vimos, ninguém tinha entrado lá. Aos que o procuravam, ele se mostrava através de um postigo e daí lhes dizia uma palavra de Deus para edificá-los ou lhes dar uma resposta consoladora. Entretanto, nenhuma mulher nunca foi admitida em sua presença, e os homens eram admitidos raramente, em certos momentos. Ele permitiu, aliás, que se construísse uma hospedagem do lado de fora, onde os peregrinos de regiões longínquas poderiam ter um pouco de repouso".[25] O vestíbulo na frente de seu postigo podia conter até cem pessoas.

A galeria dos anacoretas oferece uma coleção de histórias, cada uma mais pitoresca do que as outras, e cada um desses personagens se distingue dos vizinhos por uma ou outra extravagância. São Jacques de Nísibe pratica

---

24 Teodoreto de Cyr, *Historiae monachorum*. Tradução de Rufin, XXIX, 2.
25 Ibid., I, 1.

OS PADRES DO DESERTO E AS MIRAGENS DA SOLIDÃO   49

a transumância: "Ele abraçou a vida solitária e escolheu morar no cimo das montanhas mais altas. Passava o verão, a primavera e o outono na floresta e, quando chegava o inverno, retirava-se numa caverna para lá encontrar um pouco de abrigo".[26] E ai daqueles que lhe faltassem com o respeito! "Quando ele estava passando perto de uma fonte em que algumas moças lavavam roupas, elas não foram tocadas pelo respeito por esse hábito tão venerável que não estavam acostumadas a ver, e, sem nenhuma vergonha, olharam de modo afrontoso esse homem de Deus, sem cobrir a cabeça e sem abaixar seus vestidos que estavam levantados. O santo, não podendo tolerar tal impudência, acreditou dever fazer aparecer o poder de Deus, a fim de cessar a impiedade delas por meio de um ilustre milagre."[27] Imediatamente a fonte secou e as pobres moças se transformaram em velhas enrugadas e de cabelos brancos. Esse tipo de proeza torna o santo tão popular que ele se torna bispo de Nísibe.

Quanto a Julian Sabas, "querendo passar sua vida na solidão", escolheu para si uma caverna. Pouco exigente com a alimentação, come uma vez por semana um pouco de painço e sal. Mas, com relação à solidão, foi um fracasso: "A reputação desse santo homem se difundiu em todo lugar, muitos [...] vinham de todos os lados em sua direção", e logo a caverna estava lotada: uma centena de eremitas se amontoam ali uns sobre os outros. São Marciano, um dos raros anacoretas nobres por nascimento, "retirou-se para o meio do deserto, onde construiu uma cabana tão pequena que tinha o tamanho de seu corpo". Santo Eusébio fez uma ainda menor. São Públio, não podendo impedir que numerosos candidatos viessem se reunir a ele, construiu para cada um uma pequena cela e controlava seu regime alimentar: "Ele tinha uma balança na qual pesava seu pão muito precisamente, e sofria tanto de desprazer se eles tivessem mais do que lhes haviam ordenado que, quando isso acontecia, os chamava de gulosos".[28] São Teodósio, para não tropeçar nos próprios cabelos, amarra-os em torno da cintura: "Ele tinha correntes de ferro no pescoço, em torno dos rins e nas mãos; não penteava os cabelos, que eram tão longos que iam até abaixo dos pés, e ele era obrigado a enrolá-los em volta do corpo."[29] Evidentemente, as pessoas vêm

---

26 *Vies des Pères du Désert*, op. cit., p.109.
27 Ibid., p.110.
28 Ibid., p.161.
29 Ibid., p.192.

de todo lado para ver essa curiosidade. Há ainda Simeão, Paládio, Afraate, Pedro, Romano, Zenão, Maysime, cada um mais extravagante que o outro. Marão constrói uma cabana para se impor a penitência de nunca entrar nela. Acepsime se cobre de tantas correntes que é obrigado a andar de quatro; ele só sai à noite: "um pastor que levava seu rebanho o percebeu de longe, no escuro, e pensando que fosse um lobo, por causa das correntes que o obrigavam andar de quatro, pegou a funda para lhe atirar uma pedra".[30] Não nos esqueçamos de Santo Eusébio, capaz de sobreviver na Quaresma com quinze figos durante quarenta dias; ele fica tão magro que seu cinto cai em seus pés, mas, como ele faz questão do cinto, costura-o em sua túnica, invertendo os papéis: é a roupa que segura o cinto. "Roupa", aliás, é uma palavra exagerada, pois ele "só vestia uma pele"; não tem mais dentes; "no inverno fica paralisado de frio e, no verão, queimando de calor", "passou toda a vida ao ar livre com grande sofrimento", na frente de sua cabana de pedra seca, onde nunca entrou. São Maris, por sua vez, passa 27 anos fechado na sua cabana, que construiu no lugar mais insalubre possível. São Salaman, "tendo resolvido passar sua vida retirado, se encerra numa casinha pequena de um burgo que ficava do outro lado da água, fechou todas as janelas e portas, e recebia uma vez só, por um buraco que fez sob a terra, sua alimentação do ano todo, sem nunca falar com qualquer pessoa que fosse".[31] Os habitantes do burgo vizinho vêm tirá-lo e o fecham em um reduto onde "continuou em silêncio, sem dizer uma só palavra a ninguém". São Talásio, instalado numa montanha, faz milagres: "Cura doentes, expulsa demônios [...], mas não cura somente os outros, ele cura com frequência a si mesmo", o que é um talento paradoxalmente muito raro entre os taumaturgos.

As mulheres, mais dependentes de sua família, têm mais dificuldade em romper os laços, mas sobretudo nos meios favorecidos algumas conseguem impor sua vontade de levar uma vida solitária: assim, Santa Marana e Santa Cira se contam entre as reclusas. "Elas se confinaram num pequeno lugar próximo da cidade e mandaram murar a porta [...]. Em vez de portas, há uma pequena janela por onde recebem o que é necessário para viver e pela qual falam com outras mulheres que vêm vê-las, somente na época de Pentecostes;

---

30 Ibid., p.216.
31 Ibid., p.229.

todo o resto do ano se passa num silêncio contínuo. Isso no caso de Marana, que é a única que fala com as mulheres. Quanto a Cira, ninguém nunca a ouviu dizer nenhuma palavra. Ambas estão cobertas de tantas correntes de ferro que Cira, a qual tem uma compleição mais delicada do que a outra, fica sempre curvada até o chão, sem que lhe seja possível levantar-se."[32]

OS EREMITAS DO ORIENTE E A BUSCA DO CUMPRIMENTO ASCÉTICO

São variadas as motivações dos anacoretas. Muitos, como dissemos, estão fugindo de obrigações administrativas, fiscais e sociais nesses tempos difíceis: a vida no deserto, só ou em grupo, é para eles um refúgio contra a opressão política. Outros procuram um refúgio contra as perseguições, como Paulo, o Tebano, cuja vida é contada por São Jerônimo: ele teria conseguido manter uma solidão absoluta e viver como Adão, comendo frutos de sua palmeira, tecendo as palmas para se vestir, alimentando-se de tâmaras durante 37 anos; depois disso, um corvo lhe traz meio pão cozido todo dia. Segundo Jerônimo, ele passa 97 anos no deserto, o que aumenta o caráter inverossímil dessa história. Outro Paulo – Paulo, o Simples – tem por sua vez uma motivação diferente: esse camponês rude é casado com uma mulher bonita e um dia a encontra nos braços do amante. Ele desata a rir e declara a este último: "Muito bem, muito bem. Na verdade, não me preocupo. Por Jesus, não fico mais com ela. Vai, fica com ela e também com seus filhos, pois eu me retiro e me torno monge". Então ele vai encontrar Antônio no deserto, e o persuade de que é capaz de suportar as provações da vida eremítica. Outros simples de espírito querem apenas pôr em prática, literalmente, as palavras evangélicas. É, por exemplo, o caso do famoso Simeão, o Estilita (389-459), originário de Sifa, na Cilícia. Com ele, o ascetismo solitário torna-se um verdadeiro exibicionismo. Após ter ouvido o sermão das bem-aventuranças, "perguntou a um dos que estavam presentes o que era preciso para viver segundo aquelas instruções, o qual lhe respondeu que a vida retirada e solitária era a mais

---

32 Ibid., p.278-9.

própria para isso, e a mais capaz de nos firmar numa virtude sólida".[33] Ele se une então a um grupo de eremitas, que logo se irrita com sua obsessão pela performance ascética. Acabam por expulsá-lo porque ele desencoraja os outros. Ele parte para a montanha, onde se aloja no fundo de um poço seco. Tomados pelo remorso, seus antigos companheiros vão procurá-lo e o retiram do poço, "com grande dificuldade, uma vez que era muito mais difícil fazê-lo subir do que descer" (!).

Após ter passado três anos sozinho numa cabana, Simeão se propõe um novo recorde: igualar a façanha de Moisés e Elias, que ficaram quarenta dias sem comer. Para garantir a autenticidade da performance, manda murar a porta de sua cela, onde se fecha com dez pães e uma moringa de água para caso de urgência. Aposta ganha: quando se abre a cela, ele está vivo e não tocou nem no pão nem na água. Depois, escreve o redator das *Vidas*, ele recomeça todos os anos, durante a Quaresma, mas isso se torna fácil demais, pois ele está habituado. Portanto, a fim de aumentar a dificuldade, decide passar quarenta dias no alto de uma coluna, amarrado a uma viga, para que não possa descer.

Exercício seguinte: fechar-se num recinto no alto de uma montanha, amarrado a uma corrente: "Tendo feito uma corrente de ferro de vinte côvados de comprimento, fez com que amarrassem uma ponta no pé direito e a outra numa pedra grande, a fim de não poder, mesmo que quisesse, sair desses limites".[34] Para reforçar um pouco a prova, grandes vermes se alojam sob o anel da corrente e lhe roem a pele. Evidentemente, ele nunca se lava, o que contribui para infectar as feridas.

Um espetáculo como esse não pode deixar de atrair multidões, tanto mais que Simeão fazia milagres. Procuram tocá-lo, pois todos estão persuadidos de que existe nele uma força sobrenatural. "Essas extremas honras que lhe atribuíam lhe pareciam não somente excessivas, mas extravagantes." Então, para pôr-se fora do alcance de seus admiradores, toma a decisão que vai torná-lo definitivamente célebre e marcar a apoteose de sua carreira: instalar-se para o resto de seus dias no alto de uma coluna, que ele não cessa de mandar aumentar: dez côvados de altura, depois doze, então 22, em seguida 36,

---

33 Ibid., p.259.
34 Ibid., p.263.

ou seja, dezoito metros! E lá em cima, sobre uma pequena plataforma, "ele permanece dia e noite, exposto à vista de todo mundo, como um espetáculo tão novo e tão maravilhoso que encheu os espíritos de espanto, ora ficando em pé durante muito tempo, ora abaixando-se para adorar Deus. O número de suas adorações é tão grande que muitos as contam; e um daqueles que me acompanhavam, tendo contado um dia até 1.244, enfim se cansou de contar. Sobre o que é preciso observar que ele não se abaixa nunca para fazer essas adorações sem tocar com sua fronte os dedos dos pés, porque, comendo só uma vez por semana, tem o ventre tão achatado que não encontra nenhuma dificuldade para se curvar. De tanto ficar de pé apareceu-lhe uma úlcera no pé esquerdo de onde sai continuamente sangue estragado, sem que nada disso possa abalar sua confiança".[35]

Teodoreto de Cyr, que foi testemunha dessa exibição, encontrou a palavra certa: "um espetáculo". A busca da solidão conduziu a um lamentável número de feira: o "solitário", em cima de um pedestal, a dezoito metros de altura, fazendo centenas de prosternações por dia, diante de uma admirada multidão beata diante da performance.

Nem todos os anacoretas atingem esse nível de extravagância, decerto, mas todos têm problemas psicológicos mais ou menos sérios. E nenhum chega verdadeiramente a encontrar a solidão, que, sob muitos aspectos, permanece para eles uma miragem. Perseguidos por seus admiradores, adoradores e imitadores, devem, na maioria das vezes, decidir-se a organizar uma comunidade. É o que faz São Pacômio, que elabora uma regra que concilia vida solitária e vida comunitária: "Quando viu que seus irmãos tinham se reunido junto dele, impôs-lhes uma regra, a saber, que cada um se baste a si mesmo, que se ocupem só de seu trabalho, mas que ponham em comum seus ganhos e todas as coisas segundo as necessidades materiais, seja o alimento, seja a hospitalidade dada aos estrangeiros. Eles comiam juntos e lhe davam seu grão, a fim de que ele lhes dispensasse aquilo de que tinham necessidade".[36]

Reveladora dessa busca de uma impossível solidão no deserto é a vida do bem-aventurado Hilário, morto por volta de 370, contada por São Jerônimo,

---

35 Ibid., p.270.
36 Ibid., p.97.

numa célebre biografia. Nascido de pais pagãos perto de Gaza, fez seus estudos em Alexandria, converteu-se e com 15 anos foi se reunir ao famoso Antônio. Pensava encontrar um eremita isolado; encontra um monge assediado por uma multidão de pedintes. "Ele não pôde suportar por mais tempo a afluência de pessoas vindas até ele para serem curadas de diversos males ou ataques demoníacos. Não convém, pensava ele, tolerar no deserto a multidão das cidades [...]. Voltou então para sua pátria com alguns monges", escreve São Jerônimo.

De volta à sua cidade, estabeleceu-se como anacoreta a uma dezena de quilômetros de Maiouma, numa "vasta e terrível solidão entre o pântano e o mar". Lá, construiu uma pequena cabana, a mais desconfortável possível, bem entendido: 1,50 m de altura, a fim de não poder ficar em pé, 1,20 m de largura, e pouco maior que seu corpo: "Diriam que era mais um túmulo do que uma casa". Seguramente não se lavou mais. "Seu corpo inteiro era cheio de comichões e pruridos e devastado por uma sarna que o fazia parecer-se com uma pedra-pomes." Vestia-se com um saco, rasgado e repugnante como deve ser: "O saco que tinha vestido no início nunca foi lavado: inútil, dizia ele, procurar a limpeza num cilício. Para trocar de túnica, esperava que ela estivesse completamente rasgada". A única concessão à aparência física: ele cortava os cabelos uma vez por ano. Dormia sobre juncos e reduziu pouco a pouco sua ração alimentar cotidiana: meio sesteiro de lentilhas encharcadas na água fria, de 20 a 25 anos, um pedaço de pão com sal, de 26 a 29 anos, seis onças de pão de cevada, de 30 a 34 anos, e quinze figos em seguida.

Com 37 anos, comete o grande erro de fazer um milagre, e então é o fim de sua tranquilidade: "A solidão a seu redor ficou cheia de homens de todo tipo, ele chorava todo dia e se lembrava de sua vida de outrora com uma nostalgia inacreditável", escreve São Jerônimo, que admira a modéstia de Hilário, o qual nunca pôde resistir à atração pela glória: "Que outros admirem seus sinais e os prodígios que ele fez, que admirem sua inacreditável abstinência, sua ciência, sua humildade. Para mim, nada me espanta tanto quanto o desprezo pela glória e pelas honras do qual ele se mostrou capaz. Bispos, padres, multidões de clérigos e de monges, matronas cristãs – Oh, a grande tentação! –, povo ordinário de toda parte, cidades e campos, e até mesmo os poderosos e os juízes, todos acorriam para receber o pão e o óleo abençoados por ele. Mas ele só pensava na solidão".

Ao final de algum tempo, não suportando mais a multidão, Hilário decide partir. Dez mil pessoas se opõem. Então ele faz uma greve de fome, o que não difere muito de seu regime habitual. Depois de sete dias, colocam-no sobre um asno e aceitam que ele possa partir, tanto mais que, taumaturgo compulsivo, ele não para de fazer milagres. Durante anos, ele tenta escapar de seus perseguidores, "ele fugia da honra e da importunidade [...], desejava o silêncio e a vida obscura". Quanto mais busca a solidão, menos consegue ficar só. Vai para a Sicília, depois para a Grécia, depois para o Chipre. Lá, instalado de início em Pafos, na costa, decide ir para o interior da ilha, até o topo de uma montanha inacessível infestada de demônios, onde, enfim, deixam-no em paz. Aos 80 anos, escala "montanhas abruptas e selvagens, onde se podia chegar apenas rastejando sobre as mãos e os joelhos. Chegando lá, ele contempla esse lugar terrível e isolado [...]. Ao lado se erigiam as ruínas de um antigo templo, de onde saíam, dia e noite, as vozes de um número tão grande de demônios que se acreditava ouvir o tumulto de todo um exército. Mas Hilário se alegrava, feliz de ter assim seus antagonistas à porta. Fixou-se lá durante cinco anos [...]. O que o reconfortava nesse último período da vida era que a extrema dificuldade dos arredores, assim como a multidão de sombras das quais todos falavam, não deixava a ninguém ou a quase ninguém a possibilidade ou a coragem de subir até ele".

A história de Hilário, em que se misturam o maravilhoso, o cômico, o grotesco, o histórico, é típica da epopeia destes fanáticos da solidão que são os Padres do Deserto, personagens extravagantes, cujas proezas ascéticas atraem multidões, destruindo assim a solidão que eles buscavam. O que eles não compreenderam é que a solidão exige a discrição.

EREMITAS DO OCIDENTE: PRECE E AÇÃO

O Ocidente foi tocado pela vaga eremítica a partir da segunda metade do século IV. O caos provocado pelas invasões bárbaras cria um contexto favorável: florestas, montanhas, charnecas, ilhotas rochosas e outros lugares desolados oferecem refúgios a muitos personagens em busca de paz e calma. A essa procura por segurança vêm se acrescentar a pregação cristã exaltando a fuga do mundo, a virgindade, o desapego do corpo e dos bens materiais.

As histórias dos anacoretas orientais entusiasmam os espíritos mais ousados: a *Vida de Antônio*, escrita por Santo Atanásio, exerce uma influência considerável. A partir de 356, certo Martim, militar, filho de um tribuno de Panônia, instala-se num eremitério em Milão, depois na Ilha Galinária, em seguida perto de Poitiers. E já aparece a contradição inerente ao estatuto de eremita: em 370, tendo se tornado célebre por sua solidão, Martim é eleito bispo de Tours, função que exerce até sua morte em 397. Do outro lado do Loire, em Marmoutier, desenvolve-se ao mesmo tempo um "deserto" que conta logo com uma centena de "solitários" que vivem em cabanas e grutas.

Por volta do ano 400, Honorato, que volta da Grécia, onde havia acompanhado o amigo Venâncio, procura um lugar de retiro. "O Cristo o convida a penetrar num deserto próximo de nossa cidade", escreve Hilário de Arles na biografia que consagra a Honorato. Lá, ele ouve falar das ilhas Lérins, em particular a mais meridional, deserta e infestada de serpentes venenosas: um verdadeiro paraíso para o solitário! "Sua situação isolada lhe convinha [...], contudo, muitas pessoas se esforçavam para dissuadi-lo de um golpe de audácia tão novo. Com efeito, os habitantes dos arredores afirmavam que esse deserto era temível [...], mas ele, que suportava mal o tipo de vida dos homens e desejava ser retirado do mundo pela barreira de um estreito, [...] penetra lá sem o menor medo e dissipa o temor dos seus pela sua própria segurança. O horror da solidão desaparece, as inúmeras serpentes cedem o lugar."[37] Ele não fica sozinho na ilha por muito tempo. Estranhamente, todos os candidatos à vida solitária têm tendência a se amontoar em espaços restritos, como se não houvesse lugares desertos nos Alpes vizinhos. "À procura da perfeição, pela imitação dos monges do Egito", eles invadem as ilhas Lérins. Dentre eles, Eucher, que em seu *Elogio do deserto* descreve os lugares sob traços idílicos: "Amo e honro antes de tudo minha cara Lerina, que recebe afetuosamente em seu seio os que vêm a ela, ao sair dos naufrágios deste mundo tão fecundo em tempestades [...]. Com suas águas que jorram, suas ervas verdejantes, suas vinhas flamejantes, com tudo o que ela traz de agradável à vista e ao olfato, ela se oferece como um paraíso aos que a possuem". Lá vivem os monges "disciplinados pela humildade [...], prontos para a obediência", e dos quais a maior parte não ficará, chamados para funções episcopais:

---

37 Arles, *Vie de Saint Honorat*.

o próprio Honorato em Arles, Máximo em Riez, Eucher em Lyon, Salônio em Genebra. Inversamente, bispos tornam-se eremitas, como Justo de Lyon após 381. A maioria dos santos galo-romanos dessa época realizam a síntese entre a vida solitária e o exercício de responsabilidades públicas, como Germano de Auxerre, do qual seu biógrafo, Constâncio de Lyon, diz que "levava – coisa muito difícil – uma vida de solidão no meio da afluência de multidões e continuou a viver como um eremita na frequentação do mundo. Instituindo uma dupla via para o Cristo pelo progresso da piedade, e vendo a cidade do outro lado do Yonne, ele fundou um monastério para atrair a multidão para a fé católica, pelas comunidades monásticas e pela irradiação do clero. Ainda no século IV, Gregório de Tours menciona vários eremitas e reclusos cujo ascetismo e sobretudo cujos milagres atraem as multidões.

Por volta de 520, um discípulo de São Oyend redige a *Vida dos Padres do Jura (Vita patrum Jurensium)*, que confirma a impossibilidade de um eremita preservar sua solidão. Trata-se de São Romão. "Foi quando tinha aproximadamente 35 anos que, atraído pelos retiros no deserto, após ter deixado a mãe, a irmã e o irmão, ele penetrou nas florestas do Jura próximas de seu domínio."[38] Lá, por volta de 435, encontra um lugar bem isolado, "separado dos locais habitados por vastos espaços", onde se situa hoje Saint-Claude. Instala-se junto de uma árvore. Solidão de curta duração: seu irmão Lucipínio, depois de ter tido um sonho, vem se reunir a ele. Depois disso dois clérigos de Nyon os procuram, não sem dificuldade: eles "vinham através desta região impraticável, vagando aqui e acolá no deserto, ignorando que estavam onde habitavam os piedosos solitários".[39] Nesse caso, os solitários já são quatro. Vestidos com peles para enfrentar o rigoroso inverno jurássico, levam uma vida ascética, rejeitando as tentações do orgulho, da gula, do espírito de revolta. As notícias circulam espantosamente depressa nessas solidões cobertas de florestas: logo "o suave odor de seus méritos fazia a multidão dos crentes maldizer os horrores e a podridão do século e os determinava a fugir do mundo a fim de seguir, pelo Senhor, a vocação da renúncia e da perfeição".[40] Vem gente de todo lado; levam-se doentes, loucos, enfermos.

---

38 *Vie des Pères du Jura*, Sources Chrétiennes, 142 (n.), Paris, 1968, 5-6.
39 Ibid., 13.
40 Ibid., 14.

A comunidade cresce. São Romano morre por volta de 460; Santo Oyend o sucede na chefia do grupo.

Na mesma época, reclusos procuram a solidão na cidade: a *Vita Patrum Jurensium* assinala a presença, em Autun, depois em Viena, de São Leoniano, confinado num recinto durante mais de quarenta anos, "tão bem que ninguém, desde sua reclusão, não o conheceu de rosto ou de corpo: sabia-se somente como ele falava. Ele governava, bem perto de sua cela, uma pequena comunidade de monges; mas, longe de lá, no interior da cidade, foram sessenta monges enclausurados que ele governou".[41]

No século VI, acrescenta-se aos solitários locais a enxurrada de solitários vindos do norte: celtas éticos e ascéticos, irlandeses sobretudo, rudes rapagões habituados aos rigores climáticos das ilhas caledonianas e hibérnicas. Eles também têm dificuldade para preservar um pouco de intimidade. Assim, São Colomban, na ilha de Iona, deve proibir seus companheiros de segui-lo quando ele se eclipsa "num lugar retirado nas partes mais selvagens da ilha" para conversar com os anjos, escreve seu biógrafo Adomnan.[42] É verdade que a solidão pode trazer problemas inesperados para esses personagens muito respeitosos em relação aos ritos: São Ciarão, que recitou o *Benedict* antes de começar sua parca refeição, não havia refletido que não havia ninguém para lhe responder *"Dominus"*. Logo, ele não podia comer, até o dia em que, enfim, uma voz vinda do céu pronuncia a resposta esperada e o adverte que a partir de então ele poderá dispensar a resposta.[43]

Na leitura das *Vidas* dos santos ocidentais dessa época heroica constata-se que, para além das austeridades monásticas celtas, os solitários são levados às proezas ascéticas tanto quanto seus homólogos orientais. A prioridade é dada aqui à contemplação e ao serviço dos outros. A solidão libera o espírito dos cuidados do mundo e o torna disponível para a conversação com o mundo divino. É o que responde Aquitano Paulino, em 393, a seu amigo, o reitor gaulês Ausônio: "É verdade que muitos, sob o impulso divino, procuram a solidão, como os falsos sábios o faziam outrora para seus estudos e suas musas, como o fazem em grande número, hoje ainda, os que receberam

---

41 Ibid., 128.
42 Iona, *Life of Saint Columba*, p.211.
43 Plummer (ed.), *Vitae Sanctorum Hiberniae*, t.I, p.206.

o Cristo num coração casto. Não é por falha do espírito que escolhem habitar em lugares desertos, mas, voltados para o céu estrelado, contemplando Deus, dirigindo o olhar para penetrar nas profundezas da verdade, eles amam o ócio que os libera dos cuidados com o mundo. Detestam o barulho do fórum, a agitação dos negócios, todas as ocupações que se opõem aos dons divinos, por causa dos preceitos do Cristo e de seu desejo de serem salvos".

É também o que pensa o papa Gregório, o Grande, ele mesmo ex-monge, colocado quase à força sobre o trono de São Pedro em 590. Lastimando a perda da vida solitária, ele atribui o principal mérito dessa vida ao fato de favorecer a prece e o estudo, mas também de preparar para um papel pastoral ativo. São essas qualidades que ele encontra na regra de São Bento, de quem ele escreve uma biografia. Do mesmo modo, o bispo de Milão, Santo Ambrósio, quando elogia a fuga do mundo, em seu *De fuga saeculi*,[44] no fim do século IV, insiste sobretudo no valor da solidão para a formação do caráter: ela "fortalece para a paciência", e não é um fim em si; ela prepara para enfrentar a vida social, como foi o caso de Elias, e também de João Batista, que "cresceu no deserto e se exercitou de início para a constância, antes de dirigir censuras ao rei", escreve ele em 395 em sua carta 63. Aliás, a fuga do mundo é antes de tudo um estado de espírito; ela não necessita de modo algum de uma separação física, e, em todo caso, ela não tem nada a ver com a procura do ascetismo: "A fuga não consiste em abandonar a terra, mas em, estando na terra, observar a justiça e a sobriedade, renunciar aos vícios, e não ao uso dos alimentos".[45]

O MUNDO TURBULENTO DOS EREMITAS: FATOR DE DESORDEM

Pode-se discernir nas palavras do bispo certa reticência com relação à vida eremítica. Reticência que, em outros prelados, torna-se franca hostilidade: "Se todos se confinam e vão para o deserto, quem frequentará as igrejas?", pergunta um padre do sudoeste, Vigilâncio. "Quem ganhará as pessoas do mundo? Quem poderá exortar os pecadores à virtude?" As pessoas que

---

44 Santo Ambrósio, *De fuga saeculi*, edição de C. Schenkl, 1897.
45 Id., *De Isaac*, edição de C. Schenkl, 1897, p. 646.

fogem para o deserto são literalmente desertores e tornam-se marginais da fé. Quando Martim foi eleito bispo de Tours, alguns confrades respeitáveis ficaram indignados ao ver "um homem com um aspecto lamentável, com roupas sujas, de cabelos em desordem" ascender a essa dignidade, conta Sulpício Severo.

No Oriente, onde a proliferação de eremitas é mais espetacular ainda, as críticas são também muito vivas. As concentrações de anacoretas, entre os quais alguns são verdadeiros desequilibrados, podem causar perturbações à ordem pública. Pois seu isolamento é muito relativo. Seu ideal é atingir a *hésychia*, quer dizer, a calma e a paz. *Hésychia* do corpo, pela separação do mundo e mesmo a separação do próprio corpo. *Hésychia* da alma, acesso à pureza angélica pela ausência de cuidados terrenos e curiosidades inúteis. O anacoreta quer ser um anjo, mas, como vimos, ele está mais para um animal, pois é confrontado por múltiplas dificuldades. Perigos interiores primeiro, como as tentações de luxúria, orgulho, acídia, gula, desespero e outras mais. Perigos exteriores também, por causa dos rigores do clima, ausência total de higiene (não somente ninguém se lava, mas as dejeções se acumulam em pleno solo, e Teodoreto de Cyr conta que Jacques sofria de diarreias terríveis diante de todo mundo),[46] animais selvagens, escorpiões, serpentes e até mesmo bandidos espreitando algumas oferendas que o solitário guardava. Uma sólida vocação é, pois, necessária e nem sempre suficiente. É por isso que os autores espirituais recomendam aos candidatos à solidão que busquem uma longa formação num monastério antes de se aventurarem. Supõe-se que o eremita perfeito tem carismas particulares: discernimento dos espíritos, poder sobre os demônios, ressurreição dos mortos, revelação do mundo celeste, profecia, de onde vem sua popularidade.

Tudo isso, porém, está no plano da teoria. Na prática, os solitários estão longe de corresponder ao ideal. E, antes de tudo, de solitários eles só têm o nome. Com efeito, formam uma espécie de sociedade muito particular, com suas convenções tácitas e seus costumes, como a hospitalidade: os eremitas visitam-se e se sujeitam a regras de polidez; costuma-se oferecer abrigo e teto ao hóspede de passagem, o que demanda que se tenha uma modesta reserva de figos, pão e legumes. Como se contentam com pouco, isso não

---

46 *Vies des Pères du Désert*, op. cit., p.234.

causa problemas. Contudo, podem acontecer acidentes diplomáticos: o visitante nem sempre é bem-vindo. As *Vidas dos Padres do Deserto* assinalam que um eremita em período de jejum, ao visitar um colega, este lhe serve uma sopa de legumes; para não romper o jejum, o visitante se contenta em mastigar uma ervilha. O outro, vexado, lhe diz: "Se queres seguir tua própria regra, fica na tua cela e não sai jamais". Outra vez, um cenobita visita um eremita, que também lhe servi legumes; o cenobita parece pensar que tal luxo é sinal de uma vida relaxada, e o eremita então espalha a notícia: se ele vier a vossa casa, não lhe servi legumes. E certos eremitas são francamente antissociais, como Isidoro, o Padre, que recusa os convites de seus colegas, e, se um deles assim mesmo vem vê-lo, ele se agacha num canto de sua cela sem dizer uma palavra. Quanto a Macário, ele cavou um túnel sob sua cela, para ali se refugiar em caso de visita indesejável. Teodoro de Ferme também não é muito sociável: "O homem que experimentou a doçura da cela", diz ele, "foge de seu vizinho, mas não o despreza". Outros, ao contrário, procuram companhia; todos os pretextos lhes são bons: visita de cortesia, oferta de ajuda contra os demônios, prece, conversa edificante. Com relação aos estilitas, eles adoram perorar do alto de sua coluna. Quase todos têm uma escada para uso dos visitantes que não sentem vertigem e desejam conversar lá no alto. João Moschos não tem escada; quando alguém vai vê-lo para uma consulta confidencial, ele lhe pede que se coloque num lugar preciso embaixo da coluna, e, segundo testemunhas, ninguém escuta a conversa.[47]

Raros são os eremitas que vivem sós. Muitos têm dois serviçais e discípulos. Residem comumente na periferia de uma vila, onde não hesitam em ir com frequência: O abade Poemen vai à cidade todos os dias, para evitar tornar-se orgulhoso, ele diz. Macário, no início de sua carreira, tem tanto costume de ir à cidade que é acusado de ter engravidado uma moça. Mas em geral cada um fica em sua casa, um no seu buraco, outro numa árvore; um no poço, outro sobre sua coluna, na cabana ou ao lado. Enquanto algumas celas são exíguas, outras são espaçosas: a de Aarão tem um andar; a de João de Licópolis tem três cômodos: toaletes, sala de jantar, sala de oração. Jamais um banheiro.

---

47 Moschos, *The Spiritual Meadow*, p.107.

Mundo estranho, desconcertante, até mesmo inquietante, são essas concentrações de vários milhares de solitários, entre os quais há muitos originais, indo do levemente débil ao louco perigoso, mas contendo também autênticos espirituosos. A diferença nem sempre é evidente. Os verdadeiros eremitas são raros. A maior parte deles forma grupos mais ou menos frouxos: cenobitas antoninos, dispersos em distâncias respeitáveis; cenobitas pacomianos, agrupados em vastos espaços fechados e obedecendo a algumas regras comuns; cenobitas basilianos, com estruturas mais familiares. Mas há também numerosos elementos incontrolados, giróvagos que vagueiam pelos arredores das vilas, espreitando esmolas, e que podem tornar-se ameaçadores.

As autoridades religiosas e políticas desconfiam, pois, desse mundo turbulento, fator de perturbações sociais. Em 373-375, o bispo de Alexandria recorreu ao exército, que se posicionou diante de 3 mil eremitas encolerizados. Em 370, o poder imperial intervém: no Ocidente, Valentiniano I acusa os solitários de importunar as viúvas e os órfãos para obter doações. No Oriente, Valens se inquieta com a multiplicação de deserções na administração: um número cada vez maior de funcionários abandona seu posto e foge para o deserto, o que põe em perigo o funcionamento das instituições. Por decreto de 1º de janeiro de 370 ou 373, ele ordena trazer à força os solitários: "Há preguiçosos que desertam dos cargos de sua cidade para ir para solidões e desertos e se agregar, sob pretexto de religião, a ajuntamentos de monges. As pessoas dessa espécie que forem encontradas no Egito, prescrevemos ao conde do Oriente arrancá-las de seus esconderijos e trazê-las de volta às funções de sua pátria".

Em 390, o imperador Teodósio toma a decisão inversa: incapaz de conter a vaga de deserções, ele empurra para o deserto monges e eremitas, dos quais, ele diz, muitos são "bandidos" que semeiam perturbações na cidade. O decreto de 2 de setembro estipula que "todos aqueles que professam ser monges receberão a ordem de ir encontrar e habitar lugares desertos e solidões desoladas". Diante das dificuldades em aplicar a lei, ele terá, no fim das contas, de suprimi-la em 392. Observamos que Teodósio não age por hostilidade ao cristianismo: cristão fervoroso, é ele que impõe essa religião no Império e proíbe os cultos pagãos. Isso quer dizer que o eremitismo causa problemas até mesmo no interior da Igreja. Em 451, o concílio da Calcedônia procura submeter mais os bispos. Os que são chamados de "loucos pelo Cristo", que na maioria das vezes são apenas loucos, escapam do controle da hierarquia. Esses corsários da fé têm propósitos extravagantes, difundem heresias e uma moral desviante: no quadro de uma religião dogmática, hierarquizada e estruturada, a existência de solitários independentes é intolerável. Toda uma legislação a partir de Justiniano, no século VII, tentará vincular os anacoretas aos monastérios.

O DEBATE ENTRE CENOBITISMO E EREMITISMO (SÉCULOS IV E V)

A solidão seria então incompatível com o pertencimento à Igreja cristã? A questão é amplamente debatida nos séculos IV e V pelos intelectuais e Padres da Igreja, que comparam os méritos respectivos da vida cenobítica e da vida eremítica. Praticamente todos privilegiam a primeira. A vida solitária convém apenas a muito raros sujeitos de exceção, após uma longa e severa preparação, e ficando sob estrita vigilância. A Igreja desconfia da solidão, que subtrai o homem decaído à correção fraternal e o abandona sozinho às tentações demoníacas da carne.

É o que diz o próprio São Basílio, um dos fundadores da vida monástica (329-379). Monge que se tornou bispo de Cesareia, ele reconhece que a vida cristã exige o desapego dos bens materiais e a fuga do mundo: não se pode amar a Deus sem se afastar daqueles que não o veneram. O cristão deve "habitar à parte e afastado", mas não sozinho. Viver só é ao mesmo tempo impossível e contrário ao espírito cristão: o solitário não vê suas próprias faltas, não pode se beneficiar da correção fraternal, não pode exercer a caridade, observar os mandamentos. O homem cristão deve viver em sociedade: "Se, por outro lado", escreve ele no *Pequeno Asceticon*, "somos todos o corpo do Cristo e membros uns dos outros, devemos estar harmoniosamente unidos uns aos outros no Espírito Santo, à maneira de um corpo compacto. Mas se cada um de nós escolhe a vida solitária, não por uma causa ou razão que agrade a Deus e que remeta à utilidade comum de todos os outros, e sim para satisfazer sua própria vontade e sua paixão, como podemos, separados e divididos, realizar a harmonia completa dos membros entre si? Aquele que age assim não pode, com efeito, compartilhar a alegria daqueles que estão na alegria, nem chorar com aqueles que choram, pois sua vida isolada e separada dos outros não lhe permite nem mesmo conhecer as necessidades de seu próximo".[48] A solução é o monastério, que concilia a retirada do mundo e a vida em comunidade, fórmula cristã por excelência.

É também o que vem a pensar João Crisóstomo (340-407). Seus comentários da Escritura contêm múltiplos chamados ao deserto, lugar são para o corpo e santo para o espírito: "É no deserto que o corpo se mantém em melhor saúde, que ele respira o ar mais puro; é lá que se contempla do alto todo o universo, que se mergulha na filosofia da solidão, que nos tornamos estranhos a todas as preocupações do mundo".[49] Ao se retirar várias vezes para o deserto e para a montanha, Jesus quis "nos ensinar a fugir da multidão e do tumulto, e mostrar que a solidão é própria ao estudo da sabedoria".[50] "Jesus Cristo sobe numa montanha para nos ensinar que a solidão e o deserto são muito convenientes para se entreter com Deus. É por essa razão que ele ia com muita frequência aos desertos e passava a noite em preces, para nos instigar por seu exemplo a escolher o tempo e os lugares mais tranquilos para rezar sem distração. Pois a solidão é a mãe do repouso. Ela é como um porto que nos põe ao abrigo de todas as agitações do espírito".[51] Em seu *Tratado da contrição*, ele retoma os benefícios da solidão: "Aqui na Terra há tantas coisas que obscurecem a visão, tantos objetos que ensurdecem os ouvidos e embaraçam a língua, que é necessário escapar desse tumulto, nos esconder dessa fumaça; em seguida, nos refugiar neste lugar solitário em que reina uma calma profunda e uma serenidade perfeita […]. Procuremos pois a solidão; não somente a solidão dos lugares, mas também a do coração, e antes de tudo conduzamos nossa alma para a região do silêncio e do recolhimento".[52]

Há aqui uma inflexão no discurso sobre a solidão: ela não necessita obrigatoriamente do isolamento físico. O que conta é a solidão do coração, que pode se realizar mesmo em meio a todo mundo. Tendo se tornado patriarca

---

48 São Basílio, *Petit Asceticon*, Patrologie Latine, 103, 493.
49 João Crisóstomo, *Comentaire sur le Psaume IX*, 2.
50 Id., *Commentaire sur Saint Jean*, homilia XLII.
51 Id., *Commentaire sur Saint Matthieu*, homilia L.
52 Id., *Traité de la componction*, livro II.

de Constantinopla em 398, após ter sido monge, João Crisóstomo se mostra mais reservado com relação à solidão, a qual ele prefere à vida comunitária.

Seu contemporâneo Santo Agostinho (354-430), bispo de Hipona, é também desconfiado quanto à vida solitária, que em certo momento considerou para si mesmo; ele confessa: "Esmagado pelo pecado e pelo peso de minha miséria, tinha considerado em meu coração e meditado em fugir na solidão. Mas tu me proibiste e me destes força dizendo-me: 'Se o Cristo morreu por todos, foi a fim de que aqueles que vivem não vivam mais para si mesmos, mas por aquele que morreu por eles'"[53] (2 Co 5,15). Certamente, diz ele em outro lugar, "nossa alma tem necessidade de alguma solidão, e Deus só pode ser visto nessa solidão que a alma forma para si mesma",[54] mas sentimo-nos perplexos diante dessas multidões de eremitas que "enchem as ilhas outrora desertas e a solidão de numerosas regiões".[55]

O caso dos anacoretas do Oriente o intriga. Essas pessoas que "só encontram prazeres verdadeiros na solidão", que "se furtam a todos os olhares, contentam-se com um pouco de água e pão que se lhes trazem de tempos em tempos, que habitam os lugares mais desertos"[56] são de certa maneira admiráveis, ele escreve, em 388, em *De moribus*. Mas não são eles por demais sublimes? Os cenobitas, que às vezes são mais de 3 mil na mesma região, e cuja vida ele descreve, insistindo nos aspectos comunitários, não são preferíveis? Entre os eremitas, "alguns parecem ter abandonado as coisas humanas mais do que seria necessário".

Sete anos mais tarde, em 395, num sermão sobre o Salmo 54, essas reservas tornam-se críticas abertas. Quais são as motivações dessa gente? "Muito frequentemente o desejo da solidão se apropria do espírito de um servo de Deus em razão do grande número de tribulações e de escândalos dos quais sofre"; ele quer escapar ao ódio dos outros, à vingança dos maus, ou, ao contrário, às honras, à vanglória, ou então ele é atormentado pelo próprio pecado. Mas ele se ilude se crê encontrar a paz no deserto. Primeiro porque é quase impossível estar só: "Que deserto? Onde estiveres, os outros se reunirão, procurarão o deserto contigo, desejarão compartilhar

---

53 Santo Agostinho, *Confessions*, 10, 70.
54 Id., *Traité sur l'Évangile de Saint Jean*.
55 Id., *De la Vraie religion*.
56 Id., *Des Mœurs de l'Église catholique*, I, 31.

tua vida, e não podes recusar a companhia desses irmãos". E, entre eles, há impostores, simuladores, maus que tornam sua vida tão difícil quanto no mundo: "Eu vos pergunto, irmãos, de onde vem a ideia de que os servos de Deus devem encher os desertos? Se eles se encontram bem entre os homens, se afastariam dos homens? E, contudo, que fazem eles? Fogem, afastam--se, ficam na solidão. Mas o fazem separadamente? A caridade os contém, tão bem que vivem uns com os outros; e entre esses numerosos outros há alguns que 'os exercitam'. Pois, em toda comunidade numerosa, é inevitável que existam maus. Com efeito, Deus sabe que temos necessidade de sermos exercidos, e para isso ele mistura em nosso grupo pessoas que não perseverarão, até mesmo simples simuladores que nem começam a fazer o que deviam fazer com perseverança".[57]

E ainda seis anos mais tarde, em 401, a crítica aberta torna-se sarcasmo: estes anacoretas são um punhado de preguiçosos que se recusam a trabalhar, alegando como pretexto que Jesus disse que era preciso imitar os pássaros, que não plantam nem recolhem o alimento: "Eles não poderão observar tal regra, os que se furtam à vista dos homens durante dias e dias, não permitindo a ninguém aproximar-se deles, e confinando-se vivos para se entregar intensamente à prece. Decerto seus alimentos são extremamente simples e baratos, mas os guardam mesmo assim em quantidade suficiente para se alimentar durante todo o tempo no qual decidiram não ver ninguém. Isso os pássaros não fazem".[58] Eu não os censuro, diz Agostinho, mas não me digam que seguem o Evangelho. Seria melhor que trabalhassem e fossem menos orgulhosos.

Para aqueles que querem viver fora do mundo, a solução é formar uma comunidade na qual se poderá exercer a correção fraternal, ou seja, a vigilância, a denúncia, a espionagem e a humilhação. Agostinho dá as grandes linhas no *Ordo monasterii* e no *Praeceptum*: "Habitai a casa na unanimidade"; permanecei sempre juntos; fazei saídas coletivas; e, "se for necessário enviar alguém ao exterior para uma necessidade do monastério, que sejam dois". Não se poderia duvidar mais da solidão.

---

57 Id., *Discours sur le Psaume LIV*, 8.
58 Id., *Du Travail des moines*.

SÃO JERÔNIMO, O SOLITÁRIO FALADOR (347-420)

Entre os Padres da Igreja, São Jerônimo talvez seja o que mais refletiu sobre o problema da solidão no contexto cristão. Nascido em 347 e morto em 420, ele pertence à mesma geração de João Crisóstomo e Agostinho e levou, de modo intermitente, uma vida de eremita na Síria, o que lhe valeu ter-se tornado, tal como Antônio, uma das personificações da vida solitária na arte ocidental. São incontáveis as telas que o representam, seja sob os traços de um velho descabelado, descarnado e nu, rezando, meditando ou escrevendo, sempre em companhia de uma caveira, seja como um humanista em seu gabinete de trabalho, traduzindo a Bíblia. Que pintor, de Bosh e Dürer, por volta de 1500, a Henner, por volta de 1900, não abordou esse tema? Jerônimo é, sem dúvida, o solitário mais popular, em todo caso o mais conhecido pelos artistas ocidentais, sobretudo na primeira metade do século XVII, com as encomendas de igrejas e conventos, numa época em que se redescobrem os méritos da solidão estudiosa, ascética e contemplativa.

No entanto, essa imagem pitoresca convém mal ao personagem. Jerônimo, intelectual de temperamento irascível, orgulhoso e intolerante, não tem absolutamente a vocação de um eremita. Durante muito tempo ele hesita, assustado com as austeridades dessa situação, e, se acaba dando esse passo, exprime muitas vezes as dificuldades que experimenta na solidão. Nascido numa família rica e pagã na Dalmácia, estuda letras em Roma, onde se converte ao cristianismo. Durante uma viagem ao Oriente, ele para em Antioquia e toma contato com monges locais, principalmente o eremita Malchus. Desde então, é tentado pela vida solitária. Numa carta "A Teodósio e aos outros anacoretas", declara que inveja sua solidão, seu "paraíso": "Como eu gostaria agora de estar entre vós! Mas... não tenho a força de romper com os encantos da vida social".[59] A mesma hesitação aparece em outra carta, na qual, ao descrever a vida do eremita Bonose numa ilha deserta, apresenta a ilha ao mesmo tempo como "paradisíaca" e como "uma prisão horrível": Bonose está lá, como Adão, conversando com Deus, mas rodeado pelo "mar demente" e por "falésias abruptas"; Jerônimo se diz culpado de não ter a coragem de imitá-lo.

---

59 São Jerônimo, Lettre III. In: *Lettres de Saint Jerôme*. Trad. de Grégoire e Collombet, 6v. Lyon--Paris, 1837, t.I, p.20.

Finalmente ele se decide e retira-se para o deserto de Chalcis. Solidão bastante falante, todavia, a julgar pelo número de cartas que envia aos amigos, pedindo-lhes que venham reunir-se a ele, que lhe enviem livros e papiros, criticando-os por não lhe escreverem com frequência. Expõe as tentações às quais é submetido: "De um lado, a luxúria me persegue; de outro, a avareza se esforça para abrir uma passagem em meu coração; ora meu ventre quer erigir-se em Deus no lugar do Cristo, ora a concupiscência me leva a expulsar o Espírito Santo que habita em mim e violar seu templo. Enfim, vejo-me perseguido por um inimigo que tem mil nomes, que possui mil segredos para prejudicar".[60] É duro, ele diz, não sem alguma afetação, mas é o preço da perfeição. Numa carta a Heliodoro, exorta-o a vir encontrá-lo, tratando-o de "soldado afeminado": "Que fazeis na casa paterna, soldado afeminado? Onde está a paliçada? Onde está a trincheira? Onde está o inverno passado sob as tendas? [...] Mesmo que vossa mãe, com os cabelos esparsos, com as roupas rasgadas, vos mostrasse as mamas que vos aleitaram; mesmo que vosso pai se deitasse sobre o limiar da porta, pisai sobre vosso pai, ide embora; e, com os olhos secos, correi para os estandartes da cruz. Em tal circunstância, e só então, é uma espécie de piedade ser insensível".[61] Olhai para mim; consegui romper todos os laços familiares, todas as afeições terrestres, imitai-me: "Passei por essas provações. Ora uma irmã na viuvez vos aperta em seus braços acariciantes; ora esses escravos com os quais crescestes vos dizem: doravante, a que senhor nos entregareis? Ora uma ama de leite, quebrada de velhice, e um preceptor, este outro pai após aquele que a natureza vos deu, gritam: vamos morrer, esperai um pouco, e enterrai-nos [...]. Ireis talvez me dizer que a Escritura ordena obedecer a seus pais? Sim, mas qualquer um que os ama mais do que ao Cristo perde sua alma".[62]

O orgulho de São Jerônimo, sem dúvida seu maior defeito e o perigo mais sério para esses solitários que se oferecem como espetáculo, explode em suas cartas cheias de autossatisfação. Ele proclama sua altivez por ter conseguido tornar-se pobre, sujo, esfomeado, descabelado e solitário, porque na sua opinião é isso que o Cristo pede: "Oh, deserto, sempre ornado

---

60 Ibid., Lettre V, t.I, p.35.
61 Ibid., p.31.
62 Ibid., p.33.

com flores do Cristo! Oh, solidão, na qual nascem as pedras com que se constrói, no Apocalipse, a cidade do grande rei! Oh, retiro admitido na íntima familiaridade de Deus! O que fazeis no século, irmão, vós que sois maior do que o mundo? Até quando quereis ficar à sombra das casas? Até quando quereis permanecer aprisionado nas cidades esfumaçadas? Acreditai em mim, a luz aqui tem qualquer coisa brilhante [...]. Temeis a pobreza? Mas o Cristo chama os pobres de bem-aventurados. Sentis desgosto pelo trabalho? Mas nenhum atleta recebe a coroa sem ter suado. Pensais no alimento? Mas a fé não tem medo da fome. Receais ferir na terra nua vossos membros já esgotados pelos jejuns? Mas o senhor aí repousa convosco. Uma cabeleira mal cuidada, uma cabeça suja vos horrorizam? Mas o Cristo é vosso chefe. A imensa extensão da solidão vos dá medo? Passeai nos céus em espírito. Todas as vezes que subirdes ao céu pelo pensamento, não estareis mais no deserto. Sem os banhos, a pele se torna áspera e enrugada; mas quem quer que tenha se lavado uma vez no Cristo não tem mais necessidade de lavar-se uma segunda vez".[63]

Todavia, mesmo em sua solidão, Jerônimo não pode deixar de polemizar com os monges sírios, o que ilustra os limites de seu eremitismo. De fato, ele nunca rompeu com o mundo e com seus debates teológicos; nunca um eremita recebeu e enviou tantas cartas: "Vou vos atormentar com tantas cartas que me pedireis para não mais escrever", diz ele a Juliano. A ponto de ser obrigado a escrever em letras bem pequenas para economizar o papiro e de os "carteiros" terem dificuldade em acompanhá-lo. "Direi: escrevi várias vezes; devo acusar a negligência dos entregadores?" Estranha solidão essa de Jerônimo, que está rodeado de escribas: "Tenho alunos para transcrever os livros"; e que dispõe de uma biblioteca considerável: não somente "sou rico em exemplares da Bíblia", escreve ele, mas reclama sem cessar novas obras.

Voltando para Roma em 382, ele conta sua experiência da "solidão" a quem quiser ouvi-lo. Numa carta a Eustóquio, uma virgem da alta sociedade, descreve os combates, sua ascese, sua luta heroica contra as tentações, em particular as tentações da carne, evocando os momentos em que, "queimando de desejo", ele imaginava moças se abandonando a danças lascivas. Confissão muito suspeita de um eremita a uma virgem à qual ele exorta à

---

63 Ibid., p.51.

castidade: "Oh, quantas vezes eu mesmo, retido no deserto, e nesta vasta solidão que, devorada pelos fogos do céu, só oferece aos monges uma morada terrível, eu acreditava assistir às delícias de Roma! Sentava-me sozinho porque minha alma estava cheia de amargura. Meus membros eram cobertos de um saco horrível, e meus traços queimados tinham a cor negra de um etíope. Eu chorava, gemia todo dia, e, se o sono me atormentava apesar de minha resistência, meu corpo descarnado batia contra a terra nua. Não digo nada de minha comida nem de minha bebida, pois, no deserto, os próprios doentes bebem água fria e consideram uma sensualidade comer alguma coisa cozida. Bem, eu, que por terror do inferno me tinha condenado a essa prisão habitada por escorpiões e animais ferozes, via-me transportado pela imaginação para o meio de danças das virgens romanas. Meu rosto era pálido, por causa dos jejuns, e meu corpo queimava de desejos; nesse corpo gelado, nessa carne morta de antemão, só o incêndio das paixões ainda renascia. Então, privado de todo socorro, lançava-me aos pés de Jesus Cristo, inundava-os de lágrimas, enxugava-os com meus cabelos, e domava minha carne indócil por jejuns de várias semanas".[64]

Jerônimo se dirige muito às mulheres durante essa estadia em Roma. Ele as encoraja a adotar o ideal monástico, a permanecer virgens, apresentando-lhes "os desgostos do casamento, as indisposições da gravidez, os gritos das crianças, os ciúmes inquietantes, as infidelidades de um esposo, o embaraço da casa e tantas coisas consideradas bens e que a morte nos rouba". Segundo Adalbert de Vogüé, Jerônimo não resiste à tentação de se pôr em cena, de se valorizar como modelo aos olhos das damas romanas, de maneira ambígua. Ele posa como verdadeiro asceta, um homem de experiência, endurecido, ao mesmo tempo viril e casto, natural e refinado. Intelectual, muito cultivado, ele se exprime com afetação, num estilo maneirista precioso, dirigindo-se por exemplo à "cara Eustóquio, minha soberana, pois devo chamar de minha soberana a esposa de meu mestre". Tradução: enquanto virgem, sois a esposa do Cristo, que é meu mestre, logo, sois minha amante. Estamos longe da imagem do velho solitário descabelado e descarnado meditando diante de uma caveira, tal como o representará a pintura da Contrarreforma: "Pode-se pensar que o homem de letras não resistiu ao prazer de escrever uma página

---

64 Ibid., Lettre XVIII, p.148-9.

OS PADRES DO DESERTO E AS MIRAGENS DA SOLIDÃO

patética, pela qual o diretor de damas romanas fornece ao público sua folha de serviço",[65] escreve Adalbert de Vogüé a propósito do relato que esse intelectual na moda apresenta aos círculos literários romanos sobre o que ele viu e viveu no Oriente.

Testemunho valioso também no sentido comum do termo. Lá, no Egito, escreve Jerônimo, vi três tipos de monges. Primeiro os cenobitas, os mais numerosos. Eles aliam solidão e vida em comum: "Habitam separadamente, mas em celas vizinhas umas às outras". São muito organizados, de maneira quase militar: "São distribuídos por decúrias e por centúrias, de modo que um decurião comanda nove monges, e um centurião tem sob suas ordens dez decuriões". Seguem um horário bem preciso, alternando momentos de prece solitária e ofícios em comum. À nona hora, reúnem-se em pequenos grupos para ouvir o sermão de um padre, durante o qual "se faz um silêncio tão profundo que ninguém ousa nem levantar os olhos, nem cuspir", nem soluçar: chora-se em silêncio. Silêncio igualmente durante a refeição, feita em comum: um pouco de folha, pão e sal. Mesmo quando se está sozinho, se é espionado o tempo todo, dia e noite: "À noite, quando não se reza em público, cada um fica vigilante, em privado, em seu quarto, alguns percorrem as celas e, de orelha em pé, examinam cuidadosamente o que os outros fazem".[66] Faz-se também trabalho manual, e o resultado é a cada mês entregue ao econômo. Jerônimo compara essa vida dos cenobitas à dos essênios.

Segunda categoria: os anacoretas, os verdadeiros solitários que, "saindo dos monastérios, só levam consigo, para o deserto, pão e sal". Eles se ligam a Antônio e a João Batista. Enfim, há os maus monges, os *remoboths*, "pessoas muito desregradas e desprezadas [...]. Habitam juntos, de dois em dois ou de três em três, raramente em maior número, vivendo na independência, ao sabor de seus desejos [...]. Com frequência surgem querelas entre eles, porque, vivendo à própria custa, não querem depender de ninguém. Têm o costume de disputar entre si a glória do jejum, e o que deveria ser uma coisa secreta se torna motivo de ostentação. Tudo é afetado entre eles; usam mangas largas, sapatos grandes, hábitos grosseiros; suspiram com frequência,

---

65 Vogüé, *Histoire littéraire du mouvement monastique dans l'Antiquité*, 3v. Paris: Éditions du Cerf, 1991. t.I, p.279.

66 São Jerônimo, op. cit., Lettre XVIII, t.I, p.227.

visitam as virgens, maldizem os clérigos e, nos dias de festa, comem até vomitar".[67] Somente em Nitria, diz Jerônimo, há mais de 5 mil monges.

Nas cartas que escreve às virgens, Jerônimo elogia algumas dentre elas que escolheram a solidão no meio da cidade de Roma, fazendo-se murar para cortar todo contato com a sociedade. Entre essas reclusas está Asella, que servirá de modelo para as reclusas da Idade Média: "Confinada nos limites estreitos de uma pequena cela, ela gozava da vasta extensão do paraíso. A terra nua lhe servia ao mesmo tempo de oratório e lugar de repouso. O jejum era seu prazer, e a fome, seu alimento [...]. Pão, sal e água fria, tais eram os alimentos que serviam mais para acirrar a fome do que apaziguá-la [...]. Conduzia-se sempre com tanta regularidade, e tinha tanto cuidado em se esconder no íntimo de sua cela, que nunca se a viu aparecer em público, falar com um homem, e o que há de mais maravilhoso é que, tendo uma irmã também virgem, contentava-se em apenas amá-la, privando-se do prazer de vê-la. Trabalhava com as mãos, sabendo que está escrito que 'aquele que não trabalha não come'. Entretinha-se com o esposo celeste pela oração ou pela salmodia. Ia visitar túmulos dos mártires, quase sem se deixar ver [...]. Viveu desse modo até os 50 anos, sem experimentar nenhuma dor de estômago nem das vísceras, sem que seus membros se crispassem por deitar-se sobre a terra nua, sem contrair, no saco cuja pele era rasgada, nenhuma sujeira, nenhum mau cheiro; com o corpo sempre sadio, o espírito mais vigoroso ainda, ela se deleitava com a solidão e sabia encontrar no meio de uma cidade ruidosa a calma dos monges do deserto".[68]

Isolamento relativo, portanto, já que Asella sai de sua cela para visitar túmulos de mártires. Durante esse tempo, Jerônimo se diz novamente tentado pela vida solitária. Evocando, em 384, numa carta a Praesidius, "as flores que ornam o deserto", enquanto a cidade é uma "prisão", exalta para o amigo os encantos da vida em cela, a sós com Jesus: "Terás uma cela em que só ficará você. Mas não, não estarás sozinho: a multidão de anjos ficará contigo. Tantos companheiros quanto santos. Lerás o Evangelho: Jesus conversará contigo. Repassarás apóstolos e profetas: poderás tu alguma vez ter melhor interlocutor?". Às vezes, ele assume até mesmo entonações

---

67 Ibid., p.223.
68 Ibid., Lettre XXI, t.I, p.265-9.

OS PADRES DO DESERTO E AS MIRAGENS DA SOLIDÃO

virgilianas para evocar uma solidão bucólica, para a qual convida a virgem Marcela: "Por que não aproveitar a primeira ocasião que se apresente para entrar na solidão, como numa espécie de porto? Lá, temos um pão grosseiro, legumes irrigados por nossas mãos, e leite, únicas delícias do campo; essas comidas são simples, mas inocentes. Com uma vida assim, o sono não interrompe nossas orações, nem o excesso de carnes interrompe nossas leituras. No verão, a sombra de uma árvore nos oferece um refúgio. No outono, um ar temperado, folhas caídas sob as árvores nos convidam ao repouso. Na primavera, o campo se enfeita de flores, e, no meio dos cantos dos pássaros, encontram-se mais encantos na salmodia. No inverno, quando vêm as neblinas e as neves, não precisamos comprar madeira, velamos e dormimos no calor. O que bem sei é que não gelamos como os miseráveis.

"Que Roma tenha, pois, seu tumulto, que ela se deleite com os furores da arena, com as loucuras do circo, com a pompa dos teatros. Que até os solitários da cidade vão todo dia ver os senados das matronas; quanto a nós, 'é nosso bem nos unir ao Senhor e colocar no Senhor Deus toda nossa esperança'."[69]

Isso se parece mais com um convite para a ilha de Citera do que uma incitação à ascese solitária. Enfim, Jerônimo parte novamente para o Oriente com duas mulheres, Paula e sua filha Eustáquia, em 385. Tendo se tornado abade do monastério de Belém, leva uma vida de estudos durante 35 anos, certamente mais próxima da imagem do humanista em seu gabinete, que será retratada por Dürer, do que a do eremita desgrenhado de Caravaggio. Nessa última fase, aliás, ele se distancia do eremitismo. Em seu comentário sobre o livro de Miqueias, *In Michaeam*, fustiga esses orgulhosos anacoretas, "que, por misantropia, cultivam a vida solitária, como este Tímon de Atenas com o qual entretiveram nossas leituras. Não que a vida solitária e profética de um Elias e de um João deva ser condenada, mas se o solitário que despreza os outros se infla de orgulho e habita a floresta dos vícios, sua vida merece ser corrigida com uma vara [...]. Aquele que é só e não realiza obras de justiça, que experimenta somente o prazer de estar tranquilo sem se aplicar à obra do Cristo e às suas fatigas, que não ganha seu pão com as próprias mãos, como o apóstolo ordena, e se deixa exaltar pelo orgulho, este habita na floresta e

---

69 Ibid., Lettre XLV, p.137.

conta entre as árvores sem frutos". Jerônimo exorta agora seus "irmãos que habitam longe do monastério" a voltar para lá pelo menos de vez em quando.

No entanto, ele os desaconselha a ir para a cidade: "se desejas ser o que chamamos de 'monge', ou seja, 'só', o que fazes nas cidades, que certamente não são a residência dos 'sós', mas das multidões?", pergunta ele a Paulino. E, se há uma cidade a ser evitada, esta é Jerusalém, com sua multidão cosmopolita: "É o cúmulo da tolice renunciar ao mundo, deixar sua pátria, abandonar as cidades, fazer profissão de monge, para ir viver no estrangeiro entre populações mais densas do que jamais veríeis ficando em seu país. O universo inteiro acorre para cá; a cidade está cheia de pessoas de todo tipo. Há uma multidão tão compacta de indivíduos dos dois sexos, que essa superlotação, da qual tu fugistes e era só parcial, serás aqui obrigado a suportar em totalidade".

JOÃO CASSIANO (350-432): DESERTO RESERVADO AOS PERFEITOS

Enquanto Jerônimo aproveita sua solidão estudiosa para redigir obras exegéticas, outro solitário se estabelece em Marselha e prodiga conselhos aos cenobitas e aos anacoretas: João Cassiano (350-432). Ele também fez uma longa estadia no Egito, onde, como Jerônimo, distinguiu três tipos de monges: dois bons, cenobitas e anacoretas, e um mau, os *sarabaítas*, que Jerônimo chamava de *remoboths*, dos quais ele faz mais ou menos a mesma descrição: "Fugindo da austeridade cenobítica, habitam em dois ou três por celas. Seu menor desejo é o de ser dominado pelos cuidados e pela autoridade de um abade. Ao contrário, sua principal questão é a de permanecerem livres do jugo dos antigos, a fim de conservar toda licença de realizar seus caprichos, sair, vagar onde quiserem, fazer o que lhes agrada".[70]

O principal interesse dos escritos de João Cassiano para nosso assunto é a comparação que ele estabelece entre cenobitas a anacoretas. Resulta dessa comparação que, para ele, o eremitismo verdadeiro é reservado a uma ínfima elite de superdotados da solidão, que devem de início dar prova de

---

70 Cassien, J. *Conférences*, Sources Chrétiennes, n.64, 1959, conferência 18, "Des trois espèces de moines", VII.

suas qualidades, submetendo-se a um treinamento longo e intensivo num monastério. Lançar-se na solidão não sendo suficientemente preparado é se dirigir para a catástrofe. Não é a solidão que torna alguém perfeito, mas é a perfeição que o torna capaz de suportar a solidão. Deve-se, pois, em primeiro lugar, se desembaraçar de todos os vícios. "Com efeito, todos os vícios que tivermos levado para o deserto sem tê-los corrigido, nós os sentiremos escondidos em nós, mas não suprimidos. Pois a solidão, do mesmo modo que pode desvelar uma contemplação perfeitamente pura aos que se emendaram, também conserva os vícios daqueles que se purificaram mal e permite até mesmo que eles se desenvolvam",[71] escreve ele por volta de 420-424 em suas *Instituições cenobíticas*. Assim, se nós não adquirimos no início a paciência perfeita, nós nos irritaremos com os pequenos problemas materiais com os quais nos confrontamos na solidão, praguejaremos e imprecaremos "contra um caniço muito grosso ou muito fino, contra um canivete cuja lâmina ficou sem corte, contra a pedra de sílex se, por azar, quando temos pressa de começar a ler, a chama demora a pegar".[72]

Se não aprendemos a suportar os outros no monastério, vamos nos tornar verdadeiros misantropos na solidão: "Longos silêncios tornam alguns tão insociáveis que eles sentem uma aversão absoluta pela sociedade dos homens. Se alguma visita os arranca, mesmo que por um instante, de seu retiro habitual, manifestam uma ansiedade sensível e dão sinais evidentes de pusilanimidade. Isso acontece particularmente aos que foram levados ao deserto por um desejo prematuro da vida solitária, antes que tenham sido bem formados nos monastérios cenobíticos e tenham se desembaraçado de seus antigos vícios. Eles permanecem sempre imperfeitos tanto num quanto noutro estado, sempre frágeis, inclinando-se para onde os empurra o menor sopro de suas emoções. A companhia dos irmãos e o desconforto que experimentam por isso fazem-nos ferver de impaciência. Se retomam a solidão, não podem suportar o silêncio sem limites que desejaram. O quê? Não sabem nem mesmo para que fim a solidão é desejável e deve ser buscada; mas imaginam que a virtude, o todo dessa profissão, consiste unicamente em evitar

---

71 Id., *Conférences*, Sources Chrétiennes, n. 54, 1959, "Institutions cénobitiques", VIII, 18.
72 Ibid., VIII, 19.

a companhia dos irmãos e fugir da vista dos humanos como de uma coisa execrável".[73] Se antes não adquiriu a humildade, "a vaidade não cessa de perseguir o monge, mesmo que ele se retire na solidão para escapar da frequentação dos outros homens. E ela se agarra tanto mais brutalmente a ele quanto mais ele se pôs separado do mundo. Ela tenta exaltar tal monge porque ele é muito resistente ao trabalho e à dor...".[74]

Paciência, calma, humildade, espírito de pobreza, pureza: todas essas qualidades devem ser adquiridas antes de se ir para o deserto, pois este está longe de ser deserto, como vimos. Sempre aparecem visitas, e, por não termos aprendido a nos dominar, nossos vícios vão se exacerbar. "Por exemplo, estamos na solidão. Um irmão chega de repente, ou fica um pouco. Ora, nosso espírito não o suporta sem agitação ou ansiedade: é sinal de que existe em nós um fogo muito vivaz de impaciência. Ao contrário, nós esperamos a visita de um irmão. Mas, por uma razão qualquer, ele se atrasa. E então uma indignação secreta brota em nosso coração para condenar esse atraso; nossa alma se perturba, numa espera inquieta e fora de propósito: nosso exame de consciência encontra aí uma prova de que o vício da cólera e da tristeza reside em nós. Alguém nos pede para ler um manuscrito ou para se servir de algum objeto que nos pertence. Seu pedido nos entristece ou nós o recusamos: não há dúvida de que estamos nas correntes da avareza. Um pensamento surge de repente, ou o curso da leitura sagrada nos faz lembrar de alguma mulher, e experimentamos a seu respeito alguma emoção da carne: saibamos que o fogo da impureza ainda não está extinto em nossos membros. Na comparação de nossa austeridade com o relaxamento de outro, uma suspeita de elevação aflora nossa alma: é certo que estamos infectados com o terrível flagelo da soberba."[75]

Há uma tentação em particular que pode ser fatal na solidão: a luxúria. Nas suas *Instituições cenobíticas*, João Cassiano afirmava, contudo, que "a calma e a solidão são muito úteis para combater essa doença particular". Mas na conferência 19, "Da finalidade do cenobita e do eremita", ele insiste na necessidade de um treinamento estrito contra esse vício particularmente

---

73 Id., *Conférences*, Sources Chrétiennes, n.64, conferência 19, "De la fin du cenobite et de celle de l'ermite", X.

74 Id., *Conférences*, Sources Chrétiennes, n.54, "Institutions cénobitiques", XI, 6.

75 Id., *Conférences*, Sources Chrétiennes, n.64, conferência 19, "De la fin du cénobite...", XI.

OS PADRES DO DESERTO E AS MIRAGENS DA SOLIDÃO

tenaz: não vos lanceis à solidão enquanto o pensamento de uma mulher nua não vos deixe indiferente; logo, treinai-vos a imaginar situações eróticas e testai vossas reações. O método não é um pouco arriscado? Objeta então um discípulo. Muito eficaz contra a cólera, a tristeza, a impaciência, "esse procedimento, na nossa opinião, seria bem nocivo para a castidade, não somente se se tratasse de exagerar em nós o aguilhão da paixão, mas também se a alma devesse, mesmo que fosse de passagem, dirigir seu olhar para essas coisas".[76]

Boa questão, responde João Cassiano, que reconhece que "às vezes, mesmo o pensamento sobre mulheres santas ou os relatos da Escritura Sagrada excitam o aguilhão do mau prazer". E é verdade que, além das imagens eróticas do Cântico dos cânticos, a Bíblia contém anedotas escabrosas, capazes de excitar a imaginação, de Loth violado por suas filhas a Susana cobiçada por velhos libidinosos. O perigo é tão grande que o corpo do solitário, enfraquecido pelos jejuns, tem ejaculação fácil, como sem dúvida tereis observado um dia ou outro ao acordar, prossegue João Cassiano: "acontece que, ao redobrar a abstinência, com o corpo lânguido e extenuado, somos pressionados pelos mais rudes ataques, até o ponto de nos encontrarmos, ao despertar, manchados pelo derramamento dos humores naturais, assim como pareceu segundo vossa própria confissão".[77] Deve-se, pois, avançar progressivamente, com método: começai com pensamentos eróticos amenos para chegar a cenas francamente pornográficas. Quando as imaginações mais lascivas não tiverem mais efeito sobre vós, estareis prontos para o deserto: "O solitário consumado, e somente este, se testará sobre esse vício assim como sobre os outros: aquele que tiver reconhecido que extirpou todas as raízes desse mal poderá, a fim de sondar sua castidade, conceber em espírito alguma imaginação sedutora. No entanto, isso não convirá de modo algum àqueles que ainda são fracos para tentar tal exame, por exemplo, representar-se longamente contatos femininos e carícias de algum modo ternas e voluptuosas. Isso lhes será mais nocivo do que útil. Quando, pois, alguém, perfeitamente fundado na virtude, não descobrir em si mesmo, diante da imagem que formou de toques de carícia mais sedutoras, nenhum

---

76 Ibid., XVI.
77 Ibid., conférence 22, "Des illusions de la nuit", II.

contentamento da alma, nenhuma emoção da carne, ele terá a prova certa de sua pureza".[78]

O método é surpreendente. A preparação para a solidão tem aspectos desconcertantes, e compreende-se que para João Cassiano somente uma pequena elite tenha sido capaz de afrontar o deserto: "Não foi, como dizem alguns, a pusilanimidade nem o vício da impaciência, mas o desejo de um progresso mais sublime e o gosto pela divina contemplação que os fizeram alcançar os segredos da solidão. [...] Eles desejam lutar contra os demônios com o rosto franco e olhos nos olhos. Vemo-los penetrar sem medo nos vastos recintos da solidão".[79] Esses dignos sucessores de João Batista e de Elias têm combates severos a serem erigidos contra o diabo: "Quando adquirem ao mesmo tempo a virtude da humildade e da nudez, e se purgam completamente de seus vícios, penetram, então, os profundos segredos do deserto para aí enfrentarem o demônio em terríveis combates". Raros são os que sabem "suportar, com igual grandeza de alma, o horror da solidão do deserto e a fraqueza de seus irmãos no monastério". Aquele que supera as provas, "livre do tumulto dos pensamentos e das paixões terrenas, afastado da luta confusa de todos os vícios", pode enfim "retirar-se com Deus sobre a alta montanha da solidão"... com a condição de que o deixem em paz.

Pois, continua Cassiano, hoje em dia há tantos eremitas, verdadeiros ou falsos, que não se pode mais nem mesmo estar sozinho no deserto. É por essa razão que ele mesmo renunciou a isso. Trinta anos cenobita, depois vinte anos anacoreta, esse tipo de vida o realizava plenamente "no segredo da solidão, a ponto de esquecer o comércio com os homens", mas ele acabou por abandoná-lo: "Enquanto o pequeno número daqueles que, permanecendo no deserto, nos deixou a liberdade de nos perder nas imensas solidões; tanto tempo quanto um retiro mais profundo nos possibilitou ficar encantados com frequência com esses celestes transportes; enquanto a multidão dos visitantes não veio nos sobrecarregar de cuidados e embaraços infinitos, pela necessidade de cumprir as obrigações de hospitalidade, eu abracei, com um desejo insaciável e com um ardor sem reserva, o segredo tranquilo da solidão e essa vida comparável à beatitude dos anjos.

---

78 Ibid., "De la fin du céobite...", V.

79 Cassien, J. *Conférences*, Sources Chrétiennes, n. 63, "Des trois espèces de moines", VI.

"Veio o dia, como eu já disse, em que os irmãos, em maior número, se puseram a ganhar o deserto. Suas solidões, antes tão vastas, ficaram, por assim dizer, diminuídas. Logo, não só o fogo da divina contemplação pareceu se extinguir, mas também a preocupação com as coisas materiais nos comprometeu com entraves inumeráveis. Foi então que preferi seguir o melhor que pudesse o ideal cenobita, em vez de definhar numa profissão tão sublime, por causa da preocupação constante com as necessidades da carne."[80]

A ACÍDIA, DEPRESSÃO DO SOLITÁRIO

Definitivamente, o cenobitismo é a melhor solução. Fica-se livre de preocupações materiais, sem medo do amanhã, e podemos nos consagrar totalmente à contemplação. Há todavia um último perigo, que espreita tanto o cenobita quanto o anacoreta: a acídia. Esse mal do solitário, que se aproxima do que hoje chamamos de depressão, é atribuído à ação do demônio, o demônio do meio-dia, que ataca entre as dez e as catorze horas. Esse "diabo meridiano", como também é chamado, procura desesperar o eremita, aproveitando-se de sua fraqueza física para inspirar nele o desgosto por sua condição. Evágrio Pôntico teria experimentado essa visita do demônio do meio-dia numa alucinação: "Três demônios vieram um dia a seu encontro sob a forma de ministros da Igreja, no meio do dia, no calor dessa hora, e se fantasiaram de tal modo que não se deixariam ser reconhecidos como demônios",[81] diz uma versão copta da *Vida de Evágrio*. Outros textos a descrevem com uma precisão clínica: "Na terceira hora, o demônio da acídia nos dá arrepios, dores de cabeça e até mesmo dores nas entranhas [...]. Quando ele está rezando, o demônio o mergulha no sono e lacera cada verso com bocejos intempestivos".[82]

No século V, São Nilo descreve assim as alucinações do solitário sujeito à acídia: "O doente obcecado pela acídia fixa os olhos na janela e sua imaginação lhe pinta um visitante fictício; um ranger da porta o faz saltar; um

---

80 Ibid., "De la fin du cénobite... ", V.
81 Citado por Forthomme, *De l'Acédie monastique à l'anxio-dépression. Histoire philosophique de la transformation d'un vice en pathologie*. Le Plessis-Robinson, Sanofi-Synthélabo, 2000, p.528.
82 *Apophtegmes* e *Scala Paradisi*, citado por Forthomme, op. cit., p.582.

barulho de voz e ele corre para olhar pela janela; mas, em vez de descer para a rua, ele volta a sentar-se em seu lugar, paralisado e como que tomado por estupor. Se ele lê, a inquietação o interrompe e logo cai no sono; esfrega as mãos no rosto, alonga os dedos e, deixando de lado seu livro, fixa os olhos na parede; voltando os olhos para o livro, percorre algumas linhas, balbuciando o final de cada palavra que lê; e, ao mesmo tempo, enche a cabeça de cálculos inúteis, conta as páginas e as folhas do caderno; e, ficando com raiva das letras e das belas miniaturas que tem diante dos olhos, acaba por fechar o livro e faz dele um apoio para a cabeça; cai então num sono breve e ligeiro, do qual vem uma sensação de privação e de fome imperiosa".[83]

Muitos outros testemunhos abordaram essa depressão do eremita e do cenobita, que é apresentada por Ausônio como "um Belerofonte triste, indigente, vivendo em regiões desertas, errante e taciturno [...], fora de si".[84] São Basílio, Gregório, o Grande, Teodulfo de Orléans evocaram essa "tristeza absolutamente irracional que alguns chamaram de acídia", mas é ainda João Cassiano quem ofereceu sua descrição mais precisa, numa página célebre das *Instituições cenobíticas*:

"Esse demônio, tão logo decide obcecar o espírito de algum infeliz, lhe inspira o horror pelo lugar em que se encontra, aversão por sua cela e desgosto pelos irmãos que vivem com ele e que agora lhe parecem negligentes e grosseiros. Faz com que pareça acima de suas forças toda atividade que se exerce entre as paredes da cela, impede-o de ficar lá em paz e de se aplicar à leitura. E eis o infeliz que se lamenta de não tirar nenhum proveito da vida monacal; com muitos suspiros, ele se queixa que seu espírito ficará estéril enquanto permanecer onde está; com um tom choroso, proclama-se inepto para assumir a menor atividade espiritual e aflige-se de ficar sempre no mesmo lugar, imóvel e sem força; ele, que poderia ser útil aos outros e guiá-los, não realizou nada nem ajudou ninguém. Finalmente, por volta da quinta ou sexta hora, sente-se completamente enfraquecido e furiosamente esfomeado, como se estivesse esgotado por uma longa viagem ou um duro labor, ou como se tivesse jejuado durante dois ou três dias. Volta então a cabeça para a direita e para a esquerda, entra e sai várias vezes da cela, fixando os

---

83 São Nilo. *De octo spiritibus malitiae*, cap.14.
84 Ausônio, *Épitre* 24, 69-72.

olhos no sol, como se pudesse retardar seu curso; por fim, uma confusão mental se abate sobre o insensato, tal como uma neblina que envolve a terra e o deixa inerte e como vazio.

"Se deixamos a tristeza se apossar pouco a pouco de nossa alma segundo circunstâncias diversas, então ela nos arranca a todo momento da contemplação divina e abala e deprime profundamente nosso espírito decaído do estado de pureza [...]. Ela impede também de ser pacífico e doce para com os irmãos, torna impaciente e áspero em todos os trabalhos e deveres religiosos. E, uma vez que o monge se torna incapaz de tomar uma decisão salutar e é privado da paz do coração, ela faz dele um louco, como um homem possuído pelo vinho, que ela abate e submerge num desespero doloroso."[85]

PARA UMA SOLIDÃO EM LIBERDADE VIGIADA: SÃO BENTO

Definitivamente, resulta deste exame que a época dos Padres do Deserto, mais vezes apresentada como a idade de ouro do eremitismo cristão, seja sobretudo marcada por uma reflexão negativa a respeito da solidão. Se todos os autores concordam em reconhecer que em si a fuga do mundo aproxima de Deus, eles admitem também que na prática o isolamento é ao mesmo tempo irrealizável e perigoso, em outras palavras, que o "deserto" é uma miragem. É por essa razão que eles se filiam a uma fórmula intermediária, que concilia solidão e vida ativa: o cenobitismo. Cada vez mais estruturada, essa forma de solidão controlada permite evitar os excessos dos loucos do deserto, preservar a unidade das crenças e assegurar a solidariedade fraternal. Essa organização, que vai deixar sua marca em toda a Idade Média cristã, recebe sua forma definitiva com São Bento. A vida e a obra desse personagem exprimem, aliás, fortes reservas com relação à vida solitária.

Nascido por volta de 480 numa família nobre da província de Núrsia, ele escolhe de início o eremitismo. Durante três anos vive numa gruta da região retirada de Subiaco, a uns sessenta quilômetros de Roma. Lá, conhece a sorte habitual dos eremitas, submetidos a fortes tentações que o deixam a ponto de fazê-lo renunciar à solidão. Inevitavelmente, o demônio do sexo tortura-o,

---

85 Cassien, J. *Conférences*, Sources Chrétiennes, n. 54, "Institutions cénobitiques", X, p.371.

como conta seu biógrafo Gregório, o Grande: ele sofre "uma tão violenta tentação da carne que o santo homem nunca tinha experimentado. O maligno repõe sob os olhos de sua alma uma mulher que ele tinha visto outrora; sua beleza inflamou de tal fogo a alma do servo de Deus que, mal essa chama de amor se acendeu em seu peito, ele já pensava em deixar o deserto, vencido pelo desejo".[86] Ele vai sucumbir? Não, é claro. Mas, pela declaração de Gregório, ele deve sua salvação não à prece, mas a um espinheiro, no qual se joga inteiramente nu: "Ele rolou durante muito tempo sobre os espinhos, saiu de lá ferido por todo o corpo; mas pelas feridas de sua carne ele rejeitou a infecção que atacava sua alma. Transformando seu desejo em dor, tomando sobre si a dor do fogo exterior, extinguiu o fogo proibido que o queimava no interior e saiu vitorioso do pecado porque mudou de incêndio". Remédio radical contra o desejo erótico, é certo, mas o método é mais físico do que espiritual. O alerta foi quente, e Bento se lembrará desse perigo ao evocar os riscos da vida solitária.

Segundo o esquema habitual, sua reputação atrai admiradores que o persuadem a vir reformar um monastério vizinho. Experiência infeliz. Então, "ele retornou à solidão, e sua santidade começou a florescer, se ouso dizer, em virtudes e em milagres, atraindo muitos companheiros a seu encontro para servir com ele a Deus Todo-Poderoso". Era necessário, então, organizar a vida desses solitários, para os quais ele redige a famosa *Regra*, documento de base do movimento monástico ocidental.

Desde o prólogo, ele regula as coisas: a vida eremítica, a solidão estrita dos anacoretas, é um ideal que está praticamente fora do alcance do monge comum. É certo que não está excluído, já que a vida cenobítica pode mesmo ser considerada uma preparação para a vida eremítica, mas o treinamento é de tal modo longo e exigente que poucos podem considerar que atingirão um dia o estado de perfeição requerido. Bento evoca o estado "dos anacoretas, ou seja, dos eremitas, dos que não são levados pelo fervor noviço de sua mudança de vida, mas pela longa provação de um monastério, que aprenderam com a ajuda de uma comunidade a combater o diabo. Bem preparados nas fileiras fraternais para o combate singular do deserto, doravante serão bastante fortes sem o apoio de outrem, e são suficientes, com a ajuda de

---

86 Gregório, o Grande, *Vie de Saint Benoît*, II, p.56.

OS PADRES DO DESERTO E AS MIRAGENS DA SOLIDÃO

Deus, para combater com sua própria mão e seu braço os vícios da carne e dos pensamentos".[87] Após essa breve evocação, Bento não voltará mais ao assunto do eremitismo, a não ser para fustigar os maus anacoretas, que são os sarabaítas e os giróvagos, esses marginais que se lançaram na solidão sem se preparar. Os sarabaítas "permanecem fiéis ao mundo e mentem publicamente a Deus pela tonsura. Em dois ou em três, ou mesmo solitários, sem pastor, confinam-se não nos redis do Senhor, mas em seu próprio redil; a lei para eles é o atrativo do desejo. Tudo o que pensam ou preferem, dizem que é santo, e o que não lhes agrada consideram proibido". Quanto aos giróvagos, "durante a vida se hospedam de província em província, três ou quatro dias em cada monastério. Sempre errantes, nunca estáveis, escravos de suas próprias vontades e da boca, em tudo são piores do que os sarabaítas. É melhor se calar do que falar de sua vida miserável".[88]

Essas observações provam duas coisas: de um lado, há no Ocidente, no século VI, certo número de eremitas errantes que utilizam a solidão como pretexto piedoso para viver como parasitas, e, de outro lado, São Bento é muito reticente, para não dizer hostil, com a prática do eremitismo. Sua regra insiste nos aspectos comunitários da vida monástica. A solidão só aparece de modo negativo; é uma sanção, uma punição: o monge que comete uma falta grave é excomungado, excluído do oratório e da mesa comum.[89] A solidão é para o cenobita uma punição; para o eremita, um perigo. A virtude da obediência é superior à do livre ascetismo. A verdadeira solidão, a solidão virtuosa, que se faz notar no monastério pelo silêncio, é a solidão interior, quando se "habita consigo mesmo", como Bento sabia fazer, escreve Gregório, o Grande: "O venerável Bento habitou consigo mesmo, pois se protegeu no interior das barreiras que impunha ao desenrolar de seus pensamentos: certamente, cada vez que o fogo da contemplação o elevava ao céu, ele se deixou a si sob si mesmo".

Com a regra beneditina, o ideal cristão da Idade Média é o de uma solidão em liberdade vigiada.

---

87 *Règle de Saint Benoît*, I, 3-5.
88 Ibid., I, 7-12.
89 Ibid., XLIV.

– 3 –

EXCLUÍDOS, RECLUSOS E EREMITAS MEDIEVAIS: UMA SOLIDÃO SOB VIGILÂNCIA

A Idade Média não ama a solidão. Esta assusta. A sociedade se compõe de uma rede cerrada de solidariedades, nas quais os laços de homem a homem ao mesmo tempo aprisionam e tranquilizam os indivíduos, que não têm existência autônoma. Cada um se define por seu pertencimento a um ou vários grupos: família, paróquia, confraria, senhoria, vassalagem, corporação, ordem religiosa, clero secular, associação de caridade, colégio, universidade. A comunidade tem primazia. Num meio ameaçador, estar sozinho é estar condenado às trevas exteriores, sentir-se excluído e destinado à morte. O solitário é o fora da lei que qualquer um pode abater, é um ser próximo da condição animal, um marginal sempre inquietante, pastor, carvoeiro, lenhador, feiticeiro, vagabundo. A solidão é um castigo, uma exclusão. Para sobreviver num mundo hostil, numa natureza opressora, os homens se juntam uns aos outros, na igreja, no castelo, no recinto urbano, no monastério. Fora, há a floresta, a charneca, os lobos, os ursos e os javalis.

É também por essa razão que se é fascinado por aqueles que escolhem deliberadamente essa solidão, eremitas e reclusos, aos quais se atribui poderes miraculosos, sendo o primeiro desses milagres o de ter coragem e força para sobreviver fora do grupo. O homem medieval experimenta um complexo sentimento de atração-repulsão para com esses seres estranhos que são os solitários, que tanto podem ser homens de Deus quanto agentes do diabo. Para as autoridades civis e religiosas que dirigem essa sociedade piramidal e hierarquizada, o solitário é *a priori* suspeito, porque é independente. O homem só, ou a mulher só, está entregue à sua própria natureza, corrompida pelo pecado original e inclinada ao erro e ao mal; é por isso que o indivíduo deve ser incorporado a um grupo e guiado por responsáveis que possuem o saber, a cultura, inspirados pelo espírito divino para manter o rebanho no caminho reto. A ovelha solitária é a ovelha perdida, que é preciso vigiar estritamente ou reintegrar, pela força, ao rebanho.

OS EXCLUÍDOS: SOLITÁRIOS OU SOLIDÁRIOS?

Entretanto, há muitos solitários na Idade Média, na maioria das vezes involuntários, pois todos os agrupamentos solidários são ao mesmo tempo máquinas impiedosas de exclusão. A começar pela Igreja, que excomunga um número considerável de fiéis. A excomunhão, ou "separação da comunhão dos fiéis", num mundo unanimemente cristão, é o ato de exclusão por excelência. A sanção, cujo uso é reservado ao bispo, aparece no século V. Regulamentada pelos concílios locais, como o de Orange em 441, ela visa faltas muito variadas, como uniões incestuosas, casamento com um judeu ou uma judia, desrespeito ao direito de asilo, casamento de divorciados, idolatria, abandono do estado de penitente, ataque aos bens da Igreja.

O excomungado é verdadeiramente rejeitado pela comunidade dos vivos, e também pela dos mortos, pois não tem direito à sepultura sagrada, em razão do anátema que acompanha quase sempre a excomunhão, segundo a fórmula estabelecida pelo concílio de Paris em 567: "Que ele seja no presente estrangeiro à comunidade da Igreja Católica e que o anátema lhe seja imputado pela eternidade". A sentença é dada na ocasião de uma cerimônia teatral destinada a impressionar as imaginações, numa igreja forrada de preto. A lista dos excomungados da paróquia é afixada na porta da igreja, e é lida todo domingo, pelo pároco, durante a missa, após ele ter posto no chão o Evangelho e a cruz e os coberto com um lençol preto, e depois de ter apagado as velas em sinal de maldição. O excomungado é teoricamente um pária: não só não tem mais direito aos sacramentos como também deve-se evitá-lo, não ter com ele contatos, conversas, transações. Sua solidão deve ser extrema e tornar sua vida tão difícil que ele seja levado a reconhecer seus erros e a reivindicar sua reintegração. A solidão imposta é claramente concebida como uma sanção.

Todavia, na prática, essa arma se enfraquece bem rápido. Utilizada abusivamente, ela perde seu efeito dissuasivo. Desde o século VI, os concílios advertem que se deve usá-la com discernimento. Trabalho perdido. O resultado é que toda paróquia tem logo um tal contingente de excomungados que nem se presta mais atenção à proibição de se comunicar com eles. No fim da Idade Média o bispo de Angers fala de listas de cem a quatrocentos nomes por paróquia; o registro dos excomungados da paróquia de Montivilliers, na região de Caux, entre 1498 e 1528, conta com 270 fólios; somente no ano de 1520 inscrevem-se 65 nomes na paróquia de Saint Agricol de Avignon e, em 1570, a de Morteau, em Franche-Comté, tem uma lista de 580 pessoas. Nessas condições, os excomungados não se sentem mais isolados de modo algum e não se preocupam em obter perdão. Na diocese de Tréguier, o bispo constata em 1435 que os excomungados continuam a assistir à missa e não procuram a absolvição, "o que não aconteceria se eles tivessem sido denunciados em público e inscritos nos registros dos reitores", dizem os estatutos sinodais.[1] Em cada paróquia dessa pequena diocese baixo-bretã, os excomungados vivem durante anos de modo absolutamente normal.

Outra categoria de excluídos por sentença judiciária: os prisioneiros, confinados nas prisões senhoriais ou reais. Lá, o isolamento pode ser terrível: pense-se nas masmorras, "calabouços" e outras celas subterrâneas com as quais se deleitam as visitas guiadas nos castelos medievais. Os prisioneiros apodrecem nelas durante anos, no escuro, na imundície e na solidão absoluta. Os casos, contudo, são raros. As prisões medievais não são superlotadas, a justiça prefere penas mais expeditivas, mais espetaculares e menos

---

1 Minois, *Le Diocèse de Tréguier au XVᵉ siècle*. Rennes II, p.449 (mimeo).

custosas: mutilações, marcas com ferro em brasa, exposição no pelourinho, fogueira, forca, decapitação, esquartejamento, desmembramento. De trinta pessoas julgadas por roubo na jurisdição parisiense de Santa Genoveva entre 1263 e 1307, 22 são enforcadas, as outras expostas e mutiladas. Sobre 84 sentenças pronunciadas pelo Châtelet de Paris entre 1389 e 1392, contam-se 51 enforcamentos, treze arrastados por uma carroça e depois enforcados, dois arrastados e depois decapitados, quatro execuções pelo fogo, três condenações a ser enterrado vivo, oito condenações a ter as orelhas cortadas e ser exposto no pelourinho, e três banidos para serem enforcados em outro lugar. Ou seja: 80% de condenações à morte, nenhuma pena de prisão.[2]

Jacques le Goff qualificou a sociedade medieval como "grande produtora de marginais", e para Hervé Martin "as multidões de excluídos que a rodeiam e assediam constituem o avesso da estabilização das estruturas feudais e cristãs". Quanto mais uma sociedade é organizada, segundo uma ordem ideal e teórica rígida, mais ela produz excluídos: todos os que não entram no quadro estreito da normalidade. Leprosos, vagabundos, *"aubains"*, ou seja, pessoas vindas de fora, heréticos, homossexuais e desviantes de todo tipo. No imaginário medieval, esses excluídos estão associados à ideia de solidão, já que escapam dos laços normais e lícitos entre os indivíduos. Solidão e anormalidade andam, pois, juntos. O caso dos loucos é representativo: considerados possuídos, diabólicos ou, ao contrário, protegidos de Deus, são sempre reputados sós, fechado em seu espírito. O louco, quer seja vítima do mal dos ardentes, de histeria, ou simplesmente epilético, é um associal. "Tudo, em seu comportamento, traduz a ruptura com o mundo, a quebra dos laços sociais e familiares. O louco vagueia, atingido de amnésia, instável, ávido de solidão, atraído pelos espaços selvagens da floresta", escreve Hervé Martin;[3] "foram relegados para os cantos, embaixo das escadas, nas cabanas isoladas, nos estábulos, em companhia dos animais".

Pois os animais são outra imagem da solidão, sobretudo os animais selvagens. Enquanto os animais domésticos e os de criação são socializados, e representam o instinto gregário, os selvagens são solitários e perigosos. O urso representa o paganismo desde as campanhas de cristianização nos

---

2 Geremeck, *Les Marginaux parisiens aux XIVe et XVe siècles*, p.66.
3 Martin, *Mentalités médiévales, XIe-XVe siècles*, p.432.

EXCLUÍDOS, RECLUSOS E EREMITAS MEDIEVAIS

primeiros séculos de nossa era. Sob Carlos Magno, eles foram eliminados aos milhares. Na *Canção de Rolando*, ainda no século XI, o traidor Ganelon é comparado a um urso. Quanto aos banidos e os fora da lei solitários, são assimilados aos lobos. Para o jurista Henri Bracton, no século XIII, o proscrito tem uma cabeça de lobo e qualquer um pode matá-lo.[4] Na mesma época, Gervais de Tilbury, em seu *Livro das maravilhas*, conta que um cavaleiro que tinha sido destituído de sua herança, Raimbaud de Pouget, em Auvergne, forçado a vagar solitário, tinha se tornado um lobo: "Tendo se tornado errante e vagabundo no país, assombrava caminhos vazios e moitas, solitário como um animal selvagem. Uma noite, sob o efeito de um terror excessivo que provocou uma alteração em seu espírito, ele se transformou em lobo. Foi tal o flagelo na região que muitas cabanas de camponeses ficaram desertas: sob sua forma de lobo, ele devorava as criancinhas e despedaçava os adultos com mordidas selvagens".[5]

Nem sempre o solitário é perigoso. Ele pode também ser objeto de curiosidade ou de zombaria. Na Itália, em Urbino, por volta de 1300, um certo Pilingotto, simples de espírito, que se apresenta na catedral com uma corda no pescoço, caindo de êxtase diante do altar da Virgem, exprime sua vontade de tornar-se eremita; sua família enclausura-o em casa, de onde ele escapa para vir se acorrentar no pelourinho; acabam por fazê-lo entrar na Ordem Terceira dos Franciscanos.[6] Do mesmo modo, Pier Pettinaio de Siena (morto em 1289) e Rigo de Bolzano (morto em 1315) são leigos piedosos que buscam a vida solitária, o que os faz serem considerados o que de fato são, simplórios inadaptados à vida em sociedade. Permitem que eles vaguem pelos arredores da cidade e que se entreguem a seus êxtases e austeridades em praça pública, contanto que isso não perturbe a boa ordem da cidade.[7]

Assim, constata-se que os excluídos da sociedade são pouco confrontados com a solidão. Ou são executados, ou sua exclusão permanece letra morta, ou ainda os excluídos são bastante numerosos para refazer entre eles solidariedades, agrupamentos mais ou menos estruturados, oficiais, legais

---

4 Zaremska, op. cit.
5 Tilbury, *Le Livre des merveilles*, p.138.
6 Webb, op. cit., p.124.
7 Id., *Saints and Cities in Medieval Italy*. Manchester: Manchester University Press, 2006. p.193-241, 246-256.

ou ilegais. Consideremos o exemplo dos peregrinos. Quer se trate de uma peregrinação penitencial, quer seja o cumprimento de uma promessa, o peregrino poderia figurar como a própria encarnação da solidão. Caminhando durante dias através de bosques, florestas, charnecas, campos, sem encontrar uma alma viva por distâncias consideráveis, sozinho com seus pensamentos, suas esperanças e seus medos. Na realidade, mesmo à margem de personagens de qualidade, que viajam sempre acompanhados, o peregrino, embora isolado fisicamente, está ligado ao resto da sociedade por muitos laços. Ele pertence a uma comunidade unida e perfeitamente integrada ao mundo ao redor. Ele usa até mesmo uma espécie de uniforme: a concha, uma medalha, uma cruz de feltro amarelo, uma sacola, um bastão. É facilmente reconhecido, é acolhido e alojado em estalagens e monastérios ao longo de todo o percurso, que é descrito nos guias, como o *Guia do peregrino de São Tiago*, redigido por volta de 1139. A partir do século XIII, a peregrinação de Compostela torna-se uma espécie de operação oficial, com entrega de certificados e salvo-condutos; os peregrinos se agrupam em associações e confrarias: a de São Tiago, em Paris, compreende mais de mil membros no século XIV e organiza procissões, missas e banquetes. A viagem é preparada, controlada, enquadrada: o peregrino fica em solidão vigiada.[8]

E quanto aos marginais, desclassificados e rejeitados por todas as ordens, os do mundo subterrâneo sobre o qual chamou a atenção o estudo pioneiro de Bronislav Geremek, seguido por muitos outros?[9] Para Geremek, que estudou mais particularmente o caso parisiense, a desconfiança com relação à solidão é tal que o burguês nem mesmo imagina que os delinquentes possam ser isolados. Suspeita-se logo que eles estão organizados em bandos, são "bandidos". No fim da Idade Média, a repressão contra os errantes e vagabundos aumenta; são acusados de formar uma contrassociedade, misturando escroques, falsos enfermos, mendigos, ladrões de todo tipo, num amálgama que revela o medo e a recusa de crer na probabilidade de uma existência solitária dos malfeitores: "A autoridade urbana não tolerava o indivíduo isolado, 'em dois errantes já via vagabundos organizados e temíveis'

---

8 Sigal, *Les Marcheurs de Dieu*; Bottineau, *Les Chemins de Saint-Jacques*.
9 Geremeck, op. cit. Ver a bibliografia concernente ao mundo dos marginais na Idade Média em *La ville médiévale*, t.II. In: Duby, G. (Org.). *Histoire de la France urbaine*. Paris: Seuil, 1980.

(R. Muchembled). É por isso que ela multiplica investigações, 'espelhos', léxicos e inventários, elabora um arsenal de medidas coercitivas".[10]

Todo esse mundo paralelo, todas essas solidões clandestinas, delinquentes ou simplesmente miseráveis têm seu lugar de encontro e de sociabilidade: a taberna, onde os clientes encontram uma família substituta. Em Paris, contam-se perto de duzentos no século XV, das quais uma centena na margem esquerda.[11] Aí se constitui, diz Geremek, "uma microssociedade que pode ser feita de bêbados, ou que pode agrupar os que fogem de sua própria casa, mas que é, sobretudo para os sem-teto, ocasião de reencontros no fim do dia. Estamos aqui no centro da vida deles. É onde desemboca o resultado de uma busca ou o butim de rapinas, onde se reúnem companheiros e malfeitores, clérigos e prostitutas, é onde se atam relações criminosas e se tramam projetos de ação comum".[12]

A taberna é o refúgio do solitário marginal, que ali foge da solidão. É um lugar de sociabilidade informal. Mas há também uma rede de laços mais oficiais, pois tudo é feito para agrupar e enquadrar os indivíduos em associações, a fim de evitar que eles se "bandeiem" para fora dos quadros legais. Não se concebe que eles possam viver isolados: confrarias ou abadias de juventude, confrarias piedosas, de devoção, profissionais, políticas, corteses, teatrais, caridosas. Nas escolas, o internato é encorajado, em colégios de organização estrita, a fim de enquadrar o mundo turbulento dos estudantes. Na medida do possível, as prostitutas são igualmente agrupadas numa "casa comunitária". Os leprosos são ao mesmo tempo separados do resto da sociedade e agrupados em estabelecimentos onde mantêm sua própria rede social. Judeus e lombardos sofrem a mesma segregação, que só contribui para reforçar sua coesão e sua solidariedade. Não há meio mais eficaz contra o individualismo e a solidão do que a perseguição e a estigmatização sistemática de um grupo. Nada é mais estranho ao habitante de um gueto do que o sentimento de solidão: solidariedade, senso de comunidade aí se desenvolvem ao máximo. Assim, mesmo os fenômenos de exclusão agem contra a solidão na Idade Média. O judeu, muitas vezes perseguido na cidade

---

10 Rossiaud, em *La Ville médiévale*, op. cit., p.542.
11 Champion, Liste des tavernes de Paris d'après les documents du XV⁵ siècle. *Bulletin de la Société d'Histoire de Paris*, t.39, 1912.
12 Geremeck, op. cit., p.334.

medieval, nunca o é a título individual, mas como membro de uma comunidade religiosa. A observação é válida para todos os marginais, considerados elementos de grupos solidários.

Entre as numerosas instituições destinadas a combater o isolamento e desenvolver a entreajuda, as confrarias ocupam um lugar essencial. Seus estatutos especificam em geral os fins de convívio e solidariedade buscados. Assim, os da confraria São Nicolai de Guérande, em 1350: "Todos os irmãos da dita confraria são e devem, por fé e por juramento, levar uns para os outros fé e lealdade, ter mutuamente bom semblante e dar sinal de conhecimento em todos os lugares sem pensarem fazer contra o outro desgosto ou dano, nem ser um contra o outro num processo ou de outro modo".[13] As confrarias organizam uma entreajuda material, moral e espiritual entre os membros. Elas podem certamente aparecer como grupos fechados, fator de comunitarismo exclusivista, reservados a uma elite em condições de pagar direitos de entrada, como assinala P. Adam: "Uma boa parte das confrarias se preocupa pouco com as pessoas que não fazem parte da associação; sua afeição, sua ajuda financeira e moral são apenas para seus irmãos; na maioria das vezes, as confrarias são sociedades fechadas, de horizonte limitado por simpatias, aspirações e às vezes preconceitos da associação de que fazem parte".[14] A confraria teria então um papel ambivalente, favorecendo de um lado a sociabilidade e, de outro, a exclusão, logo, o isolamento. Mas, além do fato de que os "excluídos" fazem parte de outras redes de sociabilidade, muitas confrarias preveem abrir-se para pessoas de fora. Por exemplo, a de São Paulo, em Paris, acolhe quinze pobres à sua mesa, onde são os primeiros a serem servidos.

Os pobres: é nessa categoria que se arrisca encontrar o maior número de pessoas sós e abandonadas à sua sorte, pois os hospitais e os hospícios estão longe de poder acolher todos os miseráveis da cidade e do campo. A solidão sofrida pelo pobre cresce a partir do século XIII, no momento em que a atitude global a seu respeito se transforma: de imagens do Cristo e figurantes da caridade cristã, eles se tornam perigosos parasitas, preguiçosos, ladrões, miseráveis, patifes, orelhas cortadas, malfeitores, membros

---

13 Citado por Adam, *La Vie paroissiale en France au XIVe siècle*, p.51.
14 Ibid., p.66.

de bando, crocodilos, escroques, que "vão mendigando e pedindo esmolas pelo dito país e estão ligados pelas cidades e pelos campos a grandes companhias".[15] Em todos os reinos, a repressão se abate no século XIV: o Parlamento inglês proíbe em 1349 que se dê esmolas aos mendigos; em 1351, João, o Bom, ordena que sejam expulsos de Paris; em 1388, o rei da Inglaterra manda prender os errantes; o rei de Castilha manda cortarem suas orelhas em 1400. A despeito de Francisco de Assis e de seus êmulos, não se fala mais da "eminente dignidade dos pobres".

A SOLIDARIEDADE FAMILIAR: UM MITO?

Entre eles, os mais vulneráveis são também os mais isolados: celibatários, viúvos e viúvas vivendo sós. E aqui se põe a questão muito debatida da solidariedade familiar. Para alguns historiadores, a prática da família alargada, agrupando várias gerações, permitiu limitar o número de indivíduos isolados. Citam-se as comunidades "tácitas" ou *taisibles* do norte da França, os contratos de *Affrairamentum*, as *"frairies"* do sul, as *"freresches"* de Poitou, as *unitas, agermament, hermandad, hermanaciento* da Espanha, as *faides* nos Países Baixos, e seus equivalentes no Valais, no Jura, na Suíça, os Cotswolds, os clãs familiares de Florença e de Gênova, destinados a formar um *casato* mais poderoso e praticando a entreajuda: "Nós todos juramos, agora, nos ajudar como fazem e devem fazer aqueles que são unidos verdadeiramente por um só sangue",[16] diz o ato de fundação de um *consorzio* florentino de 1380. A crer nessas fontes, os velhos pais – viúvos, viúvas, ou em casal – são espontaneamente acolhidos pelos filhos, o que evita sua solidão. Certos casos localizados parecem confirmar esse modelo, como a famosa vila de Montaillou por volta de 1300. Nessa localidade, ao pé dos Pirineus, quase ninguém vive sozinho. Lá se encontram, escreve Emmanuel Le Roy Ladurie, "casais 'nucleares' com filhos; casais encarregados de várias crianças e de um ascendente (avô viúvo ou, com maior frequência, avó viúva); fratrias mais

---

15 Texto angevino citado por Martin, *Mentalités médiévales*, op. cit., p.435. Sobre a pobreza na Idade Média, a obra de referência permanece sendo a de Mollat, *Les Pauvres au Moyen Âge*.
16 Heers, *L'Occident aux XIVᵉ et XVᵉ siècles. Aspects économiques et sociaux*.

de uma vez acompanhadas de uma velha mãe e, às vezes, de dois ascendentes, nas quais só um dos irmãos corresidentes é casado (os outros irmãos e irmãs, mesmo adultos, permanecem celibatários durante o tempo, que é limitado, em que vivem em corresidência)".[17] O que ameaça aqui não é a solidão, mas antes a promiscuidade: pais, filhos, netos, pastores, serviçais, que podem também servir de concubinas, irmãos, irmãs habitam todos sob o mesmo teto. Assim é para a família Maurs: um casal, duas crianças, uma ascendente viúva, dois empregados. Uma circulação constante de nascimentos e mortes assegura a renovação do grupo, em que ninguém fica sozinho. Por exemplo, os Vidal: "No ponto de partida é o sistema nuclear: os pais Vidal e seus filhos corresidem normalmente; depois, com a morte do pai da família, temos um 'núcleo truncado'; ele torna-se rapidamente uma fratria pelo relativo apagamento da ascendente que sobreviveu: em outros termos, o pai Vidal morre; sua mulher, Guillemette, assume logo o papel de viúva – matriarca, respeitada; ela é meio retirada (no quarto que lhe foi reservado para isso); mas guarda um olho na casa; um de seus filhos ascende ao posto de 'chefe'. Em seguida a família é novamente 'alargada' (moderadamente): um dos irmãos Vidal, Bernard, se casa; o novo casal correside algum tempo com os outros irmãos e com a velha mãe, sempre presente".[18]

Assim, quase ninguém vive só em Montaillon. Exceção: Brune Pourcel, bastarda, ex-serviçal, casada, depois viúva sem filhos, habita numa pobre cabana e, como é muito supersticiosa, tem mais ou menos uma reputação de feiticeira. O caso é revelador: viver sozinho em si já é suspeito, a menos que seja um eremita reconhecido. A solidão leiga tem má reputação. Viver só, afastado, supõe que se tem alguma coisa a esconder ou que se tem poderes extraordinários, logo, diabólicos. É preciso ser louco, feiticeiro ou feiticeira para viver solitário.

Após as devastações da fome de 1315-1320 e da peste negra de 1348-1349, e de suas recorrências, o número de pessoas isoladas, contudo, aumentou consideravelmente. Na Bretanha, os registros de reformação dos lares do bispado de Tréguier, de 1427, mencionam 66 viúvas vivendo sozinhas, em 28 paróquias, assim como vários homens, como Guillaume Le Roux, "pobre

---

17 Ladurie, *Montaillu, village occitan de 1294 à 1324*, p.80.
18 Ibid., p.81.

EXCLUÍDOS, RECLUSOS E EREMITAS MEDIEVAIS 95

miserável que, embora seja pedreiro, mora numa caverna sob a terra", "Alain Quiener, pobre ancião doentio, fraco, que vive em grande pobreza e miséria", "Eon le Duyou, pobre miserável furioso que não para em lugar nenhum e anda pela região", "Jehan Daniel, pobre costureiro, corcunda, disforme, doente de uma perna e que não tem um centavo que seja", "Jehan Pratezen, antiga e miserável pessoa não casada e que quase perdeu a visão e se tornou mendigo", e tantos outros.[19] Em Navarra, o estudo notável de Maurice Berthe assinalou o elevado número de lares de *mugeres*, mantidos por uma só pessoa depois da peste: 36% do total em 1352, ou seja, 323 entre 908. Esses lares compreendem "todas as mulheres providas, contra a vontade delas, de posse de terras; velhas miseráveis primeiro, únicas sobreviventes de famílias totalmente aniquiladas pela mortalidade, mulheres celibatárias de todas as idades, principalmente moças em idade de se casar e responsáveis, após a morte dos pais, por irmãos e irmãs mais jovens do que elas. No fim das contas, contam-se entre as *mugeres*, em lares que tinham simplesmente perdido o pai, todos os que sobraram das famílias que tinham permanecido na vila, ou voltado a ela, após as crises de mortalidade e que continuavam a explorar suas terras ou pelo menos a ocupar a casa da família. Grupo muito heterogêneo, já que reunia ao mesmo tempo as mães de família em boa forma e capazes de prover as necessidades vitais dos filhos, mulheres idosas ou crianças pequenas que precisavam de assistência. Acontecia também que se classificavam entre as *mugeres*, mas mais raramente, lares de homens inválidos ou enfermos, idosos impotentes sós ou com suas mulheres, em suma, todos os infelizes reduzidos à inatividade por alguma incapacidade física ou mental, paralíticos, cegos, idiotas e loucos".[20]

Constata-se ainda, nesses campos navarrenses, que em razão da grande mortalidade a vida de casal era de curta duração e os períodos de solidão, consequentemente, eram frequentes e mais longos, pois "não era fácil se casar de novo e isso explica por que a taxa dos lares de *mugeres* sempre tenha permanecido anormalmente elevada. As fontes deixam entrever várias razões da dificuldade em encontrar um marido. Primeiro a superabundância de mulheres no mercado matrimonial [...]. A estrutura do *habitat* navarrense

---

19 Minois, *Le Diocèse de Tréguier au XV⁰ siècle*, op. cit., p.215-7.
20 Berthe, *Famines et épidémies dans les campagnes navarraises à la fin du Moyen Âge*, t.I, p.145.

era outro entrave. A pequenez das comunidades das vilas tornava particularmente penoso o ajuste dos lares e a formação de novos casais a partir dos fragmentos antigos. Para se casar de novo era preciso procurar fora da vila, às vezes longe dela. Por isso o estado de *muger*, que para alguns lares era apenas provisório, [...] foi, para outros, definitivo. Pensa-se aqui nos lares de mulheres idosas ou viúvas em idade madura, quando algum dos filhos não se casava na vila e não aceitava assumir a posse familiar da terra".[21]

O que põe em causa o modelo da família alargada, que está longe de ser tão difundido quanto pode fazer crer o caso de Montaillou: em Navarra, na *Merindad* de Pampelune, em 1427, contam-se apenas 44, compreendendo um casal com ascendente entre 3.033! Mas é verdade que há 861 lares complexos, ou seja, 28% do total, associando duas ou três famílias de irmãos ou irmãs.[22] A família alargada, sem ser verdadeiramente um mito, não é o modelo universal, e não é raro deixar o velho pai ou velha mãe na solidão. É por isso que os pais, quando têm meios, tomam precauções, fazendo seus filhos assinarem um contrato estipulando que estes tomarão conta deles na velhice ou em caso de viuvez. Em 1294, em Cranfield, no Bedfordshire, John, filho de Elyas e de Christina de Brickendon, compromete-se a fornecer aos pais "uma quantidade suficiente de alimento e de bebida enquanto eles viverem"; ele vai alojá-los em sua casa, mas "se acontecerem (que Deus os livre) querelas e disputas entre as partes, a ponto de que não possam viver juntos pacificamente na mesma casa, o dito John dará para os ditos Elyas e Christina, ou o sobrevivente dos dois, uma casa em seu quintal, com um jardim, onde possam viver de modo conveniente".[23] Outros contratos, assinados pelo pai viúvo, ou sobretudo pela mãe viúva, especificam de qual parte da casa ele ou ela poderá dispor. Em 1320, dizem que Petronille de Teye, em Dunmow, Essex, terá um quarto com despensa na extremidade oriental da casa do filho.[24] A viúva de Simon Welling, de Wymondham, terá apenas "um lugar perto da lareira e uma cama".[25] Em 1407, uma viúva de South Elmham

---

21 Ibid., p.146.
22 Ibid., quadro, p.475.
23 Apud Homans, *English Villagers of the Thirteenth Century*, p.144.
24 Ibid., p.145.
25 Clark, Some Aspects of Social Security in Medieval England. *Journal of Family History*, 7, 1980, p.311.

EXCLUÍDOS, RECLUSOS E EREMITAS MEDIEVAIS

obtém um quarto e um sótão na casa de seu defunto marido, com livre acesso para ela e seus amigos pelo resto de seus dias.[26] Em Gand, a viúva de Gillis van den Rietgavere cede seus bens e sua casa ao genro e à filha, que deverão mantê-la; é previsto que, se a vida em comum se tornar muito difícil, eles se separarão, mas o casal lhe deixará de que viver.[27] Outros arranjos podem ser encontrados, mas, repetimos, em vez de demonstrar solidariedade entre gerações, esses contratos são sinal de uma desconfiança: se os pais têm medo de ficar sozinhos, é porque isso devia ocorrer com frequência. Na região de Vaud, medidas foram tomadas para evitar que as famílias se livrem de uma velha ou um velho que os estorvam, confiando-os a um hospital.[28]

A situação é pior na cidade, como escrevem D. Herlihy e C. Klapisch-Zuber a propósito de Florença: "A cidade favorece a solidão: solidão do jovem à procura de um emprego, solidão das viúvas ou de velhos casais cujos filhos construíram uma casa independente ou já morreram; solidão do casal que cuida dos próprios filhos, sem nenhuma solidariedade, na ausência de residência em comum, com irmãos ou outros parentes".[29] Segundo o registro fiscal de 1427, o *catasto*, 13,6% dos lares de Florença se compõem de uma pessoa só, ou seja, 8 mil indivíduos isolados. Mais da metade são viúvas, particularmente numerosas em razão da grande diferença de idade entre os esposos no casamento. Os outros são criados e criadas, além de celibatários, particularmente numerosos entre os homens.

A sociedade medieval compreende, com efeito, um número elevado destes últimos, e isso desde a alta Idade Média: no políptico de Condé-sur--Marne, em 861, dezesseis homens entre trinta, e onze mulheres entre 25, estão nessa situação, ou seja, em média a metade dos adultos. E a proporção permanece muito elevada até o século XV. Em Florença, em 1427, 48,27% dos homens com mais de 12 anos são celibatários, 37,2% nas cidades secundárias da Toscana, 33,86% nas pequenas cidades e 31,25% no campo. Em Zurique, em 1467, a taxa é de 37% para os homens e 49% para as mulheres,

---

26 Ibid., p.318.
27 Nicholas, *The Domestic Life of a Medieval City Woman, Children and the Family in Fourteenth Century Ghent*, p.177.
28 Briod, *L'Assistance aux pauvres au Moyen Âge dans le pays de Vaud*.
29 Herlihy; Klapisch-Zuber, *Tuscans and Their Families: a Study of the Florentine Catasto of 1427*, p.311.

enquanto para viúvos e viúvas os números são respectivamente 2% e 7%.[30] A causa principal do celibato prolongado e não religioso é a pobreza. Para um rapaz, o casamento é adiado enquanto sua situação não lhe permitir manter uma família; para as moças pobres, em algumas cidades grandes, as confrarias fornecem um dote para que elas possam se casar, como a confraria da Anunciação, fundada em Roma em 1460.

Além desses motivos econômicos, o celibato masculino não religioso tem causas profissionais: entre os nobres, alguns participantes de torneios, que percorrem a Europa vivendo dos prêmios e remunerações obtidas nesses eventos, como o famoso Guillaume le Maréchal, que não se casa até a idade da aposentadoria, com 50 anos, em 1189.[31] Os grandes contingentes são contudo fornecidos pelos clérigos tonsurados, cujo estatuto é bem frouxo. Alguns fazem parte de confrarias de estudantes, como os clérigos das cortes de justiça, e em certas profissões o celibato é uma tradição sem ser uma obrigação: entre 4.104 médicos repertoriados do século XII ao XV, apenas 230 eram casados, e 128 professores de 1.998 na faculdade de medicina de Montpellier.[32] A atividade intelectual e as preocupações com a família são consideradas incompatíveis: os professores da universidade, quando não são eclesiásticos, são quase sempre celibatários.

A MULHER SÓ: DA VIRGEM À PECADORA

O caso das mulheres sozinhas é particularmente interessante. Para elas, a solidão começa cedo e termina tarde, com um período no meio, desigualmente longo, de vida conjugal. Mas trata-se sempre de uma solidão vigiada, enquadrada ou suspeita. Sem falar por enquanto daquelas que se consagram à vida religiosa, confinando-se mais ou menos voluntariamente num convento ou numa cela de reclusa, a mulher medieval passa, durante a vida, do estatuto de virgem ao de penitente, de Maria a Maria Madalena. Nas categorias sociais abastadas, ela é inicialmente enclausurada em casa, esperando o

---

30 Bologne, *Histoire du célibat et des célibataires*, p.121.
31 Duby, *Guillaume le Maréchal ou le meilleur chevalier du monde*.
32 Jacquart; Thomasset, *Sexualité et savoir médical au Moyen Âge*.

EXCLUÍDOS, RECLUSOS E EREMITAS MEDIEVAIS

casamento, num isolamento destinado a preservar sua pureza. No século XV, o franciscano Bernardino de Siena recomenda um regime de isolamento e, como principal ocupação, a leitura de Bíblia (expurgada de passagens escabrosas). A jovem deve permanecer sozinha, fechada em seu quarto, como a Virgem Maria antes da Anunciação: "Consideremos onde o anjo a encontrou. Onde acreditais que ela estava? Na janela ou em alguma outra ocupação de vaidade? Oh não! Ela estava fechada em seu quarto e lia, vos dando o exemplo, minha filha: não deveis jamais ter prazer em estar na porta ou na janela, mas ficar em casa dizendo Ave-marias e Pais-nossos, e, se sabeis ler, lede coisas santas, tende prazer em aprender o ofício de Nossa Senhora".[33]

Essa solidão de espera não será interrompida pela vinda do anjo Gabriel, mas pela vinda dos pais, que vêm anunciar que lhe encontraram um marido. Começa então outra solidão, diz Boccaccio, por volta de 1350, no *Decameron*, a solidão da submissão: as mulheres "são forçadas a seguir os caprichos, fantasias e vontades de seu pai, mãe, irmãos, marido, e passam a maior parte do tempo relegadas nos limites estreitos de seu apartamento, sentadas e ociosas, desejando tudo e seu contrário...".

Enfim, se ela não morre no parto, chega sua libertação: quando seu velho marido morre, ela conquista, se tiver algum bem, a independência: viúva, ela é senhora de seu destino. Mas começa então uma terceira solidão, a solidão da suspeição. Pois a mulher só, pensam os homens, sobretudo os eclesiásticos, insatisfeita sexualmente, fica à espreita de ligações ilícitas, isso quando não cai claramente na prostituição. Como bem mostrou Hervé Martin em seu estudo sobre a pregação na Idade Média, os sermões, dos franciscanos em particular, têm tendência a estigmatizar a mulher sozinha, que eles assimilam à pecadora do Evangelho, Maria Madalena.[34] Como a Escritura não diz estritamente nada sobre esses eventuais pecados, os religiosos preenchem essa lacuna suspeitando de sua má conduta. Como os fariseus, eles julgam seu comportamento suspeito: se ela gasta um frasco de perfume para lavar os pés do Cristo, é porque ela deve ter muito a ser perdoado. Em seguida, enxugar os divinos pés com seu cabelo revela uma sensualidade perturbadora. Desde o início do cristianismo, Maria Madalena é objeto de culto

---

33 Siena, *Prediche volgari sul Campo di Siena, 1427*, XXX, t.II, p.862.
34 Martin, *Le Métier de prédicateur à la fin du Moyen Âge, 1350-1520*.

ambíguo, no qual se pode ao mesmo tempo celebrar o erotismo e o arrependimento. Ela se torna um mito, o da bela cortesã arrependida e perdoada, o que permite mostrar que, apesar de tudo, o pecado da carne pode ser redimido. E que ocasião para os artistas, que poderão, sob motivos piedosos, representá-la sob os traços de uma mulher magnífica, uma beleza sensual com o corpo apenas um pouco velado por sua abundante cabeleira. Quem não perdoaria tal penitente? Ela encarna ao mesmo tempo a solidão feminina: objeto de desejo, submissa e implorante. Segundo uma lenda precoce, ela teria vivido como eremita no maciço de Santa Baume durante trinta anos.

As mulheres sós são numerosas nas cidades medievais: 33% a 50% do efetivo feminino adulto total nas cidades renanas e germânicas, por exemplo.[35] Estudos sugerem taxas similares em Paris e em Gand.[36] A maioria são viúvas que não podem ou não querem se casar de novo. Algumas dirigem um comércio, têm um emprego; muito raras são as que podem, como Christine de Pisan, viver de sua pluma ou de seu domínio. Outras organizam uma solidão semirreligiosa, como Umiliana de Cerchi, morta em Florença em 1246, com 27 anos. Essa jovem viúva, a quem o pai recusa deixar a livre disposição do dote, confina-se em seu quarto, transformado em oratório. O franciscano Vito de Cortona, que redige sua biografia por volta de 1250, escreve que "tendo estabelecido sua pequena cela, ou melhor, sua prisão, na torre do pai, ela transformou essa prisão em oratório, tanto quanto possível, e esforçou-se por viver o melhor que pôde". Vito aprova esse tipo de retiro, que para ele é quase assimilável ao convento: "O que lhe faltava para a vida monástica, a ela que vivia num tal silêncio e tal regularidade? O que a diferenciava dos antigos eremitas, ela que encontrava a solidão no meio da cidade e tinha transformado seu quarto em cela?".[37] A solidão não necessita de fuga para o deserto: "Alguns deixam o mundo e a casa paternal e vão erigir um combate solitário pelo Senhor; ela levou a solidão para a casa paterna e, combatendo nobremente, venceu o mundo e o vício no meio do mundo". Umiliana não é, aliás, favorável à solidão completa, que julga perigosa para uma mulher;

---

35 Martin, *Mentalités médiévales*, op. cit., p.416.
36 Bennet; Froide (eds.), *Single Women in the European Past, 1250-1800*.
37 Apud Webb, *Saints and Cities in Medieval Italy*, op. cit., p.97.

EXCLUÍDOS, RECLUSOS E EREMITAS MEDIEVAIS 101

ela sai, vai aos ofícios, encontra outras viúvas. Dissuade sua amiga Gisla de Mugello a deixar o mundo.

Do mesmo modo, Beneventura Boiani, de Cividale del Friuli, morta em 1292, organiza para si um retiro na casa do pai; espírito perturbado, ela se diz atormentada pelo diabo; fala com as santas Catarina, Agnes e Margarida, que desaparecem logo que se abre sua porta.[38] Catarina de Benincasa, filha de um tintureiro de Siena, morta em 1380, é determinada a permanecer virgem e, como seus pais se recusam a colocá-la no convento ou a lhe dar um cômodo na casa, temendo que ela faça dele um oratório, ela cria para si um espaço de solidão interior, como conta seu confessor e biógrafo Raymond de Cápua: "Inspirada pelo Espírito Santo, ela começou a construir em seu espírito uma cela secreta e prometeu que não a deixaria por nada no mundo [...]. Catarina edificou para si mesma uma cela que não era construída pela mão humana, com a ajuda interior do Cristo, e assim não tinha mais medo de perder o lugar, como ocorre com aqueles construídos pelos homens".[39] Finalmente, seus pais lhe permitem ter "um pequeno quarto, onde ela podia infligir-se penitências como se vivesse na solidão [...]. Nesse pequeno quarto foram revistas as antigas cenas dos santos Padres do Egito".

A despeito desses casos bem-sucedidos de retiro doméstico, a sina da mulher só permanece precária e arriscada. Para as pobres velhas do campo, viúvas solitárias em seu barraco, o isolamento é completo. Ao mesmo tempo temidas e desprezadas, algumas podem ainda ter um papel social, meio feiticeiras, meio curandeiras. Na cidade, sobretudo no noroeste da Europa, as beguinarias oferecem uma solução intermediária ideal para as mulheres sós: entre solidão e comunidade, entre vida religiosa e vida secular, as beguinas vivem em pequenas casas individuais, agrupadas em torno de um espaço comum; elas assistem regularmente a ofícios, fazem trabalhos manuais cujo produto vendem e praticam ações caridosas, sem estar ligadas por votos perpétuos. Beguinarias e ordens terceiras franciscanas e dominicanas agrupam apenas uma porcentagem limitada de viúvas e celibatárias urbanas. E elas não escapam à suspeição dos moralistas, como Jean Gerson, chanceler da

---

38 Webb, *Privacy and Solitude in the Middle Ages*, op. cit., p.123.
39 Apud Webb, *Privacy and Solitude in the Middle Ages*, op. cit., p.125.

Universidade de Paris, a partir de 1395, que exprime suas dúvidas sobre sua ortodoxia. Por demais autônomas na opinião dos responsáveis eclesiásticos, as beguinas são semissolitárias que seria preferível ver sob vigilância nos conventos.[40]

A SOLIDÃO: UMA SITUAÇÃO DE RISCO

Teólogos, moralistas e até mesmo monges são mais ou menos unânimes: a solidão suportada é uma situação penosa, um castigo, e a solidão voluntária é uma situação arriscada, perigosa, que só convém a personalidades de exceção. Em todos os casos, o solitário deve ser vigiado. Com efeito, como ele poderia, sem uma ajuda divina extraordinária, resistir a todas as tentações, físicas e espirituais, que o espreitam? "O orgulho nasceu quando alguém disse que ficaria escondido e não aceitaria ver ou visitar seus irmãos", disse o clunisiano Guillaume de Volpiano no século XII. "Alguns amam a solidão menos pela esperança de uma colheita de boas obras do que pela liberdade de seu próprio querer", declara Élisabeth de Schönau. "Muitas vezes, quando estais sozinho em vossa cela, uma espécie de inércia, de langor de espírito e de desgosto cordial vos atinge",[41] adverte Adam Scot, e isso pode levar ao suicídio. Em seu grande estudo sobre o suicídio na Idade Média, Alexander Murray mostrou que um terço dos casos recenseados concerne os religiosos *acedia, tristitia, desperatio*, que, inspirados pelo diabo, levam o solitário a se suicidar.[42] Assim esse religioso, em 1170, em Lincolshire, a propósito do qual o cronista conta: "O coração de Henry estava partido de melancolia. Guiado pelo diabo, ele tomou um banho quente e abriu as veias dos dois braços, e, dessa maneira, por sua livre vontade – ou melhor, por sua livre loucura – pôs fim à vida". Em 1256, é o capelão do hospital de Westgate, em Newcastle, que se enforca; por volta de 1300, um cisterciense de Villers, na Bélgica, se mata porque não suporta a solidão. O suicídio atinge tanto monges anônimos

---

40 McGuire, Late Medieval Care and Control of Women: Jean Gerson and his Sisters. *Revue d'Histoire Ecclésiastique*, 92, 1997, p.5-37.
41 Scot, *De quadripartite exercitio cellae*, cap. 24. In: Migne, *Patrologie latine*, op. cit., t.153, p.842.
42 Murray, *Suicide in the Middle Ages*, t.I, *The Violent Against Themselves*, t.II, *The Curse of Self Murder*, 2000.

de Sant-Gall quanto o cardeal Andreas Zamonetic, que se estrangula em 1483, templários, um alto dignitário da igreja de Estrasburgo, em 1454, e no mesmo ano um monge de São Norberto, em Saint-Pierremont, perto de Metz, ou ainda um franciscano de Pisa, que se joga num poço em 1280, como menciona a crônica de Salimbene.

Cesário de Heisterbach, no século XIII, relata numerosos casos de suicídios de religiosos, atribuídos aos efeitos da solidão: muito tempo sós, eles se fecham em si mesmos, perdem o contato com os irmãos e perdem a esperança de salvação. Assim foi com o cisterciense Baldwin, por volta de 1220: "No final, suas vigílias e seu trabalho excessivo aqueceram seu cérebro. Ficou tão fraco que uma noite, antes que a comunidade se levantasse para as matinas, foi à igreja, subiu no banco dos noviços, fez um nó em volta do pescoço com a corda do sino e saltou". E esta cisterciense, na mesma época, num convento de Moselle: "Há alguns meses, uma religiosa, de idade avançada e de santa reputação, foi tão seriamente atacada pelo vício da melancolia com acessos de blasfêmia, de dúvida e de descrença, que caiu no desespero. Ela começou a ter as mais graves dúvidas a respeito do que acreditara desde a infância e do que ela deveria crer". Ela se joga no Moselle. Mais ou menos em 1220, também, um franciscano, antigo companheiro de São Francisco, enforcou-se "por impaciência". Cesário de Hesiterbach evoca outro cisterciense que ele conheceu, que "se tornou melancólico e timorato. Sua ansiedade a propósito dos pecados tornou-se tamanha que ele perdeu toda esperança de ganhar a vida eterna. Seu problema não eram as dúvidas a respeito da fé, mas unicamente que perdera a esperança de sua salvação". Ele se afoga no lago do convento. Para Cesário, esse monge "se debatia contra o vício da melancolia e, por essa razão, estava cheio de acídia, e essas duas coisas fizeram nascer o desespero em seu coração". Por volta de 1240, Thomaz de Chantimpré conta a história de um dominicano que se mata porque o prior do convento tinha sido muito severo. No início do século XIV, Hugo de Trimberg, que ensina na abadia de Saint-Gandolf, perto de Bamberg, escreve que os monges que se consagram com excesso aos exercícios religiosos "se enforcam ou se afogam".

Para Constantino, o Africano (1015-1086), fundador da escola de medicina de Salerno e monge do monte Cassin, melancolia e solidão estão intimamente ligadas, e a segunda é efeito da patologia melancólica: "Alguns amam a solidão, a obscuridade, a vida retirada do resto do mundo".[43] Do mesmo modo, para o astrólogo de Frederico II, Michel Scot, o melancólico é levado à solidão, e até mesmo à misantropia. Essa é também a opinião de Alberto, o Grande.

Quando não leva ao suicídio, a solidão leva à luxúria, o que não é melhor aos olhos dos austeros religiosos. Na abadia cisterciense de Rievaulx, em Yorkshire, o abade Aelred (1110-1167) confessa que é torturado pelo demônio do erotismo, contra o qual a prece não basta: a água fria e as urtigas são, junto com os salmos, os melhores antiafrodisíacos. É o que escreve à própria irmã, que quer tornar-se reclusa, falando de si na terceira pessoa, para adverti-la dos perigos que a solidão nos faz correr: "Ele mergulhava com frequência na água fria e, tremendo, ficava lá um momento salmodiando e rezando. Quase sempre também, sentindo um movimento ilícito, friccionava seu corpo com urtiga. Cobria sua carne nua de queimaduras, e abafava assim um incêndio com outro. Como tudo isso ainda não bastasse, e o espírito de fornicação o atormentasse sempre, fez a única coisa que lhe restava fazer: prosternado aos pés de Jesus, rezou, chorou, suspirou, insistiu e suplicou: Ah, que ele o matasse ou o curasse".[44]

No fim do século XII, o mestre parisiense Pierre le Chantre distingue a boa da má solidão. A boa solidão é de fato uma negação da solidão: ela consiste em frequentar homens de bem, como recomendavam Catão, Sêneca, Paulo, Agostinho. A má solidão, a *mala solitudo* ou *mala singularitas*, é o fato de estar sozinho, de querer assim se distinguir dos outros, enquanto a razão nos ensina "o sentido da comunidade, da humanidade, da sociabilidade, da associação, enquanto a singularidade (*dissimilitudo*) nos separa".[45]

A noção de comunhão dos santos, tão importante na Igreja medieval, reforça a ideia da necessária solidariedade, excluindo a solidão. Cada um tem, na Igreja, visível e invisível, um papel a cumprir, em união com os outros. A imagem do corpo, do qual cada cristão é um membro, ilustra essa noção: isolar-se é cortar-se do organismo vivo, é pois expor-se ao ressecamento e à morte. É o que diz o teólogo Jean de Salisbury no século XII:

---

43 Constantino, o Africano. *De melancholia*, p.90.
44 Rievaulx, La vie de la recluse. *Sources Chrétiennes*, n.76, p. 18.
45 Pierre de Chantre, in: *Patrologie latine*, op. cit., t.206, col. 205.

"Ninguém deve viver por si só: cada um, no lugar que Deus lhe assinalou, deve trabalhar para os outros, como fazem os órgãos de um corpo no qual o olho é feito para ver todo o corpo, o pé para andar por todo o corpo".

No século XII também, os grandes adversários São Abelardo e São Bernardo estão de acordo pelo menos em uma coisa: a solidão pode ser perigosa. Abelardo julga que ela é insuportável, ele tem necessidade constante de um público admirador diante do qual possa se escutar falar. Em 1122, em conflito com a abadia de Saint-Denis, onde tinha se tornado monge, ele foge e finalmente conclui com ela um acordo segundo o qual ele deverá se estabelecer num lugar isolado e não se submeter a nenhuma outra abadia. Ei-lo pois em seu "eremitério" do Paracleto, a oito quilômetros de Nogent-sur--Seine. A crermos em sua biografia, *História de meus males*, ele se toma por um Padre do Deserto, vivendo num oratório de "juncos e de palha", construído com suas mãos de intelectual, e lamenta seu isolamento nesse retiro inospitaleiro. Heloísa, que chega ao Paracleto em 1129, acrescenta, exagerando grosseiramente a solidão de seu bem-amado: "Este deserto entregue aos animais selvagens e aos bandidos não havia conhecido nenhuma morada humana, nenhuma casa. No meio dos antros dos animais, refúgio de criminosos, lá onde o nome de Deus não era pronunciado, tu edificaste um tabernáculo divino". Na realidade, Abelardo, desde o começo acompanhado por um clérigo, rapidamente recebeu numerosos discípulos, cujas cabanas formaram logo uma aglomeração, próxima de estradas muito frequentadas das feiras de Champagne. Abelardo, pedagogo nato, não pode viver sem a sociedade de alunos e intelectuais. A solidão é para ele inumana e contra a natureza.

SOLUÇÃO: A SOLIDÃO EM COMUNIDADE (DE SÃO BERNARDO A SÃO TOMÁS)

A posição de São Bernardo é mais nuançada. Não podemos nos contentar em citar a famosa fórmula, *"O beata solitudo, O sola beatitudo"*! ("Feliz solidão, só beatitude!"). Isso soa bem, mas necessita de uma explicação. Nos *Sermões sobre o Cântico dos cânticos*, Bernardo torna mais preciso seu pensamento: deve-se fugir do mundo, decerto, mas isso não quer dizer necessariamente que seja preciso se refugiar no fundo dos bosques: "Não tenha nenhum comércio com as multidões, com a turba, fuja das reuniões públicas, fuja até mesmo das pessoas de sua casa; separa-te de teus amigos e teus íntimos, e mesmo daquele que está a seu serviço [...]. Retira-te, mas pelo pensamento, não pelo corpo, pela intenção, pelo fervor, pelo espírito [...]. Contudo, será proveitoso para ti às vezes te isolar igualmente de corpo, quando puderes fazê-lo convenientemente",[46] como Jesus, que se afastava para rezar. O que conta, antes de tudo, é se isolar em espírito, mesmo no meio da multidão: "Tu és solitário se teu pensamento não se deixa levar por banalidades, se não te afeiçoas às coisas presentes, se desprezas o que a multidão admira, se sentes desgosto pelo que todos desejam, se evitas as querelas, se ficas insensível aos danos, se não te lembras das injúrias. Se não, mesmo na solidão do corpo, não estás só. Vê que podes estar só na multidão, e estar na multidão estando só".[47]

São Bernardo é hostil à solidão física completa, ao eremitismo: "O deserto, a sombra da floresta e da solidão dos silêncios oferecem em abundância a ocasião de fazer o mal [...]. O Tentador se aproxima em segurança". O ideal é a vida conventual, que assegura a separação do mundo e oferece uma proteção contra as tentações, pela prece e pelos conselhos de irmãos e irmãs. O monastério é uma fortaleza contra o diabo. Somente os seres excepcionais podem arriscar-se à vida solitária, que significa um combate a sós contra Satã. É por isso que São Bernardo, quando é consultado, recusa dar aos monges e às monjas a permissão de se estabelecerem como eremitas. No caso de uma religiosa do convento de Santa Maria de Troyes, ele se explica claramente. Sua carta resume assim as motivações da irmã: "Não seria sábio, dizeis, fugir das riquezas, das cidades povoadas e das comidas delicadas? Minha modéstia não estaria mais ao abrigo num deserto, onde eu poderia viver em paz com algumas outras pessoas ou mesmo sozinha, a fim de agradar àquele a quem me entreguei?". Não vos enganais, responde Bernardo: no deserto, não é Deus que vos espera, mas o diabo, pois "ninguém pode censurar o mal que ninguém vê. Lá, onde não há o medo da censura, o tentador se aproxima ousadamente e se comete o mal mais facilmente. No convento, se fazeis o bem, ninguém vos impede; se quereis fazer o mal, não

---

46 São Bernardo. Sermon sur le Cantique des cantiques. *Sources Chrétiennes*, n. 452.; sermão 40, III, 4, p.181-3.
47 Ibid., III, 5.

o podeis. Logo todos saberiam, seríeis criticada e corrigida, enquanto todos admirariam e imitariam o bem que tivessem visto. Como podeis ver, minha filha, num convento uma maior glória espera vossos méritos, e uma pronta correção de vossas faltas".[48]

São Bernardo dá o mesmo conselho a Guerric, um mestre da catedral de Tournai que lhe comunica seu desejo de tornar-se eremita: "Infeliz aquele que é só, pois, se ele cai, não há ninguém para levantá-lo", lhe escreve ele, citando Coélet. Ele o persuade então a permanecer em Clairvaux. Em 1138, Guerric torna-se abade de Igny, uma filial de Clairvaux, e em seus sermões se faz ardente defensor da solidão controlada que a vida monástica assegura: "Por um maravilhoso favor divino, nos beneficiamos em nossos desertos de uma solidão calma, ao mesmo tempo que nos beneficiamos da consolação de uma companhia santa e agradável. Se bem que cada um possa ficar sentado em silêncio, sem ser interrompido, ele não precisa temer a 'infelicidade daquele que está só porque não tem ninguém para consolá-lo ou para ajudá-lo a se levantar'. Estamos na multidão sem estar na multidão. Estamos numa cidade, mas nenhum barulho nos atinge, a não ser quando, tendo o silêncio em nós e em torno de nós, escutamos 'a voz que clama no deserto'. Pois a voz do sábio, diz Salomão, se faz ouvir, no silêncio, melhor do que os gritos do chefe entre os loucos [...]. Feliz, pois, é aquele que assim se pôs à parte, fugindo do tumulto do mundo, que penetrou no segredo e na solidão com um espírito tranquilo, que merece ouvir não somente a voz da Palavra, mas a própria Palavra, não João, mas Jesus".[49] Em seu sermão do Advento, Guerric fustiga o orgulho dos solitários, que têm confiança excessiva em suas próprias forças. A verdadeira solidão é a paz interior que se adquire na comunidade conventual, o silêncio e a leitura.

Outro cisterciense, Isaac de l'Étoile, desenvolve o mesmo ponto de vista: a solidão, sim, mas em comunidade. De origem inglesa, Isaac, monge e depois abade de Étoile, perto de Poitiers, precisou se refugiar em 1167 na Ilha de Ré para escapar da cólera de Henrique II Plantageneta durante o caso Thomas Becket. Lá, tendo se tornado abade de Notre-Dame de Châteliers, aborda o problema da solidão em seu décimo quarto sermão. Alegremo-nos,

---

48 *The Letters of Saint Bernard of Clairvaux* (ed. B. Scott-James). Stroud, carta 118, p.179-80.
49 Guerric, Sermons. *Sources Chrétiennes*, n. 166, p.34-5.

diz ele, de estar nesta ilha isolada do fim do mundo: "Bem-amados, nós viemos para esta solidão longínqua, árida e rochosa; é o que convém, pois aqui podeis ser humildes, mas não podeis ser ricos; nesta solidão das solidões, digo, no meio do oceano, quase sem contato com o mundo, desprovidos de todo reconforto mundano ou humano, estais protegidos do mundo; pois vosso único mundo é esta pequena ilha, a última de todas".[50] Haveis escolhido a melhor parte, como Maria, a irmã de Marta, que ele assimila à pecadora arrependida Maria Madalena: a vida contemplativa. Para isso, a fuga do mundo era necessária, mas em grupo, "assim, juntos, porque não estamos ainda prontos para a solidão; assim, juntos, porque, se alguém cai, não faltará ajuda para levantá-lo; assim, juntos, porque, "quando o irmão ajuda o irmão", somos como uma cidade robusta e fortificada; assim, juntos, porque é bom e agradável para os irmãos habitar juntos na unidade".[51]

A vida em comunidade é a condição necessária para a solidão: essa é a conclusão paradoxal que se tira dos sermões cistercienses. É também o que resulta do pensamento escolástico, que considera o problema do ângulo filosófico. Na *Suma teológica*, no século XIII, Tomás de Aquino põe diretamente a questão: "A vida religiosa em comunidade é mais perfeita do que a vida solitária?".[52] Argumentos em favor do sim: a solidão não permite praticar as virtudes de obediência e humildade. "Os solitários levam uma vida da qual os homens não tiram nenhuma utilidade. Sua vida não tem verdadeiramente o ar de ser a mais perfeita. O que é contra a natureza mesma do homem não poderia pertencer à perfeição da virtude. Ora, 'a natureza do homem é de ser um animal social', assegura Aristóteles. A vida solitária não deve, pois, ser mais perfeita do que a vida em sociedade."

Argumentos em favor do não: a vida solitária é mais favorável à contemplação, que é a via da perfeição. No entanto, para viver como solitário, é preciso bastar-se a si mesmo, o que supõe que se seja perfeito, e a perfeição só pode ser adquirida com os outros, por sua ajuda e reprimendas. "Assim, a vida em sociedade é necessária a quem se exercita para a perfeição, enquanto a solidão convém a quem já a atingiu." Anda-se em círculo, como já havia

---

50 De L'Étoile, Sermons. *Sources Chrétiennes*, n.130, sermão 14, p.270.
51 Id., Sermons. *Sources Chrétiennes*, n.339, sermão 50, p.200.
52 Aquino, *Somme théologique*, 2, 2, questão 188, art. 8.

assinalado João Cassiano: procura-se a solidão para ser perfeito, mas antes é preciso ser perfeito para poder viver na solidão!

Conclusão: Aristóteles tinha razão. O solitário é ou um animal ou um deus: "O homem pode procurar a solidão por razões bem diferentes. Pode ser por inaptidão para a vida em sociedade, ou humor selvagem, e isso é se comportar como animal. Pode ser para se entregar inteiramente às coisas divinas, e isso é elevar-se acima da humanidade. Aristóteles disse: 'Aquele que se furta ao comércio dos homens é um bruto ou um deus', quer dizer, um homem divino". O que implica que a solidão é sempre perigosa. Ela não é adequada para a condição humana. Pode ser considerada apenas para alguns sábios excepcionais. É na solidão que somos mais vulneráveis: é por isso que o diabo tentou Eva quando ela estava sozinha. Questão subsidiária: o Cristo devia levar uma vida solitária?[53] Como Deus, sim, mas, como portador de uma mensagem, não. Para comunicar a Boa-nova era preciso que ele se misturasse com os homens.

Essa hostilidade para com a vida solitária se enraíza num profundo pessimismo concernente à condição do homem decaído: se Eva, no estado de perfeição, se deixou tentar em sua solidão, como é que os homens atuais, cuja razão perdeu o controle dos sentidos, poderiam resistir sozinhos às seduções diabólicas? Eles precisam da ajuda dos outros. Essa concepção negativa da solidão domina o pensamento moral e teológico até o fim da Idade Média. Ainda em 1400, Jean Gerson exprime esse ponto de vista em *A montanha da contemplação*. A solidão, diz ele, é muito perigosa para a salvação da alma: o próprio São Jerônimo admitiu que era submetido a tentações insuportáveis "quando estava no deserto sem outros companheiros a não ser animais selvagens e escorpiões". É por isso que é preferível procurar a solidão interior: "O caminho do eremitério e da reclusão [...] não se encontra apenas nos bosques e lugares desertos, mas pode-se segui-lo em todo lugar, escapando da confusão do mundo, de seus cuidados e obrigações". Gerson admite entretanto que há temperamentos mais inclinados que outros à vida solitária. Alguns, como Cipião, "nunca estão menos sós do que quando estão sozinhos"; para outros, ao contrário, "seria uma espécie de inferno estar sem companhia ou ficar no mesmo lugar, mesmo que seja por pouco tempo".

---

53 Ibid., 3, questão 40, art. 1.

Mas, globalmente, "o melhor esconderijo e o mais profundo silêncio devem encontrar-se na alma, mais do que no exterior". "Onde quer que se esteja, nos campos, na cidade, mesmo nos banhos, como disse São João Crisóstomo, pode-se tentar entrar em si mesmo e se retirar do mundo."[54]

EREMITAS ARCAICOS (SÉCULO VII A MEADOS DO SÉCULO XI)

A despeito de todas as reservas das autoridades morais e teológicas, e da extrema desconfiança com relação à vida solitária, ela fascina os fiéis durante toda a Idade Média. Fascina, isto é, assusta e ao mesmo tempo atrai. A solidão é tão temida que aqueles que a praticam são objeto de uma veneração em que se misturam curiosidade, temor supersticioso e crença na existência de dons e poderes sobrenaturais. Se os intelectuais louvam os méritos da vida monástica, o povo elege a vida eremítica, própria às proezas ascéticas individuais. Há, paradoxalmente, no eremita, um lado espetacular que atrai as multidões, enquanto a regularidade monótona, a vida balizada e sem relevo dos monges parece banal, tediosa, até mesmo confortável.

Desde a época dos Padres do Deserto, sempre houve anacoretas. Os *Diálogos* de Gregório, o Grande, mencionam muitos na Itália por volta de 600: um certo Martin, que vive numa gruta do Monte Marsique, em Campânia; um chamado Menas, no Samnium; "solitário de grande virtude" na Ilha de Lipari; dois outros "numa profunda solidão chamada Evasa", dos quais um seria um ressuscitado.[55] No Oriente, o centro de gravidade do eremitismo se deslocou para o norte da Grécia, na região do Monte Athos, onde se encontra a oposição clássica entre cenobitas e anacoretas com outra forma intermediária: os hesicastérios. Esses eremitérios situam-se num lugar isolado, sobre o território de um monastério soberano, onde os eremitas vão todo domingo para celebrar os ofícios, receber os sacramentos e uma magra refeição.

No século IX, no Ocidente, o grande número de solitários explica a redação da *Regula solitariorum*, primeira tentativa de elaboração de uma regra de vida para os eremitas. O autor, Grimlaïc, talvez um padre da diocese de

---

54 Apud Webb, op. cit., p.128.
55 Gregório, o Grande, *Dialogues*, III, 16, 1; IIV, 31, 2; 37, 3.

EXCLUÍDOS, RECLUSOS E EREMITAS MEDIEVAIS 111

Metz, escreve por volta do ano 900 e tem, visivelmente, uma experiência pessoal de eremitismo, mesmo que se inspire largamente em escritos sobre os Padres do Deserto e na regra de São Bento. O eremita que ele tem em vista é sobretudo o que chamaríamos de recluso: ele habita numa pequena cela, a *cella retrusionis*, contígua ao muro exterior da igreja, com uma abertura sobre o coro, a fim de poder seguir os ofícios, provida de uma cortina para se proteger de todo olhar indiscreto. Se o eremita for padre, ele deve ter um pequeno oratório privado. Como ele deve viver em autarquia, cultiva uma pequena horta, rodeada de muros. Comunica-se com seus discípulos pela janela de outra cela, exterior. Sua solidão está, pois, longe de ser absoluta, tanto mais que Grimlaïc prevê a presença de três ou quatro eremitas assim estabelecidos em celas vizinhas, com a possibilidade de se comunicarem para se entreajudar.[56] Além disso, o solitário não deve se recusar a oferecer um ensino se lhe pedem. Sua vida é uma ascese penitencial, uma luta permanente contra o mal; sua "atividade" principal é a contemplação, com momentos de descanso e de trabalho manual. Ela supõe que ele seguiu antes uma longa preparação num monastério.

Essa é a teoria. A realidade é mais variada e mais pitoresca. Textos do século X manifestam a presença nas regiões da Meuse e da Moselle de eremitas de cidades e eremitas do campo, ou antes dos bosques; estes últimos são com frequência brutos de comportamentos selvagens. A *Vita* de Jean de Gorze (morto por volta de 974) menciona um certo Lambert, que vive na floresta de Argonne. Suas performances ascéticas, seus jejuns sem preparação em particular lhe valem uma reputação de santo eremita, mas seu comportamento é o de um louco: descabelado, completamente nu e de uma sujeira repugnante, ele aparece às vezes, nas aglomerações, gesticulando e gritando. O redator da *Vita*, que utiliza a seu respeito os termos *stolidus, rusticanus, agrestis* (estúpido, rústico, selvagem), parece perplexo com ele: louco ou santo? Por que não as duas coisas ao mesmo tempo? Ele "era absolutamente rústico em seu comportamento e sua cultura (*moribus et scientia rusticanus*) e, não fosse pelas inacreditáveis dores que se infligia, de modo excessivo e irracional, que lhe valiam algum mérito religioso, parecia totalmente estúpido e selvagem, a ponto de que, se pessoas simples o viam, não conseguiam se impedir de rir.

---

56 Grimlaïc, *Regula solitariorum*. In: *Patrologie latine*, op. cit., t.103, col.575-664.

A menor de suas preocupações era cobrir seu corpo e suas partes íntimas; do mesmo modo, sua maneira de comer e de beber não tinha nada de humano".[57]

A vida solitária só convém aos animais ou aos deuses, dizia Aristóteles. Lambert ilustra a primeira categoria. É difícil encontrar representantes da segunda. Pois os eremitas "razoáveis" nunca são verdadeiros solitários. Se retomamos a *Vita* de Jean de Gorze, vemos que sua vocação, quando era padre em Metz, nasceu do olhar indiscreto para as roupas de baixo de uma jovem religiosa: uma túnica de crina. Essa visão excita nele o desejo de levar uma vida santa e solitária. Confina-se como recluso numa cela na igreja de São Salvador, mas o ambiente urbano não o satisfaz. Ele gostaria de ir para as "profundezas da floresta". Reúne-se então ao famoso Lambert, mas não pode suportar por muito tempo a companhia desse energúmeno. Finalmente, entra em contato com dois reclusos urbanos, Humbert, em Verdun, e Einald, em Toul, o que mostra que esses "eremitas" praticam sem problema a comunicação. O trio de solitários, com a concordância do bispo de Metz, Adalberto, decide reformar a comunidade de Gorze, da qual Einald se torna abade de 933 a 968, seguido de Jean. Assim, eremitas acabam por criar uma comunidade.

É também o que São Romualdo faz pouco depois, no início do século XI. Esse aristocrata, grande amante da caça, tinha todo o tempo para apreciar os encantos da floresta. Seu discípulo e hagiógrafo Pierre Damien escreve que, "toda vez que ele encontrava um lugar agradável no bosque, seu espírito se inflamava de desejo pelo deserto, e ele se dizia: 'Oh, como esta vegetação rasteira teria convindo a eremitas! Como eles poderiam ter encontrado aqui refúgio contra a agitação do mundo!'".[58] Para escapar aos conflitos familiares, ele acaba procurando a solidão na região de Ravena e, com uma meia dúzia de companheiros, funda por volta de 1025 a ordem dos eremitas camaldulenses, perto de Arezzo, na Toscana. O estabelecimento de início compreende seis celas. Ele cria várias outras e passa sete anos na solidão no monte Pietralata, emulando Santo Hilário, com o mesmo resultado, ou seja, multidões de penitentes vêm reunir-se a ele, em seu desejo de copiar os Padres do Deserto. Parece impossível preservar a solidão eremítica, salvo no caso dos loucos.

---

57 *Vie de Jean de Gorze*. In: *Monumenta Germaniae Historica Scriptores*, t.4, p.335-7.
58 *Vita Romualdi* (ed. G. Tabacco), *Fonti per la storia dell'Italia*, 94, p.14.

EXCLUÍDOS, RECLUSOS E EREMITAS MEDIEVAIS 113

Romualdo não redigiu nenhuma regra e não fixou nenhuma estrutura para os camaldulenses, o que é lógico para um movimento de anacoretas em que cada um devia ser autônomo. Entretanto, como testemunha seu discípulo Pierre Damien, que nasceu em Ravena em 1007 e foi para o monastério de Fonte Avellana em 1035, alguns detalhes parecem necessários para guiar a vida desses eremitas que, por falta de formação, são imobilizados pelo menor ponto do ritual. Assim, consultam Damien sobre a grave questão de saber "se, já que vivem sós em sua cela, têm o direito de dizer *Dominus vobiscum* (o Senhor esteja convosco), [...] e se, a despeito do fato de que são sós, podem ou não dizer a resposta, como pede a Igreja".[59] Caso de consciência típico do solitário, que tinha já sido apresentado por São Ciarão, como vimos. Pierre Damien os tranquiliza: o solitário, "se bem que separado no espaço da congregação dos fiéis, está ligado a eles por amor e pela fé; ainda que estejam fisicamente ausentes, estão próximos na unidade mística da Igreja". Isso mostra que muitos se lançam na solidão sem preparação suficiente, escreve Pierre Damien em seu tratado *Da perfeição dos monges*, que cita o caso de um jovem noviço a quem o diabo "tinha colocado na cabeça que ele devia procurar a solidão do grande eremitério, onde raramente ou nunca vinham outros homens". Como ele tem o dom das lágrimas, que considera sinal da aprovação divina, deixam-no ir, e então "ele se isolou completamente e vagabundeou de um lugar a outro". Quando o censuram, ele pega uma faca e ameaça atacar "seja a si mesmo, seja a qualquer um que se aproxime dele".[60]

PROLIFERAÇÃO DE EREMITAS E RESISTÊNCIA DAS AUTORIDADES (SÉCULOS XI E XII)

Chegamos à metade do século XI. O eremitismo conhece nesse momento uma voga extraordinária, que vai durar mais de um século: "Parecia que o mundo inteiro tinha se transformado em eremitério", escreve Pierre Damien. Exagero, é claro. Apesar de tudo, a amplitude do fenômeno é inegável, o que pode ser explicado por um contexto muito particularmente

---

59 Apud McNulty, *Saint Peter Damian: Select Writings on the Spiritual Life*, p.53.
60 Ibid., p.112.

favorável. Em primeiro lugar, assiste-se nessa época a um crescimento urbano espetacular. A relativa estabilização política, o progresso do comércio, o desenvolvimento da administração senhorial, real, religiosa, a busca de um conforto maior favoreceram a expansão das cidades. Sem dúvida, esses burgos nos parecem bem modestos, mas esses pequenos núcleos urbanos de 3 mil a 10 mil habitantes já parecem, para alguns, lugares de perdição dos quais se deve fugir. Como escreveu Léopold Génicot, "as cidades se tornavam, no século XI, suficientemente importantes para afastar delas as almas religiosas; mas não eram ainda suficientes para levantar problemas espirituais tão graves que os melhores decidissem consagrar-se ao apostolado das massas urbanas".[61] As cidades são bem grandes para provocar nas almas piedosas vontade de fugir delas, mas não o suficiente para provocar nelas o desejo de ficar criando ordens religiosas adaptadas, como serão as ordens mendicantes do século XIII. A vocação eremítica no século XII atinge mesmo o mundo dos ricos mercadores, como Ranieri de Pisa (morto em 1160), que faz a viagem a Jerusalém, onde leva uma vida de solitário durante uma dezena de anos, antes de regressar e confinar-se no monastério São Vito de Pisa, de 1153 a 1160.[62] Na mesma época, na Inglaterra, um mercador de Yorkshire, Godric de Finchale, abandona seus bens depois de ter lido o *Vita solitária* de São Cuthbert e se instala numa "horrível solidão" na região de Durham. Atormentado pelas tentações habituais dos eremitas, recorre aos banhos de água fria para acalmar os ardores da carne; sua reputação se estende e logo ele fica rodeado de toda uma comunidade.[63]

A atração pelo eremitismo tem também uma segunda causa: o relaxamento dos costumes no clero secular, que leva os mais exigentes a fugir para a solidão. No ambiente da reforma gregoriana, que se esforça para impor aos eclesiásticos um tipo de vida mais rigoroso, alguns fazem valer as exigências extremas, apelando para a fuga do mundo, como Roger de Caen (morto em 1090), em seu *Carmen de contempto mundi*, Anselme d'Aoste (morto em 1103), Elmer de Canterbury (morto depois de 1137), Henry de Huntingdon

---

61 Génicot, L'Érémitisme du XIe siècle dans son contexte économique et social. *L'eremitismo in Occidente nei secoli XI a XII*, p.69.

62 Grégoire, *San Ranieri di Pisa*.

63 *Libellus de vita et miraculis S. Godrici Heremitae di Finchale auctore Reginaldo monacho Dumelmensi.* Surtees Society, 20, 1847.

EXCLUÍDOS, RECLUSOS E EREMITAS MEDIEVAIS   115

(morto em 1160), Hugues de Saint-Victor (morto em 1141), Pierre de Blois (morto em 1200), Bernard de Cluny (morto em 1141), Marbode de Rennes (morto em 1123). Para muitos, é mais do que uma simples retórica ou um tema da moda. Associando o gesto à palavra e à escrita, eles deixam o mundo, tornam-se pregadores vagabundos, como Robert d'Arbrissel, padre bretão que se tornou eremita na floresta de Craon, que circula em Anjou e ao norte do Poitou, Bernard de Tiron, Pierre de Craon, Étienne d'Obazine. Alguns têm uma conduta extravagante, como Engelbald d'Hérival em Lorraine, mas os mais sérios acabam por se ver na chefia de uma comunidade, que eles são obrigados a sedentarizar e organizar, como vimos pelos camaldulenses: em volta do eremitério de Étienne de Thiers, em Muret, perto de Limoges, que inicia em 1076, desenvolve-se a ordem de Grandmont, dotada de uma regra em 1140, insistindo na pobreza e dando preponderância aos leigos sobre o clero. Em 1101, Robert d'Arbrissel funda o duplo monastério de Fontevrault, dirigido por uma abadessa. A reforma cisterciense, iniciada por Robert de Molesmes em 1098, não se inscreve verdadeiramente no movimento eremítico, pois privilegia a vida comunitária, como vimos a propósito de São Bernardo, mas a busca sistemática dos "desertos", dos lugares mais isolados, inospitaleiros, mesmo malsãos, para a implantação de monastérios, participa dessa ideologia da fuga do mundo.

Os eremitas estão em todo lugar, do sul da Itália ao norte da Inglaterra. A Sicília, "as montanhas do Lácio, da Toscana, da Calábria, são então povoadas de anacoretas, eremitérios dispersos em pequenos grupos, onde os discípulos, em torno de um mestre, se submetem a macerações salvadoras. Pouco a pouco, essas colônias de solitários se reúnem em federações... Esse estilo de vida monástica, proposição de uma absoluta recusa do mundo, de absoluta pobreza, da cela e do silêncio [...] conheceu um favor crescente durante todo o século XI, em razão do que, nele, o mundo cavalheiresco podia seduzir, o que ele supunha ser heroísmo físico, de domínio de si, seu gosto pela performance. Ele se propagou pouco a pouco, implantou-se no coração do Ocidente",[64] escreve Georges Duby.

Na Inglaterra, a importância do eremitismo é revelada pela redação de regras destinadas a dar um plano à vida dos solitários, como o *Ancren Riwle*

---

64 Duby, *Le temps des cathédrales. L'Art et la société, 980-1420*, p.85-6.

do fim do século XII ou do início do século XIII.[65] Estamos na época de Robin Wood, e alguns eremitas estão na fronteira entre o piedoso solitário e o fora da lei justiceiro, contestatário, defensor do pobre, em conflito com os xerifes locais. Assim, o eremita Robert de Knaresborough (morto em 1218) é associado com um Robin Wood da fé, vivendo numa caverna, "um lugar de vasta e horrível solidão", em Yorkshire.[66] Procurado por agentes de Ricardo Coração de Leão, o eremita acaba por voltar para a vida secular, qualificado de impostor, "frequentando ladrões e bandidos", pelo senhor local, Guillaume de Stuteville. Felizmente ele tem um irmão, Guillaume, cônego de York, que manda construir para ele um alojamento decente e uma capela, o que o torna um pouco mais respeitável.

A popularidade dos eremitas pode, com efeito, transformá-los em agitadores sociais quando o contexto se presta a isso. Na Itália, são com frequência causadores de desordem, e as autoridades eclesiásticas tentam em vão disciplinar os "irmãos barbudos" que vivem solitários ou em pequenas comunidades turbulentas. Alguns deles serão integrados, em 1256, à ordem dos Eremitas de Santo Agostinho. Na época das cruzadas, anacoretas podem tornar-se chefes carismáticos capazes de arrastar multidões. O mais célebre é o famoso Pierre, o Eremita, pregador exaltado, que, em 1096, desencadeia uma cruzada popular, paralela à dos senhores. O cronista Guibert de Nogent traçou seu retrato: "Enquanto os príncipes, com grande reforço de despesas, rodeados de uma nuvem de empregados, faziam com minúcia e tudo bem contado seus preparativos de partida, o povo miúdo, sem recursos mas considerável em número, ligou-se a um certo eremita Pierre e, tanto quanto as coisas se passaram aqui, lhe obedeceram como a um mestre. Dizem que esse homem nascido na cidade de Amiens, se não me engano, havia levado, em alguma parte da França do norte, sob o hábito de monge, uma vida solitária. Ele partiu de lá, não sei com que intenção, e nós o vimos percorrer cidades e vilas e pregar, rodeado de tão grandes multidões de povos, cumulado de tantos presentes, cercado de tal renome de santidade, que nunca homem, tanto quanto eu me lembre, foi honrado assim como ele.[67] Mas ele rapidamente vai

---

65 Dauphin, L'érémitisme en Angleterre au XIe et XIIe siècles. *Atti della secunda settiamana di studio La Mandola*, p.271-303.

66 Grosjean, *Vitae S. Roberti Knaresburgensis. Analecta Bollandiana*, 57, p.365-400.

67 Nogent, *Gesta Dei per Francos*, CIX.

EXCLUÍDOS, RECLUSOS E EREMITAS MEDIEVAIS 117

se irritar com a indisciplina de seus fiéis, que, após ter atravessado a Europa, como uma nuvem de gafanhotos, se deixarão dizimar pelos turcos.

Compreende-se que as autoridades religiosas sejam muito desconfiadas com relação a esses personagens, cuja independência pode se revelar subversiva. Desde o fim do século XI ressurge o velho debate entre cenobitismo e eremitismo. O bispo Yves de Chartres (1049-1116) critica o monge Rainaud, que desejava levar uma vida de anacoreta. Para o bispo, o gosto da solidão é muitas vezes uma tentação diabólica para separar o cristão da comunidade, submetê-lo à acídia, à vanglória, à tentação da carne, sem poder recorrer à ajuda de seus irmãos. A solidão absoluta é "mais espetacular do que útil", não assegura a virtude da abnegação e de serviço ao próximo, ela lança o descrédito sobre a vida em comum nos monastérios, que contudo proporciona infinitamente mais ocasião de ascese para aqueles que querem absolutamente se infligir penitências. A isso Rainaud responde fazendo um quadro pouco elogioso da situação dos monastérios, onde não se respeita mais a pureza da regra de vida de origem, onde a separação do mundo não é mais assegurada. Se se quiser de fato assumir sua virtude de pobreza, de castidade, levar uma vida ascética perfeita, por uma decisão livre, e não por obediência, o eremitismo é a única solução.[68] Às vezes, as comunidades monásticas fazem pressão sobre os leigos que querem fugir do mundo, para que eles se tornem monges, e não eremitas: é o caso dos religiosos de Meerseen em relação a Gerlac de Houthem (morto em 1165).

Outros monastérios se mostram mais flexíveis, aceitando que alguns de seus monges, os mais sólidos, se lancem na vida solitária. Mas eles conservam sempre um controle sobre eles: os eremitérios ficam próximos, e o eremita volta periodicamente à comunidade. Assim em Montserrat, em Gorze, em Afflighem e mesmo em Cluny, onde o abade Pierre, o Venerável (morto em 1156), enumera as condições impostas aos solitários: pureza, pobreza, humildade, simplicidade, regularidade nas preces e na salmodia, trabalho, práticas ascéticas e sessões obrigatórias no monastério.[69] Não há solidão sem vigilância. Do mesmo modo, Étienne de Tournai, abade de Santa Genoveva,

---

68 Morin, Rainaud l'ermite et Yves de Chares. Un épisode de la crise du cénobitisme aux XIe-XIIe siècles. *Revue Bénédictine*, t.40, 1928, p.99-115.

69 Leclercq, Pierre le Vénérable et l'érémitisme clunisien. *Studia Anselmiana*, 40, 1956, p.99-120.

adverte um de seus cônegos que se tornou eremita: eu não vos teria aconselhado, mas, agora que haveis tomado vossa decisão, atenção, não superesti-
meis vossas forças, evitai os excessos de prece e de penitência.[70] Baudouin
de Ford (morto em 1190), em seu tratado *De vita coenobitica*, reafirma a superioridade da vida coletiva sobre a vida solitária: Deus não é uma sociedade
sozinho, já que ele é uma trindade? E o cartuxo Bernard de Portes (morto
em 1158) compõe um regulamento de vida para os solitários, lembrando-
-lhes que a virtude essencial é a humildade, e que eles devem sempre estar
alertas, pois o demônio aproveita dos momentos de tristeza e de inquietude
para tentá-los.

No século XIII, mesmo um espírito livre como Francisco de Assis estima
necessário compor uma *Regra para os eremitérios*, a fim de evitar as derivas
entre os membros de sua ordem que escolhessem a vida solitária. Primeiro,
esses "solitários" deverão viver a três ou quatro juntos, para se ajudar e se
vigiar mutuamente. Dois levarão a vida de Marta: serão chamados de "mães";
dois levarão a vida de Maria: serão os "filhos", o que complica um pouco as
coisas, já que os franciscanos são todos "irmãos" e os superiores são "pais"!
"Eles devem ter um recinto no qual cada um terá sua cela, onde rezará e
dormirá [...]. E, no recinto onde moram, não devem permitir a entrada de
ninguém nem devem comer. Os irmãos que são as mães devem se dedicar
a ficar afastados de qualquer pessoa, e, por obediência a seu ministro,
preservar seus filhos de qualquer pessoa, para que ninguém possa falar com
eles. E os filhos não devem falar com ninguém"...[71] a não ser com sua mãe,
que é também seu irmão...

A RECEITA DOS CARTUXOS: 90% DE SOLIDÃO, 10% DE COMUNIDADE (SÉCULO XII)

A tentativa mais avançada, mais bem-sucedida, de conciliação entre a
vida cenobítica e a vida eremítica é a de São Bruno, fundador da ordem dos
cartuxos. Bruno, filho de notáveis de Cologne, nascido pouco antes de 1030,

---

70 Étienne de Tournai, Épitre 159, apud *Patrologie Latine*, op. cit., t.211, 446a.
71 São Francisco de Assis, Écrits. *Sources Chrétiennes*, p.203.

EXCLUÍDOS, RECLUSOS E EREMITAS MEDIEVAIS 119

estuda na escola da catedral de Reims. Tendo se tornado cônego e depois, em 1074, chanceler dessa sede episcopal, é atraído pela vida eremítica e, em 1083 se estabelece com dois companheiros em Sèche-Fontaine, no limite entre Champagne e Bourgogne. Em 1084, passa a procurar, com seus discípulos, um lugar isolado para um eremitério. Humbert, senhor de Miribel, lhes concede o terreno de La Chartreuse, na região de Grenoble: "Ao mestre Bruno e aos irmãos que vieram com ele, procurando uma solidão para habitar e aí dedicar-se a Deus, a eles e a seus sucessores concedemos um vasto deserto em posse eterna". Desde o início, trata-se pois de uma comunidade, mas onde a parte de solidão é levada a seu máximo. Cada um dos irmãos vive numa cela separada, de onde raramente saem, como conta o biógrafo de Hughes, futuro prior do primeiro convento de cartuxos na Inglaterra: "Suas regras recomendavam a solidão, mas não a singularidade. Suas celas os separavam, mas seus espíritos estavam unidos. Cada um habitava só, à parte, mas nada tinha de seu e nada fazia na independência: todos separados, mas cada um pertencendo à comunidade". Um por todos, cada um por si, de algum modo. O convento é 10% de cenobitismo e 90% de eremitismo: "Eles têm um claustro, bem apropriado aos costumes cenobíticos, mas não coabitam no claustro, como os outros monges. Cada um tem sua própria cela em torno do claustro, e é na cela que se trabalha, se dorme, se come", escreve Guibert de Nogent em 1114-1115, o que confirma Pierre, o Venerável em 1118-1120: "Segundo o antigo costume dos monges do Egito, eles habitam perpetuamente em suas celas pessoais. Lá se dedicam sem descanso ao silêncio, à leitura, à oração e ao trabalho manual, sobretudo à cópia de manuscritos".[72]

Bruno não redigiu nenhuma regra para sua comunidade de monges eremitas. Aliás, ele ficou pouco tempo no convento, já que em 1090 vai para Roma e passa seus dez últimos anos como eremita na Calábria, em La Torre, de onde escreve a Raoul le Verd, reitor de Reims: "O que a solidão e o silêncio do deserto trazem como utilidade e divino gozo aos que os amam, só estes sabem, os que fizeram essa experiência [...]. Alegrai-vos por ter ganhado o repouso tranquilo e a segurança de um porto escondido". São Bruno morre em 1101.

Entretanto, o modelo dos eremitas cartuxos se espalha muito rapidamente e torna-se indispensável lhe dar uma estrutura. Mesmo os eremitas, a

---

72 Textos citados em Guigues I, Coutumes de Chartreuse. *Sources Chrétiennes*, n.313.

partir do momento em que têm um mínimo de vida em comum, devem seguir uma regra. Guigues I, que entrou em 1106 no convento, do qual se torna prior em 1109, com 26 anos, é, pois, encarregado de elaborar a carta do movimento. Não será uma "regra" propriamente dita, mas "costumes", redigidos entre 1121 e 1128, expondo o tipo de vida dos monges cartuxos. A primazia do aspecto eremítico sobre o aspecto cenobítico é claramente afirmada: "Nossa principal dedicação e nossa vocação é nos consagrar ao silêncio e à solidão da cela. [...] 'O solitário permanecerá sentado e guardará silêncio, e ele se elevará acima de si' (Lamentações, 3,28): essas palavras exprimem quase tudo o que há de melhor em nossa vida: o repouso e a solidão, o silêncio e o desejo ardente dos bens celestes".[73]

O mundo do cartuxo, seu reino, é sua cela, onde deve se sentir como um peixe na água, mas na água de um aquário: "O habitante dessa cela deve cuidar com diligência e solicitude em não forjar ou aceitar ocasiões de sair dela, exceto as que são instituídas pela regra; ele considerará sobretudo a cela tão necessária à sua salvação e à sua vida quanto a água o é para os peixes e o redil para os cordeiros".[74] A "cela" é de fato uma verdadeira casa de dois níveis, com cômodos especializados: ateliê, oratório, quarto. Deve-se cuidar dela; não se pode personalizá-la, decorá-la, pendurar quadros dos seus santos preferidos ou fazer mudanças internas. Parece que estamos lendo um contrato de locação: "Nas celas, seja no alto, seja embaixo, não se tem autorização de mudar nada nem estabelecer nada sem antes ter mostrado e sem ter recebido ordem, a fim de que casas construídas com muito trabalho não se estraguem ou sejam destruídas por uma busca curiosa".[75] Cada cela é equipada de toda uma bateria de instrumentos e ferramentas necessários à vida cotidiana e ao trabalho manual, da qual os *Costumes* dão um inventário detalhado. Guigues explica a razão desse equipamento: "Se concedemos tantos objetos a cada um, é para que não se seja obrigado a sair da cela, o que consideramos ilícito. Com efeito, isso nunca é permitido, salvo quando a comunidade se reúne no claustro ou na igreja".[76]

---

73 Ibid., 14, 5, e 80, 7.
74 Ibid., 31, 1.
75 Ibid., 64, 2.
76 Ibid., 28, 6.

Na cela, o cartuxo reza, estuda e faz bricolagem. Trabalho manual e trabalho intelectual se equilibram. Os *Costumes* insistem sobre a importância do sono: "Após o final das completas, não demoramos a nos deitar. Com efeito, não somente o sono nos é aconselhado, mas temos ordem de consagrar uma grande aplicação ao sono, durante as horas destinadas ao repouso, a fim de poder estar acordado mais alegremente no resto do tempo".[77]

O cartuxo vive só, num silêncio absoluto. Só se comunica com o irmão de serviço por um guichê. A comunidade só se agrupa para os ofícios de domingo na capela e, "depois da nona, no domingo, vamos juntos ao claustro para falar de coisas úteis": único momento em que as línguas podem se liberar. Bem entendido, não se recebe nenhum visitante, a não ser, excepcionalmente, um abade ou um bispo de passagem. Os eremitas giróvagos que andam pela região são mantidos à distância: "Fugi como se foge da peste desse bando malsão de leigos cheios de vaidade", havia prevenido Bruno. Quanto às mulheres, esses seres diabólicos não devem nem mesmo aproximar-se do recinto. Pois nenhum homem pode lhes resistir, escreve Guigues: mesmo os patriarcas, mesmo Adão "não puderam escapar às carícias e às astúcias das mulheres [...]. Não é possível para um homem esconder o fogo em seu seio, ou andar sobre brasas ardentes guardando a planta dos pés intacta, ou tocar no alcatrão sem ficar preso no visco".[78]

O convento cartuxo é, aliás, uma verdadeira fortaleza. A entrada, a 780 metros de altitude, é guardada pelo "porteiro do deserto"; a três quilômetros dela, a 850 metros de altitude, alojam-se dezesseis monges conversos; 1,2 quilômetro mais adiante se encontra a entrada do monastério; uma vez passada a barreira, atinge-se, a 1.195 metros, os eremitérios individuais: não mais do que treze monges. Solidão extrema, ao mesmo tempo protegida e vigiada. Guigues termina seus *Costumes* com um "Elogio da vida solitária": "Sabeis, com efeito, que no Antigo e sobretudo no Novo Testamento quase todos os segredos mais sublimes e mais profundos foram revelados aos servos de Deus não no tumulto das multidões, mas quando eles estavam sós. E eles mesmos, quando desejavam meditar mais profundamente sobre alguma verdade, orar com mais liberdade ou tornar-se alheios aos interesses da terra por um

---

77 Ibid., 29, 4-5.
78 Ibid., 21.

encantamento do espírito, esses familiares de Deus quase sempre evitaram o aborrecimento da multidão e procuraram os benefícios da solidão". Jesus "quis nos instruir por seu exemplo, submetendo-se à solidão como uma provação de tentação e de jejum, antes de pregar ou realizar milagres".[79]

A ordem dos cartuxos concerne apenas a um número muito limitado de indivíduos, pois a seleção é muito severa. O rigor extremo dessa vida eremítica só pode ser suportado por espíritos psicologicamente adaptados, ao mesmo tempo equilibrados, introspectivos e disciplinados. Mas o prestígio dessa elite privilegiada da solidão é considerável. Os monastérios, de efetivos limitados, se multiplicam, não sem provocar a hostilidade das ordens concorrentes. É o caso, em 1136, da fundação cartuxa do Mont-Dieu, perto de Reims, que atrai os melhores sujeitos, como os beneditinos Joran de Saint-Nicaise, Étienne e Robert de Celles. Em 1145, quando o cisterciense Guillaume de Saint-Thierry visita o estabelecimento, fica admirado e redige pouco depois um tratado sobre a solidão, a *Carta aos irmãos de Mont-Dieu*, que logo se tornará conhecida com o título *Carta de ouro*, às vezes falsamente atribuída a São Bernardo.

A obra é dirigida aos cartuxos do Mont-Dieu, mas será adotada por todas as ordens monásticas, mesmo por aquelas que privilegiam a vida comunitária, pois ela é uma justificação da vida claustral, da retirada do mundo numa solidão consagrada. Ele estabelece a dignidade da solidão, que distingue do fato de estar só. Aquele que não tem devoção, "não é solitário, mas se deve chama-lo de *só*. A cela para ele não é uma cela, mas lugar de reclusão, prisão. Ele está efetivamente só, ele que não tem Deus consigo! Verdadeiramente prisioneiro: ele que não é livre em Deus! Isolamento, reclusão, nomes de miséria! A cela, em nenhum caso, deve ser reclusão forçada, mas estadia de paz; a porta fechada não é um esconderijo, mas retiro. Pois quem tem Deus por companheiro nunca está menos só do que quando está só. Então ele goza livremente de sua alegria; então ele pertence a si mesmo para gozar em si e de si em Deus".[80]

A cela é o paraíso dos solitários. A cela material, de um lado, que não se deve deixar, pois ela é a garantia da estabilidade psicológica: "Com efeito,

---

79 Ibid., 80.
80 Saint-Thierry, Lettre aux frères du Mont-Dieu. *Sources Chrétiennes*, n.223; I, 29-30, p.169.

EXCLUÍDOS, RECLUSOS E EREMITAS MEDIEVAIS

é impossível para o homem fixar com constância a sua alma num mesmo objeto, se ele não fixou de antemão seu corpo num lugar determinado. Quem busca fugir da inquietude de sua alma indo de um lugar para outro parece o homem que foge da sombra de seu próprio corpo; ele foge de si mesmo, ele se leva daqui para lá; mudando de lugar, mas não de alma, permanece sempre o mesmo, com a diferença de que a mobilidade piora seu estado, como os abalos do transporte fatigam normalmente os doentes".[81] De outro lado, o solitário está também numa cela interior: "Além da cela exterior, outra interior. A exterior é a casa onde tua alma habita com teu corpo; a interior é tua consciência, que Deus deve habitar, íntimo entre todos os íntimos, em companhia do teu espírito. A porta da clausura exterior é o símbolo da porta da muralha interior: como a primeira interdita aos sentidos corporais que eles vagabundem para fora, a segunda contém os sentidos da alma para o domínio mais íntimo que lhe pertence".[82]

A vida solitária, confinada nessas duas celas, exige um caráter bem temperado. É por isso que o recrutamento dos monges deve ser muito seletivo. "Para falar a verdade, a dignidade da cela, o mistério da santa solidão, os títulos de nobreza da vida solitária pareceriam convir apenas aos perfeitos", mas, "na prática, se recrutarão os habitantes das celas a partir de duas categorias de homens: entre os simples, serão escolhidos os que, de coração e vontade, se mostrarão ávidos e capazes de alcançar a prudência religiosa; entre os prudentes, os que se mostram desejosos de adquirir esta simplicidade religiosa que é própria dos santos".[83] Duas categorias são rejeitadas de imediato como inaptas à vida solitária: os espíritos muito rudes, temendo "que sua excessiva grosseria não possa ser dirigida, nem treinada", e os orgulhosos, que, "desde o dia de sua entrada, se põem a fazer a lei, loucos demais para se dobrar diante daquelas que encontram". Evidentemente são excluídos "os loucos, os doentes graves; os que, por uma razão ou outra, não são suficientemente senhores de si mesmos, deixamo-los à vista normalmente; não os abandonamos; não os confiamos a eles mesmos, com medo de que façam mau uso da solidão".[84]

---

81 Ibid., III, 95, p.219.
82 Ibid., III, 105, p.227.
83 Ibid., IV, 141 e 143, p.255 e 257.
84 Ibid., IV, 145, p.259.

"Em suma, que sejam admitidos à vida solitária os homens animais que dão prova de humildade e de simplicidade da alma." Os "homens animais": com efeito, Guillaume, dirigindo-se ficticiamente aos noviços, lhes dá este conselho: "Considerai-vos animais ferozes, indomados, em jaulas; animais incapazes, pelos procedimentos ordinários dos homens, de serem aprisionados de outro modo; assumi o nome deles". O debutante é um animal que deve primeiro aprender a dominar seu corpo. Em seguida entrará numa fase de "progresso", ou fase "racional", e dominará sua razão; enfim ele atingirá o estado dos "perfeitos", ou espirituais, domando seu espírito.

É preciso sobretudo se preservar do grande defeito dos solitários, o orgulho: "Não vás crer que o sol, luminoso para todo o mundo, só ilumina tua cela; que o tempo não é bom em nenhum lugar, a não ser em tua casa; que a graça de Deus não opera em lugar nenhum, exceto na sua consciência. Deus seria apenas o Deus dos solitários?".[85] E o melhor remédio contra o orgulho é a obediência.

O noviço animal é confrontado com uma tarefa temível: domar o animal que há nele. A fraqueza do homem é o baixo ventre, cavalo de Troia do diabo. Precaução indispensável: evitar a ociosidade, o "repouso estéril", que deixa o pensamento vagabundear. Para isso, prece, leitura, meditação, trabalho físico, em particular trabalho no campo: "Seu rude labor, quebrando tanto quanto possível o corpo, quebra e humilha o coração, e o peso de seu cansaço sempre faz surgir sentimentos de devoção mais intensa". O solitário deve se exercitar até que a submissão de seu corpo se torne um hábito e um prazer. Entretanto, deve-se evitar os excessos ascéticos: "Praticados sem moderação, a ponto de anular o espírito e indispor o corpo, eles entravam os exercícios espirituais". É preciso também escolher um conselheiro espiritual: "Ele deve se apresentar a ti cada vez que tu desejes; deve acorrer mesmo quando tu não queiras".

Assim, mesmo a solidão do cartuxo não é absoluta. Ele é rodeado, ajudado, vigiado. Contudo, suscita nos responsáveis religiosos críticas e desconfiança. Deixai os invejosos, escreve Guillaume, "os que vos acusam de novidades. São eles sobretudo que devem ser acusados de velhos e vaidosos". É o estatuto da solidão que está em jogo. Como Guillaume de Saint-Thierry, os partidários da fórmula cartuxa tomam cuidado em distinguir *solitarius* e

---

85 Ibid., II, 20, p.159.

EXCLUÍDOS, RECLUSOS E EREMITAS MEDIEVAIS

solus, solitário e só. "Não deveis pensar que, quando estais sós na cela, estais sozinho", escreve Adam de Dryburgh. "Pois nunca estais menos só do que quando estais só, por assim dizer, se sois como deveis ser. Estais sós quando, no quarto com um espírito puro e limpo, com a porta fechada a qualquer outra coisa, rezais a Deus em espírito?"[86] O bom solitário nunca está só. Ele não está só nem em espírito nem mesmo fisicamente, já que sua cela faz parte de um conjunto que assegura disciplina e vigilância.

AS RECLUSAS: COMADRES OU SOLITÁRIAS?

O problema é mais delicado com os reclusos, e sobretudo com as reclusas, cujos casos se multiplicam no século XII, suscitando o fervor popular e a reticência das autoridades. Sua presença não é sempre assinalada nos textos, pois na maioria das vezes elas fazem parte da paisagem e estão tão integradas à vida local que não se julga necessário falar delas. Em Paris, reclusos e reclusas se instalam nos lugares de passagem mais frequentados, pois dependem totalmente dos outros para sua subsistência: eles estão pelo menos ao redor de treze igrejas, perto dos conventos, no cemitério dos Inocentes, dificilmente tolerados pelas autoridades. Em 1400, Jean Gerson exprime suas reticências numa carta aos reclusos do Monte Valeriano. Na Itália, a reclusão é frequente no meio urbano, segundo André Vauchez,[87] e algumas reclusas particularmente veneradas atraem multidões de fiéis, como Verdiana de Castelflorentino, morta em 1241 depois de 34 anos de isolamento numa cela edificada perto da igreja de Santo Antônio. Até mesmo o arcebispo de Florença vem visitá-la, e como o lugar é infestado de serpentes, sua tumba se torna um lugar de peregrinação contra as mordidas de répteis. No fim do século XIII, Jeanne de Signa, morta em 1307, e Jeanne d'Orvieto, morta em 1306, são igualmente célebres reclusas. Em 1346, morre Claire de Rimini, estabelecida numa cela ao longo das muralhas da cidade, usando cilício e correntes de ferro diretamente na pele, entregando-se a exercícios ascéticos espetaculares.[88]

---

86 Dryburgh, *De quadripartito exercitio cellae*. In: *Patrologie Latine*, op. cit., t.173, col.850.
87 Vauchez, *La Sainteté en Occident aux derniers siècles du Moyen Âge*, p.229.
88 Ibid., p.230-321.

Na Inglaterra, reclusos e reclusas são numerosos, às vezes tão próximos uns dos outros que nos perguntamos se devemos falar de solidão ou promiscuidade. Eis, no meio do século XII, Christina de Markyate.[89] Ela é casada, mas, como quer viver como reclusa, seu marido, Burhtred, renuncia solenemente a seu direito conjugal, durante uma cerimônia que reunia cinco eremitas como testemunhas. Seguindo os conselhos de outro eremita da vizinhança, Christina instala sua cela em Flamsted, perto de Saint-Albans, ao lado de outra reclusa, Alfwen, que está em muitos bons termos com o recluso Roger, que reside a duas milhas de lá. Entre reclusos, reclusas e eremitas, eles se visitam, o que permite a Roger apreciar as qualidades – não se sabe quais – de Christina, a ponto de ele pedir a ela que fosse se instalar contíguo a ele, o que provoca o ciúme da reclusa Alfwen. Entre Roger e Christina existe quase uma coabitação: somente uma prancha separa as duas celas, e Roger a tira toda noite para que Christina possa ir ao toalete. O idílio dura até a morte de Roger. Não se sabe até que grau de intimidade chegou a união do recluso e da reclusa, mas só depois da morte de Roger o bispo de Lincoln concede a consagração formal a Christina. Ela habita numa cela tão exígua que quase não pode se virar e desenvolve várias doenças. Vai algumas vezes ao monastério de Sant-Albans, onde tem um bom amigo, o monge Alvered; recebe visitas, não somente de seu irmão, que também é monge, e de sua irmã, que é religiosa. Acaba por ser rodeada de toda uma comunidade de reclusas atraídas por sua reputação; toda noite um eremita da vizinhança vem seguir os ofícios na abadia de Saint-Albans.

Um pouco mais solitário, na mesma época, é o recluso Wulfric d'Haselbury, morto em 1154. Sua cela está próxima do muro da igreja de Haselbury, a cinquenta quilômetros de Exeter. Uma grande quantidade de pessoas vem consultá-lo à sua janela, até o dia em que um misterioso visitante lhe diz: "Teu lugar está perto do céu; tudo o que te falta é uma fechadura". Para seu hagiógrafo, é uma mensagem divina convidando-o a limitar suas conversas. Ele envia então um empregado a um ferreiro para lhe fazer a dita fechadura.[90] Numerosas outras reclusas são mencionadas na Inglaterra, como Odolina de Crewkerne, Cristina de Wareham, Aldida de Sturminster Newton.

---

89 *Christina of Markyate: a twelfth century holy woman* (ed. S. Fanous e H. Leyser).
90 *Wulfric of Haselbury* (ed. Maurice Bell).

EXCLUÍDOS, RECLUSOS E EREMITAS MEDIEVAIS 127

Todas suscitam a maior desconfiança do clero. Por isso, quando a irmã do célebre abade da grande abadia cisterciense de Rievaulx, em Yorkshire, Aelred (1110-1167), lhe comunica seu desejo de tornar-se reclusa e lhe pede que redija um regulamento de vida para guiá-la, ele exprime sua reticência e faz um quadro pouco elogioso das mulheres pretensamente solitárias e retiradas: "Ah, as reclusas de nosso tempo! Quase não encontrarás nenhuma que seja só, que não tenha, sentada diante de sua janela, uma boa mulher tagarela ou uma espalhadeira de notícias. Elas a retém com propósitos inúteis, repassam o diz que diz e histórias maldosas, lhe descrevem as atitudes, a fisionomia, a conduta de tal monge, de tal clérigo ou de qualquer outro personagem. De tempos em tempos, introduz-se um traço picante sobre a leviandade das moças, a liberdade das viúvas que creem que tudo lhes é permitido, a malícia das esposas hábeis em enganar o marido e em satisfazer sua volúpia. A todo momento se ouvem gargalhadas e risos. Os lábios se distendem, e o veneno, bebido com delícias, se difunde no coração e nos membros. Quando, enfim, a hora as força a ir embora, elas se separam bem providas: a velha de alimentos e a reclusa de prazeres.

"Tão logo a pobre retoma a calma, é para voltar seu espírito para as imaginações que ela deixou entrar pelos ouvidos, e o fogo aceso pela tagarelice se atiça com a reflexão. Exaltada, ela titubeia entre os salmos, se embaraça na leitura e não consegue fixar seu espírito na oração.

"Ao cair da noite, outras mulheres menos recomendáveis vêm a seu encontro. Elas aumentam ainda mais as coisas, acrescentando novas histórias, até entregá-la inteiramente a desejos maus, aos demônios, que vão zombar dela. Pois agora se fala sem véus. Não se trata somente de despertar a atração pelos prazeres, mas de satisfazê-los. Pede-se conselho sobre os meios: onde, quando e com quem ela poderá dar satisfação a seus maus desejos. A cela se torna então um lugar mal-afamado. Será encontrado um meio de aumentar o tamanho da saída, por onde a reclusa possa escapar ou o sedutor possa se introduzir. Esse é um mal comum da nossa época, inúmeros casos o provam, tanto entre os homens como entre as mulheres.

"Há outras que, sem dúvida, evitam propósitos obscenos; mas, faladeiras em companhia incessante de faladeiras, abandonam diariamente seu espírito à curiosidade, seus ouvidos e sua língua às futilidades e aos mexericos. Em nossos dias, quase todas as reclusas são presas pouco a pouco por esse vício. Outras, por mais reservadas que sejam nesse assunto, são atingidas pela febre de fazer fortuna ou de aumentar seu rebanho; e elas colocam nisso tal ardor, e a questão ganha tal proporção, que nós a tomaríamos mais como mães de família ou donas de casa do que como anacoretas. Providenciam pastos para seus rebanhos, contratam pastores para vigiá-los. Exigem que esses homens lhes deem conta do produto anual da manada, do valor, do peso, do número de animais. Depois vêm as transações de compra e venda, e as moedas de ouro que se empilham, acendem em seus corações a sede de riquezas. Um espírito maligno abusa delas, persuadindo-as de que esses bens são úteis e necessários para dar esmola, alimentar os órfãos, receber caridosamente parentes e amigos, abrigar pessoas piedosas." E ele acrescenta: "Em nossos dias, já é bom se elas preservam a integridade corporal, se uma gravidez não vier pôr um fim à sua reclusão, se choros de crianças não revelarem que se tornaram mães!".[91]

Aelred escreve à irmã que preferiria de longe que ela se juntasse a uma comunidade religiosa. A vida eremítica foi instituída no início para "escapar aos perigos de vida em sociedade, evitar seus aborrecimentos ou então se liberar para suspirar e se consumir após a união com o Cristo". Outros viviam do trabalho, de suas mãos; outros, "temendo a liberdade que a solidão permite e a vagabundagem à qual ela expõe, julgaram mais seguro confinar-se numa cela da qual mandavam murar a entrada". Mas não basta fechar-se entre quatro paredes para se tornar perfeito. Eis alguns conselhos. Eles constituem um pequeno tratado latino, *De institutione inclusarum*, geralmente traduzido sob o título de *A vida de reclusa*.

Conselho de base: se uma mulher escolhe a reclusão, é para ficar só, não para convidar as amigas e passar o dia a fazer fofocas: "Procure uma empregada idosa, que não seja faladeira, nem querelante, nem vagabunda, nem inclinada à maledicência, mas que seja de boa vida e tenha reputação de devotada. Ela guardará a porta de tua cela e dará acesso aos visitantes ou os mandará embora, segundo for o caso. Ela receberá e conservará os víveres necessários. Ela terá à disposição uma jovem mais forte para os trabalhos pesados. Esta buscará água e madeira, cozinhará as favas, os legumes".[92]

---

91 Rievaulx, La vie de recluse. *Sources Chrétiennes*, n. 76, op. cit., p.2-3 e 6.
92 Ibid., 3.

EXCLUÍDOS, RECLUSOS E EREMITAS MEDIEVAIS

Uma reclusa também não é uma professora de escola: "Não dê acesso aos meninos ou às meninas. Há reclusas que se ocupam do ensino das meninas, e transformam sua cela em escola. A reclusa se senta à janela, enquanto as crianças de agrupam no pórtico. Ela olha com atenção uma depois da outra todas as alunas, e, segundo suas atitudes infantis, ora de zanga, ora se põe a rir, alternadamente as ameaça ou acaricia, bate nelas ou as abraça. Se uma delas, punida, chora, logo ela se aproxima, lhe acaricia o rosto, lhe envolve pelo pescoço e, tomando-a nos braços, só se ouvem sem cessar: 'minha filhinha', 'minha querida...'. O que torna tudo isso o pensamento sobre Deus? Tais ocupações despertam apenas lembranças do mundo e sensualidade".

Outra recomendação: desconfiar dos homens, tanto jovens quanto velhos. Nada de flertar com os jovens monges, trocar com eles pequenos presentes: "Não receba nem envie cartas e pequenos presentes, cintos e bolsas tecidas e bordadas de cores, que se oferecem – o costume é por demais difundido – aos jovens monges e aos clérigos". Mas atenção aos velhos igualmente, mesmo – e sobretudo – que sejam padres: quando se vive na continência, mesmo um velho pode suscitar o desejo, e inversamente o menor gesto de afeição pode aquecer o espírito dele. Aelred confessa francamente que conhece um pouco disso; ele é obrigado a tomar banhos de água gelada ou a se esfregar com força com urtigas toda vez que seu pensamento vagueia e provoca um "movimento ilícito" numa parte do corpo. Logo, nada de familiaridades com o confessor: a reclusa escolherá um confessor velho, mas "não tocará nem apertará sua mão, pois o mal temível inoculado em nossos membros pode nos impressionar até no declínio da velhice". Se um clérigo vem vê-la, se a conversa ocorrer na presença de um terceiro, nunca olhar para ele, e manter o véu abaixado. Se é um adolescente, recusar-se a recebê-lo.

Se mendigos ou viúvas a importunam para que ela lhes distribua dons e presentes, deve-se afastá-los e não lhes dar nada, eles acabarão indo embora: "Quanto à ti, não se mexa, não responda, espera. Quando souberem que não tens nada, que nada receberão, eles se cansarão e irão embora. – 'É desumano!', gritarás. – Contudo, se tu dispões do que quer que seja a mais do necessário, alimento ou roupa, não tens nada de uma monja. Então, o que distribuirás? É entretanto recomendado à reclusa confiar o excedente do benefício de seu trabalho a uma pessoa de confiança, para que esse excedente seja dado aos indigentes".

É preciso guardar silêncio, só falar quando isso é absolutamente necessário, e então "não em voz alta e gritante, nem adocicada, nem entrecortada de risos", sobretudo durante a Quaresma. "Mas, já que esse rigor é considerado excessivo e mesmo impossível, a reclusa deve falar então com seu confessor e seus empregados, porém mais raramente do que em outros tempos." Deve-se respeitar o silêncio das completas na aurora; depois, "após a prima, se a reclusa quer dar algumas indicações aos empregados para o trabalho da jornada, que o faça brevemente". Em seguida, silêncio até a terça; da terça à nona, ela pode receber os visitantes e dar ordens aos empregados; enfim, repouso até meia-noite antes de celebrar as vigílias noturnas.

Outros conselhos práticos: deve-se alternar as leituras piedosas (e variadas, para evitar o torpor) e o trabalho manual, que expulsa os maus pensamentos, a acídia, a tristeza. A ociosidade "acende os desejos culpáveis". Nada de fantasias nas vestimentas: um vestido muito simples no verão; duas camisas de estopa no inverno, e um véu. Quanto ao regime alimentar, a reclusa, que teoricamente não deve sair de sua cela, se contentará com pouca coisa: alguns legumes, ervas e feculentos, com um pouco de óleo, manteiga e leite; uma salada e uma fruta; à noite, peixe.

A vida de reclusa é um texto surpreendente, que mostra a que ponto o tema da reclusa é injustificado. Ninguém é menos solitário do que essas santas mulheres, com sua corte de empregados, pobres, clérigos, confessores, pedintes, companheiras, curiosos e admiradores. Certamente elas frequentam mais pessoas que a burguesa ou a camponesa comum, e sua solidão é uma falsa solidão. Mais ou menos meio século mais tarde, por volta de 1200, outro manual confirma essa constatação: o *Ancrene Wisse*, composto em língua vulgar por um monge agostiniano do priorado de Wigmore, em Herefordshire.[93] Seu julgamento é tão severo quanto o de Aelred: as reclusas são verdadeiras zeladoras, sua cela é o cruzamento de todos os mexericos da cidade, e são certamente as mulheres mais bem informadas sobre os rumores e as fofocas dos arredores: "Dizem que quase todas as reclusas têm uma mulher idosa para lhes encher os ouvidos, uma tagarela que lhes conta todos os mexericos, uma pega que lhe cacareja tudo o que vê e escuta, tão bem que é agora proverbial dizer que 'pode-se saber de todas as novidades no moinho,

---

93 *Ancrene Wisse: guide for anchoresses* (ed. Hugh White).

no mercado, na forja e na casa da reclusa'. Deus sabe o quanto isso é triste! A cela da reclusa, que deveria ser o lugar mais deserto, ser comparável a três outros que são lugares de tagarelice!".[94] A sequência é no mesmo sentido: as reclusas mantêm escolas, fazem negócios, gostam de seduzir. O autor lembra as recomendações de base, notadamente no que concerne à disposição da cela: não mais de dois cômodos, uma para a vida privada da reclusa, servido ao mesmo tempo de quarto e oratório, a outra para a empregada, e servindo de parlatório para os visitantes; uma janela dando para a igreja; outra para o exterior, por onde se comunicam, mas coberta com um pano negro com uma cruz branca. O autor adverte também que é preciso evitar os excessos. A reclusa não deve se negligenciar; deve se lavar e lavar suas roupas, a sujeira não é tolerada: "Lavai-vos toda vez que for necessário, e mesmo quantas vezes quiserdes, e vossas roupas também. Deus nunca amou a imundície; a pobreza e a simplicidade é que lhe são preciosas".

Teoricamente, não se pode improvisar-se em reclusa e, por conta própria, construir sua cabana contra a parede da igreja. É preciso passar por um longo período de provação, provar que sua vocação é séria, obter o acordo das autoridades religiosas. O confinamento se desenvolve numa cerimônia solene, da qual temos um exemplo tardio: o de Béatrice Franke, uma religiosa do priorado de Stainfield, em Lincolnshire, na igreja de Winterton. A prioresa certifica que sua vocação para a reclusão perpétua é antiga e firme; o bispo de Lincoln aprova; um abade examina a candidata e "confina a dita irmã Béatrice numa construção e num recinto edificados ao norte da dita igreja, e fecha a porta com fechaduras, barras e chaves".[95]

A SOLIDÃO NÃO É VISTA COM BONS OLHOS

Durante toda a Idade Média a situação de reclusos, reclusas e eremitas "selvagens" é, pois, muito controvertida. Esses personagens que deixam a vida em comum são extremamente populares, embora a Igreja oficial seja muito reticente a seu respeito. Sua popularidade se deve a várias causas. À

---

94 Ibid., p. 94.
95 Citado por Webb, op. cit., p.90.

sua origem social, em primeiro lugar. Na maioria, são pessoas oriundas do povo, compartilhando sua cultura – sua incultura, dizem as classes dirigentes. Muitos são leigos, ou em todo caso clérigos independentes das ordens religiosas, como Gérard de Villamagna, Torello de Poppi, Marzio de Gualdo Tadino, Martin de Gênes, Nicolas de Santa Maria a Circolo, Guillaume de Scicli, Miro de Canzo na Itália nos séculos XIII e XIV.[96] Em seguida, seu tipo de vida surpreendente, suas penitências e austeridades extremas fazem deles objetos de admiração, seres sobre-humanos espetaculares, cuja vida inteira parece um milagre, uma manifestação divina. Como os antigos Padres do Deserto, alguns eremitas estabelecem recordes de ascetismo: Pierre de Morrone, no fim do século XIII, recita todo dia o salmodiário e as horas canônicas, faz quinhentas genuflexões cotidianas, mil durante a Quaresma, fica em silêncio e evita ver mulheres; usa um cilício de crina de cavalo cheio de nós, anda descalço, alimenta-se de folhas de repolho, beterraba, castanhas e favas. É por isso que, na ocasião de seu processo de canonização, em 1306, uma testemunha declara que "ele levava uma vida tão dura na abstinência e privações que parecia ser mantido em vida por um efeito especial da graça divina".[97] Ele é seguido por uma multidão fascinada: "Os que o viam ficavam cheios de alegria espiritual, como se tivessem visto Deus", diz outra testemunha; e uma terceira diz que "toda vez que ele aparecia para o povo, diante do espetáculo de sua face, ninguém na assistência conseguia evitar, por devoção, derramar lágrimas de compunção e soluçar".[98] Sua popularidade é tal que os clãs de cardeais que se defrontam em Roma vão elegê-lo papa em 1294, a fim de utilizá-lo: vão procurá-lo na cela de Abruzio e o coroam em 29 de agosto, sob o nome de Celestino V. Manipulado por Carlos de Anjou, o papa eremita abdica em 13 de dezembro, e seu sucessor Bonifácio VIII o manda para a prisão, onde morre dois anos depois. Destino excepcional de um solitário que passa da cela de eremita à cela da fortaleza após uma breve estadia no palácio pontifical. Para coroar tudo, Clemente V o canoniza em 1313.

---

96 Vauchez, *La Sainteté en Occident...*, op. cit., p.228-9.
97 Seppelt, *Die Akten des Kanonisationsprozesses in dem Codex zu Sulmona*. In: *Monumenta coelestiniana*, p.329.
98 Ibid., p.211.

EXCLUÍDOS, RECLUSOS E EREMITAS MEDIEVAIS 133

Outro campeão da penitência: Laurent de Subiaco, morto em 1243, chamado de Laurent, o Encouraçado, que, depois de ter matado um homem e feito uma peregrinação a Compostela, vive como eremita em grutas e florestas da região de Subiaco, onde se alimenta de um pouco de pão fornecido pelos pastores. Esse fenômeno de feira usa permanentemente uma couraça de ferro, que lhe machuca o peito, com círculos guarnecidos de pontas, que afundam em sua cabeça quando ele adormece. Tal masoquismo valia bem um processo de canonização, que ocorreu em 1244.[99] O eremita Jean, o Bom, por sua vez, na mesma época, enfia gravetos de madeira nos pés, o que provoca dores inacreditáveis a cada passo. Ele também terá seu processo de canonização. Além disso, todos se fazem corrigir em sua cela pelo diabo, que lhes inflige feridas e inchaços.

Enfim, terceira razão de sua popularidade: eles fazem milagres. Milagres gratuitos, como Jean, o Bom, que faz um pedaço de madeira seco florescer e atravessa o fogo sem se queimar; milagres utilitários, como os de Laurent, o Encouraçado, e Nicolas de Tolentino, que fazem brotar uma fonte ao lado de sua cela de fim de ter água corrente; milagres meteorológicos, como Jean o Bom, que interrompe a chuva que ia levar as cabanas de seus companheiros; e certamente inevitáveis curas, pelo simples sinal da cruz. Tudo, nesses personagens de conduta incoerente, que de um lado se infligem sofrimentos absurdos e de outro facilitam sua vida pelos milagres, que de um lado fogem da multidão e de outro a atraem por suas performances de acrobata, contribui para torná-los populares.

Dedica-se a eles um culto espontâneo, em nível local, tentando obter um reconhecimento oficial de sua santidade pela Igreja, quase sempre em vão. Assim, em Perusia, todo ano a comunidade faz, por meio século, pedidos para canonizar um eremita local, Bevignate, que vivia no fim do século XII.[100] E no século XV é o que acontece em Marches, com Antoine d'Amendola. Mas as autoridades eclesiásticas são muito reticentes em colocar sobre os altares esses solitários excêntricos. Os processos de canonização dos eremitas são muito raros. O primeiro só ocorreu em 1185, em Montesiepi, na Toscana.

---

99 Atos publicados por Gnandt, *Vita S. Cleridoniae virginis, B. Laurentii anachoretae necnon et servi Dei Hippolyti Pugnetti monachi.*
100 Kern, L. Saint Bevignate de Pérouse. *Studien aus den Gebiete von Kirche und Kultur, Festschrift G. Schnüurer.*

Foi levado pelo cardeal bispo de Sabine, Conrad de Wittelsbach. Vinte testemunhas depõem, dentre as quais vários eremitas, que atestam os milagres realizados por seu companheiro de solidão, Galgano.[101] Os outros processos são de Laurent, o Encouraçado (1243), Jean, o Bom (1249-1251) e Pierre de Morrone (1306). Todos os outros pedidos se defrontam com uma recusa. Quanto aos resultados, eles são reveladores: apesar do extraordinário fervor popular que suscitam, um só desses eremitas foi canonizado, Pierre de Morrone, e isso em razão de manobras políticas. Se ele tivesse permanecido eremita nos Abruzzios sem que se servissem dele para fazê-lo papa durante três meses, e se Felipe, o Belo, não tivesse insistido em seu favor a fim de contrariar Bonifácio VIII, ele nunca teria sido posto nos altares. O outro caso é o de Nicolas de Tolentino: morto em 1305, objeto de um culto popular em toda a Itália central e meridional, há investigações sobre sua vida em 1305 e 1357, mas sem consequências. Foi apenas em 1446 que foi canonizado.

Manifestamente, os solitários não são vistos com bons olhos. São muito populares para ser honestos, por assim dizer. Sua conduta extravagante perturba e leva a interrogações sobre sua saúde mental: os comissários nos processos perguntam sempre se eles não eram *fantastici*. Seus excessos penitenciais são perigosos e têm caráter mais ou menos suicida. Sua existência vagabunda, na qual são seguidos por multidões de fieis, os aparenta a agitadores políticos, contestatários perigosos para a ordem estabelecida. Sua falta de cultura teológica os torna suspeitos de heresia. Assim, o papa Inocêncio IV ordena em 1253 uma segunda investigação sobre as doutrinas ensinadas pelo eremita Jean, o Bom, antigo malabarista. De modo geral, esses solitários são julgados independentes demais em relação à hierarquia. Preferem-se os personagens formados nos quadros oficiais, disciplinados, condicionados e programados no centro das comunidades religiosas reconhecidas. É por isso que Nicolas de Tolentino acabará se impondo: ele pertence à ordem dos eremitas de Santo Agostinho, e, apesar de viver isolado numa cela, ela esta está situada num convento. Sua solidão é vigiada.

A Idade Média tem uma visão negativa da solidão. O homem solitário é, ao mesmo tempo, um perigo e está em perigo; é um excluído e um desviante.

---

101 Schneider, Der Einsiedler Galgan von Chiusdino und die Anfänge von San Galgano. *Quellen und Forschungen aus Italienischen Archiven und Bibliotheken*, 17.

EXCLUÍDOS, RECLUSOS E EREMITAS MEDIEVAIS

Por isso não é natural procurar a solidão. No limite, ela é um sinal de loucura. Na literatura, solidão rima com inquietude: quando está preocupado, Arthur se torna "pensativo e silencioso", "pensa e não diz nada", isolando-se em si mesmo. No *Tristão* de Béroul, o círculo do rei Marc se agita quando ele declara que quer partir sozinho: "Partir sozinho? Alguma vez se viu um rei mais imprudente?". No mito celta de Melusina, a solidão é ambígua: ela é uma necessidade para a fada, uma punição para o cavaleiro. Este, Raymondin, encontra uma bela moça na floresta e conclui com ela um pacto: ele a levará em seu cavalo e se casará com ela, será feliz e rica, com a condição de deixá-la sozinha todos os sábados, sem procurar saber o que ela faz. Passar o fim de semana na solidão é uma ideia insólita, se diz Raymondin, que, levado pela curiosidade, procura espionar a esposa. Esta, que não era outra senão a fada Melusina, desaparece então. Desesperado, Raymondin vai viver uma vida solitária, como eremita, em Montserrat.

Distinguem-se, contudo, alguns sinais, ainda muito discretos, de valorização da solidão a partir do século XII. Não se trata de uma solidão eremítica e ascética, da qual acabamos de falar, mas de uma solidão de conforto e intimidade, temporária e propícia à reflexão, o tipo de solidão oferecido por um jardim privado, que isola e protege do mundo, como o bispo Marbode, de Rennes, aprecia por volta de 1120:

> A verde relva, as árvores silenciosas e o ar leve,
> Uma fonte de água viva correndo sobre a grama,
> Aliviam um espírito cansado e me devolvem a mim mesmo;
> Fazem de mim minha morada.[102]

As rainhas, quase sempre deixadas sós por seu real marido que partiu para a guerra, a cruzada ou a caça, apreciam o jardim como lugar de retiro. Em 1250, Henrique III da Inglaterra dá indicações para arranjos no jardim da esposa, Eleonora de Provence, em Woodstock: será necessário "construir bons muros em torno do jardim da rainha a fim de que ninguém possa entrar, com um belo e agradável canteiro de ervas perto do lago do rei, para que a dita rainha possa aí se divertir".

---

102 Waddell, *More Latin Lyrics from Virgil to Milton*, p.250.

Nos monastérios, alguns monges apreciam poder se retirar para um lugar afastado, a fim de se beneficiar de um pouco de intimidade e de liberdade, fora da vista da comunidade. Nicolas de Clairvaux, secretário de São Bernardo, escreve a um amigo o quanto se sente feliz por possuir um "escritório" (*scriptorium*) para "ler, escrever, compor e meditar, orar e adorar a majestade do Senhor"; "lá, sozinho, quase sempre entro na solidão de meu coração".[103]

Uma novidade cultural vai ter um papel importante na reabilitação da ideia de solidão: o início da leitura silenciosa. Essa prática, que exige um ambiente calmo, favorável à concentração, contribui para isolar o espírito, e é duplamente um fator de solidão: permite àquele que não está só se isolar em si mesmo, e ao que está só tornar sua solidão agradável, abrindo-se para um mundo interior. Durante séculos, apenas a leitura em voz alta era possível. Os livros latinos clássicos, sem pontuação, sem distinção entre maiúsculas e minúsculas, sem intervalos entre as palavras, só são decifráveis pela cooperação constante da visão e da voz, ginástica que necessita de uma longa prática entre os oradores, como observava Quintiliano. Ainda por volta de 400, Santo Agostinho ficava estupefato ao ver Santo Ambrósio ler em silêncio. É apenas no século VII que se começa a separar as palavras nos manuscritos, o que permite pouco a pouco impor o silêncio no *scriptorium* monástico, onde não é mais necessário ditar o texto para copiá-lo. No século XII, a prática da leitura silenciosa é geral nos conventos e nas bibliotecas. A leitura ganha liberdade, rapidez e autonomia: o livro, companheiro discreto e amigo íntimo, preenche a solidão e a torna mais suportável, até mesmo atraente. Logo ele será atributo e símbolo do solitário.

---

103 Clairvaux, Épître 35. *Patrologie Latine*, t.196, col. 1126.

– 4 –

RENASCENÇA E REFORMA: OS FATORES DE UMA SOLIDÃO HUMANISTA (SÉCULOS XIV-XVI)

É na primeira metade do século XIV que aparecem os primeiros sinais de uma nova abordagem da solidão, com as modificações do contexto sociocultural. Os males do tempo – penúria, pestes, guerras, revoltas urbanas e rurais – esboçam uma contestação dos valores tradicionais de cristandade. Os espíritos, traumatizados pelas catástrofes sem precedentes, dentre as quais a peste negra de 1348-1350 não é a principal, são levados a refletir, a desenvolver um sentimento de culpa, individual e coletivo, que vai se manifestar numa nova forma de devoção, a *devotio moderna*, baseada na interioridade, no contato pessoal com o divino. As estruturas coletivas e hierárquicas da Igreja são contestadas, a começar pelo papado. Lentamente, surge na elite social e intelectual uma aspiração por mais autonomia, por exame crítico pessoal dos escritos que a imprensa vai logo difundir em grande quantidade, tornando acessíveis diretamente tanto os textos religiosos quanto os pagãos. Ao mesmo tempo, com a retomada do comércio no século XV, os quadros profissionais e corporativos se dividem, o individualismo progride, assim como o desejo de afirmação de si. Com o humanismo, a cultura se seculariza; com a Renascença, ela se personaliza; com a Reforma, ela se individualiza. E todas essas correntes vão no mesmo sentido, o da autonomia da pessoa, que requer a possibilidade de se isolar, não mais para se infligir penitências, mas para refletir, pensar, sonhar, amar, chorar, rezar, ler, escrever. A esfera individual se amplia, em detrimento da esfera coletiva, do eu em detrimento do nós, tanto no domínio intelectual quanto no do sentimento. Essa afirmação de si, no poeta, no artista, no filósofo, e mesmo no religioso e no teólogo, passa por uma necessidade nova de solidão, uma solidão considerada não mais punição, mas momento privilegiado de diálogo consigo mesmo. A imagem do humanista meditando e escrevendo em seu gabinete de trabalho é seu símbolo. De Petrarca, em sua pequena casa em Vaucluse, a Montaigne em sua "biblioteca" no Perigord, o humanismo dá à solidão suas cartas de nobreza.

PETRARCA (1304-1374), ARAUTO DA SOLIDÃO HUMANISTA

Se fosse necessário escolher uma data para marcar a inflexão decisiva na história da solidão, 1346 se imporia. Nesse ano, enquanto o rei da França é derrotado em Crécy, um clérigo toscano, Francisco Petrarca, termina um tratado para a glória da solidão: *De vita solitaria, Da vida solitária.*

Filho de um notário, Petrarca estudou direito, depois recebeu as ordens menores com 26 anos, em 1330, o que não o impedirá de ter dois filhos naturais. É que o personagem é complexo e dilacerado entre tendências contraditórias. Sua vida se divide em períodos de atividades públicas, principalmente a serviço do papa, que o envia para missões diplomáticas e a quem ele serve como secretário em Avignon, e períodos de retiro privado, em Selvapiana, na região de Parma, perto de um monastério cisterciense próximo de Milão, e sobretudo em Fontaine-de-Vaucluse, onde passa longas temporadas a partir de 1337. Sua cultura é dupla, misturando a herança pagã antiga às fontes cristãs medievais. Enfim, é um homem dividido entre as pulsões de uma forte sensualidade e a aspiração à pureza, que se exprime por meio de seu amor platônico por Laura, jovem que encontrou numa igreja de Avignon em 1327 e que lhe inspirará inúmeros poemas, paralelamente a diversas ligações que não tiveram nada de platônico. Mesmo na velhice, confessa ter muita dificuldade para conter seus impulsos sexuais: "Minha saúde é tão boa", escreve com quase 70 anos, "meu corpo é tão robusto, meu temperamento tão caloroso, que a idade, as ocupações sérias, a continência e a mortificação não conseguem vencer esse inimigo rebelde contra o qual luto sem cessar. Se não tivesse fé na Providência, eu sucumbiria, como já sucumbi várias vezes. Frequentemente, no fim do inverno, preciso retomar as armas contra a carne, para combatê-la, por minha liberdade, contra seus mais cruéis inimigos".

Dotado de um temperamento melancólico e introspectivo, Petrarca é naturalmente atraído pela vida solitária no campo. A cidade é para ele um inferno, em particular Avignon, então capital da cristandade, centro cosmopolita onde se acotovelam clérigos de toda a Europa, a fim de resolver suas questões na corte pontifical. A presença de milhares de eclesiásticos atrai prostitutas, mercadores, artesãos e traficantes, que fazem da cidade uma aglomeração tão barulhenta, suja e superlotada, que o humanista só pensa em fugir: "Quem dirá meu desgosto e meu tédio cotidiano na mais triste e mais barulhenta das cidades, cloaca estreita e recuada para onde converge toda a sujeira do mundo inteiro? Quem encontrará palavras para descrever esse espetáculo que causa enjoo? As ruas infectas em que os porcos imundos se misturam aos cães raivosos, o barulho das rodas que fazem tremer as paredes, os veículos que vêm das ruas transversais, os mendigos repugnantes, os ricos arrogantes, os que se entregam ao desespero ou a uma alegria escandalosa, os trabalhos diversos, o rumor confuso das vozes e a multidão dos passantes?".[1]

Ora, a alguns quilômetros dali, num lugar selvagem, ornado pelo reaparecimento das águas frescas do Sorgue, em Vaucluse, hoje Fontaine-de-Vaucluse, Petrarca adquire uma casa pequena nas margens do rio. Manda instalar ali todos os seus livros e construir ao pé da falésia calcária um duplo jardim, que ele chama de Helicon, em referência ao jardim das musas da mitologia. Numa carta, ele descreve os encantos do lugar: "Tenho aqui dois pequenos jardins que não poderiam ser mais adaptados a meu temperamento [...]. Duvido que se possa encontrar um equivalente em outro lugar no mundo [...]. Eu o chamo de meu Helicon transalpino. Um deles tem sombra,

---

1 Petrarca, *La Vie solitaire*, p.106.

favorável ao estudo e consagrado a Apolo. Ele é contornado pelo jovem rio Sorgue e, para além dele, só há rochas e precipícios acessíveis apenas aos pássaros e aos animais selvagens. O outro jardim fica perto da casa, de aparência mais cultivada e mais adequado a Baco. Está maravilhosamente situado no meio de uma bela corredeira e, bem perto, separado somente por uma pequena ponte no fim da casa, há um arco natural de pedra que agora, na estação quente, protege do calor. É um lugar que convida ao estudo, e eu o comparo ao pequeno pátio em que Cícero declamava, exceto que lhe faltava o Sorgue. Lá passo metade do dia, as manhãs nas colinas, as tardes nos campos ou perto da fonte do meu jardim selvagem, onde, fazendo a arte dominar a natureza, arranjei um lugar ao pé da rocha e no meio do curso de água, restrito mas inspirado, onde o espírito pode, ao seu bel-prazer, elevar-se até os mais altos pensamentos".[2]

A atmosfera está posta, o contexto cultural também. Para Petrarca, esse retiro não evoca o deserto de Santo Antônio, mas o jardim das musas, Apolo, Baco, Cícero. Ele não está lá para rezar, jejuar ou se infligir maus tratamentos, mas para ler, escrever, fazer a sesta e passear: "Levanto-me à meia-noite e saio pela manhã; estudo no quarto, assim como no campo; leio, escrevo, sonho, luto contra a preguiça, contra o sono e a sensualidade. Às vezes percorro montanhas áridas, vales profundos, grutas tenebrosas; às vezes passeio sozinho, com meus pensamentos, ao longo do rio. Nenhuma alma para me distrair; a cada dia me libero da carga dos homens, e os mantenho à distância. Relembro o passado e reflito sobre o futuro. Descobri um meio excelente de me separar do mundo, me habituando aos lugares onde me estabeleci, e estou convencido de que poderia me habituar assim a todos os lugares, exceto, contudo, a Avignon. Aqui, em Vaucluse, imagino que estou ora em Atenas, ora em Roma ou Florença, segundo as fantasias de meu espírito; aqui, aproveito a companhia de todos os meus amigos, daqueles com quem vivi, daqueles que morreram muito tempo antes de mim e daqueles que só conheço por suas obras". Em outras palavras, dos ausentes: são os melhores companheiros. Seus verdadeiros amigos são os livros. Os que ele lê e os que ele escreve. Pois ele não é ocioso: "Não quero que a solidão seja ociosa, e que os prazeres que se podem encontrar nela sejam

---

2 Id., *Epistolae familiares*, XII, 8.

inúteis. Ao contrário, é preciso procurar tornar essa solidão proveitosa, não somente para si, mas para os outros. Um homem desocupado, indolente e apartado do mundo cai necessariamente numa tristeza infeliz. Não pode fazer o bem, não pode se dedicar a um estudo nobre, não pode sustentar o olhar de um grande homem".

Em Vaucluse, Petrarca escreve muito: poesia, cartas, história e seu tratado sobre a solidão, no qual faz um elogio desse estado até então considerado assombroso. Esse livro, *Da vida solitária*, é dedicado ao amigo Philippe de Cabassoles, bispo de Cavaillon, que é também seu vizinho, pois ele passa muitos períodos em sua fortaleza que domina a Fontaine-de-Vaucluse. O tratado é redigido durante a Quaresma de 1346, e Petrarca volta a trabalhar nele e o aumenta muitas vezes depois, até compor um grosso volume de mais de seiscentas páginas, que é tanto uma recapitulação dos escritos sobre a solidão desde a Antiguidade quanto um estudo psicológico desse estado.

A solidão é benéfica para todos, escreve Petrarca: "Estejamos em busca de Deus, de nós mesmos e, nos estudos honoráveis pelos quais podemos atingir tanto um quanto outro, […] devemos nos retirar para o mais longe possível das multidões e da agitação das cidades"; "desejemos servir a Deus, o que é a única liberdade e a única felicidade, ou queiramos exercitar nossos talentos nas artes liberais, o que é quase tão digno, ou desejemos, pela meditação e pela escrita, legar à posteridade nossa memória, e assim reter a fuga dos dias e alongar a breve duração da vida, ou queiramos realizar tudo isso, eu vos peço, fujamos e passemos o pouco tempo que nos resta na solidão".[3]

Por solidão, Petrarca entende primeiro a vida rural. Seu amor pela natureza e pela vida campestre é também precursor da moda pastoral, que vai marcar o fim da Idade Média e da atmosfera lírica da poesia da Renascença. Há mesmo acentos pré-rousseauistas nos ataques virulentos contra a cidade, na maneira como ele opõe os vícios urbanos, "os banhos, os bordéis, os palácios, as tavernas", às virtudes do campo, "os bosques, as montanhas, os prados, as fontes". A multidão urbana é um rebanho depravado; a vida rural é sadia e virtuosa. Os passeios solitários são estimulantes para o corpo e o espírito; ele mesmo faz passeios bem longos, mas nunca sozinho, como a subida ao Monte Ventoux.

---

3 Id., *La Vie solitaire*, II, 14.

Além disso, a solidão é a liberdade, a liberdade de "viver como quereis, ficar onde quiserdes, estender-se sobre o tapete púrpura das flores na primavera, sobre a camada de folhas mortas no outono, enganar o inverno ficando ao sol, ficar à sombra no verão, não ser afetado por um nem por outro, a não ser na medida em que o quiserdes. Em todos os casos, ser vós mesmo, e em todo lugar estar com vós mesmo, longe do mal, longe do mau exemplo dos malfeitores, sem ser empurrado, incomodado, sacudido, importunado, sem ser arrastado para um banquete sem ter fome, sem ser forçado a falar quando quereis ficar em silêncio".[4] Na cidade nunca se pode estar tranquilo: somos sempre solicitados por vizinhos, clientes, amigos; não podemos nunca ser nós mesmos, é preciso sempre fingir: "Eles não choram nem riem segundo seus próprios sentimentos, mas em função do sentimento dos outros; agem, pensam e vivem como estranhos [a si mesmos]". As pessoas se medem de alto a baixo, se julgam umas às outras. Pode-se dizer que, literalmente, na cidade, o inferno são os outros.

A solidão, tal como Petrarca a concebe, não tem muito a ver com a religião. É uma solidão secularizada, liberada dos constrangimentos, e é o que a torna tão atraente. A solidão do humanista não é a solidão do eremita, do recluso ou mesmo do cartuxo, que se isolam para se punir e merecer o céu. Petrarca substitui a solidão repulsiva do religioso pela solidão atrativa, bucólica, apaziguadora, que permite sonhar, "se consagrar à leitura e à escrita, repassando de uma à outra, lendo o que nossos predecessores escreveram, escrevendo o que nossos sucessores lerão". Portanto somente os espíritos racionais e cultivados podem apreciar a solidão, como Cícero e Sêneca a tinham enxergado muito bem: "Para alguns a vida solitária é pior do que a morte e parece trazê-la com ela. São os que ignoram a literatura e que, se não têm ninguém com quem falar, não sabem falar consigo mesmos ou com seus livros, e são, pois, mudos. A solidão sem a literatura é o exílio, a prisão, a tortura. Acrescentai a ela a literatura e ela se torna a pátria, a liberdade, o prazer. Como diz a célebre frase de Cícero a respeito dos prazeres: "O que há de mais doce do que um lazer literário?", e aquela, não menos célebre, de Sêneca: "O lazer sem a leitura é a morte, é ser enterrado vivo".[5]

---

4 Ibid., I, 6.
5 Ibid., I, 3.

RENASCENÇA E REFORMA

Petrarca reconhece que certamente Cícero não viveu na solidão, a não ser obrigado e forçado, mas isso é conforme à sua vocação de orador. Quanto a Sêneca, só se pode aprová-lo quando ele declara que apenas as pessoas de bem podem tirar proveito da vida solitária. E o humanista se diz de pleno acordo com Cipião: "Eu também nunca fui menos ocioso do que no lazer, nem menos só do que quando estava só, e sempre fui ocioso, exceto no lazer, e sempre só, salvo quando estava só". Uma condição indispensável: ter sempre o espírito ocupado, pois do contrário a solidão só agrava nossas tristezas, em particular as tristezas de amor. No início de sua estadia em Vaucluse, Petrarca, pensando obsessivamente em Laura, vagueia como uma alma penada: "Não sabia o que fazia; não podia encontrar o auxílio de que precisava. Em todo lugar levava comigo minhas inquietações cruéis. Só, abandonado, sem apoio, sofria mais em meu retiro do que em qualquer outro lugar. Incessantemente devorado pelo amor, eu exalava nos vales suspiros e queixas já ouvidos em todo lugar e cujo som achamos agradável".

Entretanto, logo a solidão se torna para ele uma segunda natureza e, ao fim de seu tratado, ele convida seu amigo, o bispo Philippe de Cabassoles a vir reunir-se a ele: "Não posso estar só, mas comecei e perseverarei se somente um guia e um companheiro de vida solitária puder vir comigo. Para falar francamente, sereis não só o apoio de minha paz, não só o reconforto de minha solidão, mas de certo modo sereis vós mesmo minha solidão; serei verdadeiramente solitário quando estiverdes comigo".[6]

OS LAÇOS ENTRE ESTUDO E SOLIDÃO (SÉCULOS XV-XVI)

De vita solitaria inaugura de fato uma nova concepção da solidão: uma solidão secular, agradável, atrativa, gratificante, rural, ao mesmo tempo estudiosa e repousante, retirada e convivial. Petrarca se defende de ser misantropo e declara mesmo que é mais útil à humanidade pelos trabalhos que cumpre em seu retiro de Vaucluse do que na corte pontifical. Essa solidão humanista vai seduzir muitos intelectuais do século XIV ao XVI. Dante e seu amigo Cavalcanti já tinham se distinguido, por volta de 1300, por seu gosto

---

6 Ibid., II, 15.

por uma solidão melancólica, mas isso era ainda considerado uma esquisitice mais ou menos suspeita. Em *La vita nuova*, Dante se descreve como um homem de experiências solitárias, inspirado pela visão de Beatriz, e, depois de sua morte, em 1321, Giovanni Villani traça dele o seguinte retrato: "Dante, em razão de sua sabedoria, era sobretudo arrogante, fastidioso, altivo e, como filósofo, difícil, não querendo se dirigir a pessoas comuns".[7] Em suma, não era um homem de comunicação. Quanto a Guido Cavalcanti, que se vê com frequência passear nos cemitérios de Florença, diz-se que é "altivo, solitário e estudioso",[8] "por causa de sua paixão pelo raciocínio especulativo, que o tornava estranho ao comum dos mortais".

Mas esses julgamentos negativos sobre os intelectuais que se isolam vão desaparecer muito rapidamente em proveito de uma versão positiva. Por volta de 1385-1390, Christine de Pisan, jovem viúva de 25 anos, decide levar uma vida independente de mulher de letras, "sozinha", desposando uma solidão para o melhor e o pior:

> Sozinha sou e sozinha quero ser,
> Sozinha meu doce amor me deixou,
> Sozinha sou sem companheiro e mestre,
> Sozinha sou magoada e irritada,
> Sozinha sou por langor abatida,
> Sozinha sou mais que ninguém perdida,
> Sozinha sou sem amigo permaneço.[9]

Essa viúva corajosa encarna a promoção do "homem de letras" solitário, vivendo no meio de seus livros. Em *O caminho de longo estudo*, Christine conta que no dia 5 de outubro de 1400, sentindo-se um pouco melancólica, retira-se "para um estúdio pequeno", onde folheia livros, lendo "diversas aventuras", e consultando a *Consolação da filosofia* de Boécio. Nesse momento, essa reclusa de um novo gênero tem uma visão: não é a Virgem, mas "a dama Filosofia" que vem encorajá-la. E no *Livro da cidade das damas*, de 1405, ela se

---

7 Villani, *Nuova Cronica*, t.II, p.337.
8 Compagni, D. *Cronica*, I, 20, p.48.
9 Pisan, C. Ballade. In: *Poètes et romanciers du Moyen Âge*, p.1001.

descreve "sentada em seu estúdio, rodeada de muitos livros de toda espécie", "sob o comando de três damas de virtude: Razão, Retidão e Justiça", que lhe ordenam: "Pega tua pena e escreve". Muitas miniaturas a representam nessa situação, como um ícone da solidão humanista: a santa leiga, inspirada pela filosofia, só em sua cela, que é um confortável gabinete de trabalho, absorta em sua tarefa de escrever.[10] "Sou solitária de bom grado", ela declara.

A partir do século XV, a iconografia multiplica esse tipo de representação, mostrando o prestígio adquirido pela solidão estudiosa. Mesmo os santos e as santas são desviados de sua vocação primeira para ilustrar o novo ideal da solidão humanista. Em *As três ricas horas do Duque de Berry*, pouco depois de 1400, Santa Catarina é representada trabalhando numa biblioteca; nas cenas da Anunciação, a Virgem é surpreendida por Gabriel durante sua leitura solitária. Maria Madalena, por sua vez, torna-se uma intelectual, representada enquanto lia pelo Mestre dos retratos de meio corpo, um pintor flamengo, por volta de 1530. Os Padres do Deserto tornam-se eremitas humanistas, escrevendo num confortável gabinete de trabalho, em meio a livros e instrumentos científicos. São Jerônimo é um tema predileto. Não se contam mais os quadros que, sobretudo no século XVI, fazem dele um sábio solitário, desde o de Quentin Metsys, por volta de 1500, até o de Reymerswaele (1550), passando pelos de Dürer (1514), Vermeyen (1530), Hemessen (1550), Jean Metsys (1550), sem esquecer os precursores: Guirlandaio, Carpaccio. E de Jerônimo aos humanistas a transição é natural: depois do Jerônimo de 1514, Dürer grava um Erasmo em 1526: ambos estão escrevendo, sozinhos, concentrados, confinados em sua meditação. De 1523 a 1530, Holbein pinta uma dezena de retratos do príncipe dos humanistas, atualmente dispersos em Paris, Bâle, Salisbury, Parma, Zurique, Nova York, Cleveland, e sempre de perfil ou três quartos, lendo, escrevendo, meditando.

Os laços entre humanismo e solidão são, contudo, complexos. Alguns exprimem ainda uma reticência, sobretudo no século XV. Assim, Leon Battista Alberti (1404-1472), artista e humanista florentino, num tratado sobre a educação, *I libri della famiglia*, recomenda que se habituem os meninos bem jovens a frequentar os outros e a evitar a solidão. Os homens, ele escreve,

---

10 Em particular, uma miniatura da British Library, Harley MS 4431, e outra da Bibliothèque Nationale, MS 1177.

"são naturalmente gregários, desejosos de estar com os outros e felizes de viver entre os outros homens, enquanto evitam, detestam e temem a solidão". Retomando Aristóteles, declara que, como o homem é um animal social, deve-se ensinar ao jovem a apreciar mas também a afrontar os outros, a "ser corajoso e ávido de não parecer tímido e temeroso como os rudes".

Relacionar-se com os outros forma o caráter. A natureza humana quer que comuniquemos nossos pensamentos e nossas paixões, e não que os guardemos secretos, nos fechando em nós mesmos: "A natureza, esse excelente árbitro das coisas, quer não só que os homens vivam abertamente uns com os outros, mas lhes impõe também a obrigação de revelar aos outros suas paixões e sentimentos, em palavras ou de outra maneira, e raramente permite a alguém guardar segredo de seus atos e pensamentos".[11] Recuperando em seu proveito fragmentos do pensamento antigo, Alberti não hesita em fazer da solidão um vício do qual devemos preservar as crianças, habituando-as desde cedo a viver em grupo.

"Será, pois, útil não trancá-las num cômodo, nem mimá-las como fazem certas mães, mas habituá-las a viver com as pessoas e a respeitá-las. Não se deve deixá-las sozinhas nem se definhar numa ociosidade afeminada e vegetar entre as mulheres. Platão censurava Dion por ser solitário, dizendo que a solidão é companheira da teimosia. Catão, vendo um jovem só e ocioso, lhe perguntou o que fazia. Ele respondeu que conversava consigo mesmo. 'Tenha cuidado', lhe disse Catão, 'para não conversar com um malfeitor'. Isso era muito sábio, pois ele sabia que nos espíritos jovens os desejos corrompidos pela paixão carnal, pela cólera ou pelos maus pensamentos são mais poderosos do que a razão. Sabia que esse jovem, ocupado em se ouvir e em se responder, era mais levado a seguir seus desejos e apetites do que a honestidade, e menos inclinado a crer na continência e a evitar o desejo carnal do que os prazeres que cobiçava. Na ociosidade e na solidão nos tornamos obstinados, bizarros e viciosos."[12] A solidão só conviria às mulheres.

Essa opinião, no entanto, é cada vez menos difundida. Para os humanistas, o gosto pela solidão é indissociável do gosto pelo estudo. É a marca de um espírito profundo, superior, até mesmo genial. E com frequência os

---

11 Alberti, *I libri della famiglia*, p.67.
12 Ibid., p.68.

temperamentos solitários são associados à melancolia, uma característica dos seres excepcionais. Para Marsílio Ficino (1443-1499), "raramente ela é o sinal de um caráter ou de um destino ordinário; indica mais facilmente um homem que vive separado dos outros, divino ou bestial, feliz ou atormentado pela mais extrema miséria".[13] O solitário, assim como o melancólico, é um animal ou um ser divino. Saturniano, ele se ressente do mal de viver, e a companhia dos outros não pode satisfazê-lo: "Pensamos que podemos expulsar nossa dor escondida e contínua graças à companhia dos outros e pela variedade dos prazeres. Mas isso é uma ilusão, pois às vezes, no meio de distrações e prazeres, suspiramos e, quando o jogo termina, estamos ainda mais tristes do que antes".[14] A associação entre melancolia e solidão é um grande tema da época humanista: foi no mesmo ano, 1514, que Dürer produziu sua célebre gravura *Melancolia I* e a não menos célebre do eremita São Jerônimo trabalhando. Em 1586, Timothy Bright, em seu *Tratado da melancolia*, escreve que esta é sempre acompanhada de "um pendor para a solidão".

Sem dúvida, nem todos os solitários são melancólicos, mas todos os humanistas cultivam o gosto pela solidão, mesmo os que ensinam. Não é mais na universidade que os encontramos, mas em instituições mais fechadas, mais seletivas, as academias italianas, o Colégio de leitores reais na França; eles não estudam mais em bibliotecas monásticas ou públicas, mas em casa, no silêncio do gabinete de trabalho, esse santuário que serve de quadro às novas representações do intelectual. Os miniaturistas representavam os professores da universidade diante dos estudantes no anonimato da multidão. Desde então, o retrato do intelectual, individualizado, mostra um homem sozinho, lendo ou escrevendo. Ele trabalha, antes de tudo, para aumentar sua cultura pessoal, mesmo que suas obras escritas sirvam mais tarde e acessoriamente à comunidade. Esse recuo individualista do intelectual tende à confidencialidade, e alguns recusam-se a divulgar suas descobertas, só comunicando seus resultados a um pequeno número de iniciados. Leonardo tem seus cadernos secretos e sua escrita invertida; Fernel faz questão de trabalhar só e não quer dever nada a ninguém; Tartaglia recusa-se a enviar a Cardano seu método para resolver equações do terceiro grau; Kepler

---

13 Marcile Ficin, *Libri de vita tríplice*, III, 2.
14 Id., *Theologia platonica*, livro 14.

não obterá nenhuma informação de Tycho Brahe, e afirma que não deve nada a Copérnico. Este último publicará as conclusões de seu famoso sistema só depois de anos de hesitação, e sob a pressão dos amigos. Alguns formam sociedades secretas, cultivando o mistério, como os médicos membros dos círculos Rosa-Cruz, que se encontram em toda a Europa. Enquanto o sábio medieval, membro do clero, difundia largamente seu pensamento com os meios limitados da época, o sábio da Renascença é um solitário. E não se trata de uma questão de temperamento: o intelectual do século XVI critica a cultura universitária e teológica tradicional. Ele vai contra o aristotelismo, derruba as certezas estabelecidas e se arrisca, pois, a censuras e sanções dos poderes religiosos e civis. O trabalho solitário, até mesmo secreto, é para ele uma segurança. Em casa, organiza um espaço de trabalho, um cômodo novo, que é nomeado, de modo revelador, "estúdio", "*study*", "*studiolo*". Síntese do eremitismo e do humanismo, explícita num intelectual como Paul Giustiniani (1474-1528), reformador dos camaldulenses, que, antes de entrar no noviciado, com 34 aos, viveu como filósofo retirado. Autor prolífico, ele recomenda a seus discípulos que se cerquem de livros.[15] Ou ainda o holandês Cornelius Musius (1503-1572), capelão de Santa Ágata de Delft, autor em 1566 do *Encomium solitudinis*, longo poema que evoca a nostalgia da solidão paradisíaca de Adão.

SOLITÁRIOS DAS CIDADES E SOLITÁRIOS DOS CAMPOS

Se, para o humanista, o estudo implica momentos de solidão, a vida solitária não significa necessariamente o deserto nem a vida no campo. Para alguns, o lugar do intelectual é a cidade, a corte, o círculo dos letrados. A solidão deve ser encontrada nele mesmo, não a seu redor. É assim que o humanista alemão Ulrich von Hutten se exercita na solidão no meio do barulho e da agitação da corte do arcebispo de Mayence. Ulrich é um urbano que detesta o campo. Em 1518, em *Vitae suae rationem exponens*, ele escreve: "Falas dos encantos do campo, falas de repouso, falas do pão [...]. Se o castelo foi construído sobre um pico, não foi para o prazer, mas para a

---

15 Leclercq, *Un Humaniste ermite, le bienheureux Paulo Giustiniani (1476-1528)*.

RENASCENÇA E REFORMA

defesa, rodeado de um fosso e de uma trincheira, estreita no interior, lotado por estábulos para o grande e pequeno rebanho [...]. Em todo lugar reina um cheiro desagradável de pólvora; e depois, os cães, e as imundícies dos cães, cheiro agradável, não é? E o vai e vem dos cavaleiros, entre os quais há bandidos, malfeitores e ladrões; pois muitas vezes a casa está toda aberta, porque ignoramos quem é quem, e não fazemos muito esforço em saber". A morada camponesa, mesmo que seja um castelo, é a promiscuidade, a sujeira, a grosseria. A verdadeira solidão está no gabinete de trabalho, na cidade e, melhor ainda, em si mesmo, no que os místicos logo chamarão de "castelo da alma". É também o que pensa Jan Mombaer, que, fazendo parte dos Irmãos da vida em comum, escreve: "Acordado ou dormindo, tu estás sozinho no meio dos outros".

O debate entre os méritos da solidão do intelectual na cidade e da solidão no campo é posto em cena no diálogo do *Banquete religioso* de Erasmo. O personagem de Timóteo lembra que "Sócrates, por mais filósofo que fosse, preferia as cidades ao campo, pois era ávido por aprender, e as cidades oferecem lugares de estudo. Nos campos, dizia ele, há, sem dúvida, árvores, jardins, fontes, rios, que alimentam a vista, mas que não falam e consequentemente não ensinam nada". Ao que Eusébio, seu interlocutor, responde: "O que Sócrates diz só tem valor se tu passeias sozinho nos campos. Ainda mais porque, na minha opinião, a natureza não é muda, fala de todos os lados e oferece inúmeros ensinamentos a quem a contempla quando se dirige a um homem atento e dócil. O que mais não cessa de proclamar essa face tão doce da natureza primaveril, senão a sabedoria do Artesão Divino, igual à sua bondade? Mas Sócrates nesse retiro não ensina muitas coisas a seu Fedro e não aprende muito em retorno?". Finalmente, os dois amigos participam, com muitos outros, de um banquete camponês na vila de Eusébio. Pois a "solidão" humanista é também isto: um agradável e confortável retiro rural. Já no início do século XV, um dos primeiros humanistas, o secretário do rei Jean de Montreil, escrevia: "Fugindo da pompa das cortes e do tumulto das cidades, habitarás no campo, amarás a solidão". Celibatário, e feliz por sê-lo, "livre do jugo do casamento, aleluia", ele se diz "cumulado até a saciedade" nas residências de campo onde tem "uma multidão de livros, provisões para um ano, várias habitações, roupas, cavalos, objetos de arte, até o supérfluo". Assim como ele, Nicolas de Clamanges e Gontier Col têm também suas vilas.

Essa atração pelo campo, que se manifesta na voga literária das pastorais, é, na verdade, suspeita, pois as fontes documentais apresentam um quadro sombrio desse mundo rural em que domina a insegurança, infestado de bandidos, periodicamente devastado pela passagem de tropas, entregue aos lobos, e onde reina a miséria. Quando Philippe de Vitry, bispo de Meaux (1285-1361), elogia os encantos da vida sadia, frugal, simples, laboriosa e retirada do feliz camponês e de sua gentil esposa, ficamos céticos. Aliás, o mundo camponês não compartilha de modo algum o gosto dos humanistas pelos prazeres e pelos trabalhos solitários. A solidão, diz um calendário, "cria homens tortuosos, sinistros e que falam pouco"; em 1493, o *Compost et kalendrier des bergiers* diz que o solitário, assim como o melancólico, é "triste, pesado, invejoso, avaro, maledicente, desconfiado, malicioso, preguiçoso"; em 1495, o *Teutscher Kalender* diz que ele é "hostil, triste, ingrato, indolente e desajeitado, [...] pouco inclinado à afeição [...] por causa de sua frieza"; o *Calendar of Sheperds* tem a mesma opinião.[16] Enquanto o individualismo progride nas cidades, o mundo rural permanece o da coletividade. Lá a solidão é suspeita de misantropia, maldição, até de feitiçaria. Desde a adolescência, pertence-se a um grupo: "abadias de juventude", "reinos da juventude", "aspirantes a cavaleiros", "abadias de Maugouvert", "reino das túnicas alvas", "principados do amor" proliferam nos séculos XV e XVI, organizando festas, pandemônios, desfiles, jogos; a solidariedade paroquial e confraternal, tanto fator de rivalidades quanto de ajuda mútua, faz da vida camponesa o inverso da vida solitária. No quadro da rotação do cultivo, mesmo os trabalhos agrícolas devem ser feitos em comum. É na cidade que nasce o sentimento de solidão. O urbano se sente muito mais só do que os camponeses que pululam nos quadros de Brueghel.

É por isso que as pastorais dos humanistas são sonhos de citadinos que releram as *Idílios* de Téocrito e as *Bucólicas* de Virgílio: a *Arcádia* (1502), a *Diana* de Montemayor (1559), a *Amenta* do Tasso (1573), a *Galeteia* de Cervantes (1585), a *Arcádia* de Philip Sydney (1590), o *Pastor fido* de Guarini (1590), a *Astreia* de Honoré de Urfé (1607-1627), evocam um campo idílico, que serve de cenário para os devaneios dos humanistas caminhantes solitários.

---

16 Klibansky; Panofsky; Saxl, *Saturne et la mélancolie*, p.186-91.

A solidão humanista é um luxo de intelectuais que têm os meios para se isolar em seu "estúdio" ou em sua vila. Essa atitude não é compartilhada nem pelos cortesãos descritos por Castiglioni, que não podem dispensar a companhia de seus semelhantes, nem pelos construtores de utopias, como Thomas Morus, que não têm o que fazer com os parasitas solitários em seu Estado ideal. É notável, com efeito, constatar que o grande século do humanismo, que reabilita a solidão intelectual, seja também o século do renascimento da utopia, que é a pior inimiga da solidão. São contudo os humanistas que constroem as utopias. Mas, ao fazer isso, eles têm em vista apenas o interesse coletivo. Na máquina sociopolítica ideal que imaginam, cada um é uma engrenagem a serviço da comunidade, com o objetivo de atingir a máxima eficácia. O solitário, portanto, não tem lugar em Utopia. Quer seja na ilha de *Utopia* de Thomas More (1516), no país de *Macaria* de Kaspar Siblin (1553), na *Cidade do Sol* de Campanella ou na *Nova Atlântida* de Bacon (1620), o homem só não existe. Cada um está integrado numa organização coletiva, e mesmo o celibato é quase sempre banido. Tudo é organizado, planificado, num mundo que não deixa nenhum lugar para a autonomia da pessoa. E, curiosamente, mesmo os que garantem a maior liberdade individual não imaginam que os homens possam se servir dela para se isolar: na abadia de Thélème, em que a única regra é "Faça o que quiser", os residentes não encontram nada melhor para fazer do que se comportar como um rebanho, com uma gregrariedade de carneiros: "Com esta liberdade", diz Rabelais, "entraram na suave emulação de todos fazerem o que viam que agradava a um só. Se alguém dizia: 'Bebamos', todos bebiam; se dizia: 'Joguemos', todos jogavam; se dizia: 'vamos nos divertir no campo', todos iam".

Estranho comportamento, que tenderia a confirmar que, para o humanista, o homem é antes de tudo um animal social, e que a busca da solidão não lhe é natural. Deve-se concluir disso que num mundo perfeito a solidão voluntária não seria considerada? A solidão humanista seria nesse caso o refúgio adaptado ao mundo decaído e imperfeito no qual vivemos. Fugir do mundo só tem sentido num mundo imperfeito; num mundo perfeito, seria absurdo. Sabedoria no primeiro caso, loucura no segundo.

UMA CULTURA PROPÍCIA AO ISOLAMENTO: LEITURA E INDIVIDUALISMO

Essa ideia progride na elite intelectual e social, onde cada vez mais o indivíduo procura se distinguir. E distinguir-se é o primeiro passo para o isolamento. Não ser como os outros é uma primeira forma de solidão. E o melhor modo de se destacar, senão o mais fácil, é mostrar-se superior aos outros, procurando a glória, essa grande quimera da Renascença, que inspira o condotiero assim como o artista, o príncipe assim como o sábio. A época é de afirmação de fortes personalidades.

O enfraquecimento dos quadros tradicionais, religiosos, políticos, sociais, profissionais, o questionamento dos dogmas, das certezas, das tradições, permite aos mais audaciosos ultrapassar as barreiras sociais e ascender à glória pela *virtù*. Enquanto na Idade Média apenas os reis, os príncipes, a alta aristocracia podiam fazer um nome no mundo, nessa época têm acesso ao poder, à riqueza, à celebridade os filhos do povo, por sua inteligência, sua vontade, sua energia. Entre os condotieros, que fazem os príncipes tremerem e às vezes os destronam, Carmagnola é filho de camponês, Guattamelata de padeiro, Piccinino, filho de açougueiro; Francesco Sforza, filho bastardo de condotiero, derruba o duque de Milão Visconti; banqueiros ditam suas condições aos soberanos; Fugger é mais rico que o imperador; os Médicis governam Florença; o filho de um mineiro de Thuringe, Lutero, abala todo o edifício da Igreja, e um filho de escrivão, Calvino, impõe suas ideias teológicas a uma parte da cristandade; o filho bastardo de um obscuro copista, Erasmo, é recebido por todos os soberanos da Europa. De todos esses personagens, os artistas fazem retratos, formas novas reveladoras da afirmação do individualismo. E, outra novidade, esses artistas tornam-se também celebridades. Eles fazem o retrato dos outros, e também o seu, como Dürer, enquanto os escritores redigem sua autobiografia: Jerônimo Cardan, desde 1542, depois Benvenuto Cellini por volta de 1563, cuja biografia é precedida por estas palavras: "Depois de ter cumprido diferentes proezas dignas de renome, encontro-me cheio de vida, de glória, de talentos, de valor espiritual e de beleza física para além de toda medida. Enfim, sou tal que supero a maioria dos homens: aqueles que não ultrapasso, pelo menos os alcanço". Autorretrato, autobiografia, o procedimento é o mesmo: quer se modelar a

RENASCENÇA E REFORMA

própria imagem, se autojustificar e se imortalizar na pose escolhida. É também uma maneira de lutar contra o angustiado tempo que passa, imobilizando-se para a posteridade. Enfim, é uma maneira de marcar a diferença, de se isolar opondo-se à massa anônima. O grande homem é só, o gênio é só. Todos eles têm consciência disso. Só porque sou superior, como afirma Cellini; só porque tenho medo de não estar à altura do que se espera de mim, assim pensa Hugo van der Goes, que se confina aos 45 anos nos agostinianos do Rouge-Cloître, na floresta de Soignes, perto de Bruxelas, em 1475; só porque não quer partilhar sua glória, escreve Leonardo da Vinci: "Se és só, serás teu; acompanhado, mesmo de um só companheiro, te pertencerás a ti mesmo apenas pela metade, ou mesmo menos, tanto mais quanto for grande a indiscrição de seu comércio". A solidão, acrescenta ele, é necessária ao artista: "O pintor ou o desenhista deve ser solitário, para que o bem-estar de seu corpo não altere o vigor de seu espírito". Quanto a Michelângelo, Rafael lhe diz: "só como um carrasco", e Vasari descreve Corrège, Rosso, Piero de Cosimo como solitários.

Ao mesmo tempo, o sentimento de solidão penetra na literatura. Solidão do leitor e solidão do autor. É no meio do século XIV, em plena Guerra dos Cem Anos, que se desenvolve, numa pequena elite aristocrática e laica da corte, a prática da leitura silenciosa, cujos progressos nos meios eclesiásticos na Idade Média já evocamos. Essa prática, cuja importância nunca seria demais assinalar numa história da solidão, está ligada à evolução da devoção, que se orienta para formas mais interiorizadas e meditativas. Todos os mestres do espiritualismo moderno recomendam a leitura silenciosa dos textos sagrados: para Ludolf de Saxe, essa é a via da serenidade; para Gerhard Groote, é um excelente exercício espiritual, que lhe permitiu, ele afirma, descobrir o sentido místico da Bíblia; para Thomas a Kempis, é o meio de atingir intimidade com Deus; para Denis, o Cartuxo, isso abre a via da comunhão mística. Livros de devoção personalizados e em língua vulgar, livros de horas permitem ao cristão afortunado e letrado praticar a leitura silenciosa e solitária. Mesmo na missa, cerimônia essencialmente comunitária, o fiel pode desde então se isolar em espírito, lendo seu próprio livro de preces. Em seu livro de horas, que é também um livro de arte, o fiel aristocrata pode também ver as miniaturas das cenas de leitura silenciosa. Na primeira metade do século XV, a *Vida do Cristo* de Jean Mansel mostra um anjo desenrolando um pergaminho diante de um homem e de uma mulher que leem, e o autor encoraja os nobres a imitá-los. A leitura silenciosa, ato solitário, sucede a leitura em voz alta, ato público. O escrito suplanta o oral, e o movimento ganha a literatura profana: Carlos V encoraja a tradução de textos antigos; as produções em língua vulgar se multiplicam, com uma escrita mais adaptada à leitura rápida, a letra bastarda. O leitor, sozinho com seu livro, pode ler em seu ritmo, reler, confrontar, meditar. Ele adquire uma autonomia sem precedente. Não apenas os momentos de solidão deixam de assustar, como também ele os procura, tem necessidade de se isolar para se concentrar em sua leitura. A partir de então, não há solitário sem seu livro.

No meio do século XV, sobrevém uma revolução tecnológica maior: a imprensa. O número de livros em circulação explode literalmente: de 30 mil a 35 mil edições na Europa antes de 1500, ou seja, de 15 milhões a 20 milhões de exemplares, passa-se de 150 mil a 200 mil edições no século XVI, ou seja, de 150 a 200 milhões de exemplares. Esse sucesso se explica antes de tudo pela demanda: pessoas da igreja num primeiro tempo, depois cada vez mais magistrados, parlamentares, advogados, procuradores, notários, depois mercadores, gente de ofícios, burgueses de modo geral. Entre 194 leitores parisienses do 1500 ao 1560 estudados por Roger Doucet, 38% são magistrados, 18% advogados, 15% eclesiásticos, 8,2% burgueses e comerciantes, 5,5% nobres, 15,2% membros de categorias diversas.[17]

Apenas com a leitura dos títulos vendidos pode-se adivinhar que essa difusão dos livros é acompanhada por um gosto crescente pela solidão. Com efeito, se num primeiro momento os livros de devoção quase monopolizam o mercado, rapidamente as obras profanas progridem e logo representam a maior parte da edição. Entre essas obras muitos livros que é melhor ler sozinho: se não é preciso se esconder para ler Castiglione, Erasmo ou mesmo Maquiavel e Rabelais, é melhor se retirar ao gabinete para meditar sobre as obras sediciosas, blasfematórias, contestatárias, que se multiplicam na época da Reforma e da Liga, ou para se deleitar com obras eróticas de Poggio, Aretino ou Apuleio. A literatura clandestina instiga à leitura solitária, tanto mais porque, com o estabelecimento da censura real e do Index dos livros proibidos pela Igreja, a posse de livros interditados torna-se um crime que faz com

---

17 Doucet, *Les Bibliothèques parisiennes du seizième siècle.*

que se corram vários riscos. Riscos ainda maiores para os autores contestatários dos valores estabelecidos, que sentem uma solidão intelectual às vezes trágica. Isolados, desorientados, quase sempre sem dinheiro, próximos da miséria, eles são forçados a pedir pensões aos ricos mecenas. Esse é o contexto que levou ao suicídio o humanista Bonaventura Despériers em 1544. De espírito muito livre, nos limites do ateísmo, ligado aos meios contestatários protestantes do círculo de Margarida de Navarra, admirador dos antigos e de Sêneca em particular, cujas obras traduziu, esse intelectual original e pessimista, estranho, cai no desespero quando sua protetora o abandona. Ele se joga sobre sua espada e o encontram transpassado.

O desenlace raramente é tão trágico, mas é inegável que o florescer da literatura nos séculos XV e XVI contribuiu de múltiplos modos para o crescimento do sentimento de solidão. Solidão negativa e forçada para a escrita e a leitura de obras proibidas, mas sobretudo solidão positiva voluntária e temporária para a maioria dos outros escritos. Temporária porque o livro isola num primeiro momento, e reúne num segundo tempo, o do comentário entre leitores, amigos ou adversários.

Para muitos, escrita e leitura são fatores de evasão, logo, de isolamento num mundo imaginário que lhes permite escapar a um cotidiano deprimente: "Busco os desertos, as rochas perdidas, as florestas sem caminho, os carvalhos apodrecidos", escreve Agripa d'Aubigné, desencorajado pelas guerras de religião, em *A primavera*. Ler *Gargantua*, *Pantagruel*, *Amadis de Gaula*, *Rolando Furioso*, *Dom Quixote*, as *Questões do amor* ou a *Diana* de Montemayor, é evadir-se em espírito no sentimental, no romanesco, no sonho e na fantasia.

A voga do lirismo revela o sentimento de solidão de numerosos autores que exaltam o "eu", que quase havia desaparecido durante a Idade Média. Carlos de Orléans, em seu exílio de 25 anos na Inglaterra (1415-1440), fala da "cidadela do eu", do "eremitério do pensamento", no qual quer se retirar para meditar sobre seus infortúnios sem importunar os outros: "É melhor que eu me afaste de meus semelhantes/ aquele que é tomado de aflição só pode me atrapalhar./ Por essa razão fechar-me-ei em meus pensamentos". A "melancolia", a "tristeza" fizeram dele, como diz, um eremita:

Meu coração se tornou eremita

Em eremitério de Pensamento;

Pois Fortuna, a muito despeitada

Que o odiou por muitas jornadas,

Novamente se aliou

Contra ele, com a Tristeza,

E o baniram fora de Lyesse.[18]

"'Oh! Estou sozinho, sem companhia', ele se lamenta, olhando na direção da França." Um século mais tarde, outro exilado lhe faz eco. Du Bellay se sente só em Roma, como exprime em *Os lamentos*: "Entre lobos cruéis, erro na planície", "é o tédio de me ver três anos e mais,/ Assim como um Prometeu, pregado sobre o Aventino". Ele arrasta sua solidão sobre as margens do Tibre:

Eu passeio só sobre a margem latina,

Lamentando a França, e lamentado ainda

Meus antigos amigos, meu mais rico tesouro,

E estadia agradável em minha terra angevina.[19]

Sem ser exilados, Ronsard e Honoré d'Urfé são igualmente líricos em suas meditações solitárias sobre o tempo que passa. Ao lado dessas solidões nostálgicas e melancólicas, outros, como Lope de Vega, cantam uma solidão própria do sonho:

Vou às minhas solidões,

Venho de minhas solidões

Para ir comigo mesmo

Bastam-me meus pensamentos!

Para outros ainda, a solidão é um refúgio das almas que sofrem. É o que Shakespeare faz Valentino dizer em *Os dois cavalheiros de Verona*:

---

18 D'Orléans, Ballade XIV. *Poètes et romanciers du Moyen Âge*, p.1052.
19 Du Bellay, J. *Les Regrets*, XIX.

RENASCENÇA E REFORMA

Este deserto selvagem, esses bosques despovoados
Me agradam mais que as cidades frequentadas.
Aqui posso me sentar sozinha, sem ser vista,
Para acordar meu infortúnio e contar meus males
Às notas queixosas de um rouxinol.[20]

A infelicidade, entretanto, pode gerar nos espíritos excessivos mais do que o desejo de solidão: a misantropia. A relação entre as duas é complexa, e o limite, impreciso e frágil. Os eremitas, reclusos e reclusas, todos que procuraram uma solidão voluntária, se defenderam da acusação de misantropia, afirmando, ao contrário, que fugiam dos homens por filantropia: a solidão, diziam, permite meditar, rezar, fazer penitência, escrever para o bem da humanidade. É possível que alguns, que creem na comunhão dos santos ou na eficácia dos escritos espirituais, estejam convencidos disso. É contudo difícil crer que se possa buscar a solidão absoluta e definitiva, proclamar que o mundo é fundamentalmente mau e odioso, que a sociedade, sobretudo a urbana, é irremediavelmente corrompida e corruptora, que o homem decaído é vítima do mal, e ao mesmo tempo fugir por amor desses seres maus que nem se quer ver. A solidão filantrópica é dificilmente digna de crédito.

É esse tema que Shakespeare estuda em *Tímon de Atenas*, uma de suas últimas peças, escrita em 1623. Retomando em Plutarco e Luciano a história desse famoso personagem, filantropo de uma excessiva generosidade e de uma profunda ingenuidade, que é levado pela ingratidão de seus concidadãos a uma não menos excessiva misantropia, ele mostra que na realidade o homem sociável, convivial, generoso e filantropo é mais suscetível de cair na misantropia do que o solitário cético, que escolhe a solidão por dúvida e falta de confiança. O filantropo ingênuo como Tímon se expõe à desilusão e acaba por maldizer a humanidade: "Tímon vai para os bosques: lá encontrará o animal malfazejo mais benfazejo do que a humanidade. Possam os deuses [...] permitir que Tímon veja crescer com seus anos seu ódio por toda a raça dos homens, grandes e pequenos! Amém! [...] Malditas sejam pois todas as festas, as sociedades, as multidões humanas! Tímon despreza seu semelhante

---

20 Shakespeare, *Les deux gentilshommes de Vérone*, v.4.

tanto como a si mesmo. Que a destruição aprisione a humanidade! [...] Sou misantropo, e odeio o gênero humano".[21] Ao contrário, Apemanto, o amigo de Tímon, é, desde o começo, sem ilusão e não se arrisca a ser decepcionado: "Qual ser que vive não corrompe e não é corrompido? Qual que morre, que não leve para a tumba um tratamento desprezível de seus amigos? Eu temeria que os que dançam neste momento diante de mim um dia me coloquem sob seus pés. Isso já se viu".[22] Os adversários da solidão acusam o solitário de ser misantropo, enquanto o verdadeiro misantropo é quase sempre um filantropo decepcionado, que acreditou que o reconhecimento dos outros é possível. O solitário autêntico é sobretudo o que compreendeu que os outros são como ele, seres encerrados em sua consciência individual e irremediavelmente sós, com os quais a comunicação só pode ser um jogo factício que ele despreza.

A ASCENSÃO DAS ASPIRAÇÕES INDIVIDUAIS NA IGREJA: O EXEMPLO DOS DOMINICANOS

A afirmação do individualismo e do valor positivo da solidão não se manifesta somente na cultura secular. O domínio religioso é igualmente atingido pela aspiração a uma devoção pessoal, introspectiva, interiorizada. Esta é a característica essencial do que se chama de *devotio moderna*, a devoção moderna. Mas essa corrente não deixa de provocar agitação na instituição eclesiástica, que repousa tradicionalmente sobre o sentido da comunidade, da comunhão, da disciplina e da hierarquia. É assim que as veleidades do individualismo nas ordens religiosas provocam conflitos. O monge está numa situação paradoxal: está retirado da sociedade secular e se encontra integrado numa coletividade com regulamentos ainda mais restritos e opressores. Inevitavelmente isso conduz a uma cisão entre necessidade de isolamento e disciplina coletiva. Tomemos o caso exemplar dos dominicanos. As constituições dessa ordem intelectual, no início do século XIII, previam que apenas os *lectores*, os membros engajados ativamente na pregação e no

---

21 Id., *Timon d'Athènes*, IV, 3.
22 Ibid., I, 2.

ensino, teriam o direito de ter uma cela individual, uma *camera lectoris*, a fim de poder se isolar para estudar e escrever, e com a condição de que essa cela se encontrasse no dormitório, separada por uma simples cortina de tecido. Mas desde o fim do século os abusos se multiplicam: o capítulo geral de Oxford em 1280 lembra que os *lectores* que não são diretamente encarregados da pregação não devem se beneficiar de *camerae speciales*. Injunção repetida em 1286. Em 1289, os priores são intimados a "organizar e arranjar celas nas quais há um leito, uma cadeira e uma mesa de modo que sejam visíveis por aqueles que passam":[23] não se trata de fazer da cela um lugar de retiro pessoal íntimo. Em 1301, o capítulo geral aprova que o irmão sueco Goffredus, que, além de ter sua *camera lectoris*, se instale no quarto do prior.[24] No século XIV, a pressão em favor das celas individuais se acentua. O capítulo geral de 1315 declara que as celas não são suficientemente numerosas para assegurar boas condições de estudo aos *lectores*. O de 1326 rejeita, contudo, um pedido de generalização e lembra que "é estritamente proibido" aos irmãos ter um cômodo pessoal, que deve ser reservado aos "irmãos que se distinguem, aos quais isso não deve ser recusado". Em 1331, deve-se advertir quanto à obrigação de frequentar o dormitório e o refeitório comuns. A advertência é reiterada em 1335. Em 1337, o papa Bento XII, promulgando novas constituições dos dominicanos, pede que as celas estabelecidas nos dormitórios sejam desfeitas, mas que "sejam providas celas para os estudantes na proximidade do dormitório, nas quais poderão estudar, mas não poderão dormir": o único motivo válido da solidão para um irmão é o estudo. Em 1340, pede-se aos superiores que só concedam excepcionalmente as dispensas para os *lectores* se ausentar do refeitório ou do coro. Em 1341, assinala-se que a multiplicação das celas individuais contribui para a "desordem da religião" nos conventos. Mas o movimento é irresistível e, após a peste de 1348, que torna o recrutamento mais difícil, as concessões se multiplicam: em 1353, proíbe-se a um irmão, "mesmo que seja mestre em teologia", de ter "*mais de uma* cela ou quarto no convento em que reside habitualmente". Em 1359, o capítulo geral evoca o caso de irmãos que mandaram construir, às próprias custas, uma cela individual, o que, numa ordem de mendicantes,

---

23 *Acta capitulorum generalium ordinis praedicatorum 1, ab anno 1220 usque ad annum 1303*, p.252.
24 Ibid., p.309.

é o cúmulo. Adverte-se que o quarto individual é reservado aos que ocupam postos importantes, a um *frater emeritus*, ou ainda aos que são membros de ordem há mais de meio século. Em 1370, adverte-se que é proibido possuir "duas habitações" no mesmo convento. Em 1376, o capítulo geral recua um passo, revogando as concessões de celas fora do dormitório, exceto no caso das que "foram feitas por irmãos que as construíram às próprias custas": é a vitória da propriedade privada e do individualismo numa ordem mendicante coletivista. Em 1378, contenta-se em proibir que as celas tenham uma abertura direta para o exterior, o que permitiria aos irmãos saírem à noite, enquanto o dormitório estava fechado. A litania das vãs proibições continua até o século XV, e cada uma mostrava um novo recuo da vida coletiva diante das exigências individuais.

Estas últimas também progridem no domínio mais geral da devoção, que se inscreve no contexto mais geral de uma evolução – podia-se dizer mesmo de uma revolução silenciosa – da cultura: com o nominalismo de Duns Scot e sobretudo de Guilherme de Occam, na primeira metade do século XIV, o individual, o particular, o singular se tornam a única realidade tangível. Reagindo contra o realismo das grandes sínteses teológicas escolásticas do século XIII, sustentado sobretudo pelos dominicanos, que afirmavam a existência real de universais, tipos e categorias, o franciscano Occam mostra que esses universais são tão somente abstrações produzidas pelo espírito humano para tentar racionalizar as aparências. De fato, diz ele, os universais são apenas nomes; só o singular é real. A humanidade é um nome, uma abstração: quem já viu, tocou, sentiu, ouviu a "humanidade"? O que existe realmente são os indivíduos, únicos e separados. Cientificamente, isso significa que só o estudo do particular é possível; intelectualmente, isso quer dizer que o indivíduo existe por si mesmo, radicalmente separado dos outros; teologicamente, isso equivale a privilegiar a relação direta de cada crente com Deus, em detrimento do aspecto comunitário, eclesial. Pois a Igreja é, ela também, uma abstração, uma palavra. Não é surpreendente que, neste contexto, os séculos XIV a XVI tenham conhecido um desenvolvimento extraordinário do misticismo, que é uma forma de solidão religiosa: o místico privilegia uma relação individual com Deus, com o qual imagina realizar uma união pessoal, intermitente, no curso de experiências incomunicáveis, logo, puramente solitárias.

A solidão é divina. É o que diz o "Doutor iluminado" Raymond Lulle (1232-1316), teólogo alquimista, cabalista, para quem Deus é o "Infinito solitário". No *Livro do amigo e do amado*, ele cria um diálogo entre dois seres cujo amor é uma forma de solidão: "'Diga, louco, o que é a solidão?' E ele responde: 'Abandono e companhia do amigo e do amado'. 'E o que é abandono e companhia?' Ele responde: 'A solidão no coração daquele que só se lembra de seu amado'"; "Amado [...] tu és apenas eu sozinho e eu sou solitário em meus pensamentos já que a solidão, única entre as honras, é a única que me guarda para honrar e louvar os valores". Assim, Deus, Pai e Filho, unidos no amor do Espírito, formam uma solidão, um e três ao mesmo tempo. Todos os grandes místicos do século XIV são solitários, praticando uma forma de eremitismo que consideram indispensável à união divina. Mestre Eckhart, morto em 1329, desenvolve a imagem do castelo da alma, que permite isolar-se e proteger-se do contato com as criaturas: "Este pequeno castelo está tão elevado acima do todo modo e de todo poder que somente Deus pode alcançá-lo com seu olhar. E, porque Ele é uno e simples, Ele entra nesta unicidade que chamo de pequeno castelo da alma". O brabantês Jean de Ruysbrock (1293-1381) se retira com alguns amigos na floresta de Soignes, e em seu retiro de Groenendael dá conselhos a seus discípulos. Adota com eles a regra dos cônegos de Santo Agostinho e vai regularmente para a floresta, onde pratica a contemplação solitária e elabora suas obras místicas. Os místicos flamengos formam um agrupamento nessa nova via e alguns, na sequência de Gerhard Groote, de Deventer, e de Florent Radewijns, formam o agrupamento dos Irmãos da vida em comum, que, contrariamente ao que seu nome nos levaria a pensar, insistem na prática individual da contemplação e da ascese. Entre os renanos, Jean Tauler (1300-1361) e Henri Suso (1295-1366) seguem as pegadas do solitário Eckhart. Na Itália, Catarina de Siena, morta em 1380, encerra-se no "conhecimento de si mesma", do qual faz para si uma cela espiritual, pois seus pais haviam recusado que ela se tornasse freira.

RICHARD ROLLE (1300-1349): SOLIDÃO E CONTEMPLAÇÃO

Na Inglaterra, a reclusa Julienne de Norwich tem visões em 1373, mas é sobretudo o eremita Richard Rolle (1300-1359) que atrai a atenção. Nascido em Pickering, Yorkshire, esse estranho personagem, após seus estudos em Oxford, decide, com 20 anos, levar uma vida solitária. Disfarçado com os vestidos da irmã, foge da casa da família e vive algum tempo numa cela sob a proteção do condestável do castelo de Pickering, Jean de Dalton. Depois leva uma existência errante, entra em contato com a reclusa Marguerite Kirkby, vive de esmolas e acaba se estabilizando perto do monastério cisterciense de Hampole, perto de Doncaster. Sua personalidade desconcertante e contraditória ilustra alguns aspectos da psicologia dos eremitas. Ela aparece em seus numerosos escritos, e sobretudo no principal dentre eles, *O canto de amor*, um tratado de espiritualidade mística que contém traços autobiográficos.[25]

Ele foge da sociedade, mas ao mesmo tempo quer lhe dar lições. Entretanto, as autoridades religiosas, que desconfiam desses solitários extravagantes e independentes, o proíbem de pregar: "Em meu retiro amado, não sou todavia livre de exprimir à vontade a alegria de minha prece; por causa de mentirosos maus, só posso falar em segredo. Ousei apenas uma vez discorrer em público". Já que o impedem de falar, ele escreve, fustigando os pecadores, ou seja, mais ou menos todo mundo exceto ele mesmo, e em particular o clero, esses "profissionais da obediência", esses "pretensos discípulos de Jesus Cristo", cobiçosos, depravados, preguiçosos, simoníacos. Objeto de inúmeras críticas, ele faz disso um título de glória: são invejosos, incrédulos. Entrega-se a uma veemente apologia pessoal, pela qual se percebe um caráter egocêntrico, orgulhoso, arrogante e impulsivo. Para o beneditino François Vanderbrouke, "Rolle foi decerto um inadaptado à vida social. Imagina-se dificilmente um homem de sua têmpera vivendo em comunidade e fazendo de bom grado as concessões necessárias na vida em comum. Menos ainda se imagina que ele compartilhe em paz a vida de um lar do qual seria o chefe. Seu caráter deve ter sido difícil. Deve ter sofrido uma certa mania de perseguição, ou pelo menos uma grande suscetibilidade".[26]

Há duas características do solitário voluntário encontrado no deserto no século IV que se sobressaem nele: o orgulho e uma misoginia doentia, que é feita ao mesmo tempo de uma violenta atração sexual e um medo assustador da mulher. Esta última exerce uma atração quase irresistível sobre o

---

25 Rolle, Le chant d'amour. *Sources Chrétiennes*, n. 168 e 169.
26 Vandenbroucke, Introdução ao *Chant d'amour*, op. cit., t.I, p.65.

homem, ele constata: "Ah, sim! Como estou habituado a viver no mundo, eu o constato: a beleza da mulher atordoa os homens, sua insolência acaba com eles e os arrasta para o pecado. Seus atrativos precipitam dos cumes ao abismo das almas que poderiam fazer penitência e agradar ao Príncipe. Criatura frágil, insuficientemente fortalecida no amor ardente do Criador eterno, um homem tem a infelicidade de inflamar seu coração com fogo e chamas por uma mulher. Ele tinha tido a imprudência de considerar sua face encantadora e de em seguida se demorar longamente na lembrança encantadora. Com Belfegor esse infeliz beberá nas chamas infernais o enxofre da infâmia, por não ter perseverado em seu desígnio de castidade, e ter ultrajado o Deus Santo. Não, não ame essa beleza que engana e passa. Não dirija os olhos para uma virgem, por medo de que sua beleza seja para ti ocasião de queda".[27] E o mais simples para não se arriscar a encontrar uma mulher é fugir para o deserto: "O solitário que suporta sua separação se inflama sobrenaturalmente com uma doce suavidade. A mulher não tem mais império sobre ele, a beleza enganadora não mais o seduz. Ele tem a felicidade de queimar de amor divino, e, enquanto abraça seu Autor, nenhuma agitação pode perturbá-lo".[28] Rolle se mantém sempre alerta, pois, diz ele, "não desejo o comércio carnal, mas não estou por isso isento de provações".

Outras disposições muito úteis à vida eremítica: a sujeira e a roupa esfarrapada. Isso pode sempre contribuir para manter as mulheres à distância: "Sem roupas adequadas, minha pele era suja, coberta de poeira, cheirando a lixo", ele declara orgulhosamente, mas hoje se quer viver na limpeza, na moleza e no tumulto da promiscuidade. "Eis porque acontecia antes, aos mais perfeitos, com frequência, deixar os monastérios para se ocupar mais livremente, em algum lugar solitário, ao canto da contemplação. Mas atualmente ninguém mais faz isso".[29]

Para Richard Rolle, a solidão é condição indispensável à prática da contemplação. Como se pode ter concentração em Deus no meio de cantos, do tumulto e das gesticulações dos ofícios monásticos, ele escreve, sarcástico: "Atesto diante da cristandade inteira que todo verdadeiro amigo do Cristo,

---

27 Rolle, *Le Chant d'amour*, op. cit., cap. 26, t.I, p.307.
28 Ibid., cap.48, t.II, p.155.
29 Ibid., cap.47, t.II, p.145.

todo contemplativo, deseja o repouso, o silêncio, o retiro, a solidão, e não falar nem ter lugar no meio de pessoas que cantam, nem se misturar com a multidão, nem demorar-se em conversas, nem ouvir nenhum barulho sensível [...]. Só uma cabeça doente pode, me parece, afirmar que o homem é tão capaz de amar a Deus na agitação quanto no repouso [...]. Isso não pode ser feito no meio de gente que canta, se agita e fala nas comunidades, como eu disse acima. É o privilégio daqueles que, sob a inspiração de Deus todo-poderoso, aceitam a penitência da solidão e conhecem em seguida a alegria da prece firme e da sinfonia do céu".[30]

Aquele que visa a perfeição deve viver escondido. É por isso que "abandonarei a confusão de tantas pessoas infladas de orgulho e ambicionarei o deserto, sobretudo porque devo suportar para meu castigo os excitados que vociferam e fico verdadeiramente doente quando seus clamores de trombeta me atingem! Aliás, tendo me despido do velho homem, quis viver na virtude, e decidi ficar comigo mesmo na solidão [...]. É que qualquer um que se estabelece na suavidade celeste foge do zumbido dos inoportunos. Colocando o cinto dos solitários, ele se sente fortalecido pelas ondas da harmonia evangélica".[31]

Rolle não esgota os elogios da solidão: "Graças a ela, não posso cair tristemente num desespero funesto, nem me deixar arrastar pela preguiça ou pelas preocupações carnais. [...] Tais são estes contemplativos, estes grandes solitários! [...] E francamente, o bom senso nos ensina que aqueles que menos se implicam nos assuntos exteriores serão também os mais inflamados de desejos interiores... A solidão não tem trevas terrificantes. Possuem, eles também, o nome glorioso de soldados, os que permanecem separados do mundo. A melodia que desce dos cimos não conhece o declínio. A milícia dos solitários, como uma primavera de virtudes, traz a feliz fecundidade da flor e do fruto e será finalmente fortalecida pelo favor do Criador".[32]

A veemência, os sarcasmos, o desprezo de Rolle pela sociedade humana retomam a questão das relações entre solidão e misantropia. O eremita de Pickering detesta pelo menos a metade da humanidade: as mulheres. Quanto

---

30 Ibid., t.II, p.149-151.
31 Ibid., cap. 4, t.I, p.123.
32 Ibid., cap. 47 e 48, t.II, p.137-153.

RENASCENÇA E REFORMA

à outra metade, ele não tem palavras suficientemente duras para fustigar a loucura, a corrupção, o ridículo, inclusive nos conventos. Rolle se refugia na solidão, na contemplação e na mística por inadaptação à vida social.

OS MÍSTICOS, FRANCO-ATIRADORES DA FÉ

Esse parece ser o caso de numerosos místicos dos séculos XV e XVI, que se desviam da vida cenobítica e revivem o ideal eremítico. O personagem do eremita volta à moda nesse período de pré-Renascença, em que o desenvolvimento do luxo, do conforto e dos negócios desconcertam alguns espíritos piedosos que veem nisso o ressurgimento do vício, da corrupção, a busca de um ideal puramente mundano arrastando atrás de si os pecados de Babilônia, Sodoma e Gomorra, da Roma pagã. Para eles, a salvação está na fuga para o deserto, que volta a ser um tema frequente da vida espiritual e da iconografia: multiplicação de representações de Santo Antônio, de São Jerônimo, presença do eremita nas danças macabras, como a do cemitério dos Inocentes, em Paris, por volta de 1424. O ideal eremítico ressurge, com personagens como o suíço Nicolas de Flue (1417-1487), contemplativo, visionário, que aos 50 anos deixa mulher e filhos;[33] o holandês Cornelys Muijs (1503-1572), capelão de Santa Ágata em Delft, autor do *Encomium solitudinis*, publicado em Anvers em 1566, que faz o elogio da solidão paradisíaca de Adão antes que sua tranquilidade fosse rompida pela criação de Eva;[34] o camaldulense Paul Giustiniani (1476-1528), letrado muito cultivado, adepto da contemplação solitária e mística.[35] Por volta de 1660, Nicholas Hill, filósofo atomista católico inglês, sugere a Sir Robert Basset que funde uma comunidade eremítica na ilhota de Lundy, ao largo da Cornualha, para lá fazer reviver o espírito dos Padres do Deserto. Num grosso tratado de 335 fólios que permaneceu manuscrito,[36] ele elogia a vida solitária voltada para a contemplação mística. O cume da virtude é atingido "na solidão e na sombra, que acalmam

---

33 Journet, *Saint Nicolas de Flue.*
34 Noordeloos, *Cornelius Musius, Pater van Agatha te Delft, humanist, priester, martelaar.*
35 Leclercq, *Un humaniste ermite…*, op. cit.
36 Leeds University, Brotherton collection, MS Lt 52. O manuscrito foi estudado por Trevor-Roper; Hill, The English Atomists. *Catholics, Anglicans and Puritans*, p.1-39.

o sangue e o humor e afastam as ocasiões de pecado". Ele evoca Antônio e Macário, "inimigos da sensualidade", assim como um certo duque de Savoia, que "abandonou o mundo e se retirou num agradável eremitério [...], um lugar agradável perto do mar [...], e lá levou uma vida solitária com alguns cavaleiros que compartilhavam seus gostos". Hill observa que vários sábios preferem estudar "num lugar aberto, elevado, num ar límpido, rodeados de todos os lados pelo céu e pelo ar. Tais homens viveram nos desertos e nas montanhas, onde, se acreditarmos em Jerônimo, encontram uma serenidade cuja qualidade falta às cidades esfumaçadas".

Esse elogio da santa solidão é encontrado em numerosos escritos de um monge renano do século XV, Denis, o Cartuxo: *Elogio da vida solitária, Livro de vida das reclusas, A vida e a morte do solitário* (1440-1445). Em *A via estreita da salvação e o desprezo do mundo*, ele escreve que, se o homem "vive dignamente e frutuosamente em solidão, ele é mais do que um homem, é algum deus por antecipação". Segue-se um verdadeiro hino à solidão: "Vida solitária e eremítica, vida angélica, vida deífica, vida celeste, vida contudo vida, vida levando direto à vida, que direi de ti? És o viveiro das almas. És o tesouro das riquezas celestes [...]. Vida solitária, vida feliz, vida santa, vida divina e livre, vida pura e angélica! És o esplendor e a claridade da alma, a amiga da sabedoria [...]. És meu repouso, e nos séculos dos séculos permanecerei aqui, pois eu te elegi". Aliás, o solitário nunca está verdadeiramente só se pensa em Deus: "Se não pensamos sempre que Deus está presente, nossa solidão será miserável, e seremos infelizmente sós, em vez de sermos felizmente solitários".

Encontra-se um hino à solidão também num autor anônimo flamengo do fim do século XV e início do XVI que, na *Pérola evangélica*, comenta os sete pedidos do *Pater* numa meditação sobre as sete solidões ou os sete desertos: "Solidão da Divindade, que ninguém compreende a não ser ela mesma; solidão da penitência essencial, isenta de todo mal e de toda iniquidade; solidão da vida espiritual, que é pureza indefectível; solidão do coração, do qual Deus é a única verdadeira companhia; solidão do céu, onde só o bem supremo basta a cada um; solidão do mundo, onde tudo é somente perturbação e inconstância fugitiva; solidão do inferno, onde nenhum bem penetra".[37]

---

37 Verbete "Éremitisme en Occident", *Dictionnaire de spiritualité*.

Todos os grandes místicos do século XVI praticam e recomendam a vida solitária, e sua celebridade contribui muito para incensar a imagem da solidão. É na solidão de sua convalescência que Inácio de Loyola opera sua conversão e elabora sua missão; ele frequenta os eremitérios esparsos em torno de Loyola, visita Montserrat, "pátria dos eremitas", experimenta em Manrèse as provações habituais dos solitários, tentações, escrúpulos, desencorajamento, seguidos pela iluminação. Teresa de Ávila recomenda à alma que faz oração de "se desinteressar de tudo e de todos, de não se ocupar senão de si mesma e contentar a Deus"; ela deve "se esvaziar de tudo o que é criatura". Ainda criança, Teresa sonha em imitar os anacoretas do Monte Carmelo, e, quando reforma a ordem das carmelitas, restabelece lá a mais estrita solidão para as religiosas, reclusas em suas celas. Em *A ascensão do Carmelo*, São João da Cruz escreve que o prazer que se retira da comunicação social obscurece o espírito, e no *Cântico espiritual*, que compõe em sua masmorra de Toledo em 1577, ele imagina um diálogo entre a alma, pássaro solitário, e o amor divino, também solitário. Nessa "solidão sonora", a alma "vivia em solidão/ em solidão ela fez seu ninho/ a guia em solidão/ só com o único amigo/ ferido de amor em solidão também". João de Ávila, em suas cartas, encoraja seus correspondentes a deixar o mundo e a procurar a perfeição na solidão. Dirigindo-se a um fidalgo que acaba de entrar na religião, ele lhe escreve que agradece a Deus "de vos ter tão poderosamente tirado e dissipado todos os obstáculos que vos retinham no mundo, para vos conduzir a um lugar onde podeis, num calmo repouso, lhe oferecer vosso coração".[38] Ao incitar uma jovem ao retiro, ele pergunta: "Não é melhor ficar por pouco tempo desconhecido para o mundo e ser um dia glorificado à vista de todos os homens e de todos os anjos do que perder tal felicidade para alguns prazeres passageiros que são apenas um pouco de fumaça?".[39] Suas exortações para a fuga do mundo tomam às vezes a forma de uma odiosa chantagem, como no caso desta senhorita que havia feito votos de virgindade e agora pensava em um casamento: ela quer se divorciar de Jesus Cristo para se casar com um homem? João de Ávila a previne: "Jesus Cristo ficará ofendido se rompeis o

---

38 Migne (Ed.), *Œuvres très complètes de Sainte Thérèse… suivies des oeuvres complètes de saint Pierre d'Alcantara, de saint Jean de la Croix et du bienheureux Jean d'Avila*, t.IV, p.47.

39 Ibid., p.149.

casamento que contratastes com ele, e, tendo caído na mesma falta que os outros, ele vos punirá assim como os puniu". Aliás, "eu me lembro de ter lido que uma moça da mesma condição que vós, foi atingida por tal remorso de ter perdido sua virgindade que se matou".[40]

Por trás de sua aparente humildade, o orgulho dos místicos é incomensurável. Baseando sua solidão na convicção de seu caráter excepcional, de sua superioridade sobre os homens comuns, persuadidos de que são seres favorecidos por uma graça divina particular, eles consideram ser radicalmente diferentes da humanidade comum, beneficiando-se de um contato direto com Deus, que lhes permite dispensar a intermediação da instituição eclesial. É, aliás, a razão pela qual a Igreja considera esses franco-atiradores da espiritualidade com grande desconfiança. Enquanto os "grandes" místicos são tolerados, protegidos por seu prestígio, o que não exclui numerosas disputas com as autoridades, os eremitas anônimos ou de pouca envergadura são objeto de verdadeira repressão. Assim, no reino de Nápoles, a Inquisição atinge duramente os eremitas iluminados, cujas elucubrações podem desencadear movimentos sociais subversivos. Ela é mais indulgente com as mulheres, cujas neuroses místicas concernem questões de purgatório, do mundo do além, da união erótica-espiritual com Jesus, sem consequências sociais.[41] Um caso ilustra a perseguição sofrida pelos eremitas, o de Frei Ludovico, um solitário que vive nos anos 1570-1580 nas encostas do Monte Faito. Ele agrupa uma dúzia de discípulos, que sob seu controle fazem profissão de "obediência, castidade, pobreza e solidão". De tempos em tempos, ele desce para pregar nas praças de Nápoles, onde o certo sucesso que faz inquieta as ordens religiosas locais, sobretudo os teatinos. Denunciado ao Santo Ofício, é julgado em Roma pela Inquisição, e, como abjura seus erros, sua condenação à morte é comutada em reclusão perpétua em 1585.[42]

Condenar um solitário voluntário a uma solidão forçada é mais ou menos tão lógico quanto condenar à morte um suicida, então esse não é o problema. Na prisão, Frei Ludovico se diz possuído pelo demônio; ele se crê invulnerável, imortal, e sua conduta paranoica contribui mais ainda para

---

40 Ibid., p.138.
41 Sallman, *Naples et ses saints à l'âge baroque (1540-1750)*, p.231.
42 Ibid., p.186-191.

lançar o descrédito sobre muitos eremitas que povoam as solidões calabresas no século XVI. Entre eles, os menos atingidos conseguem até mesmo fundar uma congregação eremítica, como Bernardo Milizia, morto em 1602.

Na França, a hostilidade em relação às pretensões místicas dos solitários é reforçada no século XVII pela iniciativa do clero racional da monarquia absolutista, que preconiza a submissão à ordem e à hierarquia numa Igreja institucional, condenando toda forma de originalidade social, política, cultural e espiritual. De Vicente de Paula a Bossuet, passando por Nicole, é a união sagrada contra os orgulhosos místicos que se creem diferentes e superiores em seu esplêndido isolamento, e que Fléchier chama para se reintegrarem ao rebanho, a voltar para as fileiras e "fazer como os outros fazem":

Oh, vós, contemplativos de celeste origem,
E que participais da grandeza divina,
Que por vossos atos puros, simples e solenes,
Põem-se acima do resto dos mortais,
Trabalhai um pouco menos para ficar tranquilos.
Sede menos gloriosos, sede mais úteis, [...]
Para dar socorro e o exemplo em todo lugar,
Descei algumas vezes da essência de Deus;
Com ações que se parecem com as nossas,
E vinde aqui embaixo fazer como os outros.[43]

A *DEVOTIO MODERNA*: PARA UMA FÉ INDIVIDUALIZADA

Entretanto, sem procurar os pretensos cumes da mística, um número crescente de fiéis aspiram a uma fé mais pessoal, interior, que responda melhor à evolução cultural na direção do individualismo. A partir do século XV, os progressos da alfabetização nas classes superiores urbanas, a multiplicação de livros pela imprensa, são acompanhados de um desejo crescente de autonomia dos fiéis. Essas novas aspirações que caracterizam a *devotio moderna* contribuem para apresentar a solidão sob uma luz positiva. A obra

---

43 Fléchier, Dialogue second sur le quiétisme. In: *Œuvres complètes*, p.258-9.

maior dessa nova espiritualidade, a mais lida no mundo cristão depois da Bíblia, a *Imitação de Jesus Cristo*, revela claramente a tendência. Redigida em 1427 por um cônego de Zwolle, Thomaz a Kempis, ela exprime o ideal das fraternidades da vida em comum, e consagra um capítulo ao "amor da solidão e do silêncio". Voltar-se para si mesmo, retirar-se para ler e meditar, tais são esses conselhos. "Por que é preciso que faleis sem cessar, que circuleis sem objetivo, que vos ocupeis dos últimos rumores? Se pudésseis passar sem isso, encontraríeis muitas ocasiões para conduzir vossa meditação. Os grandes santos sempre evitaram tanto quanto podiam a companhia dos outros homens; eles queriam estar sós, conversando com Deus. E o que diz o velho adágio? 'Nunca fui acompanhado sem me sentir menos homem ao voltar' (Sêneca). Quantas vezes tivemos essa experiência, ao final de um longo falatório? É mais fácil guardar a boca fechada do que falar sem dizer nada; mais fácil se fechar em casa do que manter a compostura em público. Se quereis verdadeiramente ter uma vida interior, deveis vos retirar com Jesus, para longe da multidão. Não vos arrisqueis jamais em público a menos que ameis a solidão..." No capítulo "Sobre o amor pela cela", a *Imitação* convida ao retiro: "Uma cela na qual se vive é uma cela que se ama; se vamos pouco nela, a detestamos [...]. É no silêncio e no repouso que o cristão devoto progride, que as verdades escondidas lhe são reveladas [...]. Quanto mais se está longe do ruído, mais se está próximo do Criador do mundo; se quereis que Deus e seus anjos se aproximem, deveis manter à distância vossos amigos e conhecidos".

Retirar-se em si mesmo, na solidão, para conversar diretamente com Deus na meditação. É o conselho para o fiel que a *Imitação* põe na boca de Jesus: "Procurai um lugar afastado e fazei vossa delícia de aí viver só. Não procureis vizinhos para passar o tempo com eles, mas falai com Deus nas preces ferventes se quereis lamentar vossos pecados e guardar vossa consciência limpa. [...] Afastai os amigos e conhecidos, livrai vosso coração das consolações do mundo. [...] Se alguém quer realmente levar uma vida espiritual, deve abandonar tudo, seus amigos, mas também os lugares em que poderia ir, e não há ninguém de quem não se deva desconfiar mais do que se si mesmo".

De todo modo, na hora da morte, cada um estará sozinho. Deve-se, pois, treinar para o combate singular com Satã, que tentará se aproveitar de nosso estado de fraqueza para nos tentar: é a mensagem das *artes moriendi*, guias da boa morte que se multiplicam no fim do século XV. Os crentes são convidados a se confessar com frequência, e os pregadores, insistindo no sentimento de culpa pessoal, acentuam a atmosfera de isolamento do fiel em sua luta contra as forças do mal e para a conquista do céu.

Uma inegável tendência ao individualismo caracteriza a *devotio moderna*. Ela é encorajada pelos humanistas, que preconizam um acesso direto dos fiéis ao texto bíblico: "Gostaria que todas as mulheres simples do povo lessem o Evangelho e as epístolas de Paulo. Que eles sejam traduzidos em todas as línguas! Que o trabalhador cante passagens ao empurrar seu arado, que o tecelão murmure suas canções abreviadas em seu tear, que o viajante abrevie seu caminho com semelhantes conversações", escreve Erasmo. Desde o século XV circulam versões resumidas e adaptadas da Bíblia ao alcance dos simples: *Bible historiale, Bible des pauvres*. Logo aparecem traduções em línguas vulgares, de início condenadas como obras subversivas por uma Igreja que sente lhe escapar o monopólio da interpretação: 22 versões alemãs e 23 francesas entre 1466 e 1520. Os fiéis que se abrem à cultura livresca e cuja confiança no clero é abalada procuram garantir sua salvação pessoal com armas individuais: introspecção, meditação, leitura silenciosa, ocupações solitárias em detrimento da luta coletiva orquestrada por um clero desconsiderado nas cerimônias espetaculares.

A Igreja se inquieta com essas ameaças de fragmentação da fé, desenvolvendo o fenômeno confraternal. As confrarias, organizadas em torno do culto dos santos, são associações que asseguram a ajuda mútua entre os membros, tanto no plano material quanto no plano espiritual, "numa civilização em que o homem isolado aparece ao mesmo tempo como inconcebível e escandaloso",[44] escreve Jean Delumeau. Todos os historiadores das mentalidades religiosas constataram a multiplicação das confrarias no fim do século XV e início do XVI, e a interpretaram como uma reação diante do isolamento crescente dos fiéis: "Pode-se pensar que o desenraizamento na cidade e as terríveis mortalidades contribuíram para desorganizar as redes familiares, deixando os indivíduos isolados e os sobreviventes sem defesa diante de suas angústias com a vida presente e com a vida futura; nascidas

---

44 Delumeau, *Rassurer et protéger. Le sentiment de sécurité dans l'Occident d'autrefois*, p.248.

nas cidades, as confrarias ganharam em seguida os campos",[45] escreve Marc Vénard. Gabriel Le Bras completa: "Para conjurar os males públicos e os infortúnios privados, prover às necessidades do corpo assim como da alma, fundam-se as misericórdias toscanas, as *scholae* venezianas, as confrarias rodanianas do Santo Espírito, as caridades normandas; essas inúmeras companhias dividem entre si o cuidado dos pobres, dos doentes, e dos estrangeiros; e as confrarias propriamente caridosas, hospitalers, funerárias, as auxiliam".[46] Os números não são ambíguos: 57 confrarias criadas em Bordeaux entre 1350 e 1500, há 57 em Lille em 1484, 130 em Rouen, 52 em Florença, 78 em Gênova etc. Seu sucesso é inegável: a confraria do Rosário, em Colmar, agrupa 6.461 confrades em 1500.

Essa proliferação confraternal é reveladora de um clima difuso de inquietação individual numa época em que os grandes valores federativos que mantinham a coesão da sociedade se quebram ou são demolidos. Um papado e um clero desconsiderados, dogmas contestados, textos sagrados revistos e corrigidos por humanistas como Lourenço Valla (1407-1457), que, em suas *Annotationes in Novum Testamentum*, revela os erros que desnaturavam o texto bíblico da Vulgata, laços sociais e econômicos que se enfraquecem com a ascensão do capitalismo financeiro e comercial em pleno desenvolvimento, exaltando as virtudes da iniciativa e do lucro privado, tudo contribui para uma atomicidade da sociedade, fator ao mesmo tempo de esperança e de angústia. O indivíduo reivindica seu caráter único; ele busca se liberar da tutela coletiva, proclama sua autonomia, o que lhe confere uma responsabilidade pessoal muito pesada. Sente cada vez mais a solidão fundamental do homem, a proclama e a teme.

O REFORMADO, UM HOMEM SÓ

A Reforma protestante foi um momento importante nessa tomada de consciência. De um lado, ela é sua consequência, e, de outro, acentua seus efeitos. Os laços entre protestantismo e individualismo foram demonstrados

---

45 Apud Delumeau, ibid., p.248.
46 Ibid.

no estudo clássico de Max Weber, *A ética protestante e o espírito do capitalismo*, desde 1920. Porém, mais fundamentalmente, gostaríamos de sublinhar aqui os elementos que, na teologia luterana e calvinista, contribuíram para desenvolver o sentimento de solidão do ser humano.

Em primeiro lugar, o desaparecimento da noção de Igreja como comunidade temporal, institucional e visível. A Igreja, para Lutero, é a comunidade espiritual e invisível dos crentes: "Toda a vida e o ser da Igreja residem na Palavra de Deus. É em virtude disso que se reconhece a comunidade cristã: onde se prega o puro Evangelho";[47] "assim como o rochedo, [o Cristo] é sem pecado, invisível e espiritual, assim também a Igreja é necessariamente sem pecado, invisível e espiritual, tangível apenas pela fé";[48] "a Igreja é escondida, os santos são desconhecidos";[49] "só Deus conhece os seus, conhece em quem as obras de salvação são verdadeiramente eficazes e que pertencem verdadeiramente à Igreja".[50] O que Yves Congar exprime assim: "A Igreja será pois, para Lutero, uma comunidade espiritual, cristã e santa, de homens: a comunidade que não se forma sobre a base do nascimento ou da potência, como as comunidades temporais, mas sobre a da fé no Cristo. [...] A Igreja é apenas a assembleia dos verdadeiros crentes no Cristo; ela é construída a partir da fé e pela fé. Ela é pois invisível quanto a seu princípio e quanto à realidade, uma vez que essa realidade decorre de seu princípio divino, adere a ele e, logo, por isso mesmo, é absolutamente pura. Lutero diz constantemente que a Igreja se constrói pela adesão da fé ao Cristo escondido em Deus e portanto invisível: ela é o reino inteiramente espiritual e invisível, em nossa fé, do Cristo espiritual e invisível".[51]

A consequência é inevitavelmente uma perda de coesão e um sentimento de isolamento maior do que entre os católicos, membros de uma Igreja visível, talvez excessivamente visível, onipresente, opressora, por seu clero inquisidor e suas cerimônias obrigatórias estritamente regradas, porém mais aptas a materializar a integração em um grupo solidário. Pertencer a

---

47 *M. Luther, Werke, Krtitische Gesamtausgabe*, 58 v. Weimar: Weimar Edition, 1883-1948, II, 408.
48 Ibid., 7, 210.
49 Ibid., 18, 652.
50 Ibid., 5, 521.
51 Congar, *Vraie et fausse réforme dans l'Église*, p.348-50.

uma comunidade invisível, a uma comunhão de santos cujos membros são desconhecidos, é se sentir muito mais só do que aquele que é incorporado numa milícia visível, hierarquizada e disciplinada. Só e impotente: pois Lutero opõe ao livre-arbítrio católico, mesmo limitado, um "servo arbítrio" que faz do homem o lugar passivo da luta entre Deus e o diabo. Depois do pecado original, ele é incapaz de tomar nas mãos lucidamente seu destino: "A vontade humana se encontra situada entre Deus e Satã e se deixa guiar e levar como um cavalo. Se é Deus que a guia, ela vai aonde Deus quer e como ele quer [...]. Se é Satã que se apossa dela, ela vai aonde ele quer e como ele quer. Ora, a vontade humana, em tudo isso, não é livre para escolher seu mestre: os dois cavaleiros combatem e disputam para ver quem vai ganhar", escreve Lutero em 1525 no *Tratado do servo arbítrio*. Como imaginar solidão maior do que pertencer a um grupo do qual não se conhece os outros membros, e não ser senhor da própria vontade?

Calvino vai acentuar ainda mais a solidão do crente, com sua afirmação de uma predestinação estrita: o destino do homem está selado desde sempre; ele está preso num mecanismo implacável do qual lhe é absolutamente impossível sair. Cada indivíduo avança pela estrada traçada para ele, sem a menor possibilidade de mudar o percurso, de se dar mutuamente ajuda e assistência. A solidão é radical, conforme Weber expressou perfeitamente: "Em sua desumanidade patética, essa doutrina devia marcar o estado de espírito de toda uma geração que se entregou à sua grandiosa coerência e gerar, antes de tudo, em cada indivíduo, o sentimento de uma *solidão interior* inusitada. Na questão mais importante de sua vida, a salvação eterna, o homem da Reforma se via obrigado a seguir sozinho seu caminho ao encontro de um destino traçado para ele por toda a eternidade. Nada nem ninguém podia vir ajudá-lo. Nenhum pregador, pois é em seu próprio espírito que o eleito deve compreender a palavra de Deus. Nenhum sacramento, pois, se os sacramentos foram ordenados por Deus para manifestar sua glória, e devem por essa razão ser escrupulosamente observados, eles não constituem por isso um meio de obter a graça de Deus: eles são apenas os *externa subsidia* da fé. Nenhuma Igreja, pois, se a sentença *extra ecclesiam nulla salus* significa que aquele que fica separado da verdadeira Igreja é excluído para sempre do número dos eleitos, os condenados não deixam de pertencer também à Igreja exterior [...]. Nenhum Deus, enfim, pois o próprio Cristo morreu só para os eleitos; é para eles somente que, por toda a eternidade, Deus havia decidido seu martírio. Essa abolição absoluta da salvação pela Igreja e pelos sacramentos (que o luteranismo não tinha desenvolvido até às últimas consequências), constituía a diferença radical decisiva, em relação ao catolicismo".[52]

Neste último, todo um sistema de redenção, de arrependimento, de reversibilidade dos méritos, de comunhão dos eleitos, de indulgências, de perdões, de confissões e absolvições, permite atenuar o sentimento de solidão espiritual. Mesmo o monge, mesmo o eremita e o recluso são incorporados ao conjunto. No calvinismo, o indivíduo, irremediavelmente só, não tem nada a esperar dos outros, dos quais ele mesmo deve desconfiar, num clima de cada um por si generalizado: "O isolamento íntimo do homem [...] constitui uma das raízes desse individualismo pessimista, sem ilusão [...]. A doutrina da predestinação se manifesta, notadamente, na literatura puritana inglesa, por uma frequência notável de alertas contra a fé na entreajuda, na amizade humanas. O doce Baxter aconselha desconfiar do amigo mais próximo, e Bailey recomenda, em seus próprios termos, não se fiar em ninguém, não confiar em nada que seja comprometedor. Um só confidente possível: Deus".[53] A única base do laço social se reduz à obediência ao comando do amor ao próximo. Mas ainda convém ter moderação: "É um ato irracional e não convém a uma criatura dotada de razão amar alguém para além do que a razão nos autoriza [...]. Isso se apossa muitas vezes do espírito dos homens a ponto de entravar o amor de Deus", escreve Baxter.

A única questão que deve obcecar o crente é: "Sou um eleito? Como ter garantia disto?". Na estrita doutrina calvinista, não há nenhum modo de responder a ela. É um segredo divino. Mas, "na prática, os pastores não podiam se satisfazer com isso, pois estavam em contato imediato com os tormentos gerados por essa doutrina. A prática pastoral se acomodou pois às dificuldades, e o fez de diversas maneiras [...]. De um lado, considerar-se eleito constituía um dever; todo tipo de dúvida a esse respeito devia ser rejeitada como tentação do demônio, pois uma confiança insuficiente em si decorria de uma fé insuficiente, ou seja, uma insuficiente eficácia da graça [...]. De outro lado, a fim de alcançar essa confiança em si, o trabalho sem descanso

---

52 Weber, *L'Éthique protestante et l'esprit du capitalisme*, p.128-9.
53 Ibid., p.131.

numa profissão é expressamente recomendado como o melhor meio. Isso, e apenas isso, dissipa a dúvida religiosa e dá a certeza da graça".[54]

O crente, por seu trabalho, tenta, pois, convencer-se a si mesmo de que faz parte dos eleitos. Como não pode obter uma resposta a respeito do outro mundo, ele se enriquece neste aqui. O calvinismo não é, sem dúvida, o único fator do florescimento do capitalismo, mas certamente marca um avanço decisivo na promoção da solidão como componente fundamental e positivo da condição humana. Herdeiro da *devotio moderna* e de sua aspiração a uma fé pessoal e interiorizada, ele contribui para difundir o individualismo nos domínios da economia e da cultura secular. Ser só não é mais uma maldição, é um estímulo num mundo onde se descobre que a competição é um valor mais seguro e mais dinâmico do que a passividade do rebanho submisso e solidário. O sentimento de solidão leva o indivíduo a tomar sua sorte nas mãos: só pode contar com ele mesmo. Impotente para obter sua salvação, ele pode pelo menos afirmar no mundo sua personalidade. Sua solidão é sua originalidade, sua independência e sua autonomia. Os capitalistas, os militares, os artistas, os escritores da Renascença, todos experimentaram, em graus diversos, este sentimento ao mesmo tempo perturbador e inquietante da solidão. Do banqueiro ao condotiero, do pintor ao poeta, eles afirmam se sentirem sozinhos e estarem orgulhosos disso. "Eu me fiz a mim mesmo", declara o humanista Pontano; Alberti escreve que "aquele que cultiva seus dons pessoais presta muitos serviços ao Estado"; e Rafael dizia que Michelangelo "era só como um carrasco".

MONTAIGNE E O GOSTO PELA SOLIDÃO

Como convém, perguntemos a Michel de Montaigne (1533-1592), homem que melhor encarna o espírito da Renascença, do qual é resultado e do qual soube extrair a quintessência, o que ele pensa da solidão. Ele consagra um capítulo inteiro dos *Ensaios* a esse assunto, o que já é revelador de seu interesse por ele, mas também faz referência ao tema em outras passagens da obra.[55]

---

54 Ibid., p.138-9.
55 Montaigne, *Essais*, I, 38, "De la solitude"; igualmente em I, 8; II, 3.

Ele afirma que não é um solitário por natureza, um destes "naturais particulares retirados e internos"; ama a companhia, "a comunicação", "a sociedade", "a amizade": "eu não sou inimigo da agitação das cortes; passei lá parte da vida, e sou feito para me portar alegremente em grandes companhias, desde que seja por intervalos e na minha medida".[56] Logo, ele não é um misantropo, mas não procura a multidão. Numa companhia numerosa, ele se volta para si mesmo: "No Louvre e na multidão, eu me retraio e comprimo minha pele; a multidão me desgosta". E mesmo em casa: "No meio de uma família numerosa e numa casa das mais frequentadas [...], fico mudo, sonhador e fechado, sem ofender meus hóspedes". Eles estão acostumados. Tão logo pode, refugia-se em sua biblioteca.

Só, no meio dos livros: eis a verdadeira felicidade. A biblioteca de Montaigne, no andar superior de uma modesta torre de seu castelo, é um santuário, um lugar elevado da solidão humanista, onde ele penetra com uma alegria não dissimulada: "Chego à entrada e vejo, abaixo de mim, o jardim, meu quintal, o pátio dos animais, e na maior parte membros da casa. Lá folheio numa hora um livro, noutra hora outro, sem ordem e sem plano, em pedaços incoerentes; ora sonho, ora registro e dito, passeando, os sonhos que apresento aqui. Ela está no terceiro andar de uma torre; o primeiro é minha capela; o segundo um quarto e seus equipamentos, onde durmo com frequência só; acima, há um grande armário. No passado, era o lugar mais inútil de minha casa. Passo lá a maior parte dos dias de minha vida, e a maior parte das horas do dia; nunca à noite [...]. A forma é redonda e só tem de plano o que é necessário para minha mesa e minha cadeira; curvando-se, ela me oferece, num lance, todos os meus livros, ordenados sobre suportes a cinco graus em toda a volta. Ela tem três vistas de rica e livre perspectiva, e dezesseis passos de diâmetro vazios. No inverno, fico lá menos continuamente, pois minha casa está pendurada numa colina, como diz seu nome, e não tem cômodo mais ventilado do que este, que me agrada em ser um pouco penoso e um pouco afastado, tanto para o fruto do exercício quanto para afastar de mim a multidão. Esta é minha sede: tento ter seu puro domínio e a retirar apenas este canto da comunidade conjugal, filial e civil. Sobre todos os outros lugares tenho apenas uma autoridade verbal, em essência,

---

56 Ibid., III, 3, "De trois commerces".

confusa. Miserável, na minha opinião, aquele que não tem em sua casa onde estar consigo mesmo, onde fazer a corte particularmente a si mesmo ou se esconder".[57]

Montaigne em sua biblioteca é um pouco como Adão no paraíso terrestre. Felicidade de um momento de solidão escolhida, mas uma solidão que não é nada ascética. Montaigne não é Antônio. Solidão do humanista, que se entrega aos prazeres solitários do espírito, da leitura, da meditação, do sonho. Ele lamenta os monges cuja regra é viver perpetuamente em comunidade, em "perpétua sociedade de lugar, e assistindo-se em grande número mutuamente em qualquer ação que seja". Se Montaigne tivesse sido monge, teria sido cartuxo, pois, ele conclui: "não considero de modo algum mais suportável ser sempre só do que não poder mais sê-lo".

Mesmo fora de sua biblioteca, Montaigne cultiva uma arte da solidão que Sêneca já recomendava, a de saber refugiar-se em si mesmo: "A solidão que amo e prego é principalmente trazer para mim minhas afecções e pensamentos; restringir e estreitar". É a famosa imagem do "quarto dos fundos": família, amigos, sociedade, tudo isso é muito bom, mas "é preciso reservar um quarto dos fundos, todo nosso, todo livre, no qual estabeleçamos nossa verdadeira liberdade e principal retiro e solidão. Nele deve-se assumir nosso ordinário diálogo com nós mesmos, e tão privado, que nenhuma frequentação ou comunicação estranha tome lugar nele; discorrer e rir, sem mulher, sem filhos, e sem bens, sem barulhos e sem criados".[58] Saber estar em companhia de si mesmo, saborear esses momentos de solidão, é a própria sabedoria: "A maior coisa do mundo é saber ser para si".

Habituar-se a viver só, sem seus próximos, é também um meio de preparar a verdadeira solidão, a solidão forçada, a que virá quando nossos próximos estiverem mortos, para que, "quando a ocasião de sua perda vier, não nos seja novo passar por isso". Não se trata de egoísmo, muito ao contrário: é quando estamos só que nos ocupamos melhor dos outros: "A solidão local, na verdade, antes me estende e me alarga por fora; lanço-me nos negócios de Estado e no universo de mais bom grado quando estou só". Inversamente, todas as pessoas que estão sempre em vias de "se comunicar", que pregam

---

57 Ibid.
58 Ibid., I, 38, "De la solitude".

RENASCENÇA E REFORMA

os contatos, as relações humanas, o convívio, que afirmam que "não nascemos para nós mas para o público", são de fato hipócritas que procuram promoção pessoal: "Só se procura a agitação do mundo para tirar do público seu proveito particular".

Para ser só, não é preciso ir ao deserto, mesmo que seja verdade que os lugares retirados são mais propícios. A alma deve retirar-se em si mesma, "deve-se trazê-la e retirar-se em si: é a verdadeira solidão, e que pode ser experimentada no meio das cidades e das cortes dos reis. Mas ela pode ser saboreada mais comodamente à parte. Ora, já que empreendemos viver sós, e dispensar companhia, façamos com que nosso contentamento dependa de nós; desfaçamo-nos de todas as ligações que nos amarram a outrem; ganhemos sobre nós um poder, com discernimento, de viver sós e de viver a nosso gosto".[59]

De qualquer modo, chega um momento em que é preciso se aposentar, sobretudo quando se passou a vida a serviço dos outros: "A solidão me parece ter mais aparência e razão para aqueles que deram ao mundo sua época mais ativa e florescente, seguindo o exemplo de Tales. Basta viver para outrem; vivamos para nós, pelo menos este fim de vida; reconduzamos nossos pensamentos e nossas intenções a nós mesmos e segundo nosso gosto [...]. É tempo de nos desatarmos da sociedade, já que não podemos oferecer nada a ela: quem não pode emprestar não pode tomar emprestado". Isso não significa, contudo, que se deva viver na ociosidade: "A ocupação que é preciso escolher para determinada vida deve ser uma ocupação não penosa, nem tediosa. Do contrário, daremos prova de buscar nela uma estadia por nada. Isso depende do gosto particular de cada um. O meu não se acomoda de modo algum com as coisas domésticas: os que as amam devem entregar-se a elas com moderação".[60]

Certamente Montaigne não é representativo do "homem do século XVI". Grande proprietário de terras, muito cultivado, ele pode falar à vontade do retiro estudioso na sua biblioteca no Périgord. A solidão que ele tem em vista é confortável, escolhida, intermitente, repousante; é uma solidão de lazer de um privilegiado material e intelectualmente suficiente. Entretanto,

---

59 Ibid.
60 Ibid.

seu propósito é revelador da mudança na cultura da elite europeia desde Petrarca. Com o humanismo, a Renascença e a Reforma, a noção de solidão passa a ser considerada do ponto de vista positivo. O aspecto penitencial, ascético, forçado, se apagou, substituído por uma visão reconfortante, apaziguadora e voluntária. A ascensão do individualismo e a busca da autonomia fazem da solidão um momento privilegiado que favorece a reflexão, a meditação, a contemplação, o estudo, tão apreciados pelos humanistas. Isolar-se não é mais desaparecer, é, ao contrário, afirmar-se, numa autossuficiência que procura liberar-se das coerções sociais. Seja para ligar-se diretamente a Deus, como pretendem os solitários de Port-Royal, seja para reivindicar a liberdade natural, como fará o "caminhante solitário" de Ermenonville. Solidão religiosa e aristocrática, solidão secular e burguesa: são as duas filhas do humanismo e da Reforma.

– 5 –

O HOMEM DE SOCIEDADE E A SOLIDÃO DE BOM-TOM NO SÉCULO XVII

O espírito do grande século clássico é, *a priori*, desfavorável à vida solitária. Nele se exalta uma sociabilidade regulamentada, formal e polida, a do "homem de sociedade", que encontra sua realização nos salões, na corte, nos palacetes, nos palácios episcopais ou nas regiões de mercadores e protestantes do noroeste da Europa e nos centros das trocas comerciais e financeiras. Aquele que foge da sociedade é logo suspeito de ter alguma coisa a esconder, um amor culpável, uma decepção, maus desígnios, ou de ser inimigo do gênero humano, um misantropo, ou seja, uma espécie de animal selvagem, nos antípodas do ideal de polidez e de boas maneiras que são difundidas nos manuais de bem viver. Para o abade Goussault, autor do *Retrato do homem de sociedade*, de 1692, "um homem de sociedade ama as companhias e as busca com prazer [...]. Lamento um homem que sempre imita Catão, que não se humaniza e não se familiariza nunca [...]. Afastar-se das companhias quando o coração e a afeição estão sempre nelas significa fazer um falso e enganoso

182   GEORGES MINOIS

retiro [...]. Nossa ambição e nossa concupiscência nos seguem em todo lugar, até nos desertos".[1]

O DEBATE

O subentendido é claro: o solitário é um hipócrita que esconde suas más inclinações e sua ambição num retiro fingido, "um desses retiros tristes e forçados, onde uns, desgostosos com os males da vida, vão se pôr ao abrigo das desgraças do século, e onde outros, cansados de seus empregos, procuram enganar seus aborrecimentos nas trevas de uma via obscura e oculta". Certamente, diz o abade, "confesso que há temperamentos particulares e de tal modo fechados que procuram comunicar-se pouco, temperamentos para quem a sociedade é fardo, e que só amam a solidão, mas há poucos com este caráter". Por outro lado, "também não se vá imaginar que falo dos encantadores e honrosos retiros que certas almas desapegadas escolhem para se entregar inteiramente a Deus, sem se dividir entre ele e o mundo. Essas almas solitárias, para falar como São Jerônimo, encerram numa pequena cela a vasta extensão do paraíso". Assim, "há retiros e solidões que podem convir às pessoas do mundo, quando fazem profissão de honra e probidade".[2]

Mas, no conjunto, o homem de sociedade que busca a virtude não precisa ir para o deserto ou para o fundo dos bosques. Pois o mal não está na sociedade, mas em nós mesmos. De nada serve se isolar, já que carregamos conosco o veneno. Se quisermos falar de solidão útil, virtuosa, é em nós que devemos procurá-la; e, ficando no meio dos outros: "Nosso maior mal está na alma e é necessário se retirar nela para nos curar. Essa solidão é sempre desejável; não é preciso sair de casa nem deixar a família por tão bom desígnio, e esse retiro interior é sempre mais útil do que o feito com alvoroço e aos olhos do mundo. O desapego do coração é a única necessidade, e pode subsistir sem que se rompa com os amigos e sem renunciar ao comércio da vida [...]. A solidão que parece a melhor e mais agradável nem sempre é aquela que se vai procurar longe da sociedade civil, mas a que se vive no meio do mundo.

---

1 Abade Goussault, *Le Portrait d'un honneste homme*, op. cit., p.1.
2 Ibid., p.205.

Nem sempre é aquela que se escolhe no fundo de um bosque ou ao pé de uma montanha, mas aquela em que se medita durante algumas horas em seu gabinete. A solidão local com frequência leva a imaginar o que se passa no século; ao contrário, a solidão do coração nos retira dos assuntos da corte e nos impede de pensar neles".[3]

O livro do abade Goussault ilustra bem as dificuldades da boa sociedade do século XVII para se situar diante do problema da solidão. Por trás de oposição de princípio, constata-se uma fascinação real pela vida solitária que intriga, seduz e assusta ao mesmo tempo, como acontece sempre com os extremos contrários: para os cortesãos ornados com fitas, perucas e pó de arroz, enfeitados com rendas, o eremita sujo, barbudo e vestido em frangalhos, que vegeta no fundo dos bosques, é um enigma, um personagem desconcertante, mas também fascinante. E mesmo sem ir até os excessos dos Padres do Deserto, o cavalheiro não pode condenar totalmente esse gênero de vida caucionado por uma poderosa corrente da espiritualidade da época. Todo o século é marcado por um vasto debate, tanto nos meios seculares quanto nos religiosos, a propósito dos méritos da solidão.

Como é de praxe, os dicionários, que têm na época sua grande estreia, são sobretudo neutros. O de Furetière, em 1690, define a solidão como a "separação completa do comércio com os homens. Pode-se viver numa grande cidade e permanecer na solidão, não admitir a visita de ninguém. O retiro e a solidão têm seus encantos para os devotos e os especulativos". Para o *Dicionário cristão* de Fontaine, em 1691, "o retiro de pessoas que se mantêm confinadas em casa é a imagem daqueles que não se comprometem a conduzir as almas, mas que se encerram em seus próprios limites e no cuidado com sua salvação. Essas pessoas e a vida calma que levam marcam a paz do coração e o repouso tranquilo de todas as virtudes que se pode chamar de sono da graça, do qual elas usufruem, enquanto esperam que Deus peça de volta sua alma, que, nesse estado, elas lhe oferecem constantemente". Em 1694, O *Dicionário da Academia Francesa* distingue a solidão como "lugar deserto e inabitado, ou separado do mundo, afastado do comércio, da vista, da frequentação dos homens" e como "uma separação, ou o estado de um homem que é só e retirado do comércio do mundo", sem pronunciar juízo de valor sobre

---

3 Ibid., p.207.

esse estado, que pode ser motivado "seja por princípio de devoção, confinando-se num convento, seja por amor à solidão, para levar uma vida privada e retirada".

O motivo do debate é sobretudo a busca da solidão física. O homem de sociedade que se contenta em retirar-se em si mesmo, ao mesmo tempo que leva uma vida social normal, arrisca-se no máximo a passar por uma pessoa reservada, tímida, original, ou a falhar na conversação. Aquele que deixa voluntariamente família, amigos, conhecidos para viver à parte é suspeito de orgulho, de hipocrisia ou de misantropia. Em todo caso, discute-se muito. No escritório de subscrição Renaudot, sede da *Gazette*, é proposto em 22 de março de 1658 um tema de debate: "O que se deve preferir, a companhia ou a solidão?". Em 1658, o padre Cyprien de Gamaches, nos *Exercícios de uma alma real no santo emprego do dia*, dá como título de um dos capítulos "As vantagens da solidão não impedem de modo algum que a conversação seja necessária, louvável e muito útil". Ele pesa pois prós e contras, inclinando-se claramente para este último: apesar dos elogios de Jerônimo, de Antônio e dos Padres do Deserto, a solidão tem "um não sei o que de terrível, e como o homem é educado em sociedade, e ama naturalmente a conversação, ela contraria muitos sentimentos". Ele lembra que o Eclesiastes diz: "Infeliz seja o solitário, porque como as quedas são inevitáveis dada a fraqueza humana, aquele que caiu na solidão não tem ninguém que lhe dê a mão e que o ajude a se levantar".[4] Hipócritas e orgulhosos são os que buscam "as solidões imponentes onde se procura apenas satisfação particular e onde não se consegue preencher o próprio espírito". Além do mais, para que servem esses solitários? São uns inúteis que só pensam no próprio interesse: "Pois, não falando e não agindo para os outros, que bem ele lhes faria? É verdade que ele reza; mas suas preces por condignidade ganham tudo para ele e nada para os outros, ao contrário dos que estão no mundo".[5]

Em 1665, em *A Musa coquete*, François Colletet, se pergunta "de que tiramos mais proveito, da conversação ou da solidão?". Já em 1662, esse medíocre poeta havia escrito uma *Apologia da solidão sagrada*, que lhe tinha valido

---

4 Gamaches, *Exercices d'une âme royale dans le sainct employ du jour, recueillis des Écritures sainctes, et des saincts Pères de l'Église, propres à toutes sortes de personnes, pour bien accomplir les devoirs du chrestien, acquérir des grands mérites et arriver au haut poinct de la perfection*, p.312.

5 Ibid., p.316.

o sarcasmo de Boileau, que o trata de parasita, evocando "Colletet, sujo até às costas, [que] vai procurar seu pão de cozinha na cozinha".[6] Guéret, em *A guerra dos autores*, atribui à Colletet esta resposta: "Tratam-me de parasita/ eu, que mais recluso que um eremita,/ nunca comi na casa de ninguém".

Richessource, professor de eloquência em Paris, dá várias conferências sobre os méritos respectivos da vida em sociedade e da vida solitária, e em 1642 François de Grenaille declara que a melhor solidão é a que se acomoda à sociedade: "E, decerto, se a solidão é necessária, como é preciso confessar, é particularmente aquela que não é oposta à sociedade e que pode estar na conversação; como diz Santo Agostinho, é a solidão interior, a solidão do espírito, a solidão do coração".[7] É também o ponto de vista do padre Sébastien de Senlis, que, em 1645, em suas *Epístolas morais a todas as damas que aspiram ao paraíso*, as aconselha a se contentarem com a solidão em espírito: "Sabeis, madame, que gosto têm as suavidades que Deus dá aos solitários, já que elas vos são conhecidas na vida que levais: só permanecestes no mundo por causa das justas obrigações que os testamentos aprovaram; e em vossas ocupações de devoção, que só terminarão convosco, vosso espírito está sempre nos desertos e vosso corpo na corte".[8] Em 1659, em *A solidão cristã*, Guillaume Le Roy vai além: todas as damas que vão para o retiro em sua casa de campo "levam sempre com elas o espírito do mundo"; sua solidão é tão somente uma aparência. Ele fustiga "este espírito de diversão e ociosidade ao qual as damas de Paris estão acostumadas ao irem para suas casas de campo".[9]

Para os jesuítas, confessores dos reis e diretores de consciência da alta sociedade, não é necessário ir ao deserto para procurar salvação. Preferindo ter o controle sobre seus influentes penitentes, eles os aconselham uma solidão inteiramente interior: é *A devoção fácil*, do padre Le Moine, livro que ele publica em 1652. Os jansenistas são, evidentemente, de opinião contrária. Solidão interior e exterior devem coincidir, estima Martin de Barcos: "A solidão nunca é tão perfeita, a não ser quando ela está no lugar da solidão e como

---

6 Boileau, *Satires*, I, 77-8.
7 Grenaille, *La Mode ou charactère de la religion*, p.272.
8 Senlis, *Épistres morales à toutes les dames que prétendent au paradis trouver les vertus d'une cour sainte et celles des cloistres réformés*, p.303.
9 Le Roy, *La Solitude chrétienne, où l'on apprendra, par les sentiments des saints Pères, combien on doit désirer de se séparer du monde, autant qu'on le peut, lorsqu'on veut travailler sérieusement à son salut*, t.II, p.29.

em seu centro", e, para Jean Hamon, um dos solitários de Port-Royal, "os lugares exteriores e os monastérios, mesmo os mais retirados, não merecem o nome de solidão, se lá não se conversa só com Deus". O valor do silêncio também é debatido: "O silêncio não é menos funesto ao homem do que a palavra [...]. Se, por palavras injuriosas, se fere a reputação de seu próximo, por um humor taciturno se cuida pouco de dizer o bem que seria necessário dizer", pode-se ler em *A ciência universal do púlpito ou dicionário moral*.[10]

Todos esses debates em torno da noção e da prática da solidão no século XVII, que será necessário aprofundar, são reveladores de uma sociedade bem estruturada, organizada, compacta, hierarquizada e disciplinada, para a qual a aspiração à solidão é ambivalente: fugir do mundo, da sociedade, num retiro solitário, aparece ao mesmo tempo como uma conduta subversiva, uma traição ao ideal social encarnado pelo homem de sociedade, e uma necessidade de liberação, de afirmação de si, colocando-se no exterior do quadro opressor das convenções sociais. Essa ambivalência tem correspondência no plano religioso: na espiritualidade do século XVII, opõem-se uma corrente "mundana", que privilegia a virtude de moderação, de equilíbrio, e para a qual se merece a salvação ficando em seu lugar, no centro da sociedade, e uma corrente pessimista que preconiza a retirada do mundo, lugar de múltiplas tentações, para se consagrar exclusivamente a Deus em um retiro ascético.

Para Bernard Beugnot, no século XVII, "as imagens felizes de solidão se metamorfoseiam em traços de um passado abolido ou esperança vã de uma saída para a aporia trágica [...]. O mito da solidão feliz, radiosa e fecunda é totalmente desconstruído. A solidão deixa de ser uma escolha de vida para aparecer como a marca de uma finitude própria à condição humana".[11] De

---

10 Paris, 1705. t.I, p.660.

11 Beugnot, *Le Discours de la retraite au XVIIᵉ siècle*, p.161. B. Beugnot opõe essa concepção do século XVII à do mundo contemporâneo, que procura reformar o laço social totalmente desintegrado pelas descobertas das ciências humanas: hoje, a solidão "é vivida como uma fatalidade da condição humana com a qual se deve compor num mundo privado de transcendência e em que se revela a difícil comunicação com o outro. E desenvolvem-se modos de vida, automatismo, maquinismo, ilusória palavra da comunicação informática, que não cessam de acusá-la sem dotar os seres dos instrumentos interiores indispensáveis para vivê-la. Nem a mística social, nem a apologia do grupo – fim das ideologias comunitárias –, nem as evoluções recentes, nem o culto da diferença, que multiplica as fronteiras e fragmenta o tecido social parecem ter respondido às necessidades vitais, das quais os homens do século XVII pelo menos tiveram uma clara consciência" (p.274).

fato, o século XVII é a época da descoberta da solidão fundamental do ser humano, e essa descoberta fascinou a elite intelectual. Os moralistas, os teólogos, os filósofos, os poetas, mas também os "homens de sociedade" em geral, presos no jugo das convenções de uma sociedade muito organizada e hierarquizada, tomaram consciência da irredutível particularidade de cada ser, e procuraram tirar daí suas consequências, seja reforçando os laços de solidariedade social, seja buscando uma via pessoal, ao mesmo tempo sua vida material e espiritual. A solidão lhes aparece como o caminho da autonomia neste mundo e da salvação no outro. A menos que seja apenas uma astúcia maquiavélica para se dar um ar de santidade, como admite cinicamente o cardeal de Retz: "Comecei por um grande retiro, estudava quase o dia todo e via muito poucas pessoas, quase não tinha mais relações com as mulheres, exceto a senhora de Guéméné". Essa confissão pode escandalizar, mas não deixa de ser reveladora do prestígio do retiro na sociedade do século XVII. Sinônimo de coragem e virtude, ele seduz mais de um, com motivações mais ou menos confessáveis.

O GOSTO DA SOLIDÃO CAMPESTRE

Desde o início do século, a atração pela solidão se manifesta, a exemplo do humanismo, por uma mistura de gosto pastoral e espiritualidade introspectiva. Moda literária tanto quanto religiosa, o amor pelo campo, propício à contemplação, à meditação, assim como ao sonho amoroso, é cantado por Philippe Desportes (1546-1606), cortesão na linhagem de Ronsard, que procura um eremitério de amor:

> Quero ser um eremita e fazer penitência,
> Do erro de meus olhos cheios de temeridade,
> Construindo um eremitério num lugar deserto
> Do qual nenhum outro Amor terá conhecimento.
> E sempre, para rezar, diante de meus olhos, terei
> A pintura de Amor e os olhos de minha Dama.[12]

---

12 Desportes, *Diane*, II, 8.

Desportes faz parte dos candidatos fictícios ao eremitismo bem pouco religioso, ao qual faz eco Motin, ele também à procura de um lugar afastado propício a sonhos muito profanos:

Procuro um lugar deserto ignorado dos mortais
Aonde pastor e rebanho nunca vieram [...]
Lá, quero, numa gruta de algum velho rochedo
Cavar um templo obscuro, para fazer minha morada,
Amoroso penitente, até o tempo em que morra.
Meu corpo pálido e desfeito se arrastará vestido
Da casca de um tronco abatido pela tempestade.
O número de virtudes de uma tal deusa
Será o rosário que direi sem cessar.

Em 1613, Luís de Gongora (1561-1626) publica suas *Solidões*, consagradas à natureza: solidão dos campos, dos rios, das florestas, do deserto. Na primeira, única acabada, ele recorre, num estilo excessivamente maneirista, à "solidão amiga". Em 1604, o ex-mosqueteiro Trellon, em *A musa guerreira*, procura também a solidão: "Vou me tornar eremita", e diz que quer renunciar à vida de prazeres e à amante Silvia, sabendo que não acreditarão na sinceridade de tal conversão:

Sei bem que se dirá, lendo meu eremitério,
Como em pouco tempo me tornei tão sábio,
Sei bem que dirão: Trellon era isto
Trellon era aquilo, Trellon vivia assim.[13]

Curiosamente, entre os candidatos ao retiro solitário, encontramos militares. Depois do mosqueteiro Trellon, o cavaleiro Honorat de Bueil, senhor de Racan (1589-1670), decepcionado com a vida militar e com o desprezo de sua bela, Catherine Chabot, considera que com 30 anos "mais da metade do curso de nossos dias está feito", e que é preciso, pois, "pensar em fazer a retirada". Para isso, o que há de melhor do que o campo de Tours?

---

13 *La Muse guerrière, dédiée à M. le comte d'Aubijoux*, apud Brémond, *Histoire littéraire du sentiment religieux en France*, t.I, p.133.

O HOMEM DE SOCIEDADE E A SOLIDÃO DE BOM-TOM... 189

Agradáveis desertos, lugares de inocência,
Onde, longe das vaidades da magnificência,
Começa meu repouso e acaba meu tormento.
Vales, rios, rochedos, amável solidão.
Se fostes testemunha de minha inquietude,
Sede doravante de meu contentamento.[14]

Na mesma data, outro soldado, grande bebedor, grande fumante, grande comilão, grande amador de mulheres, Saint-Amand (1594-1661), canta também os encantos prazerosos da solidão:

Oh! Como amo a solidão!
Como estes lugares sagrados, à noite,
Afastados do mundo e do ruído,
Agradam à minha inquietação![15]

Libertinos e devotos compartilham um gosto comum pela natureza, a paz dos campos, a vida pastoral retirada, cada um se entregando a seus devaneios preferidos, profanos ou religiosos. O ateu Teófilo de Viau diz "buscar os lugares secretos onde nada me desagrade,/ meditar à vontade, sonhar a meu bel-prazer", enquanto o piedoso abade Pellegrin elogia "as doçuras da solidão para um coração que ama Deus":

Ah! Como amo a solidão!
Que encantos ela tem aos meus olhos!
Livre de inquietação,
Só sonho com os céus.
Não tenho outro estudo
Quando estou nestes lugares.[16]

La Fontaine, por sua vez, aspira à solidão para praticar a introspecção: "Sois conhecido no mundo habitado?/ Para melhor vos contemplar, ficai

---

14 Racan, *Stances sur la retraite*, 1617, estrofe 15.
15 Saint-Amand, *La Solitude*, 1617, estrofe 1.
16 Pellegrin, Les douceurs de la solitude pour un coeur qui aime Dieu. In: *Poésies chrétiennes contenant des cantiques, noëls nouveaux et chansons spirituelles*, p.156.

no deserto".[17] O contato solitário com a natureza permite à alma estudar a si mesma: "A verdadeira grandeza com relação aos filósofos é reinar sobre si mesmo, e o verdadeiro prazer é usufruir de si mesmo. Isso se encontra na solidão, e em nenhuma outra parte". Mas, ele acrescenta, "não digo que qualquer pessoa se acomode a isso; é um bem para mim, seria um mal para vós".[18] A solidão não é boa para todo mundo, e, mesmo para aqueles a quem convém, ela deve ser moderada, razoável. O solitário deve permanecer um homem de sociedade, senão torna-se um "urso selvagem" como o da fábula:

> Certo urso da montanha, meio selvagem,
> Confinado pela sorte num bosque solitário,
> Novo Beleforonte, vivia só e escondido.
> Ficou louco; a razão normalmente
> Não habita muito tempo em pessoas sequestradas.
> É bom falar, e melhor se calar.
> Mas os dois são maus quando são exagerados.[19]

La Fontaine, mulherengo impenitente, é um sonhador, mas não um urso. Suspira pela "solidão, onde encontro uma doçura secreta,/ Lugares que sempre amei,/ Não poderia eu nunca,/ longe do mundo e do ruído/ gozar de sombra e fresca?".

Isso não o impede de apreciar Vaux-le-Vicomte, o salão da senhora de la Sablière, e mesmo Versalhes. Boileau também sabe equilibrar seus dias na confusão de Paris e os momentos de retiro no campo em Haute-Isle, de onde escreve ao amigo:

> Sim, Lamoignon, fujo das tristezas da cidade.
> E contra elas o campo é meu único asilo [...]
> Aqui, em um vale limitando meus desejos,
> Compro barato sólidos prazeres [...]
> Oh, dias felizes! Oh, campos amados dos céus!

---

17 La Fontaine, Le juge arbitre, l'hospitalier et le solitaire. *Fables*.
18 Id., Les amours de Psyché et de Cupidon. *Fables*.
19 Id., L'ours et l'amateur de jardins. *Fables*.

Que para sempre, pisando vossos prados deliciosos,
Eu possa fixar minha caminhada vagabunda,
E, conhecido só de vós, esquecer o mundo![20]

Para ele, viver feliz já é viver escondido:

Que feliz é o mortal que, ignorado do mundo,
Vive contente consigo mesmo em um canto retirado!

São numerosos os poetas do século XVII que pretendem, com Charpentier, num soneto intitulado "O solitário", de 1677, "buscar a sabedoria longe do povo e do barulho". Moisant de Brieux a encontra em sua casa na beira do mar, "só a perder de vista", Perrin no maciço da Cartuxa, Breusché de la Croix, em 1642, no "santo deserto de Malagne, perto de Namur".[21] Em 1655, é publicada a propósito uma antologia de poesias dedicadas à solidão: *O paraíso terrestre ou emblemas sagrados da solidão dedicados à santa ordem dos Cartuxos*, e Guez de Balzac, em seu longo retiro em Charente, se diz estar no paraíso terrestre na alameda de salgueiros que beira um pequeno canal: "Por pouco que fique aqui, volto à minha primeira inocência". Esse lugar tem o dom de "impor silêncio aos maiores faladores tão logo se aproximem dele"; é "a parte mais secreta de seu deserto". Georges de Brébeuf (1618-1661) procura Deus na pequena mata normanda. Afastado da corte e dos salões, redige *Conversações solitárias*, com acentos eremíticos:

Lá tudo, até na sombra e no silêncio
Dos rochedos e dos bosques,
Para me falar de vós, será apenas eloquência,
E será apenas voz.

Esse poeta que Henri Brémond apresenta como "pobre, tímido, indolente, incapaz de avançar [...], amargo", tendo "falhado na vida", roído pela febre, não tem, contudo, nada de um jansenista. Ele exprime simplesmente uma das tendências profundas de sua época: a busca da paz da alma na solidão.

---

20 Boileau, *Épitre VI*, 1-42.
21 Brémond, op. cit., p.334-6.

Esse traço não é reservado aos poetas, dos quais se poderia dizer que o amor é sua segunda natureza. Os romancistas também manifestam isso. Os romances preciosos, retomando a tradição pastoral, fazem da solidão tanto punição quanto refúgio dos apaixonados infelizes: em *Astreia*, Honoré de Urfé faz Céladon viver como selvagem; e em *O passeio de Versalhes*, Madeleine de Scudéry conta a história de Philémon, que vive há trinta anos no deserto com seus livros. A solidão é uma espécie de remédio universal para as doenças da alma, para as tristezas amorosas terrestres, assim como para os arrebatamentos religiosos: é o que afirma, por volta de 1600, Antoine de Nervez em *O jardim secreto da alma solitária*: "Ainda que o amor divino e o do mundo sejam diferentes em seus objetos, eles têm alguma semelhança nos acidentes, seja no humor solitário que inspiram, seja nas agradáveis dores que fazem sofrer; porque a solidão não é outra coisa senão ter prazer consigo mesmo, para ficar calmo e pensar no objeto amado; e as doces tristezas que o acompanham procedem apenas de um desejo violento do bem que se procura".[22]

O gosto pela solidão, ou pelo menos a necessidade de isolamento temporário, manifesta-se até mesmo nos mundanos, dos quais nem todos consideram que "os desertos só podem produzir frutos selvagens", como crê erradamente Nervez. Nos salões da moda, a exemplo daquele da senhora de Rambouillet, organiza-se um espaço de intimidade, o gabinete, onde se pode refugiar para ler, escrever e meditar. Da antecâmara, onde a multidão de visitantes se amontoa, passa-se ao quarto, ao qual só os íntimos têm acesso, depois ao gabinete, onde enfim se pode ficar só consigo mesmo. Lá, pode-se devanear ou se concentrar numa leitura solitária, cuja prática progride de modo espetacular desde o início do século XVII.

Progresso ligado sem dúvida à ascensão da burguesia de ofício e à nobreza magistrada: os inventários de quatrocentas bibliotecas parisienses entre 1600 e 1670 revelam que 25,5% delas pertencem a oficiais do rei, 15,5% a procuradores e advogados, 13% a cortesãos e fidalgos, 11,5% a "intelectuais". É certo que as obras profissionais ocupam um grande espaço, mas eles são cada vez mais ávidos de romances, poesia, obras eruditas, tratados

---

22 Apud Brémond, op. cit., p.338.

O HOMEM DE SOCIEDADE E A SOLIDÃO DE BOM-TOM... 193

de moral e de filosofia,[23] tal como o inglês Samuel Pepys (1632-1703), secretário do almirantado, que conta em seu extraordinário *Diário* cada uma das compras que faz. Sua biblioteca é seu orgulho; ali ele se refugia sempre que pode. É ao mesmo tempo seu "estúdio" (*"study"*). Vários personagens de Shakespeare também manifestam esse gosto pela leitura solitária. Em *A tempestade*, Próspero, duque de Milão, afirma: "Minha biblioteca era um ducado bem grande para mim [...], eu amava meus livros mais do que meu ducado".[24] Os livros são considerados companheiros quase obrigatórios do refúgio. Catherine Habert, viúva do primeiro camareiro do rei, Charles Dujardin, leva consigo uma biblioteca inteira de obras de casuística, de teologia e de filosofia quando se retira no convento de Notre-Dame-de-Grèves.[25] No fundo de sua província, Pierre Chadourne, médico em Treignac, em Limousin, compra o castelo de Affieux, para onde se retira com seus livros, dos quais se faz um inventário em 1667: há 117 livros num gabinete perto da sala alta, sobretudo obras profissionais, e 47 livros de devoção num pavilhão onde ele se isola para meditar.[26] De sua parte, Boileau nunca sai sozinho sem "um livro na mão, vagando pelos prados".

Muitos outros testemunhos o confirmam: o livro tornou-se um companheiro indispensável dos momentos de solidão. Mas como interpretar esse fenômeno? Procura-se a solidão a fim de poder aproveitar a leitura ou se lê para esquecer a solidão? Para Bussy-Rabutin, que enlanguesce em seu castelo de Borgonha, a resposta é clara: trata-se de "combater o tédio da província". A solidão lhe é penosa, e ele passa o tempo lendo *A princesa de Clèves*, Marcial, Catulo, mas também Descartes: sem ele, diz, "teríamos morrido de tédio nesta província". Sua prima Madame de Sévigné proclama, ao contrário, como veremos, seu amor pela solidão, durante suas estadias no castelo dos Rochers, perto de Vitré. Lá ela devora livros da manhã até a noite: "De manhã, leio a *História da França*; de tarde um pequeno livro nos bosques, como estes *Ensaios de moral*, a *Vida de São Tomás de Canterbury*, que acho admirável, ou *Os iconoclastas*; à noite, tudo o que há de impressão em caracteres grandes [...]. Divirto-me à noite lendo *História da prisão e da libertação do*

---

23 Chartier; Martin (dir.), *Histoire de l'édition française*, t.I, p.657-67.
24 Shakespeare, *La Tempête*, I, 2.
25 *Histoire de l'édition française*, op. cit., p.661.
26 Ibid., t.II, p.573.

Senhor Príncipe [...]. Fico mais encantada com o tamanho dos caracteres do que com a qualidade do estilo: é a única coisa que consulto em meus livros da noite". Mas essas reflexões são ambíguas: "Tudo isso só é bom nos Rochers"; "com livros, o tempo passa, a seu modo, tão depressa quanto no vosso brilhante castelo"; "lamento os que não amam ler". Deve-se compreender que a leitura é o meio de suportar uma solidão que sem isso seria bem penosa? Para Fortin de la Hoguette, ler permite ao mesmo tempo "evitar o tédio da solidão e a opressão da multidão", o que revela igualmente uma concepção mais negativa da primeira.

O REFÚGIO DO CORTESÃO: FRACASSOS, SUCESSO E EXCESSO SEGUNDO SAINT-SIMON

Assim, convém, sem dúvida, relativizar os elãs poéticos da solidão secular no século XVII. O homem de sociedade quer sim passar um tempo no campo, onde, aliás, ele raramente fica só, mas isso não deve durar demais, e, se a solidão lhe é imposta, a situação torna-se francamente insuportável. É o caso dos cortesãos que caem em desgraça. Raros são aqueles e aquelas que se adaptam ao relativo isolamento ao qual são condenados. São sobretudo as mulheres, mais resignadas com sua sorte, que se voltam então para a devoção, como a senhora de Loges, afastada em seu castelo da La Pléau, por ter participado das revoltas nobiliárias de 1629, a senhora de Longueville, inspiradora da Fronda, retirada em Port-Royal, a senhorita de La Vallière, que passa em 1675 do leito do rei à cela das carmelitas, docemente forçada por Bossuet, que escreve que "toda a corte está edificada e espantada com sua tranquilidade e sua alegria". Entre os homens, a perda dos favores é vivida com muito mais dificuldade. Alguns se acomodam mais ou menos bem, como La Rochefoucauld, relegado em seu castelo em Charente em 1653, que ocupa seu tempo caçando, cuidando do jardim e fazendo processos, ou como René II d'Argenson, enviado em 1655 para a Touraine, ou ainda o cardeal de Bouillon, para Paray-le-Monial, que Madame de Sevigné, em 1688, julga "bem triste, apesar da bela solidão".

Ou antes, por causa dela. Pois, para esses ambiciosos frustrados, cujo meio natural é a multidão que pulula no Louvre ou em Versalhes, o relativo isolamento em sua casa provincial é um inferno que muitos não suportam. A solidão é para eles literalmente mortal. As memórias e as crônicas estão cheias de histórias patéticas de personagens que se consomem após uma desgraça ou uma doença. O senhor de Pomereu, tuberculoso aos 25 anos, se confina com "um abutre vivo que ficava sempre pousado sobre sua escrivaninha; esse animal silencioso e triste o agradava"; o senhor d'Argenson morre em 1721 "da doença do ministro caído em desgraça, espécie de *spleen* que atinge quase todos e do qual muitos perecem".

As *Memórias* do duque de Saint-Simon, das quais são tirados os casos precedentes, são um extraordinário testemunho das hesitações de um cortesão, homem de sociedade por excelência, diante da solidão. O cortesão só pode viver entre seus semelhantes, nas intrigas e na promiscuidade da corte. Mas é também um cristão, que de tempos em tempos pensa em sua salvação, sobretudo no fim da vida, e todo domingo é advertido pelo pregador sobre os perigos do mundo. De um lado, os prazeres, o jogo, as mulheres, mas também os tormentos da feroz corrida às honras; de outro, os apelos ao retiro piedoso, à fuga do mundo, as advertências inquietantes dos manuais de espiritualidade, os exemplos perturbadores da austeridade jansenista, o fascínio de uma solidão temível e admirável.

As obras de espiritualidade multiplicam os apelos ao retiro solitário definitivo, e essa literatura não deixa de ter influência sobre os cortesãos. No início do século, os conselhos de Francisco de Sales ainda são moderados, no espírito do humanismo devoto: ninguém precisa ir para o deserto, ele escreve em 1609 na *Introdução à vida devota*, "mas sempre, além da solidão mental à qual podeis vos retirar em meio às maiores conversas, [...], deveis amar a solidão local e real, não para ir aos desertos, como Santa Maria Egípcia, Santo Antônio, Arsênio e os outros padres solitários, mas para ficar um pouco em vosso quarto, em vosso jardim e em outros lugares onde, tanto quanto possível, podereis refugiar vosso espírito em vosso coração e recriar vossa alma por boas cogitações e santos pensamentos".[27] Pode-se conciliar vida devota e vida no mundo, ele escreve à presidente Brûlart, pois "a perfeição, minha cara dama, não está em não ver o mundo, mas em não deleitar-se

---

27 Sales, *Introduction à la vie dévote*, III, 24. In: Blaise (ed.), *Œuvres complètes*.

com ele nem saboreá-lo".[28] Do mesmo modo, ele propõe à senhora de Gouffiers de se contentar com uma situação intermediária, "que não tem os perigos do mundo nem as exigências da religião".[29] Com Jeanne de Chantal ele é mais exigente: "Cortai, rompei as amizades e não vos divertis em desfazê-las; é preciso tesouras e faca", escreve ele à jovem viúva, ao mesmo tempo que a aconselha a terminar a educação de seus filhos antes de se retirar no convento. É também o conselho que Jeanne de Chantal, por sua vez, dará à duquesa de Montmorency em 1632.

Mas bem rapidamente essas concessões às exigências do mundo desaparecem dos tratados de espiritualidade, que se radicalizam sob a influência do espírito jansenista. Redescobrem-se as virtudes dos Padres do Deserto, dos quais Arnaud d'Andilly publica em 1654 uma nova tradução das *Vidas: Vida dos santos Padres do Deserto e de algumas santas, escritas pelos Padres da Igreja e outros antigos autores eclesiásticos gregos e latinos*. Dois anos antes, o padre F. Simon Martin havia publicado *As flores da solidão colhidas das mais belas vidas dos santos que habitaram nos desertos e que mais expressamente apreciaram a vida solitária*. Então, sem hesitar, deve-se vir também experimentar as delícias do deserto, escreve Languet de Gergy no *Tratado da falsa felicidade das pessoas do mundo*: "Neste lugar que chamamos de deserto, e que vos assusta pela seca e pela solidão, é nele mesmo que se encontram os prazeres mais puros, os cantos de alegria, os gritos de contentamento, as aclamações dos que se entusiasmam pela consolação e a ecoam por toda parte. Lá se ouve a voz do esposo que se compraz com sua esposa".[30] Em 1674, o padre Gasset, em *O cristão na solidão*, evoca as quatro solidões que permitem encontrar Deus: solidão do silêncio, do gozo, da dor e do prazer: "Na primeira, vós o encontrareis só, sem companhia de nenhuma criatura, longe do barulho e da confusão; e é nesse deserto misterioso e nesse profundo silêncio que ele falará ao vosso coração. Na segunda subireis o Tabhor: é lá que o vereis transfigurado; é então que ele vos parecerá resplandecente como o sol [...]. Esses gozos deliciosos são apenas para a outra vida e não para a vida presente. Será então preciso passar à terceira solidão, que é a da dor, na qual acreditareis ter sido

---

28 Ibid., t.XII, p.150.
29 Ibid., t.XIX, p.239.
30 Gergy, *Traité du faux bonheur des gens du monde et du vrai bonheur de la vie chrétienne*, p.312.

abandonado por Deus, em que dormireis atormentado por sofrimento, tristeza e aflição, e suareis sangue e água ao ver o cálice amargo que Deus vos apresentará. Após essas orações de sofrimento que fareis no Monte das Oliveiras e no Calvário com Jesus rezando, sofrendo e agonizando, sereis levado à quarta solidão, que é a do coração, no qual Jesus ressuscitado entrará, com as portas fechadas, impassível e glorioso, e então vos alegrareis com os discípulos, vendo vosso Senhor".[31]

As reações dos cortesãos diante de tais promessas de felicidade são mitigadas. Alguns temerários tentam a aventura sem preparação suficiente, mas não podem suportar a solidão: morrem ou devem renunciar a esse "vazio insuportável", conta Saint-Simon: Tendo Gaspard de Fieubet (1627-1694), conselheiro de Estado, ido para o retiro, "Pontchartrain, enviou seu filho para vê-lo, que, pouco discreto, lhe perguntou o que ele fazia lá. 'O que faço?', responde Fieubert, 'eu me entedio; é minha penitência, eu já me diverti demais.' Ele se aborreceu tanto, mas sem relaxar em nada, que foi atingido por uma icterícia e morreu de tédio ao final de poucos anos".[32] O marechal de Nouailles, que se demitiu de seu cargo de capitão das guardas, fica deprimido: "Este vazio lhe foi insuportável". O marquês de Lassay (1652-1738), louco de dor pela morte da segunda mulher, "acreditou que era devoto, e foi para um retiro ameno juntando-se ao Incuráveis, e lá viveu alguns anos de uma vida muito edificante. No final, se aborreceu; percebeu que só estava aflito, e que a devoção passava com a dor". Ele faz uma terceira tentativa, com uma bela bastarda legitimada de Monsieur le Prince, e voltou para o mundo, o que lhe valeu um epitáfio feroz de Saint-Simon, sem piedade para com aqueles que tentam se fazer de santinhos sem ter condição para isso: "Este pobre bajulador que importunava e fatigava o mundo, morreu enfim como homem que trocou Deus pelo mundo".[33]

Outro retiro abortado foi o do duque de Brancas (1663-1739), que parecia, contudo, estar no bom caminho: esse libertino "tinha tido, vez por outra, fracos retornos que não tiveram nenhuma consequência. Enfim, Deus o tocou. Ele dirigiu-se muito secretamente ao padre de la Tour [...] que julgou

---

31 Crasset, *Le Chrétien en solitude*, p.VI.
32 Saint-Simon, *Mémoires*, t.II, p.409.
33 Ibid., t.III, p.800, e t.VII, p.381.

que ele precisava de uma forte penitência e de uma inteira separação do mundo. Ele o levou a decidir-se, e se encarregou de lhe escolher e preparar um retiro [...]. No começo de outubro ele desapareceu repentinamente [...] e soube-se alguns dias depois que tinha ido para a abadia de Bec, na Normandia [...]. O senhor duque de Orléans [...] lhe escreveu uma carta terna e premente para fazê-lo voltar. O duque de Brancas lhe deu uma resposta de início divertida, depois séria, sábia e firme, edificante e bela, que tirou toda esperança de retorno. Ele passou lá muito santamente vários anos; quisesse Deus que tivesse perseverado até o fim!".[34] Com efeito, ele acabou por ceder às sereias da corte do Regente.

O caso do príncipe François-Léopold Racoczy (1676-1735) escandaliza Saint-Simon. Esse príncipe da Transilvânia, estabelecido na França, "havia se retirado de vez em uma casa [...] nos camaldulanos de Grosbois. Tinha poucos domésticos, não via quase ninguém, vivia muito frugalmente em grande penitência, a pão e água uma ou duas vezes por semana, e assíduo a todos os ofícios do dia e da noite; com isso, sinceramente retirado, piedoso e penitente, encantado com sua vida solitária, sem tédio, e sem procurar nenhum divertimento". E eis então que ele cede a um enviado do sultão que lhe pede para retomar um cargo diplomático. Adeus, pois, à solidão! Saint-Simon fica engasgado com isso: "É inconcebível que um homem que, depois de tantas tempestades, experimenta tal porto se lance de novo à mercê das vagas [...], e mil vezes mais inconcebível ainda como ele pôde se conservar em seu mesmo gênero de vida até à morte, durante vários anos, e entre os turcos, e no meio de um fasto e dissipações que não podia evitar".[35]

Ao lado desses fracassos, Saint-Simon relata inúmeros casos de cortesãos que tiveram sucesso em sua retirada, após um luto, uma leitura, uma doença, uma lenta maturação, uma meditação sobre a morte que se aproxima. Eles ordenam seus negócios e se retiram na solidão de seu castelo na província, ou, para os mais corajosos, num monastério. O duque fica admirado. Louis le Loureux, de Saint-Louis (1629-1714), mestre de campo, tocado pela graça, escolhe o mais duro, a ordem dos trapistas, onde persevera até a morte, não sem combates: "Deus o tocou; ele resistiu. No final, a

---

34 Ibid., t. VI, p.762-763.
35 Ibid., t. V, p.715-716 e 746.

graça, mais forte o conduziu aos trapistas [...]. Saint-Louis, vivo e ardente, que amava a sociedade, que sem nunca ter abusado gostava dos prazeres da mesa, que não possuía letras, nem latim, nem leitura, ficou bem espantado no início com essa grande solidão. Sofreu cruéis tentações contra as quais precisou de toda a sua coragem, e do dom admirável de conduta que possuía eminentemente aquele que tinha aceitado se encarregar da sua [...]. Ele dizia sempre a Saint-Louis que fizesse uma regra de vida e de prática tão amena quanto quisesse, desde que fosse fiel a ela. Ele a fez, e foi-lhe fiel até a morte; mas a regra que fez para si teria parecido bem dura para outros".[36] Mas, para quem quer desaparecer da cena, não há necessidade de ir para os trapistas. Assim, o cardeal Marescotti abre mão de todos os seus benefícios, retira-se e divide "todo o seu tempo entre a oração e as leituras espirituais [...]. Ele não desmentiu num único ponto a vida que havia abraçado, até sua morte, no dia 3 de julho de 1726".[37]

Outro caso exemplar é o de Joseph de Forbin, marquês de Janson. "Era filho do irmão do cardeal de Janson, e irmão do arcebispo de Arles. Era um homem bem-feito, que tinha servido com reputação, e que era marechal de campo, sub-lugar-tenente da primeira companhia de mosqueteiros, governador de Antibes, estimado, bem tratado e muito à vontade. Ficara viúvo havia cinco ou seis anos e tinha filhos. Há muito tempo vivia numa grande devoção. Por volta dos 43 ou 44 anos, retirou-se em Provença, construiu numa ponta de seu parque um convento de mínimos, retirou-se entre eles, vivendo em tudo como eles. Experimentou a ingratidão deles sem querer sair, para acrescentar essa dura espécie de penitência às outras austeridades. Viveu numa grande solidão, todo ocupado com preces e boas obras após ter dado ordens à sua família, viveu santamente perto de vinte anos desse modo e morreu muito santamente também".[38] Há ainda Henri-Joseph de Peyre, conde de Trois-Villes, capitão dos mosqueteiros, uma espécie de Aramis cultivado, refinado e galante, que abandona a espada e os lenços bordados pelas solidões de Port-Royal: "Ele se lançou na devoção, abdicou da corte, se separou do mundo. O gênero de devoção do famoso Port-Royal era o de

---

36 Ibid., t.IV, p.440-441.
37 Ibid., t.IV, p.643-644.
38 Ibid., t.III, p.367.

pessoas instruídas, de espírito e bom gosto: ele voltou-se então para esse lado, se retirou de vez e perseverou na solidão e na grande devoção durante vários anos".[39]

Apesar de sua sincera admiração, Saint-Simon se sente pouco à vontade diante desses retiros antecipados, e sua desconfiança é partilhada pela grande maioria dos cortesãos, que não estão longe de considerar a fuga do mundo uma verdadeira deserção. Querer "colocar um intervalo entre a vida e a morte", como exprime o duque, é sem dúvida louvável, mas seria preciso cumprir certas condições. Primeiro, até a partida não se deve se conduzir como solitário: isso não se faz. Por exemplo, o cavaleiro de Méré não tem nada contra os eremitas, mas, quando se vive no mundo, deve-se ser sociável: "Como gosto muito dos desertos, não odeio as pessoas solitárias; [...] São quase sempre aqueles que julgamos mais agradáveis de se relacionar; se a multidão entedia, podemos nos retirar, e mesmo por muito tempo, quando o retiro nos agrada. Mas, quando se vai no mundo, é preciso estar aberto e pronto para se comunicar; [...] e eu não vejo nada de mais desonesto em companhia do que ficar recolhido e afundado em si mesmo, do que dizer contra a vontade e negligentemente: "Pode ser", "tendes razão" ou "estou bem à vontade".[40] E depois, se se quer fugir do mundo, deve-se ser por um motivo válido, ou seja, a devoção. Retirar-se pela simples atração pela solidão é do maior mau gosto; é mesmo uma anomalia. Os cortesãos não são românticos. Para Saint-Simon, André Potier de Novion (1659-1731), primeiro presidente do parlamento de Paris, é simplesmente "um louco": esse homem "obscuro, solitário, selvagem", não ama a companhia; ele abre mão de sua função "em setembro de 1724, após tê-la mantido durante um ano apenas, e voltou-se maravilhado [...] para sua vida preferida de não ver ninguém, não tendo mais nenhum cargo, confinado sozinho em sua casa, e conversando com prazer com seu vizinho o fabricante de charretes, na entrada da porta de sua butique, e morreu na terra de Grignon".[41] Como é que um homem sensato pode querer viver só, unicamente para ficar tranquilo? O único motivo bastante poderoso para justificar o retiro é a preparação para a morte.

---

39 Ibid., t.II, p.328.
40 Cavaleiro de Méré. *De la conversation*. Paris, 1930. t.II, p.121.
41 Saint-Simon, op. cit., t.VII, p.393-5.

A incompreensão do homem de sociedade diante do amor pela solidão por ela mesma se manifesta por uma atitude dubitativa a respeito da sinceridade dos solitários, suspeitos de hipocrisia. Assim, quando o duque de Lauzun (1633-1723) se retira para os Pequenos Agostinianos, Mathieu Marais faz este comentário desagradável: ele "nunca fez nada como os outros, retirou-se para morrer nos Pequenos Agostinianos. Vestiu o hábito de monge e se fez servir pelos monges".[42] Do mesmo modo, o caso de Rancé é severamente julgado, e muitos têm dificuldade em acreditar em sua conversão. É preciso dizer que o personagem não é feito para atrair a simpatia. Armand Jean Bouthillier de Rancé (1626-1700) é filho do presidente da Câmara de contas e afilhado do cardeal de Richelieu. Dotado, rico, de uma arrogância sem limite, é "um dândi feroz", de acordo com as palavras de Blandine Kriegel, provido desde a infância de muitos benefícios eclesiásticos, dentre os quais a abadia da Trapa, da ordem de Citeaux, desde os 11 anos. Leva uma vida dissoluta, pavoneia-se com trajes extravagantes, coleciona amantes, dentre as quais a principal, Marie de Montbazon, "a mais bela do mundo", diz Saint Évremond, assusta até o cardeal de Retz por sua total imoralidade: "Nunca vi ninguém que tenha conservado no vício tão pouco respeito pela virtude". Da parte de um velhaco do gabarito de Retz, o cumprimento tem peso. Depois da morte de Marie, Rancé decide mudar de vida. De 1657 a 1662, fica num meio retiro em sua propriedade de Vérez, na Tourraine. Julgando isso insuficiente, retira-se em seguida para a Trapa, onde faz reforma ascética, levando uma vida solitária de extrema austeridade, posando como exemplo de devoção e tratando os outros como maus cristãos. Tal reviravolta de um extremo a outro suscita várias críticas. Muitos não creem em sua sinceridade, como conta seu primeiro biógrafo, o abade Marsollier, desde 1703: "No mundo, falava-se diversamente do retiro do abade de Rancé. Muitos o atribuíam a visões [...]; alguns afirmavam que foi o efeito de uma tristeza filosófica que não teria durado, e outros pensavam que seu desgosto pelo mundo tinha sido causado pelo desespero de fazer uma tão grande fortuna quanto havia pretendido. A malignidade foi até o ponto de sustentar que ele só deixava o

---

42 Marais, *Journal*, t.II, p.39.

mundo para depois voltar; que seu retiro era efeito de uma ambição secreta e disfarçada".[43]

Mas censuram sobretudo seu excesso de mortificações. Para ser devoto, não é preciso deixar de ser homem de sociedade, e um retiro tão austero choca as conveniências. É o que lhe escreve o abade de Haute-Fontaine, Le Roi, que também havia escolhido a solidão, de início na forma de semirretiro, numa casa de campo perto de Port-Royal-des-Champs, depois na abadia de Haute-Fontaine, onde levava uma vida confortável, reunia uma magnífica biblioteca, recebia os amigos. Uma correspondência agridoce se estabelece entre o solitário da Trapa e o semissolitário de Haute-Fontaine, o segundo censurando ao primeiro por não ser razoável. Rancé responde que não se inflige sacrifícios: "Acontece que um solitário, cuja vida não foi exercida por essas santas práticas de mortificação, a passará para sempre numa falsa segurança, ficará na sua cela, segundo as palavras de um grande santo, cheio de orgulho e de presunção, como um dragão inchado com seu veneno em sua caverna". Acrescenta que as mortificações são como agulhas que desinflam o solitário cheio de orgulho, e acusa Le Roi de trair o espírito dos Padres do Deserto: "Na verdade, vós inverteis o Sinai de alto a baixo, devastai toda a santidade da Tebaida, e fazeis mais desordem em Nitria e em Sceté por quatro penadas do que os bárbaros fizeram em todas as suas incursões".[44] Rapidamente, a querela entre os dois solitários torna-se pública. Em 1677, Le Roi publica um *Esclarecimento*, e a grande maioria da sociedade da corte e dos salões o aprova: Rancé dá provas de mau gosto; é um hipócrita ou um misantropo. É o que dá a entender Fléchier numa carta a Le Roi, de 18 de junho de 1677: "Eu me inclino fortemente para o vosso lado, antes de vos ter escutado; mas confesso que não fiquei muito edificado pela maneira com que ele [Rancé] defende sua causa. Seu zelo tem um grau de calor maior do que seria necessário; e eu teria desejado, se ouso dizer assim, mais gentileza de sua virtude e de sua reputação da parte de um solitário".[45]

Igualmente excessivo o retiro da Marechala de Villeroy (1648-1708), para grande decepção de Saint-Simon, que acusa seu diretor de consciência,

---

43 Abade Marsollier, *La Vie de dom Armand le Bouthillier de Rancé*, t.I, p.78-9.
44 Citado por Saint-Beuve, *Port-Royal*, t.I, p.61.
45 Ibid., p.62.

o padre Poulinier, de "bárbaro", "um desses santos grosseiros e duros, e sem nenhum conhecimento do mundo", de tê-la de algum modo confinado: "Era a mais sensível mulher do mundo, e de tal conversação que não se podia deixá-la; ele a condenou ao silêncio mais estrito, [...]. Sua encantadora conversação, por força de ser cortada em tudo, tornou-se pesada [...]. Sua vida se passava numa cadeira, em preces, e em leituras de devoção que os empregados faziam para ela. Eu sempre lhe dizia que ela acabaria morrendo [...]. O que eu lhe disse era verdadeiro: uma vida tão oposta àquela que ela levara antes, e tão contrária à sua natureza, à qual nada era permitido, a matou em dois ou três anos. Seu padre Polinier [...] não se deu ao trabalho de ir vê-la em sua última doença; ela recebeu todos os sacramentos sem ele. [...] Sua morte foi a morte dos justos".[46]

Em 1678, o marechal de Bellefonds (1630-1694) atrai para si a mesma reprovação da parte da Corte, em razão de suas veleidades ostentatórias de retiro. Influenciado pela leitura das *Conversações solitárias* de Brébeuf, pelo exemplo de Rancé, pelas exortações dos padres Le Camus e Le Valois, ele decide se retirar em sua casa numa vida de devoção que, de fato, é mais consequência de seus fracassos. Bussy exprime a opinião geral da Corte quando escreve: "Os ministros e a amante odeiam esse tipo de filósofo cristão que tem o hábito de desprezar as vaidades da Corte". Um cortesão que escolha a solidão é quase sempre suspeito de ser um tartufo.

LUÍS XIV, SENHOR DOS RETIROS

Além do mais, a escolha do retiro deve ser aprovada pelo rei, que não aprecia que se deserte da Corte. Luís XIV considera isso uma retratação de sua própria conduta, uma condenação da sociedade da qual ele é o principal arquiteto, e um possível sinal de jansenismo, falta imperdoável. Por isso os candidatos à solidão tomam o cuidado de preveni-lo e lhe pedir permissão, que ele nem sempre concede. Assim recusa até o fim a partida de seu confessor, o padre De la Chaise, como relata Saint-Simon: "Por volta dos 80 anos, o padre De la Chaise, cuja cabeça e cuja saúde ainda estavam firmes,

---

46 Saint-Simon, op. cit., t.II, p.1189.

quis se retirar: fez várias tentativas inúteis [...]. Ele desejava sinceramente o repouso, e pressionou o rei para que permitisse sua partida, tudo em vão: foi preciso suportar o fardo até o fim. As enfermidades e a decrepitude, que o atingiram logo depois, não puderam libertá-lo. Suas pernas abertas, a memória extinta, o juízo enfraquecido [...], nada abalou o rei; e até o fim ele fez com que lhe trouxessem seu cadáver e despachou com ele os negócios habituais".[47]

Claude Le Pelletier (1631-1711), controlador-geral das finanças, tem mais sorte: o soberano o deixa partir para sua casa em Villeneuve-le-Roi, ao final do conselho de 18 de setembro de 1697. Lá ele leva uma vida solitária que causa admiração em Saint-Simon: "Ele sempre tivera o plano de colocar um intervalo entre a vida e a morte [...]. A família do senhor Pelletier ficou igualmente surpresa e aflita [...]. Não viu ninguém em Villeneuve, a não sua família mais próxima e algumas pessoas de bem. [...] Ele sempre passou os invernos em Paris, onde eu o via de tempos em tempos, e sempre com prazer e respeito por sua virtude, e todo o resto do ano, em Villeneuve, manteve seu retiro com grande sabedoria e grande devoção".[48]

Mesmos os bispos da Corte, quando sentem um acesso de devoção, devem pedir ao rei da França uma autorização de saída antes de se retirar a serviço do rei do céu. François Bouthillier de Chavigny (1640-1731), bispo de Troyes, um homem agradável e sedutor, de boa companhia, tinha o "espírito do mundo, a diversão com mulheres, o tom da boa companhia, e passou a vida na melhor e mais distinta corte e cidade, procurado por todo mundo e sobretudo apostando alto no jogo e por meio de todas as damas: era o favorito delas". Por uma questão formal, "ele ia de tempos em tempos se entediar em Troyes, onde, por falta de algo melhor e por conveniência, não deixava de cumprir suas funções". Então, um dia, o favorito das damas se lembra de que é também um bispo, e ei-lo tocado por sua vez pelo desejo de solidão devota. Ele "confessa" ao rei essa estranha necessidade e lhe pede sua bênção: "Entretanto, as reflexões vieram perturbar seus prazeres, e depois seus divertimentos; ele tentou ceder a elas, disputou com elas; enfim a experiência o fez compreender que seria sempre vencido, se não rompesse os laços

---

47 Ibid., t.III, p.22.
48 Ibid., t.I, p.431-432.

de maneira a não poder mais refazê-los [...]. Pediu ao rei um momento de audiência, e o obteve, no gabinete, antes da missa. Lá fez sua confissão com ingenuidade: contou ao rei sobre a necessidade de retiro e de penitência [...]. Apresentou a ele a demissão do bispado, e disse que, se quisesse satisfazê-lo, poderia dá-lo a seu sobrinho, o abade de Chavigny [...]. O rei amava o senhor de Troyes, apesar de sua vida dissoluta: imediatamente atendeu seu pedido". A partir de então, retirado em Troyes, "ele manteve exatamente tudo o que havia se proposto [...], inteiramente consagrado à oração, à penitência e a uma solidão total".[49]

O rei foi muito mais reticente em dar uma permissão de solidão ao chanceler Louis de Pontchartrain (1643-1727). Este, "durante toda a vida, tinha planos de pôr um intervalo entre a vida e a morte", escreve Saint-Simon. "Ele me disse isso com frequência. Sua mulher o tinha impedido várias vezes de se retirar antes que se tornasse chanceler; ela o reteve mesmo depois, e, ao morrer, ela o fez prometer que, se ele quisesse enfim se retirar, permanecesse ainda algumas semanas para pensar no caso". Em 1714, ele crê ter chegado o momento: está viúvo, e seu filho Jerônimo está bem instalado como secretário de Estado na casa do rei e na marinha. Mas seus amigos se inquietam, pois sabem que o rei ficará ofendido com seu pedido. Luís XIV "se aborrecia com o fato de que todo homem que se aproximava dele o abandonava"; além disso temia-se que "a opinião antiga do rei sobre o jansenismo do chanceler" não lhe inspirasse sanções. Saint-Simon se faz seu porta-voz: "Eles me pressionaram para falar com ele sobre os inconvenientes do retiro para ele e para seu filho tão detestado, que se retirando ele deixaria a descoberto". Trabalho perdido. "Por mais que eu falasse não obtive nada. [...] Ele falou com o rei, cuja surpresa foi extrema." E foi com muita luta que Pontchartrain arranca seu direito à solidão: "O rei não esqueceu nada para retê-lo por suas razões e por tudo o que pôde acrescentar de amável, e que mais marcava sua estima: ele continuou firme e determinado. O rei cedeu em lhe pedir quinze dias para pensar melhor. O prazo terminou no fim de junho. O chanceler voltou a seu cargo, e, enfim, obteve, embora com dificuldade, a liberdade que desejava, e da qual fez um corajoso e santo uso [...]. O rei, enternecido, pediu

---

49 Ibid., t.I, p.388.

que ele desse sua palavra de que viria vê-lo de tempos em tempos, escondido".[50] Pontchartrain se retira então ao Instituto dos Padres do Oratório, como "solitário externo". Lá, ele leva uma vida retirada, mas sem ostentação e sem excesso, modelo de solitário mundano que causa admiração em Saint-Simon: "Poucos amigos íntimos continuaram a vê-lo; mas pouco a pouco ele os reduziu com habilidade a um tão pequeno número que se podia dizer que ele não via mais ninguém [...]. A cada ano, ele tornava mais estrita sua vida e sua solidão, e nunca experimentou tédio nem langor; sempre alegre, sempre contente, sempre apreciando o partido que tinha tomado e abençoando a Deus de tê-lo feito fazer isso, mas nunca pregando nem moralizando".[51]

O rei não cede sempre de tão bom grado, e alguns audaciosos que escolhem a solidão contra sua vontade são perseguidos por seu rancor. É o caso do conde de Charmel (1646-1714), cujas tendências jansenistas eram bem conhecidas e que decide, após ter lido *A verdade de religião cristã*, do pastor Abbadie, retirar-se também no Instituto dos Padres do Oratório: "O rei teve dificuldade em deixá-lo ir. 'O que, Charmel', lhe disse, 'não me vereis jamais?' 'Não, senhor', ele responde, 'eu não poderia resistir, voltaria atrás. É preciso fazer todo o sacrifício e fugir'".[52] O que ele fez. Não apareceu mais em Versalhes, o que deixa o rei furioso: sua "teimosia em não querer de modo algum ver o rei, e o despeito do rei contra as pessoas retiradas que não o visitam" lhe valem uma ordem de prisão pela qual o solitário voluntário de Oratório é exilado em sua propriedade de Charmel, perto do Château-Thierry, tornando-se assim um solitário forçado. E o rancor do rei não para aí: já que Charmel quer ser solitário, que o seja completamente, sem poder nem mesmo consultar médicos: "A implicância do rei a seu respeito não passou e degenerou em uma dureza estranha, para falar sobriamente. Charmel, atacado de pedra no rim, mandou pedir permissão para ser operado em Paris. A permissão foi impiedosamente recusada. O mal piorava; foi preciso fazer a operação em Charmel. Ela foi tão rude, talvez tão malfeita, que ele morreu três dias depois, nos maiores sentimentos de devoção e penitência".[53]

---

50 Ibid., t.IV, p.330.
51 Ibid., t.IV, p.458.
52 Ibid., t.I, p.561.
53 Ibid., t.IV, p.281.

Outras condições são ainda requeridas para legitimar o retiro de um homem de sociedade. É preciso organizar os negócios familiares, preservando o interesse dos herdeiros, que não devem ser sacrificados por um "egoísmo sublimado", segundo a expressão de Dirk Van der Cruysse,[54] para assegurar a salvação individual. Também é de bom-tom que o solitário dê esmolas, como a duquesa de Beauvillier, que "viveu quase vinte anos no mais solitário e mais penitente abandono e morreu em 1733, com 75 anos, infinitamente caridosa com os pobres e rica em todos os tipos de boas obras".[55]

Assim, a solidão do homem de sociedade, para ser respeitável, deve cumprir condições muito estritas. Não pode isolar-se para seu prazer, mas para se preparar para a morte, que é o ponto culminante da solidão. Morre-se sempre sozinho, sobretudo nas classes dirigentes. Contrariamente ao que teríamos tendência a pensar, quando não se tem mais esperança, a família se retira discretamente, por delicadeza ou indiferença. A morte não é um espetáculo, e Saint-Simon reprova a duquesa de Borgonha, "para quem todos os espetáculos eram bons", de ter assistido "como espetáculo" à morte do marechal de Noailles. Ele mesmo força discretamente sua mulher a sair do quarto da duquesa de Berry agonizante: "Eu a impedi de ficar no espetáculo deste quarto, onde não havia mais do que o horror". Os próprios moribundos pedem que os deixem sozinhos diante de Deus: "Nos últimos dez ou doze dias, ele não quis mais ver seus cunhados, nem sobrinhos, e mandava embora sua mulher prontamente", escreve Saint-Simon a propósito do duque de Lauzun. Quanto ao duque de Beauvillier, escreve que "ficou doente quase dois meses em Vaucresson, onde pouco antes tinha se retirado e confinado ao abrigo do mundo, mesmo dos seus mais familiares, para só pensar em sua salvação e consagrar a ela todos os instantes de solidão".[56]

Assim, o homem de sociedade do século XVII, o cortesão em particular, mantém com a solidão relações complexas, que Bernard Beugnot analisou em vários artigos importantes, notadamente "Vida mundana e retiro no tempo de Luís XIV".[57] A ideia de solidão não lhe é natural. Ela não faz

---

54 Van Der Cruysse, *La mort dans les Mémoires de Saint-Simon*, p.88.
55 Saint-Simon, op. cit., t.IV, p.412.
56 Ibid., t.IV, p.391.
57 *Revue du Pacifique*, I, 1975, mas também "Les retraites du monde dansle miroir sant-simonien". *Cahiers Saint-simoniens*, 1976, n.4.

parte de seu universo cultural, que é baseado na sociabilidade, na boa companhia, nas relações humanas, amicais ou conflituosas. Instintivamente, ele desconfia dos espíritos solitários e suspeita de sua hipocrisia e seu orgulho. Contudo, muitos dentre eles, antes mesmo de ter atingido uma idade canônica, escolhem retirar-se do mundo. Lucien Goldmann explicava a reação pelo despeito da nobreza magistrada em não poder fazer carreira na burocracia do poder central,[58] tese contestada por José Cabanis, mas que guarda uma parte de verossimilhança.[59] Entretanto, a busca do retiro solitário ultrapassa os limites dessa nobreza: numerosos fidalgos de espada, de extração muito antiga e posição muito alta, estão concernidos, como acabamos de ver. Uma só certeza: o homem de sociedade considera o retiro definitivo um sacrifício extraordinário que só se justifica por motivo religioso; retirar-se é sacrificar sua carreira para preparar o mundo do além, como pedem as obras de espiritualidade e os pregadores em voga. Ainda é preciso preservar a medida: não se está mais na época do deserto. O solitário, após ter organizado seus negócios, obtido a permissão do rei, vai embora, sem ostentação, para sua casa de campo, ou, no caso do mais corajoso, para um convento, onde leva uma vida de devoção, mas sem excesso e sem romper totalmente com o mundo. Sai e recebe amigos, permanece sociável, como Pontchartrain, que, no Oratório, "era alegre e de tão boa companhia quanto antes, com as poucas pessoas que iam vê-lo", escreve Saint-Simon. Para Pierre Naudin, nessa "idade de ouro do retiro", a solidão de bom gosto e por motivo religioso está integrada no modelo social em vigor.

O retiro permanece contudo uma decisão extremamente difícil de ser tomada, diante da qual muitos recuam, a começar pelo próprio Saint-Simon, que, entretanto, admira os solitários, até mesmo Rancé, apesar de seus excessos: "O senhor da Trapa teve para mim encantos que me ligaram a ele, e a santidade do lugar me seduziu. Sempre desejei voltar lá, e satisfiz meu desejo todos os anos e com frequência por várias vezes, e às vezes por semanas seguidas". Mas isso acontece sempre "clandestinamente" e nunca por mais de oito dias, pois sabe que Rancé está longe de ser unanimidade: "A Trapa, da qual me escondia muito, e onde passava comumente os dias santos

---

58 Goldmann, *Le Dieu caché*.
59 Cabanis, *Saint-Simon, l'admirable*.

sob pretexto de ir a Ferté...". Em 1704, durante um desses seus retiros secretos, o senhor de Saint-Louis lhe dá um volume de sua autoria: *Coletânea de reflexões devotas feitas em minha solidão e das disposições em que Deus me colocou no coração durante os vinte anos desde que me retirei.*[60] Em 1709, ele tem veleidades de retiro definitivo, por despeito de ter vivido uma desgraça passageira: "Há cinco ou seis meses, eu estava determinado a me retirar [...]. Tomei pois o partido de ir para Ferté, resolvido a passar lá um ou vários anos, e de não rever a corte a não ser por momentos, e nem mesmo todos os anos, se fosse possível...". Mas o projeto fracassa. Em 1714, afastado por um momento da corte, ele não suporta o isolamento. De Ferté, escreve ao duque de Orléans: "Os limbos são insuportáveis, e não posso mais resistir [...]. Minhas trevas me enraiveceram aqui [...]. Não sei quanto vai durar meu exílio da corte e minha separação do mundo, que me mantém à parte de tudo".[61] O "vazio insuportável" da solidão é por demais assustador para ele: "um grande ócio que de repente sucede às ocupações contínuas de todos os diversos tempos da vida, forma um grande vazio que não é fácil de suportar nem de preencher. Nesse estado, o tédio irrita e a aplicação dá desgosto. Desprezam-se os divertimentos. Essa condição não pode ser duradoura: no fim, procura-se, apesar de si mesmo, sair dela".[62]

O que melhor lhe convém é um pequeno afastamento de tempos em tempos, como um substituto do eremitismo, uma solidão em dose homeopática. Sua prática torna-se corrente no século XVII nas classes superiores da sociedade, encorajada pelas obras espirituais de inspiração jesuítica. O *Dicionário universal* de Furetière, aliás, não conhece outra definição para a palavra "retiro": "Retiro se diz também de uma separação do comércio com o mundo, durante algum tempo, para se consagrar à devoção, para se preparar para celebrar uma cerimônia ou para receber as Ordens Sagradas". Baseado nos *Exercícios espirituais* de Inácio de Loyola, o retiro devoto anual é muito apreciado. Há a versão longa, de trinta a quarenta dias, e a versão mais leve, de uma a duas semanas. É o que Saint-Simon pratica clandestinamente na Trapa todo ano. Outros preferem o quadro da casa dos jesuítas de

---

60 Van Der CRuysse, op. cit., p.80.
61 Saint-Simon, op. cit.,t.VII,p.415.
62 Apud Van Der Cruysse, op. cit., p.96.

São Luís, em Paris. Por exemplo, Réné d'Argenson, que fez 34 retiros entre 1657 e 1700, no curso dos quais tomou notas, vai para os jesuítas regulamente até 1669, depois prefere sua "cara solidão" em Argenson. A regra é de qualquer modo efetuar exercícios de devoção no silêncio e na solidão: o retirado, escrevia Inácio, "progredirá tanto mais quanto mais se separar de todo amigo, de qualquer pessoa conhecida e de toda preocupação terrestre [...]. Quanto mais nossa alma se encontra só e separada, mais se torna capaz de se aproximar de seu Criador e Senhor e de alcançá-lo". Os autores espirituais insistem sobre os benefícios dessa prática, como o bispo de Belley, Jean-Pierre Camus, que assegura, em seu livro *Encaminhamento para a devoção*, que isso está ao alcance de todo mundo, mesmo "dos mais grosseiros": basta querer... e ter tempo para isso. São abertas casas especializadas em retiros, principalmente pelos jesuítas, nas principais cidades.

SOLIDÕES FEMININAS: SORTE OU ARMADILHA?

O retiro sazonal é particularmente recomendado para as mulheres: mais frágeis diante das tentações do mundo, segundo os manuais de espiritualidade, por demais levadas à tagarelice fútil e maledicente, elas têm necessidade de momentos de meditação no isolamento para se recompor no reto caminho. A mulher cristã, escreve Francisco de Sales, "a cada ano, desmontará todas as peças de sua alma, que são as afecções e as paixões, e as examinará metodicamente. Irá para a solidão durante vários dias, tentará responder a essas questões postas em seu livro",[63] questões sobre as orientações da vida. Vicente de Paulo é da mesma opinião, dando conselhos sobre o emprego do tempo das retiradas durante as "solidões".

De fato, contrariamente ao que pensam esses bons apóstolos masculinos, as mulheres da alta sociedade do século XVII têm menos necessidade do que os homens de serem forçadas ao retiro solitário, que, para elas, aparece quase sempre como uma verdadeira oportunidade. Num mundo em que a mulher é condenada a uma perpétua submissão, ao pai, depois ao marido, depois ao filho, a solidão é o único meio de conquistar a independência, a

---

63 Sales, *Introduction à la vie chrétienne*. In: *Oeuvres*, p.158.

O HOMEM DE SOCIEDADE E A SOLIDÃO DE BOM-TOM... 211

autonomia e mesmo, paradoxalmente, exercer um papel social importante. Isso pode assumir formas diversas: ficar celibatária quando pode, ou não se casar de novo quando é viúva, lhe permite dispor de seus bens e ter plena capacidade jurídica; de outro lado, entrar num convento pode ser uma possibilidade real, que permite evitar a tutela de um marido em geral velho e tirânico, ao desposar Cristo, marido sempre amante e sempre ausente. Para as mais privilegiadas, ou mais hábeis, o convento permite conquistar postos de responsabilidade ou adquirir um prestígio espiritual. Para a mulher, a fuga do mundo tem quase sempre ares de libertação.

Em primeiro lugar, há aquelas que recusam tanto o casamento quanto o convento. O século XVII teve suas feministas, como Gabrielle Suchon (1631-1703), nascida numa boa família de Semur-en-Auxois. Colocada nas jacobinas, ela se libera de seus votos, consagra-se ao estudo e ao ensino público e publica, em 1700, um *Tratado do celibato voluntário ou a vida sem compromisso*, no qual faz apologia da liberdade da celibatária. Há também Marie de Gournay (1565-1645), da Picardia, que aos 19 anos se entusiasma pelos *Ensaios* de Montaigne, dos quais assegura uma reedição em 1594. Celibatária decidida, ela se ocupa dos irmãos e das irmãs e de seus três gatos, Donzelle, Minette e Piaillon, enfrentando todo sarcasmo. Em 1622, redige um tratado *Da igualdade dos homens e mulheres*.[64]

E há ainda aquelas que, casadas ou não, se isolam voluntariamente, como a senhorita de Montpensier, que evoca a "felicidade de vida retirada". É sobretudo entre as viúvas, muito felizes por terem se livrado de um senhor autoritário, que se encontram as advogadas mais entusiastas da solidão. Muitas procuram o convento, como a marechala de Humières, a duquesa de Alençon, Louise de Cavoye e muitas outras.[65] Saint-Simon assinala dezenas de casos, como o de Marguerite Hessein (1636-1693), que se casa aos 18 anos com Antoine de Rambouillet de la Sablière, secretário do rei, que se separa dela em 1667. Tornando-se independente aos 31 anos, senhora de la Sablière leva de início uma vida muito livre, mantendo um salão frequentado por Ninon de Lenclos, La Fontaine, Claude Perrault, Boileau, Racine, Madame de Sévigné, e tendo uma ligação com La Fare de 1676 a 1679. Ao

---

64 Schiff, *La Fille d'alliance de Montaigne, Marie de Gournay*.
65 Beauvalet-Boutouyrie, *Être Veuve sous l'Ancien Régime*.

ficar viúva, retira-se ao hospital dos Incuráveis, o que num primeiro tempo provoca por parte dos amigos uma surpresa divertida: "A senhora de la Sablière está nos Incuráveis, muito bem curada de um mal que se crê incurável durante algum tempo, e cuja cura alegra mais do que nenhuma outra. Ela está neste estado bem-aventurado; é devota e verdadeiramente devota", escreve Madame de Sévigné. Tão devota que cai sob a influência do abade de Rancé e se torna uma propagandista entusiasta da solidão. Deve-se, ela escreve em seus *Pensamentos cristãos*, "estar na solidão o mais que se possa, pois é lá que Deus se comunica com a alma. Não devemos nos gabar de que tiramos proveito da conversação, pois aprende-se mais estando só, e obteremos mais graças estando unido a Deus para viver com o próximo do que falando com ele, e não devemos nos gabar dizendo que só falamos de Deus: deve-se falar somente com ele, a menos que ele nos inspire ou que nossa condição nos obrigue a isso".[66] E ainda: "É preciso se separar do mundo, e de algum modo de nós mesmos, para ouvir Deus em seu retiro". Ela acaba por se isolar completamente, escrevendo em 1690 a Rancé: "Somente a solidão me leva a Deus, todo o resto está cheio de dissipações inúteis, mesmo as melhores ocupações". Quando ela morre, três anos mais tarde, o *Mercure Galant* lhe rende esta homenagem: "Alguns anos antes de sua morte ela havia rompido inteiramente com o mundo, e tinha feito para si nos Incuráveis uma espécie de refúgio e de solidão onde só se ocupava de obras de devoção".

A senhora de Miramion, por sua vez, não espera tanto tempo para se retirar. Nascida em 1629, na boa burguesia, casada aos 15 anos e viúva seis meses depois, faz voto de castidade e decide se consagrar à assistência das mulheres sós, em particular as de má vida. Sua fortuna pessoal lhe permite fundar a ordem das Filhas de Santa Genoveva ou Miramionas, a Casa do Refúgio de Santa Pelágia, a Santa Família, em 1662. Nesses estabelecimentos, as mulheres são isoladas, cortadas de todo contato com o exterior. Silêncio e solidão são considerados os remédios mais eficazes contra as tentações do mundo. Desde o século XVI, os estabelecimentos de caridade para mulheres sós em sofrimento se multiplicaram em Paris e nas grandes cidades, lugares de isolamento considerados adequados para proteger as pensionárias.

---

66 D'Elbenne, *Madame de la Sablière. Ses pensées chrétiennes et ses lettres à l'abbé de Rancé*, p.258.

Para as mulheres da alta sociedade, o convento continua sendo o refúgio mais apropriado. Solidão forçada ou solidão voluntária? O limite é menos claro do que se poderia pensar. Postos à parte os casos extremos de constrangimento ou de escolha deliberada, a grande maioria das religiosas, condicionadas desde a infância, educadas num espírito de devoção estrita, são presas na armadilha de um convento, sem nem mesmo procurar contestar um destino ao qual aderem em razão de sua educação. Solidão ao mesmo tempo suportada e desejada, solidão que é reforçada desde o início do século XVII com o movimento da reforma das ordens monásticas que se originou da renovação da espiritualidade ascética. Um pouco em todo lugar, abadessas zelosas restabelecem a clausura estrita. O caso mais célebre é a famosa "jornada do guichê", em Port-Royal, em setembro de 1609, no curso da qual a abadessa Angélique Arnaud, filha de um grande advogado, recusa-se a abrir a porta do convento ao próprio pai. Exemplo logo seguido em numerosos outros estabelecimentos, como em Sainte-Croix de Poitiers em 1611, onde, como escreve o senhor de Blémur em seu *Elogio da senhora Françoise de Foix*, em 1692, "foram construídos parlatórios, a porta foi fechada e o monastério cercado de altas e fortes muralhas. Essa casa tornou-se o jardim fechado do esposo, [...] começou-se a entreter o Bem-Amado num lugar íntimo e gozar de suas divinas carícias, que ele nunca faz em público"...[67]

Constatação ambígua, que levanta o véu sobre os desequilíbrios psicológicos gerados pelas frustrações sexuais provocadas pela solidão estrita dessas religiosas. A insistência sobre a repressão da carne, verdadeira obsessão da espiritualidade da reforma católica, só poderia ter efeitos devastadores sobre esses milhares de moças condenadas à castidade desde a adolescência. Os quadros de Philippe de Champaigne são enganadores: a madre Angélica, que parece tão serena, é uma jovem mulher posta no convento aos 10 anos, assim como cinco de suas irmãs e três primas. Com o espírito perturbado pelos sermões e leituras de devoção durante uma adolescência solitária, ela tem 18 anos quando toma a famosa decisão. Desde então, vive nas mortificações e na sujeira; cheia de piolhos, dorme sobre um colchão de palha podre, com um cobertor cujo cheiro é repulsivo. Não é preciso ser um grande psicanalista nem mesmo um simples psicólogo para adivinhar os distúrbios

---

67 Blémur, *Éloge de Madame de Foix*, 1692, p.507.

mentais que podem ser causados pela exigência de completo isolamento que se difunde nos conventos reformados. Certamente não é por acaso que os casos de neuroses, mitomania, histeria se multipliquem nas religiosas nos anos 1620-1640. Bem entendido, a época vê nisso a intervenção do diabo. O caso de Jeanne des Anges, em Loudun, é o mais célebre, com alucinações, gravidez nervosa, estigmas, seus êxtases e convulsões, mas em Louviers, Maubuissom, Charonne e outros locais casos similares aconteceram. Em todos os casos há uma mistura suspeita de misticismo, diabrura e erotismo, entre moças psicologicamente frágeis, completamente desestabilizadas pelo recalque selvagem dos instintos naturais. Assim, escreve Geneviève Reynes, num estudo sobre os *Conventos de mulheres,* que "no caso de Louviers, parece claro que um período de misticismo precedeu a irrupção do delírio erótico das religiosas, e que ele foi a origem longínqua mas real de seus distúrbios. O famoso Picard, que foi acusado dos piores crimes sexuais por Madeleine Bavent, havia sobretudo arrastado as moças a uma experiência mística talvez intensa, falando com elas apenas de 'contemplação, inação, luz, êxtase e união de transformação e adesão'... Não importa o que tenha dito Madeleine Bavent. Esse diretor espiritual era provavelmente só um bravo homem, inteiramente ocupado com Deus, cujo único erro tinha sido provocar por seus discursos a irrupção brutal dos instintos recalcados das penitentes".

Outro exemplo é Madeleine de Flers, que "pregava às religiosas o estado de nudez e de abandono perfeito diante de Deus, como verdadeira mística de seu tempo. Suas discípulas logo adotaram seus modos singulares: uma recusava absolutamente a se alimentar e dizia 'seu ofício com muita indecência', outras ficavam continuamente desfalecidas, e a maioria se encontrava 'totalmente mudada'". Como não ficariam perturbadas pela retórica ambígua extraída do Cântico dos cânticos, que os espirituais da época manejam? Como as "carícias do esposo" não evocariam nelas carícias carnais? Como a evocação da união íntima com Jesus não inflamaria a imaginação das jovens privadas de toda afeição masculina? O senhor Olier está consciente do dano que pode causar quando escreve a uma de suas penitentes: "Gozai de vosso divino amante... Deixai-vos penetrar por seu amor... Perdei-vos mil vezes por dia em seu amável coração, para onde vos sentis tão poderosamente atraída. É lá que entrareis no gozo de tudo o que é". Sobretudo, que ela não procure "sair de sua solidão", pois lá ela recebe "todos os dias os favores de

[seu] santo esposo" que poderia então "se retirar [dela]". Como se espantar quando religiosas se masturbam com o crucifixo, como relata o *Excerto das provas do processo Grandier*: a irmã Claire de Sazilly, em Loudun, projeta fantasias eróticas com seu confessor; um dia ela "ficou tão tentada de dormir com seu grande amigo que dizia ser o dito Grandier, que, tendo se aproximado para receber a comunhão, levantou-se de repente e subiu a seu quarto, onde, tendo sido seguida por uma de suas irmãs, foi vista com um crucifixo na mão, com o qual se preparava para contentar seu mau desejo, tendo já posto a cruz por baixo da saia".[68] Para corações solitários, prazeres solitários.

MADAME DE SÉVIGNÉ: A SOLITÁRIA DE ROCHERS

Deixemos a torpeza dos conventos e voltemos à boa sociedade. No século XVII, uma mulher encarna a prática da boa solidão, de boa companhia: Madame de Sévigné, cuja admirável correspondência revela um gosto equilibrado por um retiro temperado e temporário, uma solidão que não é imposta nem buscada, mas aceita com alegria quando se apresenta. Marie de Rabutin-Chantal, nascida em 1626, casada aos 18 anos com o marquês de Sévigné, viúva aos 25 anos, com dois filhos, recusa-se a se casar de novo, apesar das proposições que lhe são feitas. Essa escolha de vida não deve nada à devoção; boa cristã, ela aspira sobretudo à independência, de que pode usufruir por sua fortuna. Mulher de salão, de boa conversação, ela ama a companhia parisiense, mas aprecia também os episódios de vida solitária em seu castelo de Rochers, perto de Vitré. Vai para lá com frequência, e não apenas por razões de economia. Suas cartas exprimem uma verdadeira satisfação de estar no campo, onde nunca se entedia, o que espanta muitos correspondentes seus. Traço revelador: nesse meio social afortunado e cultivado, a solidão é sinônimo de tédio. Não para ela. A marquesa escreve em 16 de outubro de 1689: "Ainda estou só [...]; estou muito bem [...]. Não fiqueis com pena de minha solidão [...]. Não quero nem mesmo ir a Paris, com medo de me distrair. É uma coisa engraçada a maneira pela qual a senhora de Lavardin me pressiona e me facilita todos os meios, e com que tons a senhora de

---

68 Apud Carmona, *Les diables de Loudun: sorcellerie et politique sous Richelieu*, p.204.

Chaulnes se serve também deles [...] e tudo porque creem que eu me aborreça, que fique doente, que meu espírito diminua, enfim, que eu morra". No dia 19, à filha: "Minha querida, estou sozinha aqui; não me aborreço de modo algum"; no dia 23: "Continuo sozinha, minha cara criança, e não me aborreço. Tenho saúde, livros a escolher, trabalho e bom tempo; vai-se bem longe com um pouco de razão misturada com tudo isso". Em 29 de novembro: "Não gostaria de estar, neste ano, em nenhum outro lugar que não fosse aqui. A expressão 'estar no inverno em Rochers' assusta. Que pena, minha filha! É a coisa mais doce do mundo. Eu rio e algumas vezes digo: 'É, pois, isso que se chama passar o inverno nos bosques?'. Esses bosques estão agora penetrados pelo sol, quando há sol: um terreno seco, e uma praça *Madame* com o sol a prumo, e uma ponta de uma *grande alameda* onde o poente faz maravilhas. E, quando chove, um bom quarto com uma grande lareira; quase sempre duas mesas de jogo como hoje. Há muitas pessoas, o que não me incomoda; faço minhas vontades. Quando não há ninguém, estamos ainda melhor, pois lemos com um prazer que preferimos a qualquer outra coisa". Em 4 de dezembro: "Não imaginai que eu esteja num bosque obscuro e solitário, com uma coruja sobre minha cabeça. Não é o que se pensa; nada se passa mais insensivelmente do que num inverno no campo. Só é horrível de longe". Em 11 de dezembro: "Para mim, estou docemente terra a terra nestes bosques. Fico às vezes oito dias sem sair de meu apartamento. Quando chove, quando faz um vento de tempestade, não penso em sair; quando faz tempo bom, se está como no verão, pela beleza do lugar. Há dois dias o sol está quente e brilha em todo lugar; a temperatura está amena. É o tempo em que passeio". Em 28 de dezembro, ela fica extasiada com o pôr do sol, com tons que o caminhante solitário não negaria: "Eu estava no fim da grande alameda, admirando a beleza do sol, quando, de repente, vi uma nuvem sair do poente em que o sol ia mergulhar, e ao mesmo tempo uma neblina horrível; e eu fugi. Não saí de meu quarto e da capela até hoje, que minha pomba trouxe um ramo. A terra retomou sua cor, e as árvores, que estavam cobertas de erva-doce confeitada, estão agora como sempre, e o sol, saindo de seu refúgio, fará com que eu retome também o curso de minhas caminhadas". Em 11 de junho de 1690, à condessa de Dalet: "estou tranquilamente nesta solidão. Não sei, minha querida, se é esta vida, regrada como um pêndulo, e um exercício doce e sadio, que causa a perfeição de minha saúde, mas é certo que nunca me senti tão bem"; em 25 de junho: "Estes pensamentos, este pêndulo, não mudaram meu humor, mas a solidão contribui para entre-tê-los, e nossos tipos de passeios, e tudo isto, é bom". Em outra passagem ainda, ela exclama: "Que repouso, que silêncio, que frescor!"; "Eis-me intei-ramente descansada, tranquila, muito contente de estar em repouso em minha solidão"; "estamos aqui num perfeito e profundo repouso, uma paz, um silêncio"; "imaginai que estou num deserto, nunca vi menos pessoas do que neste ano".[69]

Mas tenhamos cuidado: o "deserto" de Rochers não é de fato despo-voado. Eis o que Madame de Sévigné entende por "solidão", numa carta de 29 de junho de 1689: "Levamos uma vida tão regrada que é quase impossí-vel se comportar mal. Levanta-se às oito horas; com frequência vou, até nove horas, que se chama para a missa, respirar o frescor dos bosques. Depois da missa, nos vestimos, nos cumprimentamos, voltamos para colher flores de laranjeira, comemos. Até cinco horas se trabalha ou se lê; depois que meu filho não está mais aqui, leio para poupar o frágil peito de sua mulher. Às cinco horas a deixo; vou para as amáveis alamedas. Tenho um lacaio que me segue, tenho livros, mudo de lugar, isso é divertido. Um pouco pensar em Deus, na sua providência, possuir sua alma, sonhar com o futuro. Enfim, pelas oito horas, ouço um sino, é o jantar. Às vezes, estou um pouco longe; encontro a marquesa em seu belo parque. Fazemos companhia uma para a outra. Jantamos no fim do dia. Os empregados jantam [...]. Amo esta vida mil vezes mais do que a de Rennes. Esta solidão não é bem adequada a uma pessoa que deve pensar em si, e que é ou quer ser cristã?".[70]

Solidão relativa portanto, mas longe da cidade e da corte. Sonhar, ler, meditar, passear, "gozar de mim mesmo", "ser um pouco para mim" são as ocupações da marquesa em Rochers. E visivelmente ela ama isto: "Morro de vontade de voltar para a minha solidão", ela escreve de Paris; e antes de ir para a capital: "Devo partir; estou espantada com a tristeza em deixar estes bosques". E não é só em Rochers que ela aprecia a solidão. Na abadia de Livry, ela aproveita também o silêncio... para conversar sem parar com o

---

69 Mme de Sévigné, *Correspondance*, t.III, p.725-728, 730, 767-768, 771, 773, 775, 789, 875, 890-891, 897.
70 Ibid., p.631.

filho: "Ele passou o mês de agosto inteiro comigo nesta solidão que conheceis. Estávamos sozinhos com o bom abade. Tínhamos conversas infinitas, e essa longa sociedade nos deu uma renovação do conhecimento, que renovou nossa amizade. Ele voltou para casa com um fundo de filosofia cristã, ornada de uma ponta de anacoreta" (9 de novembro de 1686).

Admirável marquesa, para quem a solidão não exclui os encantos da conversação! Sua concepção da vida solitária não é, evidentemente, a dos Padres do Deserto. Ela requer algum conforto e a presença de criados e amigos de boa companhia. Solidão aristocrática do grande século, onde não se perde de vista o decoro, a polidez, as boas maneiras. Nela se procura a paz num equilíbrio entre meditação, devaneio e conversas mundanas.

SOLIDÃO E MISANTROPIA

Isso corresponde perfeitamente ao discurso moderado dos moralistas da época, que se mostram sobretudo reservados sobre o assunto. Por exemplo, o duque de La Rochefoucauld (1613-1680), amigo da marquesa, que constata essa contradição profunda no seio da condição humana: a vida social é indispensável, a comunicação, necessária, e contudo há entre os homens uma irremediável incomunicabilidade, pois cada um é fechado em seu amor-próprio, manifestação de uma solidão existencial: "Seria inútil dizer o quanto a sociedade é necessária aos homens: todos a desejam e todos a procuram, mas poucos se servem dos meios para torná-la agradável e fazê-la durar. Cada um quer encontrar seu prazer e suas vantagens às custas dos outros; preferimos nós mesmos àqueles com os quais nos propomos viver, e os fazemos quase sempre perceber isso; é o que perturba e destrói a sociedade. Seria preciso pelo menos saber esconder esse desejo de preferência, já que é muito natural em nós para que possamos nos desfazer dele; seria necessário fazer seu prazer e o dos outros, regular seu amor-próprio, e não feri-lo nunca".[71] Tarefa impossível: "O amor-próprio é o amor de si mesmo, e por todas as coisas para si; ele é mais hábil que o homem mais hábil do mundo; torna os homens idólatras de si mesmos, e os tornaria tiranos dos outros se a fortuna lhes desse

---

71 La Rochefoucauld, *Réflexions diverses. Oeuvres*, p.504-5.

os meios para isso".[72] E ele tira desse fato duas máximas contraditórias: "Quando não se encontra seu repouso em si mesmo, é inútil procurá-lo em outro lugar", mas "é uma grande loucura querer ser sábio sozinho".

A título pessoal, La Rochefoucauld não gosta da solidão. Longe dos salões, ele se aborrece. Precisa de companhia, da conversação, dos jantares. Tanto quanto Madame de Sévigné ama o isolamento em Rochers, ele detesta a vida no campo, no meio de "cunhadas entediantes, polidas no campo, e que amam ler maus romances; neblina no inverno, pulgas no verão, sitiantes que pagam mal, vizinhos desagradáveis, processos para defender, valetes que vos roubam, um cozinheiro ruim, um confessor molinista, uma camareira que não sabe pentear direito, uma charrete mal atrelada, um cocheiro bêbado, roupa de cama suja, água turva, vinho verde, pão de Beauce, credores impacientes, um oficial de justiça astuto, um cura que prega mal e por tempo demais, um vigário mau poeta".[73] Totalmente insensível aos encantos da natureza e dos pastorais, o duque, que lê e escreve pouco, tem necessidade da companhia de seus semelhantes.

Seu vizinho Guez de Balzac (1594-1654) tem gostos inversos. O "eremita de Charente", como foi apelidado, admite que "a solidão é certamente uma bela coisa; mas há prazer em ter alguém que saiba responder, a quem se possa dizer de tempos em tempos que é uma bela coisa",[74] ele escreve ao superior de Saint-Mesmin, perto de Orléans. Ele ama, pois, também, uma boa companhia, mas não suporta os importunos. Tendo se tornado personagem na moda após a publicação de suas cartas em 1624, não aceita o fardo da celebridade: "Quão incômodos são este barulho e essa reputação para um homem que procura a calma e o repouso! Ele é exposto a todos os maus cumprimentos da cristandade, para nada dizer dos bons, que lhe dão ainda mais aflição. É perseguido, martirizado pelos cumprimentos que lhe vêm dos quatro cantos do mundo: ontem à noite, sobre a mesa de seu quarto, havia cinquenta cartas que lhe pediam respostas, mas respostas eloquentes, para serem mostradas, impressas".[75] Irritado com as polêmicas sobre suas

---

72 Id., *Maximes*, n. 105, edição de 1664, op. cit., p. 318.
73 Id., *Lettre à Mademoiselle de Sillery*, nov. 1664.
74 Apud Saint-Beuve, *Port-Royal*, op. cit., t.II, p.70.
75 Guez de Balzac, *Dissertations morales et chrétiennes*, n. 21.

obras, retira-se para sua propriedade de Charente, na qual vê "um encanta-dor deserto". Ele lê, passeia, se entretém consigo mesmo, ao mesmo tempo que aprecia a paz e a beleza da natureza: "Para qualquer lado que olho, nesta agradável solidão, encontro um rio no qual os animais vão beber e veem o céu tão claramente como nós fazemos".[76]

Entre os moralistas, Jean de La Bruyère (1645-1696) é um dos mais desi-ludidos em relação à solidão. Sem dúvida, o espetáculo da comédia humana e de suas hipocrisias pode dar vontade de se isolar, e "um espírito são extrai da corte o gosto pela solidão e pelo retiro".[77] Mas, mesmo na solidão, os homens encontram um meio de se querelar: eis aqui dois homens "que são vizinhos no campo, e suas terras são contíguas; habitam uma região deserta e solitá-ria; afastados das cidades e de todo comércio, pareceria que a fuga de uma solidão completa ou o amor pela sociedade os tivesse levado a uma ligação recíproca; no entanto, é difícil exprimir a bagatela que fez com que rompes-sem um com o outro, e que perpetuará seus ódios em seus descendentes. Nunca os pais e mesmo os irmãos haviam brigado pela menor coisa. Supo-nho que haja sobre a terra apenas dois homens que a possuam sozinhos, e que a dividem entre si; estou persuadido de que logo nascerá entre eles um motivo de ruptura, quando não for apenas por causa dos limites".[78]

Isso retoma o problema da misantropia, um dos temas debatidos tanto na corte quanto na cidade, principalmente depois que Molière a pôs em cena em 1666. A peça recebe uma acolhida mitigada, que reflete as hesitações e as ambiguidades da boa sociedade a respeito da fuga do mundo. A obra em si é suscetível de duas interpretações contraditórias. Pergunta-se se Molière é pro ou contra Alceste, quando faz o personagem dizer que "todos os homens me são a tal ponto odiosos/ que ficaria aborrecido de ser sábio aos olhos deles./ [...] Odeio todos os homens:/ uns, porque são maus e malfeitores,/ e os outros por serem maus complacentes".[79]

Há muita convicção nesta diatribe:

---

76 Id., *Lettre à M. de La Motte Aigron*, apud Beauvalet-Boutouyrie, S. *La solitude, XVIIᵉ-XVIIIᵉ siè-cle*, p.27.
77 La Bruyère, *Caractères. De la cour.*
78 Id., *De la Société et de la conversation.*
79 Molière, *Le Misanthrope*, I, 1, 111-112, 118-120.

Meus olhos estão muito feridos, e a corte e a cidade
Só me oferecem objetos que me irritam a bílis;
Entro num humor negro, numa tristeza profunda,
Quando vejo os homens viverem entre si como fazem;
Em todo lugar só vejo bajulação covarde,
Injustiça, interesse, traição, falsidade;
Não posso mais; me enraiveço; e meu desígnio
É de atacar todo o gênero humano.[80]

Tendo chegado a esse ponto, só resta "fugir da proximidade dos humanos num deserto", "e procurar sobre a terra um lugar afastado/ onde se tenha liberdade de ser um homem honrado".[81]

Assim, o problema da solidão misantrópica é brutalmente posto. Não se trata apenas de um debate ocioso ou de um jogo sutil. A prova é que os cortesãos, desde a primeira representação, procuram quem pode ter servido de modelo para o personagem Alceste. Mas o procuram como um culpado ou como um herói? Todos os olhares se voltam para o duque de Montausier, nascido em 1610, antigo militar, homem rude e incômodo: "Ele grita, é rude, ataca, e, se briga com alguém, põe diante dos olhos dessa pessoa todas as iniquidades passadas",[82] diz sobre ele Tallemant de Réaux. O interessado, de início furioso, fica em seguida orgulhoso, após ter visto a peça, e agradece calorosamente a Molière. A opinião está pois dividida a esse respeito, e muitos cortesãos sem dúvida se reconhecem na atitude de Célimène, que "tem horror à solidão", e remetem a ideia para mais tarde:

Eu, renunciar ao mundo antes de envelhecer,
E em vosso deserto ir me enterrar![83]

O misantropo de La Bruyère é mais flexível que Alceste; ele se contenta em recusar qualquer relação humana profunda: "Tímon ou o Misantropo pode ter a alma austera e selvagem, mas exteriormente é civilizado e

---

80 Ibid., 89-96.
81 Ibid., I, 1, 144; V, 1, 1484; V, 4, 1805-1806.
82 Réaux, *Historiettes*, t.I, p.465.
83 Molière, op. cit., V, 4, 1769-1770.

cerimonioso; ele não foge, não se prende aos homens, ao contrário, ele os trata com honestidade e seriamente, emprega para com eles tudo o que pode afastar a familiaridade, não quer conhecê-los melhor nem fazer deles seus amigos, tal como uma mulher que está visitando outra".[84]

O que não resolve o problema das relações entre solidão e misantropia. Pode-se fugir da companhia dos homens e continuar amando seu próximo? Isso parece bem difícil, e somente sofismas teológicos podem pretender ter sucesso nesta proeza: desprezar "o mundo" numa solidão devota a fim de ganhar sua salvação pessoal e rezar pela dos outros. Mas pode-se desprezar "o mundo" sem desprezar "os homens", os indivíduos concretos que o compõem? A espiritualidade da época pretende que sim, mas os moralistas leigos duvidam disso.

ANATOMIA DA SOLIDÃO POR ROBERT BURTON (1576-1640)

Na Inglaterra, Robert Burton (1576-1640) refletiu longamente sobre a questão, nas 1.800 páginas de seu livro *Anatomia da melancolia* (1621).[85] E ele sabe do que está falando: passa a vida inteira como clérigo do colégio Christchurch, em Oxford, estudante eterno, celibatário, fechado, melancólico, só frequentando os livros de sua biblioteca. Afirma que leva "uma vida privada e silenciosa, sedentária e solitária", e prossegue assim: "Não sou pobre nem rico, possuo pouco, não desejo nada; todo o meu tesouro está na torre de Minerva". Para ele, solidão e melancolia estão intimamente ligadas. De um lado, o melancólico ama "estar só, viver só, passear só, meditar, ficar deitado por dias inteiros, sonhar acordado, por assim dizer"; de outro, "as pessoas que são naturalmente solitárias, que se dedicam ao estudo, que se entregam a uma meditação profunda, ociosas, que vivem afastadas de toda atividade, todas essas pessoas são frequentemente atingidas pela melancolia".

Mas a solidão é múltipla, e deve-se antes falar *das* solidões. Há as boas e as más, voluntárias ou forçadas. Há a solidão "das religiosas, das viúvas ou moças solteiras", dos monges e dos tímidos, de todos aqueles que não

---

84 La Bruyère, op. cit., *De l'homme*.
85 Burton, *Anatomie de la mélancolie*.

O HOMEM DE SOCIEDADE E A SOLIDÃO DE BOM-TOM... 223

podem ou que não querem frequentar o sexo oposto, o que gera frustração, prisão de ventre e melancolia, como "este padre bom, honesto e devoto que, não querendo nem se casar nem ir ao bordel, foi tomado por uma grave melancolia". Burton tem consciência de fazer parte desse grupo, e se irrita contra si mesmo e sua timidez: "O que tenho a fazer com as religiosas, as moças, as virgens as viúvas? Eu mesmo sou celibatário, e levo uma vida monástica num colégio!".

Para os temperamentos melancólicos, ele escreve, a solidão é deliciosa no início: "A solidão voluntária é a companhia habitual da melancolia. Ela leva ao suplício, leva sub-repticiamente e irrevogavelmente às suas águas, tal como uma sereia, um dardo ou uma esfinge [...]. No começo, a solidão é muito agradável para os que têm disposições melancólicas: ficar na cama dias inteiros, não sair de casa, passear perto de algum bosque isolado, à beira de um riacho, entre as árvores e a água, para meditar sobre algum assunto agradável e delicioso [...]. Que prazer inigualável é para essas pessoas melancolizar, construir castelos na Espanha, sorrir para si mesmas, ter uma diversidade infinita de papéis que elas creem ou imaginam como reais [...]. Esses jogos são tão deliciosos no começo, que essas pessoas se sentem capazes de se deixar ir para as contemplações e as meditações sobre fantasias durante dias e noites sem dormir, até anos, como num sonho do qual é quase impossível fazê-las sair; nunca toleram ser interrompidas, pois suas ideias vãs são muito agradáveis a ponto de impedi-las de se aplicar às tarefas ordinárias e às questões urgentes". É assim que, pouco a pouco, "sub-repticiamente", tornam-se inadaptadas à vida social, começam a detestar os outros, considerados incômodos, inoportunos que interrompem seus sonhos: o solitário se transforma em misantropo: "Essas pessoas, habituadas a meditações inúteis e a lugares isolados, não podem mais suportar a companhia dos outros e acabam por ruminar apenas pensamentos dolorosos e ruins. O medo, a tristeza, as suspeitas, a má vergonha, o descontentamento, as preocupações e a lassidão da vida se abatem sobre elas, e elas não podem mais pensar em outra coisa, não cessam de suspeitar; desde que seus olhos se abrem de manhã, esse flagelo infernal da melancolia se apossa delas e aterroriza sua alma, força alguma imagem atroz em seu espírito, que elas não têm nenhum meio de evitar. [...] Segundo Sêneca, a solidão só nos inspira o mal, ela nos é nefasta, está em contradição com a vida em sociedade, é destrutiva. Na solidão, os homens são demônios, como diz o provérbio: um homem só é, ou um deus ou um demônio, quer seu espírito se enfraqueça, quer se excite, ou ainda 'maldito seja o homem só'. Esses miseráveis degeneram frequentemente e, de humanos que eram, de criaturas sociáveis, transformam-se em animais, em monstros inumanos e horríveis de ver; misantropos, têm ódio de si mesmos, e detestam a companhia dos homens; são Tímons, são Nabucodonosor".

Certamente, há "um tipo de solidão que merece ser vivida, a que os Padres da Igreja, Jerônimo, João Crisóstomo, Cipriano e Agostinho, recomendaram tão calorosamente em importantes tratados, e que Petrarca, Erasmo, Estella e outros tanto preconizaram em seus livros; é um paraíso terrestre quando é usada corretamente, boa para o corpo e melhor ainda para a alma. Tanto que esses antigos monges em tudo tiraram proveito dela para atingir a perfeição divina [...], outros para aprofundar seus conhecimentos, como Demócrito, Cleanto, e os maiores filósofos sempre o fizeram, para se retirar dos tumultos do mundo, ou ainda, como Plínio, o Jovem, em sua vila de Larius, Cícero em Túsculo, Giovio em seu gabinete, para melhor servir a Deus e prosseguir seus estudos". Enganamo-nos, pois, em suprimir os monastérios, como o fez a Reforma anglicana, pensa Burton. Eles permitiam aos temperamentos solitários encontrar um quadro adaptado sem por isso se tornarem misantropos. Seria preciso apenas limitar os abusos; "alguns desses monastérios poderiam muito bem ter sido preservados e suas rendas utilizadas para outros fins, uma construção aqui ou lá, pelo menos nas cidades, e, nas boas vilas, poderiam ter servido de retiro a homens e mulheres de todas as condições, longe das preocupações e dos tumultos do mundo, pelo menos para aqueles que não desejam ou não podem se casar, que também não querem ser perturbados pelas preocupações ordinárias e não sabem onde se isolar, e que poderiam prosseguir seus estudos num lugar mais propício, mais cultivado, mais civilizado, a fim de aperfeiçoar o bem comum pelas artes e pelas ciências e também, enfim, servir a Deus livremente e realmente, como os antigos monges verdadeiramente devotados o faziam".

Entretanto, muitos são solitários contra a vontade: "Por exemplo, os que estão na prisão ou em algum lugar deserto e não podem encontrar companhia [...], outros ainda são lançados nas armadilhas da solidão por falta de dinheiro, por estarem convencidos de ter algum defeito ou desgraça, porque são tímidos, grosseiros ou simplórios e logo não podem se misturar com a sociedade. Para o infeliz, a solidão é um lugar admirável. Ninguém pode lhe censurar seus infortúnios; encontramos a solidão forçada – e é então que seus efeitos mais nefastos são mais rápidos – entre os que, sem dúvida honestamente, com bons companheiros, numa grande família ou numa vila populosa, se veem de repente forçados a se retirar para uma casa distante e isolada no campo: então eles perdem toda liberdade e são separados de seus companheiros habituais; estes se aborrecem e sentem duramente a solidão, este grande prejuízo que se abateu sobre eles brutalmente". E depois, há "muitos fidalgos do campo", que vivem em suas casas isoladas. Eles estão dispostos a tudo para encontrar companhia: "como albergueiros, acolhem todos os visitantes, conversam com seus criados e domésticos, que não são seus iguais, lhes são inferiores e têm costumes diferentes dos seus; ou ainda alguns para evitar ficar sozinhos passam o tempo com companheiros de libertinagem, nas tavernas e cabarés e acabam por se deixar levar a divertimentos poucos recomendáveis, até mesmo a vidas dissolutas". No total, o balanço da solidão é largamente negativo segundo Burton, e "a solidão excessiva é prima irmã da ociosidade [...], este é o testemunho dado por todos os médicos".[86]

Mas há também uma categoria de solitários que não se dão conta disso: os doutos, os homens de letras, perdidos em seus pensamentos. Distraídos, colocam-se fora da sociedade, que os rejeita: "O mundo os considera imbecis, ridículos e estúpidos, como idiotas e asnos; são rejeitados, condenados, tornam-se objeto de escárnio, insensatos, loucos... Como não sabem nem montar a cavalo, coisa que até os mais rudes sabem, nem saudar, nem fazer a corte a uma dama, nem cortar um assado, nem se inclinar, nem se despedir, o que todos os rufiões fazem, o povo zomba deles, são objeto de brincadeiras e nossos galantes estimam que eles são perfeitos imbecis". "Resmungam sozinhos seus monólogos."[87] Isolados por seu saber, esses filósofos e doutos deveriam receber honras. Mas eles evoluem no seu próprio mundo e não sofrem verdadeiramente por estarem à parte, e alguns procuram mesmo isso.

---

86 Todas as citações precedentes vêm de Burton, op. cit., primeira parte, seção 2, membro 2, subdivisão 15, t. I. p.411-416.
87 Ibid., primeira parte, seção 2, membro 3, subdivisão 15, t.I, p.513-514.

DESCARTES: PENSO, LOGO ESTOU SÓ

É o caso de René Descartes (1596-1650), que tem apenas vinte anos a menos que Burton. Encarnação do pensamento racional, o filósofo do *cogito* é também duplamente solitário. De início por seu temperamento, como relata seu primeiro biógrafo, Adrien Baillet, em 1691, para quem Descartes era um homem sereno, e "é à escolha de uma vida retirada que se deve atribuir isso. Sempre recebeu muito poucas visitas, e visitava ainda menos. Contudo, não era misantropo nem melancólico; tinha, no fundo de sua solidão, um bom humor e uma alegria natural que se observava nele desde a sua mais tenra juventude. A alegria que lhe era habitual o levava a fazer todas as coisas sem repugnância; e, se cremos nisso, ela lhe facilitava o sucesso. Ela contribuía até mesmo para sua saúde. Sem ela, ele não teria conseguido sustentar o peso de sua solidão com tanta perseverança. Foi ela que converteu a inclinação que tinha para o isolamento em uma verdadeira paixão pela vida escondida".[88] Para ele, trata-se, ao mesmo tempo, de uma questão de humor natural e de uma fuga deliberada da sociedade, a fim de escapar das exigências da celebridade: "Desde que se limitou à vida privada, considerava o inconveniente de ser muito conhecido uma distração perigosa para seu plano de nunca sair de si mesmo a não ser para conversar secretamente com a natureza, e de nunca sair da natureza a não ser para voltar-se para si mesmo. Julgava que era uma coisa muito inútil o desejo que temos de querer viver pela opinião e pelo espírito de outro; e nunca nenhum filósofo fez menos caso da glória, que a maioria vê no que se chama reputação. Ele não era tão selvagem para julgar que, se pensassem nele, teriam uma boa opinião a seu respeito. Mas preferia que não pensassem nele de modo algum. A vida solitária lhe custou apenas poucos meses de aprendizagem, porque sua inclinação foi auxiliada por seu temperamento e por seu humor particular. O hábito da meditação que ele tinha desde o colégio o havia tornado muito reservado e um pouco taciturno".[89]

Sua vida foi uma busca contínua da tranquilidade, de uma solidão calma, propícia à meditação intelectual, uma fuga perpétua diante das

---

88 Baillet, *Vie de Monsieur Descartes*, p.281-2.
89 Ibid., p.282-283.

O HOMEM DE SOCIEDADE E A SOLIDÃO DE BOM-TOM... 227

inconveniências e das obrigações da sociabilidade. Foi como um verdadeiro eremita, numa cabana isolada perto do Danúbio, seu "quarto aquecido", que, em 1619, ele teve a revelação de seu método racional. Alguns anos mais tarde, refugia-se na Holanda, não tanto por medo de aborrecimentos que suas ideias audaciosas poderiam lhe causar, mas por "uma imensa necessidade de tranquilidade".[90] Lá, ele se isola em cidadezinhas de amplos horizontes perto do mar, em Franeker, em Frise, em Endegeest, na Holanda meridional, em Egmont, em Santport, no norte. Mas é em Amsterdam que experimenta a maior solidão, no anonimato da multidão de mercadores. O professor Plempius, que vem visitá-lo, escreve que, "ignorado por todos, Descartes se escondia na casa de um mercador de tecidos, situada na rua que tira seu nome dos novilhos (*Kalverstraat*) [...]. Encontrei um homem que não lia livros e não possuía nenhum, dedicado a suas meditações solitárias e confiando-as ao papel, algumas vezes dissecando animais, assim como Hipócrates encontrou Demócrito perto de Abdera".[91]

É de Amsterdam que Descartes escreve a outro solitário, Guez de Balzac, para convidá-lo a vir a seu encontro: nesta grande cidade se é mais só do que entre os cartuxos ou no pântano poitevino. A carta, datada de 5 de maio de 1631, mostra a que ponto o filósofo aprecia a solidão urbana, que associa o conforto da cidade ao isolamento do campo. É uma verdadeira defesa do solitário das cidades, Descartes, junto ao solitário do campo, Balzac:

"Já que me assegurais muito bem que Deus vos inspirou a deixar o mundo, eu acreditaria pecar contra o Espírito Santo se tentasse vos desviar de uma tão santa resolução. Deveis mesmo perdoar meu zelo, se vos convido a escolher Amsterdam para vosso retiro, e preferi-la, não direi somente aos conventos dos capuchinhos ou cartuxos, aonde muitas pessoas honestas se retiram, mas também a todas as mais belas moradas da França e da Itália, até mesmo ao célebre eremitério onde estivestes no ano passado. Por mais completa que seja uma casa no campo, sempre falta uma infinidade de comodidades que só se encontram nas cidades; e até a solidão que se espera nunca é inteiramente perfeita. Quero que encontreis um canal que faça sonhar os maiores faladores, e um vale tão solitário que possa lhes inspirar

---

90 Gouhier, *La Pensée religieuse de Descartes*, p.64.
91 Apud Cohen, *Écrivains français en Hollande dans la première moitié du XVIIᵉ siècle*, p.468.

entusiasmo e alegra; mas dificilmente pode acontecer que tenhais também uma quantidade de vizinhos que algumas vezes vão vos importunar, e cujas visitas são ainda mais incômodas do que as que recebeis em Paris; ao passo que nesta grande cidade em que estou, não havendo nenhum homem, exceto eu mesmo, que não exerce a profissão de mercador, cada um está tão atento a seu proveito que eu poderia morar toda minha vida aqui sem nunca ser visto por ninguém. Passeio todos os dias no meio da confusão de um grande povo, com tanta liberdade e repouso quanto poderíeis passear em vossas alamedas, e não considero de outro modo os homens quanto o faria com as árvores que encontro nas florestas ou os animais que aí passam. Até mesmo o ruído de seus problemas diários não interrompe mais meus devaneios do que faria o de algum riacho."[92]

Solitário e reservado, Descartes, entretanto, não é misantropo nem melancólico. Ele é do tipo do solitário de boa companhia, sereno e equilibrado, como observa a princesa Élisabeth em maio de 1645: "Vejo que os encantos da vida solitária não vos tiram as virtudes requeridas pela sociedade". Em 16 de abril de 1648, o "velho" solitário de 52 anos concede uma longa conversação a um jovem admirador, Burman, cujas notas "jornalísticas" fornecem preciosas informações sobre o método cartesiano.

Este é, aliás, o segundo aspecto da solidão do filósofo. Não seria o *cogito* a afirmação de uma grande solidão intelectual e mesmo existencial? É o resultado do pensamento de um homem só: "Como um homem que anda sozinho nas trevas, resolvi ir tão lentamente e usar de tanta circunspecção em todas as coisas, que se avançasse pouco, pelo menos evitaria cair", ele escreve no *Discurso do método*: "Eu penso, logo eu existo": constatação de uma solidão radical do pensador, que se isolou pondo em dúvida toda a realidade, e que a recria a partir de si mesmo. Jean-Luc Marion, em sua obra *Sobre a teologia branca de Descartes*, fala mesmo de uma "autarquia": "Ele torna o homem autárquico, imitando a autarquia divina, logo, se põe fora, senão contra ela".[93]

Penso, logo estou só: é, de fato, uma constatação profunda do *Discurso do método*, que anuncia de muito longe as considerações da filosofia moderna

---

92 Descartes, *Œuvres et lettres*, p.941-2.
93 Marion, *Sur la Théologie blanche de Descartes*, p.427.

sobre a solidão radical, fundamental, essencial do ser humano. Constatação à qual o duque de La Rochefoucauld chega por outra via. Esta solidão entrevista precisamente pelos pensadores mais clarividentes do século, o homem de sociedade, no sentido do século XVII, ainda lhe é difícil de ser aceita e sobretudo vivida. Ele assume um compromisso: solidão, sim, mas em boa companhia. Pois a ideia ao mesmo tempo assusta e fascina. Então ele faz um pacto: pequenos retiros devotos e intermitentes, estadias no campo, mas nunca realmente só. O retiro definitivo, radical, é deixado para mais tarde, quando se tiverem esgotados todos os prazeres da sociedade. Trata-se de ganhar de toda maneira: aproveitar a vida terrestre em sociedade tanto quanto se pode, e em seguida preparar-se para aproveitar a vida eterna por meio de um retiro solitário voltado para a prece. Cálculo arriscado, pensam os partidários de uma austera espiritualidade agostiniana que, com o jansenismo, influencia todo o século: é aqui e agora que se deve romper com o mundo, deixar os homens para viver só face a face com Deus.

– 6 –

A ÉPOCA DOS SOLITÁRIOS DE PORT-ROYAL: RETIRO E ESPIRITUALIDADE NO SÉCULO XVII

A espiritualidade do século XVII tem duas faces, uma tranquilizadora, outra trágica. De um lado, humanismo devoto desenvolvido pelos jesuítas; de outro, jansenismo e pensamento berulliano do aniquilamento. O primeiro seduz a boa companhia do homem de sociedade; o segundo, os temperamentos austeros e ascéticos. Na realidade, não há separação rigorosa entre os dois. Para todos, a questão central é a mesma: como ganhar a salvação? Unanimemente os autores espirituais respondem: desviando-nos do espírito do mundo, o que implica que tomemos distância da cena social, logo, que nos isolemos pelo menos em pensamento. Mas até onde? Aqui começam as hesitações.

PRUDÊNCIA DAS AUTORIDADES ESPIRITUAIS

A vida cristã autêntica exige uma separação física da sociedade, a prática de uma solidão devota que, sem ir até o convento, implicaria manter-se à distância dos ritos da sociabilidade? Não, responde a maioria das autoridades religiosas, que se mostram bem prudentes a esse respeito. A começar por Bossuet, o oráculo do clero da França. Pessoalmente, ele sofreu na juventude a influência de Sébastien Zamet, bispo de Langres, um dos grandes autores espirituais da época, próximo dos jansenistas, o que lhe confere o subdiaconato em 1648. Ora, a palavra de ordem de Zamet é: "solidão e oração; oração e solidão".[1] Ademais, amigo pessoal de Rancé, que ele visita na Trapa, Bossuet é sensível à serenidade que emana do lugar. Seu secretário, Ledieu, nota que "ele encontrava um encanto particular na maneira pela qual se celebrava lá o ofício divino. O canto dos Salmos, a única coisa que perturbava o silêncio dessa vasta solidão, as longas pausas das completas, os sons amenos, ternos e penetrantes do *Salve Regina*, lhe inspiravam uma espécie de melancolia religiosa, e então seus olhos deixavam cair em abundância lágrimas que são tão doces de serem derramadas".[2] Apesar disso, ele não fica tentado a se retirar lá.

Toda a sua obra é marcada por esta constatação: a solidão é um ideal que só está ao alcance de seres excepcionais, um ideal que ele admira mas que não corresponde à sua vocação própria. Em 1653, em seu panegírico de São Bernardo, ele exclama, a propósito de seu herói: "Estais vendo, cristãos, como ele é sonhador e pensativo? De que maneira ele foge do grande mundo, e se torna extraordinariamente apaixonado pelo segredo da solidão? Lá ele se entretém calmamente com tais ou semelhantes pensamentos: Bernardo, o que pretendes no mundo? Vês algo que te satisfaça?". São Bernardo soube fugir do mundo, fisicamente. Mas outros conseguiram criar para si uma solidão enquanto permaneciam no mundo, como São Francisco de Paula: "Seu maior milagre [é] o de ter sido tão solitário e tão recolhido no meio dos favores dos reis e dos aplausos de toda a sua corte... Ele é solitário até na corte, e sempre recolhido em Deus no meio do tumulto". Saber criar para si um "deserto interior" é também o que conseguiu a rainha Maria Teresa, que "vemos correr para os altares para gozar, com Davi, de um humilde repouso, e mergulhar no seu oratório, onde, apesar do tumulto da corte, ela encontrava o Carmelo de Elias, o deserto de João e a montanha que tão

---

1 Zamet, *Conférences spirituelles sur divers sujets.*
2 Apud Le Brun, *La Spiritualité de Bossuet*, p.325, n.198.

frequentemente foi testemunha das queixas de Jesus". São Sulpício "viveu as duas situações: o meio foi ocupado em funções eclesiásticas. Cortesão, viveu no mundo sem ser preso a seus encantos; bispo, separou-se dos irmãos; solitário, desejou terminar seus dias num retiro completo".[3]

Há dois tipos de solidão cristã: "Há santos solitários, que são inteiramente retirados do mundo; há outros, não menos ilustres, os quais, vivendo no mundo sem estar nele, venceram, por assim dizer, em seu próprio campo de batalha. Aqueles, inteiramente separados, parecem desde então não usar mais o mundo; estes, não menos generosos, usam dele como se não o usassem". Tanto em um como no outro caso, a solidão é salutar, pois "é na solidão que a alma, liberada dos objetos sensíveis que a tiranizam, libertada do tumulto dos negócios que a atormentam, pode começar a gozar um justo repouso, as alegrias sólidas e os prazeres capazes de contentá-la. Lá, ocupada em se purificar das manchas que pôde contrair no comércio com o mundo, mais ela se torna pura e separada, mais fica em estado de beber na fonte das volúpias celestes, que a elevam, a transportam e a enobrecem, ligando-a ao autor de todo bem".

Mas, dizem as pessoas do mundo, "essa solidão é tediosa", "teme-se passar por um homem inútil". Então, "saibamos pelo menos retirarmo-nos algumas vezes do barulho e do tumulto do mundo, a fim de escutar Jesus em segredo. 'É difícil', diz Santo Agostinho, 'encontrar Jesus Cristo no grande mundo; para isso é necessária a solidão'. Construamos para nós uma solidão, entremos em nós mesmos para pensar em Deus; reunamos todo o nosso espírito nesta alta parte de nossa alma, para nos excitar a louvar a Deus; não permitamos, cristãos, que nenhum outro pensamento venha nos perturbar".

A solidão, contudo, só é boa se é motivada pelo desejo de ouvir a Deus: "Deve-se amar o retiro, o silêncio e a solidão para escutar esta voz que não quer ficar aturdida pelo ruído e pelo tumulto dos homens". Todos os outros motivos são maus, e são ditados pelo orgulho ou pelo egoísmo: "Era muito comum os sábios do mundo procurarem o retiro e se furtar à vista dos homens: eles foram levados a isso por motivos diversos. Alguns se retiraram para dedicar-se à contemplação e ao estudo da sabedoria; outros procuraram na solidão a liberdade e a independência; outros, a tranquilidade e o repouso;

---

3 Bossuet, *Panégyrique de Saint Sulpice.*

outros, a ociosidade e o lazer. Muitos se lançaram nela por orgulho: não quiseram tanto se separar, mas se distinguir dos outros por meio de uma singularidade soberba; e seu desígnio não foi o de ser solitários, mas sim o de ser extraordinários e singulares... Viu-se um grande número a quem o mundo não agradou, porque não agradaram ao mundo. Eles o desprezaram completamente, porque não foram suficientemente honrados no grau de sua ambição; e enfim eles preferiram recusar de sua mão do que parecer muito fáceis contentando-se com pouco".[4] Bossuet tem em vista os hipócritas que fogem do mundo com ostentação, para ser notado, que se escondem para que sejam achados e olhados. Todos os ouvintes compreendem que ele visa os solitários de Port-Royal, cuja conduta no mesmo momento é julgada pelo bispo Godeau como "bizarra", de "zelo inconsequente".

É também o que pensa o rival de Bossuet nas performances oratórias, Bourdaloue. Em 1671, ele prega diante do rei sobre o tema da "severidade angélica". Tomando como epígrafe: "Sou a voz daquele que clama no deserto: tornai justa a via do senhor", ele denuncia de maneira sarcástica as pessoas que se retiram na solidão para serem notadas: "Retiram-se do mundo, mas ficam bem contentes que o mundo saiba disso; se o mundo não soubesse, duvido que tivessem a força e a coragem de renunciar a ele".[5]

Para esses pregadores de corte, a busca da solidão deve, pois, atender a critérios muito estritos: há, no plano das intenções, uma boa e uma má solidão, uma verdadeira e uma falsa solidão, e a suspeita que eles lançam sobre os solitários de Port-Royal arrisca-se a atingir a própria imagem da vida solitária. De todo modo, declara em 1676 o clunisiense Jacques Biroat que o tempo dos Padres do Deserto passou. Em seu *Panegírico de Santo Antônio*, ele apresenta as proezas deste último como fatos da época arcaica, em que os homens eram capazes de uma conduta angélica, inimitável para nossos dias: "O filósofo apresentou um pensamento ousado, de que o homem solitário é um animal ou um deus... Digamos que a solidão de Antônio tem algo desses dois extremos [...]. É pouco para a grandeza de sua coragem deixar seus bens e retirar-se na solidão; ele não se contenta em renunciar à sociedade dos homens, e vai procurar uma caverna nos desertos mais terríveis, e que eram

---

4 Id., *Panégyrque de Saint François de Paule*.
5 Bourdaloue, Sur la sévérité évangélique. *Sermon pour le troisième dimanche de l'Avent*, 1671.

a morada de serpentes e hidras, onde viveu escondido por vinte anos, sem nunca ter visto nem ter sido visto por ninguém. Não era o bastante para sua virtude ter-se retirado na solidão do corpo; é preciso uma solidão do coração e do espírito para melhor encontrar Deus, e conversar com ele mais familiarmente, imitando a vida dos anjos, que se refletem em si mesmos e são sempre dedicados a Deus".[6] Hoje em dia, não se pede mais que se atinja tal nível de solidão: "Não sois chamados a este trabalho, mas pelo menos podeis ter esta terceira qualidade", resistir aos ataques do demônio no centro das tentações do mundo.

A prudência também é recomendada pelo dominicano Luís de Granada (1504-1588), cujos sermões são amplamente reproduzidos no século XVII, como aquele sobre João Batista. No sermão ele reconhece que os cristãos, "a menos que não amem o retiro e a solidão, ou que não evitem com prudência e circunspecção a companhia dos homens viciosos e maus, estão em perigo de se tornarem objetos de suas zombarias, se não os imitam em seus costumes ou em sua má vida". Portanto, não é fácil para eles escolher a vida solitária. O homem é um ser naturalmente sociável, "tendo, por sua natureza, uma inclinação muito forte para a sociedade, que o leva com uma maravilhosa facilidade a se comunicar com os outros, e a se exprimir em conversações familiares". A solidão lhe parece pois contra a natureza. Mas Deus pode ser um interlocutor muito válido: como dizia São Bernardo, "aquele com quem Deus se encontra nunca está menos só do que quando está só". Assim, prossegue Luís de Granada, "quando ele não encontra homens com quem possa falar, entretém-se com Deus". Logo, o cristão nunca está verdadeiramente só, e, além disto, "a solidão, entre várias outras vantagens, tem principalmente esta, de que ela elimina uma infinidade de ocasiões de pecados que são quase inevitáveis no comércio com os homens. Pois normalmente nos conformamos com aqueles com quem vivemos [...]. O que se pode aprender, a não ser o mal, vivendo no comércio do mundo?".[7]

Em outro sermão, o dominicano declara que o isolamento é a melhor proteção contra o pecado, o que, à vista das tentações que assaltam os eremitas, pode parecer discutível: "Nada é mais vantajoso para isso do que a

---

6 *Panégyriques des saints preschez par M. Jacques Biroat*, t.I, p.283-4.

7 Grenade, *Sermons*, t.II, *Sermon pour le quatrième mercredi de l'Avent*, p.48-52.

solidão, que elimina de uma só vez todas as ocasiões de pecado. Os olhos não descobrem nada que possam ver sem perigo. Os ouvidos não entendem nada de impuro nem desonesto. E a língua não encontra ninguém a quem dizer palavras vãs ou inúteis, o que é uma vantagem tanto maior quanto esta pequena parte de nosso corpo é instrumento de todos os pecados". Mas, tranquilizemo-nos, ele não sugere que nos tornemos eremitas: "Que ninguém imagine aqui que meu desígnio ao vos falar das vantagens da solidão seja o de levar os homens a se retirar no deserto, como São João. É somente para ensinar àqueles que querem levar uma vida pura e inocente, como deve ser a de um verdadeiro cristão, que devem afastar-se do grande mundo, evitar a companhia de pessoas do século, tanto quanto seu estado e sua condição permitirem a cada um".[8]

O padre Yves de Paris (1590-1679), capuchinho, tem tons de caminhante solitário quando evoca suas saídas na natureza, propícias à sua grande ocupação: a contemplação. "Ao sair de vossa casa, sois recebido por um zefir que vos acaricia com sua frescura e que, fechando os poros, torna os espíritos mais decididos para as magnificências de um espetáculo cujas folhas começam a vos advertir, por um pequeno ruído de admiração. A luz que preenche o ar com suas doces e sempre crescentes efusões, sem que se veja seu princípio, vos mostra, no começo desta jornada, qual era o começo do mundo, antes que houvesse astros"; êxtase diante do sol nascente, "círculo brilhante cujas extremidades, mais vermelhas e mais suportáveis, deixam no meio espaços que embranquecem"; diante do sol poente, que "mergulha enfim numa nuvem escarlate":[9] para Yves de Paris, a solidão é, antes de tudo, a ocasião de admirar o espetáculo da natureza.

Para o oratoriano Le Jeune (1592-1672), "a solidão ajuda muito a conservar, e mesmo a adquirir estas quatro virtudes: a santidade, a pureza, a devoção, a humildade". Mas ainda é preciso que essa solidão seja protegida pelos muros de um convento, pois o diabo tenta, de preferência, as pessoas isoladas, o que contradiz Luís de Granada. Assim, se uma mulher vive "fechada em casa, ele suscita os vizinhos que a fazem sair deste retiro: o que fazeis aqui o dia inteiro? Ides vos tornar uma hipocondríaca, oprimida pela

---

8 Id., *Sermon pour le dernier jour de l'Avent*, p.114-5.
9 Paris, *Les Morales chrétiennes*. t.II, p.440-3.

A ÉPOCA DOS SOLITÁRIOS DE PORT-ROYAL

melancolia, por estar sempre sozinha; é proibido se divertir?". A clausura é, pois, o abrigo mais seguro, mas parece muito desumana, pois "o homem é um animal civil e sociável, que ama a diversão, e que só encontra diversão sólida na comunicação e em companhia". Mas, no convento, as religiosas nunca estão sós: seu amante está sempre lá. "A devoção é este espírito de devoção e de ocupação com Deus, que faz com que, sendo solitários, não estais nunca sós, que estejais sempre conversando com ele, amando-o, honrando-o, fazendo-lhe a corte." Novamente, estamos na rampa escorregadia das comparações ambíguas com o amor terrestre. Elas devem guardar sua beleza para o divino amante, e só falar com os visitantes num guichê, pois no parlatório é bem difícil que uma mulher não se faça de coquete: "Se conversais com o mundo com a grade aberta, é bem difícil não ter complacência quando vos acham bela, bem limpa, graciosa, bem-arrumada, o que abre sempre uma brecha na humildade perfeita".[10]

Uma das autoridades espirituais mais consultadas no século XVII é Jean Olier (1608-1657), fundador do seminário de São Sulpício e *expert* em solidão, cujas alegrias celebra: "Espero ir logo para a pequena solidão que premeditei, e começar uma nova vida sob o favor e a proteção da Santa Virgem. Desejo isso com grande afeição, para levar uma vida escondida de que gozei muito pouco até agora. O retiro promete me pôr à prova na sociedade interior de Jesus em Maria, na qual devemos esperar viver eternamente, e cuja posse só poderíamos pretender pela nudez perfeita de nossa alma, e pela separação universal de toda criatura [...]. Estou tão feliz que agora Deus me reduza a estar sozinho, na impotência de trabalhar exteriormente, que não posso exprimir minha alegria. Toda criatura qualquer que ela seja é para mim, nesta hora, uma aflição".[11]

Muitas pessoas tentadas pela solidão dirigem-se a ele. Em geral, ele as encoraja a dar este passo: "Eu vos escrevo da solidão de N. por obra que sabeis [...]. Almejamos muito a solidão, a qual nos deve ser tanto mais agradável quanto nos torna bem mais prontos para possuí-lo numa indigência total, e para ficar inteiramente revestidos e possuídos por ele [Jesus]".[12]

---

10 Le Jeune, Sermão CCCLXII, "De la solitude". In: *Sermons du père Le Jeune*, t.XII, p.467-75.
11 Olier, *Lettres spirituelles de M. Olier*, Carta XXI, p.56.
12 Ibid., carta CCXXXVI, p.618.

Ele dá conselhos de como mobiliar os retiros: "Podeis construir vosso retiro em honra do Filho de Deus, retirado nesse tempo no deserto [...]. Honrareis e admirareis sua grande abstinência [...]. Suportai também com alegria o afastamento das criaturas. Levai para o retiro a abstinência e o jejum, o qual moderareis, por favor, segundo vossas forças"; se a tentação for forte, é preciso esperar que passe: "Quando tiverdes alguma perturbação, e alguma agitação do espírito, não vos inquieteis por isso, mas deixai calmamente que a tempestade passe".[13]

Mas ele dá também conselhos de prudência: "Desejai muito vosso retiro, para vos dedicar a Deus em paz na solidão", ele escreve a uma dama, mas é preciso atingi-la lentamente, por etapas.[14] Ela quer imitá-lo, retirar-se do mundo; está bem, "é preciso que deixemos a multidão [...], mas para isso deve-se esperar que Deus manifeste amplamente suas vontades",[15] ele diz a outra. E a uma terceira: "Tomai tempo e liberdade para executar o que vos assinalo aqui". Se ela constata sua inutilidade no mundo, "e que, durante este tempo, o mau humor do outro aumente, não há dúvida de que não deveis vir procurar a solidão, na qual o celeste Esposo vos espera para vos falar ao coração, segundo a promessa que fez na Escritura: 'Eu a levarei, na solidão, e lhe falarei ao coração'".[16] Ele sugere a uma quarta dama que espere: "será sempre tempo quando chegar o momento de Deus. Fora disso, nada pode ter sucesso nem bênção".[17] Lentamente, lentamente, diz a uma quinta, "para o tempo, é melhor diferir do que se precipitar, [...] nunca se perde nada, diz São Gregório, em esperar a vontade de Deus".[18]

O RENASCIMENTO DO EREMITISMO

As cartas do senhor Olier revelam duas tendências contrárias: de um lado, a atitude prudente, até mesmo reservada, das autoridades espirituais a

---

13 Ibid., carta CCVII, p.533-5.
14 Ibid., carta I, p.3-4.
15 Ibid., carta XVIII, p.49.
16 Ibid., carta CV, p. 254.
17 Ibid., carta CXLI, p.339.
18 Ibid., carta CXLII, p. 341.

respeito do retiro, da solidão, religiosa ou secular. Seu rebanho é formado por pessoas do mundo que têm um papel a cumprir e cujo retiro poderia ter consequências sociais nefastas. Além disso, eles têm consciência das dificuldades da vida solitária e temem os fracassos. E ainda, adversários dos jansenistas, os personagens dos quais acabamos de falar são desconfiados a respeito das deserções do mundo. Por isso aconselham mais uma solidão interior do que um isolamento físico. Mas, de outro lado, essas cartas mostram que há uma demanda verdadeira de vida solitária, de retiro devotado, sobretudo entre as mulheres, mas não somente entre elas. Se alguns são refratários à solidão, reconhecendo ao mesmo tempo seus méritos, alguns dão o passo decisivo. O prestígio dos Padres do Deserto, de sua sujeira e de sua nudez pitoresca, fascina os cristãos delicados, sujos também, mas perfumados, com perucas sofisticadas. Espantosa atração dos contrários. Deleitam-se com histórias de anacoretas dos tempos antigos, seres fantásticos, um pouco irreais, à moda dos contos de fadas ou histórias de ogros, cujas vidas são traduzidas por Arnaud d'Andilly entre 1647 e 1652, após ter composto uma *Ode à solidão* em 1642. Em 1647, Guillaume Colletet publica *A felicidade da vida solitária representada pelo retiro dos antigos eremitas do Monte Valeriano*, e François Colletet a *Apologia da solidão sagrada*, em 1662. Em 1674 aparece *O cristão em solidão*, do padre Crasset; e, em 1699, *A solidão cristã, ou onde se aprenderá, pelos sentimentos dos santos pais, como se deve desejar separar-se do mundo, tanto quanto for possível, quando se quer trabalhar seriamente para a sua salvação*, de G. Le Roy. Depois vêm *Da solidão*, de Jean Hamon, *As flores da solidão*, de François-Simon Martin, assim como ficções que põem eremitas em cena, como *O solitário de Terrasson*, da senhora Bruneau de la Rabettelière, em 1773, romance que conta a história de um fidalgo que se tornou anacoreta após uma série de catástrofes e que encontra a paz nesse tipo de vida. O gosto por aventuras eremíticas durará até o fim do Antigo Regime, com *Os solitários de Murcia*, publicado no *Mercure* em 1791.

E os eremitas não estão apenas nos livros. Desde o início do século XVII, eles voltam a colonizar os lugares abandonados durante as guerras de religião. Os do Monte Valeriano são famosos, e cada região tem sua celebridade solitária, venerada e consultada como na grande época dos anacoretas do século XII: por exemplo, Pierre Seguin (1558-1636), o "recluso de Nancy", ex-soldado que, a partir de 1605, traduz os místicos espanhóis; Jean-Baptiste

Noulleau, "o eremita de Saint-Brieuc", refugiado numa capela próxima da cidade desde 1654; René Va (1617-1691), "o eremita de Compiègne", instalado no Monte São Marcos; Breusché de la Croix, "o eremita de Marlagne", perto de Namur, autor, em 1642, do *Divertimento de Ergaste*, celebrando sua solidão; Hubert Jaspart (1582-1655), o "eremita de Hainaut", autor, em 1643, de *A solidão interior*, que opõe a certa forma de eremitismo orgulhoso em que "cada um quer estar sozinho, de certo modo, como um pequeno deus, só em si e a si mesmo, e só no mundo"; Jeanne Marguerite (1645-1700), "a solitária de Rochers", nos Pirineus; Chasteuil (1588-1644), o "eremita do Líbano"; Sébastien Sicler, ou Ziegler, o "eremita de Larbroye", na diocese de Noyon, morto em 1695, e cuja primeira biografia, escrita por um cartuxo em 1698, elogia as qualidades de expressão oral e escrita: "Se se vive mais santamente na solidão do que no mundo, não se escreve mais puramente, e não se fala melhor a não ser nos lugares onde se aprende a calar";[19] ou ainda Antoine Yvan (1576-1653), César de Bus (1544-1607), François de Rouyin (1657-1739) e muitos outros.

Esses eremitas residem com frequência numa cabana ou capela, e são cuidadosamente mantidos pelas autoridades locais, que esperam se beneficiar da proteção divina e dos gastos dos peregrinos atraídos pelo prestígio do santo personagem. "Para estar nas preces dos eremitas", o clero e os magistrados proveem a suas necessidades materiais. Às vezes sozinhos, às vezes dois ou três juntos, os eremitas podem formar pequenas comunidades, como no Monte Valeriano, em Sénart, Provins, Le Heyer, Ollières, Sant-Sever, Cahors. Inevitavelmente, como na época dos Padres do Deserto, eles derivam para a vida cenobítica e devem se dar regulamentos, como o dos eremitas de Sénart, que prevê que "os irmãos devem se considerar cenobitas", porque "a vida cenobítica é uma via mais segura, mais adequada aos exercícios da caridade e mais conforme às Santas Escrituras". Por essa razão, "não se permitiria que um irmão habitasse numa cela separada dos outros".[20]

Às vezes, isso leva à criação de novas ordens, como a de Santa Maria di Colorito, pelo eremita calabrês Bernardo Milizia, morto em 1602,[21] e a do

---

19 *Vie de Sébastien Sicler, hermite de Larbroye, diocèse de Noyon.* Lyon, 1698.

20 *Règles et constitutions des frères hermites de N.D. de Consolation, établis en la forêt de Sénart,* 1768.

21 Tufarello, *Vita del Padre Fra Bernardo da Rogliano.*

A ÉPOCA DOS SOLITÁRIOS DE PORT-ROYAL 241

Sacro Ritiro d'Oppido, por Carlo de Mercantis, morto em 1741, no norte do reino de Nápoles. Notemos que a beatificação deste último fracassou porque ele distribuía chocolate a seus visitantes e pretendia ser nobre, o que é contrário às virtudes da pobreza e da humildade.[22] Dentre as ordens já existentes, a dos capuchinhos é particularmente favorável à vida eremítica. Desde o começo, esse ramo da família franciscana, que surgiu na Itália com o irmão Matteo de Bascio (1495-1552) e que se tornou ordem independente em 1619, se apresenta como a dos "eremitas franciscanos" e adota a postura do solitário clássico: roupa de lã muito grosseira, capuz quadrangular (o capucho), a barba sem fazer (a *barba eremitica*), e tudo numa limpeza duvidosa. Pregadores populares itinerantes, pouco intelectuais, eles percorrem vilas e campos e se inserem na tradição eremítica local, sobretudo na Calábria, onde produzem alguns santos personagens, como Antoine de Olivadi, morto em Squillace em 1720, e Angelo d'Acri, morto em Acri em 1739.[23]

Se o tipo de vida dos capuchinhos não os leva para a escrita, outros eremitas, em contrapartida, são autores espirituais, cujas obras pretendem definir a virtude da solidão. A reclusa Maria Petyt (Marie de Sainte-Thérèse, 1623-1677) redige a *União mística a Maria*, e a reclusa de Lille Jeanne de Cambry, morta em 1639, o *Tratado da excelência da solidão*. A obra é interessante pelo testemunho que fornece sobre a oposição que as almas atraídas pela solidão encontram nos conventos. São censuradas, acusadas de querer se distinguir, escapando da disciplina comum. Aquela que procura "a solidão em seu quartinho" não tem outra solução: a reclusão. Jeanne de Cambry escreve que "certamente nem todos os eremitas são perfeitos; alguns vestem bem seu hábito, mas não fazem as obras"; entretanto, "isso não pode impedir nem prejudicar a perfeição das almas solitárias, dos anacoretas que vivem nos bosques ou nas montanhas". O verdadeiro solitário é contemplativo: "As virtudes não agem mais nele por multiplicação dos atos, mas estão em sua alma por essência, de tal modo que as ações desses solitários não são, de modo algum, para procurar as virtudes, mas elas nascem da virtude e são feitas na virtude e principalmente na caridade e no amor de Deus".[24]

---

22 Sallmann, *Naples et ses saints à l'âge baroque (1540-1750)*, p.141.
23 Ibid., p.144.
24 Cambry, *Traité de l'excellence de la solitude*, p.15 e p.35.

Jean Hamon, em seu tratado póstumo *Da solidão*, insiste sobre a necessidade, para o "bom" solitário, de unir dois tipos de solidão: "Há uma solidão interior, que consiste no recolhimento do coração, e outra, exterior, que consiste na separação e no afastamento do mundo. A solidão perfeita está na união de ambas".[25] A mesma coisa no ascetismo: o "bom" solitário não vai admirar a natureza, que só serve para distraí-lo da contemplação.

Não é isso que pensa o senhor Étienne Molinier, que, em *O lírio do vale de Guaraison*, de 1646, apresenta a beleza da natureza como uma incitação à prece e ao arrependimento para o solitário: "O local de Guaraison tem atrativos particulares [...] para dispor os corações mais endurecidos à dor, às lágrimas, à confissão de suas ofensas. As florestas, a solidão, as samambaias, a esterilidade dos campos, a face triste da terra que se apresenta ao redor, o céu que parece chorar à vista disso, o vale mergulhado entre as colinas áridas e secas, a capela no fundo do vale, os eremitérios, as árvores, as cruzes na estrada, o silêncio, o horror que rodeia a capela, não são advertências de recolhimento, aguilhões de um santo arrependimento, quadros onde a imagem da contrição é impressa?".[26]

DESCONFIANÇA E EXIGÊNCIAS

Michel de Sainte-Sabine (1570-1650) não se detém nessas considerações bucólicas. Esse padre eremita, muito austero, autor, em 1627, de um elogio clássico do eremitismo, o *Paraíso da solidão*, preocupa-se antes de tudo com as condições da formação de um eremita autêntico, no *Oraculum anachoreticum*, de 1632, e no *Institut*, de 1655. Para ele, "entre mil eremitas encontra-se apenas um que saiba e faça o que é a vida que abraçou". Há entre eles uma maioria de impostores, parasitas, falsos mendigos e espíritos rebeldes. Não se improvisa um solitário. Mesmo aqueles que têm a vocação devem seguir uma sólida formação, senão "ficam como se tivessem caídos das nuvens, atordoados, sem saber o que fazer, não podendo suportar a privação das conversas e consolações humanas, o silêncio; o vazio e a nudez da solidão

---

25 Hamon, *De la Solitude*, p.212.
26 Molinier, *Le Lys du val de Guaraison*, p.747.

os aterroriza, as meditações e as teorias espirituais lhes parecem trevas. Assim, não podendo passar de repente dos sentidos ao espírito puro, caem na tristeza da vida iniciada [...] e se deixam cair numa vida menos perfeita, onde encontram muitas coisas aparentes, sensíveis, visíveis e palpáveis, com as quais se deleitam, onde interrompem suas intenções, que constituem o termo de sua profissão, o que é um grande defeito".[27] Por isso, Michel de Sainte-Sabine redige, no *Institut*, um regulamento com 22 artigos para formar eremitas de boa qualidade: exercícios, noviciados, exame de admissão, vigilância para com visitantes. O enquadramento é tão rigoroso que dá a impressão de certa "funcionarização" do eremitismo, que revela de fato a profunda desconfiança da espiritualidade clássica a respeito da natureza humana. Esta, corrompida pelo pecado original, deve, sem cessar, ser vigiada, guiada, controlada, reprimida mesmo – e talvez, sobretudo – na solidão. A solidão é, portanto, a forma mais elevada da vida religiosa, superior à vida cenobítica. Seu regulamento inspirará numerosas congregações de eremitas, por intermédio de solitários como Pierre Favier[28] e do misterioso irmão Jean-Jacques (1606-1691).[29] Fenelon o imitará, em 1714, nas regras redigidas para o *Instituto dos eremitas da diocese de Cambrai*.

Numa época em que triunfam os princípios de ordem, hierarquia, disciplina, enquadramento, é inevitável que o eremitismo produza, nos responsáveis civis e religiosos, uma profunda desconfiança. Esses franco-atiradores da fé, que só obedecem a si mesmos, irritam em particular os bispos, que já têm muita dificuldade em impor sua autoridade sobre o clero regular, para abades e abadessas aristocráticos que querem ser independentes. Encontramos uma boa ilustração dessas reticências do "ordinário" em relação aos solitários num curioso romance do bispo de Belley, Jean-Pierre Camus (1582-1652): *Hermiante, ou os dois eremitas contrários* (1624). Para ele, o eremitismo é com frequência "o refúgio daqueles que, desconsiderados pelos homens, não podem ser admitidos ao serviço de Deus nos monastérios", lixos da sociedade de algum modo, inadaptados à vida civil em comum ou à disciplina conventual, refratários à ordem e à disciplina. Por isso "não é de se

---

27 Sainte-Sabine, *Institut*, art. II, p.24-5.
28 Doyère, Michel de Sainte-Sabine, prêtre-ermite. *Dix-septième siècle*, n.19, 1953, p.196-209.
29 Grandet, *La Vie d'un solitaire inconnu*.

espantar que vejamos tão poucos que são realizados, apenas um entre mil". Decerto, admite Camus, "algumas vezes raros espíritos abraçam a vida solitária por vias admiradas pelos homens e conhecidas apenas por Deus, o qual faz tudo o que quer". Mas o eremitismo autêntico requer tantas qualidades que os candidatos deveriam receber uma formação intensiva. O bom anacoreta deve ser humilde, austero, casto, estável e sobretudo submetido ao bispo do lugar. Enquanto não houver uma escola de eremitas, o melhor é que eles se agrupem em comunidades organizadas, no modelo dos camaldulenses.

A desconfiança das autoridades para com os eremitas se explica também por um clima espiritual cada vez mais hostil à mística. O prestígio dos grandes iluminados espanhóis do Século de Ouro provoca uma verdadeira "invasão mística", que toma ares de "conquista", para retomar a expressão do abade de Brémond, no decorrer da primeira metade do século XVII. A proliferação desses pálidos e duvidosos imitadores de Tereza de Ávila e João da Cruz acaba por provocar, depois irritar francamente as cabeças racionais da Igreja Católica, tanto Vicente de Paula quanto Bossuet, confrontados com as extravagâncias da senhora Guion e do jovem Fénelon.[30] Ora, os místicos são frequentemente solitários no limite do desequilíbrio mental, como mostram amplamente as elucubrações de religiosos e religiosas atingidos pelo contágio, como os padres Surin, Lallement, Condren, a madre Maria da Encarnação, sem falar das visões de Jeanne Guyon e seu companheiro, o padre Lacombe, que morre completamente louco em Charenton em 1715. Numa sociedade que se quer cada vez mais racional, em que a nobreza magistrada, os parlamentares e os juristas fazem com que triunfe o espírito legalista de bom senso, os místicos criam desordem; eles não têm mais lugar. Sua atitude é considerada antissocial, e Fléchier os convida a descer para a terra: "Vinde aqui embaixo viver como os outros".

UMA SOLIDÃO DE MÚLTIPLAS FACES

"Como os outros": é justamente o que os solitários não querem; para alguns, essa busca da diferença beira a misantropia, que reencontramos com

---

30 Minois, *Bossuet*, p.581-631.

o exemplo de Jacques-Joseph Du Guet. Para esse filho de advogado do tribunal de Montbrison, nascido em 1649, oratoriano como o irmão e ordenado padre em 1677, conferencista renomado, morando no seminário de Saint-Magloire, a busca da solidão não tem nada de místico, nem mesmo de religioso: ele quer que o deixem em paz, porque está cansado da presença dos outros. Em 23 de fevereiro de 1685, desaparece, deixando uma carta para o irmão: "Sempre acreditastes, meu muito caro irmão, que eu tinha uma inclinação para um retiro mais profundo do que o meu, e que eu tinha esse desígnio; assim ficareis menos surpreso em saber que eu o realizei; mas é um retiro sem compromisso. Aprecio muito os laços que unem os religiosos, mas amo minha liberdade [...]. Vou para um lugar onde não me faltará nada. Não é a Trapa, e eu gostaria de vos dizer onde é; mas é um segredo do qual não sou mestre, que vos será inútil, que me exporia...".[31] Ao superior do seminário de Saint-Magloire, ele se explica em outra missiva: "Preciso de um retiro mais escondido, e a cada dia fico com um humor tão selvagem e incômodo, que não posso me conduzir segundo regras nas quais todos os outros ficam tão bem; a um espírito tão particular como o meu é necessário um lugar particular, e parto para ir procurá-lo, sem estar certo de encontrar um que me convenha. Tenho contudo em vista uma solidão na qual creio que vão me suportar; mas com a condição de que conservarei minha liberdade".

O retiro onde ele se esconde é a casa de Arnaud, em Bruxelas. Já "selvagem" e "pouco cômodo", ele evolui, como diz numa carta de 6 de abril de 1685 a senhora de Fontpertuis, para a "ferocidade": "De minha solidão, desprezo tudo; sou ou inimigo do mundo ou inimigo do barulho, mas na terra faço exceção de um pequeno canto da Palestina onde habitava São Jerônimo, e o primeiro andar de uma casa ocupada pelo senhor de Q. [...] Estou mais ou menos morto para tudo. Mas não se deve falar em levar esse desapego mais longe; minha virtude ainda não chega à ferocidade. Talvez eu chegue lá, pois me amo o suficiente para um dia chegar a não amar ninguém. Contudo, ainda não estou nesse ponto. Diria mesmo que, embora não me preocupe em ver os homens, gosto de ver as chaminés".[32] Estar sozinho, mas sentir a presença tranquilizadora dos outros, bem próxima: esse é o ideal

---

31 Apud Sainte-Beuve, *Port-Royal*, op. cit., t.VI, p.9.
32 Ibid., p.14.

exclusivamente secular de Du Guet: "Às vezes é necessária a vista de uma cidade para contentar um solitário", ele escreve ainda. Volta a Paris, onde fica escondido durante quatro anos, de 1686 a 1690, não se comunicando com ninguém, exceto com a família, à qual ele explica, numa carta de 29 de outubro de 1689, que está muito bem em seu "deserto", onde tem "uma casa muito cômoda", uma boa biblioteca; passeia e nunca se aborrece, tendo recebido o "dom da solidão": "O tédio é a coisa do mundo que menos se pode suportar, e, se eu sentir isso no deserto, pedirei imediatamente que me recebam na cidade". Reivindicando o "direito de ser selvagem", ele tem consciência, na ausência de todo contato humano, de tornar-se indiferente ao mundo: "A solidão tem bons e maus efeitos, [...] ela nos separa do mundo, nos torna indiferentes. Não poderíeis crer a que ponto me tornei indiferente a toda espécie de comércio. Um solitário tem direito de ser selvagem, pelo menos eu acredito nisso: já é muito se não houver mau humor [...]. Pode-se, para se vingar de meu silêncio, acrescentar o desprezo ao esquecimento; consinto com tudo, exceto a ser importunado [...]. Considerem-me morto, até enterrado, e que me apaguem da memória dos vivos, não me queixarei".[33]

Ao lado do solitário por temperamento selvagem, há o solitário por fraqueza mental: Sébastien-Joseph de Coislin du Cambout de Pontchâteau, dito abade de Pontchâteau (1634-1690). Terceiro filho do marquês de Coislin, tonsurado e abade de três ricos monastérios com a idade de 7 anos: Geneston, La Vieuxville, Saint-Gildas-de-Bois. Durante algum tempo, ele leva uma vida de abade mundana. Depois, em 1662, com 28 anos, após um escândalo familiar, renuncia a todos os seus benefícios e decide se retirar para viver na solidão. O que escolher? Ele hesita entre a Trapa e os cartuxos. Seus amigos tentam dissuadi-lo, sabendo que ele é incapaz de suportar os rigores dessas ordens. Temperamento excessivo, supersticioso, de extrema credulidade, venerando todas as relíquias, verdadeiras ou falsas, ele tem todas as características de um retardado mental. Pelo menos é essa a imagem dele oferecida por Sainte-Beuve. Finalmente, ele se retira na abadia de Haute-Fontaine, depois na de Orval, onde não fala com ninguém e passa o tempo cultivando seus "amigos" legumes, escutando a voz do Senhor: "A solidão", ele escreve, "é uma via abreviada que conduz com mais segurança e mais diretamente ao

---

33 Ibid., p.18-9.

céu, porque é um estado no qual se vê e se corrige, sem se gabar, os defeitos mais secretos e mais escondidos de nossa alma, e no qual sempre se tem a liberdade de falar com Deus, consultá-lo, ouvi-lo sem ser interrompido, receber seus conselhos, agir por sua conduta e sabedoria, entender a linguagem interior com a qual ele fala às almas, sem que os sentidos tenham a menor parte nisso".[34]

Se a época é abundante em casos de solitários com motivações diversas, é porque a própria ideia de solidão é onipresente na cultura secular e religiosa. Solidão que assusta e atrai ao mesmo tempo. Não é ela o primeiro problema com o qual se confrontaram Adão e Eva? Em 1667, no *Paraíso perdido*, John Milton inventa um interessante diálogo entre Deus e Adão sobre esse assunto. Adão se queixa de estar sozinho: "Tu me deste todas as coisas, mas eu não tenho/ ninguém com quem dividi-las. Qual felicidade/ Na solidão? Quem pode ter prazer sozinho?/ E se ele tem, que satisfação pode ter?".[35]

Deus responde: "Tu chamas a isto solidão [...]. Eu te pareço feliz ou não?/ Eu que sou só desde toda a eternidade,/ sem igual, mesmo de muito longe? [...] Antes mesmo que falasses, eu sabia que não é bom para o homem ser só".[36] E Deus criou a mulher.

De início, tudo vai bem. Adão e Eva aproveitam a solidão a dois: "Casal magnífico, unidos pelo casamento, estão sozinhos".[37] Não há risco de adultério, não há ciúme. Contudo, é a solidão que vai arruiná-los. Eva deseja que cada um se dedique às suas ocupações, cada um por seu lado. Adão fica reticente; é perigoso estar só:

Se estás cansada de muita conversa,

Concordo com curtas separações,

Pois a solidão pode ser de boa companhia,

E os reencontros não são senão mais ternos.

Mas uma dúvida me persegue: tenho muito medo de que,

Separada de mim, te aconteça um mal,

---

34 Apud Sainte-Beuve, ibid., t.VI, p.352.
35 Milton, *Le Paradis perdu*, VIII, 363-6.
36 Ibid., 445.
37 Ibid., IV, 339-340.

Pois fomos advertidos que o Maligno inimigo,

Com inveja de nossa felicidade, por seu lado,

Desesperado, procure nos prejudicar.[38]

Conhecemos o resto da história. Eva deixa Adão por alguns instantes, e Satã aproveita o momento em que ela está só para tentá-la. Ela sucumbe, porque não há ninguém ali para ajudá-la: a solidão é responsável pela queda da humanidade. Milton, nesse extraordinário diálogo fictício, apenas embeleza os subentendidos do Gênesis, e o clero desde então sempre alertará os crentes: a solidão pode ser uma boa coisa se ela faz que nos aproximemos de Deus, mas é bom redobrar a vigilância, pois as tentações diabólicas são mais fortes quando se está só.

O chanceler Francis Bacon (1561-1626) extrai disso considerações sobre o casamento e o celibato. Nos *Ensaios*, ele escreve que "aquele que tem mulher e filhos ofereceu reféns à fortuna, pois eles são obstáculos para os grandes empreendimentos, virtuosos ou maus. É certo que as maiores obras, as que têm mais mérito para o público, foram realizadas por homens celibatários ou sem filhos...". De fato, para os simples mortais ele adota uma posição equilibrada: "Os celibatários são melhores amigos, melhores mestres, melhores criados, mas nem sempre as melhores pessoas"; os homens casados "se preocupam mais com o futuro"; os celibatários "são mais cruéis e duros de coração".[39]

O debate entre solidão e vida social é recorrente no século XVII em todos os domínios, do mais espiritual ao mais material e prosaico. A arte não escapa a essa preocupação. Entre os temas favoritos da primeira metade do século na pintura, dois personagens se destacam: São Jerônimo e Santa Maria Madalena, ambos ilustrando a fascinação ambígua exercida pela solidão.

São Jerônimo é a solidão penitencial e estudiosa. Imagem incongruente de um eremita descarnado, descabelado e esfarrapado, decorando os interiores dourados das igrejas triunfalistas barrocas, ele é um alerta permanente da necessidade para o cristão de romper com o mundo, e ao mesmo tempo revela o caráter sobre-humano dessa ruptura. Cada artista o trata com sua

---

38 Ibid., IX, 247-355.

39 Bacon, Du mariage et du célibat. *Essays*. In: *The Major Works*, p.353.

própria sensibilidade, mas para todos é um tema quase inevitável, refletindo as preocupações dos comanditários, religiosos e civis. Entre as centenas de São Jerônimo que datam dessa época, como não evocar os de Caravaggio (1606 e 1607), velho seminu, escrevendo, inclinado sobre os livros, perto de uma caveira; os de Georges de La Tour (anos 1630), que o representa lendo, escrevendo, meditando, numa postura de penitente, nu ou vestido, sentado ou ajoelhado; os de Ribera, de Valentin, de Mellan, de Brébiette, de Blanchard, de Rubens (1630 e 1631), todos meditando ou escrevendo, acariciando uma caveira, e tantos outros.

Quanto a Maria Madalena, ela delicia várias gerações de pintores. Heroína preferida do século XVII, lembra Henri Brémond, ela tem, de fato, tudo para seduzir. A tradição faz dela uma prostituta arrependida, retirada numa solidão penitente. Deduz-se disso que é uma bela mulher, e, para recordar discretamente seu passado, os artistas se autorizam dar alguns detalhes eróticos, bom pretexto para mostrar as santas nudezas sob a aparência de devoção. A Madalena encarna toda a fascinação ambivalente, ambígua, do século XVII pela solidão. O tema é delicado, e os propósitos de alguns pregadores chocam os ouvidos mais castos, como os de Maria de Valença, que critica um deles "por exprimir com palavras inconvenientes as faltas desta santa". Quanto a Charles de Saint-Paul, que intitula candidamente seu livro *Quadro da Madalena ou o estado de perfeita amante de Jesus*, ele lança involuntariamente a perturbação em muitos espíritos. Para os pintores, a Madalena é um tema de valor, e a jovem mulher que apresentam é mais sedutora do que penitente; as lágrimas, os longos cabelos desfeitos, o olhar suplicante, até alguma nudez revelam formas avantajadas: a solitária do Santo Bálsamo oferece uma imagem muito desejável da solidão. Ela fascina La Tour, que realiza dezenas de quadros dela nos anos 1630. Na mesma época, Simon Vouet pinta uma *Madalena penitente* (1633) e um *Êxtase da Madalena* (1638), Le Nain uma *Madalena em sua gruta* (1641), Johann Ulrich Loth uma *Madalena penitente*, assim como Guy François e Artemisia Gentileschi. Jacques Blanchard sucumbe também aos encantos da bela penitente, desvela ora um seio da santa, ora os dois, assim como Charles Le Brun e Claude Mellan. François Furini a despe completamente, num quadro dos anos 1630-1635: sobre um fundo muito sombrio, o corpo desnudado da Madalena, de uma brancura brilhante, usa como véu apenas seus longos cabelos, enquanto Caravaggio, por volta de 1610, mostra, no *Êxtase de Maria Madalena*, uma mulher enlanguescida, a cabeça inclinada para trás, os olhos fechados, a boca entreaberta, numa pose sugestiva que anuncia a famosa visão de Santa Teresa de Bernini. Dado o passado que lhe atribuem, esse êxtase de Maria Madalena é uma ambiguidade perturbadora.[40]

AS SOLIDÕES FORÇADAS: EXCOMUNGADOS E EMBASTILHADOS

A solidão oferece, pois, ao homem do século XVII, faces muito variadas. Ela evoca tanto a liberdade num quadro bucólico quanto a meditação numa cela austera, os encantos do campo e o tédio do cortesão exilado, a penitência redentora e a tentação bucólica. Ela pode ser procurada, desejada, ou infligida, forçada. Assim, o isolamento por excomunhão permanece teoricamente muito rigoroso. Comunicar-se com um excomungado pode trazer graves sanções, pois, diz um dos casuístas mais famosos do século XVII, Pontas, que "um homem não sente o mal de seu estado quando se vê tão mais bem tratado depois de sua excomunhão do que o era antes".[41] É, pois, proibido saudar um excomungado, falar com ele, fazer transações com ele e, seguramente, ele é excluído dos sacramentos. Ele deve se sentir totalmente rejeitado, isolado. Pontas examina dezenas de casos potenciais, dentre os mais inverossímeis, e conclui sempre no sentido da severidade. Um único exemplo: "Macróbio, tendo encontrado o tio, que era denunciado como excomungado, não deixou de lhe dirigir algumas palavras de civilidade, embora não ignorasse que com isso estava pecando"; ele deve acusar-se o mais rapidamente possível em confissão, sob pena de danação. Ora, a excomunhão é pronunciada pelos motivos mais fúteis. Esses excessos, como já havíamos assinalado no século XV, tiram toda a eficácia da sanção. Os excomungados se tornam tão numerosos que não se sentem absolutamente isolados, e as necessidades práticas da vida cotidiana tornam seu afastamento totalmente ilusório.

---

40 Musée des Beaux Arts de Marseille. Sybille Ebert-Schifferer, *Caravage*, Munich, 2009, p.200.
41 *Abrégé du dictionnaire des cas de conscience de M. Pontas*. Paris, 1771. t.I, col.715.

A ÉPOCA DOS SOLITÁRIOS DE PORT-ROYAL
251

Mais duramente sentida é a solidão na prisão, embora aqui também se deva relativizar, pelo menos no que concerne às prisões de alta classe, em particular a Bastilha, que é uma residência de prestígio. Lá são abrigadas entre quarenta e sessenta pessoas, menos no fim do Antigo Regime. Alguns não suportam a solidão forçada e são atingidos por perturbações psicossomáticas ou físicas que podem chegar até a loucura ou o suicídio. O governador recorre com frequência ao médico ou ao confessor quando um detido manifesta perturbações inquietantes, "para pôr sua pobre cabeça no lugar". Bussy-Rabutin passou uma curta estadia na Bastilha em 1665-1666. Esse homem de ação, que gosta de ar livre, grande mulherengo, que precisa de contatos humanos, não resiste. Ele se enfraquece a tal ponto que o rei manda transportá-lo a um cirurgião, depois o envia para o exílio na Borgonha. Em 1723, o tesoureiro do Extraordinário das guerras, La Jonchère, é embastilhado por malversação. Rapidamente sua saúde se degrada, e o médico diagnostica "uma espécie de icterícia, que é causada, aparentemente, pela grande solidão". A mesma coisa em 1741 com Harnoncourt, editor de uma obra pornográfica, *A arte de foder*. O tédio é evidentemente a principal causa do desespero: "Sempre só!", anota La Jonchère em seu carnê. "Como esta solidão seria para uma pessoa bem desapegada! Como estou longe dessa perfeição!". Para seu criado, que fica com ele e que não tem nem mesmo o prazer de poder ler, é ainda bem pior: ele enlouquece e é necessário mandá-lo para Charenton. Bem raros são aquele que, como mais tarde Dumouriez, aproveitam a estadia para, diz ele, aperfeiçoar-se "na arte de viver só". Os suicidas não são raros: enforcam-se, se cortam a garganta, se lançam pela janela, batem a cabeça na parede.[42] Em 1702, circulam rumores sobre as brutalidades das quais os pensionários são vítimas. O padre de La Chaise, jesuíta, confessor do rei, encarrega um membro de sua ordem de investigar discretamente as condições da detenção. Como a entrada na prisão era proibida a qualquer pessoa que não fosse do serviço, o religioso, durante sete meses, trabalha fazendo pesquisa na praça, e finalmente redige uma Memória, que é transmitida ao rei, e do rei ao chanceler Pontchartrain, que pede explicações ao governador da Bastilha, Saint-Mars. Este último tranquiliza o ministro, assegurando que tudo vai o melhor possível em seu estabelecimento e que até então não havia recebido nenhuma queixa.

---

42 Quétel, *La Bastille, histoire vraie d'une prison légendaire*.

Mas continua a inquietação de saber como haviam filtrado essas informações que ameaçavam manchar a reputação de uma tão boa prisão. Pontchartrain escreve, pois, ao padre de La Chaise, louvando seu cuidado em defender os direitos do homem e assegurando que não havia razão para se atormentar, mas se interroga: "Já que se recusou a entrada na Bastilha desse religioso de vossa companhia, como foi possível que em sete meses ele tenha se instruído tão perfeitamente de tudo o que há de mais secreto, tal como aparece em seu relatório? Sua majestade me ordenou de vos perguntar isso, e ficaria contente de saber quem são as pessoas que podem ter dito essas coisas. Isso não é indiferente, já que tais pessoas poderão se dirigir a outras menos discretas do que o religioso, e fazer delas um mau uso".[43] O padre de La Chaise não revelou o nome do seu informante.

Na Bastilha, os detidos se ocupam como podem, e, em suma, algumas distrações são permitidas: tabaco, criação de animais domésticos, como cachorros e gatos, mas também ratos e pombas; o funcionário cirurgião Latude tenta até mesmo aprisionar aranhas, sem sucesso.[44] Jogam baralho, fazem bricolagem, tocam música, tecem, bordam, tricotam. O senhor de Villeroi se faz de Penélope, costurando e descosturando sem cessar suas roupas. Às vezes se pode passear no terraço, ou, para os mais favorecidos, no jardim do governador. E depois há as visitas. Alguns, munidos de um alto--falante, se comunicam com os amigos que, de fora, se aproximam do fosso. Bussy-Rabutin não é o último a praticar este jogo: "Todos os meus amigos vinham com frequência sobre o fosso da Bastilha me perguntar como eu estava; eu falava por um quarto de hora, com eles, apesar do governador e das sentinelas que eram encarregadas de fingir atirar nas carroças se eles não se retirassem; mas eu lhes gritava para não irem embora e que eram apenas ameaças".[45] Mas, sobretudo, leem. A partir de 1704, há na Bastilha uma verdadeira biblioteca, criada pela inciativa de um médico napolitano, Vinache, preso por delito de dinheiro falso. Enfim, os mais intelectuais aproveitam o tempo de folga forçada para escrever. A Bastilha viu passar por seus muros muitas celebridades da pena, um dos últimos sendo o marquês de Sade,

---

43 Apud Minois, *Le Confesseur du roi*, p.435-6.
44 Quétel, *Les Évasions de Latude*.
45 Apud Quétel, *La Bastille...*, op. cit., p.293.

que se instala lá como se fosse em sua casa: manda atapetar e mobilhar seu quarto, acumula um suntuoso guarda-roupa, manda vir guloseimas e vinho de Provença, e muita tinta e papel. O divino marquês aproveita sua solidão para escrever a maior parte de suas obras erótico-filosóficas, em Vincennes, na Bastilha, em Charenton.

Comparada às prisões senhoriais da província, a Bastilha é um palácio. É quase uma honra passar um tempo ali, com a condição de que isso não se eternize. Pode-se mesmo vangloriar-se disso, como La Rochefoucauld. Os prisioneiros de classe mantêm aí quase um salão. Aliás, não se fala de cela, mas de "alojamento", "apartamento". Em 1698, Philippe de Vendôme é recebido lá, e o governador é prevenido de sua chegada por um bilhete: "Eu vos envio a ordem do rei para recebê-lo. Deveis colocá-lo no melhor apartamento com os domésticos que ele quiser levar, deixar-lhe sua liberdade de ver os amigos e tratá-lo o melhor possível". Em 1707, o conde de Clermont-Tonnerre é recebido com todas as atenções devido à sua posição; em 1763, Lally-Tollendal exige "mudar de alojamento", porque há correntes de ar em sua suíte. Quanto ao cardeal de Rohan, após a questão do colar, ele é buscado em carruagem e instalado, com seus empregados, no mais belo apartamento; a cada dia há jantar com talheres para vinte pessoas, com ostras e champanhe, visitas ininterruptas, a ponto de que não se consegue levantar a ponte levadiça. Tomando a Bastilha como símbolo do arbítrio real, no dia 14 de julho de 1789, o povo talvez tenha se enganado de endereço.

A GRANDE SOLIDÃO DOS PADRES

O século XVII católico da Contrarreforma está também na origem de uma nova forma de solidão: a solidão sacerdotal. O concílio de Trento (1545-1563), ao exigir, pelo decreto *De reformatione* da seção XXIII, a criação de seminários diocesanos nos quais se formaria um clero secular de boa qualidade, com uma cultura própria e uma dedicação sem falha, visava criar uma espécie de milícia do Cristo que, apesar de viver no século, seria totalmente isolada da sociedade secular. É certo que a reforma será lenta, mas, pouco a pouco, graças à ação de santos e obstinados prelados, vê-se emergir o novo padre: formado durante dois ou três anos num meio fechado, o seminário, sem contato com a cultura secular, convencido de pertencer a uma ordem sagrada, radicalmente diferente dos leigos, celibatário, isolado em seu presbitério, distinguido por seu uniforme, a sotaina, como ele não experimentaria um sentimento de solidão, talvez mais forte do que o dos monges, encerrados numa comunidade com regras rigorosas? O monge está rodeado de seus semelhantes; o padre secular vive no meio de estranhos, de leigos que devem venerá-lo, sentir respeito por ele, não amizade.

"Não sois como os outros": é o que lhe repetem durante anos no seminário. "Vós não sois deste mundo. Por isso, a fim de dar a sua pessoa um modelo de seu estado, este divino Mestre, após ter levado durante toda a vida em seu coração um afastamento imenso de todo o mundo, quis fazê-lo aparecer exteriormente no dia em que foi declarado padre eterno segundo a ordem de Melquisedeque":[46] é o que lhes diz Jean-Jacques Olier, o fundador do seminário de São Sulpício, em seu *Tratado das santas ordens*, de 1675. A consequência, acrescenta ele, "é o desprezo do século e o desgosto pelo mundo, do qual todos os eclesiásticos devem estar bem separados". Separados fisicamente, tanto no presbitério quanto na igreja, onde ficam entrincheirados no coro e admoestam a multidão do púlpito.

Num *Discurso sobre a fuga do mundo necessária aos clérigos*, Massillon confirma: "O espírito de nosso ministério é um espírito de separação [...]. Desde que somos ungidos padres, num sentido deixamos de ser cidadãos e membros da República: unidos com os outros homens pelos deveres públicos que nos ligam ao Estado, formamos um povo à parte, uma nação santa, um sacerdócio real; começamos a viver sob outras leis, a contrair novas relações, a assumir compromissos mais santos".[47] O seminário "é um tempo de provações em que viveis separados do resto dos homens e onde, por um ano de separação do mundo, a intenção da Igreja é que formeis um gosto pelo retiro e pelo recolhimento, que vos separe do mundo para sempre, pelo menos vosso coração".[48]

Esse isolamento da casta sacerdotal é exigido pelos reformadores tridentinos, mas se revelará contraproducente. Um clero estimado pelos fiéis e próximo deles seria mais eficaz do que eclesiásticos totalmente separados

---

46 Olier, *Traité des saints ordres*, 1675, primeira parte, cap.X.
47 Massilon, Discours sur la fuite du monde nécessaire aux clercs. In: *Conférences et mandements*, t.I, p.45.
48 Ibid., p.47.

do mundo civil, distantes, austeros, talvez admirados, mas sobretudo temidos. Aqui se manifesta uma das contradições internas da reforma católica: a nova concepção da fé e da relação com Deus que se deseja difundir exige justamente uma ruptura completa entre o clérigo e o leigo, o primeiro devendo ser exemplo da austera perfeição erigida em modelo do cristão. Como é que o clero poderá ganhar o povo para a reforma cortando os laços de estima e de familiaridade que até então os ligavam? Essa é a questão que os novos padres deverão resolver no campo paroquial. A autoridade, o recurso à velha arma do medo poderão substituir a confiança e a amizade? Outro perigo igualmente se perfila: se o padre, que se quer erigir como exemplo temível de conduta, se mostrar abaixo de sua tarefa, as consequências serão mais nefastas. Um padre bêbado ou concubinário, numa Igreja em que clérigos e leigos estão intimamente misturados por seu tipo de vida, será menos notado do que numa sociedade em que os ministros do culto são postos à parte, erigidos como exemplos perfeitos por sua função sagrada. Ora, como mostram os registros das oficialidades do Antigo Regime, um grande número de padres não será capaz de suportar a solidão humana, afetiva, sexual que lhes é imposta. Há centenas de casos de vigários com concubinas, muitos vivendo com a empregada, que, apesar do direito canônico, está quase sempre longe de ter idade canônica; muitas vezes são moças que os párocos fazem passar por suas sobrinhas. Identificamos uma multidão de casos na Baixa Bretanha, às vezes até pitorescos.[49] Numerosos padres do campo vivem muito mal sua solidão: "Representamos um eclesiástico isolado nos campos, preso todos os dias neste lugar desagradável para o homem que não é cultivador, desprovido de qualquer cooperador, catequisando, pregando, visitando noite e dia os doentes, distribuindo a todos o alimento espiritual", escreve um deles em 1779.[50]

JANSENISMO E SOLIDÃO

Portanto, as duas reformas, a protestante e a católica, são criadoras de solidão. Como vimos, a primeira aumenta o isolamento do fiel, deixado

---

49 Minois, *La Bretagne des prêtres en Trégor d'Ancien Régime*.
50 Ibid., p.283.

sozinho diante de Deus, tendo como único guia a Escritura e atormentado pelo peso da predestinação. A segunda insiste na necessidade do retiro e da fuga do mundo para ganhar a salvação eterna. Na confluência dessas duas reformas aparece, na primeira metade do século XVII, uma corrente espiritual que vai exercer profunda influência sobre a vida religiosa: o jansenismo, que é também uma antropologia, uma filosofia da existência que afirma a solidão trágica do homem.

"Viver no mundo sem tomar parte dele, nem ter gosto por ele": essa é a atitude jansenista que opõe de modo radical Deus e o mundo, e afirma, ao mesmo tempo, a impossibilidade de transformar este último para realizar nele os valores autênticos, e a interdição de fazê-lo para se refugiar no divino. A vida do jansenista é uma tensão constante entre dois extremos radicalmente inconciliáveis. Sua exigência radical de absoluto não pode se contentar com os valores humanos, sempre imperfeitos e que implicam uma escolha. O jansenista se condena assim a uma profunda solidão, por sua recusa em se engajar nos empreendimentos humanos, retirando-se do mundo mas permanecendo nesta vida.

É verossímil que se trate aqui em parte de um fenômeno de classe, concernindo particularmente a nobreza magistrada e a grande aristocracia a partir dos anos 1620, como brilhantemente mostrou Lucien Goldmann,[51] mas é uma hipótese secundária em relação a nosso propósito. O importante para nós é constatar que o jansenismo, condenando radicalmente este mundo como mau, e não tendo nenhuma esperança de poder mudá-lo antes do fim dos tempos, traz em si uma tentação fundamental de morte: "Viver no mundo, é viver ignorando a natureza do homem; conhecê-la, é compreender que ele não pode salvar os valores autênticos, a não ser recusando o mundo e a vida intramundana, escolhendo a solidão e – no limite – a morte",[52] escreve Lucien Goldmann.

Assim, o jansenismo autêntico se revela fundamentalmente ambíguo. Levando ao extremo a reflexão lógica sobre a condição humana, ele desemboca num impasse total: de um lado, o mundo radicalmente mau, que nenhuma ação pode melhorar; de outro, um Deus inapreensível que só envia

---

51 Goldmann, op. cit.
52 Ibid., p. 241.

sua graça a um pequeno número de eleitos; no meio, o homem, só, sedento de absoluto e consciente de não poder atingi-lo. O jansenismo cria um contexto existencial cuja única saída seria o nada. Mas ele recusa este último em nome de um Deus senhor absoluto da vida, encerrando assim o homem na armadilha terrena.

Pascal explorou com extraordinária lucidez as consequências dessa situação: não apenas o homem está só, como também não pode suportar essa solidão, que o obriga a pensar em sua sorte miserável, enquanto deveria, ao contrário, buscá-la, a fim de romper com um mundo que é o grande obstáculo para sua salvação. Solidão aterradora e fascinante, temível e indispensável. Segundo Goldmann, os *Pensamentos* de Pascal são um "diálogo solitário", pois nenhum diálogo real é possível com os outros homens, dos quais nenhum tem a resposta para o mistério da existência. O único ser a quem podemos falar, pedir uma explicação, é Deus, mas Deus nunca responde, e daí vem a "solidão do homem entre o mundo cego e o Deus oculto e mudo".[53]

Solidão insuportável: "Descobri que toda a infelicidade dos homens vem de uma única coisa, que é não saber permanecer em repouso num quarto". "Nada é tão insuportável para o homem do que estar em pleno repouso, sem paixões, sem o que fazer, sem divertimento, sem dedicação. Ele sente então seu nada, seu abandono, sua dependência, sua impotência, seu vazio. Imediatamente surgirão no fundo de sua alma o tédio, a amargura, a tristeza, o sofrimento, o despeito, o desespero." O homem procura, pois, se "divertir", agitar-se nas ocupações humanas a fim de não pensar em sua triste sorte. Mas essas ocupações humanas não aniquilam a solidão, uma vez que, no teatro do mundo, todos enganam a todos: "A vida humana é tão somente uma ilusão perpétua; só conseguimos nos enganar e nos adular uns aos outros. Ninguém fala de nós em nossa presença como se fala em nossa ausência. A união entre os homens está fundada apenas nesse engano mútuo; e poucas amizades subsistiriam se cada um soubesse o que seu amigo diz dele quando ele não está, embora fale então sinceramente e sem paixão. O homem, pois, é só disfarce, mentira e hipocrisia, em si mesmo e em relação aos outros. E todas essas disposições, tão afastadas da justiça e da razão, têm uma raiz natural em seu coração". Cada um está sozinho por trás de sua máscara. Mas

---

53 Ibid., p.76.

cada um prefere ainda essa ilusão a uma existência solitária: "Os homens, não tendo conseguido curar a morte, a miséria, a ignorância, se permitiram, para serem felizes, não pensar nisso". "Daí vem que o prazer da solidão seja uma coisa incompreensível."

Incompreensível e, contudo, necessária para quem quer obter a salvação. Desde 1654, nas vésperas de seu retiro em Port-Royal, Pascal escreve à sua irmã Jacqueline que "estava de tal modo estimulado a deixar tudo isto, por conta de uma aversão extrema às loucuras e aos divertimentos do mundo, e que, pela censura contínua que lhe fazia sua consciência, ele se via tão afastado de todas as coisas como nunca havia estado, nem de perto".[54] Obcecado pela ideia de estar só, termo que utiliza 134 vezes nos *Pensamentos*, ele fica aterrorizado por essa perspectiva: "Fico terrificado como um homem que tivesse sido levado adormecido para uma ilha deserta e pavorosa, e que acordasse sem a conhecer e sem meio de sair dela". Não há escapatória: somos radical e fundamentalmente sós, e devemos nos isolar, nos cortar do mundo para refletir sobre essa solidão e nos ligar a Deus, mesmo que ele permaneça oculto. Entrar na solidão para refletir sobre nossa solidão: esta é nossa única possibilidade.

OS SENHORES DE PORT-ROYAL

Há para isso um lugar privilegiado: Port-Royal-des-Champs, no vale de Chevreuse. O lugar, considerado um "deserto", era a sede de um convento de cistercienses. Mas tinham se mudado, em 1625, por razão de insalubridade, para o Faubourg Saint-Jacques, em Paris, sob a direção da madre Angélique Arnaud, que havia restabelecido a regra estrita da ordem. Ela escolhera como diretor espiritual do convento um personagem muito austero, Jean Duvergier de Hauranne, abade de Saint-Cyran (1581-1643), ex-colaborador de Jansénius, cuja teologia tentava difundir no clero francês. Não precisamos retraçar aqui as peripécias da vida de Saint-Cyran, nem os debates sobre a graça e sobre o augustinismo que estão no coração do jansenismo. O que nos importa é a personalidade desse homem, que exerce uma

---

54 Faugère (ed.), *Lettres, opuscules et mémoires de Madame Périer et Jacqueline, sœurs de Pascal*, p.66.

verdadeira fascinação no seu círculo. Para Henri Brémond, o traço essencial de seu caráter é a atração pela solidão: "O melhor Saint-Cyran, o único bom, é, antes de tudo, quase unicamente um solitário, um meditativo, um homem de oração. Recolher-se, rezar é a única ocupação que o satisfaz de fato. Megalomanias, sonhos de reforma, o resto o diverte um instante, fatiga-o logo, não o possui nunca. Para subjugar inúmeras almas, ele só tinha de se mostrar, e não o fez. Eu o reconheço, de duas solidões, ele escolheu voluntariamente a que estava mais visível, feliz que, de baixo, muitos percebem seu arbusto ardente e, quando ele desce de sua montanha, assume facilmente o ar e o tom do profeta".[55] Um solitário do grande espetáculo, de algum modo, na linhagem dos profetas do Antigo Testamento. Cultivando a solidão como meio de sedução e conversão, ele faz dela uma exigência para o verdadeiro cristão. Solidão radical, que implica uma separação de todos os nossos próximos, como relata seu amigo Claude Lancelot: "O senhor de Saint-Cyran não limitava seu amor pela solidão à separação das pessoas do mundo; ele sabia muito bem o que disse São Bernardo numa passagem, que há uma diferença muito grande entre ser só e ser um solitário; e, em outra passagem, que só se pode ser solitário à proporção que nosso espírito for isento de pensamentos vãos. Por isso ele tinha por máxima que se devia ainda se separar tanto quanto possível das pessoas com quem se era mais unido, e viver como se só existissem Deus e nós, sozinhos no mundo, para torná-Lo o fim de todos os nossos pensamentos e de todas as nossas ações, para Lhe oferecer nossas adorações, para ter como única preocupação pensar na eternidade, tratando como ninharia tudo o que é apenas passageiro, e nos enchendo de alegria em sua presença.

"Ele fundava essa separação contínua, onde deveríamos estar, sobre dois princípios muito consideráveis: o primeiro, que há sempre nos mais santos algum resto de infecção do pecado, que é a causa de que, quase insensivelmente, eles transmitem um ao outro um ar nocivo, como os doentes numa enfermaria; e o segundo, que é uma consequência desse primeiro, é que essa fraqueza deixa nas almas certa propensão e certa inclinação que produzem nelas quase sempre alguma ligação secreta, ou que as faz receber algumas impressões estranhas que as dividem e que diminuem a vantagem

---

55 Brémond, op. cit., t.IV, p.155-6.

considerável que o Apóstolo encerrou na virgindade, de ser unido apenas a Deus, e de gozar dessa inteira liberdade de espírito tão necessária para rezar."[56]

Essa separação física do mundo e dos homens não é ainda suficiente. Saint-Cyran vai mais longe do que os apologistas da solidão que encontramos até aqui. Para ele, não se trata de voltar-se para si mesmo, num diálogo interior; o solitário deve separar-se de si mesmo: "Como, segundo essa regra, não temos maior inimigo do que nós mesmos, porque não temos ninguém mais próximo de nós do que nós mesmos, o senhor de Saint-Cyran dizia que, para tornar útil a solidão, era preciso avançar mais adiante e separar-se de si mesmo, a fim de que começássemos a entrar no feliz aniquilamento que faz com que Deus anime todas as nossas ações, e que ele comece a ser, aqui na Terra, tudo em todos, como o será no outro mundo.

"Ele sabia que há na alma do homem alguma credulidade que a enfeitiça, *fascinatio nugacitatis*, como a chama a Escritura, que faz com que, por mais separado que seja, ele se ocupe de si mesmo, se multiplique e se divida, e frequentemente esteja menos só do que se estivesse no meio de uma multidão. Ora, é esse estado que é o mais contrário à solidão que Deus nos pede...

"Assim ele representava a separação de si mesmo como o mais alto grau da solidão, e como o primeiro e aquele sem o qual todas as outras separações se tornam inúteis."[57]

Entretanto, Saint-Cyran recomenda um percurso progressivo. O homem do mundo não pode se lançar de imediato na extrema solidão; "por isso, ele dizia sempre que não havia melhor meio para aqueles que começam do que se separar de início de todo comércio com o mundo, depois se fechar em alguma comunidade bem regrada ou com um pequeno número de servos de Deus, com os quais se tenta viver na separação que acabamos de descrever, regrando-se contudo por seu bom exemplo e aproveitando seus bons conselhos nos encontros".[58]

Essa incitação ao agrupamento de solitários numa pequena comunidade secular está na origem do grupo de solitários de Port-Royal. Seu iniciador é um jovem e brilhante advogado de 30 anos, sobrinho da madre Angélica,

---

56 Lancelot, *Mémoires touchant la vie de Monsieur de S.-Cyran*, t.II, p.104-5.
57 Ibid., p.106-7.
58 Ibid., p.107.

Antoine Le Maître. Em agosto de 1637, ele abandona todas as suas funções, renunciando a uma carreira que se anunciava promissora, para retirar-se no deserto de Port-Royal, numa dependência do convento. Ao pai, Isaac Le Maître, que desaprova a decisão, ele escreve: "Há mais de três meses eu tinha o plano de deixar minha profissão para me retirar numa solidão e passar lá o resto de meus dias a servir a Deus. [...] Se o exemplo de um filho mais velho que deixa o mundo tendo apenas 30 anos, quando vivia com mais brilho numa profissão honrosa, quando tinha diversas esperanças de uma fortuna muito vantajosa, [...] se, repito, esse exemplo puder vos tocar, eu terei uma alegria maior do que a que tivestes quando nasci".[59]

Antoine Le Maître tem temperamento inflamado, é veemente, levado a excessos. Ao encontrar em Ferté-Milon umas senhoras que desejavam se ligar a Port-Royal, ele lhes diz algumas palavras; mas, como Saint-Cyran lhe havia observado que um solitário não fala com mulheres, ele não fala mais com ninguém. Em 1638, de volta do exército, o jovem irmão de Antoine, Simon Le Maître de Séricourt, com 27 anos, é tomado de admiração e se une ao irmão mais velho. Reunidos na solidão, eles se designam por "primeiro eremita" e "segundo eremita". No mesmo ano, vêm se reunir a eles um gramático de 23 anos, Claude Lancelot, depois um fidalgo de Quercy, nervosamente frágil, que se encontrou com Saint-Cyran e que, num sonho, viu João Batista lhe mostrar como refúgio de penitência um vale ao pé de uma colina. É Étienne de Bascle, que reconhece nesse vale Port-Royal, e vai então viver lá. Virão em seguida Arnaud d'Andilly, depois de dois anos de hesitações e um período de teste, autor, em 1642, de uma *Ode à solidão*; o senhor de La Petitière, um fidalgo poitevino roído de remorsos após ter matado um adversário num duelo; o senhor Mauguelen, cônego de Beauvais, que se torna confessor da comunidade; o senhor Bouilli, cônego de Abbeville; o senhor de Pontis, militar; o senhor Baudri de Saint-Gilles d'Asson, fidalgo poitevino; o senhor de Luzanci.

Muitos médicos se juntam a eles, como Victor Pallu, senhor de Buau, na Touraine. Até os 37 anos, ele leva uma vida dissoluta, antes se encontrar Saint-Cyran, que o persuade a deixar o mundo. Depois de um teste de cinco ou seis dias, ele fica seduzido pela solidão e manda construir um pequeno

---

59 Apud Sainte-Beuve, op. cit., t.I, p.390.

alojamento no jardim de Port-Royal, em 1643. Experimentando um sentimento de culpa com relação à sua vida passada, compõe uma peça latina, *Vale Mundo*, ou *Adeus ao mundo*. É médico da comunidade até sua morte, em 1650.

Seu confrade Hamon, por sua vez, redige um tratado *Da solidão*. Ele diz que a solidão é um dom de Deus, fonte de alegria e de louvores, mas ela só pode existir num quadro austero. "Por isso, aqueles que constroem belas solidões e as enchem de todas as espécies de curiosidades, a fim de não se entediar, parecem-se, pelo que posso crer, a um capitão pouco experiente, que mandaria várias tropas de seus inimigos entrarem em sua praça, para melhor protegê-la: pois, em vez de ser mais forte, ele seria mais fraco."[60] Mencionamos ainda o senhor Fontaine, filho de um mestre escrivão de Paris, estabelecido em Port-Royal pelo vigário de Saint-Merry. Morreu em 1709, aos 84 anos, depois de ter redigido preciosas *Memórias* sobre Port-Royal. Um mestre de contas, em Rouen, Gratien Thomas é também vítima de Saint--Cyran, que ele tinha vindo encontrar para que o ajudasse a persuadir seu vigário a voltar para sua paróquia. Subjugado, não só se retira em Port-Royal como também envia para lá sua mulher, três filhas e três filhos. Outros, como os mestres de petições Du Gué de Bagnols e Maignant de Bernières, não fazem parte efetivamente dos solitários, mas são seus "agentes no mundo". Quanto ao mosqueteiro senhor de Tréville (ou de Troisville), ele reside no Faubourg Saint-Jacques desde 1670.

O pequeno grupo de solitários de Port-Royal é de tamanho muito reduzido. Em 1646, não são ainda nem uma dúzia, e raramente excederão uma vintena. Muito episodicamente podem atingir uma centena. Mas irritam profundamente o poder real, ao qual afrontam ao preferir a solidão ao mundo e à corte. Periodicamente dispersados, em 1638, 1656, 1661, e definitivamente em 1679, eles formam uma pequena comunidade onde convivem magistrados, médicos, militares, homens de letras, eclesiásticos, e levam uma vida muito retirada, mas não totalmente cortada do mundo. Henri Brémond faz uma cruel e sarcástica descrição deles:

"Não nos representemos os solitários como semelhantes ao São Jerônimo dos pintores, nus em suas grutas e rasgando o peito a golpes de pedra [...]. Decerto sua Tebaida não era uma Teleme, mas tampouco era uma Trapa.

---

60 Ibid., t.IV, p.321.

A porta permanecia aberta. Saíam muito. Havia muitos que girovagavam [...]. Sua maior preocupação era com a saúde. De novo o celibatário e seu egoísmo ingênuo! Port-Royal era o paraíso dos doadores de receitas e de empíricos, bem mais ouvidos do que a faculdade, a qual, representada pelo senhor Hamon, oferecia a Deus cruéis desprezos [...]. Já sua vinda era uma distração providencial quando, durante a Fronda, eles tinham conseguido deixar Port-Royal em estado de sítio, para enfrentar os bandos que devastavam os arredores de Paris. O próprio senhor Le Maître tinha posto um capacete e feito a inspeção [...]. Perquisições, expulsões, disfarces, relações subterrâneas com as religiosas prisioneiras, impressões clandestinas, pacotes vindos da Holanda para entrar aqui, que diversão – talvez não para todos, mas para alguns! Eles se faziam de mártires nas catacumbas e – por que não? – na revolução [...]. Fundamentalmente humildes, digo isso sem a menor ironia, pode-se pensar que trabalham para não parecer sê-lo [...]. Fatuidade solene e devota, cuja inocência nos desconcerta ainda mais do que sua indecência. São quase todos assim, humildemente orgulhosos de seu próprio mérito ou, na maioria das vezes, do mérito de seus amigos. Fazem de sua importância, pessoal ou corporativa, uma ideia prodigiosa, levando-se a sério mais do que é permitido ao homem de sociedade cristão [...]. Pelagianos de um novo gênero, realizam a corrupção, mas não o ridículo do homem decaído. Eles se desprezam muito sinceramente, mas não lhes vem nunca a tentação de rir de si mesmos [...]. O deserto, pelo menos o deles, não é católico. Imaginem-se, com efeito, esses jovens, recentemente convertidos e ainda absolutamente ignorantes das coisas espirituais. Foram aprender os elementos da santidade que sonham atingir, não entre os cartuxos ou qualquer outro retiro, onde poderiam se comunicar com santos vivos, mas na ilha de Robinson. Eles têm sim um diretor vago, mas que é também um isolado, um grande original, se não um sectário. Saint-Cyran, aliás, os dirige de muito longe, sempre apressado a voltar a seu deserto."[61]

A acusação é dura mas justificada. Os solitários de Port-Royal se consideram uma elite espiritual e intelectual, o pequeno grupo dos eleitos, e o termo "seita", o qual empregam seus adversários a seu respeito, não é exagerado. As pessoas da vizinhança olham com espanto esses senhores sérios

---

61 Brémond, op. cit., t.IV, p.247-53.

que, em silêncio, uns atrás dos outros, recitando seu rosário, vão à igreja paroquial. No convento, residem num edifício separado e ocupam-se de trabalhos diversos, bricolagem, jardinagem, passeio nos jardins e num pequeno bosque chamado de "solidão", leitura, escrita. Os apartamentos e o mobiliário são simples. Alguns são mais excessivos, o que Saint-Cyran reprova: o senhor de Pontchâteau nunca troca de camisa; Hamon usa farrapos e come o pão dos cães. Le Maître é particularmente selvagem, como relata o padre Rapin: "Dizem que ele se matou de estudar, de trabalhar e de solidão, pois só se ocupava disso; algumas vezes era visto no fundo da floresta, ao pé de uma árvore, a sonhar, por dias inteiros, sem ver ninguém, e seu apreço pela meditação e pela solidão era tão profundo que não prestava atenção nem aos que passavam e que o encontravam naquele estado".[62] E Chapelain escreve a respeito deles para Guez de Balzac, em 30 de dezembro de 1640: "É difícil que possais vos proteger de qualquer protesto público de não querer comércio com os escritores, a menos que façais de vossa solidão um deserto tão selvagem e tão inacessível quanto o do senhor Le Maître, que, desde que se retirou do mundo, não permitiu nem mesmo à minha amizade entrar nela".[63]

REAÇÕES CONTRASTADAS

As reações diante dos solitários de Port Royal são semelhantes aos sentimentos contrastados da época a respeito da solidão: admiração, perplexidade, sarcasmo, medo ou condenação. Há aqueles que admiram, como a senhorita de Scudéry, que, em seu romance *Clélia*, faz o elogio dos "ilustres solitários" sob nomes trocados: assim, Timante é Arnauld d'Andilly, "homem incomparável", "homem sábio e ao mesmo tempo agradável", cuja descrição é feita em cinco páginas. Para Madame de Sévigné, que passa por lá em janeiro de 1674, numa época em que não há mais que cinco ou seis solitários, Port-Royal-des--Champs é simplesmente "o paraíso": "Este Port-Royal é uma Tebaida. É o paraíso; é um deserto onde toda devoção do cristianismo se alinhou. É uma santidade difundida em toda esta região, a uma légua em volta. Há cinco ou

---

62 Rapin, *Mémoires*, t.III, p.27.
63 Apud Sainte-Beuve, op. cit., t.III, p.559.

seis solitários que não conhecemos, que vivem como penitentes de São João Clímaco. As religiosas são anjos sobre a terra. A senhorita Virtude chega ao fim da vida lá, com resignação extrema e dores inconcebíveis; ela não viverá mais que um mês. Todos que os servem, até os charreteiros, os pastores, os operários, todos são santos, todos modestos. Confesso-vos que fiquei maravilhada em ver essa divina solidão, da qual tanto ouvira falar. É um vale terrível, próprio para fazer sua salvação".[64] Mesmo som de sino para um cônego de Saint-Victor, senhor de Santeul, que declara, segundo uma testemunha, "que se discute sobre o lugar onde estava o paraíso celeste; que não sabe nada sobre isso, mas que estava certo de que seria em Port-Royal que ocorreria o juízo final; que era a Terra Santa, que nela vão ser condenados, pelo exemplo dos solitários que lá moraram, as loucuras, as vaidades, as grandezas, os pecados do mundo".[65] Segundo Lancelot, a reputação dos solitários é tal que muitos jovens da província acorrem para servi-los: "Deus [...] pôs no coração de vários jovens da província a disposição de vir passar a vida nesta solidão, e de se consagrar ao trabalho e à prece com pessoas que, tendo renunciado a seus bens, podiam lhes oferecer só o céu como recompensa por seus longos serviços. O desapego de alguns desses criados foi tal que, quando as religiosas queriam lhes assegurar um pagamento, eles nunca aceitavam".[66] Quanto a Pierre Nicole, ele está de acordo que "se deve, pois, para merecer as graças de Jesus Cristo, segui-lo no deserto, no afastamento do mundo e na separação das consolações da vida do século. É preciso segui-lo na prática das verdades que o mundo não conhece, e que estão como desertas e abandonadas. É preciso se retirar não somente em espírito, mas também de corpo, da multidão dos negócios".[67]

Outros ficam perplexos, reservados, até irritados. Em Rouen, quando se fica sabendo da decisão do mestre contábil Gentien Thomas de unir-se aos solitários, "toda a cidade ficou muito espantada com tal mudança, e cada um a interpretou a seu modo", escreveu seu filho. "Uns falaram do calor de uma devoção que não duraria muito tempo. Outros zombavam, como se fosse efeito de um escrúpulo mal fundado e de uma fraqueza de espírito. Alguns,

---

64 Mme de Sévigné. *Correspondance*. Paris: Gallimard, La Pléiade, 1972. t.I, p.681, 26 jan. 1674.
65 Citado por Sainte-Beuve, op. cit., t.IV, p.244.
66 Lancelot, op. cit., t.I, p.342.
67 Nicole, *Essais de morale*, t.III, p.80.

conhecendo a solidez de espírito daquele cuja mudança os espantava, se diziam uns aos outros: esperemos para ver o que vai acontecer."[68] Na corte, sob o impulso dos jesuítas, zomba-se dos solitários, "simples leigos que, sem ser obrigados a nada, ficavam de manhã até a noite trabalhando no campo. Inventavam histórias; chamavam os solitários de *tamanqueiros*, e diziam que, para aprender bem a fazer tamancos, era preciso ir a Port-Royal".[69] Um jesuíta, o padre Le Moyne, em suas *Pinturas morais*, de 1640, faz o retrato do solitário de tipo jansenista, austero, sombrio, inimigo de toda sociedade, de todo contentamento, de toda forma de beleza. Para ele, é um "selvagem" que se pretende mesmo ser insensível à beleza das mulheres. Pascal fica escandalizado com esta passagem:

"O selvagem [...] não tem coração para com os deveres naturais e as obrigações civis [...]. Não tem olhos para as belezas da natureza e para as das artes; as rosas e as tulipas não têm nada de agradável para ele, não mais do que os espinhos e as urtigas [...]; a mais rara estátua do mundo não será tratada por ele mais civilmente do que um tronco de árvore [...]. Quanto às afrontas e às injúrias, ele é tão pouco sensível a elas que é como se tivesse olhos e ouvidos de estátua. [...] Ele se ama mais numa gruta ou no tronco de uma árvore do que num palácio ou sobre um trono [...]. Ele acreditaria estar sobrecarregado de um fardo muito incômodo, se tivesse tido algum prazer para si e um benefício para os outros [...]. Os dias de festa e de alegrias são para ele de luto e de aflição [...]. Uma pessoa bela é para ele um espectro; ele não poderia suportar vê-la; e os rostos imperiosos e soberanos, os agradáveis tiranos, que fazem prisioneiros voluntários e sem correntes, de todo lugar, têm o mesmo efeito em seus olhos que o sol nos olhos da coruja [...]. Esse caráter é uma pintura do selvagem que, não tendo as afecções honestas e naturais que deveria ter, é oposto ao temperamento que as têm justas e moderadas e à intemperança que as têm desregradas e excessivas."[70]

Bourdaloue e La Bruyère também têm palavras sarcásticas para os solitários de Port-Royal, como vimos. Racine, embora tão próximo do jansenismo, lhes reprova sua vaidade, contando numa carta como eles fizeram vir

---

68 Du Fossé, *Mémoires*, livro I, cap. III, apud Sainte-Beuve, op. cit., t.II, p.231.
69 Lancelot, op. cit., t.I, p.127.
70 Apud Brémond, op. cit., p.362-3.

um volume de *Clélia* para se deleitar com os elogios que lhes são dirigidos: "Entretanto, eu tinha ouvido dizer que havíeis sofrido com paciência que vos tivessem louvado nesse livro horrível. Mandaram vir ao Deserto o volume que falava de vós: o livro correu de mão em mão, e todos os solitários quiseram ver a passagem onde eles eram tratados como ilustres".[71] A solidão, a verdadeira solidão, não é, para Racine, a do eremita, mas a do homem ou da mulher tomados pela paixão. Lúcidos, orgulhosos, conscientes de ser responsáveis pela fatalidade que os arrasta, seus personagens são confinados em sua solidão, incapazes de agir sobre os outros e de se comunicar com eles. Fedro, Andrômaca, Hermione, Oreste, Pirro são verdadeiros solitários. Os solitários de Port-Royal brincam de solidão.

Brincadeira proibida aos membros da elite, proclama o poder real: é inadmissível que homens inteligentes, bem-nascidos, bem-educados, com capacidades reconhecidas, se subtraiam de suas responsabilidades e privem o reino de seus talentos para se refugiar numa solidão estéril. Doutores em direito que plantam cenouras é um desperdício inexcusável. O pretexto da salvação eterna é um mau pretexto pelo qual é responsável a perniciosa espiritualidade jansenista. Essa é a verdadeira raiz da oposição sistemática do poder real ao jansenismo. A partir de Richelieu, o problema do retiro solitário é, pois, considerado sob um novo ângulo: a solidão é um direito quando priva a comunidade de um talento útil a todos? Aquiles tem o direito de se retirar em sua tenda? A solidão piedosa não é um egoísmo estreito que coloca a salvação individual acima do bem-estar terrestre da coletividade?

Richelieu nunca perdoou Saint-Cyran por ter incitado ao retiro magistrados, juízes, militares, jovens e promissores, e Luís XIV nunca perdoará Port-Royal por lhe ter tirado excelentes empregados. A razão de Estado se opõe ao individualismo, mesmo o espiritual. Richelieu logo compreende o problema quando Antoine Le Maître, advogado brilhante, conselheiro de Estado, envia uma carta em 1637 ao chanceler para lhe explicar as razões de seu retiro. O mundo, diz ele, é intrinsecamente mau; deve-se fugir dele; "é preciso ser doente da alma e possuído por alguma paixão má para amá-lo", segundo Saint-Cyran. É "uma imagem do inferno". Deus "só o fez para que ele sirva ao homem de virtude para que se fuja dele, odiando-o e

---

71 Ibid., t.I, p.270.

arruinando-o tanto quanto for possível". Se as elites adotam esse ponto de vista, haverá um êxodo de cérebros para Port-Royal e outros desertos, o fim do Estado, a ruína, a anarquia. É o que Marandé, conselheiro do rei, desenvolve, em 1654, na obra *Inconvenientes de Estados procedentes do jansenismo*. É também o que assinalam os jesuítas. O retiro só é legítimo quando não se tem mais condições de servir ao Estado com eficácia.

Essa polêmica recai inevitavelmente sobre a própria ideia de solidão, que, no fim do século XVII, assume um tom mais político. Esse século louvou uma forma de solidão bucólica e religiosa, que tanto seduziu o homem de sociedade quanto o assustou. Uma solidão positiva com a condição de que ela responda a alguns critérios e seja limitada a um pequeno número de indivíduos. Logo, uma solidão elitista. Mas, com o jansenismo, ela se radicaliza. Ela se torna quase uma obrigação para todos que querem realizar sua salvação. A partir daí, está sujeita à polêmica. Então, por volta de 1700, com a "crise da consciência europeia", a ascensão do espírito racional e a aurora das Luzes, a prioridade é dada às reformas políticas e sociais, e o ceticismo religioso cresce. Nesse novo contexto, o amor da solidão tende a ser considerado uma atitude antissocial. Não é se retirando em sua Tebaida que se pode contribuir para melhorar o bem-estar e a justiça para todos. Os filósofos das Luzes não são solitários, são mundanos. Mas seu racionalismo e sua sociabilidade de salão vão contribuir, por reação, com o desenvolvimento de um novo gosto pela solidão, uma solidão secularizada, ligada ao amor pela natureza e à paixão, a do caminhante solitário pré-romântico.

– 7 –

DO MUNDANO AO "CAMINHANTE SOLITÁRIO": AS LUZES E A SOLIDÃO

Globalmente, a cultura do século XVIII não é favorável à solidão. Século das Luzes, da razão, do espírito crítico, dos filósofos, dos combates contra o absolutismo, a intolerância, a superstição, o clero regular e as proibições religiosas, ele se fixa como ideal de realização de uma sociedade terrena que permita ao maior número possível atingir a felicidade aqui na Terra, por meio de reformas sociais e políticas na direção da equidade e de maior liberdade. Tudo isso pressupõe uma visão otimista dos progressos humanos por meio da ciência e da educação. Nesse mundo, é preciso realizar as condições da felicidade, e para isso não se deve fugir dele, mas, ao contrário, contribuir com os outros para seu melhoramento. É preciso comunicar-se, cooperar, trocar, engajar-se. O século XVIII não é social, é sociável. Ama as decisões coletivas, os conselhos, os salões, os parlamentos, as academias, as sociedades doutas ou esotéricas, os clubes, as reuniões. Nesse contexto, a solidão voluntária é uma espécie de traição: o solitário que deserta a cidade terrena para preparar sua salvação individual, tanto quanto o solitário por gosto, por temperamento, que não compartilha nem suas ideias nem sua vida, é um ser suspeito de misantropia, pecado imperdoável na época da filantropia.

INDIVIDUALISMO, SOLIPSISMO E INTERESSE GERAL

Contudo, a luta levada a cabo pelos intelectuais contra o arbítrio, a injustiça e a intolerância faz com que progridam o individualismo, a autonomia da pessoa e, por último, a solidão, e essa contradição potencial ameaça minar a coesão social. O problema estava em germe pelo menos desde Descartes, que reconhecia, numa carta a Elisabeth, que "cada um de nós [é] uma pessoa separada das outras, e, consequentemente, os interesses são de algum modo distintos daqueles do resto do mundo". Para corrigir essa força centrífuga, o filósofo físico estabeleceu então que "se deve sempre preferir os interesses do todo do qual se é parte aos de sua pessoa em particular". Mas essa união dos "eus" para formar o "nós" é deixada à improvável inciativa individual.

Hobbes também havia reconhecido o problema, e ele o resolvia, em 1651, no *Leviatã* por uma apologia do totalitarismo de Estado: para evitar a guerra de todos contra todos, consequência do conflito entre os interesses particulares, é preciso obrigar os indivíduos a viver juntos por meio de medidas autoritárias. Espinosa, por sua vez, sugeria uma estrita autolimitação do direito natural em proveito do "todo". Em contrapartida, Leibniz, em sua *Monadologia*, de 1714, faz do homem uma "mônada", isolada, autônoma, uma espécie de elétron livre: "Temos uma perfeita independência com relação à influência de todas as outras criaturas. [...] Todo espírito é um mundo à parte, que se basta a si mesmo, independente de toda criatura".

Na mesma época, nas obras de 1710 e 1713, Berkeley lança as bases do solipsismo integral. No *Tratado sobre os princípios do conhecimento humano* e nos *Três diálogos entre Hylas e Philonoüs*, ele afirma que só existem os espíritos e as ideias. As substâncias materiais existem apenas no espírito; é impossível que os objetos sensíveis existam fora do sujeito que os percebe, e "quando nos esforçamos para conceber a existência de objetos exteriores, só contemplamos nossas próprias ideias". Essa concepção, às vezes chamada de niilismo ontológico ou idealismo absoluto ou subjetivismo radical, conduz ao sentimento de solidão absoluta, ilustrado muito mais tarde por Tolstói, que escreve: "Eu imaginava que, com exceção de mim mesmo, ninguém, nada existia no mundo inteiro, que os objetos não eram objetos, mas formas que só apareciam quando eu prestava atenção nelas, e que, assim que eu deixava de pensar nelas, essas formas desapareciam. [...] Às vezes eu me voltava rapidamente para a direção oposta, esperando surpreender de improviso o vazio (o nada) lá onde eu já não estava".[1] O indivíduo é absolutamente só no mundo, e ele mesmo é tão somente uma ilusão; ele está confinado em seu eu. Não é isso que procuravam os autores espirituais que convidavam a encontrar a solidão em si mesmo? Sem dúvida eles não imaginavam que se pudesse ir tão longe. Berkeley, aliás, não é o único que se crê só por volta de 1700. Em 1713, podia-se ler nas *Memórias de Trévoux*: "Um de nós conhece em Paris um malebranchista que vai mais longe do que o senhor Berkeley; ele sustentou muito seriamente, numa longa disputa, que é provável que ele seja o único que existe, e que não somente não há corpos como também não há nenhum outro espírito criado a não ser ele".[2] Segundo J.-B. Adry, um filósofo holandês, Langenhert (1660-1730) "veio a Paris em 1700 difundir um sistema de *égomets* ou *egoístas*, do qual ele era o chefe",[3] e retoma a mesma ideia. E depois um médico, Brunet, expõe, em 1704, uma *nova metafísica*, tendo "por princípio que só ele existe no mundo, que seu pensamento é a causa da existência de todas as criaturas; que, quando, para a infelicidade do gênero humano, ele cessar de pensar, elas serão aniquiladas".[4] Enfim, Fénelon, em sua *Demonstração da existência de Deus*, escreve, em 1713, a propósito de um discípulo de Berkeley: "Um desses filósofos sustentou muito seriamente que podia ser que só houvesse ele no mundo, e que ele fosse o único ser".

Diante dessas correntes de uma filosofia extremista que tendem a fazer do eu a única realidade e, portanto, a afirmar a solidão absoluta do ser, o que significaria dissolver a sociedade, os filósofos do século XVIII recorrem a soluções que visam reformar o grupo, reestabelecer uma base para a vida coletiva organizada, ligando os indivíduos uns aos outros por um contrato, o contrato social. É o que faz de início John Locke, nos seus *Tratados*

---

1 Tolstói, *Enfance, adolescence, jeunesse*, p.233.

2 *Mémoires de Trévoux*, maio 1713, p.922.

3 Adry, *Vie de Malebranche*, retomando as indicações do *Dictionnaire social et patriotique* de Lefebvre de Beauvray, Amsterdam, 1770.

4 Saint-Sauveur, *Pièces fugitives d'histoire et de littérature anciennes et modernes*, 1704, p.356.

sobre o governo civil, em 1690. De um lado, ele reafirma os direitos do indivíduo: "Cada indivíduo tem um direito soberano sobre tudo o que está em seu poder, ou seja, o direito de cada um se estende até onde se estende o poder determinado que lhe pertence [...]. Cada indivíduo tem o direito soberano de perseverar no seu estado, ou seja, de existir e de se conduzir como ele é determinado a fazê-lo". De outro lado, para evitar que esse individualismo não degenere em anarquia, e, portanto, para preservar os próprios indivíduos, é necessário que em nome da razão, eles renunciem a seu direito natural e o submetam ao Estado, à coletividade. Eles devem "entrar em sociedade": "O começo da sociedade política depende do consentimento de cada particular que quer se unir aos outros para compor uma sociedade". E isso supõe uma limitação do direito à solidão. Mas até onde?

Desde então, está lançado entre os pensadores da economia política o debate a propósito das relações entre o interesse geral e o interesse particular. Para Bernard Mandeville, na *Fábula das abelhas*, de 1714, os egoísmos, longe de prejudicarem o interesse geral, são a fonte da prosperidade. Para Adam Smith, tudo é uma questão de interesse bem compreendido: o indivíduo e a sociedade têm necessidade um do outro: "O homem só pode viver em sociedade", e, se "o homem tem quase continuamente necessidade do auxílio de seus semelhantes, é em vão que ele o esperaria somente da benevolência deles. Será bem mais seguro ter sucesso se ele se dirige ao interesse pessoal deles e os persuade de que sua própria vantagem os obriga a fazer o que ele deseja deles. É o que faz aquele que propõe a outro uma troca qualquer".[5] Do mesmo modo, para o utilitarismo de Bentham, "o interesse público é um termo abstrato: ele só representa a massa dos interesses individuais, que são os únicos interesses reais".

Em todos esses pensadores, o indivíduo é, apesar de tudo, subordinado à sociedade. Em nenhum momento eles consideram a possibilidade de uma ruptura completa, de uma retirada do mundo social. O indivíduo não pode viver só. Mesmo que se coloque à parte, ele depende apesar de tudo da boa vontade do grupo e permanece submetido às leis gerais. Aquele que pretendesse viver uma vida totalmente autônoma se tornaria um fora da lei, que a sociedade deveria eliminar ou prender. É o caso do libertino extremo

---

5 Smith, *La Richesse des nations*, 1776.

DO MUNDANO AO "CAMINHANTE SOLITÁRIO" 273

encarnado pelo Marquês de Sade, que pretende viver como solitário radical, mas na floresta dos instintos naturais: "Nenhum ser tem o direito despótico de me submeter ao que ele disse ou pensou. [...] Não há nenhum indivíduo sobre a terra que possa adquirir o direito de me punir". Alain Laurent escreve que Sade confina "o indivíduo no impasse do solipsismo extremo. Totalmente isolado dos outros e sem nenhum laço natural com qualquer grupo que seja, o libertino encarna e realiza integralmente o destino solitário do ser humano, aqui condenado a viver apenas para si. O único absoluto concebível para si mesmo, este indivíduo soberano pode e deve recusar tudo o que entrava o seu gozo egoísta".[6] Mas trata-se de uma verdadeira solidão? Sade precisa dos outros para fazê-los suportar suas fantasias. Seu gozo vem do sofrimento dos outros. Sem eles, a vida não tem mais interesse.

Finalmente, a filosofia política do século XVIII não chegará a dar espaço para a solidão. Focalizando a relação interesse particular-interesse geral, ela submete necessariamente o primeiro ao segundo, mesmo quando pretende conceder ao indivíduo o máximo de direitos. Pois esses direitos são concedidos pelo grupo, que fixa seus limites, e o solitário depende da boa vontade geral. O indivíduo renuncia ao direito natural à solidão, que lhe é devolvido pela sociedade dentro de limites precisos. O direito à solidão selvagem é domesticado, policiado, e torna-se um direito limitado à solidão civilizada. Jean-Jacques Rousseau encarna esta passagem: ele, o "caminhante solitário", se faz o advogado do *Contrato social*, e a partir daí reduz a possibilidade da solidão a seu único aspecto psicológico. Rousseau, o solitário, fazendo do indivíduo um cidadão, prepara a negação da solidão, pois a "vontade geral" é uma abstração que vai progressivamente devorar as garantias da liberdade individual: "Primeiro pensador francês a usar correntemente a noção de indivíduo num sentido moderno, ele logo faz desaparecer socialmente sua realidade, transformando-o em 'cidadão', despossuído de seus direitos naturais em favor de uma 'vontade geral' abstrata e superior e do 'todo' de um 'corpo coletivo' confinando o indivíduo-cidadão num laço social orgânico. Pressentindo e temendo o potencial do desenvolvimento da liberdade individual na modernidade, Rousseau já estabelece todos os

---

6 Laurent, *Histoire de l'individualisme*, p.31.

instrumentos ideológicos que o holismo coletivista vai em seguida estender para tentar esvaziar o individualismo".[7]

ALERTA SOBRE O SOLITÁRIO

O caso paradoxal de Jean-Jacques Rousseau, ao qual voltaremos, é o ponto de chegada de um século de debates sobre a ideia e a prática da solidão. De fato, o século XVIII faz o processo do solitário, acusado pelos filósofos de contrariar seu combate por um ideal social de felicidade terrestre pelo fortalecimento dos laços interpessoais. Ideal de classe, bem entendido, defendido pelas categorias em ascensão da nobreza magistrada e da burguesia dos negócios e dos talentos. Os filósofos franceses das Luzes são seus porta-vozes, e a base de sua argumentação é que a solidão é contrária aos dois grandes valores do século: a razão e a felicidade.

A solidão é contra a natureza e, então, não pode assegurar a felicidade, que consiste em seguir a natureza. É o que asseguram unanimemente os filósofos. Na origem, não há o homem só, mas a sociedade. O mito de Adão, o solitário, é posto de lado. Os homens nascem "ligados uns aos outros", afirma Montesquieu: "Um filho nasce junto a seu pai, e ele se mantém ali; eis a sociedade e a causa da sociedade".[8] E, mesmo que o estado primitivo fosse um estado de anarquia, rapidamente o interesse, o sentimento, a razão despertam no homem "o desejo de viver em sociedade", e, "tão logo os homens estejam em sociedade, perdem o sentimento de sua fraqueza". Passa-se então da lei natural à lei civil. Os homens se organizam por uma questão de sobrevivência, pois a anarquia do estado de natureza contradiz a ordem natural, pondo em perigo a conservação do gênero humano.[9] Somente a sociabilidade, regulada pelas leis, permite aos homens viverem juntos. Essa afirmação é natural para um jurista, mas Montesquieu é igualmente sociável por temperamento. Ele ama a companhia, toda espécie de companhia: "Fico tão contente com os tolos quanto com as pessoas inteligentes", e, "quando

---

7 Ibid., p.81.
8 Montesquieu, *Lettres persanes*, 94.
9 Id., *L'Esprit des lois*, cap.XXVI.

DO MUNDANO AO "CAMINHANTE SOLITÁRIO"   275

estive no mundo, eu o amei como se não pudesse suportar me afastar dele", confessa em *Meus pensamentos*.[10]

Diderot o repete à exaustão: "Tal é a natureza e a constituição do homem que, fora da sociedade, ele não conseguiria conservar sua vida, nem aperfeiçoar e desenvolver suas faculdades e talentos, nem obter uma verdadeira e sólida felicidade".[11] Para ele, a solidão degrada a humanidade: "O homem nasceu para a sociedade; separai-o, isolai-o, e suas ideias se desmembrarão, seu caráter se transformará, mil afecções ridículas se elevarão em seu coração; pensamentos extravagantes germinarão no seu espírito, como os espinheiros em terra selvagem. [...] Talvez seja necessária mais força de alma para resistir à solidão do que à miséria; a miséria avilta, o retiro deprava", ele escreve em *A religiosa*, romance que ilustra essa depravação nos conventos. É impossível atingir a felicidade na solidão; o homem é feito para viver em sociedade: "Quero ser feliz, mas vivo com homens que, como eu, também querem ser felizes, cada um a seu modo; procuremos os meios de obter nossa felicidade proporcionando a deles, ou pelo menos sem nunca prejudicar a felicidade deles". Como Montesquieu, Diderot tem um temperamento sociável. Para ele, só o prazer compartilhado é verdadeiro: "Um prazer que é só meu toca-me fracamente e dura pouco. É para mim e meus amigos que leio, reflito, escrevo, medito, ouço, olho, sinto. Em sua ausência, relaciono tudo a eles. Penso sem cessar na sua felicidade. [...] Consagrei a eles todos os meus sentidos, todas as minhas faculdades; talvez essa seja a razão pela qual tudo fica exagerado, tudo se enriquece um pouco em minha imaginação e em meu discurso".[12] Há no solitário algo inquietante, anormal, contrário à natureza: "Aquele que não sente aumentar sua sensação pelo grande número daqueles que compartilham dela tem algum vício secreto: há em seu caráter um não sei quê de solitário que me desagrada".[13]

Para o marquês d'Argens, o simples bom senso nos leva a dizer que "nascemos para viver no mundo. A solidão é um estado que não nos é natural. Os homens não poderiam dispensar-se uns dos outros. Eles são obrigados a recorrer à sociedade para prevenir certa inquietude que vem do vazio

---

10 Id., *Mes Pensées*, I, 1, 4.
11 Diderot, *Encyclopédie*, verb. "Société".
12 Id., *Œuvres completes*, t.II, p.115.
13 Id., Second Entretien sur le fils naturel. In: *Œuvres complètes*, t.VII, p.122.

que sentem em si e que não podem preencher por si mesmos".[14] O solitário é condenado ao tédio, à angústia, à misantropia, à insensibilidade e, nos casos mais graves, ao crime, ao horror de si e à loucura. Para Saint-Lambert, "somos organizados para viver em sociedade, como as perdizes para viver em companhia".[15] Em 1735, em seu *Discurso sobre o espírito de sociedade*, o abade Marquet faz apologia da sociabilidade. Condenando toda forma de solidão, a do rico egoísta e a do filósofo misantropo que rumina em sua caverna, ele apresenta a vida social como o remédio para todos os males, em particular para a melancolia: "O afastamento da sociedade nos reduz a devorar o fel, a viver de amargura. A natureza teria nos prodigado em vão seus benefícios, só a sociedade nos faz gozar dos encantos da vida sem os quais nos gabamos inutilmente de ser felizes".[16] A razão é incapaz de nos consolar: "Deixaríamos de sofrer se deixássemos de pensar; é a vós somente, sociedades encantadoras, que devo me dirigir". Em 1756, o livro do marquês de Mirabeau, *O amigo dos homens*, é todo um programa. "A atração para com a humanidade", escreve ele, "é inerente à natureza humana", e "um homem livre de todos os compromissos é, dentre todos, o que tem menos existência".[17] Em 1724, o abade Desfourneaux, em seu *Ensaio de uma filosofia natural*, faz da sociabilidade a felicidade suprema, e em 1767 o abade Pluquet, em seu tratado *Da sociabilidade*, procura mostrar que esta última é a realização da natureza e permite realizar a felicidade de cada um. Somente integrando-se na sociedade o homem pode ser feliz, pois os limites que a vida social estabelece para a nossa liberdade são também nosso bem: "Assim, a subordinação na sociedade não tira do homem nada do que a natureza tornou necessário à sua felicidade; ela proíbe apenas o que o torna infeliz e o que a natureza interdita; enfim, ela oferece tudo o que pode torná-lo feliz; ela lhe assegura seu gozo: suas necessidades, suas inclinações naturais o levam pois a se submeter aos direitos da sociedade, e nenhuma necessidade, nenhuma inclinação natural o leva a se retirar dela".[18] Logo, aqueles que procuram escapar dela são anomalias, aberrações, no limite, monstros. O amor pela solidão só se encontra

---

14 D'Argens, *La Philosophie du bon sens*, t.II, p.296.
15 Saint-Lambert, *Les Saisons*, p.37.
16 Marquet, *Discours sur l'esprit de société*, p.20.
17 Mirabeau, *L'Ami des hommes*, t.II, p.218.
18 Abade Pluquet, *De la sociabilité*, t.II, p.28.

DO MUNDANO AO "CAMINHANTE SOLITÁRIO"   277

"no homem mau e no homem apaixonado, no furioso, no ignorante, no estúpido". Esses seres associais são nocivos, e a sociabilidade nos ordena até mesmo persegui-los: "O desejo de fazer mal a outro homem que nos faz mal é um princípio de sociabilidade", pois, "a infelicidade do egoísta, do misantropo, do homem mau não interessa a ninguém". Em 1784, Mercier procura mostrar que a sociabilidade aumenta a felicidade,[19] e em 1788 Barthélemy declara que esta última só reside na "humanidade, ou seja, no conjunto dos laços que nos unem aos outros homens".[20]

Não surpreende encontrar Voltaire nesse concerto de louvores à sociabilidade. Em Paris, em Berlim, em Lunéville, em Cirey ou em Ferney, ele nunca está só. Os salões, os jantares, o teatro, a conversação: ele só se sente bem rodeado de gente; tem necessidade permanente de um círculo de admiradores. "Parece que o retiro só é bom em boa companhia", ele escreve, e zomba da ideia de que o sábio é um ser necessariamente solitário, meditando à parte: "Ele corre para o campo, e aí se seca de tédio. Fico bem aborrecido pelo sábio".[21] Para ele, a virtude só pode residir na sociabilidade; o solitário é um inútil, um parasita: "Ele não é nada", porque suas virtudes privadas não servem a ninguém, e seus vícios só prejudicam a ele mesmo: "Mas o quê! Só se admitirão como virtudes as que são úteis ao próximo? Ora! Como posso admitir outras? Vivemos em sociedade: logo, não há nada que seja bom para nós além do que faz bem à sociedade. Um solitário será sóbrio, devoto, revestido com um cilício: ora, ele será santo, mas não o chamaria de virtuoso, a não ser quando tiver feito algum ato de virtude do qual os homens tiraram algum proveito. Enquanto está só, ele não é nem benfeitor, nem malfeitor; não é nada para nós [...]. Mas, dizei-me, se um solitário é guloso, bêbado, entregue a uma devassidão secreta consigo mesmo, ele é vicioso; ele é pois virtuoso se tem as qualidades contrárias. É o que não posso aceitar: é um homem muito mau, se tem os defeitos dos quais falais; mas não é vicioso, mau, punível, em relação à sociedade, a quem suas infâmias não prejudicam".[22] Concordando a respeito disso com Holbach, Diderot, o abade de Saint-Pierre e o *Filósofo beneficente* de Stanislas

---

19 Mercier, *Mon Bonnet de nuit*.
20 Barthélemy, *Voyage du jeune Anacharsis en Grèce*, p.78.
21 Voltaire, carta a Cideville, 1 set. 1758.
22 Id., *Dictionnaire philosophique*, verb. "Vertu".

Lezinski, Voltaire, em seu *Discurso sobre o homem*, fustiga as sombrias concepções de Pascal sobre a solidão fundamental do ser humano. Ele proclama seu acordo com Pope, que, em 1733, em seu *Ensaio sobre o homem*, ligava o homem à cadeia das criaturas. Os suspiros pré-românticos do solitário na natureza também não são de seu gosto: as obras de Young são, ele escreve a Le Tourneur, um "amontoado de lugares-comuns empolados e obscuros". Mas seu alvo favorito é, evidentemente, o solitário Rousseau, que ele agradece sarcasticamente, em 1754, pelo envio de seu *Discurso sobre a origem da desigualdade*: "Recebi, senhor, vosso novo livro contra o gênero humano [...]. Eu me limito a ser um selvagem pacífico na solidão que escolhi junto a vossa pátria, onde deveríeis estar".

Na verdade, mesmo Rousseau tem seus momentos de sociabilidade. Veremos mais tarde as características do "caminhante solitário", mas é preciso, de antemão, lembrar que numa obra menos conhecida, as *Cartas sobre a virtude e a felicidade*, o genebrino distingue as coisas: o homem primitivo não era feliz nem infeliz, ele vegetava. É a entrada em sociedade que fez nascer nele o sentimento de felicidade, e a partir de então haverá dois tipos de felicidade: a felicidade que depende dos outros, e que pode degenerar em vaidade e, portanto, em infelicidade, e a felicidade que encontramos em nós mesmos. De um lado, "cada um sentirá que sua felicidade não está nele, mas depende de tudo que o rodeia"; de outro, ele procura se isolar, esquecer o mundo e gozar de si mesmo.

Em 1735, um opúsculo anônimo intitulado *O filósofo* circula em forma manuscrita e condena toda forma de isolamento e de desengajamento: o homem, ser sociável, não tem o direito de se isolar de seus semelhantes. Condenado a uma imobilidade estéril, o solitário é não somente um parasita, mas também um doente, um neurastênico, um melancólico, até mesmo um louco, que depende da medicina. A solidão é uma patologia. Para La Croix, professor de teologia em Toulouse, "existe em nós um sentimento natural de humanidade; gostamos de ver os outros felizes", e nosso primeiro dever é "trabalhar para manter a sociedade".[23] Para o cardeal Gerdil, em 1763, "é de interesse da sociedade que aqueles que a compõem saibam que nasceram

---

23 Lacroix, *Traité de morale, ou Devoirs de l'homme envers Dieu, envers la société et envers lui-même*, p.119.

DO MUNDANO AO "CAMINHANTE SOLITÁRIO"

para isso".[24] A sociabilidade não é uma escolha, é um dever moral. É ainda Rousseau que é visado aqui, em razão da educação solitária que ele preconiza no *Emílio*.

Louis-Antoine de Caraccioli, em suas numerosas obras de moral, também se ocupou muito do problema da solidão, que ele não condena em si, mas tenta reconciliar com os deveres para com a sociedade. Na verdade, ele não chega a conseguir isso, e parece antes se contradizer. De um lado, recorre ao *Gozo de si mesmo*, título de uma obra de 1759 na qual faz o elogio dos "filósofos enterrados em seu gabinete como num túmulo"; "estrangeiros a tudo o que não for sua alma, parecem mortos aos olhos do mundo", enquanto assim ascendem à vida verdadeira, antecipando a felicidade eterna que, na sua opinião, consiste em "permanecer em nós e em Deus sem interrupção e sem fim". Também louva os cartuxos, cuja vida solitária é um modelo para todos: "sua cela, que se torna o túmulo de todas as paixões, os confina, com seus ouvidos, sua língua e seus olhos". É por isso que, após uma "vida de retiro e de penitência", "ninguém morre mais contente do que um cartuxo". Ele nos convida a baixar "ao túmulo", a nos "enterrar num claustro", a "morrer para o mundo". Ora, no mesmo livro, Caraccioli declara que a vida social é querida por Deus, e que desprezá-la seria, pois, ir contra a vontade divina: "A sociedade não é de modo algum uma reunião bizarra formada por capricho, acaso ou tédio. O próprio Deus é seu autor, e odiá-la ou desprezá-la seria ir contra sua ordem".[25] O solitário é certamente livre para escolher uma vida retirada, mas com a condição de permanecer ao serviço da sociedade: "Ninguém sobre a terra pode se dispensar de prestar homenagem à sociedade. O solitário que se libera das conveniências que ela exige, e que adota outros usos e outros costumes, deve socorrê-la por seus devotos desejos, e mesmo sair de seu retiro se a necessidade de seus irmãos o exigir".

É o que pensa também o senhor de Saint-Foix, que, em seus *Ensaios sobre Paris*, critica uma certa Agnès Duroches, que ficou reclusa durante oitenta anos, quando poderia ter se dedicado aos doentes e aos pobres. "Muito bonita, e filha única de um rico mercador [...], tendo nascido rica, ela poderia ter visitado os

---

24 Cardeal Gerdil, *Réflexions sur la théorie et la pratique de l'éducation contre les principes de M. Rousseau*, p.29.
25 Caraccioli, *La Jouissance de soi-même*, p.367.

prisioneiros e os pobres doentes, e contribuído, durante oitenta anos, para o alívio dos infelizes; mas ela quis ganhar o céu sem sair de seu quarto."[26]

A boa solidão não deve ser uma condenação da sociedade, mas unicamente "do mundo", ou seja, daqueles que vivem só para os prazeres, pensam os autores cristãos, como aquele que, em *O militar em solidão, ou o filósofo cristão*, louva os "jovens filósofos" que, "embora tenham feito um divórcio completo do mundo, [...] tem suas maneiras sempre fáceis e polidas, seu espírito leve e afável, seu humor ameno e alegre: mesmo deixando de ser do mundo, eles não deixaram de ser razoáveis, sua devoção nunca tem nada de rude nem de incômodo".[27]

UMA PATOLOGIA ANTISSOCIAL

Uma das mais importantes defesas em favor da sociabilidade e contra a solidão é a do jurista e historiador alemão Samuel von Pufendorf (1632-1694). Existe, ele escreve, uma sociabilidade geral, fundada na universalidade da natureza humana, e ela está de acordo com o instinto de conservação do indivíduo. A salvação do indivíduo está na sociedade, não fora dela. No estado de natureza, o homem sozinho seria miserável: "Imaginemos um homem que cresceu sem ter nenhuma educação, nem nenhum comércio com seus semelhantes, abandonado sozinho em algum deserto, e consequentemente sem outros conhecimentos além dos que teria adquirido por si mesmo: miserável animal que ele seria! Mudo e nu, reduzido a pastar e a arrancar algumas raízes, ou a colher frutos selvagens, a beber água na primeira fonte, no primeiro riacho ou no primeiro pântano que encontrasse, a retirar-se na primeira caverna, para ficar um pouco protegido das injúrias do ar e se cobrir de musgo ou de erva; a passar seu tempo numa ociosidade tediosa, a tremer ao menor ruído, à primeira vista de outro animal, a perecer, enfim, de frio ou pelos dentes de alguma besta feroz".[28] Há, pois, uma

---

26 Saint-Foix, *Essais sur Paris*, 1776, apud L'Hermitte-Leclercq, Les reclus parisiens au bas Moyen Âge. In: *Villes et sociétés urbaines au Moyen Âge*, p.229.
27 Latouche, *Le Militaire en solitude ou le philosophe Chrétien*, t.I, p.143.
28 Von Pufendorf, *Les Devoirs de l'homme et du citoyen tels qu'ils lui sont prescrits par la loi naturelle*, livro I, cap.3, t.I, p.64.

DO MUNDANO AO "CAMINHANTE SOLITÁRIO" 281

sociabilidade natural, que leva os homens a se unirem porque é em seu interesse. O tradutor francês de Pufendorf, Barbeyrac, ao mesmo tempo que é também a favor da sociabilidade, pensa, entretanto, que ela não é tão natural, e que "há ocasiões em que se deve sacrificar seu próprio interesse à vantagem de outro e ao bem da sociedade".

Para a grande maioria, há, apesar de tudo, coincidência entre a felicidade individual e a felicidade social. Portanto, é nesses termos que a questão é posta nesse momento. No século XVII, perguntava-se: o que é mais favorável à salvação, a vida solitária ou a vida em sociedade? Agora, a questão é: se é mais feliz só ou em sociedade? E a resposta é: em sociedade. O solitário se engana e faz sua própria infelicidade. Como o homem é um animal social, seria absurdo sustentar que ele possa fazer sua felicidade separando-se da sociedade, em que "todos os interesses são tão perfeitamente combinados, tão inseparavelmente unidos entre si que, desde os soberanos até os últimos de seus súditos, a felicidade de uns só pode crescer pela dos outros", escreve Le Mercier de la Rivière, que prossegue: "A maneira pela qual somos organizados nos mostra, pois, que no sistema da natureza cada homem tende perpetuamente para seu melhor estado possível, e que nisso mesmo ele trabalha e concorre necessariamente para formar o melhor estado possível do corpo inteiro da sociedade".[29] E conclui: "O que é, pois, o interesse geral de um corpo, se não for o que melhor convém aos diversos interesses particulares dos membros que o compõem? Como pode ser que um corpo ganhe quando seus membros perdem?".[30] O problema, dirão alguns, é que a sociedade se corrompeu. Ela não é mais do que um jogo de fingimento, onde cada um usa uma máscara e, por trás dessa máscara, o indivíduo real desaparece. Não se pode, pois, encontrar a felicidade nessa sociedade. É o que dirá Rousseau.

O problema, no fim do século, é debatido até mesmo por médicos, a propósito de uma das grandes preocupações da época, a loucura: é a sociedade que torna o homem louco, ou é a solidão? Para o médico *quaker* inglês S. Tuke, não há nenhuma dúvida, "a loucura [...] é uma doença, não da natureza, nem do próprio homem, mas da sociedade; emoções, incertezas, agitação, alimentação artificial são causas de loucura [...]. Produto de uma vida

---

29 Le Mercier de la Rivière, *L'Ordre naturel et essentiel des sociétés politiques*, discurso preliminar.
30 Ibid., p.35.

que se afasta da natureza, a loucura é da ordem das consequências; ela não põe em questão o que é essencial ao homem, e que é seu pertencimento imediato à natureza".[31] Como consequência, Tuke supõe que a cura necessita situar o paciente num ambiente natural, onde ele reencontrará não a solidão absoluta, mas relações humanas simplificadas, reduzidas à família, correspondentes ao estado suposto do homem no momento em que a sociedade acaba de surgir da natureza. Trata-se de apagar todos os artifícios e fingimentos da sociedade moderna, responsáveis por distúrbios mentais. Em 1793, Tuke abre, perto de York, um asilo adequado a este ideal, e que ele apropriadamente nomeia de "O retiro".

O procedimento do médico francês Pinel é exatamente o inverso. A loucura é gerada pelo isolamento do indivíduo, que rumina suas inquietudes religiosas ou seculares. Duas ilustrações: as transferências, da Bastilha para Bicêtre, dos prisioneiros que enlouqueceram em razão da solidão carcerária e o grande número de religiosos dementes por causa de seu isolamento no meio monástico. "Examinando os registros do hospício dos alienados de Bicêtre", escreve Pinel, "encontram-se inscritos muitos padres e monges, assim como pessoas do campo perdidas por causa de um quadro assustador do futuro".[32] As estatísticas o confirmam: no ano X conta-se 50% de casos de loucura religiosa na Salpêtrière. A cura será então inversa à de Tuke: reinserir o paciente numa sociedade em que ele possa se reconhecer sob o olhar dos outros: "O asilo de Pinel não será, retirado do mundo, um espaço de natureza e verdade imediata, como o de Tuke, mas um domínio uniforme de legislação, um lugar de sínteses morais no qual se apaguem as alienações que nascem nos limites exteriores da sociedade [...]. Tudo é organizado para que o louco se reconheça nesse mundo do julgamento que o envolve por todos os lados; ele deve saber que será vigiado, julgado e condenado; o laço entre a falta e a punição deverá ser evidente, assim como a culpa reconhecida por todos".[33]

O solitário, se não for completamente louco, é, pelo menos, um marginal, um anormal, um associal, um misantropo, já que o homem nasceu para a sociedade. As perspectivas são completamente opostas: o solitário não é

---

31 Foucault, *Histoire de la folie à l'âge classique*, p.492.
32 Pinel, *Traité médico-philosophique*, p.265.
33 Foucault, op. cit., p.515, p.521.

DO MUNDANO AO "CAMINHANTE SOLITÁRIO"

um sábio, é um monstro. As definições dadas na *Enciclopédia* pelo cavaleiro de Jaucourt nos verbetes "Solidão" e "Solitário" são pouco elogiosas. O solitário é um covarde e um parasita: uma "virtude verdadeiramente robusta é a que avança com passo firme no meio de obstáculos, e não a que se salva fugindo [...]. Um solitário é, em relação ao resto do mundo, como um ser inanimado; suas preces e sua vida contemplativa, que ninguém vê, não têm nenhuma influência na sociedade, que tem mais necessidade de exemplos de virtude sob seus olhos do que nas florestas". De qualquer modo, a vida totalmente solitária é quase impossível: "Nesse estado, concebe-se que o homem vivia absolutamente só, abandonado a si mesmo e destituído de toda relação com seus semelhantes. Tal homem seria sem dúvida bem miserável e se encontraria sempre exposto, por sua fraqueza e ignorância, a perecer de fome, de frio, ou pelos dentes de alguma besta feroz. O estado de sociedade provê a suas necessidades e lhe oferece a segurança, o alimento e as doçuras da vida". Enfim, ao romper toda comunicação com os outros, o solitário não pode atingir a verdade, que é fruto da trocas entre sábios e intelectuais: "O filósofo mergulhado na poeira sombria do gabinete já não deve pretender nos persuadir de que seu estado de sequestrado do resto dos vivos é o mais próprio ao conhecimento da verdade; ele será forçado, cedo ou tarde, a convir que seu trabalho teria sido menos infrutuoso se ele tivesse aproveitado os recursos que a sociedade lhe apresentava; com efeito, não é a comunicação de ideias que pode tornar nossos estudos felizes?".[34]

A república das letras não ama os solitários. Ela quer ser uma comunidade de intelectuais favorecendo as trocas. A imagem do humanista isolado em seu gabinete é substituída pela do salão onde se reúnem os autores para discutir, comunicar-se. Essa necessidade do encontro se traduz pela multiplicação das "sociedades", "companhias", "conferências", "academias", "clubes", formando uma rede de sociabilidades. De um centro intelectual a outro, circula-se, visita-se. Entre os ingleses, a moda do *Grand Tour* se desenvolve: em dois ou três anos o jovem aristocrata visita os principais centros artísticos e intelectuais da Europa, sem esquecer os lugares de prazer. Vê as

---

34 Cavalheiro de Jaucourt, verbetes "Solitaire" e "Solitude". *Encyclopédie ou dictionnaire raisonné des sciences, des arts et des métiers*. Direção de Diderot e d'Alembert. 28v. Paris, 1751-1772. Ver também Craveri, *L'Âge de la conversation*.

coleções privada e as cortesãs, as prostitutas e as grandes bibliotecas, das quais foram recenseadas 202 na Itália, por exemplo. Os viajantes doutos trocam ideias, publicam o relato de suas viagens. E tudo isso de forma muito civilizada, modelada pela arte da conversação, um dos talentos mais apreciados na alta sociedade. Nada interrompe esse frenesi de encontros, nem as fronteiras, nem mesmo as guerras. Cosmopolita, a Europa dos intelectuais já é uma realidade, e o intelectual que se recusa a entrar nesse circuito é marginalizado, e logo esquecido.[35]

Não há lugar para o solitário na comunidade dos homens de letras, nem no mundo ideal que eles imaginam. O século XVIII produziu numerosas utopias: pelo menos setenta títulos recenseados. E essas obras têm também leitores: de dez a trinta edições e um total de mil pelo conjunto do século das Luzes, com dois impulsos entre 1720 e 1730, e entre 1750 e 1760. A voga não se desmente até a véspera da Revolução, na qual um dos sucessos de livraria é a publicação, de 1787 e 1789, das *Viagens imaginárias, romanescas, maravilhosas, alegóricas, divertidas, cômicas e críticas, seguidas de sonhos, visões e romances cabalísticos*, pela Garnier, de Paris, em 39 volumes.[36] Ora, todos esses viajantes imaginários que descobriram sociedades perfeitas nas ilhas longínquas não viram solitários em nenhum lugar. Todos esses mundos são organizados por e para a coletividade, e se funcionam tão bem é porque cada um participa do trabalho do conjunto, a serviço da comunidade. No formigueiro utópico, a própria ideia de solidão está excluída.

ROBINSON CRUSOÉ E CLEVELAND: OS CONTRASTES DA SOLIDÃO ROMANESCA

Entretanto, ela é um dos assuntos de predileção da literatura de ficção, o que revela que, por trás da fachada de sociabilidade celebrada pelos filósofos, ela continua a intrigar, e mesmo a fascinar os espíritos. Um dos heróis mais célebres do século das Luzes não é Robinson Crusoé? Assim como Tarzã na

---

35 Sobre esses aspectos, ver os trabalhos de Daniel Roche, em particular: *Les Républicains des lettres: gens de culture et lumières au XVIIIᵉ siècle* e *Humeurs vagabondes. De la circulation des hommes et de l'utilité des voyages.*

36 Messac, *Esquisse d'une chronobibliographie des utopies*; Krauss, *Reise nach Utopia.*

era industrial? Nos dois casos, o problema é considerado de maneira oposta: Tarzã é o homem da natureza confrontado com o mundo civilizado; Robinson é o homem civilizado confrontado com a natureza. Trata-se, neste último caso, de uma espécie de experiência fictícia: os dois outros valores do século XVIII, natureza e civilização, são conciliáveis? Daniel Defoe (1660-1731), personagem obscuro, comerciante londrino, intrigante, jornalista, romancista mercenário, interessa-se pelas situações extremas onde intervém um fator de isolamento: em seu *Tour through the Whole Island of Great Britain* [A volta pela ilha inteira da Grã-Bretanha] (1724), uma espécie de guia turístico de seu país, ele se demora notadamente nos lugares de detenção, descrevendo 27 deles só em Londres. No *Diário do ano da peste* (1722), a solidão é onipresente: "Eu estava absolutamente só", diz o narrador, na cidade onde reinava um silêncio de morte. Seus heróis são piratas solitários, como o capitão Singleton, de nome revelador.

Seu *Robinson Crusoé* (1719) obtém um sucesso imediato, é rapidamente traduzido e tem muitos sucessores, como *O solitário inglês, ou Aventuras maravilhosas de Philippe Quarl*, de Dorrington. Enquanto na literatura utopista os navegadores desembarcam em ilhas povoadas e muito civilizadas, Robinson chega a uma ilha deserta, e, se para os filósofos um homem só não poderia viver, Defoe demonstra o contrário. Armado de uma sólida moral e alguns utensílios recuperados do naufrágio, ele se acostuma pouco a pouco à solidão. Compõe até mesmo por escrito um quadro comparativo dos aspectos positivos e negativos de sua situação: "Eu tentava consolar a mim mesmo da melhor maneira que podia, equilibrando meus bens e meus males, a fim de poder me convencer de que minha sorte não era a pior; e, como devedor e credor, estabeleci, assim como se segue, um balanço muito fiel de meus prazeres em relação às misérias que sofria".[37] Do lado negativo, ele anota: "Estou separado dos homens: sou um solitário, um banido da sociedade humana", a que ele responde, do lado positivo: "Mas não estou morrendo de fome e expirando sobre uma terra estéril que não produza subsistência". Negativo: "Estou afastado e separado, de algum modo, do mundo inteiro para ser miserável"; positivo: "Mas fui separado do resto da tripulação para ser preservado da morte; e aquele que milagrosamente me salvou da morte pode também

---

37 Defoe, *Robinson Crusoé*, t.I, p.71.

me livrar desta condição". Negativo: "Fui lançado sem nenhuma esperança de libertação"; positivo: "Mas estou vivo, não fui afogado como foram todos os meus companheiros de viagem". Negativo: Não tenho nenhuma alma com quem falar, ou que possa me consolar"; positivo: "Mas Deus, por um prodígio, enviou o barco bem perto da margem para que eu pudesse suprir minhas necessidades ou me tornar capaz de suprir a mim mesmo por tanto tempo quanto viver". E assim por diante.

O balanço parece bem desequilibrado, a balança se inclina claramente para o lado negativo. Os aspectos positivos, bem pouco convincentes, significam que enquanto se vive se pode sempre imaginar uma situação ainda pior, o que não dá dessa solidão uma ideia muito agradável. Robinson, que fala aliás de "situação miserável", tira dela uma lição de otimismo forçado: "Em suma, resultava deste testemunho indubitável que, no mundo, não há condição tão miserável que não possua alguma coisa de positivo ou de negativo da qual não devamos ser reconhecidos. Isso deve permanecer, pois, como uma lição tirada da mais horrível condição de todas as condições humanas, que está sempre em nosso poder encontrar algumas consolações que podem ser situadas em nosso balanço de bens e de males no crédito desta conta".[38]

Mas Robinson se habitua rapidamente à sua vida solitária. Além das ocupações materiais, ele lê a Bíblia, repensa seu passado, lamentando suas faltas e seus pecados, e chega a esquecer sua condição: "Quanto à minha vida solitária, não era mais nada; eu não pedia a Deus para me libertar, não pensava mais nisso". Vinte anos mais tarde, a solidão se tornou para ele uma segunda natureza: "Eu estava então com 23 anos de minha residência nesta ilha, e tão acostumado a esta estadia e a meu modo de vida que [...] teria, de boa vontade, assinado a capitulação de passar lá o resto de meus dias até o último momento, até que estivesse estendido e que morresse como o velho bode na caverna".[39]

Há uma lição a ser tirada dessa ficção? Ela significa que a solidão, por não ser natural ao homem, pode tornar-se natural, com a condição de passar antes pelo estado de civilização? O que certamente é uma ideia original para o século XVIII. Defoe encontra, assim, um meio de conciliar solidão e

---

38 Ibid., p.72.
39 Ibid., p.178.

sociedade humana: seu Robinson aprisiona sua solidão graças aos instrumentos e à cultura que a civilização lhe forneceu; os auxílios materiais e espirituais saídos do mundo moderno lhe permitem, por um surpreendente atalho, tornar-se um solitário equilibrado.

Aliás, Defoe acrescentou mais tarde uma terceira parte a seu livro, intitulada *Reflexões sérias de Robinson Crusoé*, na qual um capítulo é consagrado ao tema "Da solidão". Lá ele distingue três casos: a solidão filosófica, daquele para quem a condição humana se resume a "um só ato universal de solidão"; a solidão literária, como "afastamento dos prazeres do mundo e a retirada da vida humana"; e a solidão alegórica, daquele que se refugia no silêncio por desgosto da conversação. Defoe é totalmente favorável à solidão, e, para usufruir dela, escreve ele, não é necessário ir para uma ilha deserta: a maior solidão é a que se experimenta no meio da multidão. Ele faz seu Robinson dizer: "Experimento a maior solidão no meio da mais numerosa aglomeração de humanidade que existe no mundo, quero dizer Londres, enquanto escrevo isso, e não posso dizer tê-la experimentado no curso de uma reclusão de 28 anos numa ilha deserta". Consequentemente, "aqueles que não se afligem nunca de não poder se retirar do mundo, que aprendam a se retirar no mundo, e gozarão de uma solidão perfeita, tão completa, de todos os pontos de vista, como se vivessem na cúpula de São Paulo ou sobre o cume dos montes Cheviot, em Northumberland".[40] Basta para isso ter "uma alma de retiro", uma "capacidade de ser solitário".

É também pela ficção que o abade Prévost (1697-1763) estuda o fenômeno da solidão, que visivelmente o interpela durante toda a sua vida movimentada. Ele vira e revira o problema em todos os seus romances, examina suas motivações, os prazeres e os inconvenientes, e não chega a encontrar uma justificação sólida para o desejo de se retirar. Em 1728, publica *Memórias e aventuras de um homem de qualidade que se retirou do mundo*, pondo em cena um marquês tentado pelo retiro e que pesa racionalmente os prós e os contras numa ótica quase pascaliana: como é provável que Deus exista, parece mais prudente retirar-se do mundo: "Vinte ou trinta anos, quando eu os supuser passados nos prazeres, não diminuirão a necessidade de recorrer um dia a Deus. Por que não começar desde hoje o que serei obrigado a fazer mais cedo

---

40 *Réflexions sérieuses de Robinson Crusoé*. In: Defoe, *Œuvres*, p.599 e 606.

ou mais tarde?".[41] Seu pai havia dado o exemplo retirando-se nos cartuxos depois de haver perdido a mulher e a filha. Nosso marquês acaba de perder sua fortuna. Nessas condições, um retiro devoto é um bom cálculo: há muito a ganhar e pouco a perder. Outro personagem do romance, que também se retirou, compara-se aliás "a um homem que está prestes a mudar de casa e se ocupa com boa vontade em tirar os móveis daquela que ele deixa para se preparar para uma nova". Motivação de comerciante que faz suas contas, e cuja solidão não marca em nada um progresso espiritual. O marquês experimenta mesmo alguns escrúpulos a propósito de sua decisão: "Temo somente que ela não seja pelo efeito de minha razão e que a religião não tenha uma parte menor do que simples ponto de vista de meu amor-próprio que cuida de seu bem-estar num futuro obscuro e desconhecido".[42] Seu retiro consistirá mais em ruminar suas lembranças do que em dialogar com Deus.

Em 1735, em *O decano de Killerine*, Prévost considera o problema de outro ângulo: a vida de seu herói ilustra a incompatibilidade do cristianismo com a felicidade mundana. Não se pode ao mesmo tempo ocupar-se com os negócios do mundo e preconizar a fuga do mundo. É preciso escolher. Mas é em *O filósofo inglês, ou História do senhor Cleveland, filho natural de Cromwell*, de 1732, que Prévost critica mais abertamente a busca da solidão. O jovem Cleveland, educado por uma mãe triste e desafortunada, desenvolve um caráter solitário, foge do gênero humano, refugia-se numa caverna. Sua misantropia é profunda, mas pouco a pouco sua sensibilidade se desenvolve, e o instinto social ganha força. Ele percebe que, apesar dos desencantos, frustrações, revoltas, a única chance de ser feliz reside na sociabilidade, e renuncia à solidão: "Não, não, disse a mim mesmo, não sou um monstro que detesta as criaturas de minha espécie; amo os homens. Sou sensível como eles aos prazeres da sociedade [...]. Não demorei a perceber que absolutamente não tinha nascido para viver só".[43] No mesmo livro, outro personagem, o solitário da ilha de Serrano, confessa também que fez uma má escolha, e que, se a vida em sociedade não é perfeita, a vida solitária é ainda pior: "Eu tinha vindo [para a ilha] no desígnio de aqui passar o resto de minha vida; mas os justos motivos

---

41 Abade Prévost d'Exiles. *Mémoires d'un homme de qualité*. Paris, 1732. t.I, p.133.
42 Ibid., t.II, p.419.
43 Abade Prévost d'Exiles, *Le Philosophe anglais ou Histoire de M. Cleveland*, t.I, p.97.

DO MUNDANO AO "CAMINHANTE SOLITÁRIO"

que tenho para odiar os homens não podem vencer o fundo de tristeza que tenho em mim, que não me abandona aqui, dia e noite. Quero deixar a ilha e voltar para a Europa. O mundo está cheio de pérfidos; mas, já que é um mal necessário, deve-se ter paciência e viver como se pode entre eles [...]. Não encontro em mim recursos suficientes para preencher continuamente o vazio de minha imaginação e para fixar essa atividade inquieta que me faz sentir sem cessar que meu coração tem alguma coisa a desejar".[44]

Muitos outros romances do século XVIII abordam a questão do retiro. Em *O retiro da marquesa de Gozanne*, em 1734, Labarre de Beaumarchais põe em cena um solitário satisfeito: "A situação cômoda em que me encontro é o principal prazer de meu retiro; satisfaço aqui todos os meus desejos, não tenho necessidade de moderá-los". Em contrapartida, em 1733, a senhora Bruneau de la Rabatellière, em *O solitário de Terrasson*, apresenta um fidalgo que se tornou eremita e que volta para o mundo no fim da história.

A SOLIDÃO COMO UM JOGO OU COMO SONHO MUNDANO

O mundo romanesco não reflete apenas as hesitações do século a respeito do retiro e da solidão. Globalmente, a questão é entendida: o homem é um ser social, e a solidão absoluta é contra a natureza. Mas a sociabilidade excessiva das classes favorecidas torna-se às vezes asfixiante, e muitos aspiram a momentos de solidão, com a condição de conservar as vantagens e o conforto da vida social, e não pôr em perigo seus interesses e ambições.

É assim que se considera sem desprazer curtos retiros, em pequenas doses, como sugere o marquês d'Argens, em *A filosofia do bom senso*. E depois, pode-se sempre preparar uma pequena solidão interior, como escreve o cavaleiro de Jaucourt em seu verbete "Solidão". No fim das contas, "a religião cristã não ordena retirar-se totalmente da sociedade para servir a Deus no horror de uma solidão, porque o cristão pode fazer dela uma solidão interior no meio da multidão". Pode-se muito bem conciliar um retiro devoto e um isolamento egoísta, pensa Le Bret em seus *Diálogos de uma alma penitente com seu criador*, em 1767: "Não é tempo de viver para nós, após ter vivido muito

---

44 Ibid., t.IV, p.79 e 96.

tempo para os outros?". É também o que pensa o abade de Latteignant, em suas *Poesias diversas*, em que ele tenta motivar, sem grande convicção, sua conversão tardia.

Obra-prima desses compromissos confortáveis entre o mundo e a solidão cristã é o *Tratado do verdadeiro mérito do homem*, de Le Maître de Caville (1734). Sua definição da sabedoria é esclarecedora: é "o dom de ser feliz quanto se pode sê-lo no mundo, sem que os meios da felicidade presente arruínem as esperanças do futuro". Em outras palavras, é a arte de conciliar os dois lados, a felicidade neste mundo e a beatitude no outro, a santa solidão e a agradável sociabilidade. Para conseguir essa maravilhosa síntese, deve-se, por certo, progredir na direção da solidão, mas uma solidão do espírito: "Deixai o mundo em espírito, mas vivei com o mundo sem assumir um caráter duro, heteróclito e desdenhoso". Evitai "o humor atrabiliário", preservai, na sociedade, "uma conduta uniforme, amena, polida e cristã", pois "um filósofo rabugento é um homem grosseiro". É a retomada do ideal do solitário mundano, de boa companhia.

O homem do mundo pode também sonhar com a solidão. Isso não compromete nada e permite ter com proveito a pose. A solidão desejada do mundano não é, evidentemente, a do eremita ascético. É a do pastor imaginário, ilustrada pelo tema pastoral então em voga. Um pastor ocioso que encontra repouso num alegre campo. Florian (1755-1794) celebra a solidão tranquila:

> Nesta amável solidão,
> Sob a sombra destes olmeiros,
> Isento de preocupações, de inquietudes,
> Meus dias transcorrem em repouso
> Usufruindo enfim de mim mesmo,
> Não formando mais desejos vãos
> Experimento que o bem supremo
> É a paz, e não os prazeres.[45]

Ducis (1733-1816) se imagina retirado numa gruta:

---

45 Florian, *Estelle*, livro II, p.81.

Feliz solidão
Única beatitude
Como vosso encanto é doce.
De todos os bens do mundo,
Em minha gruta profunda,
Não quero mais nada a não ser vós.[46]

Léonard (1744-1797), em *O eremitério*, se diz "feliz e gozando de um tranquilo repouso". A felicidade é possuir "um campo, um livro, um amigo certo".[47] Parny (1753-1814) canta uma solidão feliz e campestre, "morada do repouso mais doce". Mas a solidão a dois é ainda melhor, e, em consequência, seu *Projeto de solidão* é anexado às suas *Poesias eróticas*.[48] Gresset (1709-1777), ex-jesuíta que abandonou a batina, louva os prazeres solitários dos cartuxos:

Calma feliz! Prazer solitário!
Quando se goza da doçura
Que antro não agrada?
Que caverna é estranha,
Quando nela se encontra a felicidade?[49]

O marquês de Lassay, em 1756, retirado em seu castelo de Madaillan, proclama:

Enfim neste retiro,
Cansado e farto dos cursos,
Passo dias tranquilos
E gozo de uma paz perfeita.[50]

André Chénier (1762-1794), em suas *Bucólicas*, suas *Odes*, seus *Iambos*, seus *Hinos* e suas *Epístolas*, sonha sempre com uma solidão repousante.

---

46 Ducis, *Épître à ma mère sur sa convalescence*. In: *Œuvres*. t.III, p.388.
47 Leonard, *Œuvres*, t.II, p.207.
48 Parny. *Projet de solitude, Poésies érotiques, Œuvres*. t.I, p.36.
49 Gresset, *La Chartreuse*. In: *Œuvres*, t.I, p.44.
50 Lesparre, marquês de Lassay. *Recueil de différentes choses*. Lausanne, 1756. t.IV, p.188.

Ramsay (1686-1743), em sua *Viagem de Cyrus*, põe em cena anacoretas de opereta, "amáveis e polidos", em seu deserto encantador. De tudo isso, pode--se concluir com Robert Mauzi que "o repouso rústico representa, pois, algo diferente de uma ruptura com o mundo e uma fusão com a natureza. O universo ideal do repouso é um universo misto, que conserva ao mesmo tempo os prazeres mundanos e os encantos da natureza, confundindo a elegância de uns e a pureza dos outros. O sonho que aí se desdobra mistura numa mesma imagem dois estilos de vida contraditórios, purificados um e outro do que os desfigura e os torna perigosos: a frivolidade ou a corrupção da sociedade, e a brutalidade das coisas".[51]

Para quem quer fazer-se de solitário, organizam-se espaços fechados que imitam a natureza: os jardins. Em seu *Ensaio sobre os jardins*, de 1774, Claude-Henri Watelet (1718-1796) sublinha sua dimensão onírica. O jardim, rodeado de muros e paliçadas, deve "assegurar um gozo tranquilo" para a alma que aspira ao repouso numa solidão factícia. É essa concepção que se destaca no jardim do Eliseu descrito por Rousseau na *Nova Heloísa*, "símbolo da deliciosa solidão da alma inocente e satisfeita". Mas encontramos, a propósito do jardim, a oposição tradicional entre natureza e cultura: enquanto para muitos esse espaço tira sua beleza da imitação da natureza, para outros, como o príncipe de Ligne, o encanto do lugar vem de seu caráter civilizado: uma natureza domesticada, "ornada e mobiliada como um salão".[52] O jardim satisfaz tanto o mundano quanto o "caminhante solitário".

Do jardim ao campo, só há um passo, um muro a ultrapassar, para atingir *A felicidade nos campos*, título de uma obra de Claude Lezay-Marnesia (1785). Se o jardim é o Éden, o campo é a idade de ouro, ou seja, "o estado de um ser qualquer que goza de toda a felicidade da qual são suscetíveis sua natureza e seu modo de ser",[53] escreve François Hemsterhuis (1720-1790), em *Alexis ou Da idade de ouro*. O campo idílico descrito por romancistas como Léonard, em *A felicidade* e *Alexis*, Parny, Florian, Ducis e tantos outros é, ao mesmo tempo, o repouso, a quietude, a comunhão com a natureza, a virtude e a inocência, todas coisas que mascaram, segundo Robert Mauzi, a má

---

51 Mauzi, *L'Idée de bonheur dans la littérature et la pensée françaises au XVIIIᵉ siècle*, p.383.
52 Charles-Joseph (príncipe de Ligne), *Mélanges militaires, littéraires et sentimentaires*, t.VIII, p.44.
53 Hemsterhuis, *Alexis ou De l'Âge d'or*, p.134.

DO MUNDANO AO "CAMINHANTE SOLITÁRIO"   293

consciência e a frustração tanto do burguês quanto do nobre: "Não há dúvida de que essas ficções e esses estados de alma sejam a expressão indireta de uma má consciência social. No decorrer do século XVIII, o pensamento político manifesta, de modo mais ou menos claro, o escândalo de desigualdade, mas procura dissimulá-lo ao mesmo tempo em que o revela".[54] A idealização da vida campestre é uma maneira de negar simbolicamente as desigualdades, invertendo os papéis: a verdadeira felicidade é a das pessoas do campo.

Mais um sonho, intimamente associado ao de uma solidão ideal, controlada, organizada e limitada, uma solidão entre amigos, como a imaginada por um personagem do abade Prévost, Des Grieux: "Criei de antemão um sistema de vida calmo e solitário. Nele eu introduzia uma casa afastada, com um pequeno bosque e um riacho de água doce no fim do jardim, uma biblioteca composta de livros escolhidos, um pequeno número de amigos virtuosos e de bom senso, uma mesa adequada, mas frugal e moderada".[55] Emílio também reúne em torno de si "uma sociedade mais seleta que numerosa". Todos os personagens romanescos, do *Dolbreuse*, de Loaisel de Tréogate, aos *Dois amigos retirados do mundo*, de Lech (1763), levam uma vida de fidalgos camponeses, aliando virtudes familiares, filantropia, interesse pelos trabalhos agrícolas e boas relações com um pequeno círculo de amigos e vizinhos: essa é a *Solidão* que tem em vista Guillemain num livro de 1787.

Bem poucos, contudo, conseguem realizar esse sonho de uma solidão campestre, mesmo limitada. Pode-se citar o caso do marquês de Lezay-Marnesia (1735-1800), que se demite de suas funções militares e se retira com a mulher para sua propriedade de Saint-Julien, perto de Lons-le-Saulnier, onde pratica a filantropia, cuida de seus jardins, lê e escreve ensaios como *A felicidade dos campos* (1785), *A natureza campestre* (1787). Louis d'Estourmel (1754-1814), por sua vez, descobre os prazeres da solidão durante sua estadia em Antibes, sob a Revolução: "Parece-me que eu passaria muito bem dias inteiros na solidão, sem ver ninguém. Sempre tive predileção para a vida retirada e sedentária; assim, talvez ela me custe menos do que aos outros, e, se eu estivesse só, sairia ainda menos. Esse gosto pelo retiro se enraíza cada vez mais em minha alma".[56]

---

54 Mauzi, op. cit., p.367.
55 Abade Prévost, *Histoire du chevalier Des Grieux et de Manon Lescaut*, p.43.
56 Apud Beauvalet-Boutouyrie, S., op. cit., p.29.

Na grande maioria, entretanto, os mundanos não suportam a solidão mitigada dos sonhos bucólicos. Por exemplo, o cardeal de Bernis, que tenta a aventura e não aguenta mais de uma semana. Epicurista, devasso, amador de belas mulheres, de boas refeições, de boa companhia, ambicioso e intrigante, experimenta às vezes uma aparência de remorso e planeja fugir do tumulto parisiense e se retirar: "Estou cansado de ser perpetuamente arrastado pelo que chamo de turbilhão do dia, quero dizer, esse encadeamento perpétuo de prazeres, deveres, jogos, espetáculos, que quase não deixam tempo para estar um momento consigo mesmo, e que, comunicando à nossa alma essa perturbação que reina no mundo, a torna incapaz de apreender as coisas ridículas e refletir profundamente sobre os erros. É preciso que todo homem de espírito tenha seu observatório onde, tranquilo e só, escutando de longe o tumulto sedutor de Paris, acostume-se a conhecer os homens estudando seu próprio coração".[57] Assim, nosso grande cardeal decide instalar-se no campo, para encontrar "esta paz, companheira da inocência, cuja lembrança eu já havia começado a perder". Lá, ele experimenta uma felicidade pastoral idílica, no meio das flores, dos pássaros e, apesar de tudo, de "gentis pastoras", das quais uma lhe faz "uma reverência tão natural e tão profunda" que ele fica todo emocionado. Celebra os prazeres da solidão assim realizada, bem decidido a permanecer lá: "Ah! Está feito: ficarei eternamente nestes lugares, tudo concorre para me fixar aqui". Projeta mandar trazer seus livros, para não "romper inteiramente com o comércio dos homens". Mas ele não poderia ficar muito tempo "amando a simples natureza": basta aparecer a bela Thémire para que ele corra para uma felicidade mais consistente: "É Thémire, sim, Thémire, a mais amável de todas as mulheres: é ela mesma, ela me reconhece, ela me chama. Que jantar faremos em Paris! Adeus, meu rochedo! Adeus, minha pastora! Adeus, meus prados, minhas fontes! Podeis emocionar um coração que não tem paixões; mas prefiro renunciar a vossas delícias do que sufocar o gosto que me arrasta. E, aliás, creio que a vida campestre, se dura mais de oito dias, só é bela na pintura".[58]

Bernis aguentou uma semana. Quanto ao abade Galiani, ele foge em menos de 24 horas. Diderot conta que ele o havia convidado a passar algum

---

57 Bernis, *Réflexions sur les passions et les goûts*. In: *Œuvres completes*, 1741, t.II, p.13.
58 Ibid., p.102.

tempo no campo, e que na tarde mesmo de sua chegada ele fez as malas: "Como, eu lhe disse, caro abade, estais voltando? – Sim, eu volto!, me respondeu. Odeio o campo à morte, e me jogaria no canal se fosse condenado a passar aqui um quarto de hora a mais. Não faltou mais nada para me fazer sentir o quanto a felicidade de um homem diferia da felicidade de outro".[59] É isso também o que Parny descobre numa viagem ao Brasil em 1773. Tendo caído sob os encantos de uma ilha de nome promissor perto do Rio, Ilha do Repouso, proclama sua intenção de ficar ali: "Eu enterraria minha existência ali para sempre; ignorado pelo universo, que eu teria esquecido, passaria meus dias tão serenos que o céu os veria nascer; viveria sem desejos e morreria sem remorsos". Mas eis que ele pensa em Paris, e essa única evocação basta para dissipar seus projetos de vida solitária: "Adeus todos os meus projetos de retiro; a Ilha do Repouso me pareceu mais Ilha do Tédio; meu coração me adverte de que a felicidade não está na solidão".[60]

A SOLIDÃO RAZOÁVEL NA ESPIRITUALIDADE DAS LUZES

Para os filósofos do século XVIII, a acusação da solidão vai de par com a crítica à religião. A insistência do cristianismo tradicional no valor do retiro, da penitência, do ascetismo, da fuga do mundo, do eremitismo, acaba por implantar a imagem do cristão como um ser associal e inimigo da felicidade terrestre. Assim, para Nicolas Fréret (1688-1749), "tudo leva necessariamente à tristeza e à aflição na religião cristã". O verdadeiro cristão é um devoto rude com uma expressão de quaresma, que se recusa a procurar a felicidade na companhia de seus semelhantes; obcecado com sua salvação, só pensa nela; tenta impor uma moral bárbara e tem inveja da felicidade dos mundanos. Sente-se estrangeiro no mundo e refugia-se numa solidão misantrópica: "Um cristão é forçado a fazer abstração das máximas da religião desde que queira viver no mundo; deixa de ser verdadeiramente cristão quando trabalha para sua própria felicidade; perde de vista o céu quando sonha com o dos outros; arrisca-se a ofender a Deus quando tem desejos,

---

59 Diderot, *Œuvres complètes*, op. cit., t.VI, p.438.
60 Parny, *Lettre à mon frère*, septembre 1773. In: *Œuvres completes*, 1808, t.I, p.207.

quando vive na sociedade, que só é própria para acender as paixões, quando ele se permite ter prazeres. Em suma, um bom cristão é um homem de outro mundo e não é feito para este aqui".[61] Definitivamente, "a moral cristã não parece imaginada senão para dissolver a sociedade e para mergulhar novamente no estado selvagem cada um dos membros que a compõem".

A Igreja, bem entendido, contesta essa imagem, sobretudo na primeira metade do século, e se esforça para relativizar seus apelos ao isolamento. Seguindo uma tática experimentada, tenta mostrar que seus adversários se enganam de alvo: o bom cristão não é solitário, é um ser sociável, um homem de sociedade, polido e dotado de boas maneiras, que gosta de companhia. Os numerosos bispos mundanos e abades de corte povoam Versalhes, e os salões não têm nenhuma dificuldade em se conformar a esse modelo. Conquistados pelo espírito filosófico, brilham na sociedade e têm horror da solidão. Mas os autores espirituais mais sérios também argumentam em favor desse cristianismo do convívio. Em 1727, o padre Calmel publica um *Método fácil para ser feliz nesta vida e garantir sua salvação eterna*, programa encantador baseado numa sociabilidade de bom-tom. Em 1741, o abade Claude-François Lambert apresenta "exemplos de uma virtude amável, que pareça ser de uma prática fácil mesmo para quem é comprometido com o mundo por sua condição. As lições que lhes daremos os ensinarão a saber conciliar os deveres do homem de sociedade com os do cristão".[62] E o que dizer do admirável abade Du Préaux, que apresenta em 1750 dois volumes com um título explícito: *O cristão perfeito homem de sociedade, ou A arte de aliar a devoção com a polidez e outros deveres da vida civil, obra que interessa a todo mundo, em que o útil está revestido do agradável e a ficção poética serve de canal para a verdade!*

E não há apenas eclesiásticos para sustentar um cristianismo sociável (por falta de ser social!). Em 1730, a senhora Aubert se entusiasma pelos *Encantos da sociedade do cristão*, que a deixam exaltada: o cristão de hoje não é mais o asceta solitário, mas um perfeito homem de sociedade, empoado e perfumado, de tom suave, conversação brilhante, que reina nos salões e que é adorado pelas damas. Em 1747, o bispo de Pouilly, em sua *Teoria dos*

---

61 Fréret, *Lettres à Eugénie*. In: *Œuvres philosophiques*, 1775, t.II, p.65.
62 Lambert, *Mémoires et aventures d'une dame de qualité qui s'est retirée du monde* apud Mauzi, op. cit., p.186.

sentimentos agradáveis, escreve que só as pessoas perfeitas podem se permitir o luxo de desprezar a felicidade natural que vem da boa companhia. Le Maître de Claville (1670-1740), em seu *Tratado do verdadeiro mérito* (1734), associa a virtude à vontade e à religião. O bom cristão é um homem razoável, que sabe manter o equilíbrio entre o "abuso das mulheres, doença do coração, [e] a renúncia às mulheres, doença do espírito". Stanislas Leczinski, em *O filósofo cristão*, tem também seu método para conciliar cristianismo e vida mundana. Ser um "filósofo cristão" não consiste "em vos tornar selvagem, insensível, inumano". É ainda o que dizem Caraccioli, o abade Trublet, o abade de Gourcy. Ao se racionalizar, o cristianismo do século XVIII chega à conclusão de que, como Deus fez o mundo fonte da felicidade terrestre e o céu para a felicidade celeste, não seria lógico de sua parte excluir mutuamente as duas felicidades. Ora, Deus é lógico: ele é a própria razão. Logo, essas duas felicidades, em vez de se excluírem, se completam. Procurar a felicidade eterna mergulhando na infelicidade terrestre é absurdo. A fuga do mundo para um retiro solitário penoso é uma aberração. Mesmo Massillon zomba disso, e além do mais num sermão sobre João Batista, o modelo do eremita do deserto. Ele, pelo menos, "não era um pecador que, entregue de início às paixões insensatas, quase inseparáveis dos primeiros costumes, veio expiar nos desertos os desvios de uma vida licenciosa. Não era um mundano que, no declínio da idade, cansado das distrações do mundo, e pouco próprio desde então a seus prazeres, procurava um retiro mais como um repouso honroso para sua velhice do que um lugar de expiação de seus crimes. Não era um ambicioso que, desgostoso das injustiças do mundo, do esquecimento e da indiferença de seus mestres, foi esconder suas tristezas na solidão, mais para se queixar dos maus tratamentos do mundo do que para fugir da corrupção e dos perigos".[63] Em outras palavras, aqueles que hoje em dia esperam procurar a solidão sob o pretexto de devoção têm motivos pouco confessáveis. Se se quer realmente levar uma vida solitária, então é melhor se esconder e não ficar exposto às zombarias da sociedade, diz ele em outro sermão revelador de sua hostilidade geral a respeito da solidão devota: "Ah!", Massillon faz seu penitente dizer, "Eu não poderia aparecer em nenhum lugar do mundo onde apontassem para mim como se para um insensato, e que me atormentassem

---

63 Massillon, *Sermon pour le jour de la saint Jean-Baptiste*. In: *Œuvres complètes*, t.VIII, p.115-6.

com ironias e censuras. O partido que tomei de vos servir é tratado como fraqueza e extravagância; ou me condeno a viver só, ou renuncio ao contato com os homens, se não quero mais servir de brincadeira para suas conversas: desde que me mostro, todas as línguas me parecem ocupadas em me ridicularizar; e aqueles que ficam em silêncio me insultam por gestos de desprezo, ainda mais ultrajantes do que os discursos".[64]

Nesse contexto, o eremitismo, ainda tão presente do século XVII, é considerado uma conduta grotesca, uma inconveniência, uma espécie de loucura, de extravagância, de excentricidade de mau gosto. Ocioso e inútil, o eremita se faz então tanto mais raro quanto sua principal justificação, que era até aquele momento o misticismo, é completamente desconsiderada pelo espírito crítico racional do século. Entre os últimos eremitas conhecidos, há Charles Grimminck (1676-1728), Pierre-Joseph Formet (1724-1784) e sobretudo Benoît Labre (1748-1783), encarnação levada até a caricatura do tipo de eremitismo mais contrário ao espírito das Luzes. Nascido na diocese de Bologne, esse simples de espírito tenta no começo a vida cenobítica nas ordens que permitem maior solidão, mas, mesmo entre os cartuxos, mesmo na Trapa, não querem esse deslocado de uma sujeira repugnante. Benoît tira disso sua glória: sua ambição é desde então tornar-se o homem mais desprezado da terra, a escória, aquele que é expulso de todo lugar. E faz tudo para isso: os pés em sangue, vestido de farrapos, rude, soltando um odor insuportável, devorado por piolhos e vermes, ele percorre a França e a Itália à procura de humilhações, que acolhe com um sorriso beato. Não se poderia fazer mais para desconsiderar o eremitismo aos olhos dos filósofos das Luzes. Quando Leão XIII procedeu a sua canonização pelo centésimo aniversário de sua morte, em 1883, foi um imenso estrondo de risadas na imprensa anticlerical a propósito do "piolho canonizado", do "ilustre seboso", do "venerável nojento", "honorável sujo", do "indigente", do "ignóbil preguiçoso", do "imundo *lazzarone*", do "novo Daniel caído na fossa dos piolhos", do "mendigo coberto de vermes", da "bola de sujeira, mesa de anfitrião para piolhos, armário de pulgas, miasma voluntário, fumeiro malcheiroso". Compõem-se preces de invocação, como esta: "Senhor, vós que haveis permitido a vosso servo Benoît Joseph Labre viver como um porco, fazei com que nós possamos

---

64 Ibid., t.XIV, p.9.

sempre manter sobre nosso corpo uma numerosa colônia de pequenos animais nojentos que conduziremos à vida eterna".

O cardeal de Bernis não é um dos menos escandalizados pela vida desse personagem, que morre perto da casa dele, na embaixada da França em Roma. Entre De Bernis e Benoît Labre, entre o prelado esclarecido e mundano e o eremita seboso, o primeiro é, sem dúvida, o mais representativo da Igreja do século XVIII. Contudo, alguns membros do clero, e não dos menores, permanecem fiéis à noção da necessária fuga do mundo, e esse retorno ao espírito de retiro e da solidão se acentua no fim do século. Fénelon, por exemplo, hesita ainda entre sociabilidade e solidão, segundo as circunstâncias. Em sua *Demonstração da existência de Deus*, escreve que "a necessidade convida os homens ao comércio, para oferecer mutuamente o que se lhes falta; e essa necessidade é o laço natural da sociedade entre as nações". Em suas cartas de direção espiritual, ele se mostra estranhamente favorável à frequentação do mundo. A busca da solidão, diz ele, sob o pretexto da busca de Deus, é, de fato, uma busca de si mesmo, e o eu é odioso; deve-se, então, se deixar arrastar pelo turbilhão mundano, escreve ele a "uma pessoa comprometida com o mundo": "É verdade que se deve aproveitar todos os momentos que são livres para se desapegar; deve-se mesmo, de preferência a todo o resto, reservar algumas horas para descansar o espírito e o corpo num estado de recolhimento; mas, para o resto da jornada, que a torrente vos leve apesar de vós mesmo; é preciso se deixar arrastar sem nenhum remorso. Encontrareis Deus neste treino; vais encontrá-lo, Senhora, de maneira tanto mais pura quanto não tereis escolhido essa maneira de encontrá-lo".[65] O que não o impede de dizer exatamente o contrário em uma de suas *Meditações* sobre a fuga do mundo: "Mas o que é o mundo? [...] É esta multidão de amigos profanos que me entretêm todos os dias, que passam por pessoas honestas, que têm honra, que amo e pelas quais sou amado, mas que não me amam de modo algum por Deus. Eis meus mais perigosos inimigos. Um inimigo declarado só mataria meu corpo; estes mataram minha alma. Eis o mundo do qual devo fugir com horror, se quero seguir Jesus Cristo".

Do mesmo modo, os manuais para uso do clero recomendam uma prática moderada da solidão, unicamente como momentos de repouso antes de

---

65 Fénelon, *Œuvres*, t.I, p.565.

voltar para o mundo. Simples conselho prático de bom senso: "Tomai um dia de repouso. É na solidão que a alma repousa, se renova no espírito da graça e da prece, toma novas forças no coração de Jesus para se preparar para uma nova obra [...]. Para aproveitar os homens, não se deve estar sempre com eles [...]. Não se fala de modo mais útil de Deus do que quando já o escutamos na solidão. Foi no deserto que ele formou os profetas e os apóstolos [...]. Oh, doce repouso! Santa solidão! Quantos encantos tendes para uma alma que vos conhece!".[66]

Os apelos à solidão devota têm tendência a se multiplicar ao longo do século, às vezes de forma brutal, como no sermão de Bridaine: "Morrei para o mundo, para vossos pais, vossos amigos, para as criaturas, para vossas paixões e para vós mesmos",[67] mas na maior parte das vezes de maneira controlada e separando as coisas. Não se trata de rejeitar o mundo por ele mesmo, mas unicamente em seus aspectos maus. Assim, o jesuíta Jean Croiset, em 1743, convida cada um a cumprir seus deveres na sociedade: "Todas as nossas devoções devem ser subordinadas aos deveres indispensáveis de vosso estado e de vosso emprego"; mas, ao mesmo tempo, ele exorta a fugir de todas as ocasiões de frequentar o mundo no que ele tem de mais fútil e pernicioso: "Não se pretende dizer que se seja obrigado, para obter a salvação, a abraçar o estado religioso, e a se tornar eremita; nem todos são chamados a esse estado feliz; mas não há ninguém que não seja obrigado a ter horror do espírito do mundo, a renunciar às suas perniciosas máximas e a fugir de uma sociedade que Deus rejeita, e que só é composta de inimigos de Jesus Cristo". Quando há peste, fugimos, "fugimos de tudo, deixamos tudo, refugiamo-nos no campo, banimos as assembleias, nos enterramos na solidão". Ora, o ar do mundo é contaminado por uma peste espiritual. Queixamo-nos dele, mas não o deixamos: "O que se faz hoje em dia? Corre-se, tem-se pressa de preencher a multidão dos escravos do mundo. Geme-se sob um jugo, é verdade; mas o amamos; queixamo-nos de suas correntes, e as multiplicamos; ficaríamos até mesmo desesperados se nos livrássemos delas. Os mundanos são razoáveis?".[68] Eis a marca dos espíritos das Luzes, ou seja, o apelo à

---

66 *La Morale du Nouveau Testament partagée en réflexions chrétiennes pour chaque jour de l'année*. Paris, 1758, t.III, p.335-8.

67 Bridaine, J. *Sermons*. 2.ed. Avignon, 1827. 7 v., t.VI, p.101.

68 Croiset, *Exercices de piété pour tous les jours de l'année*, p.551-2.

razão, posta a serviço da devoção: ser razoável, fugir do mundo, em particular de todas as aglomerações mundanas, ocasiões de pecado, como os bailes, o teatro, a ópera; "não vos contenteis com uma simples resolução; pratiquem-na desde hoje mesmo. Não compareci mais nessas assembleias em que o mundo exibe todo seu luxo e sua mundanidade. Interditai-vos a comédia e a ópera, e não ides mais a essas festas de prazer, armadilha para a inocência".

Nem tudo é absolutamente mau no mundo, mas a prudência aconselha a se afastar dele. É também o que recomenda o jesuíta Pallu em 1740,[69] e mesmo o cavaleiro de Mouhy (1701-1784), autor, em 1736, dos *Novos motivos de conversão para uso das pessoas do mundo*, e, aliás, espião, mestre cantor, claque de teatro, satirista a soldo de Voltaire, escritor prolífico de oitenta volumes de romances leves. Para ele, o apelo ao retiro é, evidentemente, apenas um tema entre outros, um tema que dá lucro. Se quase não se pratica a solidão, gosta-se de falar dela e ler histórias de solitários, para se assustar ou para sonhar com ela. Deus não é o grande Solitário, se pergunta o padre Nonnotte em 1789: "Ele é um porque é só; ele é só porque não existia nada com ele".

AS SOLIDÕES DIFÍCEIS: VELHOS, VIÚVOS E VIÚVAS

Na vida real, a solidão sofrida, involuntária, permanece temida. Num século que tanto cultivou a sociabilidade, estar só é considerado uma situação trágica, principalmente para os velhos, os viúvos e viúvas, os celibatários involuntários. É verdade que o destino dos velhos pais, viúvo ou viúva, não é invejável. Decerto não é raro que os filhos assumam o cuidado com os pais, como mostraram os estudos de David Troyanski.[70] Na vila provençal de Éguilles, perto de Aix, que conta mais ou menos com 2 mil habitantes, dos quais 280 têm mais de 60 anos, registram-se entre estes últimos 27 viúvos e 61 viúvas, e desse total apenas um viúvo e doze viúvas vivem sós. Por outro lado, entre dezesseis adultos celibatários homens e doze mulheres, respectivamente nove e cinco vivem sós. Quando vive na casa dos filhos, o velho pai ou a velha mãe têm quase sempre um quarto particular. Às vezes as viúvas se

---

69 Pallu, *Du Salut, sa nécessité, ses obstacles, ses moyens.*
70 Troyansky, *Miroirs de la vieillesse en France au siècle des Lumières.*

agrupam. Mas esses números não devem enganar: se a maior parte de viúvos e viúvas vive com os filhos, foi porque tomaram a precaução, na ocasião do casamento destes, de assinar um contrato diante do notário prevendo que o jovem casal seria obrigado a alojar e manter o pai ou a mãe que ficassem sós. As condições da manutenção são determinadas de modo detalhado, e os detalhes deixam entrever uma mistura de desconfiança e de espírito prático. Os pais têm medo de uma eventual futura solidão, e se previnem.

Na cidade, a coabitação é mais rara. Em Orange, 30% dos contratos de casamento estipulam que os casados deverão recolher o velho pai ou a velha mãe, mas a proporção é muito menor no norte da França, onde as mulheres idosas em particular estão numa situação muito difícil: em Amiens, em 1767, elas representam 70% dos necessitados vivendo sós na paróquia de Saint--Jacques, 77% dos necessitados da paróquia de Saint-Michel.[71] E a situação se degrada, no decorrer do século, com o aumento da expectativa de vida. Viver por mais tempo quase sempre quer dizer viver por muito tempo só e pobre. Louis-Sébastien Mercier constatou isso em seu *Tableau de Paris* (1783-1788): "A sociedade filantrópica, indo à procura dos octogenários para auxiliá-los, encontrou mais do que teria imaginado; esses octogenários habitam nos cantos do subúrbio onde são alimentados como por milagre; um não sai há oito ou dez anos de um pequeno quarto elevado, e prolonga a vida por meio de pequenos benefícios que lhe chegam de um lado ou de outro; é a caridade (eu gosto de repetir) que sustenta esta cidade imensa; a caridade faz mais sozinha do que os éditos do soberano, as sentenças da polícia, os decretos do parlamento e todas as virtudes políticas reunidas: é o que é demonstrável e que me foi mostrado por trinta anos de observação".[72]

Hospitais e asilos são superlotados. Os registros contêm milhares de casos de extrema indigência provocada pela solidão na velhice, como o da operária viúva de 70 anos, que tem "a honra de vos expor que durante dez anos de viuvez foi trabalhar por dia para ganhar a vida, mas que, há dois anos, sua idade avançada e infelizmente um câncer que tem no seio a impedem

---

71 Engrand, Paupérisme et condition ouvrière dans la seconde moitié du XVIIIe siècle: l'exemple amiénois. *Revue d'histoire moderne et contemporaine*, n.29, 1982, p.376-410.

72 Mercier, *Tableau de Paris*, t.XII, p.63.

de continuar essas diárias, tirando-lhe os meios de subsistir".[73] Numerosas demandas são igualmente enviadas aos asilos por casais que não podem mais manter um pai ou uma mãe idosos.

As mentalidades começam, é certo, a evoluir a partir do meio do século, mas muito lentamente. Enquanto, em 1719, Gérard de Villethierry, em *A vida das viúvas ou Os deveres e obrigações das viúvas cristãs*, ainda convida estas últimas "a mortificar e a crucificar" seu corpo, a "fugir do mundo e procurar a solidão", começa-se a ler, por volta de 1750, opiniões mais positivas sobre a velhice, assimilada, com razão ou não, à sabedoria. O velho, que para La Rochefoucauld era um velho louco, tende a se tornar um velho sábio, logo, útil à sociedade, que deve respeitá-lo e não deixá-lo na solidão. Ele tem direito de viver plenamente sua vida até o fim. A solidariedade entre gerações é ao mesmo tempo um dever e um interesse bem compreendido. É o que dizem Holbach ("a atenção aos filhos ocupou vossa maturidade, mas estes vos devolverão durante vossos velhos dias os cuidados que lhes haveis prodigado durante sua juventude frágil"),[74] e Le Maître de Claville ("que satisfação para o filho dar ao pai em sua velhice os mesmos cuidados que os que recebeu dele durante sua juventude",[75] ou ainda Mirabeau e a senhora Necker. A sensibilidade pré-romântica acrescenta um toque lacrimoso, como nos quadros de Greuze, onde o velho pai é amorosamente rodeado pelos filhos. O artista havia pensado num projeto de escultura representando três personagens mostrando a solidariedade entre gerações, filho, pai e avô, com esta inscrição: "Eu te carreguei, tu me carregas, ele te carregará". De um ponto de vista mais material, os reformadores pré-revolucionários, como Faiguet de Villeneuve, André-Jean de Larocque, Condorcet, fazem projetos para o estabelecimento de um fundo de segurança-velhice. Lavoisier apresenta um "projeto de estabelecimento de um fundo de beneficência cujo objeto seria assegurar aos velhos e às viúvas auxílios contra a indigência".[76]

O caso das viúvas solitárias pobres é, sem dúvida, o mais trágico. Ora, elas são relativamente numerosas, pois para elas um novo casamento é muito problemático. Tradicionalmente, a Igreja é hostil a isso, e força a viúva

---

73 Apud Troyansky, op. cit., p.188.
74 D'Holbach. *Système de la nature*, 1770. t.II, p.411.
75 Claville, *Traité du mérite de l'homme considéré dans tous les âges et dans toutes les conditions*, p.388.
76 Lavoisier, *Œuvres*, t.VI, p.238.

a ir para um retiro de devoção antecipado, erigindo em modelo a "santa viúva", reiterando as severas críticas dos Padres, como São Jerônimo, contra as segundas núpcias. O clero recusa a bênção nupcial às mulheres que se casam de novo, e o casal é duramente tratado nos "charivaris". Além disso, a idade média da viuvez sendo 40 anos, a mulher do século XVIII nessa idade já perdeu muito de sua sedução; aproximando-se da menopausa, ela oferece pouca esperança de ter uma progenitura, e, se também for pobre, seu caso é desesperador. Os casamentos de viúvas são muito mais raros do que o dos viúvos, e a taxa diminui no decorrer do século. Em Vernon, em uma amostra de 4.990 viúvos e viúvas, entre 1700 e 1839, 22,1% das viúvas se casam de novo, contra 37,1% dos viúvos, e no fim do período a porcentagem das viúvas que contratam segundas núpcias não é mais do que 14,4%.[77] Na faixa de 50-59 anos, somente 7,9% das mulheres se casam de novo. É preciso acrescentar às viúvas o caso das mulheres separadas oficialmente do marido pelo processo de separação dos cônjuges, prevista pelo direito canônico por adultério, heresia, feitiçaria, maus-tratos graves, entrada para a vida religiosa. Os casos são mais frequentes na alta sociedade, mas no total a sociedade do Antigo Regime conta com um número bem importante de mulheres sós. Se para algumas é uma possibilidade, como veremos, para a maioria delas a solidão é uma situação dramática. Algumas vivem na casa dos filhos; outras praticam a corresidência com outros membros da família ou com amigas: é o caso de 18,7% delas em 1776. Scarlet Beauvalet-Boutouyrie, em seu estudo pioneiro sobre o assunto, *Ser viúva no Antigo Regime*,[78] mostrou que, se os motivos econômicos não estão ausentes, é sobretudo "o desejo de não ficar sozinha" que leva essas mulheres a viverem juntas.

Outra solução para atenuar a solidão: dedicar-se ao serviço de pobres e doentes nos hospitais. Lá elas encontram seus semelhantes entre os pacientes. Com efeito, o hospital é o último recurso das viúvas pobres, dos mendigos, das velhas prostitutas. Na Salpêtrière, as mulheres sós de mais de 50 anos representam 60% das pensionárias, e as fichas de entrada trazem com frequência a menção: "Mulher idosa miserável, viúva, sem filhos". Ali se cuida do mal com o mal, a solidão é ainda maior: as autorizações de saída são raras.

---

77 Beauvalet-Boutouyrie, *La Solitude...*, op. cit., p.106.
78 Id., *Être Veuve sous l'Ancien Régime*, op. cit.

Se a mulher sozinha tem algum bem, ou alguma renda, ela pode alojar sua solidão num convento. Se ela tem meios, pode fazer-se acompanhar por uma camareira. Entre os numerosos casos estudados por Scarlett Boutouyrie, o da senhora de Grafffigny é bastante representativo. Mulher letrada, cultivada, viúva aos 30 anos, vive por um tempo na corte de Lorraine, mas, em 1736, sua situação financeira se degrada, e ela acaba por encontrar refúgio em 1740 nas Filhas de Santa Elisabeth, na Rua do Templo, em Paris. Pouco dada à religião, ela se entedia muito nos ofícios: "Há duas horas estou vendo tolices", ela escreve a Devaux. A companhia das religiosas não é das mais alegres, entre "uma imbecil que vestiu o hábito" e "a mais feia pudica que Deus tem em seu serralho". A chegada de uma nova pensionária, a senhora Gouyon de Marcé (1682-1767), viúva, não a agrada nada: "É uma pudica de marquesa que tem 40 anos, 40 mil libras de renda, sem filhos, nada devota, e que se mete num convento". O que ela vem fazer aqui? "Ah, como estou cansada, entediada!", ela se lamenta. "Serei sozinha, mas só [...]. Como não desejo mais nenhum prazer e não sou capaz de vegetar tristemente, isso me dá uma grande pena de mim mesma. Se eu tivesse uma folga!" Em 1741, ela se muda para as Bernardinas do Precioso Sangue, na Rua de Vaugirard, onde o aluguel é mais baixo. Expulsa em maio de 1742, instala-se com mais duas amigas na Rua São Jacinto: "Enfim, estou só, num apartamento meu, e que me agrada", ela escreve. A senhora de Graffigny não é exatamente uma viúva alegre, mas a solidão lhe permite levar uma vida independente, financiada por pequenos tráficos, expedientes astutos e o jogo.

A SOLIDÃO FEMININA: UMA POSSIBILIDADE?

De modo geral, e com a condição de ter renda suficiente, a solidão é mais bem-aceita pelas mulheres do que pelos homens. Enquanto a mulher casada é inteiramente dependente do marido, a mulher viúva ou celibatária se beneficia de uma total liberdade, e não é de surpreender que muitas delas escolham o celibato, apesar da imagem pouco agradável que já é veiculada na sociedade da expressão "solteirona", e que é consagrada tanto pelos dicionários quanto pelos moralistas e pelos médicos. Para o *Dicionário universal* de Furetière, "Moça: se diz do estado daquela que não é casada [...]. É pena que essa pessoa queira permanecer moça toda a sua vida; uma solteirona faz uma má figura no mundo". Em 1788 é traduzida em francês a obra do inglês W. Hawley, *Ensaio satírico e divertido sobre as solteironas*, onde se pode ler que "a solteirona pode com frequência ser comparada, não somente à mosca solitária, mas àquela, nos dias brumosos do outono, que não tem mais força para arrastar um corpo pesado, que suas asas não podem suportar". Para os médicos, a solteirona que permanece virgem está sujeita a distúrbios mentais, que mais tarde serão chamados de neuroses. Contudo, segundo as regiões, entre 10% e 20% da população feminina guarda o celibato definitivo, 13% na Noruega, 23% na Islândia, um pouco mais de 10% na França, proporção que só aumenta no decorrer do século: 6,6%, entre 1690 e 1694, 11,8% entre 1765 e 1769. A taxa é sempre muito mais elevada na cidade do que no campo, e nas cidades ricas mais elevadas do que nas pobres, em razão do grande número de domésticas. Em Paris, as mulheres celibatárias representam 16% a 19% do efetivo feminino adulto. Em Viena (Áustria), 56,2% das mulheres adultas são celibatárias ou viúvas.[79]

Celibato escolhido ou forçado? Para Antoinette Fauve-Chamoux e Richard Wall, "entre as mulheres, sobretudo na cidade, o celibato parece uma consequência desfavorável do jogo social: as solteironas perderam a renda do casamento, por falta de dote, de escolha suficiente ou por falta de um bom intermediário que lhes tenha dado num bom momento acesso a uma rede de desposáveis. Pois um homem desposa, enquanto uma moça, em princípio, é desposada. O casamento não é uma questão individual, mas um fenômeno social, qualquer que seja o grupo considerado. As mulheres sós das cidades, operárias, imigradas e desenraizadas o aprendem às próprias custas".[80] Logo, celibato suportado, nas classes populares. Mas a constatação é muito diferente nos meios favorecidos, nobreza, burguesia magistrada e de talentos, em que as mulheres têm a vantagem dos meios de existir por e para elas mesmas. Elas têm consciência disso, e para algumas a escrita é um meio de afirmar sua vontade de levar uma vida se não estritamente solitária, pelo menos independente.

---

79 Para as estatísticas, ver Hajnal, European marriage patterns inperspective. In: *Population in History: Essays in Historical Demography*.

80 Bardet; Dupâquier (Dir.), *Histoire des populations de l'Europe*, t.I, p.364.

DO MUNDANO AO "CAMINHANTE SOLITÁRIO"

Uma das primeiras é Gabrielle Suchon, celibatária por vocação, que, em 1700, em *Do celibato voluntário ou a vida sem compromisso*, detalha as vantagens oferecidas para a mulher nesta situação: a liberdade de escolha de suas ocupações, a possibilidade de fazer grandes coisas. A senhorita de Louvencourt, nascida em 1747 em uma família nobre de Picardia, faz voto de castidade, mas se recusa a entrar numa ordem religiosa. Outras, que foram casadas, louvam igualmente a solidão. A senhora de Lambert aconselha à filha em 1748: "Faça uso de solidão. Nada é mais útil nem mais necessário para enfraquecer a impressão que os objetos sensíveis fazem sobre nós. É preciso, pois, de tempos em tempos, retirar-se do mundo, colocar-se à parte".[81] Mas trata-se aqui de retiros ocasionais. A senhora de Puisieux é mais radical: "Todas as mulheres que não podem viver tranquilas com o marido" devem se retirar num convento. Lá se está muito bem: "A maioria considera o convento o lugar mais tedioso do mundo, e se enganam [...]. Aqui uma mulher não presta contas de suas ações a ninguém e, por pouco que tenha cuidado em não ferir em nada as regras, pode viver feliz e sobretudo tranquila".[82] A senhora d'Épinay proclama: "Minha divisa é a liberdade". A senhora de Benouville preconiza um "desapego geral". Quanto à muito douta senhora du Châtelet, que vive separada do marido, ela consegue a proeza de arrastar Voltaire com ela para uma solidão a dois, no castelo de Cirey, perto de Chaumont, em 1735. A sobrinha de Voltaire, senhora Denis, fica espantada: ela crê que o tio está perdido para o mundo, recluso num eremitério laico, onde é retido pelo duplo amor, pelo estudo e por uma mulher, como um novo Ulisses prisioneiro de uma nova Calipso. Ela se desespera ao vê-lo enterrar-se nessa solidão: "Eu o creio perdido para todos os amigos. Ele está ligado de maneira tal que me parece quase impossível que possa quebrar suas correntes. Eles estão numa solidão assustadora para a humanidade. Cirey fica a quatro léguas de qualquer habitação, numa região em que só se veem montanhas e terras incultas, abandonados pelos amigos e não tendo quase nunca alguém de Paris. Eis a vida que leva o maior gênio de nosso século, na verdade, face a face

---

81 Mme de Lambert, *Avis d'une mère à sa fille*. In: *Œuvres*, p.59.
82 Mme de Puisieux, *Conseils à une amie*, p.126.

com uma mulher de muita inteligência, muito bonita e que emprega toda a arte imaginável para seduzi-lo".[83]

Há ainda a senhora du Deffand (1697-1780), um dos temperamentos mais solitários e mais melancólicos do século, sendo, ao mesmo tempo, de uma extrema prolixidade epistolar, o que nos vale preciosas confidências. Casada aos 21 anos com o marquês du Deffand, do qual se separa rapidamente, ela leva uma vida muito independente, e se fixa aos 50 anos no Convento de São José, na Rua Saint-Dominique, em Paris. Sua abundante correspondência, principalmente com o inglês Horace Walpole, revela uma mulher de temperamento pascaliano, sem a dimensão religiosa: ela procura e foge da solidão, que a atrai e lhe assusta, porque teme estar consigo mesma, confrontada com o pensamento trágico do destino, não podendo escapar, mesmo em sociedade, desse sentimento de isolamento. Sentimento de uma trágica solidão no meio da multidão, que ela relata numa carta de 20 de outubro de 1766: "Ontem à noite, eu admirava a numerosa companhia que estava em minha casa; homens e mulheres me pareciam máquinas de molas, que iam, vinham, falavam, riam, sem pensar, sem refletir, sem sentir; cada um fazia seu papel por hábito [...] e eu estava mergulhada nas mais sombrias em reflexões; pensava que havia passado minha vida me enganando [...] e que talvez não me conhecia a mim mesma".[84] A senhora du Deffand se aborrece em companhia: "Minhas ceias de domingo são deploráveis, eu pensava ontem; eu me atormento quando há muita gente, éramos doze, não havia ninguém que eu escutasse e eu não tinha vontade de escutar, e, no entanto, confesso, prefiro isso a ficar só".[85] Pois eis o que acontece quando ela está só: "Tomo aversão por toda espécie de leitura, quebro minha cabeça de tanto refletir, me examino, me disseco, e fico, com mais razão do que vós, muito pouco contente comigo, e na verdade tenho mais dificuldade em me suportar do que de suportar os outros".[86] Ela vive tanto pior que não pode escapar disso, mesmo estando em companhia. Definitivamente, o que ela rejeita é a existência: "Ignorais que detesto a vida, que fico desolada de ter vivido tanto, e não me consolo de ter nascido? Não sou feita para este mundo; não sei se há outro; no caso de haver

---

83 Besterman (org.), *Lettres de la marquise du Châtelet*, maio 1738.
84 Du Deffand, *Lettres de Madame du Deffand*, p.153.
85 Ibid., 21 mar. 1768, p.216.
86 Ibid., 27 maio 1777, p.816.

outro, qualquer que ele possa ser, eu o temo. Talvez não se fique em paz nem com os outros nem consigo mesmo; contrariamos todo mundo".[87]

INFELIZES OS CELIBATÁRIOS

Se o celibato pode ser uma possibilidade para as mulheres financeiramente independentes, para os homens ele é quase sempre mal vivido. A menos que seja eclesiástico, o celibatário tem má reputação. A literatura o apresenta como ridículo ou infeliz, ou os dois ao mesmo tempo, pelo menos quando ele atinge a "última estação": "O celibato convém enquanto não se é velho/ na última estação ele se torna tedioso", diz um personagem do *Solteirão*, uma comédia de Pierre-Ulric Dubuisson, em 1783. Nessa peça, o solteirão, Gercour finge em público zombar do casamento, mas em privado ele sofre de solidão. Seu sobrinho, Dorval, descreve assim sua triste situação:

[...] é este o triste caráter
De um rapaz envelhecido, de um solteirão
Que começa a sentir que um sistema enganador
Só pode, aos 60 nos, fazer sua infelicidade.
De um coração que se fere o vazio assustador
Nele no presente o torna insuportável.[88]

É igualmente sob uma luz pouco elogiosa que, em 1761, Vilorié, em *Os solteirões*, descreve dois celibatários sexagenários, e, em 1775, numa comédia de Claude-Joseph Dorat, *O celibatário*, os amigos do personagem central, Terville, lhe aconselham o casamento:

Eh, não te vanglorias de ter um caráter
Crês que isso é ser celibatário?
Puro desvio do espírito, abuso da razão,
Preparando os aborrecimentos da última estação.

---

87 Ibid., 23 maio 1767, p.184.
88 Dubuisson, *Le Vieux garçon*, I, 1.

Em 1792, Collin d'Harteville, em *O solteirão*, põe em cena um personagem associal, malvestido, ridicularizado por seus criados.

Os filósofos estão notavelmente de acordo sobre esse ponto, mas o celibatário Jean-Jacques Rousseau, a quem não basta uma contradição, escreve um tratado de educação após ter abandonado seus cinco filhos naturais, e recusa-se a casar ao mesmo tempo que escreve, na *Nova Heloísa*, que "o homem não é feito para o celibato, e é bem difícil que um estado tão contrário à natureza não traga alguma desordem pública ou escondida". O casamento é quase um dever cívico, confirma Diderot. A partir do momento em que o homem vive em sociedade, ele deve contribuir para a perpetuação da espécie, e o celibatário é uma espécie de parasita perigoso caracterizado "pela imprudência, pela misantropia, pela leviandade e pela libertinagem".

O *Jornal Enciclopédico* traz água para o moinho matrimonial: a solidão na qual o solitário está mergulhado favorece a eclosão de pensamentos criminosos, e explica por quê: "Parece que há uma verdadeira razão física que leva os celibatários ao mal e à maldade, exclusivamente para com os outros cidadãos. O celibato torna o homem isolado, e o põe, por assim dizer, sempre diante de si mesmo. Esse excesso de reflexão o lança necessariamente no tédio de sua existência, em ideias sombrias e abstratas, numa misantropia funesta a ele mesmo e aos outros, já que o objeto mais agradável a longo prazo o desgosta, quando é considerado com excessiva continuidade, porque uma extrema atenção faz conhecer melhor seus defeitos".[89] Por exemplo, todos os grandes assassinos, Jacques Clément, Jean Châtel, Ravaillac, Damiens e todos os bandidos de estrada, como Cartouche e Mandrin, eram celibatários. Além disso, na Inglaterra, a metade dos homens atingidos do "cansaço de viver", do *taedium vitae*, que os conduz ao suicídio, é também celibatária. Está dito: o celibato é um "costume bárbaro", uma "privação injusta e criminosa contrária aos planos da divindade, às leis da natureza e da razão, à boa ordem, aos bons costumes, ao patriotismo, à sã política, à felicidade dos cidadãos". Sem contar que, acrescenta Jean-Baptiste Moheau, se não sois casado, quem vai se ocupar dos "cuidados com a casa" e dos "atrativos da sociedade"?

---

89 *Journal Encyclopédique*, 1771, p.441.

DO MUNDANO AO "CAMINHANTE SOLITÁRIO" 311

Casemo-nos, pois. O apelo não é ouvido. Todas os números o confirmam: a proporção de celibatários definitivos não para de aumentar no decorrer do século XVIII, notadamente em razão do crescimento demográfico, que provoca a fragmentação das heranças, o que não permite mais aos homens manter uma família. Eles renunciam pois ao casamento. Na França, além dos eclesiásticos, o número de celibatários masculinos definitivos passa de 4,8%, entre 1690 e 1694, para 8,5% entre 1765 e 1769. Em Estrasburgo em 1774, 31% dos homens de mais de 16 anos são celibatários; em Paris, 35%.[90] Só no exército contam-se de 150 mil a 160 mil celibatários.[91]

A Revolução tentará, por diversos meios, encorajar o casamento: multando os celibatários, submetendo-os ao serviço militar. Poncet de la Grave, em 1801, em suas *Considerações sobre o celibato*, sugere estigmatizá-los fazendo-os usar um sinal distintivo, pois eles são "indignos de ser membros da sociedade". Um dos principais obstáculos ao casamento é a impossibilidade de se divorciar, pensam os celibatários Robespierre, Saint-Just, Bouchotte. Este último, um dos principais artesãos de lei que legalizava o divórcio, recusa-se todavia a tentar a aventura matrimonial.

Pode-se dizer que o celibato não é necessariamente a solidão. Certo. É entretanto uma situação que a favorece, tanto mais que, para os homens, mais do que para as mulheres, "o celibato parece resultar de condutas fracassadas: ausência de patrimônio, herdado ou constituído, incapacidade ou recusa de enfrentar obrigações familiares",[92] o que quer dizer que o celibatário se encontra de fato excluído da sociabilidade comum. Na Inglaterra, são a eles clubes, a fim de atenuar sua solidão: desde 1650, o Rota Club, no café de Turk's Head. No século XVIII, um dos mais pitorescos é o Ugly Face Club (Clube dos feios), de Liverpool, reservado aos que tem "alguma coisa de bizarro, notável, curioso ou fora da norma", e, por essa razão, se encontram isolados.[93]

---

90 Bologne, *Histoire du célibat et des célibataires*, op. cit., p.161.
91 Corvisier, Célibat et service militaire au XVIIIe siècle. In: *Mesurer et comprendre. Mélanges offerts à Jacques Dupâquier*.
92 *Histoire des populations de l'Europe*, op. cit., p.364.
93 Clark, *British Clubs and Societies, 1580-1800: The Origins of an Associational World*.

ESTUDO E SOLIDÃO

Século da sociabilidade, o século XVIII tem dificuldade para dar um lugar para a solidão. Exceto num domínio: o estudo, que engloba a leitura, a pesquisa, as ciências, a arte e a literatura. Mas mesmo nesse caso há reticências. Se Bolingbroke, em sua *Carta sobre o verdadeiro uso do retiro do estudo*, de 1752, associa os dois domínios com um "estado de liberdade sob as leis da razão", Blondel estima, ao contrário, que é preciso associar estudo e sociabilidade, pois "alguém que só viu livros é muitas vezes um selvagem; assim como alguém que não viu o mundo é um tolo".[94] É também o que pensa Vauvenargues: não é necessário ser um eremita para estudar. É mesmo desaconselhável: "Raramente o estudo é útil quando não é acompanhado do contato com o mundo. Não se deve separar as duas coisas: um nos ensina a pensar, o outro a agir; um a falar, outro a escrever; um a dispor nossas ações e outro a torná-las fáceis. O uso do mundo nos possibilita ainda pensar naturalmente, e o hábito das ciências pensar profundamente".[95]

Contudo, a maioria dos autores está pronta a fazer uma exceção em sua visão negativa da solidão, em favor das pessoas de estudo. Mesmo Moheau, que fica desolado com a baixa da natalidade em suas *Investigações e considerações sobre a população da França* (1778), admite que as grandes ações e as grandes obras são devidas a solitários, em particular aos celibatários: "A maioria dos monumentos devidos à generosidade de particulares é obra de celibatários. É nessa classe que se encontram as ações de maior coragem, o desprezo pela vida, os sentimentos generosos pelos quais o homem parece elevar-se acima da humanidade. Enfim, é aos celibatários que se devem principalmente as obras-primas do espírito e as invenções nas ciências; e, em tudo, esse tipo de homens parece mais capaz de escrever, de fazer e de produzir grandes coisas". Por quê? Porque "como os atletas se privam dos prazeres sexuais para conservar toda a força do corpo, os homens que não têm intimidades com mulheres conservam um caráter mais másculo, mais vigoroso, mais capaz de grandes sacrifícios e de grandes esforços: pode-se até mesmo dizer que seu

---

94 Blondel, *Loisirs philosophiques*, p.15.
95 Vauvenargues, *Œuvres*, t.I, p.46.

DO MUNDANO AO "CAMINHANTE SOLITÁRIO"   313

espírito é mais nervoso, suas ideias mais ousadas, seus estudos e suas meditações mais contínuos e mais profundos".[96]

O estudo se faz de início nos livros. O homem das Luzes é ávido pela leitura. Em todo lugar a alfabetização progride, escolas e colégios se multiplicam, os números das edições explodem, a despeito ou talvez graças à censura, que estimula a produção de literatura clandestina. As bibliotecas se ampliam, algumas tornam-se fabulosas. Nas cidades francesas, mais de um terço dos inventários mencionam desde então livros, e, se a nobreza magistrada ainda domina, categorias mais amplas se abrem para a cultura escrita.

É certo que a leitura pode ser um fator de sociabilidade, levando os homens a se encontrarem nas bibliotecas públicas – o *Novo suplemento à França literária* de 1784 assinala em dezesseis cidades francesas, das quais dezoito em Paris –, nos gabinetes de leitura, nos gabinetes literários, nas academias de província, mas é antes de tudo a leitura silenciosa e solitária que se aproveita desse gosto. Seja leitura de lazer ou de estudo, o livro se torna, no século XVIII, um poderoso fator de isolamento do indivíduo. A pintura é um bom revelador disso. Nos retratos do século XVII, o livro é apenas uma parte do cenário: livros grandes e pesados, negligentemente postos no chão ou sobre uma mesa, atestam o poder e o saber do homem importante. No século XVIII, multiplicam-se os retratos de homens e mulheres lendo, concentrados em sua leitura, isolados fisicamente e mentalmente de seu meio. É uma leitura de intimidade, de obras manejáveis, de tamanho pequeno, ancestrais do nosso livro de bolso, que se pega com uma mão. A *Jovem lendo* de Fragonard é como o ícone dessa leitura solitária, que pode incitar o espírito a se fechar sobre si mesmo numa intensa meditação, ou a se evadir pela imaginação, como nos quadros de Jeaurat, *Cena do interior*, e de Baudouin, *A leitura*, no qual uma mulher jovem, langorosa de modo sugestivo, o olhar revirado, acaba de pousar o livro, perturbada por uma passagem erótica. Outros leem de pé ou andando, no jardim ou na prisão, como em *Camille Desmoulins na prisão*, de Hubert Robert, a propósito do qual Roger Chartier e Daniel Roche escrevem que "a representação da leitura solitária atinge um ponto limite: num isolamento forçado e absoluto, o livro se torna companhia de infortúnio. [...] Lido enquanto se anda, ele introduz na clausura

---

96 Moheau, *Recherches et considérations sur la population de la France*, p.79.

carcerária a memória do mundo exterior e fortalece a alma numa sorte contrária e injusta. Numa modalidade laicizada, essa representação do fim do século se encontra com a iconografia da leitura espiritual, na qual um leitor (com frequência São Jerônimo ou São Paulo), num retiro voluntário, investe seu ser no texto decifrado com uma atenção reverencial".[97] No século XIX ainda, o pintor Ernest Meissonnier (1815-1891), sente necessidade de vestir seus elegantes leitores com roupas do século XVIII: o *Leitor negro*, ou *Leitor perto de uma janela* (1853), e o *Leitor branco*, de pé, encostado a uma mesa. Absorvidos em sua leitura, são magníficas ilustrações da leitura solitária praticada pelas elites das Luzes.

Em todos os casos, o livro se torna um substituto da presença humana. Ele cria a solidão e permite ao mesmo tempo escapar dela ou suportá-la. O leitor solitário está fisicamente só e ao mesmo tempo no meio dos outros pela imaginação. A esse respeito, a *Viagem em volta do meu quarto*, de Xavier de Maistre, de 1794, é inteiramente revelador dessa dupla função da leitura solitária, que, num espaço reduzido, traz liberdade e independência, abre as portas do mundo inteiro pela solidão: "Empreendi e executei uma viagem de 42 dias em volta do meu quarto [...]. Meu coração experimenta uma satisfação inexprimível quando penso no número infinito de infelizes aos quais ofereço um recurso contra o tédio, e uma amenização dos males que sofrem. O prazer que se encontra em viajar em seu quarto está ao abrigo da inveja inquieta dos homens, é independente da fortuna. É preciso ser, com efeito, bem infeliz, bem abandonado, para não ter um reduto cômodo onde possa se retirar e se esconder de todo mundo?".[98] *A viagem em volta do meu quarto* é um pouco o anti-Pascal: Sim! Pode-se muito bem "ficar em repouso num quarto", com a condição de ter um bom livro: "Oh, doce solidão, conheci teus encantos com os quais excitas teus amantes. Maldito seja aquele que não pode estar um dia da vida sem experimentar o tormento do tédio, e que prefere, se for preciso, conversar com tolos a conversar consigo mesmo".[99] Para Xavier de Maistre, a reclusão em seu quarto não significa absolutamente, aliás, fuga do mundo ou misantropia. Como homem do século XVIII, ele não esquece

---

97 *Histoire de l'édition française*, op. cit., t.II, p.544.
98 Maistre, *Voyage autour de ma chambre*, p.1.
99 Id., *L'Expédition nocturne autour de ma chambre*, p.22.

de dar lugar à sociabilidade: "Quero ser eremita apenas pela manhã; à tarde, amo rever faces humanas".

O irlandês Edmund Burke (1729-1797) também defende, no fim do século, uma solidão em tempo parcial, em seu tratado *Do sublime e da beleza*: "A solidão completa e absoluta, ou seja, a exclusão total e perpétua da sociedade é o maior sofrimento que se possa imaginar [...]. Uma boa companhia, uma conversa animada oferecem ao espírito um grande prazer; por outro lado, uma solidão temporária é em si mesma agradável. Isso mostra que somos criaturas destinadas tanto à contemplação quanto à ação, já que a solidão tem seus prazeres assim como a sociedade [...]. Uma vida inteira de solidão contradiz a finalidade de nosso ser, e inspira um terror quase tão grande quanto a própria morte".[100] O inglês William Cowper (1731-1800) também não chega a se decidir. Ele atribui a Alexandre Selkirk, o náufrago que serviu de modelo para Robinson Crusoé, estes versos que refletem o horror da solidão absoluta:

Oh, solidão! Onde estão os encantos
De que os sábios te revestiram?
É melhor viver na confusão
Que num lugar perdido.

A solidão, sim, mas com a condição de poder falar dela: "Como a solidão é doce, tão doce! Mas dai-me um amigo em meu retiro, a quem eu possa murmurar: 'Como a solidão é doce'".[101]

RUMO À SOLIDÃO PRÉ-ROMÂNTICA

Uma solidão propícia às efusões emocionais e sentimentais: é essa direção que se toma nesse fim do século XVIII, em que o excesso de sociabilidade e de razão produz uma espécie de cansaço nas almas sensíveis, que buscam um retiro protetor. Mas as Luzes passaram por aí: se os pré-românticos pedem

---

100 Burke, Society and solitude. In: *On the Sublime and Beautiful*, seç.XI, p.39.
101 Cowper, *Retirement*, 737-739.

a solidão, não é para nela encontrar Deus, é para exprimir suas paixões em uma natureza viva, de acordo com seu estado de alma. Passa-se da solidão mística do eremita ascético à solidão panteísta do caminhante solitário.

A transição se efetua por intermédio de uma reinterpretação da solidão religiosa. Esta não era, aliás, sempre devota: imaginemos a horrível solidão na qual viveu o vigário Jean Meslier (1664-1729) durante quarenta anos, obrigado a manter em segredo seu ateísmo, realizando ao mesmo tempo sua tarefa sacerdotal, ensinando a fé ao público e redigindo enfurecidamente sua *Memória* antirreligiosa, no segredo do seu presbitério. Ele se abre a esse respeito numa carta póstuma a seus paroquianos: "Eu tinha o desprazer de me ver nesta deplorável necessidade de agir e falar inteiramente contra as minhas próprias opiniões, tinha o desprazer de vos entreter nos erros tolos e nas vãs superstições e idolatrias que eu odiava [...]. Por isso, eu odiava muito todas essas funções inúteis de meu ministério e particularmente todas essas celebrações idólatras e supersticiosas da missa, e essas vãs e ridículas administrações de sacramentos que eu era obrigado a vos fazer [...]. Estive cem vezes a ponto de explodir minha indignação, quase não podendo mais nessas ocasiões esconder meu ressentimento, nem reter em mim mesmo a indignação que sentia".[102]

Meslier não é um caso isolado. A opressão religiosa e monárquica do Antigo Regime força muitos espíritos livres à dissimulação e, logo, a uma solidão extrema. Na maioria dos casos, contudo, a solidão do presbitério ou do convento permanece uma solidão de refúgio, e esse aspecto é assinalado por muitos autores melancólicos, precursores da sensibilidade romântica: o convento é um asilo para os feridos pela vida. Aqueles que perderam um ser querido, um grande amor, podem vir "se enterrar" nesses "túmulos", sem necessariamente se voltar para Deus. A literatura de ficção, os romances da senhora de Tencin, do abade Prévost, de Jean-François Bastide, de Baculard d'Arnaud, de Simonet de Maisonneuve, de Dorat, estão cheios de histórias de retiro no convento por motivos puramente sentimentais. Alguns se preparam mesmo para uma solidão *post-mortem*, fugindo da promiscuidade dos cemitérios. Para os espíritos esclarecidos, é melhor uma solidão eterna na natureza do que a vizinhança, mesmo silenciosa, dos mortos supersticiosos

---

102 Meslier, *Œuvres de Jean Meslier*, t.I, p.32-3.

que se amontoam em torno das igrejas. Desde a primeira metade do século, os ricos proprietários ingleses são enterrados em seus parques; em 1750, Voltaire, tendo passado por Clèves, observa com curiosidade o túmulo de um príncipe de Nassau, "no meio dos bosques", numa "bela solidão", no flanco de uma "colina coberta de alamedas de árvores, numa leve inclinação". A moda se difunde na Alemanha, depois na França, ilustrada pelo caso famoso de Rousseau em Ermenonville e de Chateaubriand no rochedo do Grand Bé, em Saint-Malo.

Mas por que esperar a morte para gozar da solidão? Nos primeiros decênios do século XVIII, muitas obras preparam uma mudança de atmosfera. Se *As estrofes cristãs: o filósofo solitário*, de La Briantais-Pointel, de 1731, permanecem marcadas pela concepção tradicional de uma solidão cristã, o livro de Pierre-Augustin de Beaumanoir, cavaleiro de Cramezel, *As delícias da solidão, ou reflexões sobre as matérias mais importantes para a verdadeira felicidade do homem*, de 1752, já marca uma reabilitação da solidão natural, que é confirmada em 1770 por Gabriel Seigneux em *O sábio na solidão* Loaisel de Tréogate, em 1783, em *Dolbreuse, ou o homem do século trazido à verdade pelo sentimento e pela paixão*, em 1786 por Henri Feucher, cavaleiro d'Artaize, em suas *Reflexões de um jovem* e, em 1788, por Bernardin de Saint-Pierre em *Paulo e Virginia*, pequeno romance que ele insere em seus *Estudos sobre a natureza* e que foi um verdadeiro sucesso: "Uma ilha no fim do mundo, um litoral desconhecido nas longínquas terras da África, uma gruta rodeada de rochas inacessíveis, um deserto vegetal, um asilo onde reinam a calma e o repouso: para Bernardin, o lugar solitário é um lugar protegido e que protege",[103] escreve Pierre Naudin.

Uma das obras que mais contribuíram para difundir a nova sensibilidade é *As noites*, de Edward Young (1684-1765). Esse capelão anglicano, retirado em seu presbitério, celebra em 24 "noites" os benefícios da solidão, que engendra os grandes pensamentos, o gênio, a virtude: "Os pensamentos másculos da virtude, os nobres ímpetos do gênio, os ruidosos transportes de um coração sensível estão perdidos para o homem que crê que estar só é uma solidão".[104] A multidão, ao contrário, é um obstáculo para a grandeza, a virtude e o repouso: "A virtude, tão delicada quanto bela, não pode

---

103 Naudin, *L'Expérience et le sentiment de la solitude de l'aube des Lumières à la Révolution*, p. 474.
104 Young, *Les Nuits*, t.I, p.190.

se misturar com a multidão sem que sua constituição frágil e terna não sofra [...]. O ruído, o movimento, a luz, os concursos tumultuosos da multidão de objetos e homens, tudo espalha e dispersa nossos pensamentos para fora de nós [...]. Ah! A segurança está sempre longe da multidão. Por isso os sábios receberam da natureza um instinto que os leva para o retiro, e os faz ansiar depois pela sombra e pela solidão". "Eu vos saúdo, momentos solitários, restos preciosos do tempo, salvos da devastação dos dias."[105]

ROUSSEAU, O "CAMINHANTE SOLITÁRIO"

A obra de Young, traduzida em francês em 1783 por Le Tourneur, é desprezada por Voltaire e aclamada por Rousseau, o que não nos surpreenderá. Jean-Jacques Rousseau (1712-1778) é a encarnação da solidão, do sofrimento, de suas alegrias e de suas ambiguidades. De certo modo, toda a sua vida e toda a sua obra trazem essa marca. Solidão psicológica, intelectual e ontológica. Rousseau é um pascaliano revoltado. Muito cedo ele toma consciência da solidão como componente fundamental da existência humana, no sentido em que a realidade de cada indivíduo é incomunicável: o que somos para os outros nunca corresponde ao que somos para nós mesmos; o que os outros veem é nossa máscara, e não escolhemos essa máscara, e é impossível nos desfazer dela. Por trás dessa máscara, somos todos solitários, desconhecidos, fora do alcance uns dos outros. No teatro da vida em sociedade, a maioria dos atores aceita esse desdobramento e acaba por coincidir com sua máscara, com o papel que lhe atribuem. Eles nem mesmo têm consciência de sua solidão. Rousseau recusa essa perda de consciência. Ele quer ser senhor de sua máscara, quer que os outros o vejam tal como ele é ou imagina ser: bom, amável, beneficente, agradável, ele é o bom Jean-Jacques, o amigo dos homens: "Ser amado por tudo que se aproximasse de mim era o mais vivo de meus desejos [...]. Não conhecia nada tão encantador do que ver todo mundo contente comigo [...]. Embora pouco sensível ao elogio, fui muito sensível à vergonha [...]. Ficava mais aborrecido em desagradar do que em ser punido".[106]

---

105 Ibid., p.197-8, 201.
106 Rousseau, *Les Confessions*, t.I, p.14.

DO MUNDANO AO "CAMINHANTE SOLITÁRIO" 319

Ele se dispõe a mentir e se acovardar para não alterar a imagem que quer dar de si mesmo, e não é essa imagem que os outros têm dele: "Os homens se obstinam em me ver inteiramente diferente do que sou. [...] Que me vejam se puderem, mas isso lhes é impossível; nunca verão em meu lugar além do Jean-Jacques que se fizeram segundo seu coração para odiá-lo à vontade".[107] Amargurado pelo que considera cegueira ou má-fé dos outros, que o rejeitam enquanto ele queria ser amado, ele se aborrece com todo mundo e multiplica nos últimos anos os escritos de autojustificação abrindo para todos os segredos mais íntimos de seu coração, na esperança de ser enfim visto tal como é: a *Carta a Malesherbes* (1762), as *Confissões* (1765-1770), *Rousseau juiz de Jean- -Jacques* (1772-1776), os *Devaneios de um caminhante solitário* (1776-1778). Trabalho perdido. Ele acaba por se resignar: o indivíduo é irremediavelmente só. A sinceridade não é melhor do que a mentira: não importa o que se diga sobre si mesmo, somos impotentes para modificar a imagem que os outros têm de nós. Cada um está confinado em sua solidão. O drama de Rousseau é ter tomado uma consciência aguda disso, como ser hipersensível e lúcido, enquanto a imensa maioria dos homens imagina que os outros os veem tal como eles creem ser. Aceitam a máscara e a incorporam. Rousseau recusa a máscara, mas descobre que é impossível tirá-la.

Sua insistência em querer persuadir os outros de que ele não é o que creem que seja só agrava sua solidão, pois ele irrita, aborrece e perde todos os amigos. Rompeu com Grimm, Diderot, Hume, Voltaire, senhora d'Épinay, Houdedot, du Deffand, com o Parlamento, a Igreja, enfim, com todo mundo. Em todo lugar por onde passa torna-se insuportável. Convidado por Hume para ir à Inglaterra em 1766, ofende as pessoas à sua volta: "Nunca amei a Inglaterra nem os ingleses", diz ele, que pretende amar todo mundo. Por essa razão, para o doutor Johnson, esse Rousseau "é o pior dos homens. É um bandido que merece ser expulso da sociedade, como já foi". Ele declina dos convites mais amáveis, como a do secretário de Estado Henry Seymour Conway.

Endossa facilmente a postura do urso, principalmente durante sua estadia na casa da senhora d'Épinay, no Eremitério, um lugar adaptado a seu caráter (1765-1757). Nesse lugar leva uma vida retirada, o que os filósofos consideram uma "deserção". Escreve à senhora d'Épinay: "Amai-me como

---

107 Id., *Rêveries du promeneur solitaire*, t.I, p.1059.

eremita como me amais como urso; de outro modo, abandono meu hábito e retomo minha pele" (maio de 1757). "O urso não deixa facilmente o bosque", ele diz ainda. É nessa época que se zanga com Diderot, muito irritado por causa de uma réplica do *Filho natural* (março de 1757): "O homem de bem está na sociedade; só o mau está só". A que o personagem de Dorval, que representa Rousseau na peça, responde que não pode fazer nada: ele é perseguido, destinado a ser infeliz e a deixar os outros infelizes: "A infelicidade me segue e se espalha por tudo que se aproxima de mim. O céu que quer que eu viva no sofrimento quer também que eu mergulhe os outros na dor? Era-se feliz aqui quando cheguei". Rousseau seria uma prefiguração de Hernani: "Levo a infelicidade a tudo o que me rodeia".

Mortificado, ele escreve a Diderot: "Sou um homem mau, não é? [...] Não importa o que digais, não se foge dos homens de modo algum quando se quer prejudicá-los [...]. Um hipócrita tem habilidade e sangue-frio; um pérfido se domina e não se exalta; reconhecei em mim algo disso tudo?". Diderot responde: "Não sois da minha opinião sobre os eremitas. Dizei deles tanto bem quanto quiserdes, sereis o único no mundo no qual pensarei; ainda haveria muitas coisas a dizer sobre isso, se pudéssemos falar convosco sem vos aborrecer [...]. Adeus, Cidadão! Contudo, um eremita é um cidadão bem singular!" (10 de março de 1757). O episódio marca profundamente Rousseau, que volta a ele no livro IX das *Confissões*: Diderot foi maldoso com ele; não deveria ter escrito aquilo, sabendo que "ele tinha um amigo retirado na solidão". Como é que um solitário pode ser mau? "É mesmo impossível que um homem que é e quer estar sozinho queira prejudicar alguém, e, consequentemente, seja mau."

Ele é bom, e acreditam que ele é mau porque vive fora da sociedade. Rousseau se esforça para combater a imagem de misantropo que é associada ao solitário: "Não, senhor, o verdadeiro misantropo, se é que um ser assim tão contraditório possa existir, não fugiria da sociedade; que mal pode e quer fazer aos homens aquele que vive só? Aquele que os odeia quer prejudicá-los, e para isso não pode fugir deles. Os maus não estão nos desertos, estão no mundo [...]. Qualquer que seja o motivo que os anime, aquele que quer se engajar na multidão e aí brilhar deve se armar de vigor para repelir os que o empurram, para afastar os que estão na frente, para romper a pressão e achar seu caminho". É o que ele escreve em *Rousseau juiz de Jean-Jacques*, no qual prosseguе: "Os solitários por gosto e por escolha são naturalmente humanos, hospitaleiros, carinhosos. Não é porque odeiam os homens, mas porque amam o repouso e a paz, que fogem do tumulto e do ruído [...]. Qualquer um que se basta a si mesmo não quer fazer mal a quem quer que seja". Ele sabe o que se pensa dele: "Ele se entrega inteiramente à sua horrível misantropia. Foge dos homens porque os detesta; vive como um lobisomem, porque não tem nada de humano em seu coração [...]. O quê! Não o vistes, não o vedes todos os dias, procurado por muita gente, recusar-se duramente a suas investidas?". Mas, se ele foge dos outros, é porque eles lhe dão medo, eis resumidamente o que escreveu a propósito de si mesmo: "Ele não foge dos homens porque os odeia, mas porque tem medo deles. Não foge deles para lhes fazer mal, mas para tentar escapar daquele mal que querem fazer a ele. Eles, ao contrário, não o procuram por amizade, mas por ódio".[108]

No ano seguinte, 1758, em sua *Carta a d'Alembert sobre os espetáculos*, Rousseau volta mais uma vez ao problema das relações entre solidão e misantropia, a propósito do *Misantropo* de Molière. Este último, diz ele, é "inexcusável" por ter ridicularizado o personagem de Alceste, que de fato não é um misantropo, mas um homem de sociedade que foge da sociedade porque a sociedade é má: ele é Alceste. "Não poderíeis me negar duas coisas: uma, que Alceste, nesta peça, é um homem correto, sincero, estimável, um verdadeiro homem de bem; outra, que o autor lhe dá um personagem ridículo. É o bastante, me parece, para tornar Molière inexcusável. Pode-se dizer que ele encenou em Alceste, não a virtude, mas um verdadeiro defeito, que é o ódio dos homens. A isso respondo que não é verdade que ele tenha dado esse ódio a seu personagem; o nome de misantropo não deve se impor, como se aquele que o tem fosse inimigo do gênero humano. Um tal ódio não seria um defeito, mas uma depravação da natureza e o maior de todos os vícios. O verdadeiro misantropo é um monstro. Se ele pudesse existir, não faria rir, mas daria horror. O que é então o misantropo de Molière? Um homem de bem que detesta os costumes de seu século e a maldade de seus contemporâneos: que, precisamente porque ama seus semelhantes, odeia neles os males que se fazem reciprocamente e os vícios que são os males dessa obra." O misantropo é um filantropo!

---

108 Id., *Rousseau juge de Jean-Jacques*, 2º diálogo.

Rousseau procura a todo momento explicar por que foge da sociedade. Medo dos outros, que me querem mal, mas também medo de ser mal julgado, porque é tímido, desajeitado, pouco à vontade: teme pois ser tomado por um tolo que não é. É por isso que prefere escrever a conversar. É o que ele lembra no livro III das *Confissões*, onde conta seu embaraço depois de ter feito um dia uma observação desastrada em sociedade: "Eis desses traços do espírito que me escapam por querer falar sem ter nada a dizer [...]. Creio que aqui está com o que compreender como, não sendo um tolo, com frequência passei por sê-lo, mesmo entre pessoas em condição de bem julgar: tanto mais infeliz quanto minha fisionomia e meus olhos prometem mais, e que essa expectativa frustrada torna mais chocante para os outros minha estupidez. Esse detalhe [...] contém a chave de muitas coisas extraordinárias que me viram fazer e que se atribui a um humor selvagem que não tenho. Eu amaria a sociedade como um outro, se estivesse certo de me mostrar não somente em desvantagem, mas diferente do que sou. O partido que tomei de escrever é precisamente o que me convinha. Comigo presente, nunca se teria sabido o que eu valia...".

Orgulho do solitário. É bem isso que reprovam em Rousseau, como lhe escreve em 1761 o diretor das Bibliotecas, o presidente de Malesherbes: "Essa melancolia sombria que provoca a infelicidade de vossa vida é prodigiosamente aumentada pela doença e pela solidão, mas creio que ela vos é natural e que a causa é física. Creio mesmo que não deveis ficar aborrecido que se saiba disso. O tipo de vida que haveis abraçado é muito singular e sois muito célebre para que o público não se ocupe de vós. Tendes inimigos e seria humilhante para vós de não os ter. Não podeis duvidar de que muita gente me imputa partidos extremos que haveis tomado por essa vaidade que tanto se criticou nos antigos filósofos". Novamente provocado, Rousseau se justifica nas *Quatro cartas ao presidente de Malesherbes contendo o verdadeiro quadro de meu caráter e os verdadeiros motivos de minha conduta*, em janeiro de 1762: "Nasci com um amor natural pela solidão, que só aumentou à medida que conheci melhor os homens. Sinto-me melhor com os seres quiméricos que reúno em torno de mim do que com aqueles que vejo no mundo [...]. Durante muito tempo me enganei sobre a causa desse invencível desgosto que sempre experimentei no contato com os homens. Eu o atribuía à tristeza de não ter o espírito suficientemente presente para mostrar na conversação o pouco que

DO MUNDANO AO "CAMINHANTE SOLITÁRIO"

tenho e, em contrapartida, de não ocupar no mundo o lugar que acreditava merecer". De fato, há outra razão: se ele foge da sociedade, é porque ama a liberdade. A vida em sociedade implica muitas obrigações à quais sua preguiça natural recusa se submeter: "Eis por que, embora o comércio ordinário com os homens me seja odioso, a amizade íntima me é tão cara, porque não há mais deveres para com ela. Segue-se o coração e tudo está feito". O que ele resume em *Meu retrato*: "Sou solitário apenas porque sou doente e preguiçoso".

Por mais que acumule explicações, justificativas de seu amor pela solidão, Rousseau permanece incompreendido pela elite intelectual de um século que glorifica a sociabilidade. Em 1780 ainda, Malesherbes escreverá sobre ele: seu amor pela solidão era uma pose para chamar a atenção, fazer-se de interessante: "Quando lerdes esta última obra intitulada *Rousseau juiz de Jean-Jacques*, concordareis com essa demência e o lamentareis. Como se é infeliz, dizeis, de ser odiado por todo o universo. Creio que vos enganais. Era, ao contrário, seu gozo mais delicioso, e todo o seu infortúnio era encontrar pessoas que não queriam acreditar nisso; mas, como ele as encontrava sempre, ficava realmente infeliz". É provável que haja na solidão de Rousseau um imenso orgulho. Consciente de seu caráter único, ele escreve nas *Confissões*: "Eu sozinho. Sinto meu coração e conheço os homens. Não sou feito como nenhum daqueles que eu vi; ouso acreditar que não sou feito como nenhum daqueles que existem. Se não valho mais, pelo menos sou outro". Ele rumina sua solidão durante suas intermináveis caminhadas: "Andar tem algo que anima e aviva minhas ideias." Caminhadas tanto mais intermináveis que às vezes ele faz longas voltas porque se recusa a perguntar qual é o caminho: "Prefiro vagar por duas horas procurando inutilmente, levo um mapa de Paris no bolso, com a ajuda do qual e de uma luneta por fim me encontro, chego sujo, esgotado, com frequência tarde demais, todo realizado por não dever nada a não ser a mim mesmo".

Ele será um caminhante solitário até o fim. Retirado em Paris, com 64 anos, passa os dois últimos anos de vida, de 1776 a 1778, sozinho, persuadido de ser rejeitado por uma sociedade que ele rejeita: "Reduzido a mim mesmo, eu me alimento, é verdade, de minha própria substância, mas ela não se esgota, e me basto a mim mesmo, embora rumine, por assim dizer, no vazio, e que minha imaginação esgotada e minhas ideias extintas não forneçam mais alimentos a meu coração [...]. Nos dias em que não vejo ninguém, não penso mais no meu destino, não o sinto mais, não sofro mais, fico feliz e contente, sem diversão, sem obstáculo".[109] Sua principal ocupação é então o passeio nos arredores de Paris, que lhe permite guardar o contato com a natureza: "Vivo no meio de Paris. Ao sair de casa, desejo intensamente o campo e a solidão, mas é preciso ir procurá-la tão longe que, antes de poder respirar à vontade, encontro em meu caminho mil objetos que me apertam o coração, e a metade do dia se passa em angústias antes que eu tenha atingido o asilo que vou buscar".

Suas meditações de caminhante estão registradas nos dez *Devaneios do caminhante solitário*, que só serão publicados depois de sua morte. Ali ele se confessa, uma última vez, de modo totalmente sincero, pois está consciente de que dessa vez escreve só para si mesmo. Revela novamente seu sentimento de solidão radical, definitiva: "Eis-me pois sozinho sobre a terra, não tendo mais irmão, próximo, amigo, sociedade a não ser eu mesmo. O mais sociável e o mais amante dos humanos foi proscrito por um acordo unânime. Procuraram nos refinamentos de seu ódio que tormento poderia ser mais cruel para minha alma sensível, e quebraram violentamente todos os laços que me ligavam a eles [...]. Mesmo que os homens quisessem voltar para mim, não me encontrariam mais. Com o desprezo que me inspiraram, o contato com eles me seria insípido e mesmo pesado, e sou cem vezes mais feliz em minha solidão do que poderia sê-lo vivendo com eles. Arrancaram de meu coração todas as doçuras da sociedade. Com minha idade, elas já não poderiam germinar mais uma vez; é tarde demais. Que a partir de agora me façam bem ou mal, me é indiferente de sua parte, e não importa o que façam, meus contemporâneos não serão mais nada para mim [...]. Só pelo resto de minha vida, já que só encontro em mim mesmo a consolação, a esperança e a paz, não devo nem posso ocupar-me senão de mim".[110]

No sexto devaneio, ele analisa sua aversão pela sociedade como sendo composta de uma mistura de orgulho, desprezo, cólera, compaixão, indolência e independência: "Não importa o que façam: essa repugnância não pode chegar até a aversão [...]. O orgulho talvez se misture a esses julgamentos, sinto-me muito acima deles para odiá-los. Podem me interessar no máximo

---

109 Id., *Rêveries du promeneur solitaire*, 8ª caminhada.
110 Ibid., 1ª caminhada.

até o desprezo, mas nunca até o ódio; enfim, eu me amo o suficiente para poder odiar quem quer que seja. Isso seria estreitar, comprimir minha existência, e eu gostaria mais de estendê-la sobre todo o universo. Prefiro fugir deles a odiá-los [...]. Ocupo-me com eles, apesar de mim mesmo, por sua presença, mas nunca por sua lembrança. Quando não os vejo mais, é como se não existissem. Não me são nem mesmo indiferentes senão no que se relaciona comigo, pois em suas relações entre si eles podem ainda me interessar e me comover, como os personagens de um drama que veria ser representado. Seria necessário que meu ser moral fosse aniquilado para que a justiça me tornasse indiferente. O espetáculo da injustiça e da maldade ainda faz meu sangue ferver de cólera [...]. Nunca fui verdadeiramente próprio para a sociedade civil, onde tudo é sujeição, obrigação, dever, e meu natural independente me tornou sempre incapaz das sujeições necessárias a quem quer viver com os homens".

Rousseau é o arquétipo do solitário, tanto mais notado porque vive no coração do século da sociabilidade. Em ruptura total com seu tempo, ele vive seu sonho de solidão, até em seus projetos pedagógicos. *Emílio* é a educação de um solitário por outro solitário, a quem só uma leitura é permitida: "Qual é pois este maravilhoso livro? É Aristóteles? É Plínio? É Buffon? Não. É *Robinson Crusoé*". Evidentemente! Pois "Robinson Crusoé em sua ilha, só, desprovido da assistência de seus semelhantes e de instrumentos de todas as artes, provendo entretanto à sua subsistência, à sua conservação, e obtendo mesmo uma espécie de bem-estar, é um objeto interessante para qualquer idade [...]. Esse estado não é, concordo, o do homem social; provavelmente não é o estado do Emílio; mas é a partir desse estado que ele deve apreciar todos os outros. O meio mais seguro de elevar-se acima dos preconceitos e ordenar seus julgamentos sobre as verdadeiras relações entre as coisas é colocar-se no lugar de um homem isolado, e julgar tudo como esse homem deve julgar por si mesmo, a respeito de sua própria utilidade".[111]

Mas Rousseau, deixando em estado de manuscrito inacabado uma continuação infeliz do *Emílio*, intitulada *Emílio e Sofia, ou os solitários*, parece reconhecer o fracasso de sua conduta de solidão. Definitivamente, o mais importante na solidão rousseauista é a tomada de consciência da

---

111 Id., *Émile*, p.239.

incomunicabilidade dos seres. O verdadeiro solitário não é o que foge da presença dos outros, mas o que compreendeu a diferença irremediável entre o que se é, ou se crê ser, e o que se parece ser. Confinado em sua própria consciência, ele faz dessa solidão uma virtude: "O homem civil quer que os outros fiquem contentes com ele, o solitário é forçado a ser ele mesmo, ou sua vida é insuportável. Assim, o segundo é forçado a ser virtuoso, e o primeiro pode ser somente um hipócrita". Ou ainda: "O inferno do mau é ser reduzido a viver só consigo mesmo, mas isso é o paraíso do homem de bem, e não há para ele espetáculo mais agradável do que o de sua própria consciência".[112]

---

112 Id., *Fragments autobiographiques*, p.1124-5.

– 8 –

INDIVIDUALISMO E LIBERALISMO: O SÉCULO DO HOMEM SÓ (1800-1900)

Após o século da sociabilidade, o século do individualismo; após o das Luzes, o das revoluções, que rompem com as solidariedades tanto quanto rompem com as correntes. O indivíduo, liberado, afirma sua autonomia, assume suas responsabilidades e, ao mesmo tempo, se encontra só. Livre em teoria, sozinho na realidade. Ao corporativismo opressivo do Antigo Regime sucede o liberalismo do cada um por si. A sociedade hierárquica unanimista é substituída pela selva da afirmação dos egos. O solitário, que era um enigma antissocial, torna-se um herói da liberdade individual. Mas para afirmar essa liberdade, para conservá-la, ele se condena a ser um homem revoltado, refratário a toda recuperação coletiva. Pode ser o romântico, "descabelado, lívido", desafiando o mundo burguês, assim como o riquíssimo *self made man*, o homem que faz tudo sozinho, ainda mais solitário porque esmagou seus rivais. Ambos, assim como o dândi, o artista, o poeta maldito, o intelectual depressivo, são produtos do novo mundo saído das revoluções, políticas e econômicas. São solitários e se orgulham disso. Mas o século XIX burguês e liberal produziu também solitários vergonhosos, a solteirona balzaquiana maledicente, a burguesia enclausurada e frustrada em seu apartamento abafado, que se refugia na leitura e em seu diário íntimo, o pequeno funcionário celibatário, devorado por sua profissão, sua inveja e sua ambição, sem falar do operário excluído de todas as consolações terrestres. O mundo burguês liberal nascido por volta de 1880 é uma imensa máquina de fabricar a solidão. Solidões antagonistas, reivindicadas por uns, suportadas por outros, às vezes as duas ao mesmo tempo.

O CONTEXTO: A AFIRMAÇÃO DO INDIVIDUALISMO

Essa promoção da solidão se deve ao novo contexto, econômico, social, político, cultural. E uma palavra resume o novo contexto: o individualismo. A Revolução Francesa, ao proclamar que todo homem tem direitos "naturais" que, logo, não dependem da sociedade, abriu a caixa de Pandora. Nessa caixa, havia a "Declaração dos direitos do homem", a abolição das corporações, a legalização do divórcio. O indivíduo é proclamado livre para pensar, escrever, dizer, crer ou não crer, possuir. Cada um por si: este é então o princípio de base, para o melhor e para o pior, que cria as condições da solidão. Livre concorrência, livre expressão, livre crença: cada um pode afirmar-se, reunir-se ou isolar-se. Ser único, original, distinguir-se dos outros em vez de ser conforme ao modelo imposto pela Igreja e pelo Estado, torna-se uma qualidade. E numerosos pensadores constroem, a partir desses princípios, teorias individualistas que acentuam a autonomia da pessoa: Benjamin Constant escreve que a liberdade moderna reside no "gozo calmo da independência privada [...]. A independência individual é a primeira das necessidades modernas" (*Da liberdade dos antigos comparada à dos modernos*, 1819). Guizot afirma que o essencial é "o desenvolvimento da vida individual e que o destino dos homens não é principalmente social": a sociedade é feita para servir ao indivíduo, não o contrário (*História da civilização na Europa*, 1828). John Stuart Mill, em virtude do princípio de que "o indivíduo é soberano", alerta contra as formas insidiosas de opressão pelo grupo: "o poder das massas", "a tirania da maioria", "o peso da opinião coletiva", "o despotismo do costume" (*Da liberdade*, 1859). Em *O indivíduo contra o Estado* (1884), Herbert Spencer se

INDIVIDUALISMO E LIBERALISMO

329

inquieta com as interferências crescentes do Estado moderno nas liberdades individuais. Émile Durckheim, em 1898, canta o individualismo positivo, que é "a glorificação não do eu, mas do indivíduo em geral. Ele tem como motivo não o egoísmo, mas a simpatia por tudo o que é humano [...]. Não há aqui a possibilidade de fazer com que todas as vontades se comuniquem? [...] Não só o individualismo não é a anarquia, mas também é o único sistema de crenças que pode assegurar a unidade moral do país".[1] Até mesmo Jean Jaurés, no mesmo ano, chega a afirmar que "o socialismo é o individualismo lógico e completo" (*Socialismo e liberdade*, 1898), enquanto Victor Basch celebra *O individualismo anarquista* (1904), Élie Halévy entoa o individualismo radical (1904), Celestin Bouglé defende o individualismo "democrático e racionalista" (1907) e Albert Schatz anuncia *O individualismo econômico e social* (1907).

O individualismo é a grande palavra de ordem do século, e, com sua lucidez habitual, Alexis de Tocqueville, em *A democracia na América*, viu ali um fator de isolamento da pessoa, a partir do momento em que a liberdade se combina com a igualdade: "O individualismo é um sentimento refletido e pacífico que dispõe cada cidadão a se isolar da massa de seus semelhantes e a se retirar à parte com a família e os amigos, de maneira que, depois de ter assim criado uma pequena sociedade para seu uso, abandona facilmente a grande sociedade a ela mesma. [...] O individualismo é a origem da sociedade democrática, e ele ameaça se desenvolver à medida que as condições se igualam".

Além do mais, ao lado dos individualistas "sociais", que acabamos de mencionar, que associam o indivíduo a correntes e grupos organizados, o século XIX vê se afirmar individualismos radicais, hostis a toda forma de agrupamento, e que Alain Laurent define como "sem laços entre si, tão diferentes quanto possível (eles são tão austeros quanto ardentes, ateus ou crentes, anarquistas ou aristocráticos, e, vindo de lugares diversos (Alemanha, França, Escandinávia), têm em comum um gosto visceral pela singularidade, um amor selvagem pela solidão, e professam um individualismo decididamente associal e subversivo, de uma rara perspectiva: esses praguejadores representam a quintessência do individualismo integral que transtorna tanta gente".[2] Esses individualistas radicais são rebeldes, revoltados, denunciam

---

1 Durkheim, *Revue des Deux Mondes*, 1898.
2 Laurent, op. cit., p.60.

tanto a opressão do igualitarismo de massa, o gregarismo, o conformismo, a tirania do "interesse geral", quanto o totalitarismo familiar e a uniformidade pequeno-burguesa: os Vigny, Baudelaire, Schopenhauer, Stirner, Kierkegaard, Nietzsche, Palante e tantos outros, que se elevam contra todas as formas de uniformização. Nos Estados Unidos, a mentalidade pioneira vem acentuar ainda mais a tendência ao individualismo radical, com seus "*cowboys* solitários", que são Emerson, cantor da solidão e da confiança em si, Josiah Warren, para quem "a soberania de cada indivíduo [...] sobre sua própria propriedade" é sagrada, Benjamin Tucker, apologista da livre concorrência, ou ainda Henri David Thoreau e Lysander Spooner.

Contra o individualismo conquistador, o século XIX vê também o desenvolvimento de correntes anti-individualistas, para as quais o indivíduo está, antes de tudo, a serviço da sociedade, do grupo, seja ele conservador ou revolucionário. Mas a virulência dessas correntes é, paradoxalmente, um testemunho da força dos sentimentos individualistas que elas combatem. Os anti-individualistas reacionários são essencialmente cristãos, como De Bonald, para quem "as vontades particulares do homem [...] [são] essencialmente depravadas e destrutivas" (*Tratado do poder*, 1794), Joseph de Maistre, Pierre-Simon Ballanche, que afirma que "o homem não é um indivíduo isolado e solitário", mas um "ser coletivo" (*Ensaio sobre as instituições sociais*, 1818), Louis Veuillot, Ferdinand Brunetière, que escreve que "não é somente tudo o que há de moral e de quase religioso na ideia de pátria que os individualistas estão prestes a destruir, é a própria sociedade" (*Os inimigos da alma francesa*, 1899), Albert de Mun, que acusa: "O individualismo [é] a ruptura dos laços sociais e a destruição dos corpos organizados", René de La Tour du Pin, para quem o individualismo é "uma doutrina negativa do laço social" (*O despertador francês*, 1904), ou ainda o papa Leão XIII, que anatematiza o individualismo econômico e social na encíclica *Rerum Novarum* (1891).

Para Félicité de Lamennais, o individualismo chegou a uma atomização da sociedade, e a partir disso "o homem está só", e um homem só tem apenas um fragmento de humanidade: "Agora, todos os laços estão rompidos, o homem está sozinho, a fé social desapareceu; os espíritos, abandonados a si mesmos, não sabem o que pensar [...]. O isolamento absoluto, efeito imediato da independência absoluta para a qual tendem os homens do nosso século, destruiria o gênero humano, destruindo a fé, a verdade, o amor e as

INDIVIDUALISMO E LIBERALISMO   331

relações que constituem a família e o Estado",[3] ele escreve em 1830. Quinze anos mais tarde, acrescenta: "O universo é, pois, uma grande sociedade na qual cada ser, unido aos outros, exerce, como um órgão particular no corpo vivo, as funções que lhe são próprias, necessárias para a conservação integral do todo e seu desenvolvimento [...]. O homem só é, pois, apenas um fragmento do ser: o ser verdadeiro é o ser coletivo".[4]

Sejam cristãos progressistas ou reacionários, os anti-individualistas se baseiam numa concepção do homem como ser social, a concepção que Rivarol exprimia desde 1797 em *Da filosofia moderna*: "O homem da natureza não é o homem solitário, mas o homem social. E aqui está a prova: para que haja um homem solitário, num deserto, é preciso privá-lo de pai, mãe e mulher; e na sociedade é preciso que uma filosofia sombria o relegue à solidão, ou que certas ideias religiosas o confinem em sua cela, ou, enfim, que a tirania ou as leis o enterrem em suas masmorras. Logo, são necessários esforços para obter um homem solitário, mas basta abandonar o homem a si mesmo para logo vê-lo em sociedade. Portanto, o homem social é o homem da natureza. O estado solitário é um estado artificial".[5] É também o que diz, em outro contexto, Augusto Comte: "O homem propriamente dito não existe, pode existir somente a humanidade, já que todo o nosso desenvolvimento é devido à sociedade" (*Discurso sobre o espírito positivo*, 1844).

Há ainda os anti-individualistas socialistas, utopistas, reformistas, revolucionários, os partidários do "um por todos", opostos aos "todos por um". Em suas utopias, não há lugar para a solidão, fruto de um individualismo "contrário à natureza", diz Cabet, "injusto" e "bárbaro" para Louis Blanc, que "faz dos homens entre si lobos rapaces e reduz a sociedade a átomos", escreve Pierre Leroux, conduz "a um agregado de existências incoerentes e repulsivas", para Proudhon, enquanto para Blanqui "o individualismo é o inferno dos indivíduos". Para Marx, a palavra de ordem é "Uni-vos!", enquanto o individualismo é a dispersão, "é a separação entre um e outro homem". Os "pretensos direitos do homem" são, de fato, direitos do "homem egoísta, o homem como membro da sociedade burguesa, ou seja,

---

3 Lamennais, *Essai sur l'indifférence en matière de religion*, p.231.
4 Id., *De la Société première et de ses lois*, p.21.
5 Rivarol, *De la Philosophie moderne*, p.252.

um indivíduo separado da comunidade, voltado para si mesmo, unicamente preocupado com seu interesse pessoal e obedecendo a seu arbítrio privado" (*A questão judaica*, 1843).

Mais surpreendente, o anarquista Bakunin eleva-se contra o individualismo porque vê nele uma ideologia burguesa: "Entendo por individualismo a tendência que, considerando toda sociedade, a massa dos indivíduos, como indiferentes, rivais, concorrentes, como inimigos naturais, em suma, com os quais cada um é forçado a viver, mas que obstrui a via de cada um, leva o indivíduo a conquistar e estabelecer seu próprio bem-estar, sua prosperidade, sua felicidade apesar de todos, em detrimento e nas costas de todos os outros".[6]

Protestos reveladores: toda a cultura do século XIX vai no sentido de um individualismo crescente, que se pode ler tanto nos detalhes materiais do modo de vida quanto nas práticas culturais. Estas visam acentuar a originalidade, a individuação, a afirmação de si como ser único e diferente dos outros. Os nomes se diversificam e se multiplicam; os objetos que reproduzem a imagem pessoal são cada vez mais numerosos no mobiliário: retratos, fotografias, espelhos; os progressos da higiene pessoal, o cuidado com a aparência, a importância crescente das peças reservadas à vida privada e íntima, tudo contribui para individualizar a pessoa. Até mesmo os túmulos se personalizam, com inscrições e fotos. Animais domésticos, coleções privadas, vestimenta sob medida: cada um faz questão de se distinguir, a parecer insubstituível.

O espaço crescente assumido pela vida íntima não deixa, aliás, de inquietar as autoridades morais. A obsessão pelos "prazeres solitários" se faz cada vez mais crescente nos manuais, práticas de devoção, guias espirituais, sempre dissimulada em circunlocuções exigidas pela pudicícia burguesa e sulpiciana. A medicina acrescenta a isso suas fantasias: a masturbação, segundo o célebre tratado *Onanismo*, do doutor Tissot, que data de 1760, e que se torna autoridade durante um século e meio, arruína totalmente a saúde de um homem ou de uma mulher. Consequentemente, uma vigilância constante é exercida sobre os adolescentes nos pensionatos, onde a solidão torna-se quase impossível. Mesmo Rousseau recomendava ao preceptor de

---

6 Bakunin, *La Guerre et la Commune*, p.15.

INDIVIDUALISMO E LIBERALISMO   333

Emílio: "Não o deixai só nem de dia, nem de noite, dormi pelo menos em seu quarto; que ele vá para a cama apenas quando estiver com muito sono, e que saia de lá logo que acordar".

A evolução da devoção, aliás, encoraja a introspecção, o exame de consciência, tendo em vista a confissão, e isso, somado à oração silenciosa, à meditação, à prática da adoração do santo sacramento, favorece igualmente o isolamento mental. A missa perde seu caráter de celebração coletiva para tornar-se uma reunião de fiéis que recitam seu terço cada um de seu lado, sem se ocupar com o transcorrer da liturgia. Cada um tem "seu" Jesus para si. Mesmo fora da religião a multiplicação de proibições sociais e morais exacerba o gosto pela evasão individual no sonho, estimulado pela leitura de romances. A sociedade vitoriana, que de um lado exalta o individualismo, de outro sufoca o indivíduo numa canga de convenções paralisantes, o que favorece a busca de satisfações clandestinas ou sonhadas. Cada um desenvolve seu jardim secreto, em seu espírito, em seu diário íntimo ou, quando pode, numa vida dupla. Em todos os casos, é preciso isolar-se; ser levado à solidão.

A democratização das carreiras, a possibilidade de ascensão social pela educação vão no mesmo sentido. O indivíduo, que não é mais destinado a suceder o pai, torna-se ambicioso, cultiva uma vocação e se dedica a ela, sacrificando às vezes sua vida familiar e social. O ensino, tornando-se obrigatório, cria milhares de postos, ocupados por professores e professoras dedicados à sua tarefa, considerada um sacerdócio, e para a qual são preparados em escolas normais que não deixam de ter semelhanças com os conventos. Quantos "hussardos negros da República"[7] e solteironas docentes são tão solitários que não se comunicam com ninguém a não ser com seus alunos?

UMA SOCIEDADE GERADORA DE ISOLAMENTO

Quando chega a idade da aposentadoria, eles aumentarão a fila cada vez maior de velhas e velhos isolados, sobrevivendo com sua modesta pensão. E essa categoria é apenas um subgrupo do mundo dos solitários, que não para de crescer numa sociedade baseada no princípio do liberalismo

---

7 Pessoas que dedicavam sua vida à educação laica, gratuita e obrigatória. (N. E.)

individualista, no qual cada um deve forjar seu destino. De certo modo, todos são solitários: há a solidão do poderoso, invejado, odiado, separado da massa; a solidão do resignado, pensionista, funcionário, celibatário, esposa de burguês; a solidão do revoltado, poeta ou revolucionário, em guerra contra um mundo que abomina; a solidão do vencido, cujo número é aumentado pela humanização do direito, acoplada à severidade das punições; dos operários, aos quais o direito sindical é recusado durante muito tempo; a solidão por vocação, para o clero regular, mas também para todos os vigários do campo, confinados em seu presbitério por um direito canônico cada vez mais estrito. No fim das contas, quem não é só, nesta época do cada um por si?

Relativizemos. A solidão nunca é absoluta em nenhuma das categorias. Contudo, ela é sentida como bem real por muitos e em alguns momentos. Consideremos os velhos. Os progressos da medicina e da alimentação aumentam seu número, sobretudo entre as mulheres. Na França, o número de octogenários passa de 150 mil, em 1801, para 405 mil em 1901. Entre eles, há um número indeterminado de isolados, ricos ou pobres, número suficientemente importante para que a literatura se interesse por eles. Os pais Goriot e as primas Bette tornam-se até mesmo heróis de romance, cujo equivalente encontramos em Dickens e outros. Eles provocam piedade, e surge um interesse por sua sorte, leva-se em conta sua especificidade médica, e elaboram-se sistemas de pensões e aposentadorias.[8] Na outra extremidade da vida, a solidão afeta um número crescente de crianças e adolescentes, com o aumento do recurso ao pensionato, nas classes médias e favorecidas: 163 mil meninos e meninas pensionários na França em 1860. As teorias educativas da época creem nas virtudes dessa prática, considerando que ela forma o caráter ao confrontar uns com os outros num meio fechado. Estar em pensão é para muitos a pior das solidões: só no meio dos outros, submetido às brincadeiras vexatórias dos camaradas, privado da afeição familiar; os vícios e as humilhações são frequentes, tanto nas aristocráticas *public schools* britânicas quanto nos meios pobres dos aprendizes. Solidão de David Copperfield ou de Oliver Twist.

Há ainda as prisões. Nelas, como nos pensionatos, a solidão se deve tanto à privação de liberdade quanto à promiscuidade. Pois, apesar dos projetos

---

8 Bois, *Les Vieux, de Montaigne aux premiers retraités.*

INDIVIDUALISMO E LIBERALISMO 335

e das petições, a população carcerária aumenta em tais proporções que é impossível assegurar celas individuais. Há 50 mil prisioneiros na França em 1860, para uma população de 37 milhões de habitantes. O confinamento de todos os indivíduos que representam uma ameaça potencial para a ordem burguesa e uma distância excessiva entre a norma social e moral é a regra. Prende-se pelo mais leve motivo, ou então se põe no asilo, onde 320 mil pessoas apodrecem em 1869, ou seja, quase 1% da população. Se adicionamos a essa data os 50 mil prisioneiros, os 163 mil pensionários, os 320 mil loucos, os 100 mil monges e religiosos e os 500 mil soldados que vivem nas casernas, são 1,13 milhão de pessoas que, na França, vivem separadas do resto da sociedade, voluntária ou involuntariamente. Cada um reage a esse isolamento físico em função de seu temperamento, mas o que predomina, na maioria dos casos, é um sentimento de profunda solidão, indo até o desespero, fator do aumento do número de suicídios: segundo os números oficiais, bem inferiores à realidade, passa-se anualmente, de 1841 a 1869, de 2.814 a 5.114 casos na França; de 1.630 a 3.544 casos na Prússia; de 290 a 720 em Saxe; de 337 a 462 na Dinamarca; na Inglaterra, de 1.349 a 1.588 entre 1857 e 1869; na Baviera, de 244 a 425 entre 1844 e 1869. A evolução é ainda mais clara se consideramos as taxas: passa-se, na França, de 8,2 suicídios por 100 mil habitantes de 1841 para 11,9 em 1869, enquanto, entre as mesmas datas, a taxa de mortalidade geral declina de 23,2 por mil habitantes para 21,4. "A frequência do suicídio é tal hoje em dia que ninguém se comove", pode-se ler numa obra dos meados do século.[9]

Todos os suicídios não se devem certamente à solidão, mas esta contribui de maneira inegável, como indicam as numerosas obras que lhe são consagradas por meio de uma nova ciência: a sociologia. Na Inglaterra aparecem sucessivamente *Atheism and Suicide* [Ateísmo e suicídio] (1881), de George William Foote; *Suicide: an Essay on Comparative Moral Statistics* [Suicídio: um ensaio sobre estatística comparativa moral] (1881), de Enrico Morselli; *Suicide: its History, Literature, Jurisprudence, Causation and Prevention* [Suicídio: sua história, literatura, jurisprudência, causa e prevenção] (1885), de William Wynn Westcott; *Suicide and Insanity* [Suicídio e insanidade] (1893), de Herbert Henseley Henson; *The Ethics of Suicide* [A ética do suicídio] (1898), de

---

9 Minois, *Histoire du mal de vivre*, p. 340.

Franck Hill Perry-Coste. Na França, de início *Anatomie du suicide* [Anatomia do suicídio], de Forbes Winslom; *De la maladie du suicide et de l'esprit de révolte* [Da doença do suicídio e do espírito de revolta], de Tissot; *Du suicide et de l'aliénation mentale* [Do suicídio e da alienação mental], de Cazauvieilh, os três em 1840. Depois *Histoire critique et philosophique du suicide* [História crítica e filosófica do suicídio], de Buonafede, de 1841; *Recherches sur les opinions et la législation en matière de mort volontaire pendant le Moyen Âge* [Investigações sobre as opiniões e as legislações em matéria de morte voluntária durante a Idade Média], de Bourquelot, de 1842; *Recherches statistiques sur le suicide* [Investigações estatísticas sobre o suicídio], de Etoc-Demazy, de 1844; *Du suicide considéré comme maladie* [Do suicídio considerado doença], de Bourdin, de 1845. Em 1856, o médico alienista Brierre de Boismont faz um balanço desses estudos numa obra que obtém algum sucesso, *Du suicide et de la folie suicide considérés dans leurs rapports avec la statistique, la médecine et la philosophie* [Do suicídio e da loucura suicida considerados em suas relações com a estatística, a medicina e a filosofia]. Para ele, como para muitos outros, o suicídio é causado pela doença do século, a neurastenia, novo nome para o antigo *taedium vitae*, da acídia monástica, da melancolia clássica, e que o melhor remédio seria cuidar do mal pelo mal: aqueles para quem o mundo é pesado e causa desgosto deviam se confinar no claustro. Ou então deviam mergulhar num trabalho árduo, que não lhes permitisse mais refletir: "o trabalho é a base da tranquilidade na sociedade e do bem-estar do homem". Os médicos também se debruçam sobre o problema. Étienne Esquirol (1772-1840), que trabalha na Salpêtrière e depois em Charenton, baseando-se nos trabalhos alemães relativos à solidão, vê nela um fator de desespero parcial, que pode levar à neurastenia e ao suicídio. Em todos os casos, "os suicidas são alienados", ele escreve em 1838, e a alienação vem tanto do isolamento quanto do imoralismo.

SOLIDÃO E SUICÍDIO SEGUNDO DURKHEIM (1897)

Émile Durkheim, no fim do século, é que expõe mais solidamente os laços entre solidão e suicídio, em sua obra célebre *O suicídio* (1897). Para ele, há três tipos de suicidas. O suicida egoísta, em primeiro lugar, devido a um excesso de individualismo, quando "o eu individual se afirma em excesso diante do eu social. [...] A vida, se diz, só é tolerável se percebemos alguma razão de ser, se ela tem uma finalidade e se ela vale a pena. Ora, o indivíduo por si só não é um fim suficiente para sua atividade. Ele é muito pouca coisa".[10] O sentido da vida só pode ser coletivo e percebido coletivamente. Se o indivíduo não é solidário de um grupo, religioso, político, familiar, "ele se torna um mistério para si mesmo, e então não pode escapar à irritante e angustiante questão: para quê? [...] Assim se formam correntes de depressão e de desencantamento que não emanam de nenhum indivíduo em particular, mas que exprimem o estado de desagregação em que a sociedade se encontra".[11]

Se os protestantes se suicidam mais é porque sua integração a uma Igreja é muito menos forte do que a dos católicos. Além disso, eles costumam ser mais educados, e a educação é um fator de contestação. De modo geral, o recuo religioso aumenta o desencantamento e a solidão. Mas não é por seu conteúdo que a religião protege do suicídio, é porque ela constitui um grupo cujos membros são fortemente integrados.

Essas observações valem também para a família: pessoas casadas se suicidam muito menos do que os celibatários e os viúvos. Há duas hipóteses para explicar a alta taxa de suicídio entre os celibatários. A primeira consiste em dizer que o casamento efetua uma triagem: "Não se casa quem quer; a possibilidade de ter sucesso ao fundar uma família é pequena se não se reúnem certas qualidades de saúde, fortuna e moralidade. Aqueles que não as têm, a menos que haja um colaboração excepcional de circunstâncias favoráveis, são, pois, queiram ou não, rejeitados para a classe de celibatários, que encerra todo o lixo humano do país. É nela que se encontram os enfermos, os incuráveis, os muito pobres ou notoriamente loucos. Então, se essa parte da população é a tal ponto inferior à outra, é natural que ela revele sua inferioridade por uma mortalidade mais elevada, por uma criminalidade mais considerável, por enfim, uma aptidão maior para o suicídio".[12] Trata-se, de algum modo, de uma seleção natural: o solitário, menos apto para a vida,

---

10 Durkheim, *Le Suicide*, p.144.
11 Ibid., p.224.
12 Ibid., p.186.

é um ser mais frágil e logo afetado por uma taxa de mortalidade mais alta. Essa hipótese de tipo darwiniana é rejeitada por Durkheim, pois, ele diz, que "falta muito para que a seleção matrimonial só deixe chegar ao matrimônio a elite da população". Basta ver o número de "tarados" entre as pessoas casadas para se convencer disso, e são eles que mais se reproduzem. Logo, se as pessoas casadas se suicidam menos, é porque a família constitui um grupo homogêneo protetor. As estatísticas são, em todo caso, formais. Os estudos de Richard Cobb mostram que dois terços dos suicidas parisienses entre 1795 e 1801 são celibatários.[13] Para Maurice Halbwachs, a solidão é mesmo a *única* causa do suicídio: "O sentimento de uma solidão definitiva e sem mais nada a fazer é a causa única do suicídio".[14]

Durkheim observa também que as mulheres se suicidam muito menos do que os homens, e na sua opinião a explicação vem do fato de que elas têm muito menos necessidade de sociabilidade do que eles: "A mulher pode, mais facilmente do que o homem, viver isolada. Quando se vê a viúva suportar sua condição muito melhor do que o viúvo e buscar o casamento com menos paixão, somos levados a crer que essa aptidão de se abster da família é uma marca de superioridade [...]. Na realidade, se ela tem esse privilégio, é porque sua sensibilidade é mais rudimentar do que desenvolvida. Como ela vive mais do que o homem fora da vida em comum, a vida em comum a atinge menos: a sociedade lhe é menos necessária porque ela é menos impregnada de sociabilidade. Ela tem poucas necessidades voltadas para esse lado, e as satisfaz com pouco custo. Com algumas práticas de devoção, alguns animais para cuidar, a moça solteira tem sua vida realizada. Se ela fica tão fielmente ligada às tradições religiosas e se, em seguida, encontra aí um útil abrigo contra o suicídio, é que as formas sociais muito simples bastam para todas as suas exigências".[15] Graças a seu gato e a seu rosário, a solteirona suporta melhor a solidão.

Conclusão de Durkheim: "O suicídio varia em razão inversa do grau de integração de grupos sociais dos quais o indivíduo faz parte. Mas a sociedade não pode se desintegrar sem que, na mesma medida, o indivíduo seja liberado

---

13 Cobb, *Death in Paris*.
14 Halbwachs, *Les Causes du suicide*.
15 Durkheim, op. cit., p.231.

da vida social, sem que seus fins próprios se tornem preponderantes sobre os fins comuns, sem que sua personalidade, em suma, tenda a colocar-se acima da personalidade coletiva. Quanto mais os grupos aos quais ele pertence se enfraquecem, menos ele depende deles, e mais, em seguida, ele só depende de si mesmo para reconhecer como regras de conduta apenas as que são fundadas em seus interesses privados. Se, pois, se concorda chamar de egoísmo esse estado em que o eu individual se afirma em excesso diante do eu social e às custas deste último, poderíamos dar o nome de egoísta ao tipo particular de suicídio que resulta de uma individuação desmesurada".[16] Ao contrário, a impossibilidade de se isolar, nos meios onde a integração do indivíduo é tal que ele se sente esmagado, é causa de suicídios ditos "altruístas", causados por uma falta de solidão: é o caso, segundo Durkheim, nas sociedades do tipo arcaico e nos meios militares, mas também, pode-se dizer, nos pensionatos e nas prisões. Quanto ao suicídio "anômico", ele é devido a um deslocamento anárquico ou imprevisto do grupo social.

A SOLIDÃO DO VIGÁRIO DO CAMPO

Como acabamos de ver, pelos propósitos pouco elogiosos de Durkheim, o personagem celibatário é central na sociedade do século XIX. Pode-se dizer que é central em razão do problema posto por sua marginalidade. Pois a norma na sociedade burguesa da época é, sem dúvida, a família, devidamente cimentada pelos laços matrimoniais oficiais. Estamos no século da família burguesa nuclear triunfante, justificada pelos intelectuais de todos os grupos. Kant, celibatário inveterado, celebra o casamento, que disciplina o indivíduo, "que reprime o apelo à vida selvagem". Hegel, na *Filosofia do direito* (1821), subordina o indivíduo à família, círculo essencial da vida social, defesa da ordem e da moralidade. Para Louis de Bonald, o casamento é uma instituição sagrada, e o divórcio, uma perversão. Mesmo os pensadores liberais, como Constant, Guizot, Tocqueville, fazem da família nuclear a célula base, garantia da estabilidade social. Célula de tal modo homogênea que é sufocante e provoca movimentos de repulsão em muitos espíritos

---

16 Ibid., p.223.

independentes, que se aliariam de boa vontade ao grito de André Gide: "Famílias eu vos odeio".

Os celibatários, forçados ou voluntários, são, pois, pessoas fora da norma, e interessam tanto mais aos observadores da época quanto são numerosos e pertencem a categorias variadas, que são os diversos tipos de solidão. O clero é um caso muito particular. Sem falar dos regulares, que formam entre si comunidades de solitários, o clero secular constitui no século XIX uma categoria à parte, em razão das regras canônicas cada vez mais estritas, impondo-lhes uma separação rigorosa dos fiéis. A solidão do vigário do campo, austero, severo, entrincheirado em seu presbitério, é um tema corrente na literatura romanesca. Na primeira metade do século, o analfabetismo de seus paroquianos contribui mais ainda para seu isolamento, se bem que ele mesmo tenha vindo na maioria das vezes do campesinato, como observa Hector Malot em *Um vigário de província*: "Em sua maioria, eram filhos de camponeses que, após terem sido pressionados pelos anos de estudo no mundo uniforme dos seminários, tinham voltado a ser camponeses, tão logo abandonados a si mesmos. Pouco a pouco, a cultura que haviam recebido superficialmente tinha desaparecido e só lhes havia restado a ideia vivaz de que sua tonsura lhes dava uma auréola e que eram moldados com uma massa diferente dos mortais comuns".[17] E o autor anônimo das *Memórias de um padre* (1824-1827) confessa: "De tanto ouvir repetir em todos os tons que os padres são os primeiros entre os homens, cheguei a ter uma opinião elevada de meu indivíduo".[18]

Principal notabilidade local, consciente de sua importância, o vigário sente cruelmente a distância em relação às suas ovelhas, como exprime em 1830 um deles, em *O vigário do campo*. Não somente o camponês não compreende nada, mas ainda se permite contestá-lo: "Eu, como São João, prego no deserto./ O camponês se torna questionador,/ se é incrédulo, indócil, avaro, ímpio e raciocinador".[19]

Só com sua empregada em seu grande presbitério, o vigário lê seu breviário e cultiva seu jardim, quase sempre sozinho. Às vezes encontra seus

---

17 Malot, *Un curé de province*, apud Pierrard, *Histoire des curés de campagne de 1789 à nos jours*, p.137.
18 Apud Pierrard, op. cit., p.138.
19 Ibid., p.133.

irmãos nas conferências eclesiásticas, que são ocasião de boa refeição, excitando a verve dos anticlericais. Gustave Courbet provocou escândalo com o *Retorno da conferência*, em 1863, seguido por uma série de desenhos sobre *Os vigários bêbados*. O vigário de Ars (1786-1859) julga que não está suficientemente só. Aspira a uma solidão completa, como testemunha o prefeito no processo de canonização: "Sempre vi o senhor Vianney desejoso de se retirar numa solidão. Ora, eu distingo nesse pensamento três motivos. Primeiro, ele queria declinar da responsabilidade de uma paróquia; segundo, encontrar um meio de chorar pelo que ele chamava de sua pobre vida; terceiro, escapar das ocupações muito contínuas e obter um tempo livre, para se entregar, segundo o que o atraía, à prece e à oração".[20] É o que confirma o irmão Atanásio: "Ele era, em particular, atormentado pelo desejo da solidão. Falava disso sempre. Era como uma tentação que o obcecava de dia e também à noite. "Quando não durmo", ele dizia, "meu espírito viaja; estou na Trapa, nos cartuxos; procuro um canto para chorar minha pobre vida e fazer penitência de meus pecados."[21] Por três vezes, a partir de 1840, Jean-Marie Vianney tenta deixar sua paróquia. Renuncia a fazê-lo, pois se persuade que essa tentação pela solidão é de origem diabólica: o diabo pensa que ele é muito eficaz na sua paróquia, e força-o a partir.

Félicité de Lamennais (1782-1854), contemporâneo do vigário de Ars, é também padre, mas não tem o encargo de paróquia. É mesmo excluído da Igreja por causa de suas posições pouco ortodoxas, que se pôde qualificar de "socialismo místico". Desde então, ele sofre uma dupla solidão: não pertence mais ao mundo leigo nem ao mundo eclesiástico. É como exilado terrivelmente só que ele se exprime, em *Palavras de um crente*, em 1834: "Ele se foi vagando sobre a terra. Que Deus guie o pobre exilado: passei no meio dos povos, e eles me olharam, e eu os olhei, e não nos reconhecemos. O exilado está só em todo lugar [...]. Perguntaram-me: Por que chorais? E, quando eu disse, ninguém chorou, porque não me compreendiam de modo algum. O exilado está só em todo lugar. Vi velhos rodeados de crianças, como a oliveira rodeada de seus novos galhos; mas nenhum dos velhos me chamou de seu filho, nenhuma dessas crianças me chamou de seu irmão. O exilado está

---

20 *Procès de l'Ordinaire*, p.947, apud Trochu, *Le Curé d'Ars*, p.404.
21 Ibid., p.405.

só em todo lugar. Ele não tem amigos, pais e irmãos a não ser na pátria. O exilado está só em todo lugar [...]. Ele vai vagando sobre a terra. Que Deus guie o pobre exilado!".[22]

O vigário de Ars e Lamennais são casos excepcionais. Mas, de modo geral, com os progressos da descristianização, o vigário se sente terrivelmente só. Em 1870, Joseph Dupont, pároco na diocese de Soissons, confessa, nas *Tribulações do pároco*: "Quase sempre, por falta de coroinhas, o vigário não pode celebrar a missa. Estudar? Para quê? Não há ouvintes. Ele vive com pessoas com quem não tem nenhuma comunidade de ideias, de sentimentos, nem de linguagem. Não pode mostrar seus sentimentos sem inconvenientes, deve se fechar em seu presbitério [...], em cuja porta se poderia escrever: 'Aqui vive fulano, vigário, que batiza quando se está pronto, que faz casamento quando se quer, que enterra quando se morre'.[23] No fim do século, ele perde até mesmo sua auréola de notabilidade: diante do professor, do médico, do soldado, do prefeito, do engenheiro, que têm todos uma cultura tão vasta quanto a sua, ele nem pode mais fazer milagres. O engenheiro agrônomo é mais eficaz do que as procissões diante de acidentes climáticos. Então, o vigário, pode-se ler na *Revue des Deux Mondes* de 1º de março de 1892, "banido da escola, excluído do escritório de benevolência, suspeito para a administração, olhado com desconfiança hostil ou rancor invejoso pelo prefeito e pelo professor, mantido à distância como um vizinho comprometedor por todos os pequenos funcionários, empregados da comuna ou do Estado, espionado pelo guarda florestal e sem cessar vigiado pelo vendedor de bebidas, exposto a denúncias anônimas no jornal local [...] ele passa as manhãs a recitar os *oremus* diante de bancos vazios, suas tardes a plantar repolhos e a podar roseiras".

A grande solidão do padre cresce ainda na primeira metade do século XX, como mostra, em 1922, a pesquisa sociológica de Henry Bordeaux em *La Glorieuse Misère des prêtres* [A gloriosa miséria dos padres]. Nesse ano, o abade Gellé, vigário de Brette, na Sarthe, dá este conselho a seus confrades: "Sofrer, pois, sofrer enquanto tiver coragem, desde que ainda se possa aguentar. Pois, solitários, devemos poder nos cuidar sozinhos". Seu livro, intitulado *Les*

---

22 Lamennais, *Paroles d'un croyant*, 1834, XLI.
23 Apud Pierrard, op. cit., p.272.

Prêtres solitaires [Os padres solitários], preconiza a aplicação da regra beneditina nos presbitérios. Então, "o que acontece com os jovens vigários que se desencorajaram e tornaram-se amargos? Os menos bons, os menos fiéis relaxam-se nas orações, procuram uma diversão; felizes quando se trata de jardinagem, das abelhas, da arqueologia ou da história local! Arranjam uma pequena paixão que ocupa a vida e, paralelamente, cumprem seu ministério como um funcionário honesto: batizam, fazem casamentos, enterros [...]. Dez anos nessa vida e se fica completamente enferrujado".[24] E alguns abandonam, se casam, têm filhos. Mas sobre o padre que deixa a batina pesa uma capa de reprovação e de opróbio, que perpetua seu isolamento.

Georges Bernanos, no *Diário de um pároco de aldeia*, exprimiu de modo pungente a imensa solidão deste padre de uma aldeia de Artois: "Minha paróquia é devorada pelo tédio, esta é a palavra. [...] Veio-me a ideia ontem, na estrada. Caía uma dessas chuvas finas que engolimos a plenos pulmões, que descem até o ventre. Da costa de Saint-Vaast, a aldeia me apareceu bruscamente, tão amontoada, tão miserável, sob o horrível céu de novembro [...]. Como é pequena esta aldeia! E era minha paróquia. Era minha paróquia, mas eu não podia fazer nada por ela, eu a olhava se afundar tristemente na noite, desaparecer [...]. Mais alguns momentos e não a veria mais. Nunca havia sentido tão cruelmente sua solidão e a minha".

AS SOLIDÕES CELIBATÁRIAS

A solidão do vigário do campo é, contudo, uma solidão escolhida, voluntária, planejada, preparada e enquadrada. Mas há outras solidões, as dos celibatários leigos, que as circunstâncias ou o temperamento colocaram fora do mercado matrimonial. Numa sociedade em que, além das vocações religiosas, a regra ou a norma de respeitabilidade é a situação de esposo ou esposa, o celibato gera com frequência a suspeição, até mesmo a exclusão. As situações são de fato muito variadas, mas o celibatário ou a celibatária, que são teoricamente uma pessoa sozinha, são um problema.

---

24 Boulard, *Notes de pastorale rurale*, apud Pierrard, op. cit., p.307.

Primeiro porque há muitos celibatários, o que é surpreendente num mundo em que o estatuto matrimonial é a regra, onde mesmo o dândi Baudelaire escreve à mãe, em 1854, que necessita "de uma família a qualquer preço. É a única maneira de trabalhar e gastar menos", e em que Gustave de Beaumont declara, em 1831, que logo "os celibatários se encontrarão numa situação insustentável e somente os pais de família gozarão de segurança". Apesar disso, a proporção de não casados continua a crescer. Em 1851, 35% das mulheres adultas e 51% dos homens na França são celibatários. Com 35 anos, a taxa é respectivamente de 20% e 18%. Em 1900, o celibato definitivo, ou seja, de pessoas de mais de 50 anos, afeta 12% de mulheres e 11% de homens; 12% dos dois sexos na Inglaterra, 11% na Itália, 9% na Alemanha, 13% em Portugal, 16% na Bélgica, 19% na Islândia. Nessa época, os celibatários formam um grupo social completo, uma categoria estatística oficial, e a literatura se interessa cada vez mais por esse fenômeno. Os "romances da decadência", como os chamam os bem pensantes, põem em cena heróis celibatários: *À rebours* [Às avessas], de Huysmans (1884); *L'Ève future* [A Eva futura], de Villiers de l'Isle-Adam (1886); *Les Lauriers sont coupés* [Os loureiros estão cortados], de Dujardin (1887); *Un Homme libre* [Um homem livre], de Barrès (1889); *Sixtine* [Sistina], de Rémy de Gourmont (1890); *Paludes*, de Gide (1895). Jean de la Bretonnière publica, em 1891, um manifesto, *Pelo celibato*, em nome do individualismo e da liberdade. A "desmoralização" fim de século, com a ascensão do sentimento do absurdo, os escândalos, o anarquismo, a multiplicação de casos célebres de homossexualismo (Wilde, Gide, Nijinski) contribuem para uma normalização do celibato.

Mas celibato quer dizer solidão? As situações, com efeito, são muito variadas, segundo a idade, o sexo, o tipo de vida, o caráter. A desconfiança da sociedade a respeito dos celibatários é em si um fator de isolamento, de distanciamento. "Celibatários: todos egoístas e devassos. Deveriam ser taxados. Uma triste velhice os espera." Tais são as reflexões dos bem pensantes que Flaubert anota em seu *Dicionário das ideias feitas*. A literatura do século XIX ilustrou amplamente a estigmatização da qual são vítimas os celibatários, às vezes tratados como párias. A "solteirona" é um tipo social particularmente desvalorizado. A obra de Balzac é o exemplo mais célebre. O autor, que só se casou com 51 anos, pouco antes de morrer, reproduz os clichês de sua época: o solteirão é suspeito de libertinagem e de egoísmo, como os dois velhos celibatários de *O primo Pons*, Schmucke e Pons. Quanto à solteirona, ela trai a missão natural da mulher. Evidentemente, ela é feia, senão teria tido pretendentes. Em *O cura de Tours* (título original: *Os celibatários*, 1832), e sobretudo em *A prima Bette*, ele faz um retrato caricatural das moças celibatárias, inspirado em personagens reais: a senhorita Fisher, uma amiga dele, e a senhorita Pigache, uma amiga de sua mãe. A "solteirona seca", enfeada por "longos combates da vida solitária", tem um andar duro, "como todas as solteironas, pois suas articulações se soldaram. Má, perversa, invejosa, ela se esforça para destruir a felicidade dos outros, pois "as solteironas, não tendo feito o seu caráter e sua vida se dobrarem a outra vida nem a outros caracteres, como exige o destino da mulher, têm, em sua maioria, mania de querer fazer tudo se dobrar a elas". Tendo "mentido à dedicação da mulher", "ao permanecer solteira, uma criatura do sexo feminino não é senão um *non-sense*". A prima Bette aparenta ser mais velha do que a idade que tem; vestida à moda antiga, "ela parecia absolutamente uma costureira no trabalho", e "havia contraído manias de solteirona, muito singulares". Com ciúmes da irmã, que é bonita e casada, "a prima Bette apresentava em suas ideias a singularidade que se observa em naturezas que se desenvolveram tarde demais, entre os selvagens que pensam muito e falam pouco [...]. Dotada de uma fineza que se tornou profunda, como em todas as pessoas consagradas a um celibato real...".

O romance não reflete apenas os preconceitos populares. Ele está igualmente de acordo com as teorias sociológicas e médicas da época. Assim, Louis Couailhac escreve, em 1841, em sua *Physiologie du célibataire et de la vieille fille* [Fisiologia do celibatário e da solteirona], que esta última é "um indivíduo do sexo feminino que tem bigodes, uma toalete ridícula, um cachorrinho no colo, aspira tabaco de nariz cheio, que o tempo todo fala mal das pessoas, sobretudo das jovens, que parece se entediar e entediar os outros, que rejeita as crianças e briga com elas sem parar, que é seco, rígido, tenso, exíguo e feito como uma esquina de rua".[25] Para a medicina do século XIX, a continência forçada das solteironas provoca um aquecimento do útero, a *hystera* em grego, o que as torna histéricas. As celibatárias morrem mais cedo, se suicidam mais, são egoístas e maníacas. Entre elas se encontra "todo o lixo humano do país", opinião que é relatada por Durkheim em

---

25 Couailhac, *Physiologie du célibataire et de la vieille fille*, p.14.

1897, como vimos. Em 1857, William Thackeray fustiga os egoístas, associais e indiferentes, e em *O livro dos esnobes*, denuncia os clubes, que lhes permitam aproveitar a sociedade sem assumir as tarefas de uma família. Os amigos e o médico de Herbert Spencer (1820-1903) o encorajam a se casar para seu equilíbrio psíquico; ele hesita, instala-se numa pensão em 1863 e finalmente permanece celibatário. Em sua *História do celibato e dos celibatários*, Jean-Claude Bologne resume assim a opinião que se tem então do celibato masculino: "O solteirão é uma imagem da morte. A vida do celibatário se resume a um percurso de clichês inexoráveis: libertino aos 20 anos, devasso aos 30, egoísta aos 40, maníaco aos 50 e desesperado aos 60".[26]

De fato, o estatuto do celibatário é muito variável. Para o homem jovem, o celibato pode ser sinônimo de vida alegre, livre e sem restrições: "vida de artista", "vida de boêmio", "vida de dândi", que não é necessariamente solitária. A vida urbana favorece esse tipo de existência, com seus cafés, lugares de prazeres e lazer, salas. Todos esses jovens homens em liberdade não experimentam o sentimento de solidão. Mocinhas fáceis, prostitutas, colegas de prazeres permitem manter uma sociabilidade calorosa. Isso é mais difícil no campo, onde a proporção de celibatários isolados não para de crescer. Para os operários não casados, a solidão é mais pesada. Quase sempre desenraizados, agrupados em bairros industriais deprimentes, eles se alojam em lugares miseráveis ou em casas, como os dezessete imóveis construídos em 1852 pelos irmãos Pereire no Boulevard Mazas em Paris. Georges Picot, em *Les Garnis d'ouvriers à Paris* [Os quartos mobiliados dos operários em Paris], em 1900, descreveu esses alojamentos austeros, semelhantes a celas monásticas, que têm na parede, como única decoração, não uma moça bonita, mas uma foto do presidente da República.

Para as 339.343 mulheres celibatárias na capital, segundo o recenseamento de 1891, a solidão é maior ainda. Seu número é surpreendente. Em 1851, 12% das mulheres de mais de 50 anos nunca se casaram; quanto às viúvas, são 34% da população feminina dessa faixa de idade que vivem sós. Pode-se encontrá-las sobretudo em alguns setores profissionais: manufaturas de tabaco, de têxteis, serviço de correios, onde, em 1880, 73% das mulheres empregadas de mais de 50 anos vivem sós, e 55% nunca foram casadas.

---

26 Bologne, *Histoire du célibat et des célibataires*, op. cit., p.249.

INDIVIDUALISMO E LIBERALISMO

Encontram-se também muitas domésticas, alojadas por seus patrões. Na classe trabalhadora, as mulheres sós se agrupam às vezes para dividir um pequeno alojamento: as que "não têm família nem concubinos vivem juntas em grupos de duas ou três em pequenos estúdios que elas mobíliam em comum", nota Villermé em 1840.

A mulher só é suspeita ou ridícula, pois a mentalidade burguesa predominante considera essa situação, embora corrente, anormal: "Se há uma coisa que a natureza nos ensina, sem nenhuma dúvida, é que a mulher é feita para ser protegida, para viver com a mãe enquanto é solteira, e como esposa sob a proteção e a autoridade do marido [...]. As mulheres são feitas para esconder sua vida", escreve Jules Simon, em 1861, em *L'Ouvrière* [A operária]. Se elas são jovens, belas e solteiras, têm sempre um "protetor" burguês que as mantém. Velhas e pobres, vivem num sótão, num minúsculo apartamento, numa cabana no campo ou numa instituição de caridade. Na burguesia, elas podem participar da educação dos sobrinhos: o celibatário Stendhal foi educado por duas solteironas, sua tia Séraphie e sua tia-avó Élisabeth. Para Ernest Renan, a mulher celibatária encontra ali um meio de realizar sua vocação "natural" ao sacrifício, à dedicação, como sua irmã Henriette, que se consagra à educação do sobrinho: "O instinto maternal que transbordava nela encontrou aqui sua efusão natural". Como ocorre com as enfermeiras, as assistentes, as professoras.

As mais independentes reivindicam o direito de viver como os homens, exibindo de modo provocante seus costumes de vanguarda: artistas, jornalistas, escritoras, mundanas, lésbicas, como Renée Vivien, Gertrude Stein, Nathalie Clifford-Barney. Esses raros casos de mulheres liberadas são objeto de escândalo, e elas pagam o preço de sua independência por um sentimento de solidão testemunhado por Colette em 1911 em *La Vagabonde* [A vagabunda]. O romance é a história de uma divorciada que reencontra o amor mas se recusa a se casar de novo. Ela mora num imóvel em que quase todas as mulheres sós têm um protetor. Independentes, decerto, "só que... há dias em que a solidão, para um ser de minha idade, é um vinho inebriante que vos embriaga de liberdade, e em outros dias é um veneno que vos joga a cabeça contra a parede". Colete, que se divorciou uma primeira vez em 1906 e aluga um andar térreo na rua de Villejust, conta aí sua própria história.

Para alguns intelectuais, o celibato é a condição indispensável do gênio: "o gênio é celibatário", escreve, em 1887, o doutor Pierre Garnier em *Célibat et célibataires, caractères, dangers et hygiène chez les deux sexes* [Celibato e celibatários, caracteres, perigos e higiene nos dois sexos]. "Muitos sábios, artistas, autores" são impróprios para o casamento, ele prossegue, assim como "os misantropos, os hipocondríacos, os alienados, pela anafrodisia mórbida que os afeta". Em 1889, em *O homem de gênio*, Cesare Lombroso, um dos fundadores da criminologia moderna, confirma: o gênio é assimilável a uma psicose degenerativa de tipo epilético, que torna impossível a vida conjugal. É por acaso que Kant, Schopenhauer, Newton, Espinosa, Bentham, Galileu, Leonardo da Vinci, Fontenelle, Macaulay, Flaubert, Mendelssohn, Meyerbeer, Descartes, Locke, Pitt, Fox, Beethoven, Reynolds, Haendel, Voltaire, Camões, Alfieri, Cavour, Mazzini e tantas outras celebridades tenham sido todos celibatários? Em 1890, Octave Uzanne, em *O paroquiano celibatário*, multiplica os exemplos históricos de grandes homens não casados, e, em 1888, mesmo um adversário do celibato como J.-J. Molin admite que certas categorias devem escapar do casamento: "O místico, o filósofo, o artista, casam-se com a contemplação da glória eterna, com a ideia da Verdade e da Beleza".[27] Pierre Larousse confirma: "O homem de gênio, com efeito, em vez de viver a vida normal da humanidade, pretende elevar-se (sinal incontestável de loucura) para uma esfera luminosa, mais vasta do que aquela dos mortais comuns; [...] enfim, para dizer tudo numa palavra, ele é celibatário".[28] Não são os irmãos Goncourt, celibatários inveterados, que vão dizer o contrário. Um de seus personagens, Coriolis, em *Manette Salomon*, declara: "O trabalho da arte, a busca da invenção, a incubação silenciósa da obra, a concentração do esforço, lhe parecem impossíveis com a vida conjugal... Na sua opinião, o celibato era o único estado que deixava ao artista sua liberdade, suas forças, seu cérebro, sua consciência".

Toda uma corrente de pensamento tende, pois, no século XIX, a associar o celibato e o gênio artístico e literário. A criação seria uma espécie de sacerdócio, exigindo a liberação de todas as preocupações ligadas ao estado do casamento, e, de fato, constata-se uma maior proporção de celibatários

---

27 Molin, *Le Célibataire. Pamphlet humoristique sur cet inutile personnage*, p.5.
28 Apud Bologne, op. cit., p.271.

entre os artistas e literatos em relação aos séculos precedentes. Mas a causa é sobretudo sociológica: com a democratização do ensino, um número cada vez maior de intelectuais e artistas saíram do povo. Pobres, não podem pensar em casamento. E fazem dessa restrição material uma posição de princípio, a oposição aos valores burgueses. A realidade é mais complexa e diversa. Alguns têm ligações estáveis que são verdadeiros casamentos não oficializados, como Liszt com Marie d'Agoult; outros, como Bellini e Schubert, morreram jovens; outros ainda, como Heller (1813-1888), esperam tempo demais. O pianista Czerny (1791-1857) quer consagrar-se inteiramente à sua arte; Brahms quer evitar o sofrimento de uma esposa pelos inevitáveis fracassos que experimenta em sua carreira de artista; ela tentaria consolá-lo, o que só agravaria as coisas, então ele pensa em assumir mais facilmente os fracassos na solidão: "Quando voltava para meu quarto solitário, à noite, após o fracasso, nunca me desencorajava", ele escreve. Quanto a Van Gogh, ele bem queria se casar, mas sofre diversas recusas, e sua família se opõe a um casamento com uma prostituta. A solidão lhe pesa e ele fala da "tortura singular do isolamento". A lista de artistas celibatários é longa, e seus motivos, variados, desde o complexado Anton Bruckner (1824-1896) ao homossexual Tchaikovski (1840-1893), que dissolve seu casamento em algumas semanas, passando pelo misantropo Erik Satie (1866-1925), que vive recluso, afirmando: "Mais conheço os homens, mais admiro os cães". Félicien David (1810-1876) vive como solitário na casa de um amigo; Maurice Ravel (1875-1937) vive retirado em Montfort-l'Amaury ou em Cévennes; Moussorgski (1839-1881), Paganini (1782-1840), Gershwin (1898-1937) completam uma lista impressionante dos músicos celibatários, enquanto, entre os escritores, Alfred Jarry (1873-1907), Kierkegaard (1813-1855), Proust (1871-1922), Sainte-Beuve (1804-1869) se acrescentam aos que já citei. Franz Kafka (1883-1924) é noivo, mas afirma que isso prejudica sua atividade criadora. O mundo intelectual do século XIX não é favorável ao casamento.

AS SOLIDÕES CONJUGAIS

Mas os celibatários talvez não sejam os mais solitários. Pois o casamento burguês é na maioria das vezes a união de duas solidões, tanto seus papéis são separados. Enquanto o marido encontra, em sua atividade profissional, com o que satisfazer sua necessidade de contatos humanos, a esposa, ao contrário, fica confinada em seu interior, não tendo nem mesmo a possibilidade de se ocupar das tarefas domésticas, feitas pelos empregados da casa. Quantas Ema Bovary, que "passeava na solidão de sua vida, com olhos desesperados!". E quantos quadros do século XIX exprimiram a pungente solidão da burguesa em seu apartamento opulento e deserto! Ela olha pela janela, com ar ausente, como na *Melancolia* de Edmond de Grimberghe (1895), ou em *A espera* de uma improvável visita, sobre essa tela de Charles Vasnier (1910). O que fazer? Tocar piano, ler. A leitura silenciosa de livros de devoção, até o meio do século, depois de romances, contribui, aliás, para manter a solidão, a despertar sonhos e desejos impossíveis de serem satisfeitos. E depois escrever. A correspondência privada é uma evasão que as esposas enclausuradas se oferecem em seu apartamento, mas que não permite ímpulsos íntimos, pois os escritos permanecem e podem ser comprometedores. O conteúdo é, pois, decente e superficial, como mostrou o estudo de 11 mil cartas escritas pela burguesia de Saumur entre 1860 e 1920, por Caroline Chotard-Lioret.[29]

Aqui, mais uma vez, os pintores do século XIX ilustraram amplamente os aspectos da solidão feminina que são a leitura e a escrita, com *A leitora*, de Renoir (1876), *A Jovem lendo*, de Jean-Baptiste Corot (por volta de 1850), *A mulher lendo*, de Manet (1878), a *Meditação, Madame Monet no canapé*, de Manet (1871), a *Leitura no jardim*, de Mary Cassatt (1880), *A carta*, de Philippe Jolyet (1908), *A resposta*, da viscondessa de Cistello (1909) e tantos outros.

A solidão também está na origem de uma prática que atinge, no século XIX, proporções de um fato social: a manutenção de um diário íntimo. O fenômeno é particularmente importante entre as mulheres, e deve ser associado à generalização da introspecção, notadamente por intermédio do exame de consciência necessário para a confissão. A retomada de controle da sociedade pela Igreja após o intervalo da Revolução e do Império se traduz por um rigorismo acrescido da parte do clero que quer controlar todos os aspectos da vida privada. No mesmo período se produz uma feminização maciça da religião, com o desenvolvimento de um anticlericalismo voltairiano entre muitos homens. Portanto, é pela mulher, esposa e mãe, que o padre pode vigiar e

---

29 Chotard-Lioret, *La Sociabilité familiale en province: une correspondance privée entre 1868 et 1920*.

INDIVIDUALISMO E LIBERALISMO

influenciar a moral dos leigos. Desde a mais tenra idade, os manuais de devoção dirigidos às meninas lhes inculcam a prática da introspecção rigorosa destinada a expor os pecados, em particular contra a castidade. Com as mulheres casadas, os confessores têm uma atitude cada vez mais inquisitorial a partir da metade do século, e o confessionário se torna um lugar de trocas suspeitas e ambíguas entre dois solitários: um padre consagrado ao celibato e uma mulher com frequência só, que encontra no vigário um confidente e uma presença consoladora. Anticlericais e livres-pensadores exploram largamente esse tema, de Michelet (*Do padre, da mulher, da família*) a Zola (*A conquista de Plassans*), passando por Edmond de Goncourt (*Madame Gervaisais*) e George Sand (*Senhorita da Quintinic*). Léo Taxil, em *As libertinagens de um confessor*, e Hector France, em *Romance do vigário*, evocam as questões indiscretas do "confessor no cio", em confessionários de paredes internas inamovíveis.[30] Para além das fantasias, uma realidade: o sentimento de solidão, que leva muitas esposas burguesas a frequentar o vigário mais do que necessário. Alguns meios populares também são afetados, como as mulheres de marinheiros de pesca em alto-mar, ausentes durante meses: rumores persistentes circulam, por exemplo, na região de Paimpol. O vigário explora o sentimento de solidão de suas paroquianas, nem sempre para dormir com elas, mas para tomar posse de seu espírito, por meio de uma direção de consciência indiscreta que lhe permite controlar as famílias por seu intermédio.

Na burguesia, a influência constante do padre sobre as moças e as mulheres, às vezes assimilada a um adultério espiritual, é uma das consequências da solidão feminina, e contribui para aumentá-la. Pois a esposa, sob a dependência do vigário que desperta nelas novos escrúpulos, tende a se tornar mais fria para com seu marido. Além disso, os exames de consciência a levam a praticar uma introspecção narcísica, cujos meandros ela registra num diário íntimo, cujo caráter masturbador foi assinalado por Béatrice Didier.[31] Confinada em seu mundo interior, ela só confia em seu diário, o que aumenta ainda mais sua solidão. Françoise Simonet-Tenant assinalou essa relação entre sentimento de solidão e manutenção de um diário íntimo: "A escrita do diário aparece com mais frequência quando a identidade do sujeito

---

30 Lalouette, *La Libre Pensée en France 1848-1940*, p.226-39.
31 Didier, *Le Journal intime*.

se vê posta em perigo, ou, pelo menos, se encontra numa situação de vulnerabilidade. Por essa razão, a escrita diária é muitas vezes ligada a experiências físicas de tristeza (sofrimentos da velhice e do declínio de si, doença), de transformação (perturbações da adolescência, gravidez), a situações de confinamento (diários de prisão, de cativeiro), a crises afetivas (amor, luto, separação, dor da solidão), espirituais ou intelectuais, ou a períodos de profundas convulsões e violências históricas".[32]

Tendo surgido no século XVIII paralelamente ao progresso do individualismo e da correspondência privada, a manutenção de um diário íntimo se difunde de fato a partir do início do século XIX, de acordo com o clima romântico, a exaltação do eu e da paixão, os progressos da educação, o gosto pela introspecção. Mas ela tem uma significação diferente para os homens e para as mulheres. Para estas, trata-se não somente de uma introspecção íntima, que requer o segredo mais absoluto, mas também uma maneira de satisfazer uma necessidade de se exprimir pela escrita, numa sociedade em que elas são reduzidas ao silêncio. Isso é evidente por exemplo em Eugénie de Guérin ou na mãe de Lamartine. As meninas começam muito cedo a redação de um diário, sob a orientação da mãe, e a exploração solitária de seu mundo interior faz parte da educação. O diário íntimo feminino, destinado por sua própria natureza a não ser lido por ninguém, acaba muitas vezes sendo destruído, num gesto que é para essas mulheres uma espécie de autodestruição, de aniquilamento voluntário, assim como interiorização de sua subordinação social. Essa forma de suicídio simbólico explica o baixo número de diários femininos que subsistiram. Discerne-se aí, aliás, uma evolução na direção de um apagamento crescente de si. Até 1850, o tom é bastante livre, depois, progressivamente, com a assimilação dos valores vitorianos do domínio de si, a boa esposa burguesa acaba por assimilar e assumir totalmente sua solidão como condição natural. A hora do recalque freudiano soou.

---

32 Simonet-Tenant, *Le Journal intime. Genre littéraire et écriture ordinaire*, p.95. Para Catherine Viollet e Marie-Françoise Lemonnier-Delpy, o diário íntimo seria uma espécie de bengala para a solidão (*Métamorphose du journal personnel. De Rétif de la Bretonne à Sophie Calle*. Louvain-la-Neuve: Academia Bruylant, 2006).

O DIÁRIO ÍNTIMO, OU O EXIBICIONISMO DA SOLIDÃO MASCULINA: MAINE DE BIRAN E BENJAMIN CONSTANT

Muito mais loquaz é o diário íntimo masculino, que rapidamente perde sua espontaneidade para se tornar um gênero literário destinado à publicação, de início póstuma, depois cada vez mais, após 1900, enquanto ainda vivia o autor. Ele se torna uma defesa, uma autojustificação, despida de sinceridade, a meio caminho entre a autobiografia e o ensaio psicológico. A mulher escreve para ela mesma, o homem para os outros; a primeira em segredo, por humildade interiorizada, o segundo para o público, por egocentrismo e vaidade literária. A primeira destrói seu diário; o segundo publica; por isso, embora sejam menos numerosos em manuscritos, os diários íntimos masculinos sobreviveram muito mais e se tornaram célebres. No entanto, tanto para umas como para os outros, o ponto de partida é o sentimento de solidão. A mulher, que tem mais dificuldade em ser ouvida, se retira em seu mundo interior, o que aumenta sua solidão, enquanto o homem, pelo seu diário, lança um apelo aos outros, que significa dizer: "vede como sou interessante". O diário íntimo feminino é recusa de comunicação; o masculino é busca de comunicação. Ele precisa de leitores, a fim de quebrar sua solidão. Busca ao mesmo tempo atrair a piedade e a admiração, exibindo orgulhosamente sua solidão, da qual não nos deixa ignorar nada. Alguns diários íntimos são, de fato, proclamações públicas a propósito das quais se poderia falar de um exibicionismo da solidão. Três casos célebres ilustram essa ideia: Maine de Biran, Benjamin Constant e Herni-Frédéric Amiel.

O *Diário íntimo* de Maine de Biran (1766-1824) é ao mesmo tempo uma introspecção que se quer a mais sincera possível e um verdadeiro tratado da solidão, que ele profetiza e cujo advento deseja: virá o tempo, diz ele, em que "os homens, cansados de sentir, julgarão mais fácil retirar-se em si mesmos, para encontrar o repouso e esta espécie de calma, estes tipos de consolação que encontramos somente na intimidade da consciência". Retirado em seu domínio de Grateloup, perto de Bergerac, durante a Revolução e o Império, ele passa o tempo a se autoexaminar, a "seguir o movimento de minhas ideias e de minhas impressões, me explorar, examinar minhas disposições e meus modos de ser, tirando o melhor de mim mesmo, registrando as ideias que me vêm por acaso, ou que me são sugeridas por minhas leituras". A solidão é o único meio de encontrar-se a si mesmo, de se dar uma identidade, um ponto fixo, pois, diz ele, "experimento um grande vazio em toda a minha existência; perdi a *noção do tempo*, me falta um ponto de apoio, de ocupação fixa".

Grateloup é seu refúgio. Em março de 1815, diante da agitação provocada pelo anúncio do retorno de Napoleão, ele volta para lá precipitadamente: "Volto para minha solidão, atormentado por estas horríveis notícias" (28 de março); "Parti de Bergerac para voltar para minha solidão, de onde não quero mais sair" (3 de abril).[33] Ele não deixa a capital por razões políticas, mas para fugir da agitação popular, os movimentos da multidão. De volta a seu deserto, ele exprime, em 16 de abril, sua satisfação: "Já se passaram quinze dias no silêncio e na calma da solidão". Uma vez passada a tempestade dos Cem Dias, ele volta à Paris, mas, em 31 de julho, constata: "Meu estado piorou completamente desde que deixei minha solidão. Não há mais o menor equilíbrio em meu ser, minha existência moral parece aniquilada; não tenho mais reflexão; a menor causa basta para me arrastar para fora". "Não sou mais eu", ele escreve ainda: a vida social nos faz perder nossa identidade, nosso eu: "Um inverno passado em Paris, nos negócios do mundo: não se é mais si mesmo, nem a si mesmo; perde-se seu eu".[34]

E isso porque o homem em sociedade deve sempre representar um papel, usar uma máscara que corresponda a seu estatuto, sua situação, comparar-se com os outros, e Maine de Biran sofre de um complexo de inferioridade. Ele encontra paz apenas na solidão, escrevendo, em 1º de setembro de 1818: "Passei tranquilamente na solidão os dois dias [precedentes] porque nada de exterior dita minhas leis, ou me humilha com comparações".[35] Ele só consegue refletir, sentir-se e estimar-se a si mesmo na solidão: "Só tenho o sentimento de mim mesmo e a ideia consistente na solidão; em presença dos homens, sinto-me abaixo de tudo"; "Fico inteiramente entregue aos homens quando estou com eles, e só posso refletir na solidão".[36] Se foge dos homens, não é por misantropia; ao contrário, ele afirma, quanto menos os vê, mais os ama: "O filósofo solitário é menos ofendido pelos homens, irrita-se menos com eles". Certamente.

---

33 Biran, *Journal intime*, t.I, p.124 e p.127.
34 Ibid., p. 158.
35 Ibid., t.II, p.120.
36 Ibid., t.II, p.148, e t.I, p.150.

As relações de Maine de Biran com a sociedade são complexas, e não deixam de lembrar a psicologia de Rousseau: "Quando vivi na solidão, com frequência desejei o mundo, e, quando estava no mundo, desejei a solidão", ele escreve em 14 de fevereiro de 1819. Como Rousseau, ele gostaria de ser amado, queria ver no olhar dos outros a imagem que quer dar de si mesmo, e para isso esforça-se em agradar a todos, o que faz da frequentação dos homens um verdadeiro suplício: "Quando tenho a ocasião de estar no mundo, não consigo sair dele sem inconveniente, o sentimento de minha fraqueza faz com que eu experimente, mais do que qualquer outro, a necessidade de ser apoiado, de estar em paz com todo mundo, de inspirar a benevolência a cada um; o que me põe na necessidade de dispender muito para ser agradável, para não chocar ninguém, para atrair para mim, por um exterior agradável, maneiras amáveis, cuidados assíduos. Quando tenho dúvidas do sucesso, o medo me atormenta; se creio observar indiferença ou desprezo, é o suplício; eis um escravo completo. Tudo pesando, sinto que, na minha idade, seria melhor para mim romper definitivamente com o mundo".[37] Os esforços que ele faz para agradar aos outros são uma verdadeira traição de seu eu: "Perco toda reflexão, não sou mais eu". De todo modo, esses esforços são inúteis: tímido e tenso numa sociedade que valoriza a firmeza e a segurança, ele se sente desvalorizado e se persuade de que só a solidão lhe convém: "Por que não ando francamente com a cabeça levantada, mostrando-me tal como sou e quero ser, em vez de ser tímido, embaraçado e temeroso como um culpado? Fico sempre desesperado comigo mesmo e me deixo levar por distrações; outras vezes, sinto o fogo sagrado se reacender; faço esforços para me colocar no nível daqueles que se distinguem, mas esses esforços não são mantidos. Não há nenhuma harmonia entre minhas faculdades naturais e minha posição que me impede de desenvolvê-las: *falta-me a solidão*".[38]

Homem da escrita, e não da comunicação, Maine de Biran só encontra sua verdadeira personalidade no silêncio de seu gabinete: "As distrações forçadas ou as que busco, os deveres de meu lugar e os que me dou gratuitamente pela facilidade de meu caráter e a necessidade de ser agradável aos outros, os jantares na cidade, tudo contribui para me lançar para fora, a fazer

---

37 Ibid., 11 ago. 1816, t.I, p.273.
38 Ibid., 7 fev. 1816, t.I, p.204.

de mim um homem muito ordinário, enquanto, ficando tranquilo em meu gabinete, eu posso deixar algum traço útil e honorável de minha passagem sobre a terra".[39] O contato com os outros lhe dá o sentimento de se perder: "O comércio com os homens me desfigurou e me desfigura todos os dias; de tanto me colocar no tom de tudo que me envolve, acabei por perder meu próprio tom [...]. Desejo tornar-me de novo eu mesmo, a voltar para a vida privada e de família; até lá estarei abaixo de mim mesmo, não serei nada".[40]

Mas, por mais que repita essa constatação, ele não pode se impedir, assim como Rousseau, de tentar seduzir a multidão. Maine de Biran se quer solitário, mas não pode passar sem o reconhecimento dos outros, e a recusa desse reconhecimento o faz desejar ainda mais a solidão, que também se torna amarga. Seu *Diário íntimo* exprime o círculo vicioso no qual se confina, contra sua vontade, o falso solitário, que é, com efeito, apenas um tímido e desajeitado para quem os fracassos fazem com que perca toda confiança em si mesmo. Ele analisa lucidamente essa espiral: "Meu primeiro motivo de atividade", confessa ele em 28 de novembro de 1814, "é o desejo de ser agradável a todo mundo, quase instintivamente, de me tornar o mais importante possível"; e em 15 de novembro de 1818: "O que me afasta aqui de todo estudo é a necessidade de me mostrar, de aparecer, de produzir efeito". Para isso, "procuro continuamente esconder dos outros o que eu sou, e me dar a aparência exterior de uma ciência, de uma virtude que não tenho, ou de qualidades intelectuais, morais, ou mesmo físicas das quais, sei muito bem, sou desprovido. Por que quero parecer exteriormente mais jovem, mais sadio, mais bem feito de espírito e de corpo do que sou? Por que, sabendo que tenho 50 anos, que sou doentio e enrugado, quero que me deem 40 anos, que me digam que tenho o rosto jovem, que pareço me portar bem, e tomo cuidadosamente os meios para parecer assim?".[41] Para que serve isso, já que ninguém o vê: "Por que me agitar tanto, para provocar efeito num mundo que não pensa em mim? Por que querer atrair a atenção dos poderosos e me afligir por não ser contado para nada neste grande teatro?"; "A maioria das pessoas que vejo se preocupa pouco comigo; mas tenho necessidade de me

---

39 Ibid., 16 out. 1814, t.I, p.90.
40 Ibid., 18 mar. 1811, t.I, p.67 ; 4 set. 1814, t.I, p.83.
41 Ibid., 1º out. 1817, p.52.

INDIVIDUALISMO E LIBERALISMO

mostrar, de receber alguns sinais de benevolência".[42] Maine de Biran quer ser ao mesmo tempo solitário e popular, ou seja, ser ele mesmo e não sê-lo, e tudo, em seu *Diário íntimo*, é o relato dessa patética busca do impossível.

Benjamin Constant (1767-1830) confessa ser solitário por indecisão: "Eu me agito nos sobressaltos de uma fraqueza miserável de caráter. Nunca houve nada de mais ridículo do que minha indecisão. Ora o casamento, ora a solidão, ora a Alemanha, ora a França, hesitando sobre tudo, porque no fundo posso me abster de tudo, todas as vantagens de uma situação independente parecem se voltar contra mim". Em seu romance autobiográfico, *Adolfo*, Benjamin Constant explica seu caráter solitário pela influência inibidora do pai: o medo fez dele um ser fechado, introvertido, fugindo das responsabilidades. "Meu constrangimento com [meu pai] teve uma grande influência sobre meu caráter [...]. Eu me acostumei a fechar em mim mesmo tudo o que experimentava, a formular apenas planos solitários [...], a considerar as opiniões, o interesse, a assistência e até a presença dos outros como um impedimento e um obstáculo [...]. Resultou disso, ao mesmo tempo, um desejo ardente de independência, uma grande independência dos laços que me rodeavam, um terror invencível de formar novos laços. Eu só ficava à vontade sozinho, e tal é, atualmente, o efeito dessa disposição de alma, quando, em circunstâncias menos importantes, devo escolher entre os dois partidos, a figura humana me perturba, e meu movimento natural é fugir dela para deliberar em paz." O contato com os outros sempre lhe é penoso e desperta nele desconfiança, ciúme e hostilidade: ele sente, escreve Françoise Simonet-Tenant, "uma discordância de sensibilidades que às vezes lhe torna difícil a companhia dos outros".[43] Egocêntrico, ele é, como seu herói Adolfo, destituído de empatia, o que o confina numa solidão dolorosa: "Minha sensibilidade é sempre ferida pela demonstração da dos outros", que lhe "parece sempre muito pesada ou leve demais".

A solidão de Benjamin Constant ultrapassa seu caso pessoal. Ela anuncia o "mal do século". Ele tem consciência disso: "Eu quis pintar em *Adolfo* uma das principais doenças morais do nosso século: esta fatiga, esta incerteza, esta ausência de força, esta análise perpétua, que coloca uma reticência

---

42 Ibid., 1º nov. 1818, t.II, p.135; 8 nov., t.II, p.137.
43 Simonet-Tenant, op. cit., p.68.

ao lado de todos os sentimentos e que os corrompe desde o nascimento". Muito ocupados em se autoanalisar, os jovens solitários românticos se veem como centro do mundo, e se sentem tanto mais isolados quanto amam somente si mesmos por intermédio do ser amado. Se este desaparece, "tudo fica despovoado", e eles ficam terrivelmente sós, como Adolfo na ocasião da morte de Eleonora: "Eu já estava só sobre a terra; não vivia mais nessa atmosfera de amor que ela difundia em torno de mim; o ar que eu respirava me parecia mais rude, os rostos dos homens que encontrava mais indiferentes; toda a natureza parecia me dizer que para sempre eu ia deixar de ser amado". Dor essencialmente egoísta, fator de solidão: "A dor era tal que eu tinha medo da solidão", escreve Benjamin Constant em seu *Diário íntimo* em 10 de abril de 1804.

AMIEL, OU A SOLIDÃO CULPABILIZANTE

Com Henri-Fréderic Amiel (1821-1881), professor de estética e de filosofia em Genebra, estamos diante de um caso patológico. Esse maníaco da solidão, tímido, indeciso, introvertido, torturado, é autor do mais volumoso *Diário íntimo* que já foi redigido: 17 mil páginas manuscritas, que relatam seus menores fatos e gestos de 17 a 60 anos.[44] Esse diário é ele mesmo; ele se esvazia de sua substância para construir esse monumento, que proíbe a quem quer que seja de tocar. Se fosse alterado, escreve ele, ele se sentiria "diminuído em seu ser, mutilado, empobrecido, desnudado irremediavelmente".

Nesse gigantesco trabalho, Amiel analisa os tormentos e as delícias de um ser solitário que tem consciência de sua anormalidade. O homem, ele reconhece, é um animal social, não é feito para ser só. A etapa da solidão egoísta, do retorno a si, é a adolescência; o adulto, por sua vez, tem necessidade de se comunicar: "A criança, o adolescente, têm necessidade de se possuir, de se formar, de se compreender a si mesmos: a eles a solidão. [...] O homem tem necessidade de trocar, de pedir e receber moralmente: a ele a sociedade. É o desejo da natureza, a metamorfose normal. O jovem quer se pertencer, o homem quer se dar. O crescimento é egoísta, atrativo; uma vez

---

44 Amiel, *Journal intime*.

INDIVIDUALISMO E LIBERALISMO

terminado, ele se dobra à necessidade de ceder [...]. Não é bom que o homem esteja só". Contudo, ele mesmo é sozinho, e não gosta disso. A solidão, que é liberdade e independência, o agradava antes, mas lhe pesa agora: "Outrora era a alegria que me invadia nesse momento, o sentimento de independência; todos os cantos do horizonte me chamavam. Hoje, é a ansiedade e a melancolia; eu me assusto diante do vazio, a solidão me pesa, a independência me parece árida".[45] Ele evoca um verdadeiro "desespero da solidão", pois a natureza humana é feita para a partilha, a comunicação, a fraternidade. É pelo menos o que ele repete, como um encantamento: "A Providência temeu para nós sobretudo o egoísmo. O sofrimento do coração nos mostra que não podemos nos bastar, que o próximo faz parte de nós mesmos. [...] Essa necessidade indestrutível de afeição, troca, união, que do coração vai procurar os outros corações, é a cadeia magnética que liga o homem ao homem, o homem a todos os seres mortais e o que vive a tudo que pode morrer. É o instinto de fraternidade, a energia redentora que associa indissoluvelmente todos os destinos e os atrai reciprocamente pela simpatia" (3 de novembro de 1856). "Viver para si é odioso e tedioso. A vida fundada na felicidade enfraquece e rejeita a esperança" (13 de março de 1857). "Não se deve buscar a satisfação pessoal, mas o bem de outrem" (26 de abril de 1857). "Acabas sempre por esquecer que cada um é criado não para si, mas para outrem" (25 de agosto de 1857).

Seu drama, tal como o descreve, é que ele tem consciência de só poder existir pelos outros, no olhar dos outros; depende deles, e isso o paralisa: "Não posso cumprir minha vocação a não ser pelos outros, não posso ser eu mesmo senão pelos outros, e essa dependência fatal que não posso suprimir, essa necessidade invencível que não sei satisfazer me mantêm imóvel, me neutralizam e me anulam". Amiel sofre do complexo de Rousseau, seu compatriota, e de Maine de Biran: ele é obcecado pelo desejo de passar uma boa imagem de si, mas sua timidez o torna nervoso e inábil em sociedade, o que o leva à solidão, a fim de evitar o julgamento desvalorizante dos outros. Antes ser só do que ridículo: "Minha timidez natural, encontrando desde o começo em torno dela a ironia, a zombaria e o menosprezo, habituou-se muito cedo a entrar, como faz a tartaruga, em sua carapaça, a nada expor nem nada

---

45 Ibid., 5 jul. 1852.

pedir, a viver solitário e para a inteligência"; "Para não ser traído pela vida, eu me reduzo à inanição. Por desconfiança, abstenho-me, e por amor-próprio renuncio a qualquer querer"; "Parece-me que temo mais a hostilidade do que o ridículo, e temo ambos porque eles me contraem, me impedem de viver, de cumprir minha tarefa e de me dar [...]. Retiro meu coração do jogo da vida, e renuncio à felicidade para sofrer menos".[46]

Por temor de sofrer recusas, Amiel renuncia a todas as satisfações de ordem social: "Assim, nunca pedi a mão nem o amor de uma mulher, por medo de ser rejeitado. [...] De resto, não pedi nada mais, nem glória, nem riqueza, nem poder, por medo do desconhecido e por desconfiança de mim mesmo. Meu desinteresse é proporcional a minha timidez".[47] Medo de receber uma recusa, mas também recusa de depender dos outros. Buscar a glória, a popularidade, o sucesso, é entregar-se ao julgamento dos outros: por que se deveria confiar nesse julgamento? "Trata-se de alterar a direção e de mudar o fim: tomar seu fim no exterior, nos outros, no público, no século, de mostrar, de produzir, de dar e de conquistar; de transformar sua ambição. Será que posso? Creio que sim. Será que desejo? Não; temo o desejo e a paixão, por timidez e por orgulho; depender me revolta, e procurar o sucesso é depender, pois é dar ao público o poder de nos provocar dor ou prazer".[48] Assim, Amiel se retira da competição social, isola-se para escapar do julgamento dos outros: "Por mim mesmo permaneço na defensiva, suprimindo tudo o que dá ocasião à malignidade, ou seja, todo desejo pessoal, toda busca interessada que expõe a uma decepção, a uma mortificação ou a uma decepção. Retiro meu coração do jogo da vida, e renuncio à felicidade para sofrer menos. A desconfiança, nascida de uma experiência muito precoce, a desconfiança de tudo, da sorte, dos homens, do destino e de mim mesmo, essa desconfiança incurável, esse ceticismo funesto, me persegue sempre. Contribui para me isolar".[49] Não basta a Amiel recusar-se a buscar o sucesso, é preciso evitar dar aos outros a menor suspeita, e para isso recusar os contatos, recusar-se a entrar no círculo de pessoas influentes: "Insinuar-se é para mim um papel impossível, e arriscar-se a parecer indiscretamente insinuante, como

---

46 Ibid., 9 maio, 29 jul., 14 out. 1857.
47 Ibid., 5 jul. 1857.
48 Ibid., 22 fev. 1857.
49 Ibid., 14 out. 1857.

os cortesãos e os ambiciosos, me é odioso. A simples suspeita de habilidade interessada me é intolerável, e rompi com as relações importantes por esse único motivo".[50]

Nessas condições, as relações de Amiel com os genebrinos são destituídas de qualquer calor, pois cada um espera que o outro dê o primeiro passo. Amiel teria desejado que lhe testemunhassem afeição espontaneamente; como isso não acontece, ele se isola e decide se abster do mundo como o mundo se abstém dele, numa ignorância mútua: "Uma única coisa me era necessária; queria apenas um motivo: a afeição! Sozinho, ela podia me dar dinamismo, vínculo, ardor. Fiquei ferido e decepcionado logo que cheguei a Genebra; não consegui me recuperar do desgosto, do desprezo e da antipatia que minhas impressões genebrinas provocaram em mim. Estou isolado, e o isolamento moral me tira toda vontade de agir".[51] A partir daí é um *leitmotiv*: "Tu te endureces no isolamento e te esforças estoicamente para viver sem precisar dos outros, na medida em que eles não precisam de ti" (22 de outubro de 1856); "Tu não pudeste te acostumar ao meio genebrino e esse meio não se modificou para ti. Ele não tomou inciativas e tu não as aceitaste" (14 de dezembro de 1856); "Minha tentação perpétua é dispensar o mundo e viver apenas para aqueles para os quais tenho certeza de poder ser útil" (15 de novembro de 1863).

Essa atitude é tanto mais notável pois Amiel exerce uma profissão baseada na comunicação: ele cumpre sua tarefa de professor com frieza e de maneira totalmente impessoal: "Em geral, tu pareces independente, intelectual, curioso, mas não tens influência, porque és por demais desinteressado e impessoal, e te destituis da verdade de seu elemento subjetivo, patético. Os outros querem ver tua emoção ou tua afeição, em suma, teu coração em tua voz, teu indivíduo em teu pensamento. [...] Recusas justamente o que te pedem antes de tudo, e teu eu permanece inapreensível".[52]

Inapreensível mesmo para os raros amigos, que podem somente lhe dar vagos conselhos gerais, que acentuam seu sentimento de solidão: "Atualmente, ninguém me conhece bem, nem me olha realmente no centro, e ninguém pode me dar um conselho que sinto feito especialmente para mim.

---

50 Ibid., 1º mar. 1852.
51 Ibid., 5 dez. 1856.
52 Ibid., 26 abr. 1857.

Meus melhores amigos e meus próximos só me ajudam com regras gerais e não segundo minha natureza e minhas circunstâncias individuais. [...] Para as coisas essenciais da vida, estamos sempre sós, e nossa verdadeira história não é nunca decifrada pelos outros".[53] Ela o é por si mesma? O délfico "conhece-te a ti mesmo" não é uma ilusão, como percebem todos aqueles que tentaram colocá-lo em prática? "Quem sou, finalmente? Qual é minha individualidade? Eu a vejo cada vez menos. Tenho um talento qualquer? Não tenho consciência disso", constata em 17 de agosto de 1863. Ele tem, às vezes, a impressão de assistir como estrangeiro a sua própria vida: "Somos também estrangeiros ao eu que viveu como se não fosse nós [...], assisto a uma metamorfose", ele dizia em 8 de outubro de 1840. Doze anos mais tarde repete: "Meu privilégio é o de assistir ao drama de minha vida [...], de me ver, por assim dizer, da sala na cena, do além túmulo na existência" (8 de novembro de 1852), e ainda vinte anos depois, pouco antes de sua morte: "Assisto à minha destruição, com fatiga e tédio" (16 de março de 1881).

Não pedir nada aos outros e não lhes oferecer nada: Amiel se confinou contra sua vontade nessa autarquia. Lúcido, como todos os solitários, ele é perfeitamente consciente e sofre com isso. Em todas as suas 17 mil páginas ele debulha sua contrição e sua impotência, num *mea culpa* sem remissão e sem absolvição: é tímido, o que o torna egoísta e orgulhoso; deveria ir na direção dos outros, mas não pode fazê-lo, e é, pois, irremediavelmente só: "Não posso me impedir de ver que o fundo de minha vida é a tristeza, porque vivi só, no abandono, confinado em mim mesmo, e não é bom que o homem esteja só" (3 de novembro de 1852); "Quando poderei ser indiferente à zombaria, à hostilidade? Isso é pedir, quando eu poderia me bastar. Não, a questão está mal colocada. No fundo, a resposta é a abnegação, não querer nada para si" (30 de março de 1852); "Não sou necessário, verdadeiramente necessário a ninguém" (15 de agosto de 1852); "Não fazer a outro o que não gostaríamos que nos fosse feito, em suma, amordaçar seus instintos egoístas, apagar-se, esquecer-se, pensar no outro: a polidez já se impõe, nisso, como auxiliar da moral. Conclusão: é sempre o egoísmo que constitui o fundo de toda falta antissocial. [...] Não pensai senão em vós, e sereis insuportável, sobretudo se quereis forçar os outros a fazer o mesmo" (7 de

---

53 Ibid., 27 out. 1856.

novembro de 1852); "Suscitar a vida é no fundo a principal coisa" (15 de dezembro de 1852); "Desinteresse, devoção, essa é a solução" (28 de fevereiro de 1853); "Tu não te entregas; tu não és tu mesmo" [...]. "Teu grão recairá sobre a terra sem ter florido. Terás atravessado a vida sem ter ousado viver" (15 de novembro de 1856); "Tua esterilidade, tua secura, sua aridez interior se devem a que não amas apesar de tudo; a de que és sozinho em tua solidão, a de que tu não lutas contra o demônio da desconfiança e do orgulho" (14 de setembro de 1857).

O contexto socioeconômico e cultural do século XIX contribuiu, assim, fortemente para o isolamento do indivíduo. Em todos os domínios, o sentimento de solidão aumentou; enquanto as ideologias de massa conclamam para a reunião e a solidariedade, a mentalidade liberal tende à dispersão, à procura do sucesso pessoal em um cada um por si generalizado. A exaltação dos valores ligados à liberdade é um fator poderoso de solidão. O homem livre é um homem só, que só pode contar consigo mesmo e com a boa vontade dos outros. Isso acarreta um sentimento de solidão sofrida e mal vivida para muitos indivíduos que ficam presos num círculo vicioso: isolados por seu temperamento, eles culpam e se voltam para si mesmos, o que faz crescer seu isolamento.

Os artistas do século XIX foram particularmente sensíveis a esse avanço da solidão, representada por eles em muitas posturas: de costas, contemplando a natureza, em Caspar David Fredrich; sentada num bar, com o olhar ausente, como em *O absinto*, de Degas; abatida, sob o peso do remorso, como *A Madalena*, de Cézanne; sonhadora, sob o luar, como em *A sentimental*, de Johann Hasenclever; pensativo... como *O pensador*, de Rodin; horrorizada, como em *O último homem*, de John Martin. Este encarna a solidão derradeira, não num paraíso, mas num inferno terrestre: à luz sinistra de um sangrento sol poente, o último homem olha um amontoado de cadáveres vítimas de um holocausto planetário. Esse quadro, pintado em 1833, inspirado num poema de Thomas Campbell, é acompanhado dos versos seguintes:

O sol tinha um brilho doentio
A terra com a idade estava lívida
Os esqueletos das nações rodeavam
Este homem só

Mas, ao lado dos solitários envergonhados ou desesperados, o século XIX também produziu muitos solitários voluntários, sobretudo românticos, que se põem deliberadamente à distância e fazem de seu isolamento um título de glória, uma prova de sua superioridade e de sua originalidade: só, porque genial. Enfim, há os filósofos, que tiram lições de um realismo desiludido sobre a solidão ontológica do ser humano.

– 9 –

ROMANTISMO E REALISMO, OU O PRESTÍGIO DA SOLIDÃO (1800-1900)

O século XIX cultiva a solidão em dois extremos da sociedade: solidão sofrida, e mais ou menos vergonhosa, dos rejeitados pelo individualismo e pelo liberalismo; solidão reivindicada, e mais ou menos gloriosa, dos grandes espíritos autoproclamados do mundo intelectual. A época pratica o culto do grande homem, do ser excepcional, do gênio, do herói, e o grande homem, aquele que se distingue da massa, só pode ser solitário. Seu gênio faz dele um incompreendido, isolado por seu pensamento original dos mortais comuns. Para ser grande, é preciso ser diferente, único, até mesmo extravagante, logo, marginal e solitário. É o que pensa, em 1800, o grupo de artistas e escritores bizarros, os "Meditadores do Antigo", que se inspiram no pitagorismo e nas revelações de um velho solitário egípcio. Charles Nodier (1780-1844) se junta a eles aos 20 anos e escreve ao amigo Charles Weiss: "Ontem, eu estava indo ao Monastério de Santa Maria, perto de Passy: é o lugar de retiro dos Meditadores. [...] Encontrei todos. Estávamos todos vestidos de túnicas brancas e nossos cabelos flutuavam sobre os ombros. Repousamos sobre a grama; falamos do deserto, da amizade, de ti, olhamos para Paris e choramos".[1] Com suas roupas extravagantes, esses *hippies* do Consulado cultivam o gosto da solidão. Chateaubriand parece ter frequentado essas reuniões para estudar "a poesia do deserto". O grupo é efêmero e caricatural. No entanto, marca o nascimento de um estado de espírito que será ampliado no curso do século, entre os escritores, sobretudo os poetas e os artistas: ser genial é ser anticonformista, rejeitado pela sociedade burguesa. "Sou solitário e incompreendido, logo, sou genial": é o que pensam muitos românticos, "descabelados, lívidos", assim como os "poetas malditos", os artistas de vanguarda, os dândis e os adeptos da vida de boemia.

O ROMÂNTICO ALEMÃO, SOLITÁRIO POR DESPEITO

Os românticos mantêm uma relação privilegiada com a solidão, e, na origem, por razões sociológicas, psicológicas e políticas. Os precursores nesse domínio são os alemães do *Sturm und Drang*, na virada do século XVIII para o XIX: jovens vindos de classes inferiores da sociedade, de inteligência brilhante, entusiasmados pelas ideias novas das Luzes, da *Aufklärung*, ambicionando ascender à alta sociedade e lá conquistar um lugar graças a seus talentos intelectuais. Mas esse arrivismo ingênuo rapidamente se confronta com um obstáculo imprevisto: sua falta de educação mundana. Não se improvisa um homem do mundo. Para integrar o código complexo das boas maneiras e do bom gosto que rege a vida dos salões aristocráticos, são necessários anos de aprendizagem, ou então ter nascido nesse meio. Contudo, manuais lhes dão conselhos. O mais célebre é o de Knigge, um cavaleiro do Império, nascido em 1752, que publica em 1788, *Sur la fréquentation des hommes* [Sobre a frequentação dos homens], cujo sucesso é imediato. Na introdução, Knigge reconhece que "talvez não haja um país na Europa onde seja, tão difícil quanto em nossa pátria alemã, recolher, na frequentação dos homens, a aprovação geral de todas as classes, de todas as regiões e de todas as ordens; ficar em cada círculo como se estivesse em sua casa, sem esforço, sem falsidade, sem tornar-se suspeito e sem sofrer por isso; agir como se

---

1 Estignard, *Correspondance inédite de Charles Nodier*, carta XI.

deseja, tanto com o príncipe quanto com o nobre ou o burguês, tanto com o comerciante quanto com o clérigo". O manual detalha, pois, as maneiras de se comportar para ser aceito nos salões, as mil e uma cordas da comédia do "grande mundo", do papel do "homem do mundo": como sempre fingir interesse por todos ao assuntos de conversação, estar sempre alegre, sem nunca dar gargalhadas, evitar as maledicências, as palavras ofensivas, as questões muito prementes, deixar à sua direita as pessoas mais distintas, regular seu passo com o das damas, que se deve preceder quando se desce uma escada íngreme, e segui-las quando se sobe – os longos vestidos da época proíbem qualquer olhar indiscreto –, não pousar ao lado do prato a colher da qual se serviu, não falar no ouvido de seu vizinho, e uma grande quantidade de futilidades paralisantes. Outros manuais, como o *Le Journal du luxe et de la mode* [O diário do luxo e da moda], dão conselhos semelhantes. Em vão. Não é lendo livros que alguém se torna homem do mundo. É preciso ter nascido nesse meio para dominar todas as hipocrisias sutis. Nossos jovens românticos, por timidez, inabilidade, falta de perseverança e de paciência, orgulho, desprezo por essas convenções, de uma ordem social que rejeitam, não conseguem se fazer admitir no "grande mundo". Não é por falta de tentar, num primeiro momento. Mas, rapidamente desencorajados, refugiam-se na literatura, numa solidão orgulhosa da qual fazem um título de glória. Não podendo integrar o mundo dos salões, eles se retiram para seu canto, sob sua tenda, solitários e desdenhosos a respeito desse mundo superficial e destituído de sonho. Friedrich von Schlegel (1722-1829) é um deles. Filho de um teólogo, ele aspira a uma carreira nas embaixadas; mas, crispado, ele não tem a mais elementar diplomacia em sociedade, onde multiplica suas faltas de jeito, ofende por suas observações sarcásticas, fica intimidado com as mulheres. "Sou obrigado a confessar que não sou amável", escreve ele. "Falta-me estar em paz comigo mesmo e com os outros, para ter a doçura e a graça que atraem o amor. Gostaria de agir sobre os homens de maneira tal que falassem sempre com estima de minha probidade e [...] com calor de minha amabilidade [...]. Todos deveriam dizer que sou bom, se alegrariam em todo lugar em que eu entrasse; cada um a seu modo se afeiçoaria por mim, e aqueles que creem que sou alguma coisa me sorririam com afabilidade. Mas há muito tempo percebi a impressão que quase sempre produzo. Acham-me interessante e se afastam do meu caminho. Em qualquer lugar, o bom humor desaparece quando chego; minha proximidade oprime. Preferem me olhar de longe, como uma raridade perigosa [...]. Se eu fosse amado, me tornaria amável."[2] Sempre o complexo de Rousseau: desejo de ser estimado, constatação do fracasso em dar uma boa imagem de si, em razão de uma conduta tímida e inábil; fuga do mundo que não conseguiu seduzir. Schlegel, que sonhava com embaixadas, deve se contentar com um posto de preceptor na casa de um banqueiro de Amsterdam. Em seu opúsculo *Lucinda*, ele descreve assim a solidão do jovem romântico: "Ele era como alguém que queria abraçar o mundo e não podia apreender nada. Seu desejo insatisfeito o tornou cada vez mais selvagem; sem esperança no espiritual, tornou-se sensual, começou a fazer besteiras para provocar o destino. Via bem o precipício aberto diante dele, mas achava que não valia a pena desacelerar a corrida [...]. Com tal caráter, ele devia com frequência ficar isolado na sociedade mais acolhedora e mais alegre, e era, com efeito, quando ninguém o acompanhava, que ele se sentia menos só. Então ele se embriagava de esperanças e de lembranças e se deixava facilmente seduzir por sua própria imaginação. [...] Seu espírito, em vez de procurar mantê-las firmes, rejeitava as rédeas do domínio de si mesmo, para precipitar-se, cheio de alegria e arrogância, no caos da vida interior".[3]

São inúmeros os que correspondem a esse retrato: Friedrich Schleiermacher (1768-1834), filho de pastor pobre, amigo de Schlegel, tímido com as mulheres, emotivo, que se refugia na teologia mais ou menos mística; Friedrich Schelling (1775-1854), outro filho de pastor, assim como August Hülsen (1765-1810), tímido e orgulhoso, que se recusa a solicitar um posto e entrar para as corporações de estudantes do mundo burguês de Iena, preferindo encontrar seus semelhantes na "Sociedade dos homens livres", proibida às mulheres. Aí ele conhece Johann Gries (1775-1842), ele também pouco à vontade com as mulheres, que escreve em 1797, com 22 anos: "Nunca uma pessoa do sexo oposto produziu sobre mim uma impressão que faça palpitar meu coração. Sempre considerei as mulheres algo heterogêneo à minha natureza". Wilhelm Wackenroder (1773-1798), por sua vez, é claramente associal: "Só de ver um homem fico tão oprimido que não posso

---

2 Apud Brunschwig, *Société et romantisme en Prusse au XVIIIᵉ siècle*, p.248.
3 Ibid., p.331.

mais respirar livremente", ele escreve. Aconselha a cada um criar para si um mundo interior ideal, fugir da companhia, e, quando não se pode evitá-lo, falar o menos possível, voltar-se para si mesmo, evitar "descarregar seus pensamentos e seus sentimentos". Christian Garve (1742-1798) seguiu o itinerário típico que conduz o jovem estudante à solidão após o fracasso de seus esforços para integrar-se à sociedade: "Desde a minha primeira juventude, um amor apaixonado pelo mundo sempre dominou e sempre inquietou meu humor. O desejo de agradar na sociedade e de ser procurado por ela foi em todos os tempos mais poderoso em mim do que o anseio pela glória literária. [...] Consegui, de tempos em tempos, ganhar a estima de alguns homens, os mais respeitáveis de cada classe. Mas nunca, em nenhuma classe, consegui ganhar as massas. [...] Nem meus talentos, nem meus atrativos exteriores puderam vencer o orgulho dos grandes ou a frieza dos animadores de festa, contra um indivíduo sério e desconhecido ao qual nem as relações de família nem o interesse conferiam importância. A má saúde e as enfermidades acabaram por me lançar mais longe ainda, nesta solidão que eu teria de boa vontade trocado contra os barulhos do mundo".[4] Solitário por despeito, ele constata que, "quanto mais nos abaixamos nas classes da sociedade burguesa, mais se ouve censurar o amor pela vida em sociedade e louvar a tendência à solidão". Quanto a Heinrich von Kleist (1777-1811), perpétuo insatisfeito, sucessivamente militar, estudante, camponês, escritor, pequeno funcionário, é um angustiado e um tímido, que nem mesmo a solidão pode satisfazer, e que se suicida com a amante à margem do lago de Wannsee.

O ROMÂNTICO INGLÊS, SOLITÁRIO POR ORGULHO

Na mesma época, na Inglaterra, uma geração de jovens poetas também glorifica a solidão, por razões tanto estratégicas quanto psicológicas. "Os grandes pensamentos, como são naturalmente e de maneira apropriada concebidos na solidão, não podem ser difundidos no meio dos aplausos sem que sua santidade seja afetada",[5] escreve William Wordsworth (1770-1850),

---

4 Ibid., p.244-5.
5 Wordsworth, *Selected Poems and Prefaces*, p.480.

num ensaio que acompanha a publicação de seus poemas em 1815. Ele tira daí a conclusão de que o autor deve isolar-se e fazer da solidão um argumento para adquirir a celebridade. Thomas de Quincey (1785-1859) deplora o tempo e o talento desperdiçados em encontros, reuniões, assembleias e outras ocasiões sociais: "Dissipa-se e se desperdiça muito a operação do pensamento e do sentimento. Para concentrá-los de novo fazendo-os entrar nos hábitos de meditação, todas as pessoas que têm o senso de observação sentem necessidade de se colocar às vezes à parte das multidões. Nunca ninguém fará com que se desenvolvam as capacidades de seu intelecto se a solidão não ocupar pelo menos metade de sua vida. Tanto solidão quanto vigor". Percy Shelley (1792-1822) pratica uma solidão agressiva e provocante: "Detesto toda sociedade, enfim, quase toda", ele escreve. Aquele que é apelidado de "eremita de Marlow" pede a seu editor que lhe envie apenas as críticas negativas de suas obras. John Keats (1795-1821) está convencido de que sua glória é obtida pela busca bem orquestrada do anonimato e pela rejeição dos contemporâneos. Ser incompreendido e solitário é uma garantia de celebridade póstuma. "Sinto apenas uma indiferença solitária a respeito dos aplausos, mesmo dos mais belos espíritos", ele escreve. "É melhor fracassar do que não ficar no meio dos grandes", porque ser rejeitado hoje é ser grande amanhã: "Uma das principais razões pelas quais os ingleses produziram os melhores escritores do mundo é que os ingleses os maltrataram durante sua vida e os aprovaram após sua morte".[6]

George Byron (1788-1824) encena uma solidão teatral, a fim de desprezar o público e os louvores: "O deserto é a verdadeira base do sucesso", ele escreve em 1821, em *Marino Faliero*, e, no ano seguinte, em seu *Self Portrait*: "A sociedade, tal como ela existe atualmente, é fatal para todo empreendimento grande e original".[7] Provocar e chocar essa sociedade é, pois, uma prova de grandeza e de originalidade. Todos os grandes homens são solitários. Como Beau Brummel, o célebre dândi, Napoleão e ele mesmo, na ordem, declara modestamente Byron. O gênio é por natureza incompreendido e, logo, solitário. A aprovação da multidão é sinal de vulgaridade. É preciso se distinguir a qualquer preço, e esses jovens fazem isso, à imagem

---

6 *The Letters of John Keats*, p.612.
7 Lord Byron, *A Self-portrait, Letters and Diaries, 1789-1824*, t.II, p.689.

de seu modelo Thomas Chartterton, que, não tendo talento pessoal, produz talentos falsos que atribui a um poeta medieval imaginário, Thomas Rowley, e, decepcionado em suas ambições, se suicida aos 17 anos, em 1770. É que, para as almas bem-nascidas, a solidão do gênio não espera uma idade avançada, pensa essa geração prestes a brilhar cedo e logo desaparecer, como uma estrela cadente. Os mais apressados se suicidam: Auguste Le Bras com 16 anos, Chartterton com 17, Victor Escousse com 19, Von Kleist com 34. Os outros sucumbem de tuberculose, de miséria, de desespero, de loucura, Keats com 26 anos, Shelley com 30, as irmãs Brontë com 24, 30 e 39 anos, Byron com 36, Büchner com 23, Novalis com 29, Grabbe com 35, Charles Brugnot com 33, Aloysius Bertrand com 34, Aimé de Loy com 36, Hégésippe Moreau com 28, Charles Lassaily com 37, Élisa Mercoeur com 26. Sós, mas persuadidos de que são geniais.

O ROMÂNTICO FRANCÊS, SOLITÁRIO POR DESENCANTAMENTO

Na França, a solidão dos românticos traz um nome: desencantamento, que não é senão um dos aspectos do "mal do século". A jovem geração intelectual se sente em completa ruptura com sua época; decepcionados, frustrados, os jovens se voltam para seu mundo interior. Desencantamento em cascata, em vários planos, pode-se dizer. Primeira etapa: o Império. As ilusões de liberdade nascidas da Revolução desaparecem; a ordem é restabelecida. O que fazer, a não ser voltar-se para si mesmo, explorar seu mundo interior, meditando sobre as obras melancólicas dos românticos alemães e ingleses? "Quando as ideias inglesas e alemãs passaram assim sobre nossas cabeças", escreve Musset na *Confissão de um filho do século*, "foi como um desgosto morno e silencioso, seguido de uma convulsão terrível. [...] Foi como uma denegação de todas as coisas do céu e da terra, que se pode chamar de desencantamento, ou, se se quiser, desesperança". Um herói romântico encarna esse sentimento: Oberman, nascido em 1804, da imaginação de um grande solitário, Étienne Pivert de Senancour (1770-1846). Discípulo de Rousseau e de Bernardin de Saint-Pierre, ele se sente, desde a adolescência, inadaptado à vida social e inapto a exercer uma profissão: "Vi que não havia acordo entre mim e a sociedade, nem entre minhas necessidades e as coisas que ela fez", diz seu herói, cuja história é, de fato, a sua. Sedento de absoluto e de eternidade, confrontado à realidade que não é senão limitação e efêmera, ele é invadido pela lassidão, pelo tédio, pelo desencorajamento, e mergulha numa solidão profunda: "Há em mim uma inquietude que não me deixará; é uma necessidade que não conheço, que não concebo, que me comanda, que me absorve, que me carrega para além das coisas perecíveis". Estrangeiro no mundo que o rodeia, vive em seus sonhos, "indiferente a viver ou não viver", ele escreve nas *Reflexões de um jovem*, cujas queixas reitera em *Simples meditações de um solitário desconhecido*, em 1819. Oberman é o irmão em solidão de Adolfo, de René, de Childe Harold, e todos os jovens que não encontram seu lugar num mundo demasiadamente pequeno para seus sonhos. Charles Nodier também constata isso: "Uma época de desencantamento nasceu na literatura; a grande solidão do sacerdócio do ideal começa. Eles não poderiam destituir esse sacerdócio: ele se liga ao seu ser, [...] mas se veem sem fiéis e sem crédito".[8] Sentindo-se incompreendidos e abandonados pelo povo, refugiam-se numa atitude solitária, cultivando para eles mesmos seu ideal, rompendo com seu século ao utilizar uma linguagem retrógrada.

E os românticos não estão no fim de seu desencantamento, pois após o Império vem a Restauração, depois a Monarquia de Julho. Os velhos estão de volta, com seu velho mundo; o futuro que a monarquia burguesa propõe é um futuro de contábeis e banqueiros, enquanto, prossegue Musset, "todas essas crianças tinham nascido no meio da guerra, para a guerra. Tinham sonhado durante quinze anos com as neves de Moscou e com o sol das pirâmides. [...] Tinham na cabeça todo um mundo: olhavam a terra, o céu, as ruas e os caminhos. Tudo estava vazio, e os sinos de suas paróquias ressoavam sozinhos ao longe". E mesmo esses sinos não lhes trazem mais a presença reconfortante do Deus cristão, no qual não acreditam mais. Seu Deus é o deus dos panteístas, um vago espírito que se confunde com a natureza e não altera em nada o sentimento de solidão, "pois a natureza também está de luto por um bem perdido", diz Schelling. E essa natureza, enquanto ser vivo, está ela mesma morrendo, despoetizada, desvitalizada, desencantada pela ciência, como observa Renan. Então, muitos perdem a fé; ora, "ninguém é tão só no universo quanto um ateu", escreve Jean-Paul. "Seu coração órfão,

---

8 Apud Bénichou, *L'École du désenchantement*; e *Romantismes français*, p.1532.

que perdeu o maior dos pais, chora sobre o imenso cadáver da natureza, que não pode ser unificada ou animada por nenhum espírito".

Como o mundo exterior não tem mais nada a oferecer, explora-se o mundo interior, redige-se um diário íntimo, sua autobiografia, procura-se em si mesmo os princípios de sua existência, recusando as convenções de um mundo exterior que se julga mau. Mas os intimistas descobrem "a angústia de seu próprio eu, de sua inadaptação, de sua solidão".[9] Explorando seu mundo interior, experimentam a solidão e fazem dela a fonte de seu mal de viver. "Creio que está aí a soberana ferida da vida: é essa solidão inevitável à qual o coração está condenado", nota Delacroix em seu *Diário*.

Os poetas, entretanto, persistem em querer ir na direção dos homens, pois creem-se inspirados, investidos de uma missão de guias espirituais para conduzir o povo para um futuro indefinido mas radioso: "O poeta não é um ser isolado na criação, o poeta é a expressão mais íntima, o tipo mais verdadeiro da sociedade contemporânea cujo futuro ele pressente assim como a andorinha precede a primavera", escreve em 1833 Charles Lassailly (1806-1843), em *As astúcias de Trialf, nosso contemporâneo, antes de seu suicídio*. E Sainte-Beuve, em *As consolações*, afirma o caráter inspirado do poeta, que alia ação e contemplação, contato com a multidão e solidão: Deus, ele escreve.

Em tempos desiguais suscita em alguns lugares
Alguns raros mortais, grandes, maiores que os reis,
Com um sinal em sua cabeça sublime,
Como fez no deserto os lugares altos e os cimos.

O poeta é investido de um sacerdócio leigo, enquanto inspirado, para substituir as autoridades políticas desconsideradas. Lamartine se vê mesmo como eleito de Deus, escrevendo a Virieu em 25 de janeiro de 1821: "Ao sair de Nápoles, no sábado 20 de janeiro, um raio do alto me iluminou", e em *A queda de um anjo*, o velho solitário do Líbano diz ao poeta: "Sois vós que Ele [Deus] escolheu lá embaixo, para escutar/ a voz da montanha, e para repeti-la". A solidão do poeta é uma solidão sagrada, uma solidão de glória, que logo se transforma em solidão de desgraça. Pois um novo desencantamento

---

9 Tadié, *Introduction à la vie littéraire du XIXᵉ siècle*, p.52.

espera esses guias inspirados. Infelizes os poetas perdidos na política. Contrariamente ao que eles queriam que se acreditasse, não se conduz as nações com sonhos, mas com realismo sustentado por canhões.

Como bem mostrou Paul Bénichou em *Os magos românticos*, os chefes dos movimentos políticos e sociais dos anos 1815-1850, socialistas, fourieristas, saint-simonianos, positivistas, neocatólicos e outros querem bem se servir dos poetas, lhes atribuir um papel de porta-bandeira, utilizar sua notoriedade a fim de conferir prestígio à sua causa, mas com a condição de que eles se aliem integralmente a seus dogmas, o que os poetas recusam, para manter sua autonomia. Logo, são afastados, eles que se consideravam investidos de uma missão espiritual, e são levados a isolar-se mais ainda. Para aqueles que se engajam nos combates revolucionários, a decepção é amarga. Em 1830, poetas e artistas engajados ingenuamente acreditaram na "liberdade conduzindo o povo" e constatam com amargura que simplesmente substituíram um rei reacionário por um rei banqueiro. Não é a liberdade que conduz o povo, são as finanças. A arte e a poesia descobrem então sua inutilidade e sua solidão. Assim, Théophile Gautier "foi até o fim, a seu modo, da experiência segundo a qual a Arte, valor supremo, descobre que é solitária e como desativada num universo hostil".[10] A poesia romântica toma consciência de sua solidão: "A poesia não seria solidão se não sonhasse ser ensinamento e comunhão vasta. Essa ambição adquire necessariamente, no fracasso, uma nova linguagem",[11] escreve Paulo Bénichou. Essa nova linguagem é a da arte pela arte: os poetas se isolam no gueto do estetismo.

Somente alguns irredutíveis prosseguem no combate. Hugo, que logo se vê no exílio, e Lamartine, que fará a humilhante experiência da recusa pelo povo nas eleições presidenciais de 1848: como não se sentir só quando se recebe apenas 0,1% dos votos? Oito mil votos para o poeta e seus sonhos, 5,4 milhões para o político Bonaparte e seu realismo. Desgostoso por seu lamentável fracasso, Lamartine escreve ao conde de Orsay: "Vivi para a multidão e quero dormir só"; e mais tarde: "Quando se participou dessa ilusão das grandes almas, e se viu que ela se extingue, se viveu demais". Ele passa da solidão do guia inspirado à solidão do poeta rejeitado.

---

10 Bénichou, *Romantismes français*, op. cit., p.421.
11 Ibid.

O acúmulo de decepções e desencantamentos diante do mundo contemporâneo que se estabelece é, pois, a causa principal da solidão que assalta os românicos franceses, como exemplificamos a seguir. Relatemos de início a análise mais profunda que foi feita desse movimento. É a de Chateaubriand (1768-1848), que dirigiu, ao longo de sua carreira, um olhar extraordinariamente lúcido sobre as evoluções de sua época. Desde 1802, em *O gênio do cristianismo*, ele escreve que o desencantamento como fator de solidão ultrapassa os acontecimentos do início do século: trata-se de um fenômeno inelutável, ligado ao avanço da civilização. Esta se traduz por uma progressão constante de conhecimentos, uma massa crescente de informações que desencantam o mundo e os indivíduos; aprofunda o fosso entre o sonho e a imaginação, de um lado, e o saber, de outro. As ilusões caem, enquanto as aspirações subsistem: "Quanto mais os povos avançam para a civilização, mais aumenta o estado de incerteza das paixões; pois acontece então algo muito triste: o grande número de exemplos que se tem sob os olhos, a multidão de livros que tratam do homem e de seus sentimentos o apresentam hábil e sem experiência. Fica-se desiludido sem ter gozado; ainda restam desejos, e não se têm mais ilusões. A imaginação é rica, abundante e maravilhosa; a existência é pobre, seca e desencantada. Habita-se com um coração pleno num mundo vazio, e sem ter usado nada fica-se desiludido de tudo". Isso cria um profundo sentimento de solidão, que crescerá. Outrora as almas solitárias encontravam refúgio nos monastérios. Hoje, com a secularização da sociedade, "elas se viram como estranhas no meio dos homens. Desgostosas com seu século, alarmadas por sua religião, ficaram no mundo sem se entregar a ele; assim, tornaram-se a presa de mil quimeras; viu-se nascer a melancolia culpável que é gerada no meio das paixões, quando essas paixões, sem objeto, se consomem por si mesmas num coração solitário".[12]

O número dos solitários, portanto, aumenta sem cessar no mundo moderno, e isso acabará gerando uma verdadeira indiferença pelos outros, até mesmo uma hostilidade, uma misantropia geradora de conflitos, esclarece Chateaubriand em suas *Memórias de além-túmulo*: "Desde a destruição dos monastérios e os progressos da incredulidade, deve-se esperar para ver a multiplicação, no meio da sociedade, de tipos de solitários ao mesmo tempo

---

12 Chateaubriand, *Génie du christianisme*, II, livro 3, cap.9.

apaixonados e filósofos que, não podendo renunciar aos vícios da sociedade, nem amar este século, renunciarão a todo dever divino e humano, se alimentarão à parte das mais belas quimeras e mergulharão numa misantropia orgulhosa que os levará à loucura e à morte".[13] Não podemos deixar de ver nisso uma premonição do destino de Nietzsche, por exemplo.

A CADA UM, SUA SOLIDÃO: CHATEAUBRIAND, LAMARTINE, VIGNY, MUSSET E OS OUTROS

Dentre os representantes mais dotados, o sentimento de solidão vai, pois, bem além da contemplação do sol poente ou da ruminação de uma tristeza de amor. Ele atinge as próprias estruturas da personalidade profunda, e Chateaubriand é um de seus pintores mais qualificados. É certo que ele faz pose para a posteridade, cabelos ao vento no quadro de Girodet, e, até em sua morte, cadáver solitário na ilhota de Grand Bé em São Malo. Mas toda a sua vida é marcada por momentos de solidão, cujo espírito penetra até mesmo nos períodos de intensa vida social, que ele conheceu como homem político e diplomata: solidão na adolescência no castelo de Combourg, com sua irmã Lucile, "solitária dotada de beleza", solidão na idade madura no eremitério da Valée-aux-Loups, solidão na velhice na abadia Aux Bois, onde visita sua amiga Madame Récamier. A solidão está onipresente em sua obra, do início, com *Atala* (1801), subintitulado *Amores de dois selvagens no deserto*, ao fim, com *Vida de Rancé* (1844). Mas é em *René* (1802) que ele apresenta a pintura mais elogiosa, que vai fazer muitos êmulos entre os jovens românticos. René é Chateaubriand, sonhador, inquieto, para quem mesmo Paris é um "vasto deserto de homens" e que, no campo, tem impulsos na direção de um infinito indefinido: "A solidão absoluta, o espetáculo da natureza, logo me mergulharam num estado quase impossível de descrever". Mas o amor da solidão sem finalidade é compatível com o espírito cristão? Um missionário repreende severamente René: "Vejo um jovem obstinado com quimeras, a quem tudo desagrada, e que se furtou às tarefas da sociedade para entregar-se a devaneios inúteis. Senhor, não se é um homem superior

---

13 Id., *Mémoires d'outre-tombe*, II, livro 11, cap.11.

porque se percebe o mundo sob uma luz odiosa. Odeiam-se os homens e a vida apenas por falta de ver mais longe. Estendei um pouco vosso olhar e logo sereis convencido de que todos os males dos quais vos queixais são puros nadas. [...] Que fazeis sozinho no fundo das florestas onde consumis vossos dias, negligenciando todos os vossos deveres? [...] A solidão é má para aquele que não a vive com Deus; ela redobra as potências da alma ao mesmo tempo que lhe tira todo motivo de se exercitar. Qualquer um que recebeu forças deve consagrá-las ao serviço de seus semelhantes". Chateaubriand se sente mal com sua solidão, em razão de sua fidelidade ao cristianismo, que o ordena ir na direção dos outros. Solitário por temperamento, ele é sociável por dever.

Pode-se fazer a constatação inversa para Lamartine (1790-1869), que, como vimos, só se isola após seu fracasso político, à imagem de seu *Rafael* (1850): "Eu havia me decidido a me sequestrar de toda sociedade, que poderia me distrair, e a me cobrir de silêncio, de solidão e de frieza no meio do mundo que encontraria lá; meu isolamento de espírito era uma mortalha através da qual eu não queria mais ver o mundo, mas somente a natureza e Deus". Lamartine não é solitário por natureza, ele torna-se solitário quando os outros o deixam, por causa de condenação política ou morte. É verdade que ele sente rapidamente a solidão, já que, para ele, basta que "um só ser vos falte, e tudo fica despovoado". A morte de Julie Charles, em 1818, lhe inspira magníficos poemas das *Meditações* (1820), dentre os quais o célebre "Isolamento", ele se diz então estar "numa completa solidão e um isolamento total", que para ele é sofrimento profundo e não consolação.

Alfred de Vigny (1797-1863), por sua vez, é um solitário autêntico, por temperamento, por educação e por vocação. Sua vida é uma longa série de decepções: ter nascido nobre sob a Revolução é uma maldição que lhe vale a desconfiança de seus camaradas de escola, o que lhe deixará, diz ele, "uma aparência de selvageria difícil de apagar". Sob a Restauração, jovem militar, só conhece o tédio da vida de quartel; Carlos X o decepciona, a revolução de 1830 mais ainda, e sua amante Marie Dorval ainda mais. Ele acaba rompendo com essa mulher cuja "alegria barulhenta" ele censura. Em Paris, leva uma "vida de eremita", na "santa solidão". Fica com frequência em seu pequeno castelo em Maine-Giraud, na Charente, e lá, em 1848, atacado por um acesso de febre humanitária e republicana, apresenta-se às eleições legislativas, com um resultado tão lamentável quanto o de Lamartine. Ressentido, leva então uma vida retirada, cuidando da esposa inválida.

Orgulhoso, hiperemotivo, egocêntrico, hesitante, não tem confiança em si mesmo: "Tenho necessidade de ser fortalecido para crer em mim mesmo", ele escreve a Lamartine. Não ama frequentar o mundo, onde suas hesitações, sua indecisão, sua independência, suas dúvidas o tornam desajeitado. Ora, o sucesso literário já depende muito da frequentação de celebridades. Assim como Hugo sabe se pôr à frente, Vigny detesta o que chama de publicidade e reclama: "Os autores se ocupam disso em demasia. Um corre atrás dos artigos de jornal. Outro atrás das opiniões de salão, que ele procura formar. Trabalho perdido!", ele escreve em seu *Diário*. Esse homem é a encarnação da solidão, cujos diferentes efeitos explora em suas obras, como *Moisés* (1826), *Chastterton* (1835), *A morte do lobo* (1838), *O Monte das Oliveiras* (1836), *A casa do pastor* (1844), *A garrafa no mar* (1847).

Moisés é a solidão do gênio inspirado, solidão pesada, que é uma maldição mais do que uma bênção:

Ah! Sou, Senhor, poderoso e solitário
Deixai-me dormir o sono da terra.

Numa carta a Camilla Maunoir, em 1838, Vigny define assim seu herói: "Este grande nome serve apenas de máscara para um homem de todos os séculos, e mais moderno do que antigo: o homem de gênio, cansado de sua eterna viuvez e desesperado de ver sua solidão mais vasta e mais árida à medida que ele cresce". Para Paul Bénichou, "o tema da solidão do gênio em Vigny é uma variante de um tema mais geral, o do abandono divino, que define toda a condição humana [...]. Moisés denuncia o falso favor pelo qual Deus pretende isentar seu eleito da miséria comum, e que lhe tira, de fato, a suprema consolação do homem: a fraternidade das criaturas".[14]

O lobo é, como Jesus, a grandeza do solitário abandonado por todos, que responde ao abandono pelo silêncio, pois "só o silêncio é grande; todo o resto é fraqueza". É por isso que,

---

14 Bénichou, op. cit., p.347.

Se o Céu nos deixou como um mundo abortado,
O justo oporá o desprezo à ausência.
E não responderá mais senão por um frio silêncio
Ao silêncio eterno da divindade.[15]

A solidão de Vigny não tem nada de misantrópica: "Amo a humanidade. Tenho piedade dela. A natureza é para mim uma decoração cuja duração é insolente e sobre a qual é lançada esta marionete passageira e sublime chamada homem", ele escreve em *O diário de um poeta*. O que ele não ama é a natureza, "pois eu a conheço demais para não ter medo dela", e a sociedade: "a ordem social é sempre má. De tempos em tempos, ela é somente suportável. Do mau ao suportável, a disputa não vale uma gota de sangue". Então, o que o poeta pode fazer pela humanidade? Ele não deve entrar na confusão. Ele deve, "só e livre, cumprir sua missão". Qual missão? Esclarecer os homens dizendo "a palavra necessária": "A neutralidade do pensador solitário é uma neutralidade armada que acorda quando necessário. Ele mira um alvo e acerta. [...] Ele diz a palavra que se deve dizer e a luz se faz. Ele diz essa palavra de tempos em tempos, e, enquanto a palavra se espalha, ele entra em seu silencioso trabalho e não pensa mais no que fez", declara em *Stello*, de 1832. Missão inteiramente espiritual e que exige que o poeta permaneça solitário, pois "a solidão é santa", e "quando eu digo 'a solidão é santa', não entendo por solidão uma separação e um esquecimento completo da sociedade, mas um retiro onde a alma possa se recolher em si mesma, possa gozar de suas próprias faculdades para produzir algo grande".

O solitário é forte: "Os animais fracos andam em bando. O leão anda sozinho no deserto. O poeta deve andar sempre assim". Mas ele é incompreendido porque vive no futuro; é um visionário rejeitado pela sociedade: "Basta o nome de poeta no mundo para ser ridículo e odioso"; "os párias da sociedade são os poetas, os homens de alma e coração, os homens superiores e honoráveis. Todos os poderes os detestam, porque veem neles seus juízes".

Ao lado dessa solidão altiva do visionário inspirado, a solidão intimista de Alfred de Musset (1810-1857), que recusa toda poesia social e política. A solidão para ele faz parte, de qualquer modo, da natureza humana, mesmo

---

15 Vigny, *Le Mont des Oliviers*, p.146-9.

que muitos não se deem conta disso. Os homens são "máquinas isoladas", e o isolamento dos corpos só materializa o isolamento dos espíritos. É o que ele faz Fantasio dizer na comédia de mesmo nome: "Este senhor que está passando é encantador. [...] Estou certo de que esse homem tem na cabeça um milhão de ideias que me são estranhas; sua essência lhe é particular. Ah! Tudo que os homens dizem entre si se parece [...], mas, no interior de todas essas máquinas isoladas, quantos cantos, quantos compartimentos secretos! É todo um mundo que cada um traz em si! Um mundo ignorado que nasce e morre no silêncio! Quantas solidões são todos esses corpos humanos!".[16]

É na patética e magnífica "Noite de dezembro" que Musset expôs, de maneira pungente, a irremediável solidão que é a sua e a de todo ser humano. O "estrangeiro vestido de negro", que "parecia com ele como um irmão" e lhe aparece em todos os momentos difíceis da vida, espectro amigável e silencioso, a quem finalmente pergunta, "Quem és, pois, tu, visitante solitário, anfitrião assíduo de minhas dores?", lhe responde:

O céu me confiou teu coração.
Quando estiveres na dor,
Vem a mim sem inquietude.
Eu te seguirei no caminho;
Mas não posso tocar tua mão,
Amigo, eu sou a Solidão.

O poema, escrito após uma ruptura amorosa, talvez com George Sand, exprime a impossível comunicação entre os seres, que se torna tangível nos momentos de dor: cada um é só com seu duplo, só consigo mesmo, sempre. "'A noite de dezembro'", diz Paul Bénichou, "representa, para Musset, a impossibilidade de ter outra companhia além de si mesmo: Narciso consagrado à sua imagem, ou seja, à consciência, sublimada em essencial poesia, de um impedimento vital."[17]

Poderíamos multiplicar os exemplos: todos os românticos se sentem sós, quer o deplorem, quer se alegrem com isso, e cada um vive sua solidão

---

16 Musset, *Fantasio*, I, 2.
17 Bénichou, op. cit., p.1594.

a seu modo. Para Georg Büchner (1813-1837), "somos todos marionetes, cujos fios são puxados por potências desconhecidas"; para Johann Richter (Jean Paul) (1763-1825), "somos todos órfãos, vós e eu, não temos pai"; para Hector Berlioz (1803-1869), somos todos imbecis infelizes: "Sou só; meu desprezo para com a imbecilidade e a improbidade dos homens, meu ódio por sua atroz ferocidade estão no seu máximo"; para Giacomo Leopardi (1798-1837), somos todos seres sofredores, despossuídos pela solidão de seus prazeres, que não podem ser compartilhados. Contudo, essa mesma solidão é o melhor meio de suportar a vida: "Manter-se à parte dos homens, e, por assim dizer, da própria vida, oferece a vantagem de que o homem, prevenido e desiludido das coisas humanas pela experiência, habituando-se novamente a olhá-las de longe, de onde parecem mais belas e mais desejáveis, esquece sua miséria e sua vaidade [...]. Tão bem que a solidão quase exerce o papel da juventude: ela renova no homem experimentado os benefícios dessa primeira inexperiência".[18]

HUGO, OU A INSTRUMENTALIZAÇÃO DA SOLIDÃO

Victor Hugo (1802-1885) se distingue dos outros românticos pela concepção original da solidão. O poeta é um inspirado, o eleito de Deus, que lhe confia a missão de guiar os homens. É um personagem sagrado, à imagem de São João esclarecendo o povo com suas mensagens: "Meu espírito de Patmos conheceu o santo delírio", escreve ele em *Odes* (1826). Desde essa época, com 24 anos, ele se vê em Moisés, solitário divino:

Os povos consternados o rodeiam;
Sinai misterioso, os relâmpagos o coroam
E sua fronte traz todo um Deus.

Esse personagem é sagrado, intocável, acima dos homens comuns, que devem se manter à parte:

---

18 Leopardi, *Dix Petites Pièces philosophiques*, p.52.

Deixai-o longe de vós, ó mortais temerários,

Aquele que foi marcado pelo Senhor, entre seus irmãos,

Com este sinal funesto e belo.

Solidão grandiosa e trágica, pois ele é levado por um "destino insensato"; é "[...] de uma força que vai!/ agente cego e surdo de mistérios fúnebres!/ uma alma de infortúnio feita de trevas". "Devo ser só", diz Hernani (1830), e "maldito quem me toca".

O poeta inspirado é solitário, mas tem uma missão social a cumprir. Seu dever é conduzir o povo. Ele não deve furtar-se a isso. O poeta deve rejeitar a tentação do isolamento e da fuga para o deserto. É o que proclama em "Função do poeta", na abertura de *Raios e sombras* (1840):

Deus o quer, nos tempos contrários

Cada um trabalha e cada um serve.

Infeliz daquele que diz a seus irmãos:

Retorno ao deserto!

Infeliz daquele que calça suas sandálias

Quando os ódios e os escândalos atormentam o povo agitado!

Vergonha ao pensador que se mutila,

E se vai, cantor inútil,

pela porta da cidade!

O poeta é a luz do povo:

Povos! Escutai o poeta!

Escutai este sonhador sagrado!

Em vossa noite, sem ele completa,

Só ele tem a fronte iluminada!

A solidão de Hugo é, de fato, um orgulho desmedido. É também uma arma política muito realista. Em 1851, após o golpe de Estado de Luís Napoleão Bonaparte, Hugo parte para o exílio. Primeiro em Bruxelas. Ele pensa igualmente em Londres. Mas instalar-se na multidão das grandes cidades é arriscar-se ao anonimato, é voltar a ser um oponente comum. O golpe de gênio é a escolha de Jersey e de Guernesey, o que faz dele, durante dezoito anos, o solitário mais célebre da Europa. Jersey é mais perto do que Santa Helena, mas isso permite dar ao exílio uma áurea, uma dimensão trágica, épica, de grandeza, de pureza, de auréola de martírio. Só diante do continente, Hugo faz pose, instrumentaliza a solidão e faz dela um poderoso meio a serviço de sua glória pessoal. Solidão inversa à do eremita: ele se esconde a fim de que o vejam melhor, e proclama com ênfase sua autossatisfação nas *Contemplações*:

> Sobre meus dias que se tornaram fantasmas, pálido e só,
> Eu olho o infinito, esta mortalha.
> E dizeis: E depois? Sob um monte que sobrepaira,
> Perto das ondas, marquei o lugar de meu túmulo;
> Aqui o ruído do abismo é tudo o que se ouve;
> Tudo é horror e noite. – E depois? – Estou contente.

Num poema de título revelador, "O exilado insatisfeito", ele mesmo sublinha o paradoxo e a habilidade dessa situação: fazer-se esquecer para que todo mundo pense nele, esconder-se para que não se veja nada a não ser ele, enterrar-se para brilhar no firmamento:

> E aqui encontro um esquecimento quase igual ao túmulo.
> Mas não me extingo: pode-se permanecer archote
> Na sombra e, sob o céu, sob a cripta sagrada,
> Só, tremer no vento selvagem do empíreo.

Victor Hugo, grande manipulador da solidão: "O exílio deveria ser para ele luto e ao mesmo tempo consagração. Glorioso pela irradiação do desafio, era preciso que o exílio fosse fúnebre pela solidão e pela ausência de resposta".[19]

---

19 Bénichou, op. cit., p.1291.

DO HERÓI ROMÂNTICO (HUGO) AO HERÓI REALISTA (FLAUBERT): AS METAMORFOSES DA SOLIDÃO

A solidão tagarela, grandiloquente e pública de Victor Hugo é a ilustração mais brilhante da popularidade e da ambiguidade desse tema entre os românticos. Num estudo sobre *Solitude et conscience politique sur la scène romantique* [Solidão e consciência política na cena romântica], Béatrice Didier destaca a "situação paradoxal e contraditória do herói romântico: solitário e desejoso de desempenhar um papel na história, ele percebe muitas vezes duramente que a ação não é tão facilmente a irmã do sonho".[20] Essa afirmação é ilustrada pelo destino de três heróis do teatro romântico, cuja esterilidade política contrasta com as grandes ambições: Lorenzaccio, de Musset, o príncipe de Hombourg, de Von Kleist, e Kordian, de Slowacki (1809-1849). O personagem do solitário fascina o público da primeira metade do século, desde *O solitário* do visconde de Arlincourt, o "príncipe dos românticos", reeditado trinta vezes entre 1820 e 1830. O herói romântico, contrariamente ao herói clássico, defensor da ordem e dos valores dominantes, é um contestatório, um revoltado, quase um pária, sozinho contra o destino e a injustiça, quer ela seja divina ou social. Caim é o protótipo de Hernani, o banido que vagueia sem fim, perseguido pelo olhar do Deus tirano. "Caim, no grande drama da humanidade, é a oposição", escreve Balzac. Em 1821, em seu *Caim*, Byron faz do revoltado solitário o herói da condição humana, que fustiga a submissão e a resignação dos homens. Chega-se até a reabilitar o primeiro grande solitário, o reprovado original, vítima de uma monstruosa injustiça: Satã. Vigny havia concebido o projeto de um *Satã perdoado*, Balzac escreve um *Melmoth reconciliado*, e Hugo, *O fim de Satã*. Fica-se fascinado pelas histórias de banidos, prisioneiros, condenados, de todos os seres isolados, expulsos, errantes ou confinados, em *O judeu errante*, *O conde de Montecristo*, que "compartilham um físico animal, uma vida solitária, uma energia de exceção",[21] escreve Éric Fougère em *Solitude et servitude* [Solidão e servidão]. O herói romântico é um indivíduo solitário, um lobo selvagem, um revoltado que se ergue orgulhosamente diante dos homens, diante de Deus, do destino, numa

---

20 Didier, *Solitude et conscience politique sur la scène romantique*, p.5.
21 Fougère, *La Peine en littérature et la prison dans son histoire: solitude et servitude*, p.161.

atitude provocante geradora de catástrofes, filhos de Satã, de Adão, de Caim, de Prometeu. É também o grande homem, solitário por definição, já que todos os outros são pequenos. Hegel fez o retrato falado dele, desde o início do século, e Thomas Carlyle deu três exemplos em 1837 em seu *Os heróis*. O modelo é Napoleão, que diz de si mesmo: "Sempre só no meio dos homens, volto para sonhar comigo mesmo, e me entrego a toda a vivacidade de minha melancolia". Solitário na glória, o homem que se autoproclama imperador é igualmente solitário na derrota. Os pintores o mostram perdido em seus pensamentos, no acampamento, nos desenhos de Raffet ou numa fazenda durante a campanha na França, como em *A meditação* de François Flameng: sempre só, sob o olhar admirado dos soldados e camponeses, antes de morrer em sua ilha perdida no meio do Atlântico.

A solidão é uma das molas fundamentais dos romances do período romântico. Sem ela, não há grande história de amor, diz Stendhal. É por isso que, na opinião dele, a sociedade do Antigo Regime, mundana e superficial, na qual não se podia ser só, não conseguia fazer nada de grande: "O verdadeiro mundo tal como se encontrava na corte da França, e creio não existir mais após 1780, era pouco favorável ao amor, tornando quase impossíveis a solidão e o lazer, indispensáveis para o trabalho de concretização".[22] Para Balzac, a solidão permite curar os males do coração. Ela é um refúgio, mas um refúgio ameaçado, pois logo "a vida privada não existirá mais", com a insaciável curiosidade do jornalismo moderno e a pressão crescente da exigência de sociabilidade. Observação clarividente do romancista: "A solidão tem encantos comparáveis aos da vida selvagem que nenhum europeu deixou depois de tê-la experimentado. Isso pode parecer estranho numa época em cada um vive tão bem para outrem que todo mundo se preocupa com cada um, e que logo a vida privada não existirá mais, à medida que os olhos do jornal, argos moderno, ganham audácia, em avidez. Entretanto, essa proposição se apoia na autoridade dos seis primeiros séculos do cristianismo, durante os quais nenhum solitário voltou à vida social. Há poucas feridas que a solidão não cura".[23]

---

22 Stendhal, *De l'Amour*, cap.13.
23 Balzac, L'Envers de l'histoire contemporaine. In: *Œuvres*, t.VII, p.252.

Com Theóphile Gautier (1811-1872), aparece, desde 1835-1836, em dois volumes de *Senhorita de Maupin*, a intuição da solidão irremediável do homem. Toda verdadeira empatia é impossível; a compaixão, o amor fusionante só existem em palavras. Na realidade, cada um permanece fechado em si mesmo, incomunicável e impenetrável. O herói, d'Albert, escreve ao amigo: "Não importa o que eu faça, os outros homens não passam de fantasmas para mim, e não sinto sua existência. [...] A existência ou a não existência de uma coisa ou de uma pessoa não me interessa o bastante para que eu seja afetado de maneira sensível e convincente. [...] Não pude fazer entrar em meu cérebro a ideia de outro, em minha alma o sentimento de outro, em meu corpo a dor ou o prazer de outro. Sou prisioneiro de mim mesmo, e toda evasão é impossível: [...] para mim me é tão impossível admitir alguém em minha casa quanto ir eu mesmo na casa dos outros". Voltado para si mesmo, d'Albert procura em vão a mulher ideal; em vão, porque essa busca é, de fato, busca de si mesmo. Cada um é um Narciso que se ignora: "Isso talvez se deva ao fato de que vivo muito comigo mesmo. [...] Eu me observo viver e pensar. [...] Se eu agisse mais, [...], em vez de perseguir fantasmas, eu lutaria contra realidades; não pediria às mulheres o que elas podem me dar: prazer, e não procuraria abraçar não sei que idealidade fantástica, ornada de nebulosas perfeições. Talvez também, não encontrando nada neste mundo que fosse digno de meu amor, acabaria por me adorar a mim mesmo, como o falecido Narciso de egoísta memória". Definitivamente, o verdadeiro ideal é o mito do hermafrodita, que realiza a plenitude do eu: "Esse filho de Hermes e Afrodite talvez seja uma das mais suaves criações do gênio pagão. Não se pode imaginar nada de mais encantador no mundo do que esses dois corpos, ambos perfeitos, harmoniosamente fundidos, essas duas belezas tão iguais e tão diferentes e que formam outra beleza superior às duas".

Alguns romancistas, aliás, encenam os hermafroditas, juntando-se às fileiras dos dândis, forma de solidão refinada, distinta, pretenciosa e decadente, antiburguesa e anti-igualitária. O dândi, segundo o modelo iniciado por George Bryan Brummel, dito Belo Brummel (1778-1840), favorito do príncipe de Gales, é um virtuoso da futilidade, que camufla sua solidão atrás de sua gravata, seu lenço de pescoço e sua jaqueta da moda. Todo aparência e frivolidade, ele recusa qualquer ligação profunda e séria, sobretudo o casamento. Balzac, Stendhal, Barbey d'Aurevilly (1801-1889) tiveram seu período de dandismo, assim como Jules Verne (1828-1905), que funda, nos anos 1850, um clube de celibatários, os "Onze-sem-mulher".

Com Baudelaire (1821-1867), atinge-se um dandismo mais sombrio. Esse aluno cínico, convencido de ter um "destino eternamente solitário", genial e demasiado consciente de sê-lo, isola-se, desprezando a tolice universal e mais particularmente burguesa, o que o conduz a declarações provocadoras: "Quando eu tiver inspirado o desgosto e o horror universais, terei conquistado a solidão". É exatamente o que ele consegue fazer. Doente, drogado, endividado, exilado voluntário em Bruxelas, condenado por imoralidade, ele exprime seu *spleen*, feito de tédio, de um sentimento insuportável de solidão e de desprezo pela "multidão vil".

Entra-se na fase dos "poetas malditos", tão solitários quanto seus predecessores românticos, mas não se trata mais da solidão do inspirado que conduz o povo. É a do desesperado que vai para o abismo. Trata-se apenas de diabo, de inferno, de danação, de blasfêmia, de maldições, de alucinações. É um Verlaine que "chora sem razão", um Nerval, "o tenebroso, o viúvo, o inconsolado", um Rimbaud que passa *Uma estação no inferno*, um Moréas que quer deixar "o vulgar tédio da horrível cidade", um Lautréamont que deseja "atacar por todos os meios o homem, este animal selvagem, e o criador", um Mallarmé que respira "um perfume de tristeza", um Catulo Mendès que vive "na angústia e na loucura", uma Louise Ackermann que amaldiçoa a natureza, "madrasta imortal". Mesmo os parnasianos, menos líricos, mais reservados, sentem-se sós e o dizem, de modo mais acadêmico mas também sincero.[24] Assim, Sully Prudhomme (1839-1907) publica, em 1869, *As solidões*, e, na *Via Láctea*, compara as almas a estrelas: elas parecem estar próximas umas das outras, mas na realidade estão separadas por distâncias colossais, e sem possibilidade de contato:

Eu lhes disse: – Eu vos compreendo!
Pois vos assemelhais a almas:
Assim como vós, cada uma brilha
Longe das irmãs que parecem perto dela.

---

24 Canat, *Du Sentiment de la solitude morale chez les romantiques et les parnassiens.*

E a solitária imortal
Queima em silêncio na noite.

Mesmo a união dos corpos não pode contribuir para a união das almas:

As carícias são apenas entusiasmos inquietos,
Infrutuosos ensaios do pobre amor que tenta
A impossível união das almas pelos corpos.

É essa impossível comunicação entre os seres que os romancistas realistas exploram. Seus personagens não são, como os de Balzac, reduzidos à solidão pelas circunstâncias da vida, mas pela própria natureza humana. Os solitários não são poetas inspirados, exceções orgulhosas dotadas de faculdades visionárias que os distinguem da multidão anônima: são eles mesmos anônimos, todos os homens, que, em sua própria gregariedade, são incapazes de se comunicar de fato, confinados hermeticamente em seu eu incomunicável. São dois normandos, Flaubert e Maupassant, que mais poderosamente exprimiram essa trágica e irremediável solidão.

Gustave Flaubert (1821-1880), "o solitário de Croisset", do nome da propriedade de Rouen, onde vive como eremita, está persuadido disto: "Estamos todos no deserto. Ninguém compreende ninguém". Ele o repete constantemente em suas cartas: "O coração do homem não é uma enorme solidão onde ninguém penetra?"; "Estou resignado a viver como vivi, só, com minha multidão de grandes homens que fazem o papel de meu círculo, com minha pele de urso, sendo eu mesmo um urso". Mesmo os seres que se amam não podem conhecer-se verdadeiramente, já que não podem se conhecer a si mesmos. É o que ele escreve à mulher que ama, Louise Colet: "Entre dois corações que batem um sobre o outro, há abismos; o nada está entre eles. [...] Por mais que a alma faça, ela não quebra sua solidão, ela caminha com ela. Sente-se ser como uma formiga num deserto e perdido, perdido". "Sou eu que tu amas em mim ou outro homem que acreditaste encontrar e não encontrastes?" (23 de outubro de 1846); "Eu mesmo teria dificuldade em dizer qual é o fundo desse ser que tu amas e que queres compreender" (8 de dezembro de 1846); "Se não compreendes nada de mim, eu mesmo não me compreendo muito mais" (janeiro de 1847).

Como numerosos solitários, Flaubert escreve muitas cartas, para dizer que está só. Ele não gosta de contatos humanos, e quer que se saiba disso: "Vivo só, muito só, cada vez mais só"; "Parece-me que atravesso uma solidão sem fim, para ir não sei aonde"; e ele dá este bom conselho a seu amigo Alfred Le Poitevin: "Faça como eu: rompa com o exterior, viva como um urso, um urso-branco, mande tudo à merda, tudo e você mesmo, a não ser sua inteligência". O urso solitário é seu animal fetiche, nas ele se veria também como uma ostra, uma foca ou um rinoceronte: "Não há mais lugar neste mundo para as pessoas de gosto. Como o rinoceronte, devemos sair do mundo, retirar-se na solidão, esperando a morte".

Um homem como esse só podia se interessar, embora fosse ateu, pelo santo patrono dos solitários, Antônio. Durante anos, desde a juventude, ele medita sobre o projeto de escrever um drama filosófico sobre esse personagem. Influenciado pelo *Caim* de Byron, pelo *Fausto* de Nerval, pelo *Ahasvérus* de Quinet, ele publica, enfim, em 1874, após trinta anos de remanejamentos, *A tentação de Santo Antônio*, longo diálogo sobre o eremitismo, no qual Antônio se arrepende de ter escolhido o deserto: "De onde vem minha obstinação de continuar uma vida assim? Teria feito bem em ficar com os monges de Nitria, pois eles me suplicavam para fazer isso. Eles habitam em celas à parte, mas se comunicam entre si". E Hilário o censura por sua hipocrisia: "Hipócrita que mergulha na solidão para se entregar melhor aos transbordamentos de suas cobiças. Tu te privas de carnes, de vinho, de saunas, de escravos e de honras. Mas como deixas tua imaginação te oferecer banquetes, perfumes, mulheres nuas e multidões que te aplaudem! Tua castidade é tão somente uma corrupção mais sutil, e esse desprezo pelo mundo é a impotência de teu ódio contra ele!". Para Flaubert, a solidão é ao mesmo tempo inerente ao ser humano, refúgio para se proteger da tolice humana e fonte de tédio e de desregramento para o espírito. Ela é a grande armadilha da vida.

MAUPASSANT: "NUNCA DOIS SERES SE MISTURAM"

Isso é ainda mais verdadeiro para seu vizinho Guy de Maupassant (1850-1893), pessimista e angustiado, sujeito a alucinações, e que acaba afundando na solidão absoluta da loucura. Seus contos e novelas exploram as múltiplas facetas da vida solitária, a da solteirona, *Miss Harriett*, que "não tinha equilíbrio, como todas as mulheres solteiras de 50 anos", a do homem comum que se suicida para evitar "a velhice atroz e solitária" (*Suicidas*), a do eremita voluntário, encontrado numa elevação entre Cannes e Napoule, onde se estabeleceu depois de um drama pessoal e que morre de tédio: "Ele me pareceu um ser cansado dos outros, fatigado de tudo, irremediavelmente desiludido e desgostoso de si mesmo assim como do resto"[25] (*O eremita*). Essas solidões particulares, visíveis, do celibatário, do velho, do eremita, são somente variedades da solidão fundamental, que é a de todos os homens e da qual Maupassant dá uma descrição patética na novela intitulada *Solidão*. Seu pretexto é paradoxal: a visão de dois namorados que se abraçam num banco público. O que deveria ser a imagem da união dos corações é, para Maupassant, ao contrário, o sinal do isolamento irremediável e desesperado de todo ser humano: "Nunca dois seres se misturam". É preciso citar a página inteira, pois ela é bela e dispensa comentário; é uma exposição lúcida da solidão humana radical na literatura realista:

> Nosso grande tormento na existência vem do fato de que somos eternamente sós, e todos os nossos esforços, todos os nossos atos, só tendem a fugir dessa solidão. Aqueles lá, os namorados dos bancos ao ar livre, buscam, como nós, fazer com que seu isolamento cesse, mesmo que seja pelo menos por um minuto; mas eles permanecem, eles permanecerão sempre sós; e nós também. Percebe-se isso mais ou menos, eis tudo.
>
> Há algum tempo eu suporto o abominável suplício de ter compreendido, de ter descoberto a horrível solidão em que vivo, e sei que nada pode fazê-la cessar, entendes? Não importa o que tentamos, o que fazemos, qualquer impulso de nosso coração, qualquer apelo de nossos lábios, qualquer aperto de nossos braços, somos sempre sós...
>
> Desde que senti a solidão de meu ser, parece-me que me afundo cada dia mais num subterrâneo sombrio, cujas bordas não encontro, cujo fim desconheço, e que talvez não tenha fim de modo algum! Ando ali sem ninguém comigo, sem ninguém à minha volta, sem ninguém vivo nesta estrada tenebrosa. Este subterrâneo é a vida. Às vezes ouço ruídos, vozes, gritos. Avanço

---

25 Maupassant, L'Ermite. In: *Contes et nouvelles*, t.II, p.690.

às cegas na direção desses rumores confusos. Mas nunca sei precisamente de onde partem...

Não, ninguém compreende ninguém, não importa o que se pense, o que se diga, o que se tente. A terra sabe o que se passa nas estrelas que aí estão... Bem, o homem não sabe nem o que se passa em outro homem. Estamos mais longe um do outro do que esses astros, mais isolados sobretudo, porque o pensamento é insondável.

Conheces alguma coisa mais horrível do que esse constante roçar dos seres nos quais não podemos penetrar! Amamo-nos uns aos outros como se estivéssemos acorrentados, bem perto uns dos outros, com os braços estendidos, sem conseguir nos reunir. Uma necessidade torturante de união nos agita, mas todos os nossos esforços permanecem estéreis, nossos abandonos inúteis, nossos abraços impotentes, nossas carícias vãs. Quando queremos nos misturar, nossos elãs de um para outro só nos fazem nos chocar um contra outro.

Nunca me sinto mais só do que quando abandono meu coração a algum amigo, porque compreendo melhor então o obstáculo insuperável. Ele está lá, este homem; vejo seus olhos claros sobre mim! Mas sua alma, por trás deles, não a conheço de modo algum. Ele me ouve. O que ele pensa? Sim, ele pensa? [...] Que mistério é o pensamento desconhecido de um ser, o pensamento escondido e livre, que não podemos conhecer, nem conduzir, nem dominar, nem vencer!

E eu, por mais que queira me dar inteiro, abrir todas as portas de minha alma, não consigo me entregar. Guardo no fundo, bem no fundo, este lugar secreto do *Eu*, onde ninguém penetra. Ninguém pode descobri-lo e entrar nele, porque ninguém se parece comigo, porque ninguém compreende ninguém...

São as mulheres que me fazem perceber melhor minha solidão. Miséria! Miséria! Como eu sofri por elas, porque elas me deram com frequência, mais do que os homens, a ilusão de não estar só! Quando se entra no Amor, parece que nos alargamos. Uma felicidade sobre-humana vos invade! Sabes por quê? Sabes de onde vem essa sensação de imensa felicidade? É unicamente porque se imagina não estar mais só. O isolamento, o abandono do ser humano parece cessar. Que engano!

Mais atormentada ainda do que nós pela necessidade eterna de amor que rói nosso coração solitário, a mulher é a grande mentira do Sonho. Conheces as horas deliciosas passadas face a face com este ser de longos cabelos, de traços encantadores e cujo olhar nos perturba. Que delírio engana nosso coração! Que ilusão nos vence! Ela e eu não vamos mais ser senão um, te parece? Mas esse logo mais não chega nunca, e, após semanas de espera, de esperança e de alegria enganadora, um dia vejo-me de repente mais só do que alguma vez estive. Depois de cada beijo, cada abraço, o isolamento cresce. E como ele é desolador, insuportável!

Contudo, o que ainda há de melhor no mundo é passar uma tarde junto de uma mulher que se ama, sem falar, quase completamente feliz apenas pela sensação de sua presença. Não peçamos mais, pois nunca dois seres se misturam.[26]

A INTERNACIONAL DA SOLIDÃO NA ERA DAS MASSAS

Essa tomada de consciência da solidão radical do ser humano não é um capricho de autor depressivo. É o sentimento predominante entre os intelectuais da segunda metade do século XIX, de todas as nacionalidades, do russo Léon Tolstói (1828-1910) à americana Emily Dickinson (1830-1886), passando pelo tcheco e alemão Rainer Rilke (1875-1926), o inglês John Stuart Mill (1806-1873), o dinamarquês Soren Kierkegaard (1813-1855) e o francês Georges Palante (1862-1925). Em *A morte de Ivan Ilitch*, Tolstói evoca "sua solidão, esta solidão que era preciso suportar no meio de uma grande cidade, rodeado de sua família e de seus amigos, [...] essa solidão tão abominável que não teria sido mais completa no fundo do mar ou sob a terra".[27] Emily Dickinson, que, aos 30 anos, decide não mais sair de sua casa e viver como reclusa, escreve:

Há uma solidão do espaço
Uma solidão do mar,
Uma solidão da morte,
Mas são companhia
Comparadas a este lugar mais profundo,
Esta intimidade polar:
Uma alma diante de si mesma,
Infinidade infinita.

---

26 Ibid., p.1255 e ss.
27 Tolstói, *La Mort d'Ivan Ilitch*. In: *Souvenirs et récits*, p.1042.

Rilke, por sua vez, escreve em 12 de agosto de 1904: "Para voltar à questão da solidão, parece sempre mais claramente que não é de modo algum uma coisa que se pega ou se larga. Somos solitários. Podemos nos iludir a esse respeito e fazer como se não fosse nada. É tudo. Mas é preferível compreender que o somos e fazer tudo a partir daí. Poderá evidentemente acontecer que sejamos tomados de uma vertigem; pois todos os pontos sobre o quais nosso olhar se punha ordinariamente nos foram retirados; não há mais nada de próximo e o longínquo recua até o infinito".[28] Como Maupassant, ele vê no casal apaixonado a justaposição de duas solidões; com o tempo, "estas duas solidões se protegerão mutuamente, se limitarão, trocarão sua salvação".[29] Em suas *Cartas a um jovem poeta*, Franz Xaver Kappus, ele lhe dá este conselho: "Não vos deixais perturbar em vossa solidão pelo fato de que alguma coisa em vós procura fugir dela. É precisamente esse desejo que, desde que tireis partido dele calmamente, à maneira de uma ferramenta, e sem vos deixar dominar por ele, é que pode vos ajudar a estender vossa solidão sobre vastos domínios".[30]

Para John Stuart Mill, que detesta a grande cidade moderna, "esta mistura onde nos pisamos uns nos outros, onde nos damos cotoveladas, onde nos esmagamos, onde andamos sobre os calcanhares", a solidão é uma necessidade vital: "Não é bom que o homem seja obrigado permanentemente a estar em contato com seus semelhantes", diz ele, contrariando o livro do Gênesis. "Um mundo que exclui a solidão é um ideal deprimente. A solidão, o fato de estar sempre só, é essencial para a profundidade da meditação e do caráter. E a solidão em presença da beleza e da grandeza naturais é o berço dos pensamentos e das aspirações que não são proveitosas apenas ao indivíduo, mas que a sociedade não poderia dispensar."[31] É a solidão que é natural, não a sociedade.

O angustiado Kierkegaard, assustado com a ascensão das "massas", afirma que se trata aí de um fenômeno quase diabólico, que pode chegar a dissolver o indivíduo. É um dever moral de cada um afirmar sua individualidade: "A multidão se compõe de fato de indivíduos; logo, deve estar no poder

---

28 Rilke, *Œuvres en prose*, p.94.
29 Ibid., p.947.
30 Ibid., p.942.
31 Mill, *Principles of Political Economy with Some of Their Applications to Social Philosophy*, livro IV, cap.4.

de cada um tornar-se o que é, um indivíduo; ninguém está excluído absolutamente de sê-lo, exceto aquele que se exclui transformando-se em multidão", escreve ele em 1848 em *O ponto de vista explicativo de minha obra*. Tomado pela agitação perpétua do mundo moderno, o homem é confrontado com a seguinte escolha: lançar-se de cabeça num ativismo no qual ele se dissolve, tornando-se objeto, ou recuar para dentro de si mesmo num estado de "solidão interior". Ele escolheu a segunda opção, ou melhor, ele foi naturalmente conduzido a isso pelo temperamento e por sua educação, austera e culpada. Ele compartilha com o pai sua "mais fiel amante", a solidão: "Não trocamos uma palavra sobre este assunto. Mas [éramos] talvez os dois seres humanos mais melancólicos de que se tem lembrança".[32] A solidão é o tédio, certo, mas ela não tem o monopólio disto: desde as origens, os homens se entediam juntos: "Adão se entediava, porque estava só; por isso Eva foi criada. A partir desse momento, o tédio se instalou [...]. Adão e Eva se entediaram juntos, Caim e Abel se entediaram em família [...]. A fim de se distrair, tiveram a ideia de construir uma torre tão alta que se lançaria na direção do céu. [...] Ela constitui uma prova terrível da primazia do tédio nesse momento. Em seguida, foram dispersados pelo mundo, como hoje em dia se faz uma viagem ao estrangeiro, mas eles continuaram a se entediar".[33]

Georges Palante aborda a solidão em termos sociológicos. Esse "nietzschiano de esquerda", que dedica exclusivamente sua atividade intelectual à ilustração da causa de um individualismo de autodefesa solitário e de automarginalização diante de uma sociedade conformista e "grupista", em que o indivíduo não tem nenhum lugar",[34] é com efeito marcado por um profundo pessimismo social, "uma desconfiança racional em relação a toda organização social". Ele argumenta em favor de um individualismo integral, ao mesmo tempo igualitário e elitista, um "individualismo aristocrático" que, ele escreve em *Les Antinomies entre l'individu et la société* [As antinomias entre o indivíduo e a sociedade], "termina numa condenação global da sociabilidade, numa atitude de descrença e de ceticismo em relação a todas as formas de altruísmo e de solidariedade".

---

32 Kierkegaard, *Journal*. t.III, p.745.
33 Id., *Ou bien, ou bien*, t.I, p.220.
34 Laurent, op. cit., p.65.

É o advento da sociedade de massas que explica essa multiplicação de manifestos solitários. A industrialização, a urbanização galopante, as cidades em franco crescimento, as ideologias coletivistas ou nacionalistas, a grande imprensa, a democratização da vida política, com suas manifestações e o reino da maioria, o peso crescente da pluralidade em todos os domínios provocam em muitos intelectuais uma reação de rejeição, feita de medo e de desprezo para com a massa, a multidão, o rebanho. Alguns se sentem perdidos nesse tsunami coletivo, onde estão mais sós do que nunca; tiram daí a constatação da solidão irremediável dos seres, solidão agravada pela presença da multidão; outros procuram a salvação na fuga, e pensam que, se a solidão não é inevitável, ela pelo menos é desejável. Para os primeiros, a era das massas revela a solidão ontológica dos homens, que aumenta com o número; para os segundos, a era das massas é uma ameaça contra o indivíduo, que deve procurar a salvação numa solidão a ser conquistada. Solidão pessimista dos primeiros, otimista dos segundos.

São essas relações entre *Sociedade e solidão* que estão no centro da reflexão do filósofo americano Ralph Emerson (1803-1882), que faz dela o título de uma de suas obras em 1870. Esse ex-pastor unitarista, amigo de Carlyle, Wordsworth, Coleridge, Stuart Mill, conta nesse ensaio a história de um homem inadaptado à vida em sociedade que vai viver solitário no campo. Seu caso pode parecer patológico: "Sua vontade parecia paralisada, de modo que, quando estava em companhia de outras pessoas, nas relações de todo dia, sua conversa era indigente e defasada. [...] Enquanto sofria por ser visto onde estava, consolava-se com o delicioso pensamento sobre o número inconcebível de lugares onde não estava. Tudo o que ele esperava de seu alfaiate era que ele fornecesse um corte e uma cor sóbria que não atrairiam a atenção em nenhum instante".[35] Ele desejava fundir-se na cena, ficar invisível. Ora, esse tipo de homem não é raro, diz Emerson, e com muita frequência são temperamentos solitários que são os mais delicados, mais refinados e mais lúcidos, pois "se a solidão é altiva, a sociedade é vulgar. Na sociedade, as capacidades superiores são consideradas no indivíduo deficiências [...] A sociedade existe por afinidades químicas, e não de outro modo". Os homens se aglomeram, se aglutinam por necessidade, por necessidade de cooperação,

---

35 Emerson, *Société et solitude*, p.14-5.

e, de longe, o grupo parece estar unido por uma solda, como uma nebulosa de estrelas. "Mas, embora as estrelas mais afastadas pareçam formar uma só nebulosa, emitindo uma só luz, não existe nenhum grupo que um telescópio não possa dissolver, e os amigos mais caros são separados por abismos insuperáveis. A cooperação é involuntária e nos é imposta pelo Gênio da Vida, que a reserva para si como uma de suas prerrogativas. Para nós é fácil falar; sentamo-nos, meditamos e sentimos serenidade e completude; mas tão logo encontramos alguém, cada um se torna uma fração."[36] Vistas de perto, "todas as pessoas que conhecemos são insulares e pateticamente solitárias!".

Mas viver só é impossível, e viver em sociedade esmaga as personalidades. A solução, Emerson a vê na simpatia: "A solidão é impraticável e a sociedade é fatal. Devemos manter a cabeça em uma e as mãos na outra. Conseguiremos isso se conservarmos nossa independência sem perder nossa simpatia. [...] Entretanto, não sejamos vítimas de palavras. A sociedade e a solidão são palavras enganadoras. O que importa não é ver mais ou menos gente, mas a rapidez com a qual se instaura a simpatia".[37]

"Os homens valem menos quando estão juntos do que quando separados." Dessa declaração de Emerson, seu amigo e discípulo Henry David Thoreau (1817-1862) tira conclusões. Esse homem, que "extraía mais alegria na frequentação de um pinheiro do que de um homem", diz Hawthorne, e que passa a vida a se procurar no curso de longas excursões solitárias, vive como eremita de 1845 a 1847 numa cabana na beira do lago de Walden. Ele relata sua experiência em 1854 em *Walden, ou a vida nos bosques*, onde escreve: "Acho salutar estar sozinho na maior parte do tempo. Estar em companhia, mesmo que seja com a melhor, torna-se logo fastidioso e dissipador. Gosto de estar sozinho. Nunca encontrei companheiro tão companheiro quanto a solidão. Em geral, ficamos mais isolados quando saímos para nos misturar aos homens do que quando ficamos no fundo de nossos apartamentos".

---

36 Ibid., p.19.
37 Ibid., p.25-6.

SCHOPENHAUER E OS PORCOS-ESPINHOS

Três alemães levaram ao extremo a apologia da solidão diante da ameaça da sociabilidade vulgar veiculada pela era das massas: Schopenhauer (1788-1860), Stirner (1806-1856) e Nietzsche (1844-1900). Não causa espanto encontrar em Schopenhauer, homem do pessimismo absoluto e da felicidade impossível, um ardente defensor da vida solitária. Mas não se imagine que ele é um eremita selvagem e misantropo, como poderia sugerir seu retrato por Göbel. Como todos os homens são infelizes, isso deve gerar entre eles a solidariedade. Estamos todos embarcados na mesma história absurda, neste mundo que nunca deveria ter existido, e sem tê-lo pedido. Os outros não são mais responsáveis do que nós por essa situação, e deveríamos nos sentir mais solidários do que inimigos. Schopenhauer não é hostil a alguma sociabilidade, uma sociabilidade de porcos-espinhos: saber encontrar a boa distância para evitar os espinhos, beneficiando-se, ao mesmo tempo, de um pouco de calor animal: "A necessidade da sociedade, nascida do vazio e da monotonia de suas próprias vidas interiores, leva os homens uns na direção dos outros; mas seus numerosos defeitos, que os tornam antipáticos e insuportáveis, fazem com que logo fujam. A distância média que eles acabam encontrando e que lhes permite estar juntos é a polidez e as boas maneiras. [...] Ela não pode satisfazer a necessidade de calor humano, mas pelo menos poupa das feridas dos espinhos. Quanto àquele que tem para si o calor interior, ele prefere evitar a sociedade e os aborrecimentos que esta poderia lhe causar ou receber dela".[38]

Schopenhauer conseguiu fazer isso em sua vida pessoal. Confortavelmente instalado como bom burguês de Frankfurt, graças às rendas de uma rica herança, ele equilibra solidão e frequentação polida, guardando as distâncias, sem compromissos: escrita de manhã, passeio depois do almoço, no fim da tarde visita ao clube, jantar na cidade, conversa com os amigos, ópera e teatro de tempos em tempos, algumas ligações femininas curtas e que não comprometem nada. Essa arte de viver está baseada num profundo conhecimento da alma humana, a partir da constatação da impossibilidade radical de uma harmonia completa com os outros. O único ser com quem podemos nos

---

38 Schopenhauer, *Parerga und Paralipomena*. In: *Sämtliche Werke*, t.VI, p.396.

sentir em perfeita comunhão somos nós mesmos, e, portanto, quanto mais conseguimos nos estabelecer na solidão, mais nos aproximamos da serenidade: "Não se pode estar em perfeito acordo a não ser conosco mesmos; nem com o amigo, nem com a mulher amada, pois as diferenças entre os indivíduos e os humores introduzem sempre uma dissonância, mesmo que seja leve. É por isso que a verdadeira, a profunda paz do coração e a perfeita serenidade da alma, que são, junto com a saúde, o bem terrestre supremo, só se obtêm na solidão, e se devem ser duráveis é no mais profundo retiro. Se este eu for grande e rico, então goza-se do estado mais feliz que se pode conhecer sobre esta pobre terra".[39] De maneira geral, na sociedade de porcos-espinhos tal como Schopenhauer a considera, "a sociabilidade de cada um é inversamente proporcional ao seu valor intelectual. E dizer de alguém que 'é selvagem' já significa quase dizer que é 'um homem de qualidade'"; "não se tem outra escolha neste mundo a não ser entre a solidão e a vulgaridade".[40] Quanto mais formos capazes de nos manter à parte da multidão vulgar, do convívio comum, mais nossa vida será rica e serena. A felicidade, se é que é possível, só pode ser encontrada na solidão, e Schopenhauer conclama os homens a tomarem distância uns em relação aos outros.

STIRNER E NIETZSCHE: EU E OS OUTROS

Esse apelo também poderia ser atribuído a Max Stirner, que, em 1844, publica uma obra tão provocante quanto espantosa: *O único e sua propriedade*. Nela, ele denuncia as ameaças mortais que as ideologias de massa fazem pesar sobre os indivíduos, ameaças tanto mais perniciosas quanto essas ideologias pretendem defender o indivíduo. De certo modo, Stirner significa o ressurgimento do nominalismo, a luta do individual, único real, contra as abstrações, que são apenas palavras em nome das quais se sufoca cada homem concreto, chamando-o para se sacrificar pela "humanidade", pela "classe", pela "nação", pelo "Estado", pelo "povo". Quem alguma vez viu esses fantasmas? E pede-se a seres concretos, bem reais, que morram por

---

39 Id., *Aphorismes*, ibid., t.V, p.449.
40 Ibid., p.452.

essas ideias, por entidades abstratas! Acorrenta-se o indivíduo sob o pretexto de liberar a massa. A própria democracia é um verdadeiro Leviatã que devora o cidadão; simplesmente, ela o faz de maneira mais hipócrita do que o totalitarismo, pois "um povo só pode ser livre às custas do indivíduo. Pois sua liberdade só afeta ele mesmo, e não é liberação do indivíduo: quanto mais um povo é livre, mas o indivíduo é atado. É na época de sua maior liberdade que o povo grego estabelece o ostracismo, bane os ateus e faz o mais probo de seus pensadores beber a cicuta".[41] O "povo" não é nada, a "nação" não é nada, a "humanidade" não é nada. A única realidade tangível, concreta, é o *eu*. O que chamamos de humanidade é um agregado de vários "Eu". O Eu é o único valor real, e afirmar o contrário é a pior das hipocrisias. Cada Eu é único, logo, irremediavelmente solitário. "A espécie humana" é uma impostura: cada indivíduo é uma espécie só dele; tem, superficialmente, pontos comuns com os outros, mas, fundamentalmente, é único, só. É por isso, escreve Stirner, que "basearei minha causa no Eu: tanto quanto Deus, eu sou a negação de todo o resto, eu sou tudo para mim, eu sou o Único. [...] Minha causa não é divina nem humana, não é o verdadeiro, nem o bom, nem o justo, nem o livre; é o Meu; ela não é geral, mas única, como sou único. Para mim nada está acima de Mim".[42]

Os valores coletivos que a tradição e a educação implantam em nós – amor, solidariedade, sacrifício, dedicação – são ilusões que a sociedade nos inculca por seu próprio interesse. A consciência é apenas uma palavra, como já dizia Shakespeare: "Tememos não o poder vingador de Eumênides, nem a cólera de Poseidon, nem o Deus que veria as coisas escondidas, nem a correção paterna, mas a consciência".[43] "Que me importa o bem público? Pelo fato mesmo de ser bem público, ele não é meu bem, mas o supremo grau de abnegação".[44] Então, está decidido, "hoje destruo essas encarnações mentirosas, entro em possessão de meus pensamentos, e digo: Eu sozinho tenho um corpo e sou alguém. Não vejo no mundo senão o que é para mim; ele é minha propriedade. Eu remeto tudo a mim".[45] Quanto a outrem, outra solidão única,

---

41 Stirner, *L'Unique et sa propriété*, p.288.
42 Ibid., p.9-10.
43 Ibid., p.16.
44 Ibid., p.286-7.
45 Ibid., p.20.

o que ele vai fazer? "Escolhe: queres ser o senhor ou queres que a sociedade seja a senhora? Disso dependerá que tu sejas um proprietário ou um mendigo. O egoísmo faz o proprietário, a sociedade faz os mendigos."[46]

Do Eu único do egoísmo sagrado ao Eu além do homem que se coloca para além do bem e do mal, há apenas um passo, o que faz passar da solidão igualitarista à solidão dominadora. Teríamos dificuldade em imaginar Nietzsche de outro modo, a não ser solitário, e mesmo solitário perigoso: o caráter excessivo, facilmente brutal e provocador de seu pensamento, as imagens pouco tranquilizantes do ogro de Weimar, de olhar furioso por trás da mata selvagem das sobrancelhas e do bigode, a loucura final, a proclamação blasfematória de morte de Deus, a recuperação tendenciosa e sulfurosa de seu pensamento pelos movimentos totalitários criaram um folclore, um mito, uma lenda negra, fazendo dele uma espécie de anticristo. Tudo isso não é completamente falso. Entretanto, Nietzsche, sem ser inimigo do gênero humano, também não é o hóspede convivial que gostaríamos de convidar para jantar. Aliás, ele aceitaria o convite? É pouco provável, pela sua maneira de recusar todos os convites de seus colegas de Bâle: "Imaginas facilmente que para mim o mais penoso é esta massa de honrados colegas que consideram um dever me convidar noite após noite, embora eu já tenha muitos recursos para declinar habilmente os convites", ele escreve a Wagner. Esses homens ingênuos de Bâle, desprovidos de gosto, têm defeitos demais, muitas coisas que concorrem para não vos decidir a uma vida solitária".[47]

Nietzsche, por temperamento, tem o gosto pela solidão: "A solidão é para mim uma coisa muito suportável e mesmo agradável; num século passado, eu teria me tornado uma espécie de anacoreta", confia ele ainda a Wagner, e, no *Ecce Homo*: "Tenho necessidade de solidão, quero dizer, de cura, de retorno a mim". Seu passatempo favorito é a caminhada, o passeio, solitário, bem entendido: "Minha única forma de existência possível, fazer caminhadas", ele escreve em 1879 a Peter Gast. De preferência sobre as alturas, em Haute-Engadine tanto quanto a Eze, lá onde se começa a subir. A caminhada ascensional estimula e eleva o pensamento, como ele diz em *A gaia ciência*: "Temos por hábito pensar ao ar livre, andando, saltando, escalando,

---

46 Ibid., p.431.
47 Nietzsche, *Œuvres philosophiques completes*, t.I, p.299 e 301.

dançando, de preferência sobre as montanhas solitárias ou à beira-mar, onde até os caminhos se tornam pensativos".

Não é surpreendente portanto que seja na subida de Eze que elabora seu *Zaratustra*, verdadeiro hino à solidão destinado aos solitários: "É aos solitários que direi meu canto, aos que se retiraram sós ou a dois na solidão". Zaratustra é apresentado como um profeta que medita durante dez anos na solidão, de onde sai para apresentar aos homens sua revelação: ideal da superação do humano para o sobre-humano. Mal acolhido, ele volta quatro vezes para seu deserto para lá retomar suas forças. Pois é lá que se elaboram pensamentos fortes, longe do tumulto que se faz em torno de pessoas consideradas importantes, e do zumbido dos insetos invejosos. Então,

> foge, meu amigo, refugia-te na solidão! Vejo-te aturdido pelo tumulto dos grandes homens e atormentado pelos aguilhões dos pequenos...
>
> Onde cessa a solidão começa a praça pública; e onde começa a praça pública começa também o ruído dos grandes comediantes e o zumbido de moscas venenosas...
>
> Tudo o que é grande foge da praça pública e da fama que sempre tiveram os inventores de valores novos.
>
> Foge, meu amigo, refugia-te na solidão! Vejo-te assediado por moscas venenosas. Refugia-te onde sopra um vento rude e forte!
>
> Refugia-te na solidão! Viveste muito perto dos pequenos e miseráveis. Foge da vingança invisível deles! Eles não têm para com você senão um sentimento, o rancor.[48]

Por que os homens se aglutinam uns sobre os outros? A resposta é pascaliana: porque não podem suportar ficar sós consigo mesmos. Pretextam então o amor do próximo que, na realidade, é fuga de si mesmo. Contrariamente a Stirner, eles têm medo de seu Eu; sua dedicação aos outros é apenas covardia e amor de si mesmos: "É para fugir de vós que vos apressais em torno do próximo, e quereis fazer disso uma virtude; mas eu desmascarei vosso desinteresse. O Tu é mais antigo que o Eu; o Tu passa por santo, o Eu ainda não; é por isso que o homem se apressa em torno do próximo. [...]

---

48 Id., *Ainsi parlait Zarathoustra*, cap. "Les mouches de la place publique".

Não suportais vossa própria companhia, e não vos amais o bastante; buscai então seduzir o próximo por vosso amor e a vos dourar de seu erro. [...] Um procura o próximo porque se procura, outro porque aspira se perder. Vosso mau amor de vós mesmos faz de vossa solidão uma prisão".[49]

Cada um procura impor aos outros uma imagem elogiosa de si. Essa obstinação, essa insistência na imagem, é ao mesmo tempo busca de dominação e reconhecimento de nossa dependência em relação aos outros: por que então daríamos tanta importância à opinião que eles têm de nós? E é, ao mesmo tempo, a marca da pobre opinião que temos de nós mesmos: "Em vez de desejar que os outros nos conheçam como somos, desejamos que pensem de nós todo o bem possível; desejamos, pois, que os outros se iludam sobre nós. Ou seja, não temos orgulho de nossa especificidade".[50] O homem forte não busca impressionar os outros, dar uma falsa imagem de si; ele está acima de tudo isso: ele é ele mesmo, só. A moral comum, altruísta e igualitarista, que é também a do cristianismo tanto quanto das ideologias de massa, sufoca o indivíduo: "O instinto altruísta é um obstáculo ao reconhecimento do indivíduo, ele quer ver no outro nosso igual ou torná-lo nosso igual. Vejo na tendência estatal e social um obstáculo à individuação, uma elaboração do *Homo communis*: mas, se desejamos homens comuns e iguais, é porque as fábulas temem o indivíduo forte e preferem um enfraquecimento geral a um desenvolvimento dirigido para o individual", escreve Nietzsche nos *Fragmentos póstumos*. Quanto a Zaratustra, ele ensina ao homem como ser ele mesmo, e isso passa pela solidão:

> Queres, meu irmão, ir para a solidão? Queres procurar o caminho que leva a ti mesmo? Espera e escuta.
>
> "Qualquer um que procura se perde facilmente. Toda solidão é um pecado." Assim fala a multidão, o rebanho; e pertenceste ao rebanho durante muito tempo...
>
> Saberás prescrever para ti mesmo teu bem e teu mal e suspender acima de sua cabeça teu querer erigido em lei? [...]

---

49 Ibid., cap. "De l'amour du prochain".
50 Nietzsche, *Aurore*, livro II, aforismo 113.

ROMANTISMO E REALISMO, OU O PRESTÍGIO DA SOLIDÃO   403

Hoje ainda sofres com a multidão, oh, solitário; hoje ainda dispões de tua coragem inteira e de tuas esperanças.

Mas virá o dia em que te cansarás da solidão, em que teu orgulho se curvará, tua coragem rangerá os dentes. Gritarás então: "Estou só!" [...]

Eles lançam sobre o solitário a injustiça e a sujeira [...] cuidado com os bons e os justos. Eles gostam de colocar na cruz os que são inventores de sua própria virtude. Eles odeiam o solitário [...].

Cuidado também com teus acessos de ternura para com os homens. O solitário é por demais levado a estender a mão ao primeiro que aparece [...].

Serás sempre o pior inimigo para ti mesmo [...]. Solitário, segues o caminho que te leva a ti mesmo. E, sobre esse caminho, encontrarás a ti mesmo e teus sete demônios...[51]

Assim, Nietzsche é, por sua vez, "a voz que grita no deserto". Mas não é, como João Batista, para chamar a preparar as vias do Senhor. É para proclamar a vinda do Eu. Reação de intelectual, em nome do indivíduo, diante da ameaça que a entrada na era das massas faz pesar sobre ele. Antes só do que em número anônimo contabilizado nas estatísticas, nas sondagens e nas eleições. Combate pela solidão ou, mais exatamente, combate pelo direito à solidão. Combate de vanguarda ou de retaguarda, não poderíamos ainda dizer. Mas numa época em que o número dita a lei, esses solitários têm pouca chance de ser ouvidos.

O TRATADO DA SOLIDÃO DE ZIMMERMANN

De todo modo, o século XIX é marcado pela ideia da solidão. Solidão sofrida e geradora de angústia, de um lado, em razão da evolução liberal e individualista, que produz marginais e os que são deixados por sua própria conta; solidão buscada e proclamada, de outro, em razão do advento da era das massas, que não quer solitários, originais ou contestatários. Solidão que se teme, solidão que se busca. Esses dois aspectos contraditórios e simultâneos fazem dessa época uma etapa essencial na história da solidão.

---

51 Id., *Ainsi parlait Zarathoustra*, cap. "Des voies du créateur".

Descobrem-se seus encantos e teme-se cair na dependência. Essa ambivalência é expressa na obra que talvez resuma melhor o estado de espírito do século a esse respeito: o tratado da solidão de Jean-Georges Zimmermann. A tradução francesa desse livro alemão foi publicada em 1845, mas o original, em quatro volumes, data de 1784 e 1786. Ele influenciará contudo todos os pensadores que, no século XIX, abordarão o assunto.

Nascido em Brugg, na Suíça, em 1728, numa família patrícia, faz seus estudos na Universidade de Göttingen e torna-se médico em sua pequena cidade natal. Sua fama logo ultrapassa as fronteiras da Suíça, e ele é chamado a Berlim e a Londres, à cabeceira dos reis. Entretanto, a morte da mulher, do filho e da filha agrava seu caráter melancólico. Ele morre disso em 1794. Seu tratado da solidão, iniciado em 1766, publicado vinte anos mais tarde e amplamente traduzido, lhe vale uma medalha e as felicitações de Catarina II, que o agradece "pelas excelentes receitas que deu à humanidade em seu livro sobre a solidão".

Não se trata de uma apologia nem de uma condenação da vida solitária, mas de um estudo equilibrado, ao mesmo tempo fisiológico, sociológico e médico, guardando o senso de medida, e cujas observações conservam ainda hoje seu valor. Como homem do século XVIII, ele lembra de início que "não é bom que o homem esteja só", e que "a sociedade é a primeira necessidade do homem". É também sua conclusão: "Se existe um ser completamente isolado, ele deve ser bem miserável, pois não tem apoio nem consolação. A própria natureza quer que sejamos unidos a uma criatura de nossa espécie, e todos os sentimentos que nascem e se desenvolvem em nosso coração nos recordam a cada instante essa lei. [...] Com um caráter razoável, é impossível nos separarmos inteiramente dos homens. Temos necessidade de lhes ser agradável, de lhes fazer o bem, de nos afeiçoar a eles, de gozar a vida com eles".[52] Por isso, os solitários são considerados com desconfiança, tratados como misantropos, insociáveis, insensatos. A moda é a das associações, dos agrupamentos, dos clubes, dos salões, diríamos hoje a do convívio, da sociabilidade. Tudo deve ser feito em comum, e "ficar só, viver só é agora uma coisa por assim dizer vergonhosa". Mesmo os eclesiásticos já não suportam a solidão: "Para um grande número deles a solidão é insuportável. A que

---

52 Zimmermann, *La Solitude*, p.302-3.

terrível tédio muitos pastores ortodoxos da Alemanha seriam submetidos se não jogassem toda noite uma partida de baralho, e muitos pregadores ingleses se não passassem a noite em alguma taverna! Não é mais o tempo em que se dava tanto valor à vida contemplativa e no qual cada um acreditava se aproximar do céu à medida que se afastava do mundo".[53]

Contudo, quem já observou que nos entediamos com frequência mais depressa na sociedade que sozinhos, e que se pode ser mais solitário na multidão de uma grande cidade do que num retiro? Embora sejamos seres sociáveis, há em nós uma necessidade de solidão, por causa dos inconvenientes da vida em sociedade. Há um acento rousseauista nestas linhas: "A inclinação para a solidão provém, pois, primeiro da necessidade de fugir de tudo que odiamos no tumulto do mundo, depois, da necessidade de recobrar a calma e a independência, e em seguida, para um espírito sensato, da necessidade de usufruir da felicidade não invejosa que encontramos em nós mesmos. [...] Afastamo-nos também algumas vezes da sociedade pela repugnância que sentimos pelos falsos e agressivos juízos que ouvimos ser formulados lá".[54]

Mas para muitos o gosto pela solidão é apenas uma pose, uma moda, o desejo de ir passar alguns dias de verão no campo: "Outras pessoas se retiram na solidão para obedecer à moda. É o costume que têm, no começo do verão, todas as pessoas de bom-tom, que querem ser consideradas como tais, vão ao campo e imaginam que não há mais nem uma alma na cidade. Não é nem fatiga do trabalho nem gosto pelo estudo que os conduz para lá; é simplesmente o desejo de transportar sua preguiça para outro teatro e dormir em paz, em vez de passar a noite no tumulto dos bailes. A maior vantagem que essas pessoas da alta sociedade retiram da solidão é a de não se expor aos olhares de tantas testemunhas de sua maneira de viver. Mas a sombra das florestas e as flores dos vales não produzem neles nenhuma impressão feliz".[55]

Consideremos a verdadeira solidão, permanente, daquele que vive à parte da sociedade, que, mesmo que more na cidade, não frequenta ninguém. Essa situação comporta numerosos inconvenientes e defeitos. O solitário, que não é mais confrontado com as opiniões dos outros, com a discussão,

---

53 Ibid., p.84.
54 Ibid., p.20 e 26.
55 Ibid., p.40-1.

a contradição, se enrijece em suas ideias, imagina que possui a verdade em todos os domínios; não vê mais as objeções possíveis, não considera outros pontos de vista além do seu, e se torna assim intolerante. Isso é verdadeiro sobretudo entre os intelectuais solitários, que se confrontam com interlocutores mudos, que não podem lhes responder: os livros. Eles se tornam pouco a pouco inaptos à vida social. Zimmermann esboça um retrato cheio de fineza do intelectual solitário:

> Ao deixar sua biblioteca para entrar num salão, os doutos saem de um país que conhecem, onde ficam à vontade, para penetrar numa região onde tudo é novo, inesperado e inusitado para eles. Alguns, por uma modéstia excessiva, não ousam se apresentar no mundo; outros compreendem que lhes seria difícil se fazer ouvir numa sociedade composta de pessoas ignorantes e orgulhosas, que desprezam a ciência, e que não gostariam de ver um sábio elevar-se ao lado deles. Outros sentem que o mundo lhes é estrangeiro, assim como eles são estrangeiros para o mundo. Alguns reconhecem que, tendo posto em seus livros todos os dons de seu espírito, se pareceriam, num salão, a limões espremidos. Enfim, há os que se esforçam para parecer o que não são, o que podem ser, e que, observando que todo discurso sério é impossível numa reunião frívola, e que eles são a todo instante eclipsados por algum aturdido, afastam-se desdenhosamente dessas reuniões, onde se impõem um constrangimento constante.
>
> Muitos sábios que escrevem com a finalidade de exercer alguma influência sobre os homens fogem dos homens, e cometem um grande erro. Os livros aos quais recorrem não bastam de modo algum para lhes dar o conhecimento do coração humano e a experiência do mundo.[56]

Seu ego se desenvolve exageradamente, pois "quem vive só não pensa em agradar a ninguém a não ser a si mesmo", e, por falta de contraditores, podem confinar-se em falsas ideias, no irracional, tornar-se exaltados, crer na alquimia, na astrologia, nos fantasmas e outras tolices. "Mergulha-se no silêncio do retiro, fica-se lá dias, noites, anos inteiros, só consigo mesmo. Quantos sonhos então, quantas visões estranhas!"

---

56 Ibid., p.48-9.

Outro perigo: o solitário se arrisca a se fechar na melancolia. Antes da Reforma, os solitários melancólicos tinham um asilo: o convento. Agora eles se suicidam: "Um inglês atingido de *spleen* dá um tiro na cabeça. [...] Os ingleses não se matariam se tivessem conventos". Do mesmo modo, imagina-se que a solidão pode curar as tristezas de amor. É falso; "não se esquece o verdadeiro amor, o que foi e o que não é mais, esse acordo harmonioso entre a alma e a existência, destruído pelo destino. Todos os encantos da solidão não aliviam de modo algum os sofrimentos do amor; toda a natureza nos parece triste e desolada quando a contemplamos com um coração doente".[57] Além do mais, todo ser humano normalmente constituído é agitado pelo instinto sexual, que se exacerba na solidão. Esta conduz aos prazeres solitários, à masturbação. "Não há nada mais perigoso para os homens inclinados a essa doença moral do que a solidão, e sobretudo a solidão ociosa. As ideias obscenas os perseguem, e os surpreendem no meio de suas melhores resoluções."[58]

Todos esses defeitos não concernem apenas à solidão absoluta, estrita. Mesmo a solidão relativa na cidade ou na aldeia comporta muitos inconvenientes, dos quais Zimmermann foi testemunha na sua localidade natal de Brugg: "Na morna esterilidade das cidades pequenas, onde um pequeno número de homens ociosos vive sempre entre si, a solidão exerce, visivelmente, uma influência nociva sobre a cabeça e o coração. Não se esperaria encontrar tanto movimento e tanto ardor em tal repouso. [...] A menos que se tenha visto pessoalmente, não se poderia imaginar quantas coisas insignificantes fazem explodir essa chama nas cidades pequenas".[59]

Depois do lado sombrio da solidão, a palavra agora vai para a defesa. A vida solitária oferece inúmeras vantagens. Ela permite relativizar as coisas que os mundanos, cegos pelos preconceitos, tornam absolutas. Se ela não permite curar completamente as tristezas do amor, pelo menos contribui para acalmar os sofrimentos morais: "Na solidão, deixamo-nos abater menos pelo infortúnio, e nos seduzir menos pelo sucesso...; e se não nos resta nenhum apoio, nenhum recurso, suportamos mais facilmente nossa sorte

---

57 Ibid., p.75.
58 Ibid., p.81.
59 Ibid., p.72.

na solidão, onde nada ofusca nosso olhar, onde ninguém nos despreza injustamente. Retirai-vos, pois, na solidão, interrogai vosso coração para aprender a pensar mais sabiamente. [...] Estar sozinho, em um retiro profundo e deserto, é uma consolação para as penas que estraçalham nosso coração".[60] A solidão permite também nos conhecer melhor, refletir, meditar, trabalhar seriamente. "É na solidão sobretudo que a verdade se manifesta aos grandes pensadores, aos homens de gênio." E, contrariamente ao que normalmente se pensa, não é a solidão, mas a frequentação do mundo que faz surgir o misantropo, pois é bem raro que não nos decepcionemos com os homens: "Normalmente, ficamos numa disposição de espírito menos feliz quando chegamos de uma reunião do que quando saímos de nossa casa para ir para o mundo".[61] Além disso, a solidão nos abre para as belezas da natureza. Zimmermann, habituado às longas caminhadas solitárias nos Alpes suíços, sabe de que está falando.

Seu tratado, sem dúvida, não tem a profundidade das análises filosóficas. No entanto, ele reflete as opiniões correntes e contrastadas sobre um assunto que, com o desenvolvimento contraditório da era das massas e do individualismo, é levado a tornar-se, no século XX, um tema muito controverso nas ciências sociais como também na vida cotidiana. Ser ou não ser só: eis a questão, à qual a época contemporânea se esforça por responder.

---

60 Ibid., p.103, 114.
61 Ibid., p.143.

– 10 –

A SOLIDÃO, OBSESSÃO DE INTELECTUAIS?
(SÉCULO XX)

O século XX foi o século das massas: guerras de massa, desemprego de massa, lazeres de massa, esporte de massa, turismo de massa, mídia de massa, cultura de massa, ideologias de massa, partidos de massa, consumo de massa. Estatísticas, sondagens, sufrágio universal: o número dita sua lei. Há ainda um lugar para o solitário neste mundo gregário? Paradoxalmente, mais do que nunca. Pois o século da multidão é o século de *A multidão solitária*, título sugestivo da obra do sociólogo norte-americano David Riesman, publicada em 1950. A solidão dos séculos passados era a solidão do deserto, do isolamento físico. A nova solidão é a solidão no meio da multidão, solidão tanto mais insidiosa quanto mais recalcada. A sociedade contemporânea, que faz tudo para camuflá-la, de fato, não cessa de acentuá-la.

A SOLIDÃO NA ERA DAS MASSAS

Globalmente, o mundo desenvolvido passou de uma sociedade de tipo autoritário, em que os indivíduos deviam se conformar a um modelo e mostrar-se à altura dos valores impostos do exterior pela religião e pela moral, a uma sociedade da autonomia, em que o indivíduo deve elaborar seu "projeto pessoal", seus próprios valores, fixar seu ideal, que ele se impõe do interior. No primeiro caso, os que não chegavam a seguir o modelo imposto tornavam-se revoltados contra o sistema. No segundo caso, os que fracassam em atingir o modelo que fixaram para si se desvalorizam a seus próprios olhos e tornam-se angustiados.

A sociedade da autonomia individual destila solitários depressivos. O processo é multiforme. O indivíduo, mais do que nunca confrontado com a obrigação de fazer escolhas a todo momento, sente-se plenamente responsável por seus fracassos. É evidente que não foi por acaso que o existencialismo tenha se desenvolvido no momento da revolução da autonomia: o homem se experimenta como pura liberdade, como existente, elaborando sua essência na angústia. O indivíduo, além disso, tem o dever de "se realizar". Numa sociedade onde tudo é questão de sedução, é preciso saber vender-se, dar prova de motivação, de dinamismo, dar uma imagem positiva de si. O culto do *look* e do corpo, o pesadelo dos sinais de envelhecimento e dos traços pouco graciosos são uma obsessão suplementar. É preciso, ao mesmo tempo, ser diferente e reconhecido por seus pares. E todas essas obrigações são muito mais pesadas do que eram as regras sociais de outrora, que requeriam apenas obediência e conformismo.

Às pressões da sociedade do narcisismo se acrescentam as coerções e as frustrações da sociedade de consumo, que, para escoar uma produção de massa, tem necessidade de consumidores isolados. Todos iguais e todos diferentes. Criar necessidades massificadas em profundidade e encorajar a personalização superficial; fazer com que cada um acredite que é único, reduzindo-o, ao mesmo tempo, ao estado de clone indiferenciado. Para isso, criar um clima hedonista, estimulando a satisfação imediata das necessidades e abolindo as interdições, o que supõe o desaparecimento dos valores transcendentais e de toda ideia de um sentido da existência; instaurar a liberdade de escolha, privilegiar a iniciativa individual, a necessidade, para cada um, de afirmar-se, de obter um lugar para si.

A atmosfera eufórica é mantida por festas, celebrações, jogos, animações, emissões centradas sobre o narcisismo. Todos esses elementos combinados criam um clima próprio a uma tomada de consciência da solidão individual.

Tanto mais que estão todos imersos numa sociedade que não tem mais modelos nem referências, uma sociedade onde tudo parece possível, o pior e o melhor, um mundo no qual tudo se equivale, onde o limite entre o verdadeiro e o falso, o real e o virtual, o bom e o mau, o horrível e o banal, é cada vez mais impreciso; um mundo do indiferentismo e do "por que não?", onde as superstições mais aberrantes são consideradas tão respeitáveis quanto as posições mais cientificamente rigorosas. Um mundo como esse é capaz de todas as derivas.

Na escala individual, como se pode encontrar um lugar nessa sociedade aberta, permissiva, hedonista e narcísica? Quando tudo é possível, o fracasso é muito mais cruelmente sentido, pois ele só é imputável a mim mesmo, e conduz assim a uma autodesvalorização. As sociedades mais libertárias são também as que engendram mais depressões, pois elas substituem o sentimento de culpa pelo desprezo de si: é traumatizante não conseguir ser feliz numa sociedade em que a felicidade é erigida quase como um dever, em que a alegria de viver é um critério de seleção fundamental em todos os domínios, em particular o profissional.

O indivíduo se dissolve na multiplicidade de seus desejos, e se dispersa numa infinidade de atividades. O verbo "estourar" é de um realismo trágico e ambíguo: apresentado como um ideal, ele exprime, de fato, a dispersão da personalidade, esquartejada entre numerosas solicitações da sociedade de consumo, e esse esquartejamento traz múltiplas perturbações psicológicas. Como as relações estáveis poderiam existir entre pessoas "esquartejadas"? "Assim, se está no limite do deserto; já atomizado e separado, cada um se faz o agente ativo do deserto, o amplia e o escava, por sua incapacidade de "viver" o Outro. Não contente de produzir o isolamento, o sistema engendra seu desejo, desejo impossível que, tão logo satisfeito, se revela intolerável: pede-se para ficar sozinho, e, ao mesmo tempo, não se suporta a si mesmo, só a sós. Aqui, o deserto não tem mais nem começo nem fim", escreve o sociólogo Gilles Lipovetsky.[1]

Indivíduos atomizados numa sociedade atomizada. Não há mais gravitação nem atração: os átomos se entrechocam ao acaso da liberdade, exibindo indiferença e desapego. Nesse caldo social, a necessidade de reconhecimento e de dominação não pode mais apoiar-se nos códigos e nos valores

---

1 Lipovetsky, *L'Ère du vide. Essai sur l'individualisme contemporain*, p.68.

unanimemente aceitos. Ela pode ser satisfeita apenas num combate permanente de todos contra todos, no qual todos os golpes são permitidos. A desregulamentação generalizada conduz à batalha; nem se trata mais da lei da selva, é a selva sem leis, onde cada um só tem direitos, todos os direitos, com uma única condição: ser capaz de fazê-los valer. Os conselheiros em comunicação e especialistas do *coaching* existem para nos ensinar a nos livrar de nossas angústias, de nossas inibições, de nossas ansiedades; é preciso ser forte, frio, impiedoso para sobreviver, para livrar-se dos apuros. Esse estado de guerra generalizado, que Hobbes e Locke imaginavam estar no início da humanidade, no estado pré-civilizado, aparece como a etapa atual da civilização.

É evidente que essa situação está na origem de um mal de viver sem precedentes. Todo indivíduo que não está à altura é espezinhado. Todos que são perdedores, por razões tanto fisiológicas quanto psicológicas, são desclassificados. A necessidade de atrair a atenção para se sentir existindo engendra novas neuroses e novos desequilíbrios: condutas e posturas sempre mais ousadas, desnudamento da intimidade, dever de indiferença a fim de desenvolver independência afetiva, desapego afetado, além de comportamentos que são fontes de frustrações, desestabilização e solidão. A descompartimentação social e sexual dá origem aos medos paralisantes, como o medo masculino do direito feminino ao gozo.

A conjunção da sociedade de consumo com a sociedade de direitos sem deveres, da liberdade e da permissividade, em que o ideal se resume ao cumprimento narcísico pela satisfação imediata de necessidades sempre mais numerosas e artificiais, termina na perda do sentido global e no mal-estar de viver generalizado. O diagnóstico de Gilles Lipovetsky é por demais lúcido quando caracteriza a evolução social atual como um processo de "atomização e individualização narcísico: quanto mais a sociedade se humaniza, mais se estende o sentimento de anonimato; quanto mais indulgência e tolerância, mais falta de confiança em si; mais se vive, mais medo se tem de envelhecer; menos se trabalha, menos se quer trabalhar; quanto mais os costumes se liberalizam, mais aumenta o sentimento do vazio; mais a comunicação e o diálogo se institucionalizam, mais os indivíduos se sentem sozinhos, com dificuldade de contato".[2]

---

2 Ibid., p.183.

A SOLIDÃO, OBSESSÃO DE INTELECTUAIS?   413

Nesse contexto, não surpreende que os intelectuais do século XX tenham se interessado mais do que nunca pela questão da solidão, que deu lugar à publicação de um número incalculável de obras de sociologia, de psicologia, de filosofia, às quais deve-se acrescentar uma infinidade de romances ilustrando os diversos aspectos do problema. Algumas vezes, o debate sobre a solidão tomou mesmo ares de afrontamento ideológico, opondo partidários e adversários do individualismo. Fonte de todos os males para uns, fator de egoísmo e solidão, liberação salutar para outros, fator de autonomia e liberdade, o individualismo tem efeitos muito controvertidos.

UMA FALSA PISTA: O INDIVIDUALISMO CONTEMPORÂNEO

Durante todo o século ele foi combatido com virulência por pensadores e políticos de motivações muito variadas. Em 1921, Charles Maurras, em *A democracia religiosa*, o acusa de ter "reduzido nosso povo a um estado de divisão atomística em que todo indivíduo vive isolado dos indivíduos concorrentes". Em 1924, em *Uma nova Idade Média*, Berdiaev escreve que "o individualismo foi, de fato, a ruína da individualidade do homem, a destruição da personalidade, e assistimos hoje ao desfecho cruel do individualismo privado de base espiritual. O individualismo esvaziou a individualidade humana, privou a personalidade da forma e da consistência, pulverizou-a". Nos anos 1930, Emmanuel Mounier, em nome do "personalismo comunitário", vê no individualismo "a metafísica da solidão, a única que nos resta quando perdemos a verdade, o mundo e a comunidade dos homens".[3] Em 1935, no *Manifesto a serviço do personalismo*, torna-se o principal responsável pelo isolamento do ser humano: "O individualismo é uma decadência do indivíduo antes de ser um isolamento do indivíduo: ele isolou os homens na medida em que os aviltou. [...] Ao dissociar interiormente o homem de seus vínculos espirituais e de seus alimentos materiais, o individualismo liberal deslocou por contragolpe as comunidades naturais. [...] O individualismo burguês é o oficial responsável pelo reino do dinheiro [...], ou seja, da sociedade anônima das forças impessoais". Para Jacques Maritain, o individualismo é uma

---

3 Mounier, *La Révolution personnaliste et communautaire, 1932-1935.*

"força poderosamente negativa", e sobre esse ponto catolicismo e fascismo estão absolutamente de acordo. Mussolini escreve em *O fascismo*, em 1939, que "o mundo não é este mundo material que aparece na superfície, no qual o homem é indivíduo isolado de todos os outros, existindo em si e governado por uma lei natural que, instintivamente, o leva a viver uma vida de prazeres. [...] O princípio segundo o qual a sociedade só existe para o bem-estar e a liberdade dos indivíduos que a compõem não parece ser conforme aos planos da natureza". Muito justo, acrescenta o papa Pio XI, que, em 1931, na encíclica *Quadragesimo anno*, fustigava o individualismo, que, "conseguiu quebrar, quase sufocar, o intenso movimento da vida social que florescia outrora". E o marechal Pétain retoma em eco: é preciso "eliminar o individualismo destrutor. Destruidor da família, cujos laços ele relaxa; destruidor do trabalho, contra o qual ele proclama o direito à preguiça; destruidor da pátria, cuja coesão ele abala quando não dissolve sua unidade". Depois da guerra, o anti-individualismo passa para a esquerda, estigmatizado como "pequeno-burguês". Os comunistas o perseguem em nome da solidariedade proletária, os cristãos sociais preconizam, como Teilhard de Chardin, a fusão dos indivíduos no "organismo coletivo humano". É a época em que Bourdieu vê no indivíduo um simples "agente social" assegurando a "reprodução" das estruturas do grupo, e Michel Foucault um "átomo fictício de uma representação ideológica da sociedade". Os bandos de hippies, encontrando a alegria da vida comunitária e da fusão gregária nos vapores de marijuana são, nos fins dos anos 1960, a pitoresca ilustração de um anti-individualismo primário, rapidamente assimilado pela sociedade de consumo.

No entanto, diante dos defensores da coletividade, o individualismo prossegue sua irresistível ascensão. Advogados eloquentes fazem sua promoção em todos os domínios. Assim, o romancista e filósofo americano Ayn Rand põe em cena em 1943, em *A fonte viva*, um herói solitário, o arquiteto Howard Roark, campeão de um individualismo integral contra todas as formas de conformismo e de pressão social: "O primeiro direito do homem é o direito de ser ele mesmo. E o primeiro dever do homem é seu dever para consigo mesmo. E o princípio moral mais sagrado é o de nunca transpor para outros seres o próprio fim de sua vida. A obrigação moral mais importante para o homem é cumprir o que deseja fazer, com a condição de que esse desejo não dependa, antes de tudo, dos outros". A obra tem tal repercussão que leva Ayn Rand a chefiar um movimento coletivo (!) de luta pelo individualismo, e a multiplicar turnês e conferências, culminando, em 1964, com a publicação de uma obra de título evocador e provocador, verdadeiro manifesto do individualismo, *A virtude do egoísmo*. Nela Rand declara que "o individualismo considera o homem – todo homem – uma entidade independente e soberana, possuidora de um direito inalienável à sua própria vida, direito decorrente de sua natureza de ser racional. O individualismo sustenta que uma sociedade civilizada ou toda forma de associação, de cooperação ou de coexistência pacífica entre os homens só pode se realizar sobre a base do reconhecimento dos direitos individuais de seus membros".[4]

Sem surpresa, é nos Estados Unidos que esses propósitos têm mais eco, dando origem à *"me generation"*, de um hedonismo exacerbado. Na economia, isso produziu o ultraliberalismo de Milton Friedman, na sociologia o apelo à total liberdade de costumes por seu filho David Friedman, em *A maquinaria da liberdade*, de 1973, e em filosofia, apologias de acentos anarquistas, como Robert Nozick em *Anarquia, Estado e utopia*, de 1974, onde se pode ler que "não há senão indivíduos, indivíduos diferentes, com suas vidas individuais próprias". É o que Murray Rothbard repete em 1982, em *A ética da liberdade*: "Só o indivíduo é dotado de um espírito. Só o indivíduo pode adotar valores ou fazer escolhas. Só o indivíduo pode agir [...]. O que implica que conceitos coletivos como grupos, nações e Estados não existem nem agem na realidade".

O individualismo europeu, embora menos radical, é igualmente dominante no velho continente, com o austríaco Karl Popper, que, em 1945, em *A sociedade aberta e seus inimigos*, fustiga a má-fé destes últimos: "A confusão do individualismo com o egoísmo permite condená-lo em nome de sentimentos humanistas e invocar esses mesmos sentimentos para defender o coletivismo. De fato, atacando o egoísmo, visam-se os direitos do indivíduo". Na França, com o declínio dos ideais coletivistas no fim dos anos 1970, os "novos intelectuais tornam-se porta-vozes de um individualismo humanista. Bernard-Henri Lévy, André Glucksman, Roland Barthes, Jean-François Revel, Edgar Morin, Max Gallo, Louis Dumont preconizam um "retorno ao indivíduo". "Há possibilidades de renascimento de um individualismo que não seria pequeno-burguês, mas mais radical e mais enigmático", escreve

---

4 Citado por Laurent, op. cit., p.100.

Roland Barthes em 1980. No dia 5 de dezembro de 1983, Jean-François Revel assina em *Le Point* a seguinte declaração: "A realidade primeira e última, o ponto de partida e de chegada de todas as coisas, nas sociedades humanas, é o indivíduo. [...] Sociólogos, ideólogos, até demagogos nos repetiram bastante no passado: o indivíduo não se pertence, ele pertence sempre a um grupo, e mesmo, em toda sociedade complexa, a vários grupos ao mesmo tempo. Mas esse pertencimento não poderia prevalecer contra o único fato invariável na história dos homens: que, no fim das contas, tudo se vive sob a forma da experiência individual".

Tendo chegado a esse ponto, a questão é: em que medida esse individualismo circundante é gerador de um sentimento de solidão? A resposta deve ser nuançada. Primeiro porque o individualismo, numa sociedade democrática e consumista, tem tendência a se degradar e a se dissolver no conformismo. Todos diferentes na superfície, todos semelhantes em profundidade: esse é o resultado do individualismo de massa. "Individualizamo-nos na superfície por conformidade a um modelo doravante hegemônico, mas reproduzimos mimeticamente e passivamente o comportamento dos outros, em vez de criar uma individualidade realmente singular. Essa tendência revela a aporia do individualismo: ao se generalizar 'democraticamente', ele se enfraquece necessariamente e perde sua vitalidade subversiva (o que testemunharia o desaparecimento no século XX dos vigorosos e rebeldes pensamentos solitários do passado, que defendiam sua causa e que poderiam ressurgir por causa deste impasse)",[5] escreve muito justamente Alain Laurent. O que sugere que o pensamento único, o politicamente correto, a exigência de igualdade e de consenso seriam suscetíveis de engendrar um profundo sentimento de solidão, tanto naqueles que aceitam quanto nos que rejeitam essa deriva unanimista da sociedade contemporânea. Há quase dois séculos, em 1835, Alexis de Tocqueville havia tido esta visão premonitória da evolução da democracia igualitária: "Vejo uma multidão inumerável de homens semelhantes e iguais que giram sem repouso em volta de si mesmos para obter pequenos e vulgares prazeres, com os quais enchem a alma. Cada um deles, retirado à parte, é como estrangeiro ao destino de todos os outros: os filhos e os amigos particulares formam para ele toda a espécie humana. Quanto

---

5 Ibid., p.120.

A SOLIDÃO, OBSESSÃO DE INTELECTUAIS?

417

ao resto de seus concidadãos, ele está ao lado deles, mas não os vê; toca-os, mas não os sente de modo algum; só existe em si mesmo e para ele apenas, e, se ainda lhe resta uma família, pode-se dizer pelo menos que ele não tem mais pátria".[6] O igualitarismo dos direitos, combinado ao nivelamento dos valores, termina por isolar e não por solidarizar, por justapor cidadãos em competição uns contra os outros, por emprego, serviços, vantagens e condições de vida. O outro, se tem os mesmos direitos que eu e os mesmos objetivos, é um rival, e a multidão dos outros é hostil e ameaçadora: sou sozinho contra todos. Sozinho porque rodeado de semelhantes. Daí a tentação do comunitarismo e do "grupismo": substituir o isolamento individual pelo isolamento do grupo, religioso, político, racial, social, profissional, nacional ou outro. Assim, a sociedade democrática fundada na igualdade de direitos e na liberdade, ao mesmo tempo que fixa para seus membros objetivos comuns os isola e os leva indiretamente a formar agregados que ameaçam a própria existência, na aplicação de seus próprios princípios. Além do mais, há os que não aceitam esses princípios, e que por si mesmos se marginalizam ou são excluídos. Aqui se encontram os verdadeiros solitários, os não conformistas, os marginais, voluntários ou involuntários, uns reivindicando a solidão, outros suportando-a. Mas, no total, não é o individualismo que produz essa solidão, são as coerções da vida contemporânea, suas exigências, seus valores e suas normas. Pode-se ser individualista sem sentir-se solitário, e anti--individualista, sentindo uma grande solidão. É preciso, portanto, procurar em outra direção a explicação do que se deve chamar de obsessão da solidão no mundo contemporâneo.

FREUD: A ESTRATÉGIA DO EREMITA E DE NARCISO

O termo não é exagerado. Fizemos alusão ao dilúvio de publicações sobre o assunto. Parece que vemos a solidão em todo lugar: no maratonista, na *star*, no responsável político e no indigente, no príncipe e no mendigo, no adolescente e no velho, no celibatário e no velho casal, no trabalho e na aposentadoria, ela está lá, sempre à espreita, e sempre apresentada como uma ameaça,

---

6 Tocqueville, *De la Démocratie en Amérique*, t.II, p.265.

uma doença, um defeito que seria necessário eliminar. A ponto de lhe declarar guerra, uma verdadeira cruzada contra este inimigo do gênero humano: a luta "contra a solidão" não foi declarada "uma grande causa nacional" na França em 2011? Erradicar a solidão como se eliminou a peste. Essa é uma das aberrações da sociedade contemporânea, levada aos amálgamas artificiais.

Isso é verdade sobretudo no nível da opinião pública comum, largamente modelada pelas mídias cada vez mais influentes. Voltaremos a isso no próximo capítulo. Gostaríamos de início de examinar a contribuição dos intelectuais que, no século XX, perderam o papel de guias, que era deles desde a Antiguidade. É certo que se beneficiam ainda de uma larga audiência, mas esta diminui rapidamente, enquanto sobe a influência das mídias de massa, que obedecem a objetivos comerciais mais do que culturais. O prestígio dos intelectuais não cessa de declinar ao longo do século, e aumenta essa decalagem com a opinião pública. Constata-se isso notadamente a propósito da solidão. Enquanto o assunto é pouco abordado no público antes do último decênio do século, e isso sempre de modo negativo, há uma verdadeira obsessão entre os intelectuais, cujas opiniões são muito divididas.

O intelectual é um pensador, e pensar requer um mínimo de solidão. Portanto é normal que ele seja levado a estudar esse sentimento. E desde o início do século uma nova ciência, a psicanálise, ao explorar o vasto mundo interior do inconsciente, confirma que a solidão acompanha o processo de civilização e que ela pode crescer na sociedade moderna. Em *O mal-estar da cultura* Freud estabelece mais claramente esse fato. O sentimento de solidão é uma forma de isolamento voluntário – mesmo sendo inconsciente – que é uma estratégia de defesa do indivíduo diante das agressões da sociedade civilizada. Esta, com efeito, é cada vez mais coercitiva e repressiva: "É impossível não ver em que medida a cultura é edificada sobre a renúncia pulsional, a que ponto ela pressupõe precisamente a não satisfação (repressão, recalque e o que mais?) de potentes pulsões. Essa 'recusa pela cultura' exerce sua dominação sobre o grande campo das relações entre os homens".[7] No estado de civilização, de "cultura", o princípio da realidade entra em conflito com o princípio do prazer, multiplicando as interdições. No mundo primitivo, a satisfação de nossos instintos só tinha como limites nossa fraqueza diante

---

7 Freud, *Le Malaise dans la culture*. In: *Œuvres completes*, t.18, p.285.

A SOLIDÃO, OBSESSÃO DE INTELECTUAIS? 419

da natureza e nossas capacidades físicas. Com a civilização, a organização social estabelece uma moral repressiva que nos impede de satisfazer nossos instintos naturais egoístas. É por isso que, segundo Freud, "seríamos muito mais felizes se a abandonássemos e voltássemos às condições primitivas". Mas isso é impossível. Então os homens criam inconscientemente estratégias para "evitar o desprazer". Elas são de dois tipos contrários: ir na direção dos outros ou evitar os outros. Ir na direção dos outros por amor só nos torna mais vulneráveis, e assim cresce nossa solidão pela dependência para com os outros: "Nunca somos mais privados de proteção contra o sofrimento do que quando amamos, nunca somos mais infelizes e desamparados do que quando perdemos o objeto amado ou o amor".[8]

Inversamente, o indivíduo procura se proteger pelo isolamento: "Isolar-se voluntariamente, manter-se à distância dos outros, é a proteção mais imediata contra o sofrimento suscetível de resultar, para qualquer uma das relações humanas. Compreende-se: a felicidade que se pode atingir por essa via é a do repouso. Contra o mundo exterior temido, não podemos nos defender de outro modo a não ser desviando-se de uma maneira ou de outra, se quisermos resolver isso sozinho".[9] Essa maneira de virar as costas ao mundo é o que se poderia chamar de "estratégia do eremita", "[...] que vê na realidade o único inimigo, esta realidade que é a fonte de todo sofrimento, com a qual não é possível viver, com a qual se deve romper toda relação, se se quiser, num sentido ou em outro, ser feliz. O eremita dá as costas para este mundo exterior, não tem mais nada a fazer com ele".[10]

Isso pode assumir várias formas: "tornar-se independente do mundo exterior, procurando satisfações nos processos psíquicos internos"; "situar em outro lugar os fins pulsionais, de modo que não possam ser atingidos pela recusa do mundo exterior"; refugiar-se na criação ou no gozo de obras de arte. Mas essa "doce narcose [...] não é uma couraça impenetrável ao sofrimento".

Há ainda uma estratégia de isolamento: o narcisismo, que consiste em investir no eu toda a energia libidinal: "O estado narcísico consiste nisto: o

---

8 Ibid., p.269.
9 Ibid., p.264.
10 Ibid., p.268.

indivíduo em vias de desenvolvimento, [...] a fim de conquistar um objeto de amor, toma primeiro a si mesmo, toma seu próprio corpo como objeto de amor". É o narcisismo primário. No narcisismo secundário, é o eu inteiro que é objeto de investimento de energia. O indivíduo atinge então a solidão, goza de si mesmo. Trata-se de uma conduta regressiva, um retorno da libido do sujeito para ele mesmo, com frequência causado por uma decepção devida ao objeto exterior do desejo: este é desinvestido de sua carga libidinal, que reflui sobre o eu. É uma reação do eu diante de um objeto decepcionante e não confiável. A estratégia do eremita junta-se assim à de Narciso numa conduta de bernardo-eremita que entra em sua concha. Ele se refugia num mundo que, diz Lacan, "não contém nenhum outro".[11] Proteção todavia bem frágil: a solidão narcísica "é uma ilusão a mais. Freud o havia bem visto em sua descrição dos 'tipos libidinais', na qual descreve o caráter narcísico como mais independente porém mais vulnerável. O perigo do recuo narcísico e do desinvestimento do objeto expõe o eu a angústias muito ameaçadoras, as angústias narcísicas",[12] escreve André Green.

Após Freud, os psicanalistas revelaram outros aspectos do sentimento de solidão. Muito recentemente, Marie-France Hirigoyen, em *As novas solidões*, retraçou a evolução da conduta narcísica, que se torna uma "patologia" característica do mundo contemporâneo. Na época de Freud, o recuo narcísico para si mesmo era uma estratégia de proteção para adaptar-se a um sociedade hiper-rígida e puritana que não permitia a satisfação dos instintos. Hoje, numa sociedade permissiva, a angústia vem, ao contrário, da incapacidade em seguir o modelo da pessoa liberada. As frustrações vêm da dificuldade em se liberar das inibições para atingir uma felicidade apresentada não somente como direto mas como dever. A conduta narcísica atual corresponde à vontade de tornar-se independente, autárquico, forte, autônomo, impermeável às críticas. Isso gera "novas solidões", como a "alexitimia", neologismo que apareceu em 1972, significando a incapacidade para exprimir emoções por palavras: "A alexitimia corresponde a um mecanismo de defesa por insensibilidade: aquelas ou aqueles que manifestam esse sintoma não exprimem suas emoções, mas também não têm capacidade de perceber

---

11 Lacan, Les complexes familiaux dans la formation de l'individu. In: *Autres écrits*, p.42
12 Green, *Narcissisme de vie, narcissisme de mort*.

as emoções dos outros, de entrar em empatia com eles. Eles são sós, mas isso lhes importa pouco".[13]

O sentimento de solidão não cessa de crescer no mundo contemporâneo, porque este encoraja a atitude narcísica. Trata-se de dar uma imagem de si que corresponda ao ideal de um ser livre e totalmente desinibido. E isso é mais difícil ainda do que dar a imagem de ser psicorrígido. O medo culpabilizante de não poder atingir esse ideal é fonte de patologias narcísicas, fatores de profundas solidões: "O narcisismo da inquietude, em vez de ser alegre ou liberador, é quase sempre sinônimo do medo do mundo: medo do outro, do desemprego, das agressões, da doença, da velhice, mas sobretudo medo de ser 'conforme'. Quando a boa estima de si depende primeiro da admiração que se inspira a outro, o fracasso ou o envelhecimento trazem tristeza e solidão".[14]

ORIGENS, TRUNFOS E DESVANTAGENS DO SOLITÁRIO SEGUNDO A PSICANÁLISE

Para a maior parte dos psicanalistas, a solidão é, aliás, a própria trama da existência, desde o trauma indelével do nascimento, quando fomos lançados no mundo, expulsos à força para fora da segurança do ventre materno: encontramo-nos irremediavelmente sós, e desde então cada um traz em si essa solidão interiorizada. É o que escreve Mélanie Klein,[15] assim como Françoise Dolto, que desenvolve essa ideia em *Solidão*.[16] A partir do momento em que o cordão umbilical é cortado, "ameaçadora para sua sobrevivência, a solidão não largará mais este homem, esta mulher, pela primeira vez separados após nove meses de convivência unidos à sua mãe". Começa então a longa peregrinação solitária que é a vida, que sem cessar nos lembra do quanto somos sós, por meio de todos os "desejos interditos", começando pelo do incesto, despois de todas as frustrações, todas as limitações impostas tanto pela sociedade quanto por nosso corpo. Solidão fonte de tanta tristeza,

---

13 Hirigoyen, *Les Nouvelles Solitudes*, p.133.
14 Ibid., p.136.
15 Klein, *Envie et gratitude et autres essais*.
16 Dolto, *Solitude*.

quando "cada um de nós é tomado pelo sentimento de não ser compreendido, de experimentar um sentimento impossível de ser comunicado, sentimento doloroso que faz com que o corpo, mal esteja no meio dos outros, em família, na sociedade, num grupo, na multidão, ressinta a solidão amarga que traduzimos por tédio, angústia, tristeza, melancolia, desespero ou, com palavras populares ainda inadequadas porem mais próximas deste mal-estar: *neura, bode*.[17] Dor de solidão acrescida pelo espetáculo da solidão dos outros: "A maior dor quando se ama alguém é não poder impedi-lo de sofrer com sua solidão". Somos como prisioneiros confinados em nossas jaulas, na impossibilidade de nos oferecer auxílios mutuamente.

A vontade de atenuar essa solidão está na origem da linguagem, da arte, da ciência: "O sentimento agudo da solidão, nascido do desejo proibido, imediatamente impossível, excita a criatura humana a comunicar esse desejo, retardando seu ardor, seu excesso em viver, e assim criar, na falta de procriar. [...] A solidão, sofrimento nascido das separações inevitáveis que fazem do indivíduo, por seu corpo, no espaço e no tempo – seus limites táteis –, uma criatura única, é também o sentimento que permite aos indivíduos humanos estabelecer pela linguagem laços sutis para além do espaço e para além do tempo".[18]

O sentimento agudo da solidão e as frustrações que ele traz podem também desencadear acessos de raiva, de violência destrutiva: destruir os outros, já que não podemos nos unir a eles, já que a assimilação é impossível: "Unidos em massa, esta massa humana que grita e busca vingar-se da terrível solidão, imposto excessivamente duro para muitos seres humanos pegos pelo ventre, pela garganta, pelo sexo, tornados incapazes de exprimir seus desejos em linguagem pelo trabalho da arte ou da ciência, no amor dado, na provação fraternalmente unidos".[19] Em outros momentos, a solidão pode, ao contrário, ser apaziguadora, reparadora: podemos nos consolar da ausência de comunhão com os outros, comunicando-nos com a natureza: "A solidão se torna atraente, entretanto, nas horas de fracasso do desejo, de dor ou de decepção na comunicação falhada. Ela então entrega o humano à experiência

---

17 Id., *Parler de la solitude*.
18 Ibid., p.53.
19 Ibid., p.55.

de magia de seu único devaneio, em que o desejo borda suas fantasias pacificando suas paixões num prazer que adormece a provação da solidão".[20]

É sobre esse aspecto tranquilizante que insiste o psicanalista Jean-Michel Quinodoz em *A solidão aprisionada*. A solidão certamente é irremediável e fundamental, indissociável da condição humana. Mas é possível tirar dela um partido positivo, "aprisioná-la": "Para o psicanalista, o sentimento de solidão vivido por algumas pessoas como uma ruína pode mudar de qualidade e ser aprisionado [a fim de] melhor tolerar a consciência dolorosa de ser um indivíduo separado e só, desenvolver suas potencialidades e suas riquezas. O sentimento de solidão pode então ser experimentado por ele como um impulso de vida, tornar-se uma fonte de criatividade pessoal e um estimulante para as relações afetivas. A solidão pode tornar-se impulso de vida quando a desconfiança e a angústia diante do inelutável caráter "passageiro" de nossa existência e dos seres que nos são caros podem ser superadas pelos laços de confiança. [...] A solidão aprisionada pode tornar-se fonte de criatividade pessoal quando conseguimos preservar o contato com o que há de mais verdadeiro e mais secreto em nós mesmos".[21] Para Quinodoz, a solidão bem compreendida é um sentimento positivo, um remédio para o isolamento: "Quanto mais tempo ela restar fundada na desconfiança e na hostilidade, mais a solidão conduzirá ao isolamento a ao recuo para si; é a solidão da torre de marfim. Quando ela se torna aprisionada, a solidão se torna um estimulante para o conhecimento de si e de outrem, e um apelo a se comunicar com os outros, no nível mais autêntico. [...] A solidão não é renúncia à relação com outros [...]. O caráter precioso do objeto e do assunto vem de que cada um é único, nasce de sua solidão".[22]

Definitivamente, os estudos psicanalíticos têm sobretudo o mérito de ilustrar, ao mesmo tempo, a onipresença e a diversidade da solidão no mundo contemporâneo, não sem cair às vezes em excessos delirantes como este caso de "solidão canibal" contado por Julia Kristeva a propósito de uma mulher cujo sentimento de solidão imaginária seria devido ao fato de "ter encarcerado um fantasma, a representação de sua mãe, dentro de seu corpo".[23]

---

20 Ibid., p.63.
21 Quinodoz, *La Solitude apprivoisée. L'angoisse de séparation en psychanalyse*, p.218.
22 Ibid., p.219.
23 Kristeva, La solitude cannibalique, *Soleil noir*, p.87.

Esse tipo de aberração contribui para desacreditar a psicanálise, cuja pertinência das análises sobre o assunto foi contestada por alguns, como o psiquiatra Anthony Storr. O erro de partida, ele escreve, consiste em considerar que o homem é um ser social, e, consequentemente, que os casos de solidão são patologias, cuja origem é buscada: "A sabedoria comum, sobretudo a que é propagada pelas diferentes escolas psicanalíticas, assegura que o homem é um ser social que tem necessidade de companhia e de afeição dos outros seres humanos do berço ao túmulo. Crê-se geralmente que as relações interpessoais íntimas são a principal, senão a única, fonte da felicidade humana".[24] Storr pensa, ao contrário, que a solidão é ao mesmo tempo natural e benéfica, fonte de alegria e de inspiração de numerosos intelectuais.

ELOGIOS DA SOLIDÃO

Ele se associa quanto a isso a muitos filósofos, poetas e romancistas que, no decorrer do século XX, fizeram o elogio da solidão. Rudyard Kipling fazia dela condição da liberdade, encarnada por "O gato que se vai sozinho", único animal que recusa a domesticação pelo homem e a vida em bando. Paul Auster, em *A invenção da solidão*, traça o retrato de um homem que, após quinze anos de viuvez, é "imunizado contra o mundo", que "pulava sobre ele, quebrava-se contra ele"; solitário e por isso mais forte: "Solitário. Mas não no sentido de estar só. Solitário não à maneira de Thoreau, por exemplo; mas solitário à maneira de Jonas, pedindo para ser libertado do ventre da baleia. Solitário no sentido do retiro, no sentido de não ter de se ver a si mesmo, de não ter de se ver como é visto por qualquer outro. [...] Um homem sem apetites. Sentia-se que nada poderia perturbá-lo, que não tinha necessidade de nada do que o mundo tinha a oferecer".[25]

A solidão como fortaleza inexpugnável à cobiça dos outros é também o mérito elogiado por Alberto Savinio (1891-1952), em 1944, em *Destinos da Europa*: "Todo mal vem do fato de que os homens, em sua grande maioria, não têm vida interior, e, por essa razão, desejam, cobiçam, querem a vida de

---

24 Storr, *Solitude*, p.IX.
25 Auster, *The Invention of Solitude*, p.16-7.

A SOLIDÃO, OBSESSÃO DE INTELECTUAIS?   425

outrem. [...] Quanto mais um organismo é evoluído, mais ele é autônomo e solitário. Assim são todos os indivíduos, assim como os povos". É uma solidão mais intimista que é reclamada por Léon-Paul Fargue (1876-1947), em *Alta solidão*: "Esta noite, como nas outras noites da corrente, melhor voltar para casa, ao longo da luz apagada pobremente, piamente. Ninguém me espera na cabana. [...] Aperto as mãos até ter coleções de unhas na consciência. Não, prefiro estar só. E à noite também, quando o café é absorvido como uma bituca de cigarro, prefiro minha solidão a seus arrotos intelectuais. [...] Deixo-os a suas conversas sem pretensão, à sua Direita, à sua Esquerda. Jamais vou ao espetáculo. Não entro nos teatros, essas estações de solidão. [...] Amo minha solidão como uma casa de campo, como um retiro vigilante. As lágrimas que derramo são estão consumadas".[26] Os mesmos tons no poeta das *Sete solidões*, Oscar Milosz (1877-1939): "Do fundo do corredor obscuro e frio do tempo/ sede bem-vinda, solidão, minha mãe". E Jacqueline de Romilly, em idade avançada, faz um buquê com *As rosas da solidão*: "No fim das contas, é preciso que a idade avançada tenha suas compensações e que a solidão veja as rosas florirem".[27] A eminente helenista retoma por sua conta um poema de Tristan Derème que ilustra a vizinhança entre a celebridade e a solidão:

> Jean Pellerin, Jean Pellerin,
> Pela *glória* tomei o trem
> Mas, cantor embriagado de luz,
> Caí pela porteira:
> E eis-me lá sobre o morro
> Lá longe, o trem não aparece mais
> E eu aprecio, suave estudo
> As rosas da *solidão*.

De modo leve, Paulo Léauteaud (1872-1956) sonha em estar enfim só, no trabalho, no espetáculo, assim como nos transportes públicos: reação de um alérgico aos fenômenos de massa: "Estar só, Senhor! Estar só em todo

---

26 Fargue, *Haute Solitude*, p.138.
27 Romilly, *Les Roses de la solitude*, p.12.

lugar, estar só em meu escritório, estar só em casa, estar só na rua, estar só no teatro, estar só sobretudo na terceira classe do trem! Quanto a este último ponto, é decididamente um sonho [...]. É preciso ter uma paciência de bronze para não se jogar pela porta".[28] Não será Garcia Morante que dirá o contrário. Para ele, a solidão é a única maneira de levar uma vida "autêntica e verdadeira", sem ter que representar o papel que a sociedade nos impõe.[29] É também o que pensa Fernando Pessoa (1888-1935), em *O livro do desassossego*: "Vivi sempre isolado, e cada vez mais isolado, quanto mais dei por mim".[30] Esse poeta português, de caráter extravagante, ao mesmo tempo reservado e exaltado, associal, passou sua vida fugindo dos contatos humanos, mudando constantemente de endereço e de nome, a fim de ficar livre, o que justifica a observação de Jacqueline Kelen: "A solidão de Pessoa, tão desesperada quanto desdenhosa, idealista tanto quanto sombria, permanece menos uma arte de viver que uma arte de escapar da atualidade".[31] Exigente para consigo mesmo, Pessoa procura elevar-se, por uma espécie de ascese intelectual, porque "no cume há lugar para um homem só. Quanto mais perfeito, mais é inteiro; e, quanto mais inteiro, menos é outro que si mesmo".

Por sua vez, Nina Berberova escreve em *Sou eu que assinalo*: "O medo, ou o horror da solidão, é uma superstição. Faz-se dela um espantalho. Aspirei à solidão desde minha pouca idade. Nada era mais horrível para mim do que passar um dia inteiro em companhia de outra pessoa sem poder estar só com meus pensamentos, ficar livre em meus atos, ler tudo o que me caía nas mãos".[32] Humor adolescente, passageiro, pois ela admite que, muito mais tarde, a solidão que sentia em Paris lhe pesava. De mesmo modo, Hemingway declara em 1925 que a solidão lhe faltava em Juan-les-Pins, mas era unicamente porque ele tinha necessidade dela para escrever. É também o que quer dizer Marguerite Duras em *Escrever*: "A solidão é aquilo sem o qual não se faz nada. Aquilo sem o qual não se observa nada". E a crermos em Marguerite Yourcenar, a solidão nos protege do amor, a maior fonte de sofrimento: "O amor é um castigo. Somos punidos por não termos ficado sós".

---

28 Léautaud, *Passe-temps*, p.7.
29 Morante, *Ensayo sobre la vida privada*.
30 Pessoa, *Le Livre de l'intranquillité*, p.320.
31 Kelen, *L'Esprit de solitude*, p.123.
32 Berberova, *C'est moi qui souligne*, p.43.

A SOLIDÃO, OBSESSÃO DE INTELECTUAIS?

Jean Genet (1910-1986) chega mesmo a elogiar os méritos da prisão. Encarcerado em 1943, ele escreve: "A cela é o paraíso [...], é lá que se escapa do que é acessório, que se está entregue ao essencial", e faz o elogio da solidão:

A solidão, como a entendo,
Não significa condição miserável,
Mas antes realeza secreta,
Incomunicabilidade profunda
Mas conhecimento mais ou menos
Obscuro de uma inatacável singularidade.

Os filósofos se dedicaram mais a analisar o sentimento de solidão do que a tomar partido por ou contra ela, como veremos. Entre as exceções, André Comte-Sponville em 1996, na pequena obra *O amor, a solidão*, lembra os méritos desta última. Ela é, de todo modo, a herança comum, quer a amemos ou não: "Ser só, é ser si mesmo, nada mais. Como se seria outra coisa? Ninguém pode viver em nosso lugar, nem morrer em nosso lugar, nem sofrer ou amar em nosso lugar, e isto é o que se chama solidão: é apenas outro nome para o esforço de existir. Ninguém virá carregar nosso fardo, ninguém".[33] Nem mesmo aqueles ou aquelas que amamos, pois, como dizia Rilke, o amor, são "dois seres solitários protegendo-se, completando-se, limitando-se e inclinando-se um diante do outro". Para Comte-Sponville, "o amor é solidão, sempre; não que toda solidão seja amante, longe disso, mas porque todo amor é solitário". O que chamamos de sociabilidade é de fato uma sociabilidade de Narciso: "O egoísmo e a sociabilidade andam juntos. É preciso brilhar, eclipsar os outros. Os heróis e os santos são sós. Quantos não fogem da solidão porque são incapazes de um verdadeiro encontro? Aquele que não sabe viver consigo saberá viver com outro? Aquele que não sabe habitar sua própria solidão, como saberá atravessar a dos outros? Narciso tem horror da solidão, e isso se compreende: a solidão o deixa diante de seu nada, onde ele se afoga".[34] Aumentar sua solidão é aumentar seu espaço de liberdade, e ao mesmo tempo melhor partilhar a solidão dos outros.

---

33 Comte-Sponville, *L'Amour la solitude*, p.27.
34 Ibid., p.30.

Em 2001, Jacqueline Kelen publicou uma apologia da solidão. Sob o título de *O espírito de solidão*, ela eleva-se contra o amálgama que é feito hoje pelas mídias e pelos poderes públicos entre solidão e isolamento, que se engloba na categoria das maldições que afetam os velhos, os inadaptados, os doentes, os prisioneiros, o que desacredita a ideia de solidão. As instituições de caridade em guerra contra o isolamento espalham a ilusão de que um dia "nenhum ser humano será mais só"; e todo o contexto cultural e educativo é hostil à solidão. "Ninguém nos ensina a ser só"; a criança é forçada a ir para os outros, "a 'se comunicar' e a 'se integrar', esses dois clichés tirânicos da sociedade contemporânea". Tudo é feito para favorecer a vida em grupo, e "os seres que amam a solidão são com frequência considerados misantropos: eles não apreciam misturar-se com a multidão, os estádios vociferantes, as manifestações ditas populares, logo, eles desprezam ou detestam seus semelhantes".[35]

O que ameaça nossa sociedade, contudo, não é o excesso de solidão, é o excesso de promiscuidade: "A promiscuidade do *habitat* – chamado, não por acaso, de "grande conjunto" – me parece estar na origem do ódio do outro, e a violência se difunde menos por desocupação do que pela impossibilidade de ficar só, de se conhecer".[36] O fundamento dessa gregariedade é a necessidade que cada indivíduo experimenta de ser reconhecido pelos outros: "A necessidade de reconhecimento aparece como o calcanhar de Aquiles de todo indivíduo. Ela explica que, para se sentir compreendido ou aceito, os homens, em sua maioria, preferem renunciar à sua liberdade, à sua singularidade. O verdadeiro solitário não procura agradar nem ser reconfortado. Sua grande força vem de que ele não é perturbado pelas maquinações do mundo: quando se vive só, não se faz concessão, não nos situamos mais em relação ao geral, mas em relação ao absoluto. [...] Mas hoje em dia a vida em grupo é de tal modo encorajada que aquele que ama a solidão se vê culpado ou então maldito".[37]

Entretanto, que riqueza na solidão, "única maneira de não se comprometer, de salvaguardar sua estranheza e ter acesso ao que não perece".

---

35 Kelen, op. cit., p.44.
36 Ibid., p.58.
37 Ibid., p.98.

A solidão, benéfica a todos, é indispensável ao escritor: "A obra literária é inteiramente, terrivelmente, magnificamente solitária. Ser escritor é antes de tudo e essencialmente trabalhar no corpo sua solidão". Jacqueline Kelen proclama assim sua fé na solidão: "Solitária sou. Desde sempre e mais do que nunca. A solidão é o que me faz ficar de pé, avançar, criar. É uma terra sem limite e ensolarada, uma cidadela oferecida a todos os ventos mas inexpugnável. É a única parte da herança que defendo duramente, parte da herança que é tudo e que sou eu".[38]

CIORAN: A SOLIDÃO COMO GOZO DO DESESPERO

Só, absolutamente só e orgulhoso de sê-lo, Emil Cioran (1911-1995), emigrado romeno, vive pobremente em Paris, fugindo das mídias, guardando suas distâncias e multiplicando as obras, de títulos e conteúdos provocadores, próprios para afastar os importunos. Desde os 22 anos de idade, ele proclama a suprema solidão daquele que vive *Sobre os cumes do desespero*. Solidão individual de alguém que se diz "exasperado pela presença dos homens" e consciente da solidão cósmica de um mundo perdido no espaço infinito e silencioso.

A solidão é boa ou má? De início, ela é. Irredutível, essencial, alimentada pelo sentimento de nossos limites: "Qual é a origem de nossas solidões se não for o amor que não pôde se extravasar; de que elas são alimentadas se não de todo esse amor aprisionado em nós? Nosso desejo de absoluto, nossa vontade de ser deus, demônios ou loucos, toda a vertigem engendrada pela busca de outras eternidades e a sede de mundos infinitos não nasceram de tantos e tantos sorrisos, abraços e beijos não trocados e que permaneceram desconhecidos?".[39] O homem toma consciência de sua solidão, de seu caráter único e da incomunicabilidade dos seres; essa tomada de consciência alimenta uma inquietude fundamental: "No paroxismo da inquietude, o homem se torna um sujeito absoluto, pois então toma assim totalmente consciência de si mesmo, da unicidade e da existência exclusiva de seu

---

38 Ibid., p.11.
39 Cioran, *Le Livre des leurres*. In: *Œuvres*, p.139.

destino. [...] A inquietude absoluta leva à solidão absoluta, ao sujeito absoluto. [...] A inquietude dissolve e põe o mundo em farrapos, a fim de ancorar o ser no desacompanhamento absoluto".[40]

Mas essa não é uma má notícia. Cioran, em *Solidão e destino*, rejeita a concepção romântica da solidão, que ele qualifica de "esquizofrênica": "O sentido romântico da solidão se deve à negação da realidade concreta da existência. [...] Há na fuga do mundo própria do romântico uma incapacidade estrutural de se manter no quadro imanente da existência, uma incompreensão essencial das afinidades irracionais que ligam o homem ao resto da criação. Não é de espantar que os piores absurdos em quase todos os domínios nos tenham sido legados pelos românticos".[41] Eles passam o tempo a "queixar-se da desadaptação do indivíduo", em vez de procurar na solidão "as razões de ser da vida". Essa reflexão sobre a solidão necessita do isolamento, e, "mais do que qualquer outra, a solidão na montanha permite atingir um entendimento sereno da vida". O problema é que hoje em dia é cada vez mais difícil estar só. Os que procuram se isolar, os que recusam a sociabilidade e o convívio são considerados anormais, doentes, inadaptados. "Abençoado era o tempo em que solitários podiam sondar seus abismos sem parecer obcecados, desequilibrados. [...] Eles sacrificavam dez, vinte anos, toda uma vida, por um pressentimento, por uma luz absoluta. A palavra 'profundidade' só tem sentido se aplicada às épocas em que o monge era considerado o exemplar humano mais nobre. Ninguém discordará que ele está em vias de desaparecimento. Há séculos, ele só sobrevive. A quem ele se dirigiria num universo que o trata de 'parasita'? [...] Mais do que nunca seria preciso construir monastérios [...] para aqueles que creem em tudo e para aqueles que não creem em nada. Para onde fugir? Não existe mais nenhum lugar onde se possa profissionalmente execrar o mundo".[42] Cioran escreve em *O mau demiurgo* o que faz a grandeza da solidão: ela permite meditar lucidamente sobre o absurdo do mundo. Isso não está longe de Pascal: o drama, escreve ele no verbete "Solidão" em seu *Glossário*, é que o homem não pode ficar só num cômodo sem ligar a televisão: "A catástrofe, para o homem, vem

---

40 Ibid., p.133.
41 Cioran, *Solitude et destin*, p.123.
42 Id., *Le Mauvais Démiurge*, p.57-8.

A SOLIDÃO, OBSESSÃO DE INTELECTUAIS? 431

do fato de que ele não pode ficar só. Não há uma só pessoa que possa ficar só consigo mesma, Atualmente todos que deveriam viver consigo mesmos se apressam a ligar a televisão ou o rádio"... ou digitar no celular, última invenção para nunca estar só.

Essa aberração é encorajada pela religião, que luta contra os dois sentimentos que constituem a grandeza do homem: a solidão e o orgulho. "A religião tenta nos curar do mal, dos males que são o preço da vida. A solidão e o orgulho são males positivos. [...] O Eu é uma obra de arte que se alimenta do sofrimento que a religião tenta apaziguar [...] O homem é arte porque é altivo e só [...] As religiões querem nivelar a diversidade, suprimir a individualidade. A redenção tem como sentido o desaparecimento do pronome pessoal. Não suporto nenhum absoluto, exceto este acidente que sou eu."[43]

A busca da solidão nos torna odiosos aos olhos dos outros, e "ninguém pode cuidar de sua solidão se não souber tornar-se odioso", escreve Cioran nos *Silogismos da amargura*. Ele explica essa constatação em seu *Sumário de decomposição*: "Quando a solidão se acentua a ponto de constitur não tanto nosso *dado* quanto nossa única *fé*, cessamos de ser solidários com o todo: heréticos da existência, somos banidos da comunidade dos vivos, cuja única virtude é esperar alguma coisa que não seja a morte".[44] A observação é válida também no nível dos povos e dos grupos religiosos: assim os cristãos não podem suportar este "povo de solitários", que é o povo judeu. Eles os baniram da humanidade enquanto eles mesmos, "bem contentes que outro tenha sofrido por eles, assumem um ar importante na sombra do calvário. Se às vezes se ocupam em refazer suas etapas, que partido sabem tirar disso!".[45]

Se existe algo que pode nos consolar do "inconveniente de ter nascido", é a solidão, única palavra digna de figurar no dicionário: "Suprimo de meu vocabulário palavra após palavra. Terminado o massacre, resta um só sobrevivente: *Solidão*". Ela é um título de glória: "A solidão, mesmo a da infâmia, supõe algo positivo, uma eleição um pouco especial, mas eleição, inegavelmente".[46] Ela "faz de ti um Cristóvão Colombo, que navegaria para

---

43 Id., *Bréviaire des vaincus*. In: *Œuvres*, op. cit., p.519-20.
44 Id., *Précis de décomposition*. In: *Œuvres*, op. cit., p.610.
45 Id., *La Tentation d'exister*. In: *Œuvres*, op. cit., p.862.
46 Id., *De l'inconvénient d'être né*, p.91.

o continente de seu próprio coração".[47] Ela torna forte; então, "a ti confio minha alma, solidão, e em tuas entranhas quero que tu a enterres".

E vós, todos os solitários da terra, uni-vos: "Dirijo-me a vós, a vós todos que sabeis até onde pode ir a solidão do homem, o quanto a tristeza de ser pode obscurecer a vida e a palpitação do indivíduo, e abalar este mundo. Dirijo-me a vós, menos para encontrar o que vivo do que para unir nossas solidões. [...] Irmãos no desespero, teríamos esquecido a força de nossas solidões, teríamos esquecido que apenas os mais sós são os mais fortes? Pois já chegou o tempo em que nossas solidões vão superar o rebanho, vencer as resistências e conquistar tudo. A solidão deixará de ser estéril, quando, por meio dela, o mundo nos pertencerá, quando nós o engoliremos sob nossos impulsos desesperados. Para que serve tanta solidão, se ela não for a suprema conquista, se por ela não triunfarmos sobre tudo? Irmãos, a conquista suprema nos espera, a última prova de nossas solidões".[48]

A GALERIA DOS SOLITÁRIOS

Esse apelo aos solitários tinha poucas chances de ser ouvido e perdeu-se no deserto da multidão contemporânea. Contudo, os solitários são legião no mundo desencantado dos intelectuais do século XX. Mas cada um rumina sua solidão de seu lado, o que, no fim das contas, é lógico. Cada um toca sua partitura em seu canto, mas num belo conjunto. Para além das diferenças devidas aos gêneros literários praticados, o sentido global é claro: o sentimento de solidão é geral, e cada um se resigna a seu modo, atribuindo-o à natureza humana. Todos os homens são sós, mas apenas os intelectuais têm consciência disso, e esse deleite sombrio torna-se, para muitos, uma fonte de inspiração romanesca. É inegável que há, nesses propósitos, uma parte de pose, que tem uma tendência a se tornar lugares-comuns. Entretanto, trata-se, sim, de um sentimento sincero e profundo, que está no coração da reflexão contemporânea: diante das mídias, dos responsáveis políticos, dos animadores profissionais, os intelectuais fazem ouvir uma voz lúcida e pessimista, a

---

47 Id., *Le Crépuscule des pensées*. In: *Œuvres*, op. cit., p.454.
48 Id., Aux plus seuls. In: *Le Livre des leurres*, op. cit., p.131.

da incomunicabilidade dos seres. Não é o menor dos paradoxos do mundo contemporâneo o de uma sociedade hedonista, de um otimismo forçado e furioso, que se deleita com romances e filmes *noirs* e pessimistas; uma sociedade que idolatra o convívio e a sociabilidade, e que adora os heróis solitários e os destinos trágicos.

Pois as celebridades da pluma e da tela são quase unânimes: a solidão é o legado de todo homem e de toda mulher cujos destinos se entrechocam num clima de radical incomunicabilidade das alegrias e dos sofrimentos. É o caso de Collette, para quem "a própria volúpia é construída sobre uma incomunicabilidade total que se resume nesta frase de um desencantamento sem recurso: 'Mas começo a crer que um homem e uma mulher podem fazer tudo juntos, tudo, exceto a conversação' (*Duo*)",[49] escreve Julia Kristeva, que sublinha em Collette "um recuo narcísico e [uma] sedução máxima, solidão e onipotência". E o de Kafka, que diz: "absolutamente submergido por mim mesmo, só pensando em mim, sou incapaz de viver com as pessoas, de falar com elas. Não tenho nada a dizer, nunca, a ninguém".[50] Dino Buzatti, por sua vez, escreve em *O deserto dos tártaros*: "Se alguém não sofre por isso, sua dor só pertence a ele [...]. Outro não sofre por isso, por maior que possa ser seu amor; e é isso que faz a solidão da vida".[51] Scott Fitzgerald fala da incomunicabilidade da felicidade: "Eu não podia compartilhá-la, nem mesmo com a pessoa que me era mais cara".[52] Com a depressão, essa incomunicabilidade torna-se retiro voluntário: "Tive brutalmente a intuição de que precisava estar só. Não queria ver absolutamente ninguém. [...] Não daria mais nada de mim, dar seria a partir de então proibido e batizado de Desperdício. [...] Sentia-me igual aos homens que via nos trens de subúrbio, que nem ligam se o mundo vai se afundar no caos, desde que sua casa seja poupada. [...] Percebi que há muito tempo não amava mais as pessoas nem as coisas, mas que continuava tão bem que mal fingia amá-los".[53] Maurice Blanchot (1907-2003) era fascinado pela "solidão essencial", à moda de Kafka.[54] E Becket, cujo teatro

---

49 Kristeva, *Le Génie féminin*, t.III, *Colette*, p.396.
50 Kafka, *Journal*, 27 avril 1915, p.433.
51 BuzzatI, *Le Désert des Tartares*, p.223.
52 Fitzgerald, *La Fêlure*, p.357.
53 Ibid., p.343, 355, 344.
54 Blanchot, *L'Espace littéraire*.

inteiro é de certo modo uma reflexão sobre a solidão, como em *Companhia*, em que um homem "deitado de costas no escuro", recita um longo monólogo que termina assim: "Feitas as contas, é melhor trabalho perdido e tu tal como sempre. Só". Stig Dagerman, o sueco solitário, nascido em 1923 e que se suicida em 1954, escreve em 1946 em *A ilha dos condenados*: "Há uma solidão esmagadora que pode transformar a terra inteira num vasto campo, numa superfície plana que se domina pelo olhar [...] sem um só rebaixamento, sem um só canto para se esconder, sem um buraco para onde fugir". A dinamarquesa Karen Blixen (1885-1962), dividida entre o Quênia e a Dinamarca, encarna um tipo de solidão cada vez mais frequente no mundo contemporâneo, a solidão do desenraizado, do expatriado, que não está em casa em nenhum lugar. François Mauriac descreve, em *Thérèse Desqueyroux*, a solidão da volúpia não compartilhada. Georges Duhamel, cujo herói Salavin, em *A confissão de meia-noite*, é confinado numa solidão irremediável: "Aspiro apenas a encontrar minha solidão para amar mais os homens como os amo quando não estão aqui"; "Eu me incrustava numa solidão selvagem, Não devia mais nada ao resto do mundo. Existia para mim, amargamente".[55] Georges Simenon era grande conhecedor da alma humana e de seus sombrios recônditos, para ele ninguém conhece ninguém. Há sempre uma distância entre os indivíduos, e em nenhum lugar não se sente melhor isso do que num tribunal, onde o juiz, o procurador, os advogados, o acusado, o júri estão cada um em seu mundo, falam uma linguagem diferente e estão irremediavelmente sós: "Eles não conseguiam se situar no mesmo campo, empregar as palavras com um sentido idêntico para ambos. Subsistia sempre uma decalagem".[56] Louis Bert, o acusado de *O tribunal*, "sabia que estava só, definitivamente"; "a solidão o angustiava [...], a solidão lhe era intolerável, e sempre havia sido só". Tudo é bom para tentar escapar da solidão, assim como do álcool: é o remédio de Antoine, em *Carta a meu juiz*: "Toda vez que se via só", ia para o bar, esperando encontrar este "contato, esta maneira de ver a humanidade e se sentir solidário com ela"; fuga inútil, não se escapa da solidão: ele nunca estava "tão só no universo como quando havia bebido".

---

55 Duhamel, *La Confession de minuit*, p.115 e 133.
56 Simenon, *La Chambre bleue*. In: *Tout Simenon*, t.XII, p.272.

A SOLIDÃO, OBSESSÃO DE INTELECTUAIS? 435

Ilusório também é este remédio milagroso que se chama de amor. Em *Três quartos em Manhattan*, Simenon dá uma magistral ilustração disso. O ator francês François Combe se entedia em Nova York: "Primeiro morei num grande hotel no Park Avenue. Depois num hotel modesto. E enfim encontrei este quarto. E eu estava sozinho, eis tudo! Estava inteiramente sozinho [...] Eu sozinho [...] Eu que me vi inteiramente nu!". Pois a solidão é a tomada de consciência de nossa nudez existencial, ou de nossa invisibilidade: o fato de não existir para nada nem para ninguém. Combe encontra então outra solitária, Kay, divorciada, e esses dois seres se lançam nos braços um do outro para evitar a solidão: "Eu estava tão só, tão irremediavelmente só, que tinha decidido seguir o primeiro homem que aparecesse, não importa quem fosse", confessa Kay; e Combe lhe responde: "Eu estava inteiramente só, eis tudo! Eu estava só e é esta toda a história". Então, "eles dois, que não se conheciam, e tinham se encontrado por milagre, através da grande cidade, agora se agarravam um ao outro com um ardor desesperado, como se já sentissem o frio da solidão invadi-los. [...] Apertavam-se mais um contra o outro, não mais como amantes, mas como seres que teriam vagado muito tempo na solidão e que teriam obtido, enfim, a graça inesperada de um contato humano".[57] Mas, comenta Nicolas Grimaldi, "o amor é como o ópio. Ele anestesia a solidão. Ele suspende por um tempo a dor. Não suprime o mal".[58]

Querem outros exemplos? Jean Anouilh (1910-1987), cujo teatro mordaz põe em cena a irremediável solidão, como a de *Antígona* (1944), que, esperando sua execução, fala com um guarda totalmente indiferente à sua sorte: "Dois animais se abraçariam um contra o outro para se aquecerem. Eu estou sozinha". Também Eugène Ionesco (1912-1994) vê no homem um animal solitário: mesmo um rei é só diante da morte, tão só quanto um humanista num mundo de rinocerontes. Marcel Jouhandeau (1888-1979), para quem a imagem da solidão é a de Prudence Hautechaume, uma mulher que mantém uma loja de moda empoeirada e passa as noites a observar o bairro pela janela de sua mansarda. Georges Bernanos (1888-1948), confrontado à solidão do pároco de aldeia, e André Malraux (1901-1976) à solidão do terrorista Tchen, que, em *A condição humana* (1933), espera a passagem do carro

---

57 Id., *Trois Chambres à Manhattan*. In: *Tout Simenon*, op. cit., t.I, p.225-6.
58 Grimaldi, *Traité des solitudes*, p.237.

de Chang-Kaï-Chek para se explodir: "Era necessário que o terrorismo se tornasse uma mística. Solidão, primeiro: que o terrorista decidisse sozinho, executasse sozinho; toda a força da polícia está na delação; o assassino que age só não se arrisca a denunciar-se a si mesmo. Solidão última, pois é difícil para quem vive fora do mundo não procurar os seus". Eis Marcel Proust: "Somos sós. Não podemos nos conhecer nem ser conhecidos". E ainda Julien Green (1900-1998), cuja heroína do romance epônimo *Adrienne Mesurat* vive numa pequena cidade de província, e se amuralha numa solidão completa entre a irmã doente e o pai idoso, que ela acaba matando. E em seguida Édouard Estaunié (1862-1942), politécnico melancólico, autor de romances psicológicos, que em 1922 publica três novelas intituladas *Solidões*. Em duas delas, são solidões a dois, cheias de mal-entendidos, de amargura e de censuras: incomunicabilidade radical dos seres. Na terceira, "Senhorita Gauche", o narrador retorna a Vézelay após a morte da avó para fechar a casa, e percebe na casa em frente uma enferma, agora idosa, que já estava lá desde a juventude, e que passou sua vida olhando pela janela. "Perturbado ao pensar numa solidão excepcional", ele vai vê-la e fica surpreso ao encontrar "uma tal serenidade, fruto de tantos anos solitários". O reconforto da enferma é encontrado "na prece e nas lembranças". No mesmo ano, Estaunié, em *O apelo da estrada*, estuda a solidão causada pela feiura, a de Madame Lormier, que vive perto das muralhas de Semur-en-Auxois, e passa a vida a meditar sobre os *Discursos sobre as paixões da alma* de Pascal. Assim, do terrorista à solteirona, passando pelo vigário, quem na literatura do século XX não se sente só?

DE PÉGUY A VALÉRY E DE CAMUS A OCTAVIO PAZ: AS MÚLTIPLAS FACETAS DA SOLIDÃO

E não é tudo. Em *Solidão de Péguy*, título da obra consagrada a esse autor, J.-P. Dubois-Dumée escreve: "Sua solidão não é orgulhosa, como a recusa de um Nietzsche ou o desafio de um Montherlant; ele não a cultiva por ela mesma: ela exprime, ao contrário, o desejo de uma comunhão mais completa, mais verdadeira, mais profunda. [...] Ninguém mais do que este solitário teve o sentido e a necessidade da comunidade. [...] Dom total de si mesmo: suprema solidão e, ao mesmo tempo, suprema comunhão. A solidão de Péguy é a solidão da absoluta caridade, uma solidão eterna".[59] De fato, Charles Péguy construiu sua própria solidão, pela sua intransigência, sua maneira de chocar deliberadamente o gosto do público, persuadido de seu próprio gênio. Dubois-Dumée evoca "sua solidão, não somente sofrida, mas ativa e provocada, [que] é uma forma de sua irredutível exigência de vida interior". Péguy se confina bem cedo na solidão, persuadido de que o público não o entende. Ele escreve: "Assim se organiza no mundo moderno em torno de um homem, em torno de uma obra, em torno de uma vida, um desses perfeitos silêncios que, desse modo, são mais mortais do que a própria morte". "De tanto se ver interditado por todo mundo, acaba-se por se ver inteiramente sozinho e as amizades se tornam raras". Ele vive mal esse isolamento, esse "pretenso isolamento esplêndido, tão terrível, ao contrário, e tão obscuro, tão cheio de inquietações e tão comumente temido".[60] Ele se apresenta como vítima, evocando, em 1913, "vinte anos de uma solidão crescente, e que só aumentará"; conheceu o "silêncio concertado, a boicotagem, o estrangulamento secreto, o estrangulamento rouco, o Índex leigo, o investimento silencioso, a guerra econômica, o bloqueio, já e em todo o tempo, o cerco". Mas, observa sensatamente Dubois-Dumée, "se ele teve que sofrer o cerco, não é porque tinha se fechado em seu lugar? Péguy cria sua própria solidão. Ele nunca tentou nada para seduzir o público, conciliar os poderes ou simplesmente preservar suas amizades; ao contrário, ele parece ter se obstinado em desconcertar, chocar ou mesmo atacar todos que poderiam apoiá-lo".[61] É assim que ele rompe com Jaurès, Lavisse, Maritain, Sorel, Psichari, os socialistas, os católicos mundanos e tantos outros, e depois disso ele vem lamentar-se de ser

Só sobre um oceano
De lassidão
Mergulhado no nada
De solidão.

---

59 Dubois-Dumée, *Solitude de Péguy*, p.30.
60 Péguy, *Situation*, VIII, 3.
61 Dubois-Dumée, J.-P., op. cit., p.14.

Solidão também de Paul Éluard que, em *O universo – solidão*, exprime poeticamente a dura realidade da "solidão de todos os seres":

Nos tormentos enfermos nas rugas dos risos
Não procuro mais meu semelhante.
A vida desabou, minhas imagens são surdas
Todas as recusas do mundo disseram sua última palavra
Eles não se encontram mais do que ignoram.
Sou só, sou só totalmente só
Nunca mudei.

Solidão de Tristan Derème, que vagueia, irremediavelmente só, nos "quartos desertos e cruéis", os "quartos de hotel,/amores de um dia /de seis meses ou quatro anos,/ são rosas murchas para/ futuras rosas murchas". Solidão de Philippe Soupault, que constata, depois da Grande Guerra, a morte de Apollinaire: "Éramos sós, desde então, e desesperados", assim como Tristan Tzara, para quem "tudo produz desgosto suscetível de tornar--se uma negação da família". Solidão de Cesare Pavese, que se suicida em 1950, e cuja antologia de poemas traz o título *A mania da solidão*.[62] Solidão também de Fernando Pessoa, já evocado, solidão tão profunda que torna impossível o conhecimento de si mesmo, pois "ninguém poderá me dizer o que sou"; ora, é pelos outros que podemos nos conhecer. Certamente, "em nossa presença não estamos sós, somos testemunhas de nós mesmos", mas testemunhas cegas: "Nunca cheguei a me ver de fora". Solidão da poeta norte-americana Sylvia Plath, que se suicida em 1963; solidão do poeta Paul Celan, que também se mata em 1970; solidão de Fernand Gregh, para quem "o amor é apenas o apelo para a tristeza lançado/ dos dois lados de um muro por animais tristes".

Albert Camus é o mais ambíguo. De um lado, ouve-se o personagem de *Calígula* dizer: "A solidão! Tu a conheces, tu, a solidão? A dos poetas e dos impotentes. A solidão? Mas qual? Ah, tu não sabes que sozinho, não se é nunca!".[63] De outro lado, lê-se, em *O homem revoltado*, que sozinho se é sempre,

---

62 Publicada em 1969 em inglês sob o título *A Mania for Solitude*.
63 Camus, *Caligula*, II, 14.

A SOLIDÃO, OBSESSÃO DE INTELECTUAIS? 439

cada um ficando no seu canto com sua parte do bolo. Seria justamente a revolta que tiraria o homem da solidão. A revolta em nome dos grandes valores humanos é criadora de solidariedade, ela substitui o "eu" pelo "nós": "Eu me revolto, logo nós somos". E isso porque "o indivíduo não é, sozinho, esse valor que quer defender. São necessários, pelo menos, todos os homens para compô-lo. Na revolta, o homem se supera em outro, e, desse ponto de vista, a solidariedade humana é metafísica. Simplesmente, não se trata no momento senão dessa espécie de solidariedade que nasce das correntes. [...] Essa evidência tira o indivíduo de sua solidão. Ela é um lugar comum que funda sobre todos os homens o primeiro valor". De fato, Camus não parece muito seguro da solidão humana, sobre a qual ele lança dúvida ao falar de "solidão suposta": "Vê-se que a afirmação implicada em todo ato de revolta se estende a qualquer coisa que ultrapasse o indivíduo na medida em que ela o tira de sua solidão suposta e lhe fornece uma razão de agir".[64]

Octavio Paz, por sua vez, não tem a menor dúvida: "Somos sós. A solidão, fundo obscuro de onde surge a angústia, começa no dia em que deixamos o seio maternal e caímos num mundo estranho e hostil. Caímos; e essa queda, essa consciência de saber que caímos, nos torna culpados. Culpados de quê? De um delito sem nome: de termos nascido".[65] Estas palavras, tiradas do *Labirinto da solidão*, são o *leitmotiv* de sua obra: "A solidão é o fundo último da condição humana. O homem é o único ser que se sente só, e que procura o outro. [...] O homem é nostalgia e busca de comunhão. É por isso que, quando se sente ele mesmo, sente-se como ausência do outro, como solidão".[66] Descobrimos essa solidão à medida que nos desenvolvemos, e descobrimos nós mesmos. Se a criança consegue ainda transcendê-la pelo jogo, o adolescente tem a cruel experiência dela: "A descoberta de nós mesmos é de imediato saber que estamos sós; entre o mundo e nós se eleva de repente uma barreira impalpável e transparente: a da nossa consciência".

Toda nossa vida é experiência de solidão, sobretudo nos momentos em que acreditamos poder vencê-la, como nos episódios amorosos. A fusão com o outro é impossível, porque "entre a mulher e nós se interpõe um

---

64 Id., *L'Homme révolté*, p.30.
65 Paz, *Le Labyrinthe de la solitude*, p.76-7.
66 Ibid., p.166.

fantasma: o de sua imagem, da imagem que fazemos dela e pela qual ela se vê a si mesma". Procuramos fusionar com uma imagem, e passamos, então, ao lado da pessoa. Assim, desde o nascimento até a morte, somos irremediavelmente sós: "Nascer e morrer são experiências de solidão. Nascemos sós, morremos sós. Nada é mais definitivo do que essa primeira imersão na solidão que é nosso nascimento, além desta outra queda no desconhecido que é a morte". A vida inteira é um esforço para transcender a solidão: "Todos os nossos esforços tendem a abolir essa solidão. [...] A solidão, que é a própria condição de nossa vida, nos aparece como uma prova e uma purgação, levando ao desaparecimento da angústia e da insegurança. A plenitude, a reunião, que são repouso, felicidade e acordo com o mundo, nos esperam no termo do labirinto da solidão".[67]

O adolescente tenta sair desse labirinto pela amizade, pelo amor, pelos companheiros; o adulto, pelo trabalho, pela luta com a matéria, pela política. O drama é que esses remédios perderam hoje sua eficácia. O homem moderno trabalha sem objetivo, ou faz as máquinas trabalharem em seu lugar, e ele se observa, e a partir daí descobre sua solidão. O diagnóstico é irrevogável: "O homem maduro afetado pelo mal da solidão constitui uma anomalia nas épocas fecundas. A frequência de solitários desse tipo em nossa época mostra bem a gravidade de nossos males. No século do trabalho em comum, dos prazeres em comum, o homem está mais só do que nunca. O homem moderno não se comunica com o que ele faz. Uma parte dele mesmo, a mais profunda, permanece sempre intacta e incondicionada. No século da ação, o homem se observa. O trabalho, único deus moderno, cessou de ser criador. O trabalho sem fim, infinito, corresponde à vida sem finalidade da sociedade moderna. E a solidão que ela engendra, solidão confusa dos hotéis, dos escritórios, dos ateliês e dos cinemas nunca é uma prova que purifica a alma, um purgatório necessário. Ela é uma condenação total, espelho de um mundo sem saída".[68]

Esse mundo sem saída é o nosso. Um mundo onde o recuo do lugar do trabalho, o mais eficaz "divertimento" no sentido pascaliano, aumenta o lugar da reflexão, que nos faz descobrir o quanto somos sós. A indústria

---

67 Ibid., p.167.
68 Ibid., p.175.

do lazer bem que tenta preencher essa abertura para o nada, substituir o trabalho e a guerra por videogames, partidas de futebol e dispositivos novos de comunicação, mas nada muda. Mesmo Deus, com quem nos sentíamos menos sós, desapareceu. Ainda fingimos crer nele, mas o coração está fora. Mesmo o descrente Paul Valéry chega a lamentar isto: "Oh, só. Oh, o mais só. Todas as coisas me rodeiam mas não me tocam. Por que não há Deus? Por que dos cumes da tristeza e dos abismos do abandono não vêm mensagens certas? Nenhum sinal, nenhum índice, ninguém escuta minha voz interior. Ninguém para me falar diretamente, para ter conhecimento de minhas lágrimas e a confidência de meu coração. [...] Só. Se houvesse um Deus, parece-me que ele visitaria minha solidão, que me falaria familiarmente no meio da noite. [...] Não haveria necessidade de minhas afetações, meus medos, meus sacrifícios, meus impulsos forçados. E não seria mais questão de bem nem de mal, de amor, de devoção, de falta, nem de contrição, de salvação nem recompensa, mas somente ternura e luz entre nós. Seria uma imensa confiança, não somente de mim nele, mas dele em mim, e eu me sentiria tão infinitamente compreendido e concebido pelo absoluto, e, em suma, tão verdadeiramente criado por esta Pessoa que tudo seria aceitável e aceito".[69]

Paul Valéry: mais um obcecado pela solidão. Não somente o homem sem Deus é mais solitário que nunca, como também seria verdadeiro Deus sem o homem: ele não poderia se impedir de criá-lo, mesmo sabendo que isso acabaria mal, pois é melhor ter um ingrato, um inimigo diante de si do que ser só. Em *Monsieur Teste*, o homem de vidro declara: "Minha solidão, que é falta, há muitos anos, de amigos longamente e profundamente vistos, de conversas estreitas, diálogos sem preâmbulos, sem finezas senão as mais raras, ela me custa caro. Viver sem objeções, sem essa resistência viva, essa presa, essa outra pessoa, adversário, resto individuado do mundo, obstáculo e sombra do eu, outro eu, inteligência rival, irreprimível, inimigo melhor amigo, hostilidade divina, fatal, íntima, não é viver. Divina, pois, supondo que um deus vos impregne, penetre, infinitamente domine, infinitamente adivinhe; sua alegria de ser combatido por sua criatura, que tenta imperceptivelmente

---

69 Valéry, *Cahiers*, 1922, In: *Œuvres*, t.II.

ser, se separa [...] a devora, e que ela renasça e uma alegria comum e um engrandecimento".[70]

Paul Valéry esboçou várias obras sobre o tema da solidão, dentre as quais um *Robinson*, que, em sua ilha, tenta recriar um ambiente humano, chegando a imaginar um semelhante, um novo Adão. O escritor só deixou algumas notas rápidas, destinadas a construir um texto que nunca chegou a ser feito: "Robinson. Solidão. Criação do ócio. Conservação. Tempo vazio. Ornamento. Perigo de perder a cabeça, de perder toda linguagem. Luta. Tragédia. Memória...". Mais avançado é o esboço de uma peça intitulada *O solitário ou as maldições do universo*, na qual Fausto dialoga com o solitário, que se imagina que só ele é só:

> O Solitário: sou só na espécie, só, e o único a ser só.
>
> Fausto: Acreditai? Mas, meu caro senhor Só, todo mundo é só. Não concebo ninguém que não seja só... como... seu corpo. Quando sofreis, em algum lugar, com quem encontrais companhia? E quando gozais? E o pensamento, não é ele a própria solidão e seu eco?
>
> O Solitário: Então... então, é todo o contrário? E sou o único que não está só... O que falas de só? Eu sou legião... Eles são um e um e um, e assim por diante, que não se adicionam... Eles são tão maravilhosamente e justamente diferentes um do outro, embora se componham de perfeitas harmonias, que é impossível enumerá-los.

SOLIDÃO LITERÁRIA E SOLIDÃO ARTÍSTICA

O tema da trágica solidão do homem obceca de tal modo os autores contemporâneos que seu eco repercute de um no outro. Assim, Ruth Amar estuda *As estruturas da solidão na obra de J.M.G. Le Clézio*,[71] a propósito de um estudo deste último sobre *O tema da solidão na obra de Henri Michaux*,[72] que por sua vez estudava a solidão em outros autores, a assim por diante.

---

70 Id., *Monsieur Teste*. In: *Œuvres*, op. cit., p.45.

71 Amar, *Les Structures de la solitude dans l'œuvre de J.M.G. Le Clézio*.

72 Dissertação de mestrado, Université d'Aix-en-Provence, 1963.

Para Le Clézio, o homem contemporâneo chegou a uma "imensa e fanática solidão": "Hoje, num mundo entregue à multiplicidade e ao indefinido, ao desabamento, a uma espécie de apocalipse imanente e como já imperfeito, parece que só há lugar, na verdade, para uma imensa e fanática solidão. É esse isolamento, cuja tomada de consciência se fez lentamente, que constitui o fato fundamental de nossa época. O homem, privado de unidade, desequilibrado, despossuído de si mesmo, se encontra tal como era no começo: tomado por terrores, marcado pela angústia, pressentindo os perigos e os abismos que não pode compreender. Ele procura irmãos a fim de atenuar o medo que o habita, compartilhando-o. Mas ele só sabe encontrar inimigos".[73] Por isso, escreve Ruth Amar, Le Clézio contesta o valor adquirido da filosofia ocidental, fundada sobre o pensamento lógico e sobre a palavra como único veículo da comunicação. Ele preconiza um retorno à natureza e distingue uma solidão positiva de uma solidão negativa: "Se o personagem central dos relatos é gerado 'na solidão', ele manifesta uma solidão ambígua; ela se compõe de dois modelos contraditórios: um remete a uma solidão negativa, sentida pela maioria dos personagens vivendo em espaços urbanos ocidentais; outro provocado por um desejo de se reencontrar com a natureza, remete a uma solidão positiva. Neste último caso, o personagem adquire uma liberdade nascendo do fato de que ele coincide com o mundo natural".[74]

Detenhamos aqui o inventário, que poderia preencher volumes. Pode-se dizer que o sentimento de solidão é a principal – até mesmo a única – fonte de inspiração da literatura do século XX. Solidão estudada por meio de personagens fictícios, expressa por elegias poéticas e sentida pelos personagens reais, os autores. Alguns fazem dela uma regra de vida, como J.D. Salinger (1919-2010), que desaparece da cena midiática em 1953, após a publicação de *Uma agulha no palheiro* (1951), e vive durante meio século num esconderijo conhecido por todos, em Cornish, pequena cidade de New Hampshire, de onde só emerge para dizer, em 1974, que "há uma paz maravilhosa em não publicar. É calmo. Silencioso. Publicar é uma invasão terrível de minha vida privada. Amo escrever. Adoro escrever. Mas só escrevo para mim e para meu prazer". Ele faz seu personagem Holden Caulfield, de *Sligth Rebellion*

---

73 Apud Amar, op. cit., p.7.
74 Ibid., p.186.

off Madison, dizer que iria sozinho para Vermont para ficar tranquilo: "Eu fingiria ser um destes surdos-mudos. Desse modo não seria obrigado a ter esses lixos de estúpidas conversas de uso com quem quer que seja. Quando alguém quisesse me dizer alguma coisa, teria de escrever num pedaço de papel e me passar. Isso os aborreceria num instante e então eu ficaria livre das conversas pelo resto de meus dias".

Salinger, contudo, é um caso particular. Os autores contemporâneos, mesmo os que vão viver na Irlanda, na Cornuália ou em Cévennes, são perfeitamente localizáveis e sociáveis. Alguns adoram se mostrar e praticam uma midiatização extrema, intervindo oportuna e inoportunamente para dar sua opinião sobre todos os assuntos, inclusive sobre a profunda solidão do homem contemporâneo. Mas, no fim das contas, num estúdio de televisão se está muito só.

Essas derivas um pouco ridículas, devidas à vaidade de autor acrescentada à pressão midiática, não diminuem nada da constatação global: os intelectuais do século XX e início do XXI foram e são sempre obcecados pelo sentimento de profunda solidão, que consideram uma característica da natureza humana e da cultura contemporânea. Sentimento de solidão que só aumenta e que é quase sempre tomado de um ângulo trágico. Os homens são como galáxias de um universo em expansão: afastam-se uns dos outros a uma velocidade crescente. Os artistas o confirmam e contribuem para acentuar o movimento e persuadir o público disso, mostrando-lhe obras que exprimem massivamente a angústia de um mundo de solitários. Edvard Munch dá o tom desde 1893 como *O grito*, cujo eco repercute até nossos dias. O uivo desse alucinado não é a expressão selvagem do homem só e impotente, incapaz de comunicar de outro modo o horror premonitório diante do século apocalíptico que se abre? E cada um a seu modo, os Kokoschka, Schiele, Klimt, Delvaux. Ensor, Willink, De Chirico, Gruber, Bacon e tantos outros, traduzirão de maneira visual a solidão trágica do ser humano. Ao mundo mineral em que se fossiliza uma forma humana em *Solidão*, de Salvador Dalí (1931), corresponde o vazio do cenário urbano deserto de *A melancolia de Ariane*, de De Chirico (1971), enquanto Delvaux faz as silhuetas escorregarem silenciosas em espaços fúnebres, e Carel Willink remonta à própria fonte da solidão com *Simeão, o Estilita* (1939), reinando sobre um pedaço de coluna no meio de ruínas e incêndios de um mundo deserto.

A SOLIDÃO, OBSESSÃO DE INTELECTUAIS? 445

O tema da solidão assombra os pintores tanto quanto os romancistas e os poetas. Há muitos exemplos. Assim, toda a obra de Edward Hopper (1882-1967) poderia se intitular "Solidão". Os quadros são impregnados por ela: na rua, no café, no teatro, no trem, no escritório, nos campos, num salão, num quarto, um personagem, ou até mesmo dois ou três, mas sempre silenciosos, fechados neles mesmos, num cenário frio e imobilizado, sozinhos, absolutamente sós. Contudo, Hopper sempre se defendeu de ter desejado tratar desse tema: "esta história de solidão passou", ele dizia.[75] O que ele quer mostrar é a descompartimentação do espaço público, o recuo dos indivíduos para sua intimidade, que finalmente os torna transparentes. Mas essa transparência, em vez de reforçar sua comunicação, só os isola mais ainda. É o "paradoxo do isolamento na transparência", segundo a expressão de Richard Sennett, cujo livro *A queda do homem público* (1974) é considerado uma espécie de comentário da obra de Hopper.

Para o espectador, o que choca desde o primeiro olhar é a atmosfera de solidão, como em *Quarto de hotel* (1931): uma mulher, em roupas de baixo, sentada na cama, pensativa, com uma carta na mão; bagagens no chão; paredes nuas; uma grande janela aberta para o nada. Um hotel: lugar de anonimato, de passagem, mundo estrangeiro; uma carta: sinal de ausência, de afastamento; o rosto preocupado, em que se leem tristeza e decepção: má notícia, ele não virá; frieza do cenário e seminudez da mulher: frágil, sua intimidade é violada; nessa gaiola, ela é oferecida ao olhar do *voyeur*. Raramente se exprimiu melhor a solidão absoluta.

Outros pintores, quando não representam a solidão, a vivem. Como Nicolas de Staël, que mesmo sendo esposo e pai se instala só num pequeno ateliê em Antibes, de onde escreve em outubro de 1953 a Jacques Dubourg: "Por mais atroz que seja a solidão, eu a manterei porque não se trata de me curar de qualquer coisa que seja, mas simplesmente de tomar uma distância que não tenho mais em Paris hoje e que quero para amanhã". Obcecado pela necessidade de solidão, ele declara em dezembro de 1954: "Sei que minha solidão é inumana. Não vejo meio de sair dela". No ano seguinte, ele encontra este meio: o suicídio.

---

75 Apud Kranzfelder, *Edward Hopper*, p.146.

A sétima arte não é menos concernida pela solidão, da qual é um magnífico instrumento de expressão. Os melhores diretores do século XX exploraram as mil facetas desse sentimento, tema de predileção dos mais profundos, como Ingmar Bergman. Pscologia da solidão, mas também de ação: o grande público, ávido de reuniões conviviais, de calor humano e de multidões ruidosas, de desfiles e de procissões, adoram os heróis solitários e taciturnos, quase sempre adaptados de romances, detetives, guerreiros ou caubóis solitários, de Maigret a Rambo, de Colombo e Lucky Luke. Paradoxo revelador do fascínio do homem moderno por uma solidão que ele sente, mas não tem a força de assumir, e que vai então viver por substituição.

EXPLICAÇÃO DOS FILÓSOFOS: A IMPOSSÍVEL UNIÃO DOS SUJEITOS

Como explicar essa emergência geral do sentimento de solidão? As ciências humanas se esforçam para encontrar as respostas. Vimos as dos psicanalistas. Veremos no próximo capítulo as dos sociólogos. Vejamos neste momento as dos filósofos.

Martin Heidegger (1889-1976) consagrou um ano de curso em Fribourg ao problema *Mundo – finitude – solidão*.[76] Para ele, o sentimento de solidão é indissociável do sentimento "de ser no mundo", e logo da angústia existencial. Sentir-se só é sentir uma falta, sentir que se é feito para outra coisa, alguma coisa de transcendente, de mais vasto. Não vivemos autenticamente se nos contentamos em ser o que somos, tranquilos e satisfeitos. Procurar existir é procurar se manifestar fora de si, e ao mesmo tempo encontrar e afrontar a liberdade do outro. É daí que nasce a comunidade, enquanto aquele que tem medo de existir se volta para si mesmo, sobre sua solidão; a multidão torna-se um agrupamento de solitários, o "se" anônimo, em vez do "nós" solidário. O que Marc Froment-Meurice comenta assim: "Solitário, nos diz Heidegger, não significaria 'só', pelo menos no sentido do isolamento negativo. Haver uma falta na solidão é incontestável; mas essa falta – falta que separa dos outros, do destino comum – constitui ao mesmo tempo uma relação, e mesmo 'a relação mais subordinante' com a comunidade da qual

---

76 Heidegger, *Les Concepts fondamentaux de la métaphysique. Monde-finitude-solitude.*

o solitário é separado".[77] O mundo contemporâneo, encorajando o conformismo e o consenso, forma uma sociedade de solitários.

Jean-Paul Sartre abordou a questão em *O ser e o nada*, em que ressalta que "entre outrem e eu mesmo há um nada de separação. Esse nada não tem sua origem em mim mesmo, nem no outro, nem em uma relação recíproca do outro comigo mesmo; mas é, ao contrário, originalmente o fundamento de toda relação entre mim e o outro, como ausência primeira de relação".[78] Posso afirmar a existência do corpo do outro, e postular a existência de seu espírito como semelhante ao meu, mas então a separação é irremediável: somos separados como dois corpos são separados. É a posição dos realistas. Ou então posso postular que o outro só existe em meu espírito: é a posição idealista, ou solipsismo, mas então, "como afirmação de minha solidão ontológica, ela é uma hipótese metafísica, perfeitamente injustificada e gratuita, pois significa que fora de mim nada existe, ultrapassando assim o campo da experiência".[79] Em ambos os casos, minha solidão é completa.

E ela é acrescida pelo fato de que sou inteiramente dependente do outro para me conhecer a mim mesmo. Há sempre uma distância entre o em-si e o para-si, entre o "eu" e o "mim": "Não é permitido a ninguém dizer estas simples palavras: *Eu sou mim*". O para-si nunca coincide com o em-si, que ele só vê por meio do olhar do outro, como mostra o fenômeno da vergonha: quando faço um gesto vulgar, se estou sozinho, eu o vivo simplesmente; se descubro que alguém me viu, tenho vergonha, "tenho vergonha de mim tal como apareço para outro...: a vergonha é, por natureza, *reconhecimento*. Reconheço que *sou* como o outro me vê".[80] Daí meu esforço para dar de mim a imagem do que eu gostaria de ser. Esse já era o problema de Rousseau. E me dou conta de que nunca consigo fazer isto: os outros nunca me veem como eu gostaria que me vissem. É por isso que "o inferno, são os outros". Vem daí nosso sentimento de solidão. O outro é radicalmente outro. O "nós" sujeito é impossível de realizar: "Inutilmente desejaríamos um *nós* humano no qual a totalidade intersubjetiva tomaria consciência de si mesma como subjetivamente unificada".

---

77 Froment-Meurice, *Solitudes. De Rimbaud à Heidegger*.
78 Sartre, *L'Être et le Néant*, p.286.
79 Ibid., p.284.
80 Ibid., p.276.

Isto também pode ser expresso de outra maneira: vejo-me como objeto que os outros veem; mas esse objeto não sou *eu*, pois eu sou um *sujeito*, e um sujeito não pode representar-se como sujeito; logo, percebo que o personagem que os outros veem não é verdadeiramente *eu*, é um objeto, uma representação. Estou portanto, ao mesmo tempo, isolado de mim e dos outros, já que eles são incapazes de me ver. A tecnologia do século XX permitiu confirmar isto: eu não me reconheço verdadeiramente neste indivíduo gravado num vídeo.

E se não gosto dessa imagem que os outros têm de mim, fujo dos outros, torno-me tímido e me protejo da solidão isolando-me mais. Uma história da timidez revelaria, sem dúvida, que ela se desenvolveu muito no mundo contemporâneo em razão da multiplicação das imagens de nós mesmos produzidas por nossa sociedade: fotos, espelhos, câmeras, gravação vocal. O homem de outrora não tinha a ocasião de se ver e, portanto, de detestar sua imagem. O homem de hoje é incessantemente confrontado com sua imagem e, portanto, tem todo o tempo de ver seus defeitos.

Nicolas Grimaldi, em um notável *Tratado das solidões*, em 2003, salientou os mecanismos que geram esses sentimentos. A solidão, diferente do isolamento, é o sentimento de não existir para ninguém, escreve ele. Por essa razão, ela é pior no meio da multidão, cuja indiferença de certo modo torna essa solidão palpável. O solitário gosta de estar só. A pior das solidões é a de não poder escapar da companhia. Se é menos só no deserto do que na rua de uma grande cidade na hora do *rush*. É o que confirmam os testemunhos de todos os familiares do deserto, como aqueles que Alain Laurent reuniu nas *Histórias de desertos*:[81] nenhum deles evoca a solidão; eles falam de beduínos, de tribos, de peregrinos, como se os homens assumissem um espaço importante nos lugares desérticos.

Nicolas Grimaldi, depois de Sartre, constata que a raiz da solidão profunda reside no fato de que o *eu* sujeito nunca pode existir enquanto tal aos olhos dos outros; ele deve objetivar-se numa imagem de si mesmo; ele é em representação. Ora, "a representação distingue. Ela exclui. Ela separa. Ela abstrai. Como ela funda a originária solidão da consciência por este ponto de vista que a coloca fora de qualquer visibilidade, suscita outra forma de

---

81 Laurent (Org.), *Histoires de déserts*.

solidão pela imagem dispersada que compõe de nós".[82] O *eu*, que é consciência, se encontra coisificado; ele é percebido pelos outros através de um corpo. O desejo de existir para os outros é justamente o que nos separa deles, pois para existir aos olhos dos outros, para nos distinguir, é preciso que nos tornemos objeto de representação. "Mas, em vez de nos unir a eles, essa imagem que nos preocupamos em nos tornar para eles nos separou irremediavelmente deles. Pelo menos três razões conspiravam para essa separação. A cada uma correspondia uma solidão. A primeira é que nunca nos reconhecemos na representação que os outros têm de nós. Amados ou detestados, só o somos por um mal-entendido. Eu sou meu sósia. A segunda razão é que o mundo da representação é um sistema de exclusões. Não somente todos os objetos são originariamente separados do sujeito que os representa, mas ele nem mesmo pode representá-los a não ser identificando-os, ou seja, distinguindo-os e separando-os uns dos outros. Mais dissimulada, a terceira razão é que ninguém existe na representação senão proporcionalmente ao espaço ocupado por sua imagem. Segue-se uma luta geral para ocupar a frente da cena, e sobre a cena, para monopolizar o máximo de lugar. Simultaneamente, a fim de se insinuar, cada um só tenta conciliar-se com todos os outros na intenção de afastá-los, e essa rivalidade clandestina cria, entre todos, tanto desconfiança quanto suspeita e ódio..."[83] Conclusão: "Eis como o mundo da representação só pode ser o da separação, da finitude, da exclusão e da solidão".

Alguns, decepcionados com essa impossibilidade radical de serem reconhecidos pelos outros, vão fugir da sociedade, refugiar-se numa solidão tímida; outros, ao contrário, vão acentuar a pressão sobre os outros, pondo-se na frente para tentar impor sua imagem a qualquer preço: é a solidão da vaidade, que concebe o outro como um rival a ser eclipsado. Além disso, todos esses sujeitos incomunicáveis estão à espera uns dos outros, e essa espera, em vez de uni-los, os separa, pois ninguém sabe o que o outro espera de si mesmo, e assim, "cada um traz em si sua própria espera como um mundo solitário e fechado".

---

82 Grimaldi, *Traité des solitudes*, op. cit., p.167.
83 Ibid., p.213.

A criação artística pode aparecer como uma estratégia para escapar da solidão: o artista cria uma obra que seria capaz de exprimi-lo melhor do que a imagem que ele dá de si por seu corpo. Assim, Wilhelm Furtwängler, um temperamento muito solitário, "tinha um grande desejo de comunidade. Tudo o que escreveu em seguida sobre a experiência coletiva, durante o concerto, por exemplo, revela essa aspiração ao 'tuteio' da intimidade. Nenhuma nota de música", dizia ele, "teria sido escrita se não houvesse por trás o desejo de se dirigir a alguém". Acrescentava que "todos os belos discursos sobre o fato de compor só para si mesmo eram mentiras sem o menor fundamento".[84] Mas a obra do artista só acentua sua solidão. Tão logo ela sai de suas mãos, torna-se um objeto independente, e "o que se vê, o que se diz, não é senão a soma dos mal-entendidos possíveis sobre a personalidade que ali se traduz".[85] É bem conhecido que todo artista é um incompreendido. Definitivamente, o sentimento de solidão repousa sobre o fato de que o sujeito gostaria de impor aos outros um *eu* que não existe, que não tem realidade em si, que é apenas uma mediação. O sujeito se considera pois sempre incompreendido, só, já que os outros não o veem nunca como a imagem que ele se faz de si mesmo e que não existe. Somos todos fantasmas uns para os outros.

É também a conclusão de Nicolas Berdiaev (1874-1948), em suas *Cinco meditações sobre a existência*: "No seio de minha solidão, em minha existência fechada em mim mesmo, não me limito a sentir e reconhecer com acuidade minha personalidade, minha originalidade e minha singularidade. Experimento além disso a nostalgia da evasão fora de minha solidão, a nostalgia da comunhão, não com o objeto, mas com o *outro*, o *tu*, o *nós*. O eu tem sede de sair de sua reclusão em si mesmo para ir para outro eu. [...] No seio do eu vive a profunda necessidade de ser exatamente refletido pelo outro, de receber sua própria afirmação e confirmação. O eu aspira a ser ouvido, olhado [...]. Não é no espelho que ele quer ser refletido, é em outro eu, num tu, num ato de comunhão".[86] Comunhão impossível: "A solidão é trágica: o eu quer superar esse trágico, mas ao mesmo tempo não cessa de experimentar sua impossibilidade".

---

84 Furtwängler, *Wilhelm Furtwängler*, p.53.
85 Grimaldi, op. cit., p.153.
86 Berdiaev, *Cinq Méditations sur l'existence*, p.99 e 101.

Essa solidão radical é ao mesmo tempo nosso desespero e nossa grandeza, escreve Emmanuel Levinas em *O tempo e o outro*: "A solidão não é somente um desespero e um abandono, mas também uma utilidade e uma soberania".

UMA SOLIDÃO BIOLÓGICA?

A solidão não é apenas psicológica. Ela tem também causas biológicas, e as duas são intimamente ligadas. É o que constatava, desde 1976, Henri Laborit (1914-1995), em seu *Elogio da fuga*. A solidão começa com um fato biológico primordial: o nascimento, "quando, deixando brutalmente a bolsa das águas maternais, o recém-nascido sente repentinamente cair sobre sua nuca o vento frio do mundo, e ele começa a respirar, só, inteiramente só, para si mesmo, até a morte".[87] É um fato irrefutável: o homem é um corpo, e esse corpo faz dele um ser totalmente separado dos outros e programado para a solidão: "Compreendi também que muitos outros haviam descoberto antes de mim, que se nasce, se vive e se morre só no mundo, confinado em sua estrutura biológica, que só tem uma razão de ser, que é a de se conservar. Mas descobri também que, coisa estranha, a memória e o aprendizado faziam os outros penetrarem nessa estrutura, e que no nível da organização do eu, ela não era mais do que eles. Compreendi enfim que a fonte profunda da angústia existencial, oculta pela vida cotidiana e pelas relações interindividuais numa sociedade de produção, era a solidão de nossa estrutura biológica confinando em si mesma o conjunto, mais frequentemente anônimo, das experiências que retivemos dos outros".[88]

A vida é luta pela sobrevivência e pela perpetuação da espécie, e nos processos de seleção natural o outro é ao mesmo tempo o concorrente e o parceiro sexual, mas a natureza não previu nenhuma estrutura cerebral para a fusão das consciências: o amor é uma aspiração cultural, uma ilusão que se defronta com o irredutível egoísmo biológico: "Não somos, pois, nada sem os outros, e contudo os outros são os inimigos, os invasores de nosso

---

87 Laborit, *Éloge de la fuite*, p.39.
88 Ibid., p.38.

território gratificante, os competidores na apropriação dos objetos e dos seres. [...] E certamente não é pregando o amor que se mudará alguma coisa nesse estado de fato. [...] Há milhares de anos que nos falam periodicamente do amor que deve salvar o mundo. É uma palavra que se encontra em contradição com a atividade dos sistemas nervosos em situação social. [...] Não existe área cerebral do amor. É lamentável. Só existe um feixe do prazer, um feixe da reação agressiva ou da fuga diante da punição e da dor, e um sistema inibidor da ação motora quando esta se mostra ineficaz. E a inibição geral de todos esses mecanismos desemboca, não no amor, mas na indiferença".[89] A máquina biológica não tem nenhuma preocupação com os outros. Ela leva o indivíduo a se perpetuar por meio do grupo (família, classe, nação, humanidade), mas exclusivamente em seu interesse: "Afetivamente, eu zombo do futuro da espécie, é verdade. Se me dizem que é para meus filhos e filhos de meus filhos que desejo um mundo diferente, e que isso é 'bom', responderei que isso é apenas a expressão do meu narcisismo, da necessidade que experimento de perdurar, de enganar a morte por meio de uma descendência que só tem interesse para mim porque saiu de mim. [...] O interesse pela espécie resulta [...] de uma construção lógica, de uma evidência desprovida de qualquer afetividade. Ele simplesmente faz parte dos meios que uma estrutura pode utilizar para sobreviver".[90]

Estudos mais recentes confirmaram a importância do fator biológico e genético no sentimento de solidão. Em 2005, um artigo de D. I. Boomsma, "Contribuição genética e ambiental para a solidão dos adultos", sobre o estudo de 8.387 gêmeos adultos nos Países Baixos, mostra que 50% do sentimento de solidão experimentado pelos indivíduos tem origem genética. E essa proporção poderia aumentar, à medida que o fato de ser solitário na sociedade contemporânea contribuísse para facilitar a vida, "enquanto a seleção natural pode favorecer esses genes que aumentam o sentimento e a propagação da solidão".[91]

Segundo esses estudos, um homem ou uma mulher, em média, experimenta um sentimento de solidão 48 dias por ano, e essa duração diminui de

---

89 Ibid., p.68.
90 Ibid., p.69.
91 Boosma, Genetic and environmental contributions to lonelinessin adults. *Behavior Genetics*, 35, 2005, p.745-52.

dois dias a cada nova amizade que travamos. O sentimento de solidão seria igualmente contagioso: alguém que tem um amigo próximo que se sente só teria 52% de chance suplementar de sentir-se só também; 25% se é amigo de um amigo, e 15% se é amigo de um amigo de um amigo. Aquele que se sente só o tempo todo perderia 8% de seus amigos em dois anos.

Essas porcentagens podem fazer rir. No entanto, elas têm o mérito de atrair a atenção sobre os laços estreitos que existem entre biologia e psicologia no sentimento de solidão.[92] Laços provados no caso de uma severa patologia que provoca devastações no mundo contemporâneo: a depressão. O depressivo sente uma solidão imensa; fechado em si mesmo, o mundo e os outros não têm para ele nenhum interesse. Isso é muito bem descrito por Andrew Solomon: a depressão "eclipsa a capacidade de dar ou de receber a afeição. É a manifestação em nós da solidão, e isso destrói não somente as relações com os outros, mas também a capacidade de estar tranquilo consigo mesmo".[93] Um ciclo infernal se estabelece, "a solidão é deprimente, e a depressão é a causa da solidão . "A depressão em seu máximo é a mais horrível das solidões. [...] Quando minha mãe lutava contra a solidão, ela me disse uma vez: 'Tudo que as pessoas fazem por mim é maravilhoso, mas é terrível estar só neste corpo que se virou contra mim'. É pelo menos tão terrível quanto estar só num espírito que se virou contra você. O que fazer quando você vê alguém confinado em seu espírito? Você não pode tirar um depressivo de sua miséria pelo amor. [...] A depressão é antes de tudo a solidão".[94] É também o que sente o alcoólatra, segundo Jean-François Six: "Todo alcoólatra sofre de solidão, qualquer que seja o período da alcoolização. Creio mesmo que esse é seu mal profundo, ele se sente só, incompreendido, e perde rapidamente a possibilidade de se comunicar realmente".[95]

O laço entre depressão e solidão é reconhecido por todos os depressivos curados. Pois, se eles não tinham nenhum desejo de se exprimir durante sua depressão, os ex-depressivos são muito tagarelas para contar sua doença.

---

92 Ernst; Cacioppo, Lonely hearts: psychological perspectives on loneliness. *Applied and Preventive Psychology*, 8, n.1, 1999, p.1-22; Cacioppo; Fowler; Christakis, Alone in the crowd: the structure and spread of loneliness in a large social network. *Journal of Personality and Social Psychology*, 97, n.6, 2009, p.977-91.

93 Solomon, *The Noonday Demon*, p.15.

94 Ibid., p.436.

95 Six, *Le Guide des solitudes*.

Enquanto os cancerosos são em geral muito discretos sobre seu mal, os ex-depressivos são inesgotáveis, como por um fenômeno de compensação ou de recuperação. "Eu estive doente e me curei": essa é, substancialmente, a mensagem que eles fazem questão de difundir em livros inteiros.[96] Essa necessidade de se comunicar é reveladora, entre outras, da vontade de sair da profunda solidão que foi vivida durante a doença. E todos estabelecem o laço entre solidão e depressão. Clément Rosset, em *Estrada da noite*, escreve que "é verossímil que tenha havido uma progressão [das depressões] em razão da solidão provocada pela sociedade moderna, que isola os indivíduos em vez de reuni-los". William Styron, em *Escuridão visível*, V. S. Naipaul em *O enigma da chegada*, Elizabeth Wurtzel em *Não Prosac*, Andrew Salomon em *O demônio do meio-dia*, Lewis Wolpert em *Tristeza Maligna*, validam essa constatação. Mas o par solidão-depressão não poderia ter causas biológicas? Lewis Wolpert o sugere, e a medicina confirma: depressão e sentimento de solidão poderiam ser uma questão de neurotransmissores, essas pequenas moléculas que permitem a passagem de sinais elétricos de um neurônio a outro por meio das sinapses. Uma deficiência na produção dos dois principais neurotransmissores, a serotonina e a noradrenalina, desacelera as funções cerebrais. O objetivo dos antidepressivos do tipo Prosac ou Luvox é estimular essa produção. Os hormônios exercem também um papel, em particular o ACTH (hormônio adrenocorticotrófico), que permite a produção de adrenalina e cortisol; ora, uma grande e constante concentração deste último pode causar uma depressão.

Outras pistas são possíveis, mas são ainda pouco exploradas. O estudo do genoma trará, sem dúvida, preciosas informações: o caráter misterioso da depressão poderia bem ser devido a uma predisposição genética. Certos neurologistas exploram por seu lado as estruturas da consciência e investigam se a depressão poderia resultar de uma disfunção entre três níveis do cérebro: o nível interno, ou reptiliano, sede do instinto; o nível médio, límbico, sede da emoção; o nível superior, sede das funções cognitivas e do raciocínio. Para Paul Maclean, sua má coordenação provocaria a depressão.[97] Utilizando o *scanner*, Richard Davidson e sua equipe da universidade de Wisconsin

---

96 Por exemplo, Labro, *Tomber sept fois, se relever huit.*
97 MacLean, *The Triune Brain in Evolution: Role in Paleocerebral Functions.*

A SOLIDÃO, OBSESSÃO DE INTELECTUAIS?

trabalham sobre a teoria do cérebro assimétrico, que situa a depressão numa má comunicação entre os dois hemisférios cerebrais.[98]

Essas pesquisas se dedicam à depressão, e não ao sentimento de solidão. Mas, dado que existem laços entre os dois, é permitido pensar que o sentimento de solidão, como fenômeno cerebral, tenha provavelmente ele também, em parte, causas fisiológicas. Em quais proporções, no momento é impossível dizer. A amplitude do fenômeno é, de qualquer modo, um traço maior da época contemporânea. A mesma constatação poderia ser feita a propósito do autismo, definido como "perturbação do desenvolvimento, caracterizado por uma interação social e uma comunicação desestabilizadas em conjunção com comportamentos estritos e repetitivos". O autismo é uma forma de solidão extrema, cuja recrudescência no mundo contemporâneo é muito reveladora. O termo data de 1911, e é derivado do grego significando "si mesmo", mas o primeiro estudo sério desse distúrbio é o de Léo Kanner, em 1943, e é na segunda metade do século que esse fenômeno tomou uma amplitude considerável, afetando desde então sessenta crianças entre 10 mil nos países desenvolvidos. O grande aumento do número de casos é atribuído, para um quarto, ao progresso do diagnóstico e, para o resto, ao aumento das toxinas ambientais, o que confirma o caráter ansiógeno do mundo contemporâneo.[99]

Se a solidão fascinou tanto os romancistas, os filósofos, os psicólogos e todos os pesquisadores em ciências humanas no século XX, a ponto de tornar-se um tema obsessivo da arte e da literatura, foi porque ela parece atingir o conjunto da sociedade, para a qual representa uma força dissolvente fatal. É por isso que a sociedade, por intermédio de seus responsáveis, faz tudo que pode para alertar a opinião, para lhe apresentar a solidão como um veneno, como um vírus mortal a ser erradicado, enquanto, ao mesmo tempo, essa mesma sociedade não cessa de tornar seus membros cada vez mais solitários. Mas a solidão é realmente um mal? Tudo depende de que solidão se fala. É tempo de abrir o dossiê sociológico e prospectivo.

---

98 Davidson, Approach-Withdrawal and cerebral asymmetry: emotional expression and brain physiology. *Journal of Personality and Social Psychology*, 58, n.2, 1990, p.330-41.
99 Hochmann, *Histoire de l'autisme: de l'enfant sauvage aux troubles envahissants du développement*.

– 11 –

AMANHÃ: 7 BILHÕES DE SOLITÁRIOS CONECTADOS? A SOLIDÃO NA SOCIEDADE DA HIPERCOMUNICAÇÃO

A característica principal da sociedade contemporânea é a confusão. Confusão dos gêneros, dos papéis, dos domínios, dos sexos, da linguagem, apagamento dos limites entre o verdadeiro e o falso, entre o real e o virtual, entre o bom e o mau. Tudo é possível, tudo é respeitável, tudo é verossímil. Ao mesmo tempo, sociedade do consenso – frágil de preferência – das ideias aceitas, das falsas evidências, do politicamente correto, o todo mantido por autoridades e interesses tanto mais poderosos quanto são anônimos, e portanto intocáveis. Sociedade do hiperconsumo e da hipercomunicação, e esses dois aspectos indissociáveis estão ligados pela publicidade-propaganda.

TODOS CONTRA A SOLIDÃO

Para tal sociedade, a solidão é uma peste a ser eliminada, um bacilo dissolvente que arriscaria destruir o consenso. Logo, declararam-lhe guerra, e os gritos de adesão são "comunicação", "encontro", "convívio", "sociabilidade"! Como em toda guerra, a propaganda está lá para demonizar o inimigo, dar da solidão a imagem mais sombria possível. Ela seria causa de tristeza, de infelicidade, de depressão e até do suicídio: "Entre os deprimidos, assim como para a população em geral, os suicídios e as tentativas do suicídio são mais frequentes entre pacientes que vivem sós, viúvos, divorciados, separados, celibatários. O isolamento social e afetivo parece ser um fator de risco a ser considerado".[1] Contra esse inimigo da sociedade, decretou-se a mobilização geral, fazendo do slogan "contra a solidão" uma "grande causa nacional" em 2011 na França. Uma infinidade de manuais de psicologia elementar de títulos guerreiros ensinam *Como vencer a solidão*, ou dão *101 conselhos para vencer a solidão*. Na opinião pública, o solitário é ou um excluído que precisa de ajuda, ou uma anomalia que se deve evitar. A solidão assusta: "Para todos aqueles que a solidão causa pânico, o 'solitário feliz' permanece um mistério ou uma incongruência. Mas, dividido entre sua necessidade de amor e seu desejo de independência, o homem de hoje se encontra confrontado com uma solidão para a qual não está preparado",[2] escreve Marie de Solemne. Uma vítima ou um louco: tais são as imagens do solitário que o consenso social impõe.

Na era da comunicação e do convívio, a busca da solidão é uma patologia, alguma coisa anormal, até imoral. Não amar a companhia dos outros é um defeito. Já nos anos 1920, Alain dizia que "o homem isolado é um homem vencido", que abdica de sua dignidade, pois todo homem normal procura ser reconhecido pelos outros. E sobre ele pesa a suspeita de um crime imperdoável: a misantropia. Esta, dizia ainda Alain, tem o efeito de transformar os homens, e de torná-los efetivamente maus: "A misantropia não leva a nada. Se desconfiais, sereis roubados. Se desprezais, sereis odiados. Os homens se apressam para se parecer com o retrato feito deles".[3] Se você diz que eles são maus, eles vão tornar-se maus, e você também.

Logo, fora solidão! Quem a defende ainda? Alguns filósofos não conformistas e pouco midiatizados, como vimos, algumas vozes que falam no deserto, logo abafadas pela algazarra dos amadores de reuniões. Jean-Michel

---

1 Lemperière, (Dir.), *Dépression et suicide*, p.115.
2 Solemne (Dir.), *La Grâce de solitude*, Prólogo, p.10.
3 Alain, *Propos*, p.1010.

Besnier, por exemplo, pesquisador no laboratório Comunicação e política do Centre National de la Recherche Scientifique, lembra que "a solidão é o resultado de uma conquista. [...] É preciso nos arrancarmos de nós mesmos, da inércia primeira, para sermos solitários. É preciso se libertar de todos os determinismos que nos sobrecarregam. O problema com a solidão é que ela não é um ponto de chegada. Não nos instalamos nunca na solidão. A solidão é, antes de tudo, uma disposição, uma abertura".[4] De fato, ele prossegue, o solitário não rompeu com a humanidade – como poderia fazê-lo? –, e sua solidão é, de certo modo, uma estratégia de integração, pela afirmação de sua originalidade: "Não penso que o solitário tenha renunciado a seduzir o outro, ele quer somente seduzi-lo com outras armas, oferecendo a imagem de sua autonomia, de sua independência, de sua força. Há no solitário uma denegação da sociabilidade". O solitário "tem necessidade de que o outro saiba que ele é único, singular, e que sua força é a de não ceder ao conformismo ambiente que torna anônimo".[5] Mesmo Alceste, o misantropo de Molière, procura seduzir por sua originalidade. Se não, por que ele faria todos esses discursos? Ele se calaria e partiria, simplesmente. Mas nesse caso Molière não teria mais nada a escrever.

O verdadeiro solitário, escreve ainda Jean-Michel Besnier, é aquele que sabe que ninguém sabe que ele é só. Pois o solitário, como todo mundo, procura uma identidade, "tem necessidade da alteridade para se experimentar como uma identidade, pois, se perde essa alteridade, ele não é mais nada". Aqueles que têm medo da solidão são pessoas que têm medo de si mesmas, fecham-se neste círculo infernal: ninguém me ama, logo, eu não sou amável, logo, ninguém me ama...

Enfim, o autor assinala essa dupla inconsequência, à qual voltaremos, da sociedade contemporânea, que, de um lado, rompeu os laços tradicionais que entravavam a liberdade – corporações, casamentos etc. –, defendeu a autonomia, e que, de outro lado, se indigna com a persistência da solidão. Uma sociedade que admira os solitários célebres ao mesmo tempo que persegue a solidão anônima.

---

4 Em *La Grâce de solitude*, op. cit., p.53-4.
5 Ibid., p.54.

O escritor Charles Bobin é também um dos raros defensores da solidão, que é, afirma ele, "mais uma graça do que uma maldição". Ele gosta de ficar dias sem ver ninguém, "talvez porque escrevo..., talvez porque é uma solidão que faz com que eu escreva". Além do mais, porque a solidão é um refúgio, uma proteção: 'Eu me pergunto: Como é que se pode viver a dois?'. Trata-se talvez de um ponto de vista de celibatário, mas às vezes questiono se a grande solidão – no sentido de uma solidão sofrida, suportada, passiva – não se encontra aí, nos casais, no meio dos casais".[6]

Não é de espantar, de fato, que na guerra entre os gregários e os solitários se ouve pouco estes últimos: calar-se não faz parte do comportamento normal de um solitário? Calar-se oralmente, pois os solitários são com frequência muito prolixos por escrito: eles têm todo o tempo para isso. Um solitário tagarela, se é que existe, é uma contradição: com quem falaria o homem só? Ele é como um ateu num mundo de crentes; não tem nenhum credo para proclamar. Então, ou ele abandona tudo, Robinson voluntário, e não se ouve mais falar dele, ou se contenta em viver consigo mesmo, sem comentário. O primeiro caso é mais raro; é, por exemplo, o de Christopher Johnson McCandless, jovem de boa família de Washington que, após a obtenção do diploma na Universidade Emory em 1990, deixa amigos, família, dinheiro, carro, e vai para a solidão do Alasca, onde morre de esgotamento. Sua motivação: ter uma "experiência transcendental", no ascetismo e na indigência, por ideal moral e desejo de imitar Tolstói.[7] Caso admirável ou idealismo ingênuo de adolescente antiquado? Ele desejava se comunicar com a natureza, mas a natureza mata. Caso extremo, de qualquer modo. Em geral, os imitadores de Robinson preferem estadias com duração determinada, com equipamento adequado, e na volta publicam um livro.

Inversamente, o zoólogo e botânico Théodore Monod (1902-2000) é um verdadeiro profissional da solidão, que ele vive naturalmente, sem fazer pose de aventureiro moderno. Quando o forçam a falar, ele responde de maneira muito prosaica. Não tem nenhum lirismo romântico nele. Você está indo para o deserto buscar a solidão? "Ah, não, não sou um aventureiro nem alguém que procura exaltação mística ou espiritual. Sou um pesquisador,

---

6 Ibid., p.35.
7 Krakauer, *Into the Wild. Voyage au bout de la solitude.*

AMANHÃ: 7 BILHÕES DE SOLITÁRIOS CONECTADOS?

um pesquisador de coisas precisas. Toda vez tenho um objetivo preciso... Não penso que o deserto, por si mesmo, seja a fonte de um grande aprofundamento da vida espiritual. Pode-se dizer que ele facilita a vida... porque se tem tempo. Isso entedia enormemente!" Então, é preciso um bom livro: as obras completas de Shakespeare; "com isso, mesmo numa ilha deserta, pode-se viver muito tempo". E sobretudo, "é preciso ter alguma coisa para fazer, e alguma coisa bem precisa".[8]

Em *Peregrino do deserto*, Théodore Monod, apesar de tudo, se deixa levar a uma defesa do deserto diante do embrutecimento da vida urbana gregária: "Aqui, tenho o sentimento quase palpável da ascensão da vida e do espírito. Não há máquina para estupidificar os homens, nem frivolidade, nem mediocridade. Eis-nos enfim sós com o real, com a verdade". Mas o parêntese confidencial se fecha logo; não creiam que a natureza seja o paraíso dos solitários: "Não há nada que possa ser sinônimo de paz na natureza! A natureza não é um idílio. É atroz o espetáculo da natureza! Há predadores em todo lugar... A natureza não incita ao otimismo".[9] Théodore Monod, ao contrário dos solitários de fachada das ilhas "da sociedade" (!), é um solitário autêntico, por temperamento: "Não sou um homem de palavras, sou um homem da escrita. Não gosto de falar. Eu me exprimo mais facilmente por escrito do que oralmente".

Saint-Exupéry, que também viveu a experiência do deserto, elogiou outra de suas qualidades: enquanto no mundo ele se sente envelhecer com o contato com os outros, no deserto o tempo para, ele escreve em 1939 em *Terra dos homens*: "Mas eu conheço a solidão. Três anos no deserto me ensinaram o gosto por ela. Não nos espantamos com uma juventude que se desgasta numa paisagem mineral, mas parece que, longe de si, é o mundo inteiro que envelhece... E, contudo, amamos o deserto. Se de início ele é apenas vazio e silêncio, é porque não se oferece aos amantes de um dia".

A sociedade contemporânea, em sua cruzada contra a solidão, não hesita em recuperar esses casos excepcionais e invertê-los em benefício da sociabilidade: assim como os eremitas medievais, eles seriam modelos de abnegação mostrando a via da solidariedade humana. É assim que Charles de Foucaud,

---

8 Em *La Grâce de solitude*, op. cit., p.84.
9 Ibid., p.90.

"eremita do deserto", foi erigido como mito hagiográfico desde o anúncio de seu assassinato em 1º de dezembro de 1916 em Tamanrasset, e reconhecido como "venerável" por suas "virtudes heroicas" pela Igreja em 2001, enquanto desde 1989 a publicação de sua correspondência com o general Laperrine, por Henri Gullemain, mostrava que o eremita era animado sobretudo por um verdadeiro ódio pelo alemão, um espírito de monge-soldado fanático, "ao serviço do mais cínico colonialismo".[10]

UM FENÔMENO NÃO QUANTIFICÁVEL

No quadro da luta "contra a solidão", as autoridades se esforçam para medir a amplitude do fenômeno, enumerar as vítimas a fim de alertar a opinião sobre sua gravidade. Assim, haveria, na França, 4 milhões de solitários segundo o relatório da Fundação de França em julho de 2010 sobre *A solidão na França*. Essa solidão afetaria 40% das mulheres entre 35 e 49 anos, 28% dos homens, 33% dos menores de 25 anos, 28% entre os maiores de 60 anos; 56% dela seria por causa da ruptura dos laços familiares.

Seria necessário sublinhar o absurdo de tal quantificação, que faz um amálgama entre solidão e isolamento? Como reduzir um estado de alma em estatísticas? A solidão é um sentimento, com todas as nuances individuais que isso supõe. Pode-se sentir solidão vivendo no seio da família, ou, ao contrário, viver só e ter uma vida sociável e afetiva rica e equilibrada. Além do mais, sentir-se só não tem o mesmo sentido para todo mundo. Então, que valor atribuir a esses números? O Institut National de la Statistique et des Études Économiques (INSEE) registra como "pessoas sós" os celibatários, homens e mulheres divorciados, viúvos e viúvas, e informa que 14% da população francesa estava nessa situação em 2004, e que a proporção será de 17% em 2030. Muito bem. Mas qual é a relação entre essas "pessoas sós" e a solidão? Mais instrutivo, sem dúvida, é o fato de saber que, em 2006, 20% dos habitantes não têm ocasião de falar cotidianamente com alguém. Mas nada disso permite aproximar a realidade do sentimento de solidão.

---

10 Muller, *Charles de Foucauld. Frère universel ou moine-soldat?*.

Pode-se quantificar, classificar, reduzir a dados numéricos esse sentimento? Michel Hannoun arriscou-se a fazer isso em *Nossas solidões – sondagem sobre um sentimento* (1991). Os resultados certamente não deixam de ter algum interesse, com a condição de serem usados com precaução. Primeira constatação: somente 47% dos franceses que vivem sós dizem experimentar um sentimento de solidão, enquanto 18,2% dos adultos que não vivem sós experimentam também este sentimento. Isso já desqualifica o amálgama entre isolamento e solidão. Globalmente, 26% dos franceses dizem experimentar "frequentemente" um sentimento de solidão, o que recobre realidades muito diversas. Michel Hannoun distingue as seguintes categorias:

– O solitário – só, isolado, que se mantém afastado da sociedade.

– O solitário – só, que é hiperativo e sociável.

– O solitário que não é só e que tem um dinamismo reduzido.

– O solitário que não é só e que está à procura de harmonia.

Dos solitários isolados 59% são mulheres e 23% têm mais de 65 anos. Sua proporção aumenta com o tamanho da cidade em que vivem: enquanto a média nacional é de 20% de lares compostos de uma só pessoa, ela atinge 48% em Paris. O sentimento de solidão é mais desenvolvido nas grandes cidades, em que há mais ocasiões de experimentar a indiferença dos outros. Os principais fatores de solidão são a deficiência, a velhice avançada, o analfabetismo, o desemprego, a viuvez. Dizem sofrer solidão 54% das mulheres no lar, numa sociedade que valoriza a independência e a carreira profissional. Quanto aos aposentados, Michel Hannoun os divide em quatro categorias: os realizados, os que se sentem reviver (os reanimados), os que se fecham em si mesmos e os que sucumbiram. A pesquisa confirma a constatação de J.-M. Cipriani: "A solidão não consiste no fato de viver só, mas essencialmente no sentimento de não contar para ninguém".[11]

OS POLOS DE SOLIDÃO: VELHOS, PRISIONEIROS, PADRES

Para 60% dos franceses, a solidão tem uma conotação negativa: eles a julgam "insuportável". Ela o é efetivamente em alguns casos. Pensemos primeiro

---

11 Cipriani, La solitude, cela existe-t-il? *Isolement et solitude; Gérontologie et société*, n.27, 1983.

nos velhos, os quais tentamos camuflar em *"seniors"*, "idosos", "anciãos", "terceira ou quarta idade". Por trás da fachada dos *"seniors* dinâmicos", que as revistas para aposentados gostam de mostrar, há a realidade maciça de pessoas muito idosas e sós, que estão num lar ou em casa, pois o lar, com frequência infantilizante, não elimina mais o sentimento de solidão do que o pensionato ou a prisão. "A velhice é um naufrágio", e portanto, logicamente, "um homem velho é sempre Robinson", disse François Mauriac. E um Robinson que perdeu toda esperança de perceber uma vela no horizonte, a não ser a outra, toda negra, da morte. Entre os velhos, escreve Philippe Pitaud em *Solidão e isolamento das pessoas idosas*, "quer que o isolamento seja um objetivo ou não, 'sentir-se só, velho e inútil' é um estado que se vive, e a solidão é um processo que se desenvolve dolorosa e insidiosamente entre as pessoas mais velhas. [...] A solidão pode fazer mal. Raros são os que vivem positivamente esse estado. Ela pode fazer parte efetivamente de uma percepção desvalorizada de sua própria vida, se si mesmo. E com uma imagem desvalorizadora de si se desenha também uma imagem desvalorizadora dos idosos".[12] Em razão do crescimento contínuo da esperança de vida, o número de pessoas idosas solitárias só aumenta, e, não importa o que se faça, a degradação final é inelutável e portadora de solidão; simplesmente ela dura mais tempo que antes. Mesmo os apóstolos mais entusiastas do convívio nunca poderão eliminar esse tipo de solidão. Mesmo minado e rodeado de pessoas, o mais velho não tem mais do que um interlocutor, e nada loquaz: a ceifadora. E o face a face se eterniza.

Outra situação da solidão: a prisão. "Que triste sorte se ver separado do mundo... sentir-se apertado como num túmulo! Enclausurado. Tenho muita dificuldade em gerir a angústia que acaba sendo produzida pelo encarceramento", declara em 2000 "Paul", um dos prisioneiros cujos testemunhos J.-P. Guéno reuniu em *Palavras de detentos*.[13] Outro compôs este poema:

Frio.
Rir sozinho para esquecer a solidão.
Incompreensão dos passantes que, vendo

---

12 Pitaud, *Solitude et isolement des personnes âgées*, p.234-5.
13 Guéno (Dir.), *Paroles de détenus*, p.67.

Este bêbado solitário,
Duvidando que ele ainda tenha a cabeça no lugar
Mas se ele bebe.
É para afogar a solidão.

Evidentemente, a solidão é mais pesada para os prisioneiros das solitárias: "Como se pode humanamente privar um indivíduo do direito de falar a seus semelhantes?", se indigna "Octave". No entanto, o mais difícil em viver na prisão não é a solidão, é a promiscuidade. "Amo um pouco de solidão", diz "Marie-France". Para Georges Hyvernaud, que passou cinco anos nos campos da Pomerânia, a solidão é um luxo de ricos: "A pobreza é nunca estar sozinho. [...] O pobre não tem direito à solidão. Ele nasce na maternidade com os outros. No hospital, ele morre com os outros. Entre o berçário e o hospício, há as creches, os asilos, as espeluncas e as casernas. Ele vive sua vida de uma ponta a outra com os outros. Brinca-se nos tanques de areia públicos das praças e na calçada de todo mundo. Deita-se com mais dez no mesmo quarto. Tropeça-se uns nos outros nas escadas e nos corredores".[14]

Nas prisões do direito comum, alguns detentos se alegram com a solidão, como "Sébastien", que falhou em sua vocação: "Isso sempre me havia fascinado. Houve um tempo em que sonhei em ser monge, em romper com o mundo, em ir para uma ilha deserta, e eis o que me acontece quando não tenho mais esse desejo". Ele aproveita então para escrever: "Finalmente, é na solidão absoluta que sinto mais necessidade de escrever. De escrever para vocês, mas também de escrever em meus cadernos as ideias que me passam pela cabeça. E creio que é na solidão que escrevo o que mais se parece comigo... É nesses momentos de solidão que às vezes chego a flertar com o verdadeiro e o profundo, enfim, com alguma coisa que eu não sabia definir, talvez a própria seiva da vida".[15]

São os prisioneiros políticos, em geral de um nível intelectual superior aos do direito comum, que têm os sentimentos mais ambivalentes a respeito da solidão carcerária. É o caso de Jean Zay (1904-1944), ministro da Educação Nacional sob o Front Populaire, detido pelo governo de Vichy e que

---

14 Hyvernaud, *La Peau et les os*. In: *Paroles de détenus*, op. cit., p.71.
15 Ibid., p.141.

passou quatro anos na prisão antes de ser assassinado pela milícia. Em seu diário de cativeiro, publicado em 1987 sob o título de *Lembranças e solidão*, ele exprime toda a dificuldade de se adaptar ao isolamento, que necessita reorganizar seu mundo e fixar tarefas para si: "É uma nova vida humilde em trabalhos tediosos e fáceis", que deixam de ser tediosos porque são o único derivativo da solidão... O momento mais penoso para superar é o do crepúsculo, o lento e melancólico entardecer. [...] Então a solidão pesa sobre nós com todo seu peso. O livro cai das mãos; o pensamento voa. É a hora de ficar senhor de si e de escolher para seu devaneio os caminhos menos sombrios, os que não ladeiam muitos precipícios".[16] Mas a solidão na prisão tem também aspectos positivos, ele afirma: liberado de todos os pequenos cuidados materiais que estorvam a vida, o prisioneiro pode se concentrar no essencial, e assim se fortalecer: "Mais vontade para valorizar, mais escolhas a fazer, mais monótonas providências para ganhar seu pão, mais esforços incessantes para resolver mil pequenos problemas, de onde nascem as preocupações devoradoras que abreviam a vida. Os homens e a sociedade desapareceram; seu espetáculo decepcionante se esvaiu. Não há mais necessidade de concessão, de transação, para os obrigar a dar lugar a você. Pouco a pouco, perde-se o pensamento. E não é um grande alívio? Em troca, às vezes se ganha certeza. Deixamo-nos de nos ouvir viver... Ao mesmo tempo, cessamos de envelhecer. Parece que nos fixamos em nossa idade e em nosso personagem de ontem... Vem o tempo de refletir sobre os verdadeiros problemas, aqueles que a febre passada não nos deixava nunca examinar, problemas do destino e da alma... Na prisão, toma-se consciência de si mesmo, aprende-se a se conhecer; fazem-se sobre si mesmo descobertas importantes... Tais são os fortes alimentos da solidão. [...] Deve-se então aprender a situar sua vida não na companhia dos homens, mas na lembrança e na espera do futuro. [...] Ouve-se o que Herriot chama da mais bela de todas as músicas: 'o acorde entre a solidão e o silêncio'".[17] Trata-se aqui de um prisioneiro excepcional.

Há outra solidão, outrora aceita como normal e mesmo necessária, mas posta em causa há algum tempo, o que é mais um sinal da evolução da opinião pública: a solidão dos padres. Num livro que desencadeou em 1989

---

16 Zay, *Souvenirs et solitude*. In: *Paroles de détenus*, op. cit., p.30.
17 Ibid., p.65.

AMANHÃ: 7 BILHÕES DE SOLITÁRIOS CONECTADOS? 467

uma viva controvérsia, *Funcionários de Deus*,[18] Eugen Drewermann denuncia a formação e a regra de vida dos clérigos da Igreja Católica, que fazem deles seres privados de laços afetivos e de vida sexual, solitários confrontados com tentações e derivas de toda espécie, num mundo que não é mais adaptado ao celibato eclesiástico. Desde o seminário, o jovem é treinado para a vida autárquica, com estrita interdição de ter amizades particulares a fim de reforçar seus vínculos com o grupo do clero: assim, "eles não devem mais se perguntar se os outros responderão positivamente ou não a seus próprios sentimentos: fim do medo de se decepcionar, do sentimento crônico de ser mal-amado, da angústia do solitário, e o temor primordial de se ver abandonado... O medo da solidão termina em *dever de solidão* para a vida inteira, trágico círculo vicioso que só faz implantar a perda no coração das pessoas em princípio dedicadas à salvação da humanidade".[19] A ruptura com a família completa a despersonalização do padre, cujo celibato é além disso uma reprovação implícita à situação matrimonial dos pais. O padre, proibido de amor, de ter amigos, camaradas, pode amar apenas uma abstração incapaz de partilhar de suas necessidades afetivas: a humanidade. "A neutralização obrigatória de todas as relações afetivas conduz inevitavelmente a uma existência comparável à da mônada leibniziana, no interior da qual o clérigo deve refletir para si a imagem da visão católica do mundo, obrigado a viver assim numa solidão total, separado por anos-luz de seus confrades e suas coirmãs".[20]

Esse "medo do vínculo" gera uma angústia que leva o padre a refugiar-se na hiperatividade, que só o isola mais ainda. "A consequência disso é uma solidão forçada que os clérigos não podem superar, mesmo em suas tentativas ocasionais para evadir-se... Na verdade, um homem (ou uma mulher) no ministério só pode agravar suas dificuldades revelando-as a outros. O preço da função é a impessoalidade, e o preço desta é a solidão, com o dever de se arranjar só consigo mesmo... Assim, veem-se muitos padres que ainda assumem por dever seu serviço paroquial aos 75 anos caírem na amargura

---

18 Texto original alemão: *Kleriker. Psychogramm eines Ideals*. Ver Drewermann, *Fonctionnaires de Dieu*.
19 Ibid., p.176-7.
20 Ibid., p.224.

ou na resignação, mas em todo caso na solidão e numa dúvida devoradora: para que tudo isso?"[21]

Por outro lado, a solidão sexual, que obriga a praticar "prazeres solitários" culpabilizantes, mantém uma hipocrisia permanente no conjunto do clero a respeito da masturbação, e leva alguns a atos de pedofilia cuidadosamente ocultados pela hierarquia e cuja amplitude foi recentemente revelada. A solidão trágica do padre católico só reforça a oposição à vida solitária da opinião pública.

OS "SOLOS" SOLITÁRIOS NEW LOOK

Isso nos leva a abordar uma das ambiguidades reveladoras da confusão cultural do mundo contemporâneo no que diz respeito à solidão: a questão do casal e da família nuclear. O núcleo familiar, outrora a proteção mais eficaz contra a solidão, explode, com a bênção de todos os atores da vida social... e para grande satisfação dos notários, que veem com gulodice se perfilarem problemas de sucessão como nunca houve desde a invenção da propriedade privada. Concubinagem, celibato, provisório ou definitivo, casamentos efêmeros, divórcios, segundo casamento, recomposições, novas concubinagens, uniões estáveis, casais homossexuais: a confusão está no máximo. Em nome de um legítimo desejo de independência, de realização pessoal e de liberdade, a sociedade, em seu conjunto, aprova. Mas nessa mistura generalizada, no que se tornou a floresta das ligações amorosas e da vida do casal, o que acontece com a solidão? Há uma parte daqueles e daquelas que querem viver independentes, privilegiando sua carreira profissional e suas satisfações pessoais, os "celibatentes". Em seguida, há todos os que são rejeitados, as vítimas do combate, porque são menos fortes e mais sensíveis. Para esses, a solidão é amarga. Assim a sociedade contemporânea, que, em nome do individualismo, da liberdade e do direito à felicidade, leva cada um a se afirmar e a se realizar, é, ao mesmo tempo, uma formidável máquina de produzir a tristeza e a solidão negativa. Pois a solidão é como o colesterol: há o bom e o mau.

---

21 Ibid., p.226-7.

AMANHÃ: 7 BILHÕES DE SOLITÁRIOS CONECTADOS?

469

As causas da desagregação do casal e da família nuclear são bem conhecidas. Em primeiro lugar, a emancipação das mulheres, que começa timidamente no início do século XX, com o surgimento de profissões adaptadas à sua "vocação" materna: desde 1923, 68% das professoras primárias são celibatárias. A Primeira Guerra Mundial permite às mulheres se darem conta de que elas podem muito bem dispensar a tutela masculina, ter um emprego e levar uma vida independente. São cada vez mais numerosas as mulheres que seguem os exemplos de mulheres "liberadas", como Gabrielle Chanel (1883-1971). Os novos alojamentos urbanos, os aparelhos domésticos que se multiplicam as liberam pouco a pouco das tarefas da casa. Os adversários do celibato se inquietam com isso desde 1888: "Os fundamentos da casa são a mulher e o boi", podia-se ler numa revista: aonde chegaremos com todas essas invenções técnicas que tornam dona de casa supérflua, fazendo em seu lugar os "trabalhos forçados" domésticos?[22]

Na segunda metade do século XX, apesar das resistências e das lamentações dos meios tradicionalistas, o movimento se torna maciço, irresistível, e o fim do século vê o advento das tropas de choque de um celibato feminino agressivo e conquistador: as "celibatentes", seguindo sozinhas uma carreira profissional e, paralelemente, com algumas ligações efêmeras. Ao mesmo tempo, o casamento se fragiliza: a metade termina em divórcio, que, em 70% dos casos, é solicitado pela esposa. Paradoxalmente, essa fragilização do casamento se deve ao fato de que ele repousa desde então sobre o amor mútuo, uma base muito mais frágil do que os contratos diante do notário. Outrora, o casamento era antes de tudo uma questão de segurança material, uma complementariedade utilitária entre uma fonte de renda e uma mulher boa dona de casa. O amor vinha eventualmente reforçar a associação. Agora, não há mais complementariedade, mas duplo emprego. Os dois parceiros, não tendo mais materialmente necessidade um do outro, seu único laço é o amor, um sentimento que se desgasta cada vez mais depressa, tanto mais depressa quanto por meio dele cada um se busca a si mesmo, e as ocasiões de encontros de multiplicam. Ama-se uma pessoa porque se ama a imagem de si mesmo que ela nos envia. Todo mundo procura seu desenvolvimento pessoal por meio do outro, e todo mundo teme a dependência. Daí vem um clima de

---

22 Apud Bologne, *Histoire du célibat et des célibataires*, op. cit., p.341.

desconfiança crescente. O casamento moderno é a união entre dois Narcisos que frequentemente desemboca na solidão. "Uma letra diferencia o celibato do casamento: tédio – tédios",[23] já dizia John Grand-Carteret num gracejo. Quando o amor se desfaz, aquele que se entedia mais pede o divórcio e impõe uma solidão dolorosa ao parceiro: "As leis do amor contemporâneo são, pois, profundamente individualistas [...]. Todas as configurações são permitidas: eu te amo, eu não te amo mais; nem contigo nem sem ti. Nesse jogo aparentemente muito egoísta, os golpes dados um ao outro são ao mesmo tempo dados a si mesmo. Impomos a solidão àquele que abandonamos, mas isso não impede que fiquemos sós".[24]

E o mais frágil dos dois, aquele que vive com maior dificuldade sua solidão, é com frequência o homem, caído de seu pedestal, desestabilizado, tendo passado do estatuto de predador ao de presa. Tendo perdido tudo o que lhe dava prestígio, sua identidade, sua força, ele se vê brutalmente em situação de inferioridade diante de um ser que pode viver em ele: ela tem uma profissão, uma renda, um apartamento, um carro, cultura, quase sempre uma maior fineza de espírito, e pode até mesmo fazer filhos sozinha, por inseminação artificial. Além disso, ela tem a arma fatal, a beleza, que lhe dá poder de sedução.

Com isso, será que a "celibatente" que se tornou mestra do jogo, tendo iniciativa da escolha de parceiros efêmeros e descartáveis no viveiro dos machos desamparados, superou o sentimento de solidão? Michèle Fitoussi pensa que não: "Ao mergulhar de cabeça na carreira e no sexo e ao eliminar o resto, família, marido, lar, forjou-se uma armada de mulheres sem homem, "machas", que arrepiam a gente masculina. Sedutoras, inteligentes, independentes, mas sozinhas, que se veem abandonadas, imobilizadas por aspirações contraditórias. A satisfação de ter conseguido levar uma vida como a entendiam e a solidão que (muitas vezes) a acompanha".[25]

De fato, o espírito de independência exibido por umas e outras com frequência é apenas uma camuflagem, a maquiagem de uma solidão tanto maior quanto mais se esconde, que ela não ousa confessar, por orgulho e por medo de revelar sua fraqueza. O termo "solibatário", que havia sido lançado

---

23 Grand-Carteret, *Mariage, collage, chiennerie*, p.360.
24 Hannoun, *Nos solitudes. Enquête sur un sentiment*, p.216.
25 Fitoussi, *Le Ras-le-bol des superwomen*.

AMANHÃ: 7 BILHÕES DE SOLITÁRIOS CONECTADOS? 471

há alguns anos, não obteve sucesso, pois ele era uma confissão de solidão, essa solidão que se pretendia ter vencido. Preferiu-se o termo "solo", que soa altivamente como afirmação de si sem fraqueza: sozinho(a) e altivo(a) por sê-lo, executando a partitura como um virtuose na orquestra. Entretanto, essa pseudoindependência é em parte uma fachada, escreve Michel Hannoun: "O indivíduo é hoje autor de sua própria solidão e ao mesmo tempo sua vítima. Ele tem necessidade do outro, mas se comporta como se pudesse viver sem ele. Aspira à independência, mas a suporta mal. O sentimento de solidão se associa cada vez menos a uma situação objetiva de isolamento ou de infelicidade. Esse sentimento é na maioria das vezes a causa de um mal de viver que é efeito dela. [...] O sentimento de solidão que é hoje difusamente difundido indica que o indivíduo está antes à procura de si mesmo e que essa procura é levada solitariamente".[26]

A ambiguidade, a ambivalência do celibato radioso e da vida "solo" erigida como modelo, se lê na proliferação de obras, de *sites* e de atividades que permitem às pessoas que se dizem independentes multiplicarem os contatos, o que é bastante paradoxal. Desde 1981, Lynn Shaman, grande prosélita do celibato, publica uma espécie de manual do celibatário sociável, *Como amar viver só*, que dá conselhos sobre a maneira de entrar em contato com os outros, e os meios de não sofrer de solidão. Em 1986, Odile Lamourère organizou o primeiro salão do celibato, e escreveu em 1987, em *Nós, os celibatários*, que "ser celibatário é escolher tornar positiva esta solidão, aprender a vivê-la pelo que ela pode nos trazer". Assim, nota Jean-Claude Bologne, a celibatária, "apesar da altivez de seu celibato, acumula conselhos para rompê-lo e encontrar parceiros".[27]

A sociedade de consumo não tardou a se adaptar à ascensão de um celibato de massa, que afeta então 14% da população francesa, dos quais 53% são mulheres: as pessoas sós constituem daqui por diante um "alvo" importante, para o qual adaptam-se as porções de pratos preparados tanto quanto automóveis e fórmulas de viagens organizadas... em grupo. A ambiguidade e a confusão portanto são mantidas: o ideal do individualismo radiante, de liberdade, de independência e de gozo termina por difundir uma solidão que não é bem

---

26 Hannoun, op. cit., p.183-4.
27 Bologne, op. cit., p.362.

uma. O "solo", penalizado fiscalmente, profissionalmente – em suas demandas de mutação e em seu avanço, se trabalha na função pública –, é além disso encorajado a permanecer celibatário por um contexto social e cultural que privilegia a realização pessoal. A sociedade contemporânea produz assim uma nova solidão, a meio caminho entre o isolamento e a gregariedade, uma solidão de conformismo na independência.

AS NOVAS SOLIDÕES

A desagregação da célula familiar não é o único aspecto da ambiguidade atual de uma sociedade que mantém em paralelo uma visão negativa e uma visão positiva da solidão. De um lado, SOS Amizade, porque a solidão é um sofrimento; de outro, *sites* de encontros, porque a solidão é a oportunidade, em todo caso para aqueles que fazem parte do clube muito exclusivo do "trio humor-alegria-prazer de viver". Os outros devem se cuidar. De todo modo, o ideal permanece sendo a realização de si na sociabilidade. Fora do convívio, não há salvação. Ora, toda a evolução social atual, que visa teoricamente o desabrochar do indivíduo numa rede de relações humanas livres e harmoniosas, destila de fato novas solidões, e isso porque os objetivos são sentidos como uma pressão, insuportável para muitos. *É preciso* afirmar-se, encontrar seu caminho, segui-lo e atingir assim a felicidade. Os que fracassam são responsáveis por sua derrota e se isolam de si mesmos numa atitude de recuo culpabilizante.

Isso começa desde a infância e a adolescência, com uma educação que privilegia a confiança em si a toda prova, a primazia dos direitos sobre os deveres, um espírito de competição sem regras, no qual os prêmios vão para os mais "atrevidos", os que falam mais alto. Dos adolescentes entre 13 e 17 anos, 45% declaram que os pais lhes ensinaram, antes de tudo, que o essencial é a capacidade de cuidar de si sozinho na vida; o respeito aos princípios morais só é citado em 25% dos casos.[28] O jovem, portanto, parte para a vida considerando o outro concorrente, o que já é, em si, um fator de solidão. Os europeus situam o altruísmo em 14º lugar numa lista de dezessete virtudes morais.

---

28 Lipovetsky, *Le Crépuscule du devoir*, p.134.

AMANHÃ: 7 BILHÕES DE SOLITÁRIOS CONECTADOS?

Educado sobre essas boas bases, o jovem entra – tarde e com muita dificuldade – na vida ativa, e se vê preso numa organização do trabalho que privilegia vigilância e concorrência: medo do desemprego, comunicação por e-mails, ritmos acelerados, num *open space* onde cada um se volta para sua tela. O sentimento de solidão no trabalho é um fator de *stress* identificado em todas as pesquisas.

O lazer? Consiste em esquecer o mundo e voltar-se para si, todos juntos. Desde 1983, Gilles Lipovetsky evocava "o recuo para si, o refúgio autárquico que é bem ilustrado pela nova voga dos decibéis, 'capacetes' e concertos pop. Neutralizar o mundo pela potência sonora, fechar-se em si mesmo, drogar-se e sentir seu corpo pelos ritmos dos amplificadores, atualmente pelos ruídos e pela voz da vida se tornaram *parasitas*, é preciso se identificar com a música e esquecer a exterioridade do real".[29] Fones nos tímpanos, fechados para o mundo que os rodeia, indiferentes aos outros, os "novos Narcisos", literalmente surdos, se embarricam numa solidão de decibéis.

Os psicólogos são quase unânimes: a maioria dos distúrbios psíquicos na sociedade atual é de natureza narcísica, distúrbios ligados a uma incapacidade crescente de situar-se no mundo e manter relações profundas com os outros: "Os distúrbios narcísicos se apresentam menos sob a forma de 'perturbações com sintomas claros e bem definidos' do que sob a forma de 'distúrbios de caráter', caracterizados por um mal-estar difuso e invasivo, um sentimento de vazio interior e do absurdo da vida, uma incapacidade de sentir as coisas e os seres".[30] Para o sociólogo americano Christopher Lash, é sob o signo de Narciso que se desenvolve a nova solidão:[31] desejo de viver só, independente, evitando vínculos afetivos e sentimentais, a fim de não depender de outro: "Cada um vive numa felicidade de indiferença, ao abrigo de suas paixões e das paixões dos outros".[32] Para Gilles Lipovetsky, entretanto, "homens e mulheres aspiram sempre igualmente à intensidade emocional das relações privilegiadas, porém quanto mais a espera for forte, mais o milagre da fusão parece tornar-se raro, e, em todo caso, breve. Quanto mais a cidade desenvolve as possibilidades de encontro, mais os indivíduos

---

29 Id., *L'Ère du vide*, op. cit., p.107.
30 Ibid., p.108.
31 Lasch, *The Culture of Narcissism* e *Le Complexe de Narcisse*.
32 Lipovetsky, *L'Ère du vide*, op. cit., p.110.

se sentem sós; quanto mais as relações se tornam livres, emancipadas das antigas restrições, mais a possibilidade de conhecer uma relação intensa se faz rara. Em todo lugar se encontra a solidão, o vazio, a dificuldade de sentir, de ser transportado para fora de si; daí vem uma fuga na direção das 'experiências' que apenas traduz a busca de uma 'experiência' emocional forte. Por que não posso, pois, amar e vibrar? Desolação de Narciso, por demais programada em sua absorção em si mesmo para poder ser afetado pelo Outro, para sair de si mesmo, e, entretanto, insuficientemente programada, já que ele ainda deseja um relacional afetivo".[33]

A destruição dos valores coletivos e das ideologias, da confiança na política e nas questões públicas provocou um recuo para a esfera privada, para o Eu, um entusiasmo pela realização de si, correspondente ao desequilíbrio moral dos "psis". O novo Narciso chegou, um Narciso ativo, ocupado em se descobrir e em se realizar. O objetivo, fixado por Jerry Rubin, é "amar a mim mesmo o bastante para não ter necessidade de um outro para ser feliz". Essa focalização no ego puro é um poderoso fator de solidão, ainda acrescida pelo fato de que, quanto mais o Eu se examina, mais ele se dissolve, torna-se um conjunto impreciso, indeterminado, esmigalhado, vazio, explodido. O indivíduo tem cada vez mais dificuldade em se encontrar e encontrar os outros, em razão do obscurecimento dos papéis sociais: "A erosão das referências do Eu é a réplica exata da dissolução que hoje em dia ocorre com as identidades e os papéis sociais, outrora estritamente definidos, integrados nas oposições regradas: assim, os estatutos da mulher, do homem, da criança, do louco, do civilizado etc., entraram num período de indefinição, de incerteza, no qual a interrogação sobre a natureza das 'categorias' sociais não deixa de se desenvolver".[34]

Psicologicamente perturbado, o Eu investe cada vez mais no corpo, e por causa disso cresce sua solidão: obcecado por sua saúde, sua higiene, sua boa forma, sua beleza, seu *"look"*, "o corpo designa nossa identidade profunda"; o indivíduo vigia o menor sinal de decrepitude, faz esporte, consome em excesso produtos farmacêuticos. O Eu é cada vez mais o corpo, e o corpo é o que nos distingue, nos separa, nos isola.

---

33 Ibid., p.111-2.
34 Ibid., p.84.

AMANHÃ: 7 BILHÕES DE SOLITÁRIOS CONECTADOS?

Ao mesmo tempo, o indivíduo procura a proximidade, a transparência, a abolição das barreiras. Para isso, ele revela sua intimidade, exige uma implicação pessoal, faz confidências, publica sua autobiografia, se desnuda no Facebook, se exibe, se expõe, se confessa, e com isso, em vez de se aproximar dos outros, afasta-se deles, pois uma verdadeira troca, uma verdadeira sociabilidade, requer regras e barreiras, que delimitem o indivíduo, lhe dão uma personalidade, uma consistência e uma necessária parte de mistério. Ao tornar-se transparente, ele se torna indiferente, não o vemos mais. Quanto mais entrega de si mesmo, mais desaparece para os outros, e nada é mais solitário do que um fantasma, que ninguém vê porque se vê através dele.

O desenvolvimento da sociedade de consumo, e então do hiperconsumo, não é sem consequência para as relações humanas. Numerosos sociólogos mostraram que num mundo governado pelo imperativo do consumo, de ter mais do que ser, chegava-se bem depressa a uma desestruturação dos laços sociais, a uma "organização sistemática da deficiência da faculdade de encontro", a uma "comunicação sem resposta", a um "autismo generalizado".[35] O *Homo consumeris*, habilmente condicionado pelas potências firmes da economia mundial, é mantido num sutil equilíbrio entre gregariedade e originalidade: ele é o "homem-massa" denunciado por Ortega y Gasset,[36] que deve seguir as grandes modas consumistas, personalizando ao mesmo tempo superficialmente suas compras; ser, simultaneamente, único e semelhante. Para isso, ele deve ser suficientemente isolado para ser mais influenciável, e suficientemente ligado à massa para sentir as mesmas necessidades artificiais criadas pelos produtores. Dessubstancializado e descerebrado pelos métodos publicitários cada vez mais sofisticados, colocado numa sociedade em que todas as trocas são tarifadas, ele é mantido num isolamento psíquico do qual nem mesmo tem consciência e que lhe oferece uma satisfação ilusória: eu consumo, logo, existo.

Gilles Lipovetsky, em *A felicidade paradoxal*, em 2006, contestou essa interpretação, observando que "apesar de todas as formas de indiferença que existem para com o outro, nossas sociedades favorecem mais a identificação com o outro do que sua ruína. As faculdades da compaixão, o senso de indignação,

---

35 Debord, *La Société du spectacle*, p.141.
36 Ortega y Gasset, *La Révolte des masses*.

os atos de entreajuda e de solidariedade, tudo isso não foi erradicado: assiste-se somente ao surgimento de uma generosidade circunstancial, emocional, indolor. Sempre receptivo ao mal do outro, sempre desejoso de se sentir útil aos outros, o 'coração' do indivíduo hiperconsumidor não parou de bater: ele está ritmado de outra maneira".[37] Contudo, Lipovetsky reconhece que "a sociedade do hiperconsumo exacerbou as discordâncias entre o desejável e o afetivo, o imaginário e o real, as aspirações e a vida cotidiana", e assim contribuiu para degradar a vida afetiva e relacional, "encolhendo o indivíduo em si mesmo e na busca de felicidades privadas". Combinada à educação laxista e ao abandono do senso do dever, substituído pelo direito ao gozo, ela exacerbou o espírito de competição, acentuou as rivalidades e normalizou o isolamento. Quanto mais o indivíduo possui e deseja possuir bens, mais ele se isola. Para consumir à vontade, é preciso se proteger. A solidão do consumidor na sociedade de massa é uma solidão que não é sentida como tal, o que a torna mais real e aceitável. O centro comercial é o templo dos novos solitários.

Em uma hora de *shopping* cruzamos com mais pessoas do que um camponês medieval encontrava em toda a sua vida. Em si, isso já é uma indicação: a extraordinária multiplicação dos encontros e seu caráter muito efêmero engendram uma indiferença crescente em relação aos outros, e aumenta o sentimento de solidão, pois "para viver, é preciso ser olhado pelo menos uma vez, ter sido amado pelo menos uma vez, ter sido carregado pelo menos uma vez. E depois, quando isso tiver sido feito, pode-se ficar só. A solidão nunca mais será má".[38] Não chegaremos a esse ponto, mas essa afirmação de Christian Bobin chama a atenção para uma das causas principais da solidão contemporânea: o homem moderno, submerso em imagens, não sabe mais ver. Mesmo quando olha, não vê, ou o contrário. O mundo desfila diante de seus olhos a uma velocidade tal que ultrapassa as capacidades físicas de registrar e suas capacidades psíquicas de empatia. Fonte de sofrimento para todos os que esperam um olhar. Os relatos autobiográficos estão cheios dessa constatação.

Assim, Danielle Collobert anota em seus *Cadernos* que seus passeios no Quartier Latin são ocasião de sentir a solidão e ao mesmo tempo de tomar

---

37 Lipovetsky, *Le Bonheur paradoxal*, p.134.
38 Bobin, *La Grâce de solitude*, op. cit.

AMANHÃ: 7 BILHÕES DE SOLITÁRIOS CONECTADOS? 477

consciência aguda de sua existência, consciência ora sinônimo de plenitude, ora de angústia: "Não chego a dizer o que percebi há pouco andando perto da Contrescarpe. [...] Trata-se sobretudo da sensação de minha existência naquele instante, vivida por mim, inteiramente".[39] O que mais choca David Gascoyne, ao cruzar com esses olhares vazios, é que não é somente ele que está só, mas os outros também. "Tenho o sentimento terrível", diz ele, "de estar só entre pessoas que elas mesmas estão sós e mudas, a secura terrível de um soluço interior".[40] Nesses momentos, "a vida se parece com uma longa e penosa operação praticada sem anestesia", e da qual "não há evasão possível". Para esse autor, a angústia da solidão pode levar à loucura: "Nunca em minha vida me senti tão isolado, no fundo de uma solidão tão total, tão paralisante. A ideia de que a lassidão e a inércia me fizeram cair no tédio de uma calma perfeita me assusta: nem mais o desejo de bater com a cabeça nas paredes – nada, nada, senão a calma e o profundo desgosto pela humanidade. Estou convencido de que a etapa seguinte é a loucura. Será que já estou meio louco?".[41] Grande lucidez desse solitário: louco, ele fica em 1942 e é então internado. "Solidão demais...", notava ele ainda em 24 de agosto de 1939.

Charles Juliet só vê duas soluções: o suicídio ou o embrutecimento, ou seja, a diversão pascaliana. "Não se pode escapar de si mesmo", escreve ele em seu *Diário*. É esse nosso drama. Duas soluções: o suicídio ou a vida de um estúpido."[42] O que ele sente, sob o olhar dos outros, não é a indiferença, mas a agressão. Em vez de vazio, seu olhar é acusador, culpabilizante: é o olho de Caim que o persegue até o pânico: "Medo, aflição", ele escreve em 31 de janeiro de 1959, sentimento compartilhado por Louis Calaferte, Francis Giauque ou Jean-Charles Pichon.[43]

Para Georges Perros, a solidão "é a última possibilidade antes da morte".[44] Ela é o refúgio daquele que se sente agredido pelo olhar de outro. É a atitude de André Gorz, que vê nos outros "carrascos virtuais".[45] Michel

---

39 Collobert, *Cahiers 1956-1978*, p.14.
40 Gascoyne, *Journal de Paris et d'ailleurs, 1936-1942*, 10 fev. 1938, p.191.
41 Ibid., 1º ago. 1937, p.161.
42 Juliet, *Journal, I, 1957-1964*, 11 fev. 1960, p.108.
43 Calaferte, *Le Chemin de Sion, Carnets 1956-1967*; Giauque, *C'est devenu ça ma vie*; Pichon, *L'Autobiographe*.
44 Perros, *Papiers collés*, p.147.
45 Gorz, *Le Traître*, p.53.

Braud, num estudo sobre os escritos autobiográficos, escreve, a propósito de Gorz que "esse autobiógrafo adquiriu desde a infância o sentimento de não ser nada: sente-se viver, mas não pode crer em si mesmo, sabe-se condenado ao fracasso, não pode imaginar "qualquer coisa que seja". Busca escapar do olhar do outro, *existir o menos possível*: desaparecer por trás dos hábitos que criou para si, das manias que adquiriu. Os outros são assim mantidos à distância, os conflitos evitados com um grande pânico".[46]

Muitos desses autobiógrafos procuram a salvação na fuga, ou seja, num isolamento cada vez maior. Curar o mal pelo mal, de algum modo: curar a solidão pelo isolamento. No mundo moderno, o sentimento de solidão é gerado principalmente pela promiscuidade, pelo contato artificial com quantidades crescentes de outros seres, por demais numerosos, com quem cruzamos por muito rapidamente, no meio de uma multidão indiferente ou hostil. Colocar-se à distância para sentir-se menos só: remédio paradoxal daquele que, solitário na multidão, procura ficar "enfim só!". Remédio que pode ter efeitos secundários, escreve Michel Braud: "No recuo para si mesmo o intimista não vê mais o fosso que o separa dos outros e se fecha em seu mal-estar. Ele oscila sempre, finalmente, entre um desejo de abertura para o mundo, abertura imaginada como resposta à angústia, e um recuo para si. Ele permanece dividido entre viver na comunidade dos homens ou retirar-se na solidão, ou seja, quase sempre para ele: tentar quebrar o círculo da solidão interior ou fugir no recuo, numa fuga total e definitiva que é a morte".[47]

Essa é o último refúgio que não se aceita como tal: "como sobreviver num mundo em que minhas ideias fazem de mim um estrangeiro e meus gostos um fora da lei?", se pergunta Gabriel Matzneff.[48] Paule Régnier, Francis Giauque passam ao ato; muitos outros consideram o suicídio "a covardia é a mais desprezível", nota David Gascoyne; Charles Juliet, por sua vez, já se vê morto: "você está à parte, logo, morto", nota ele em 22 de junho de 1960.

"Apenas alguns fragmentos de nós tocarão um dia os fragmentos de outro – a verdade de alguém na realidade é apenas isso –, a verdade de *alguém*. Pode-se somente partilhar o fragmento aceitável para o saber do outro,

---

46 Braud, *La Tentation du suicide dans les écrits autobiographiques. 1930-1970*, p.156
47 Ibid., p.159.
48 Matzneff, *Cette camisole de flammes*, p.106.

AMANHÃ: 7 BILHÕES DE SOLITÁRIOS CONECTADOS? 479

assim somos quase sempre sós." Pascal? Não: Marilyn Monroe, numa carta de 1961, um ano antes de seu suicídio. Quem teria acreditado que a solidão pudesse ter um rosto tão bonito? A publicação recente de seus cadernos íntimos[49] revela, contudo, um temperamento precocemente solitário de uma grande lucidez, capaz de escrever aos 17 anos: "Não é tão engraçado se conhecer muito bem ou pensar que nos conhecemos – cada um tem necessidade de um pouco de vaidade para superar os fracassos". De certo modo, Marilyn Monroe ilustra os paradoxos da solidão de um século XX, era das massas e das multidões, que erige ídolos, adora os heróis solitários e lhes censura em seguida seu isolamento. O ídolo deve ser ao mesmo tempo único e familiar, não pertencer a ninguém e pertencer a todo mundo. Esse sonho de uma solidão assumida e ao mesmo tempo rejeitada e ultrapassada na comunicação, não é o que a tecnologia do século XXI está fazendo com o reino da internet e da conexão universal?

CIBERSOLITÁRIO OU CIBERSOLIDÁRIO?

O *Homo sapiens* está na iminência de tornar-se o *Homo communicans*, dotado de um sexto sentido cuja privação faz dele um deficiente: o telefone celular. Perder essa prótese é como perder a visão, a audição e o tato, ou mesmo os três ao mesmo tempo. O *Homo communicans* é um corpo, uma alma e um celular; Descartes está ultrapassado: do dualismo corpo-alma e do *cogito ergo sum* passou-se ao trialismo corpo-alma-celular e ao *telephono ergo sum*; eu me comunico, logo existo. E, como me comunico, não sou mais só. Internet e todos os aplicativos permitem entrar em contato (quase) instantaneamente com o planeta inteiro, visualmente e auditivamente. Estou conectado a todos os meus semelhantes. Será o fim da solidão?

Alguns afirmam isso, sobretudo os fornecedores de acesso e as empresas da eletrônica – que seja dito de passagem têm interesse em manter um sentimento de solidão a fim de que seus clientes sintam necessidade vital de se "conectar" –, mas não somente isso. Muitos estão convencidos e convertidos à cibersolidariedade, fator suposto de ciberbeatitude. Não só todo

---

49 Monroe, *Fragments*. Prefácio de Antonio Tabucchi.

mundo pode se comunicar a todo instante com quem quiser, e ser contatado não importa quando e por não importa por quem, partilhar suas reflexões e aproveitar a alegria de estar acessível em permanência, como também pode participar, até mesmo provocar, movimentos de massa bem reais, lançar apelos à revolução ou a aperitivos gigantes, espalhar rumores, mentiras e calúnias, propagar a confusão ou a união, o melhor e o pior, logo, participar da vida social em escala planetária. Maravilha! Mesmo os que não são completamente atingidos pela ciberdependência admitem que ela não fez desaparecer o desejo de sociabilidade: Gilles Lipovetsky chega a escrever que "observando a floração dos clubes e associações, nada permite afirmar que no futuro se encontrará cada vez menos o outro num estado crescente de 'solidão interativa'. A difusão social dos novos objetos de comunicação inverterá essa orientação? A verdade é que são os indivíduos mais bem equipados em novas tecnologias que "saem" mais e encontram mais pessoas: elas os completam, e os indivíduos que utilizam frequentemente os serviços de internet continuam a manter relações *off-line* ou procuram alargar seu horizonte com encontros reais".[50]

Talvez isso seja verdadeiro. Mas, olhando mais de perto, constata-se, entretanto, que o equipamento maciço dos indivíduos em aparelhos eletrônicos conectados ou não está em vias de mudar radicalmente seu comportamento social e cultural, e operar uma mutação no seu próprio ser. Essa mutação não leva ao desaparecimento da solidão, mas à sua metamorfose, à sua escamoteação. Ela a integra ao espírito humano, tornando-a indolor, insensível e invisível. A solidão da era eletrônica não é mais a do eremita isolado, mas a do comunicante conectado e logo integrado.

O isolamento não desaparece por isso, mas não é mais sentido como tal: isolamento dos jovens e menos jovens que tampam os ouvidos com fones e ficam surdos, literalmente e metaforicamente, ao seu entorno; isolamento dos obcecados pelos videogames, sós ou em grupo diante de um console; isolamento do "surfista" na internet hipnotizado por sua tela. Em 2001, 2 milhões de adolescentes americanos declararam que preferem se comunicar com seus companheiros na internet, mais do que na realidade. No Japão, conhece-se o fenômeno dos *kikikomori*, jovens que ficam confinados em casa

---

50 Lipovetsky, *Le Bonheur paradoxal*, op. cit., p.133.

AMANHÃ: 7 BILHÕES DE SOLITÁRIOS CONECTADOS? 481

e só têm contato com o mundo através das telas de televisão e do computador. Em 2000, pesquisas revelaram que a utilização da internet "diminui o círculo das relações sociais próximas e longínquas, aumenta a solidão, diminui ligeiramente a quantidade de suporte social".[51]

Conclusão confirmada por uma pesquisa de setembro de 2010 na Inglaterra, com adultos de mais de 45 anos, casados, viúvos ou celibatários.[52] Dentre eles, 35% dizem experimentar um sentimento de *loneliness,* quer dizer, de solidão negativa, e, contrariamente ao que se poderia pensar, essa proporção decresce com a idade: enquanto 43% dos de 45-49 anos dizem sentir-se sós, somente 35% dos mais de 70 anos experimentam esse sentimento. Seria, então, em larga medida, um fenômeno cultural: os antigos não têm as mesmas exigências, as mesmas expectativas que os *baby-boomers* que cresceram com as novas tecnologias de comunicação. Paradoxalmente, isso só fez crescer neles o sentimento de solidão. Outra constatação: os que têm em casa acesso à internet sentem a solidão nas mesmas proporções que aqueles que não o têm. Enfim, 13% dos que dizem sentir-se *lonely* afirmam que desde que utilizam a internet as relações com os amigos perderam em profundidade e em qualidade, tornaram-se mais artificiais.

Além disso, o telefone e o correio eletrônico se revelam instrumentos ambivalentes, favorecendo o contato de um lado, certo, mas materializando também a solidão de modo ainda mais agudo do que outrora: o que há de mais cruel do que um telefone que não toca nunca e uma caixa de e-mails que está sempre vazia? Quando a comunicação só podia ser feita pela presença física, a ausência do outro era aceita como normal; mas agora que ele tem todos os meios de me contatar, se não o faz, é que ele me negligencia deliberadamente, me esquece, e me ressinto, pois, mais duramente, de seu silêncio.

Entretanto, na maioria dos casos, os utilizadores não têm a impressão de ser solitários. Ao contrário, eles "se comunicam". Aí começa o mal-entendido: o *Homo communicans,* conectado em permanência, imagina que está maravilhosamente aberto para os outros, mesmo que sua comunicação seja destituída de substância. Em vez de *se* comunicar, ele comunica no mais das vezes o vazio, e se reduz assim ao estado de simples caixa de ressonância.

---

51 *Sciences humaines,* n.108, ago.-set. 2000, p.10.
52 *Surveys and Statistics,* set. 2010.

Vítima do clima ambiente que difunde a palavra de ordem mágica: Comunique-se para não ficar só... mesmo que não tenha nada a comunicar: "Querem nos fazer crer que nosso sentimento de solidão proviria de uma deficiência de comunicação, que se poderia escamotear a solidão nos enchendo de informações, de música, de consumo, de comunicação...",[53] escreve Marie-France Hirigoyen. Não se trata mais de comunicar alguma coisa, mas de comunicar simplesmente. Sob a pressão social, que faz disso quase uma obrigação moral, o homem de hoje, diz Michel Hannoun, "quer 'co-mu-ni-car' sem se perguntar mais o que quer comunicar. A comunicação produz obrigatoriamente a solidão a partir do momento em que comunicar não é mais um verbo intransitivo. [...] Comunicar não é mais transmitir alguma coisa a alguém, é simplesmente estar em relação com alguém. Não se quer dizer nada ao outro. Quer-se simplesmente estar com ele. [...] Aquele que comunica para comunicar e aquele que não consegue fazê-lo são iguais no início diante da solidão nascida da necessidade de uma presença. Eles não têm a possibilidade de satisfazer essa necessidade. Todos os homens são sós, mas alguns são mais sós que outros".[54]

O principal teatro da comunicação pela internet são as "redes sociais", obra-prima da impostura comunicante, em que cada um pode se despir em público e crê encontrar nesse número de *striptease* mental o meio de estabelecer verdadeiros laços humanos e assim escapar da solidão. As redes sociais são a imagem invertida e às vezes complementar do diário íntimo. Este último, aliás, não desapareceu, segundo as pesquisas do Ministério da Cultura, na França: em 1997, 8% das pessoas de mais de 15 anos tinham um, e a proporção diminuía com a idade. A adolescência permanece sendo o período privilegiado para essas confidências íntimas, que ajudam os jovens a se estudarem a si mesmos e a se construírem. Entre 15 e 19 anos, 19% das moças e 7% dos rapazes mantêm um diário íntimo.[55] O que é muito revelador da evolução atual é a passagem progressiva do diário íntimo às redes sociais, passagem que é ao mesmo tempo uma completa reviravolta: a confidência intimista e secreta cede lugar ao exibicionismo sem contenção. Do diário

---

53 Hirigoyen, *Les Nouvelles Solitudes*, op. cit., p.113.
54 Hannoun, *Nos solitudes*, op. cit., p.242.
55 Lejeune; Bogaert. *Le Journal intime. Histoire et anthologie.*

AMANHÃ: 7 BILHÕES DE SOLITÁRIOS CONECTADOS?

íntimo ao Facebook, passa-se do jardim secreto à praça pública, e, como se crê, da solidão à sociabilidade, à grande confraternização. De fato, da solidão privada à solidão exposta. Pois quem é mais só do que aquele que se oferece à vista de todos, para quem convergem os olhares? No *blog*, no *chat*, no Twitter, nos esvaziamos de nossa substância para nos tornarmos uma concha vazia, sem interesse. Nós nos destituímos da fina camada de mistério que dá certa consistência à personalidade. E um ser sem mistério é um ser condenado à solidão: quem se interessaria por um ser transparente, que tivesse entregado todos os seus segredos?

Mas é verdade que esses segredos não estão perdidos para todo mundo. Blogueiros e outros frequentadores de *chats*, tranquilizai-vos; nunca estareis sós: Big Brother cuida de vocês. Um exército de voyeurs administrativos, policiais, fiscais publicitários, midiáticos, comerciais ou simplesmente curiosos os observam, anotam, registram, classificam, ficham, catalogam. Não, vocês nunca ficarão sós: milhares de pares de olhos eletrônicos os observam.

O mais fascinante desses novos meios e comunicação é constatar como os indivíduos, carentes de relações humanas e de liberdade, precipitam-se por si mesmos com entusiasmo na armadilha que lhes é feita. Até pagam para entrar nela; fazem assinaturas e as renovam. Os regimes totalitários deviam desenvolver tesouros de engenhosidade para espionar fatos e gestos dos cidadãos; na era da eletrônica de grande público e democrática, são os cidadãos que contam voluntariamente seus segredos; equipados com verdadeiros braceletes eletrônicos, seus celulares, podem ser seguidos em seus menores deslocamentos, seus menores pagamentos, seus menores pensamentos e palavras. O que julgam odioso nos regimes totalitários aceitam com entusiasmo no mundo da hipercomunicação eletrônica. Como ratos atraídos pelo queijo da ratoeira. O queijo é a comunicação; foram persuadidos de que era bom para eles; então, comunicam-se, despem-se, tornam-se transparentes. Trocaram uma solidão por outra: são olhados, mas não vistos, e não se dão conta disso.

A comunicação por telas interpostas é fator de solidão de outra maneira ainda. Diante de seu teclado, o indivíduo é o mestre do mundo. Ele pensa que pode gozar do anonimato, dar uma falsa imagem de si, representar um papel, apresentar-se pelo que não é e interromper o contato por um simples clique, mentir e manipular. Quando cada um pode apagar seu interlocutor a todo momento e ser apagado por ele, não há troca verdadeira possível. É um jogo de gato e rato, no qual todo mundo é ao mesmo tempo gato e rato. Compreende-se que se possa afirmar que "as novas tecnologias, ao facilitar a comunicação, criam, paradoxalmente, a solidão".[56]

O caso do celular ilustra perfeitamente esse paradoxo. Estou conversando com alguém. Seu telefone toca. Imediatamente, ele me deixa, sem mesmo terminar a frase, me deixa só, eu que estou a um metro dele, fisicamente presente, em plena troca de ideias, para ir a dezenas de quilômetros, ou mais, falar com outro. Visivelmente, não sou sua prioridade, e o ritual "Desculpe" não mudará nada. Mas ele mesmo não está só? Toca o telefone, ele acorre. O telefone é prioridade dada aos ausentes sobre os presentes. Comunicar-se de preferência com os ausentes é fazer de sua solidão um instrumento de dominação dos outros.

Pois o telefone permite se liberar do espaço e do tempo. O *Homo telephonans* está ao mesmo tempo aqui a acolá, no presente, no passado e no futuro graças às mensagens gravadas. Ele comanda; pode atrapalhar os outros não importa onde ou quando, e é tratado da mesma maneira: é um nome e um número em outros celulares. Assim espalhado, está em todo lugar e em nenhum, nunca inteiramente presente; para seu interlocutor fisicamente presente, seu corpo está lá, o espírito alhures. "Graças aos celulares, aos SMS e aos computadores, é fácil encontrar o outro, sob qualquer pretexto, justo para se tranquilizar e se dar a ilusão de que não se está só. [...] Há aqui com que entreter um sentimento de onipotência. Onde quer que se esteja pode-se estar ao mesmo tempo em outro lugar, o que faz com que se possa estar fisicamente junto sem estar verdadeiramente em relação já que cada um está nas suas comunicações."[57]

Assim, ao se multiplicar, o *Homo communicans* tem a impressão de nunca estar só. Há sempre uma parte dele em comunicação com alguém. Ele venceu a solidão. Mas a que preço! Seu "eu" despedaçado, desmaterializado, perdeu sua unidade, desde então dispersa em várias imagens destinadas a vários correspondentes. Vimos que para os filósofos a solidão fundamental do ser no mundo antes da internet se devia ao fato de que nunca podemos coincidir

---

56 Hirigoyen, *Les Nouvelles Solitudes*, op. cit., p.117.
57 Ibid., p.114.

com a imagem que os outros têm de nós. Eles nos veem sempre diferentes do que somos, e temos então a impressão justificada de que eles nunca podem nos compreender. Com os meios modernos de comunicação, nós nos multiplicamos, e apresentamos imagens variadas de nó mesmos. Qual dessas imagens é a "verdadeira"? Nós mesmos não o sabemos. Ao multiplicar os contatos, recebemos de nós mesmos uma variedade de imagens cuja síntese pode nos dar a impressão de ter mais consistência, mais realidade os olhos dos outros. De fato, somos mais sós do que nunca, já que nossos interlocutores só veem um fragmento de nosso Eu. O velho homem se sentia solitário porque era um, único e real; o homem novo é solitário porque é disperso, anônimo e virtual. Mas essa mesma explosão lhe dá a impressão de que não está mais só. O sentimento de solidão não é superado porque o indivíduo conectado perde seu caráter único. Entre o eremita sobre a coluna e o blogueiro diante de sua tela, qual deles é definitivamente mais só?

CONCLUSÃO

A solidão acompanha o homem desde suas origens. De acordo com cada época, ele a experimentou como uma bênção ou uma maldição, ele a procurou ou buscou se livrar dela. Mas ela cola em sua pele como uma túnica de Nessus. Ela fez a felicidade de muitos homens e mulheres à procura de si mesmos, longe do tumulto da multidão, e o desespero de muitos seres abandonados, incompreendidos, excluídos.

A época atual, que promete o "convívio", o "encontro", a "sociabilidade", a "comunicação", lança contra ela um ataque sem precedente, destinado a erradicar definitivamente esse inimigo do gênero humano. Para isso acredita-se dispor, com as novas tecnologias da comunicação, da arma fatal: graças à internet e ao celular, logo ninguém mais deve estar só. Mas basta conectar os 7 bilhões de humanos para que imediatamente eles não sejam mais sós? E, mesmo que fosse o caso, seria desejável?

A atitude da sociedade contemporânea no que se refere à solidão é, de fato, muito ambígua. Perseguida na vida cotidiana, a solidão é exaltada e admirada na vida sonhada; flagelo entre os homens comuns, ela é uma virtude que engrandece os seres excepcionais com a bênção dos circuitos comerciais. Pois a solidão se vende bem, com a condição de ter uma bela embalagem. O público, que detesta a solidão, adora os heróis solitários, homens fortes e independentes, de Rambo a Wallander, de Lucky Luke a Maigret; rudes de coração terno, eles encarnam uma virtude melancólica diante de um modelo de mundo corrompido e decadente no qual estamos muito bem. O sucesso dos romances policiais escandinavos, por exemplo, deve muito a essa mistura de solidão e depressão, que seduz paradoxalmente um público que não cessa de correr atrás do convívio. De modo geral, a literatura contemporânea que explora todas as facetas da solidão nunca foi tão florescente,[1] e é mesmo de bom-tom para um romancista atual viver à parte, num lugar meio desértico, onde mesmo assim as mídias possam alcançá-lo sem muito problema, como na Irlanda, na Cornualha ou em Cévennes. Amamos os autores solitários, cujo isolamento é um testemunho de independência de espírito e de protesto contra o mercantilismo ambiente. Eles contam, quase sempre com talento, para as multidões ávidas das grandes cidades, como é viver só.[2] Na hora do vídeo, a solidão até se transforma em espetáculo; os Robinson modernos se filmam e relatam "em tempo real", *live*, suas impressões. Os navegadores "solitários", cobertos de eletrônica, ligados em permanência a equipes de técnicos, dirigem-se a milhões de espectadores. A performance é admirável, e a façanha excepcional, certo, mas trata-se de uma "solidão"? Pois quem é o mais solitário, o aventureiro financiado pelas multinacionais, cujas façanhas o mundo inteiro segue, ou a viúva anônima numa casinha de subúrbio de uma megalópole? Numa época em que tudo deve ser espetáculo, a única solidão admirável é a que põe em cena e que busca a proeza. A popularidade desses solitários midiatizados é tanta que eles parecem encarnar, apesar de seu equipamento sofisticado e do abuso de energia necessária para seu acompanhamento, um retorno à natureza, uma vida em simbiose com as forças naturais. Essa solidão artificial, que permite conciliar, não sem contradição, as aspirações ecológicas, a promoção de artigos de esporte, o culto do campeão, os sonhos de evasão, a nostalgia da vida livre e selvagem, revela a evolução de uma sociedade que vive cada vez mais por procuração, sublima e virtualiza seus medos e suas esperanças por tela interposta. Pois essa solidão que parece tão gloriosa nos heróis midiatizados toma ares sórdidos na realidade cotidiana. Nela, o solitário causa repugnância, irrita ou provoca piedade; é um misantropo ou um miserável, um inimigo do gênero humano ou uma vítima, um excluído; de todo modo, é uma anomalia a ser corrigida. A solidão comum parece um escândalo que é preciso

---

1 Ver *Le Magazine Littéraire*, jul.-ago. 2011, "D'Ovide à Blanchot: la solitude", ou o último romance de C. Millot, *Ô Solitude*.

2 A última obra de S. Tesson, *Dans les forêts de Sibérie*, é um bom exemplo.

combater, eliminar. Um escândalo tão irritante que quanto mais é combatido, mais parece presente. Mas, ao atacar o sentimento de solidão, a sociedade moderna não se engana de inimigo?

O erro fundamental é associar sistematicamente solidão e tristeza, e querer eliminar a solidão para fazer a tristeza desaparecer. É evidente que existem muitos casos em que a solidão é mal vivida e é sentida como uma insuportável exclusão. Mas a solidão é a verdadeira e a única responsável por este mal de viver? Mais do que procurar eliminá-la, conviria educá-la, "aprisioná-la", segundo a feliz fórmula de Jean-Pierre Quinodoz.[3] Pois a solidão é uma dimensão essencial e útil do ser humano, que tem necessidade, em certa medida, de se sentir só para se encontrar, para coincidir consigo mesmo. O sentimento de solidão pode ser difuso e constante, ou só ocorrer nos momentos fortes e privilegiados, segundo os temperamentos. Mas é indispensável se queremos assumir autenticamente nossa condição humana, em vez de viver exclusivamente numa comunidade ilusória "ligada", quer dizer, conectada. Aqueles que nunca experimentam o sentimento de solidão é que devem ser lamentados.

Sentir a riqueza e o preço da existência humana requer momentos de solidão, mesmo de solidão dolorosa, pelo menos melancólica. Como se crê que são elaboradas as grandes obras espirituais, literárias e artísticas, se não na solidão? "A capacidade de ser só é com frequência a qualidade de personalidades fortes, cujo caráter foi forjado desde a infância, ou então pode ter sido imposta pelas circunstâncias da vida e depois aceita e aprisionada",[4] escreve Marie-France Hirigoyen. "Aprisionada": a palavra volta novamente. A solidão é má quando é imposta do exterior no estado bruto, sob a forma de um isolamento que se abate repentinamente sobre o indivíduo mal preparado. Então ele fica desamparado. Em contrapartida, ela é benéfica quando é deliberadamente escolhida e utilizada como afirmação da independência, de liberdade e de conhecimento de si, logo, aprisionada. E a sociedade contemporânea, presa entre a gregariedade e o individualismo, não consegue se determinar: "O indivíduo está no centro do nosso mundo, mas ele está só ali, pois é apenas um peão na multidão de *memes*, um 'indivíduo serializado'.

---

3 Quinodoz, *La Solitude apprivoisée. L'angoisse de séparation en psychanalyse.*
4 Hirigoyen, *Les Nouvelles Solitudes*, op. cit., p.190.

Num mundo em que não somos clones, cada um aspira a ser único. [...] De um lado, a sociedade dá uma grande importância à singularidade do sujeito; e, de outro, o pensamento se normalizou: é preciso pensar como os outros, pertencer a uma rede, não sair do bando. É particularmente verdadeiro no mundo do trabalho, onde se usa uma dupla linguagem, propondo a cada um que exprima sua personalidade, obrigando ao mesmo tempo os assalariados a entrar no molde".[5]

Mas o maior perigo para a solidão vem das novas tecnologias da comunicação que, como vimos, dão a ilusão de fazê-la desaparecer com um clique. "Eu me conecto, logo eu sou", ou melhor, "somos", ou mais precisamente ainda, "se é", para retomar a distinção heideggeriana entre o "nós", comunidade viva de indivíduos dotados de uma verdadeira personalidade, e o "se" anônimo, conjunto de indivíduos que não tem verdadeiramente existência própria.[6] A partir de agora, contrariamente ao poeta romântico, o mundo não será jamais despovoado por nós, pois "se um só ser nos falta...", cliquemos num *site* de encontro! A solidão desaparece imediatamente com um golpe do mouse mágico. Por trás da tela, estamos, sem dúvida, mais sós do que nunca, mas não nos damos conta disto. O problema é escamoteado. O computador e o telefone celular são próteses extraordinariamente eficazes, capazes de apagar o sentimento de solidão... e o sentimento, simplesmente. O utilizador, disperso, cindido, está ao mesmo tempo aqui e além; esvaziado de sua substância, ele é apenas um cruzamento de informações, um fio da malha, *net*, no qual ele está entravado, uma caixa de ressonância, um código, uma senha, um número de assinante. Despersonalizado, ele não está mais só: é solidário de uma rede social como a malha é solidária da corrente.

Não nos enganemos: ele é mais só do que o eremita do deserto na época de Santo Antônio. Porque sua solidão é inconsciente. O internauta é a versão moderna e eletrônica da *Multidão solitária* que David Riesman descrevia nos anos 1950 a propósito do consumidor de massa. Isolado dos outros pelas próteses antissolidão, acessível a todo momento, logo, dependendo de outros, que ele pode também acessar e que fazem parte de seu universo virtual, ele é um *comunicante*. Essa nova espécie, contrariamente à espécie

---

5 Ibid., p.126.
6 Heidegger, *Les Concepts fondamentaux de la métaphysique. Monde-finitude-solitude*.

CONCLUSÃO 491

humana clássica, não conhece o sentimento de solidão. O comunicante é o futuro do *Homo sapiens* após sua mutação eletrônica. Inútil alegrar-se ou ficar desolado, isso é inevitável.

Mas, enquanto isso ainda for possível, solitários, permanecemos solitários! Sejamos os últimos a gozar desse dom extraordinário que faz de cada um de nós um mundo único só para si. Num momento em que as boas almas que pensam nos outros procuram os meios de eliminar a solidão, seria melhor se preocupar com os meios de preservá-la. Ideia bizarra e incorreta na época em que a vaga do convívio obrigatório e da sociabilidade compulsiva se alastra pelas multidões da era das massas. Ideia inútil sobretudo, pois logo a solidão será apenas mais uma palavra no dicionário arqueológico dos sentimentos.

Impressão enganosa, todavia. A solidão é um pouco como o diabo, do qual já se pôde dizer que sua maior astúcia era fazer crer que ele não existia. Desde a Antiguidade, ela foi considerada com desconfiança ou medo: o homem é um ser social, afirmou a maior parte dos filósofos clássicos, de Aristóteles às Luzes. Isolar-se é pois uma atitude suspeita, exceto se isso for motivado pelo desejo de se aproximar de Deus, como o pretendiam os Padres do Deserto, os eremitas, os monges e reclusos da Idade Média, os jansenistas de Port-Royal. A partir da era romântica, e nos passos de Rousseau, apareceram outras boas razões para amar a solidão: a recusa de uma sociedade corrompida, o amor pela natureza, a busca de consolações interiores para acalmar as tempestades da paixão. Desde a metade do século XIX, essas hesitações diante da solidão se cristalizaram numa espécie de "luta final" entre os chantres da era das massas e da gregariedade, que só veem salvação na sociabilidade e no convívio, e a maioria dos intelectuais e pesquisadores em ciências humanas, que revelam a solidão irremediável do ser humano. O homem, ser gregário ou ser solitário? A tecnologia contemporânea pareceria resolver esse dilema, permitindo a cada um ser ao mesmo tempo isolado e ligado a todos os outros sem interrupção. Mas essa inovação, que é levada a produzir uma real mutação do cérebro humano, da psicologia e da cultura, escamoteia o problema da solidão: ela não a faz desaparecer, mas lhe dá um novo rosto e a torna mais insidiosa, pois a tela do computador ou do telefone, mais do que uma janela para o mundo, é um espelho, no qual bilhões de Narcisos se contemplam. A nova solidão se chama Comunicação.

REFERÊNCIAS BIBLIOGRÁFICAS

ABADE GOUSSAULT. *Le portrait d'un honneste homme*. Paris, 1692.

ABADE MARSOLLIER. *La vie de dom Armand le Bouthillier de Rancé*. Paris, 1703.

ABADE PLUQUET. *De la sociabilité*. Paris, 1767.

ABADE PRÉVOST D'EXILES. *Mémoires d'un homme de qualité*. Paris, 1732.

ABADE PRÉVOST. *Histoire du chevalier Des Grieux et de Manon Lescaut*. Paris: Garnier, 1952.

ADAM, P. *La vie paroissiale en France au XIVe siècle*. Paris: Sirey, 1964.

ALAIN. *Propos*. Paris: Gallimard, La Pléiade, 1956.

ALBERTI, Leon Battista. *I libri della famiglia*. Edição inglesa de Guido Guarino. *The Albertis of Florence: Leon Battista Alberti's Della Famiglia*. Lewisburgh, 1971.

AMAR, R. *Les Structures de la solitude dans l'œuvre de J.M.G. Le Clézio*. Paris: Publisud, 2004.

AMIEL, H.-F. *Journal intime*. 12 v. Lausanne, 1976-2002.

ARLES, H. *Vie de Saint Honorat*, Sources Chrétiennes, n. 235, Paris, 1977.

AUSTER, P. *The Invention of Solitude*. New York: Sun Publishing, 1982.

BACON. Du mariage et du célibat. *Essays*. In: *The Major Works*, Oxford World's Classics, 2002.

BAILLET, A. *Vie de Monsieur Descartes*, 1691. Paris: La Table Ronde, 1946.

BAKUNIN, M. A. *La Guerre et la Commune*, 1871.

BALZAC, H. *Œuvres*. Paris: Gallimard, La Pléiade, 1976.

BARDET, J. P.; DUPÂQUIER, J. (Dir.) *Histoire des populations de l'Europe*. Paris: Fayard, 1997.

BARTHÉLEMY, J.-J. *Voyage du jeune Anacharsis en Grèce*. Paris, 1788, 4 v.

BEAUVALET-BOUTOUYRIE, S. *Être veuve sous l'Ancien Régime*. Paris: Belin, 2001.

BEAUVALET-BOUTOUYRIE, S. *La solitude, XVIIe-XVIIIe siècle*. Paris, 2008.

BELL, M. (Ed.) *Wulfric of Haselbury*. Londres: Somerset Record Society, 47, 1933.

BÉNICHOU, P. *L'École du désenchantement*. Paris: Gallimard, 1992.

_____. *Romantismes français*. 2 v. Paris: Gallimard, 2004.

BENNET, J.; FROIDE, A. (Ed.). *Single Women in the European Past, 1250-1800*. Philadelphia: University of Pennsylvania Press, 1999.

BERBEROVA, N. *C'est moi qui souligne*. Arles: Actes Sud, 1989.

BERDIAEV, N. *Cinq Méditations sur l'existence*. Paris: Aubier, 1936.

BERTHE, M. *Famines et épidémies dans les campagnes navarraises à la fin du Moyen Âge*, 2 v., Paris: SFIED, 1984.

BESTERMAN, T. (Org.). *Lettres de la marquise du Châtelet*. Genève: Besterman, 1958.

BEUGNOT, B. *Le Discours de la retraite au XVIIe siècle*. Paris: PUF, 1996.

BIRAN, Maine de. *Journal intime*. Edição de A. de La Valette-Montbrun. 2 v. Paris: Plon, 1927.

BLAISE, J. J. (Ed.). *Oeuvres complètes*. Paris, 1821.

BLANCHOT, M. *L'Espace littéraire*. Paris: Gallimard, 1955.

BLONDEL, J. *Loisirs philosophiques*. Paris, 1756.

BOIS, J.-P. *Les Vieux, de Montaigne aux premiers retraités*. Paris: Fayard, 1989.

BOLOGNE, J.-C. *Histoire du célibat et des célibataires*. Paris: Fayard, 2004.

BOOSMA, D. I. Genetic and environmental contributions to lonelinessin adults. *Behavior Genetics*, 35, 2005.

BOTTINEAU, Y. *Les chemins de Saint-Jacques*. Paris: Arthaud, 1966.

BRAUD, M. *La Tentation du suicide dans les écrits autobiographiques. 1930-1970*. Paris: PUF, 1992.

BRÉMOND, H. *Histoire littéraire du sentiment religieux en France*. Paris: Bloud e Gay, 1929.

BRIOD, A. *L'assistance aux pauvres au Moyen Âge dans le pays de Vaud*. Lausanne: Éditions d'En Bas, 1976.

BRUNSCHWIG, H. *Société et romantisme en Prusse au XVIIIe siècle*. Paris: Flammarion, 1973.

BURKE, E. Society and solitude. In: *On the Sublime and Beautiful*, seç. XI. Harvard Classics, 1980.

BURTON, R. *Anatomie de la mélancolie*. Trad. B. Hoepffner e C. Goffaux, 3v. Paris: J. Corti, 2000.

BUZZATI, D. *Le Désert des Tartares*. Paris: Robert Laffont, 1949.

CABANIS, J. *Saint-Simon, l'admirable*. Paris: Gallimard, 1974.

CACIOPPO, J. T.; FOWLER, J. H.; CHRISTAKIS, N. A. Alone in the crowd: the structure and spread of loneliness in a large social network. *Journal of Personality and Social Psychology*, 97, n. 6, 2009.

CALAFERTE, L. *Le Chemin de Sion, Carnets 1956-1967*. Paris: Denoël, 1981.

CAMBRY, J. *Traité de l'excellence de la solitude*. Tournai, 1656.

CAMUS, A. *L'Homme révolté*. Paris: Gallimard, Folio, 1951.

CANAT, R. *Du sentiment de la solitude morale chez les romantiques et les parnassiens*. Paris: Hachette, 1904.

CARACCIOLI, L. A. *La Jouissance de soi-même*. Utrecht, 1759.

CARDEAL GERDIL. *Réflexions sur la théorie et la pratique de l'éducation contre les principes de M. Rousseau*. Turin, 1763.

CARMONA, M. *Les diables de Loudun: sorcellerie et politique sous Richelieu*. Paris: Fayard, 1988.

CHAMPION, P. Liste des tavernes de Paris d'après les documents du XVe siècle. *Bulletin de la Société d'Histoire de Paris*, t.39, 1912.

CHARLES-JOSEPH, príncipe de Ligne. *Mélanges militaires, littéraires et sentimentaires.* Dresde, 1795-1811.

CHARTIER, R.; MARTIN, H-J. (Dir.) *Histoire de l'édition française.* Paris: Fayard, 1982.

CHOTARD-LIORET, C. *La Sociabilité familiale en province: une correspondance privée entre 1868 et 1920.* Paris V, 1983, tese.

CHUVIN, P. *La mytologie grecque.* Paris: Fayard, 1992.

CIORAN, E. *Le Mauvais Démiurge.* Paris: Gallimard, 1969.

_____. *De l'inconvénient d'être né.* Paris: Gallimard, Folio, 1973.

_____. *Le Livre des leurres.* In: *Œuvres.* Paris: Gallimard, Quarto, 1995.

_____. *Solitude et destin.* Paris: Gallimard, 2004.

CIPRIANI, J.-M. La solitude, cela existe-t-il? *Isolement et solitude; Gérontologie et société,* n.27, 1983.

CIZEK, E. *Mentalités et institutions romaines.* Paris: Fayard, 1990.

CLARK, E. Some Aspects of Social Security in Medieval England. *Journal of Family History,* 7, 1980.

CLARK, P. *British Clubs and Societies, 1580-1800: the Origins of an Associational World.* Oxford: Clarendon Press, 2000.

CLAVILLE, Le Maître de. *Traité du mérite de l'homme considéré dans tous les âges et dans toutes les conditions.* Paris, 1734.

COBB, R. *Death in Paris.* Oxford: Oxford University Press, 1978.

COHEN, G. *Écrivains français en Hollande dans la première moitié du XVIIe siècle.* Paris, 1920.

COLLOBERT, D. *Cahiers 1956-1978.* Paris, 1983; dez. 1958.

COMPAGNI, D. *Cronica.* Edição de G. Luzato. Turim, 1978.

COMTE-SPONVILLE, A. *L'Amour la solitude.* Venissieux: Paroles d'Aube, 1996.

CONGAR, Y. *Vraie et fausse réforme dans l'Église.* Paris: Éditions du Cerf, 1968.

CONSTANTINO, O AFRICANO. *De melancholia.* Edição de K. Garbers. Hambourg, 1977.

CORVISIER, A. Célibat et service militaire au XVIIIe siècle. In: *Mesurer et comprendre. Mélanges offerts à Jacques Dupâquier.* Paris: PUF, 1993.

COUAILHAC, L. *Physiologie du célibataire et de la vieille fille.* Paris: J. Laisné, 1841.

CRASSET, R. P. *Le Chrétien en solitude.* Paris, 1674.

CRAVERI, B. *L'Âge de la conversation.* Trad. E. Deschamps-Pria. Paris: Gallimard, 2002.

CROISET, J. *Exercices de piété pour tous les jours de l'année.* 6.ed. Lyon, 1763.

D'ARGENS. *La Philosophie du bon sens.* La Haye, 1755.

D'ORLÉANS, Charles. Ballade XIV. *Poètes et romanciers du Moyen Âge.* Paris: Gallimard, La Pléiade, 1952.

DAUPHIN, H. L'érémitisme en Angleterre au XIe et XIIe siècles. *Atti della secunda settiamana di studio La Mandola.* Milan, 1965.

DAVIDSON, D. J. Approach-Withdrawal and cerebral asymmetry: emotional expression and brain physiology. *Journal of Personality and Social Psychology,* 58, n.2, 1990.

DE L'ÉTOILE, I. Sermons. *Sources Chrétiennes,* n. 130, Paris, 1967.

DEBORD, G. *La Société du spectacle.* Paris: Champ libre, 1971.

DEFOE, D. *Robinson Crusoé.* Londres, 1719. Trad. Themiseuil de Saint-Hyacinthe e L. Van Effen. Paris: Librairie Commerciale et Artistique, 1965.

DEFOE, D. *Œuvres*. Paris: Gallimard, La Pléiade, 1972.

DELUMEAU, J. *Rassurer et protéger. Le sentiment de sécurité dans l'Occident d'autrefois*. Paris: Fayard, 1989.

DESCARTES, R. *Oeuvres et lettres*. Paris: Gallimard, La Pléiade, 1953.

DIDEROT, D. *Œuvres complètes*. Edição de J. Assézat e M. Tourneux. Paris: Garnier, 1875-1877.

DIDIER, B. *Le Journal intime*. Paris: PUF, 1976.

_____. *Solitude et conscience politique sur la scène romantique*. Direção de B. Didier e G. Ponnau. Paris: Sedes, 1999.

DIÓGENES LAERCIO. *Vies, doctrines et sentences des philosophes ilustres*. "Les sept sages. Myson". Paris: Garnier Flamarion, 1965.

DOLTO, F. *Solitude*. Paris: Gallimard, 1994.

_____. *Parler de la solitude*. Paris: Mercure de France, Le Petit Mercure, 2005.

DOUCET, R. *Les bibliothèques parisiennes du seizième siècle*. Paris, 1956.

DOYÈRE, D. Michel de Sainte-Sabine, prêtre-ermite. *Dix-septième siècle*, n. 19, 1953.

DREWERMANN, E. *Fonctionnaires de Dieu*. Paris: Albin Michel, 1993.

DU DEFFAND, Mme. *Lettres de Madame du Deffand*. Paris: Mercure de France, 2002.

DUBOIS-DUMÉE, J.-P. *Solitude de Péguy*. Paris: Plon, 1946.

DUBY, G. (Org.). *Le temps des cathédrales. L'art et la société, 980-1420*. Paris: Gallimard, 1976.

_____. *Histoire de la France urbaine*. Paris: Seuil, 1980.

_____. *Guillaume le Maréchal ou le meilleur chevalier du monde*. Paris: Fayard, 1984.

DUHAMEL, G. *La Confession de minuit*. Paris: Club du Meilleur Livre, 1954.

DURKHEIM, E. *Le Suicide*, 1897. Paris: PUF, Quadrige, 1991.

EMERSON, R. W. *Société et solitude*. Tradução de T. Gillybœuf. Paris: Payot et Rivages, 2010.

ENGRAND, C. Paupérisme et condition ouvrière dans la seconde moitié du XVIIIe siècle: l'exemple amiénois. *Revue d'histoire moderne et contemporaine*, n. 29, 1982.

ERNST, J. M.; CACIOPPO, J. T. Lonely hearts: psychological perspectives on loneliness. *Applied and Preventive Psychology*, 8, n. 1, 1999.

ESTIGNARD, A. *Correspondance inédite de Charles Nodier*. Paris, 1876.

FANOUS, S.; LEYSER, H. (Eds.) *Christina of Markyate: a twelfth century holy woman*. Londres: Routledge, 2005.

FARGUE, L.-P. *Haute Solitude*, 1941. Gallimard, 1966.

FAUGÈRE, M. P. (Ed.) *Lettres, opuscules et mémoires de Madame Périer et Jacqueline, sœurs de Pascal*. Paris, 1845.

FÉNELON, F. *Œuvres*. Paris: Gallimard, La Pléiade, 1983.

FITOUSSI, *Le Ras-le-bol des superwomen*. Paris: Calmann-Lévy, 1987.

FITZGERALD, F. S. *La Fêlure*, 1920. Paris: Gallimard, 1963.

FLÉCHIER, E. *Oeuvres complètes*. Paris, 1828.

FLORIAN, J-P. C. *Estelle*, 1788.

FORTHOMME, B. *De l'acédie monastique à l'anxio-dépression. Histoire philosophique de la transformation d'un vice en pathologie*. Le Plessis-Robinson, Sanofi-Synthélabo, 2000.

FOUCAULT, M. *Histoire de la folie à l'âge classique*. Paris: Gallimard, 1972.

REFERÊNCIAS BIBLIOGRÁFICAS

FOUGÈRE, E. *La Peine en littérature et la prison dans son histoire: solitude et servitude*. Paris: L'Harmattan, 2001.

FREUD, S. *Le Malaise dans la culture*. In: *Œuvres completes*. Paris: PUF, 1994.

FROMENT-MEURICE, M. *Solitudes. De Rimbaud à Heidegger*. Paris: Galilée, 1989.

FURTWÄNGLER, E. *Wilhelm Furtwängler*. Paris: Lattès, 1983.

GAMACHES, C. *Exercices d'une âme royale dans le sainct employ du jour, recueillis des Écritures sainctes, et des saincts Pères de l'Église, propres à toutes sortes de personnes, pour bien accomplir les devoirs du chrestien, acquérir des grands mérites et arriver au haut poinct de la perfection*. Paris, 1658.

GASCOYNE, D. *Journal de Paris et d'ailleurs, 1936-1942*. Paris: Flammarion, 1984.

GÉNICOT, L. L'Érémitisme du XIe siècle dans son contexte économique et social. *L'eremitismo in Occidente nei secoli XI a XII*. Milan: Vita e Pensiero, 1965.

GEREMECK, B. *Les marginaux parisiens aux XIVe et XVe siècles*. Paris: Flammarion, 1976.

GERGY, J.-J. L. *Traité du faux bonheur des gens du monde et du vrai bonheur de la vie chrétienne*. Paris, 1718.

GIAUQUE, F. *C'est devenu ça ma vie*. Les Ponts-de-Martel, Éditions Hughes Richard, 1987.

GNANDT, W. *Vita S. Cleridoniae virginis, B. Laurentii anachoretae necnon et servi Dei Hippolyti Pugnetti monachi*. Innsbruck, 1902.

GOLDMANN, L. *Le dieu caché*. Paris: Gallimard, 1959.

GORZ, A. *Le Traître*. Paris: Gallimard, 1958.

GOUHIER, H. *La pensée religieuse de Descartes*. Paris: Vrin, 1924.

GRAND-CARTERET, J. *Mariage, collage, chiennerie*. Paris: Méricant, 1911.

GRANDET, J. *La Vie d'un solitaire inconnu*. Paris, 1699.

GREEN, A. *Narcissisme de vie, narcissisme de mort*. Paris: Éditions de Minuit, 1983.

GRÉGOIRE, R. *San Ranieri di Pisa*, Pise, 1990.

GREGÓRIO, O GRANDE. *Vie de Saint Benoît*, II. Trad. E. de Solms. *La vie et la Règle de Saint Benoît*. Paris: Desclée de Brouwer, 1965.

GRENADE, L. *Sermons*. Tradução francesa. Paris, 1698.

GRENAILLE, F. *La mode ou charactère de la religion*. Paris, 1642.

GRIMAL, P. *La civilisation romaine*. Paris: Flamarion, 1981.

GRIMALDI, N. *Traité des solitudes*. Paris: PUF, 2003.

GROSJEAN, P. *Vitae S. Roberti Knaresburgensis. Analecta Bollandiana*, 57, 1939.

GUÉNO, J-P (Dir.). *Paroles de détenus*. Paris: Radio-France, 2000.

GUERRIC. Sermons. *Sources Chrétiennes*, n. 166, Paris, 1970.

GUIGUES I. Coutumes de Chartreuse. *Sources Chrétiennes*, n. 313, Paris, 1984.

HAJNAL, J. European marriage patterns inperspective. In: *Population in History: Essays in Historical Demography*. Chicago University Press, 1965.

HALBWACHS, M. *Les Causes du suicide*. Paris: F. Alcan, 1930.

HAMON, J. *De la solitude*. Amsterdam, 1734.

HANNOUN, M. *Nos solitudes. Enquête sur un sentiment*. Paris: Seuil, 1991.

HASELDINE, J. (Ed.), *Friendship in Medieval Europe*. Sutton: Stroud, 1999.

HEERS, J. *L'Occident aux XIVe et XVe siècles. Aspects économiques et sociaux*. Paris: PUF, 1963.

HEIDEGGER, M. *Les Concepts fondamentaux de la métaphysique. Monde-finitude-solitude*. Paris: Gallimard, 1992.

HEIDEGGER, M. *Les Concepts fondamentaux de la métaphysique. Monde-finitude-solitude.* Paris: Gallimard, 1992.

HEMSTERHUIS, F. *Alexis ou De l'Âge d'or.* Riga, 1787.

HERLIHY, D.; KLAPISH-ZUBER, C. *Tuscans and Their Families: a Study of the Florentine Catasto of 1427.* New Haven: Yale University Press, 1985.

HIRIGOYEN, M.-F. *Les Nouvelles Solitudes.* Paris: La Découverte, 2007.

HOCHMANN, J. *Histoire de l'autisme: de l'enfant sauvage aux troubles envahissants du développement.* Paris: Odile Jacob, 2009.

HOMANS, G. *English Villagers of the Thirteenth Century.* New York: Norton, 1975.

IONA, Adomnam de. *Life of Saint Columba.* Trad. R. Sharpe. Londres: Penguin Books, 1995.

JACQUART, D.; THOMASSET, C. *Sexualité et savoir médical au Moyen Âge.* Paris: PUF, 1985.

JOURNET, C. *Saint Nicolas de Flue.* Neuchâtel, 1947.

JULIANO, o Apóstata. *Memoirs of my life.* Tradução inglesa de Berry Radice. Harmondsworth, 1984.

JULIET, C. *Journal, I, 1957-1964.* Paris: Hachette, 1978.

KAFKA, F. *Journal, 27 avril 1915.* Paris: Grasset, 1954.

KEATS, J. *The Letters of John Keats.* Edição de Hyder Edward Rollins. 2 v. Cambridge, 1958.

KELEN, J. *L'Esprit de solitude.* Paris: La Renaissance, 2001.

KERN, L. Saint Bevignate de Pérouse. *Studien aus den Gebiete von Kirche und Kultur, Festschrift G. Schnüürer.* Paderborn, 1930.

KIERKEGAARD, S. *Ou bien, ou bien.* Trad. D. F. Swenson e L. M. Swenson. Princeton University Press, 1959.

KLEIN, M. *Envie et gratitude et autres essais.* Paris: Gallimard, 1968.

KLIBANSKY, R.; PANOFSKY, E.; SAXL, F. *Saturne et la mélancolie.* Trad. F. Durand-Bogaert e L. Evrard. Paris: Gallimard, 1989.

KRAKAUER, J. *Into the Wild. Voyage au bout de la solitude,* 1996. Paris: Presses de la Cité, 2008.

KRANZFELDER, I. *Edward Hopper.* Köln: Taschen, 2002.

KRAUSS, W. *Reise nach Utopia.* Berlin, 1964.

KRISTEVA, J. *Soleil noir.* Paris: Gallimard, Folio, 1987.

_____. *Le Génie féminin,* t.III, *Colette.* Paris: Fayard, 2002.

L'HERMITTE-LECLERCQ. Les reclus parisiens au bas Moyen Âge. *Villes et sociétés urbaines au Moyen Âge.* Paris: Presses Universitaires de l'Université Paris-Sorbonne, 1994.

LA ROCHEFOUCAULD, F. de. *Réflexions diverses. Oeuvres.* Paris: Gallimard, La Pléiade, 1964.

LABORIT, H. *Éloge de la fuite,* 1976. Paris: Gallimard, Folio, 2004.

LABRO, P. *Tomber sept fois, se relever huit.* Paris: Albin Michel, 2003.

LACAN, J. Les complexes familiaux dans la formation de l'individu. In: *Autres écrits.* Paris: Seuil, 2001.

LACROIX, C. *Traité de morale, ou Devoirs de l'homme envers Dieu, envers la société et envers lui-même.* Paris, 1767.

REFERÊNCIAS BIBLIOGRÁFICAS

LADURIE, E. L. R. *Montaillu, village occitan de 1294 à 1324.* Paris: Gallimard, 1975.

LALOUETTE, J. *La Libre Pensée en France 1848-1940.* Paris: Albin Michel, 1997.

LAMENNAIS, F. *Essai sur l'indifférence en matière de religion*, 1830.

_____. *De la société première et de ses lois*, 1846.

LANCELOT, C. *Mémoires touchant la vie de Monsieur de S. Cyran*, 2 v. Cologne, 1738.

LASCH, C. *The Culture of Narcissism.* New York: Warner Books, 1976.

_____. *Le Complexe de Narcisse.* Paris: Robert Laffont, 1980.

LATOUCHE, J. I. *Le Militaire en solitude ou le philosophe chrétien.* Paris, 1735. 2 v.

LAURENT, A. (Org.). *Histoires de déserts.* Paris: Sortilèges, 1998.

LAURENT, A. *Histoire de l'individualisme.* Paris: PUF, 1993.

LAVOISIER, A. *Œuvres.* Paris, 1864.

LE BRUN, J. *La Spiritualité de Bossuet.* Paris, 1972.

LE JEUNE, J. Sermão CCCLXII, "De la solitude". In: *Sermons du père Le Jeune.* Lyon, 1826.

LE ROY, G. *La solitude chrétienne, où l'on apprendra, par les sentiments des saints Pères, combien on doit désirer de se séparer du monde, autant qu'on le peut, lorsqu'on veut travailler sérieusement à son salut.* Paris, 1659.

LÉAUTAUD, P. *Passe-temps.* Paris: Mercure de France, 1929.

LECLERCQ, J. *Un humaniste ermite, le bienheureux Paulo Giustiniani (1476-1528).* Rome, 1951.

_____. Pierre le Vénérable et l'érémitisme clunisien. *Studia Anselmiana*, 40, 1956.

LEJEUNE, P.; BOGAERT, C. *Le Journal intime. Histoire et anthologie.* Paris: Textuel, 2006.

LEMERCIER DE LA RIVIÈRE, P. P. *L'Ordre naturel et essentiel des sociétés politiques*, 1767.

LEMPERIÈRE, T. (Dir.). *Dépression et suicide.* Paris: Acanthe, 2000.

LEOPARDI, G. *Dix Petites Pièces philosophiques.* Trad. M. Orel. Cognac: Le Temps qu'il fait, 1985.

LESPARRE, A.-L. M., marquês de Lassay. *Recueil de différentes choses.* Lausanne, 1756.

LIPOVETSKY, G. *L'Ère du vide. Essai sur l'individualisme contemporain.* Paris: Gallimard, 1983.

LIPOVETSKY, G. *Le Crépuscule du devoir.* Paris: Gallimard, 1992.

_____. *Le Bonheur paradoxal.* Paris: Gallimard, 2006.

LORD BYRON. *A Self-portrait, Letters and Diaries, 1789-1824.* Edição de Peter Quennel. 2 v. Londres, 1950.

LUCRÉCIO. *De rerum natura.* Paris: Garnier-Flamarion, 1964.

MACLEAN, P. *The Triune Brain in Evolution: Role in Paleocerebral Functions.* New York: Plenum, 1990.

MAISTRE, X. de. *Voyage autour de ma chambre.* Turin, 1794; Paris, 1847.

MARAIS, M. *Journal.* Edição de Didot. Paris, 1863-1868.

MARION, J.-L. *Sur le théologie blanche de Descartes.* Paris: PUF, 1981.

MARQUET. *Discours sur l'esprit de société.* Paris, 1735.

MARTIN, H. *Le métier de prédicateur à la fin du Moyen Âge, 1350-1520.* Paris: Cerf, 1988.

MARTIN, H. *Mentalités médiévales, XIe-XVe siècles.* Paris: PUF, 1996.

MASSILLON, J.-B. *Sermon pour le jour de la saint Jean-Baptiste.* In: *Œuvres complètes*, ed. de 1822. Paris.

MASSILON, J.-B. Discours sur la fuite du monde nécessaire aux clercs. *Conférences et mandements.* Paris, 1748.

MATZNEFF, G. *Cette camisole de flammes*. Paris: La Table Ronde, 1958.

MAUPASSANT, G. *Contes et nouvelles*. 2 v. Paris: Gallimard, La Pléiade, 1986.

MAUZI, R. *L'Idée de bonheur dans la littérature et la pensée françaises au XVIIIᵉ siècle*. Paris: Albin Michel, 1994.

MCGUIRE, B. Late Medieval Care and Control of Women: Jean Gerson and his Sisters. *Revue d'Histoire Ecclésiastique*, 92, 1997.

MCNULTY, P. *Saint Peter Damian: Select Writings on the Spiritual Life*. Londres: Faber, 1959.

MENJOT D'ELBENNE, S. *Madame de la Sablière. Ses pensées chrétiennes et ses lettres à l'abbé de Rancé*. Paris: Plon-Nourrit, 1923.

MERCIER, L.-S. *Mon bonnet de nuit*. Neuchâtel, 1784, 4 v.

_____. *Tableau de Paris*. 12 v. Amsterdam, 1783-1788.

MESLIER, J. *Œuvres de Jean Meslier*. Ed. de R. Desné. 3 v. Paris, 1974.

MESSAC, R. *Esquisse d'une chronobibliographie des utopies*. Lausanne, 1962.

MIGNE, J-P. (Ed.) *Oeuvres très complètes de sainte Thérèse… suivies des oeuvres complètes de saint Pierre d'Alcantara, de saint Jean de la Croix et du bienheureux Jean d'Avila*. Paris, 1863.

MILL, J. Stuart. *Principles of Political Economy with some of their Applications to Social Philosophy*. Londres, 1848.

MILLOT, C. *Ô Solitude*. Paris: Gallimard, 2011.

MINOIS, G. *La Bretagne des prêtres en Trégor d'Ancien Régime*. Braspars, Les Bibliophiles de Bretagne, 1987.

_____. *Le Confesseur du roi*. Paris: Fayard, 1988.

_____. *Bossuet*. Paris: Perrin, 2003.

_____. *Histoire du mal de vivre*. Paris: La Martinière, 2003.

MIRABEAU. *L'Ami des hommes*. Paris, 1756.

MOHEAU, M. *Recherches et considérations sur la population de la France*. Paris, 1778.

MOLIN, J.-J. *Le Célibataire. Pamphlet humoristique sur cet inutile personnage*. Saint-Jean--de-Maurienne, 1888.

MOLINIER, M. E. *Le Lys du val de Guaraison*, 1646.

MOLLAT, M. *Les pauvres au Moyen Âge*. Paris: Hachette, 1978.

MONROE, M. *Fragments*. Prefácio de Antonio Tabucchi. Paris: Seuil, 2010.

MORANTE, M. Garcia. *Ensayo sobre la vida privada*, 1935, red. Madrid: Ediciones Encuentro, 2001.

MORIN, G. Rainaud l'ermite et Yves de Chares. Un épisode de la crise du cénobitisme aux XIᵉ-XIIᵉ siècles. *Revue Bénédictine*, t.40, 1928.

MOSCHOS, J. *The spiritual Meadow*. Trad. J. Wortley. Michigan: Kalamazoo, 1992.

MOUNIER, E. *La Révolution personnaliste et communautaire, 1932-1935*. Paris: Seuil, 1961.

MULLER, J.-M. *Charles de Foucauld. Frère universel ou moine-soldat?* Paris: La Découverte, 2002.

MURRAY, A. *Suicide in the Middle Ages*. New York: Oxford University Press, 1998, t.I, *The Violent Against Themselves*, t.II, *The Curse of Self Murder*, 2000.

MURRAY, O. L'homme grec et ses formes de sociabilité. In: VERNANT, J. P. (org.). *L'Homme grec*. Paris: Seuil, 1993.

REFERÊNCIAS BIBLIOGRÁFICAS

501

NAUDIN, P. *L'Expérience et le sentiment de la solitude de l'aube des Lumières à la Révolution*. Paris: Klincksieck, 1995.

NICHOLAS, D. *The Domestic Life of a Medieval City Woman, Children and the Family in Fourteenth Century Ghent*. Lincoln, Nebraska, 1985.

NICOLE, P. *Essais de morale*. Genève: Slatkine reprints, 1971.

NIETZSCHE, F. *Œuvres philosophiques completes*. Edição de Colli e Montinori. Paris, 1975.

NOORDELOOS, P. *Cornelius Musius, Pater van Agatha te Delft, humanist, priester, martelaar*. Utrecht-Anvers, 1955.

OLIER, J., *Lettres spirituelles de M. Olier*. Paris, 1672.

ORTEGA Y GASSET, J. *La Révolte des masses*, 1929. Paris: Gallimard, 1967.

PAZ, O. *Le Labyrinthe de la solitude*, 1950.

PELLEGRIN, S.-J. Les douceurs de la solitude pour un coeur qui aime Dieu. *Poésies chrétiennes contenant des cantiques, noëls nouveaux et chansons spirituelles*. Paris, 1701.

PERROS, G. *Papiers collés*. Paris: Gallimard, 1960.

PESSOA, F. *Le Livre de l'intranquillité*. Paris: Bourgois, 1999.

PETRARCA. *La vie solitaire*. Trad. P. Marechal. Paris: Payot et Rivages, 1999.

PICHON, J.-C. *L'Autobiographe*. Paris: Grasset, 1956.

PIERRARD, P. *Histoire des curés de campagne de 1789 à nos jours*. Paris: Plon, 1986.

PIGANIOL, A. *L'Empire Chrétien*. Paris, 1947.

PINEL, P. *Traité médico-philosophique*. Paris, ano IX.

PISAN, C. Ballade. In: *Poètes et romanciers du Moyen Âge*. Paris: Gallimard, La Pléiade, 1952.

PITAUD, P. *Solitude et isolement des personnes âgées*. 2.ed. Toulouse, 2010.

PLUMMER, C. (ed.). *Vitae Sanctorum Hiberniae*, 2 v. Oxford, 1919. t.I.

POPPER, K. *La société ouverte et ses ennemis*. Paris: Seuil, 1979.

QUÉTEL, C. *La Bastille, histoire vraie d'une prison légendaire*. Paris: Robert Laffont, 1989.

QUÉTEL, C. *Les Évasions de Latude*. Paris: Denoël, 1986.

QUINODOZ, J. M. *La Solitude apprivoisée. L'angoisse de séparation en psychanalyse*, 1991. 3.ed. Paris: PUF, 2008.

QUINODOZ, J.-M. *La Solitude apprivoisée. L'angoisse de séparation en psychanalyse*. 3.ed. Paris: PUF, 2008.

RÉAUX, T. *Historiettes*. Paris: Gallimard, La Pléiade, 1960.

REICHERT, B. M. (Ed.) *Acta capitulorum generalium ordinis praedicatorum 1, ab anno 1220 usque ad annum 1303*. Rome, 1898.

RICHARD, F. introduction aux *Oeuvres* d'Horace. Paris: Garnier Flamarion, 1967.

RIEVAULX, A. La vie de la recluse. *Sources Chrétiennes*, n. 76. Paris: Cerf, 1961.

RILKE, R. M. *Œuvres en prose*. Paris: Gallimard, La Pléiade, 1993.

RIVAROL, A. *De la philosophie moderne*, 1797. Paris: Mercure de France, 1963.

ROCHE, D. *Les Républicains des lettres: gens de culture et lumières au XVIIIᵉ siècle*. Paris: Fayard, 1988.

_____. *Humeurs vagabondes. De la circulation des hommes et de l'utilité des voyages*. Paris: Fayard, 2003.

ROLLE, R. Le chant d'amour. *Sources Chrétiennes*, n. 168 e 169. Paris, 1971.

ROMILLY, J. de. *Les Roses de la solitude*. Paris: Éditions de Fallois, 2006.

ROMILLY, J. *Précis de Littérature grecque*. Paris: Quadrige, 2012.

ROUSSEAU, J.-J. *Émile*. Paris: Gallimard, 1966.

_____. *Fragments autobiographiques*. Paris: Gallimard, La Pléiade, 1969.

_____. *Les Confessions*. Paris: Gallimard, La Pléiade, 1969.

_____. *Rêveries du promeneur solitaire*. Paris: Gallimard, La Pléiade, 1969.

SAINT-BEUVE. *Port-Royal*. Paris: Hachette, 1908.

SAINTE-SABINE, M. de. *Institut*. Paris, 1655.

SAINT-LAMBERT. *Les Saisons*. Amsterdam, 1769.

SAINT-SIMON. *Mémoires*. Paris: Gallimard, La Pléiade, 1983.

SAINT-THIERRY, G. Lettre aux frères du Mont-Dieu. *Sources Chrétiennes*, n. 223, Paris, 1975.

SALLMAN, J.-M. *Naples et ses saints à l'âge baroque (1540-1750)*. Paris: PUF, 1994.

_____. *Naples et ses saints à l'âge baroque (1540-1750)*. Paris: PUF, 1994.

SÃO BERNARDO. Sermon sur le Cantique des cantiques. *Sources Chrétiennes*, n. 452. Paris: Cerf, 2000.

SÃO FRANCISCO DE ASSIS. Écrits. *Sources Chrétiennes*, n. 285, Paris, 1981.

SÃO JERONIMO. *Lettres de Saint Jerôme*. Trad. Grégoire e Collombet, 6 v. Lyon-Paris, 1837.

SARTRE, J.-P. *L'Être et le Néant*. Paris: Gallimard, 1943.

SCHIFF, M. *La fille d'alliance de Montaigne, Marie de Gournay*. Paris: Honoré Champion, 1910.

SCHNEIDER, F. Der Einsiedler Galgan von Chiusdino und die Anfänge von San Galgano. *Quellen und Forschungen aus Italienischen Archiven und Bibliotheken*, 17, 1914-1924.

SCHOPENHAUER, A. *Parerga und Paralipomena*. In: *Sämtliche Werke*. Edição de J. Frauenstädt 7 v. Wiesbaden, 1972.

SCOTT-JAMES, B. (Ed.). *The Letters of Saint Bernard of Clairvaux*. Londres, 1953.

SÊNECA. *Oeuvres Complètes de Sénèque*, 8 v. Trad. Charles du Rozoir. Paris: Garnier, 1834.

SENLIS, S. *Épistres morales à toutes les dames que prétendent au paradis trouver les vertus d'une cour sainte et celles des cloistres réformés*. Paris, 1645.

SEPPELT, F. X. *Die Akten des Kanonisationsprozesses in dem Codex zu Sulmona*. In: *Monumenta coelestiniana*. Paderborn, 1921.

SÉVIGNÉ, MME DE. *Correspondance*. Paris: Gallimard, La Pléiade, 1978.

SIENA, Bernardino. *Prediche volgari sul Campo di Siena, 1427, XXX*. Edição de C. Delcorno. 2 v. Milão, 1969.

SIGAL, P. A. *Les marcheurs de Dieu*. Paris: Amand Colin, 1974.

SIMENON, G. *Tout Simenon*. Paris: Presses de la Cité, 1992.

SIMONET-TENANT, F. *Le Journal intime. Genre littéraire et écriture ordinaire*. Paris: Téraèdre, 2004.

SIX, J.-F. *Le Guide des solitudes*. Paris: Fayard, 1986.

SOLEMNE, M. de. (Dir.). *La Grâce de solitude*. Paris: Albin Michel, 2001.

SOLOMON, A. *The Noonday Demon*. Londres: Chatto & Windus, 2001.

SPANNEUT, M. *Le Stoïcisme des Pères de l'Église*. Paris: Seuil, 1957.

STEIN, E. *Histoire du Bas Empire*. Paris: Desclée de Brouwer, 1959.

REFERÊNCIAS BIBLIOGRÁFICAS

STIRNER, M. *L'Unique et sa propriété*. Paris: Labor, 2006.

STORR, A. *Solitude*. Londres: Harper Collins, Flamingo, 1989.

TABACCO, G. (Ed.) *Vita Romualdi. Fonti per la storia dell'Italia*, Roma, 1957.

TADIÉ, J.-Y. *Introduction à la vie littéraire du XIXe siècle*. Paris: Bordas, 1970.

TESSON, S. *Dans les forêts de Sibérie*. Paris: Gallimard, 2011.

TILBURY, G. de. *Le livre des merveilles*. Paris: Les Belles Lettres, 1992.

TOCQUEVILLE, A. de. *De la démocratie en Amérique*. Paris: Vrin, 1990.

TOLSTÓI, L. *Souvenirs et récits*. Paris: Gallimard, La Pléiade, 1960.

_____. *Enfance, adolescence, jeunesse*. Trad. S. Luneau. Paris: Gallimard, 1975.

TREVOR-ROPER, H.; HILL, N. The English Atomists. *Catholics, Anglicans and Puritans*. Londres: Fontana Press, 1987.

TROCHU, F. *Le Curé d'Ars*. Lyon-Paris, 1929.

TROYANSKY, D. G. *Miroirs de la vieillesse en France au siècle des Lumières*. Trad. O. Bonis. Paris: Eshel, 1992.

TUFARELLO, G. L. *Vita del Padre Fra Bernardo da Rogliano*. Cosenza, 1610.

VALÉRY, P. *Œuvres*. Paris: Gallimard, La Pléiade, 1960.

VAN DER CRUYSSE, D. *La mort dans les Mémoires de Saint-Simon*. Paris: A.-G. Nizet, 1981.

VAUCHEZ, A. *La sainteté en Occident aux derniers siècles du Moyen Âge*. Rome: École Française de Rome, 1988.

VAUVENARGUES. *Œuvres*. Edição de Pierre Varillon. 3v. Paris, 1929.

VERMÈS, G. *Les manuscrits do desert de Juda*. Tournai: Desclée, 1953.

VERNANT, J. P. *Mythe et pensée chez le grecs*. Paris: La Découverte, 1965.

VILLANI, Giovanni. *Nuova Cronica*. Edição de G. Porta. 3 v. Florence, 1990.

VIOLLET, C.; LEMONNIER-DELPY, M-F (Orgs.). *Métamorphose du journal personnel. De Rétif de la Bretonne à Sophie Calle*. Louvain-la-Neuve: Academia Bruylant, 2006.

VOGÜÉ, A. de. *Histoire littéraire du mouvement monastique dans l'Antiquité*, 3 v. Paris: Éditions du Cerf, 1991.

VON PUFENDORF, S. *Les Devoirs de l'homme et du citoyen tels qu'ils lui sont prescrits par la loi naturelle*. Trad. J. Barbeyrac. 4.ed. Amsterdam, 1718.

VV. AA. *Dictionnaire de spiritualité*. Paris, 1960, col. 969.

WADDELL, H. *More Latin Lyrics from Virgil to Milton*. Londres, 1976.

WEBB, D. *Privacy and solitude in the Middle Ages*. Londres/New York: Hambledon Continuum, 2007.

WEBER, M. *L'Éthique protestante et l'esprit du capitalisme*. Paris: Plon, 1964.

WHITE, H. (Ed.) *Ancrene Wisse: guide for anchoresses*. Hardmondsworth, 1993.

WORDSWORTH, W. *Selected Poems and Prefaces*. Edição de Jack Stillinger. Boston, 1965.

YOUNG, E. *Les Nuits*. Trad. M. Le Tourneur. 2v. Paris, 1783.

ZAMET, S. *Conférences spirituelles sur divers sujets*. Dijon, 1705.

ZAREMSKA, H. *Les bannis au Moyen Âge*. Paris: Aubier Montaigne, 1996.

ZIMMERMANN, J.-G. *La Solitude*. Trad. X. Marmier. Paris: Charpentier, 1845.

SOBRE O LIVRO

Formato: 16 x 23 cm
Mancha: 27,5 x 42 paicas
Tipologia: Iowan Old Style 10/14,6
Papel: Off-white 80 g/m² (miolo)
Cartão Supremo 250 g/m² (capa)
1ª edição Editora Unesp: 2019

EQUIPE DE REALIZAÇÃO

Edição de texto
Ana Maria Alvares (Copidesque)
Richard Sanches (Revisão)

Capa
Marcelo Girard

Imagem de capa
Edward Hopper – Office in a Small City ©
Framed Art / Alamy Stock Photo

Editoração eletrônica
Sergio Gzeschnik (Diagramação)

Assistência editorial
Alberto Bononi

Rua Xavier Curado, 388 • Ipiranga - SP • 04210 100
Tel.: (11) 2063 7000
rettec@rettec.com.br • www.rettec.com.br